Dhammapada : Les Enseignements de Gautama le Bouddha

Bouddha Gautama

Published by Dhamma Bouddha, 2024.

While every precaution has been taken in the preparation of this book, the publisher assumes no responsibility for errors or omissions, or for damages resulting from the use of the information contained herein.

DHAMMAPADA : LES ENSEIGNEMENTS DE GAUTAMA LE BOUDDHA

First edition. June 22, 2024.

Copyright © 2024 Bouddha Gautama.

ISBN: 979-8227481320

Written by Bouddha Gautama.

Table des Matières

Nous sommes ce que nous pensons

Nous sommes ce que nous pensons. Tout ce que nous sommes naît de nos pensées. C'est avec nos pensées que nous faisons le monde. Parlez ou agissez avec un esprit impur et les ennuis vous suivront comme la roue suit le bœuf qui tire la charrette.

Nous sommes ce que nous pensons. Tout ce que nous sommes naît de nos pensées. Avec nos pensées nous faisons le monde. Parlez ou agissez avec un esprit pur et le bonheur vous suivra comme votre ombre, inébranlable.

"Regarde comme il m'a maltraité et battu, comme il m'a jeté par terre et m'a volé." Vis avec de telles pensées et tu vis dans la haine.

"Regarde comme il m'a maltraité et battu, comme il m'a jeté à terre et m'a volé." Abandonne de telles pensées, et vis dans l'amour.

Dans ce monde, la haine n'a encore jamais dissipé la haine. Seul l'amour dissipe la haine. Telle est la loi, ancienne et inépuisable.

Vous aussi vous passerez. Sachant cela, comment pouvez-vous vous disputer ?

Avec quelle facilité le vent renverse un arbre frêle.

Cherchez le bonheur dans les sens, adonnez-vous à la nourriture et au sommeil, et vous serez vous aussi déracinés.

LE VENT NE PEUT PAS RENVERSER UNE MONTAGNE. LA TENTATION NE PEUT PAS TOUCHER L'HOMME QUI EST ÉVEILLÉ, FORT ET HUMBLE, QUI SE MAÎTRISE ET QUI TIENT COMPTE DE LA LOI.

SI LES PENSÉES D'UN HOMME SONT BOUEUSES, S'IL EST INSOUCIANT ET PLEIN DE TROMPERIE, COMMENT PEUT-IL PORTER LA ROBE JAUNE ?

CELUI QUI EST MAÎTRE DE SA PROPRE NATURE, BRILLANTE, CLAIRE ET VRAIE, PEUT EN EFFET PORTER LA ROBE JAUNE.

Mes chers bodhisattvas.... Oui, c'est ainsi que je vous regarde. C'est ainsi que vous devez commencer à vous regarder vous-mêmes. Bodhisattva signifie un bouddha en essence, un bouddha en germe, un bouddha endormi, mais avec tout le potentiel pour être éveillé. Dans ce sens, tout le monde est un bodhisattva, mais tout le monde ne peut pas être appelé bodhisattva - seulement ceux qui ont commencé à tâtonner pour trouver la lumière, qui ont commencé à aspirer à l'aube, dans le cœur desquels la graine n'est plus une graine mais est devenue une pousse, a commencé à grandir.

Vous êtes des bodhisattvas en raison de votre désir ardent d'être conscient, d'être alerte, en raison de votre quête de la vérité. La vérité n'est pas loin, mais il y a très peu de chanceux dans le monde qui la recherchent. Elle n'est pas loin, mais elle est ardue, elle est difficile à atteindre. Elle est difficile à atteindre, non pas en raison de sa nature, mais à cause de notre investissement dans le mensonge.

Nous avons investi des vies entières dans le mensonge. Notre investissement est tel que l'idée même de la vérité nous effraie. Nous voulons l'éviter, nous voulons fuir la vérité. Les mensonges sont de belles échappatoires - des rêves pratiques et confortables. Mais les rêves sont des rêves. Ils peuvent vous enchanter pour un moment, ils peuvent vous asservir pour un moment, mais seulement pour un moment. Et chaque rêve est suivi d'une énorme frustration, et chaque désir est suivi d'un profond échec.

Mais nous nous précipitons dans de nouveaux mensonges ; si les anciens mensonges sont connus, nous en inventons immédiatement de nouveaux. Rappelez-vous que seuls les mensonges peuvent être inventés ; la vérité ne peut pas être inventée. La vérité existe déjà ! La vérité doit être découverte, pas inventée. Les mensonges ne peuvent pas être découverts, ils doivent être inventés.

Le mental se sent très bien avec les mensonges parce que le mental devient l'inventeur, le faiseur. Et comme le mental devient l'exécutant, l'ego est créé. Avec la vérité, vous n'avez rien à faire... et parce que vous n'avez rien à faire, le mental cesse, et avec le mental l'ego disparaît, s'évapore. C'est le risque, le risque ultime.

Vous vous êtes dirigés vers ce risque. Vous avez fait quelques pas - en titubant, en trébuchant, en tâtonnant, en hésitant, avec de nombreux doutes, mais vous avez quand même fait quelques pas ; c'est pourquoi je vous appelle bodhisattvas.

Et LE DHAMMAPADA, l'enseignement de Gautama le Bouddha, ne peut être enseigné qu'aux bodhisattvas. Il ne peut pas être enseigné à l'humanité ordinaire, médiocre, car il ne peut pas être compris par eux.

Ces paroles de Bouddha viennent du silence éternel. Elles ne peuvent vous atteindre que si vous les recevez en silence. Ces paroles de Bouddha proviennent d'une immense pureté. À moins que vous ne deveniez un véhicule, un réceptacle, humble, sans ego, alerte, conscient, vous ne serez pas en mesure de les comprendre. Intellectuellement, vous les comprendrez - ce sont des mots très simples, les plus simples possibles. Mais leur simplicité même est un problème, car vous n'êtes pas simple. Pour comprendre la simplicité, il vous faut la simplicité du cœur, car seul un cœur simple peut comprendre la vérité simple. Seul celui qui est pur peut comprendre ce qui est issu de la pureté.

J'ai attendu longtemps... maintenant le temps est venu, tu es prêt. Les graines peuvent être semées. Ces mots d'une importance capitale peuvent être prononcés à nouveau. Pendant vingt-cinq siècles, un tel rassemblement n'a pas existé du tout. Oui, il y a eu quelques maîtres éclairés avec quelques disciples - une demi-douzaine tout au plus - et dans de petites réunions, le DHAMMAPADA a été enseigné. Mais ces petits rassemblements ne peuvent transformer une humanité aussi vaste. C'est comme jeter du sucre dans l'océan avec des cuillères : cela ne peut le rendre sucré - votre sucre est simplement gaspillé.

Une grande expérience, inouïe, doit être faite, sur une échelle telle qu'au moins la partie la plus substantielle de l'humanité soit touchée par elle - au moins l'âme de l'humanité, le centre de l'humanité, puisse être éveillée par elle. À la périphérie, les esprits médiocres continueront à dormir - laissons-les dormir - mais au centre, là où l'intelligence existe, une lumière peut être allumée.

Le moment est venu, le temps est venu pour cela. Tout mon travail ici consiste à créer un champ de Bouddha, un champ d'énergie où ces vérités éternelles peuvent être à nouveau prononcées. C'est une opportunité rare. Ce n'est qu'une fois de temps en temps, après des siècles, qu'une telle opportunité existe. Ne la ratez pas. Soyez très vigilants, attentifs. Écoutez ces paroles non seulement avec la tête mais avec votre cœur, avec chaque fibre de votre être. Laissez votre totalité être remuée par eux.

Et après ces dix jours de silence, c'est exactement le bon moment pour faire revenir Bouddha, pour le faire revivre parmi vous, pour le laisser se déplacer parmi vous, pour laisser passer les vents de Bouddha à travers vous. Oui, il peut être rappelé, car personne ne disparaît jamais. Le Bouddha n'est plus une personne incarnée ; il n'existe certainement plus en tant qu'individu nulle part - mais son essence, son âme, fait désormais partie de l'âme cosmique.

Si de nombreuses personnes - avec un désir profond, un désir immense, avec un cœur priant - le désirent, le désirent passionnément, alors l'âme qui a disparu dans l'âme cosmique peut à nouveau se manifester de millions de façons.

Aucun vrai maître ne meurt jamais, il ne peut pas mourir. La mort n'apparaît pas pour les maîtres, elle n'existe pas pour eux. C'est pourquoi ils sont des maîtres. Ils ont connu l'éternité de la vie. Ils ont vu que le corps disparaît mais que le corps n'est pas tout : le corps n'est que la périphérie, le corps n'est que le vêtement. Le corps est la maison, la demeure, mais l'invité ne disparaît jamais. L'invité se déplace seulement d'une demeure à l'autre. Un jour, finalement, l'invité commence à vivre sous le ciel, sans abri... mais l'invité continue. Seuls les corps, les maisons, vont et viennent, naissent et meurent. Mais il existe un continuum intérieur, une continuité intérieure - qui est éternelle, intemporelle, sans mort.

Chaque fois que vous pouvez aimer un maître - un maître comme Jésus, Bouddha, Zarathoustra, Lao Tseu - si votre passion est totale, vous êtes immédiatement relié.

Mon discours sur le Bouddha n'est pas un simple commentaire : il crée un pont. Bouddha est l'un des maîtres les plus importants qui aient jamais existé sur la terre - incomparable, unique.

Et si vous pouvez goûter à son être, vous en serez infiniment bénéficiaires, bénis.

Je suis immensément heureux, car après ces dix jours de silence, je peux vous dire que beaucoup d'entre vous sont maintenant prêts à communier avec moi en silence. C'est le summum de la communication. Les mots sont inadéquats ; les mots disent, mais seulement partiellement. Le silence communique totalement.

Et utiliser des mots est aussi un jeu dangereux, car le sens restera avec moi, seul le mot vous parviendra ; et vous lui donnerez votre propre sens, votre propre couleur.

Il ne contiendra pas la même vérité que celle qu'il était censé contenir. Elle contiendra autre chose, quelque chose de bien plus pauvre. Il contiendra votre sens, pas le mien. Vous pouvez déformer le langage - en fait, il est presque impossible d'éviter la déformation - mais vous ne pouvez pas déformer le silence. Soit vous comprenez, soit vous ne comprenez pas.

Et pendant ces dix jours, il n'y avait ici que deux catégories de personnes : celles qui comprenaient et celles qui ne comprenaient pas. Mais il n'y avait pas une seule personne qui comprenait mal. Vous ne pouvez pas mal comprendre le silence - c'est la beauté du silence. La démarcation est absolue : soit vous comprenez, soit, tout simplement, vous ne comprenez pas - il n'y a pas de malentendu possible.

Avec les mots, c'est tout le contraire : il est très difficile de comprendre, il est très difficile de comprendre que l'on ne comprend pas ; ce sont deux choses presque impossibles.

Et la troisième est la seule possibilité : le malentendu.

Ces dix jours ont été d'une étrange beauté, et d'une mystérieuse majesté aussi. Je n'appartiens plus vraiment à ce rivage. Mon bateau m'attend depuis longtemps - j'aurais dû partir. C'est un miracle que je sois encore dans ce corps. Tout le mérite en revient à toi : à ton amour, à tes prières, à ta nostalgie. Tu voudrais que je m'attarde encore un peu sur ce rivage, alors l'impossible est devenu possible.

Ces dix jours, je ne me sentais pas en harmonie avec mon corps. Je me sentais très déraciné, disloqué. C'est étrange d'être dans le corps quand on ne sent pas qu'on est dans le corps.

Et il est également étrange de continuer à vivre dans un lieu qui ne vous appartient plus - ma maison est sur l'autre rive. Et l'appel est persistant. Mais parce que vous avez besoin de moi, c'est la compassion de l'univers - vous pouvez l'appeler la compassion de Dieu - qui me permet d'être dans le corps un peu plus.

C'était étrange, c'était beau, c'était mystérieux, c'était majestueux, c'était magique. Et beaucoup d'entre vous l'ont ressenti. Beaucoup d'entre vous l'ont ressenti de différentes manières. Quelques-uns l'ont ressenti comme un phénomène très effrayant, comme si la mort frappait à la porte. Quelques-uns l'ont ressenti comme une grande confusion. Quelques-uns se sont sentis choqués, complètement choqués. Mais tout le monde a été touché d'une manière ou d'une autre.

Seuls les nouveaux arrivants étaient un peu perdus - ils ne comprenaient pas ce qui se passait. Mais je leur suis reconnaissant à eux aussi. Même s'ils ne comprenaient pas ce qui se passait, ils ont attendu - ils attendaient que je parle, ils attendaient que je dise quelque chose, ils espéraient. Beaucoup avaient peur que je ne parle plus jamais... c'était aussi une possibilité. Je n'en étais pas certain moi-même.

Les mots deviennent de plus en plus difficiles pour moi. Ils deviennent de plus en plus un effort. Je dois dire quelque chose, alors je continue à te dire quelque chose. Mais j'aimerais que vous vous prépariez dès que possible pour que nous puissions simplement nous asseoir en silence... écouter les oiseaux et leurs chants... ou écouter simplement les battements de votre propre cœur... être là, ne rien faire.....

Préparez-vous le plus tôt possible, car je peux cesser de parler d'un jour à l'autre. Et que la nouvelle soit diffusée dans tous les coins et recoins du monde : ceux qui veulent me comprendre uniquement par les mots, qu'ils viennent vite, car je peux cesser de parler d'un jour à l'autre.

De manière imprévisible, n'importe quel jour, cela peut arriver - cela peut même arriver au milieu d'une phrase. Dans ce cas, je ne vais pas terminer la phrase ! Alors elle restera suspendue pour toujours et à jamais... incomplète.

Mais cette fois, tu m'as ramené en arrière.

Ces paroles du Bouddha sont appelées le DHAMMAPADA. Ce nom doit être compris. Dhamma signifie beaucoup de choses. Il signifie la loi ultime, le logos. Par "loi ultime", on entend ce qui maintient l'ensemble de l'univers. Elle est invisible, intangible - mais elle est certainement là, sinon l'univers s'effondrerait. Un univers si vaste, si infini, qui fonctionne si bien, si harmonieusement, est une preuve suffisante qu'il doit y avoir un courant sous-jacent qui relie tout, qui joint tout, qui jette un pont sur tout - que nous ne sommes pas des îles, que la plus petite feuille d'herbe est liée à la plus grande étoile. Détruisez une petite feuille d'herbe et vous aurez détruit quelque chose d'une immense valeur pour l'existence elle-même.

Dans l'existence, il n'y a pas de hiérarchie, il n'y a rien de petit ni de grand. La plus grande étoile et la plus petite feuille d'herbe existent toutes deux à égalité, d'où l'autre sens du mot "dhamma". L'autre signification est la justice, l'égalité, l'existence non hiérarchique.

L'existence est absolument communiste ; elle ne connaît pas de classes, elle est toute une. D'où l'autre sens du mot "dhamma" - la justice.

Et le troisième sens est la droiture, la vertu. L'existence est très vertueuse. Même si vous trouvez quelque chose que vous ne pouvez pas appeler vertu, ce doit être à cause de votre incompréhension ; sinon l'existence est absolument vertueuse. Tout ce qui arrive ici, arrive toujours de manière juste. L'erreur ne se produit jamais. Cela peut vous sembler faux parce que vous avez une certaine idée de ce qu'est le bien, mais lorsque vous regardez sans aucun préjugé, rien n'est faux, tout est juste. La naissance est juste, la mort est juste. La beauté est juste et la laideur est juste.

Mais notre esprit est petit, notre compréhension est limitée ; nous ne pouvons pas voir l'ensemble, nous ne voyons toujours qu'une petite partie. Nous sommes comme une personne qui se cache derrière sa porte et regarde dans la rue par le trou de la serrure. Il voit toujours des choses... oui, quelqu'un bouge, une voiture passe soudainement. Un moment, elle n'était pas là, un moment, elle est là, et un autre moment, elle a disparu pour toujours. C'est ainsi que nous envisageons l'existence. Nous disons que quelque chose est dans le futur, puis il arrive dans le présent, et ensuite il est parti dans le passé.

En fait, le temps est une invention humaine. C'est toujours maintenant ! L'existence ne connaît ni passé, ni futur - elle ne connaît que le présent.

Mais nous sommes assis derrière un trou de serrure et nous regardons. Une personne n'est pas là, puis elle apparaît soudainement ; et ensuite, aussi soudainement qu'elle apparaît, elle disparaît aussi. Maintenant, vous devez créer du temps. Avant que la personne n'apparaisse, elle était dans le futur ; elle était là, mais pour vous, elle était dans le futur. Puis elle est apparue ; maintenant elle est dans le présent - elle est la même ! Et vous ne pouvez plus le voir par le petit trou de la serrure - il est devenu le passé.

Rien n'est passé, rien n'est futur - tout est toujours présent. Mais nos façons de voir sont très limitées.

C'est pourquoi nous continuons à demander pourquoi il y a de la misère dans le monde, pourquoi il y a ceci et cela... pourquoi ? Si nous pouvons regarder l'ensemble, tous ces pourquoi disparaissent. Et pour regarder l'ensemble, vous devrez sortir de votre chambre, vous devrez ouvrir la porte... vous devrez abandonner cette vision en trou de serrure.

Voilà ce qu'est l'esprit : un trou de serrure, et un tout petit trou de serrure. Comparé au vaste univers, que sont nos yeux, nos oreilles, nos mains ? Que pouvons-nous saisir ? Rien de bien important. Et ces minuscules fragments de vérité, nous nous y attachons trop.

Si vous voyez l'ensemble, tout est comme il devrait être - c'est la signification de "tout est juste". Le mal n'existe pas. Seul Dieu existe ; le diable est une création de l'homme.

La troisième signification de "dhamma" peut être Dieu - mais Bouddha n'utilise jamais le mot "Dieu".

parce qu'il a été associé à tort à l'idée d'une personne, et la loi est une présence, pas une personne. C'est pourquoi le Bouddha n'utilise jamais le mot "Dieu", mais lorsqu'il veut transmettre quelque chose de Dieu, il utilise le mot "dhamma". Son esprit est celui d'un scientifique très profond. Pour cette raison, beaucoup ont pensé qu'il était athée - il ne l'est pas. Il est le plus grand théiste que le monde ait jamais connu ou connaîtra jamais, mais il ne parle jamais de Dieu. Il n'utilise jamais ce mot, c'est tout, mais par "dhamma", il entend exactement la même chose. "Ce qui est" est la signification du mot "Dieu", et c'est exactement la signification de "dhamma". Dhamma" signifie également discipline - différentes dimensions du mot. Celui qui veut connaître la vérité devra se discipliner de plusieurs façons.

N'oubliez pas le sens du mot "discipline" - il signifie simplement la capacité d'apprendre, la disponibilité pour apprendre, la réceptivité pour apprendre. D'où le mot "disciple".

Le terme "disciple" désigne celui qui est prêt à abandonner ses vieux préjugés, à mettre son esprit de côté et à examiner la question sans aucun préjugé, sans aucune conception a priori.

Et "dhamma" signifie aussi la vérité ultime. Lorsque le mental disparaît, lorsque l'ego disparaît, que reste-t-il ? Il reste certainement quelque chose, mais on ne peut pas l'appeler "quelque chose" - c'est pourquoi le Bouddha l'appelle "rien". Mais laissez-moi vous rappeler, sinon vous le comprendrez mal : chaque fois qu'il utilise le mot "rien", il veut dire "rien". Divisez le mot en deux ; ne l'utilisez pas comme un seul mot - mettez un trait d'union entre "non" et "chose", et vous saurez exactement ce que signifie "rien".

La loi ultime n'est pas une chose. Ce n'est pas un objet que vous pouvez observer. C'est votre intériorité, c'est la subjectivité.

Bouddha aurait été totalement d'accord avec le penseur danois, Soren Kierkegaard. Il dit : La vérité est la subjectivité. C'est la différence entre le fait et la vérité. Un fait est une chose objective. La science continue à chercher de plus en plus de faits, et la science n'arrivera jamais à la vérité - elle ne le peut pas par la définition même du mot. La vérité est l'intériorité du scientifique, mais il ne la regarde jamais. Il continue à observer d'autres choses.

Il ne prend jamais conscience de son propre être.

C'est le dernier sens du mot "dhamma" : votre intériorité, votre subjectivité, votre vérité.

Une chose très significative - laissez-la s'enfoncer profondément dans votre cœur : la vérité n'est jamais une théorie, une hypothèse ; elle est toujours une expérience. Par conséquent, ma vérité ne peut pas être votre vérité.

Ma vérité est inéluctablement ma vérité, elle restera ma vérité, elle ne peut pas être la vôtre. Nous ne pouvons pas la partager. La vérité est insaisissable, intransmissible, incommunicable, inexprimable.

Je peux vous expliquer comment je l'ai atteint, mais je ne peux pas dire ce que c'est. Le "comment" est explicable, mais pas le "pourquoi". On peut montrer la discipline, mais pas le but. Chacun doit y parvenir à sa manière. Chacun doit y parvenir dans son propre être intérieur. C'est dans la solitude absolue qu'il est révélé.

Et le deuxième mot est PADA. Le mot "Pada" a aussi plusieurs significations. L'un d'eux, le sens le plus fondamental, est le chemin. La religion a deux dimensions : la dimension du "quoi" et la dimension du "comment". On ne peut pas parler du "quoi" ; c'est impossible. Mais on peut parler du "comment", le "comment" est partageable. C'est le sens du mot "chemin". Je peux vous indiquer le chemin ; je peux vous montrer comment j'ai voyagé, comment j'ai atteint les sommets ensoleillés. Je peux vous parler de toute la géographie, de toute la topographie. Je peux vous donner une carte des contours, mais je ne peux pas vous dire ce que l'on ressent lorsque l'on se trouve sur un sommet ensoleillé.

C'est comme si vous pouviez demander à Edmund Hillary ou à Tensing comment ils ont atteint le plus haut sommet de l'Himalaya, Gourishankar. Ils peuvent vous donner la carte complète de leur parcours.

Mais si vous leur demandez ce qu'ils ont ressenti en arrivant, ils ne peuvent que hausser les épaules. Cette liberté qu'ils ont dû connaître est indicible ; la beauté, la bénédiction, le vaste ciel, la hauteur, et les nuages colorés, et le soleil et l'air non pollué, et la neige vierge sur laquelle personne n'avait jamais voyagé auparavant... tout cela est impossible à transmettre. Il faut atteindre ces sommets ensoleillés pour le savoir. Pada" signifie chemin, "pada" signifie aussi pas, pied, fondation. Toutes ces significations sont significatives. Vous devez partir de là où vous êtes. Vous devez devenir un grand processus, une croissance.

Les gens sont devenus des mares stagnantes ; ils doivent devenir des rivières, car seules les rivières atteignent l'océan. Et cela signifie également fondation, car c'est la vérité fondamentale de la vie. Sans dhamma, sans lien d'une manière ou d'une autre avec la vérité ultime, votre vie n'a pas de fondement, pas de sens, pas de signification, elle ne peut avoir aucune gloire. Elle ne sera qu'un exercice d'une futilité totale. Si vous n'êtes pas relié à la totalité, vous ne pouvez pas avoir de signification propre. Vous resterez un bois flotté - à la merci des vents, ne sachant pas où vous allez et ne sachant pas qui vous êtes. La recherche de la vérité, la recherche passionnée de la vérité, crée le pont, vous donne une fondation. Ces sutras qui sont compilés dans le DHAMMAPADA doivent être compris non pas intellectuellement mais existentiellement. Devenez comme des éponges : laissez-les s'imprégner, laissez-les couler en vous. Ne restez pas assis à juger, sinon vous manquerez le Bouddha. Ne restez pas assis à vous demander constamment dans votre esprit si c'est bien ou mal - vous passerez à côté de l'essentiel. Ne vous préoccupez pas de savoir si c'est bien ou mal.

La première chose, la plus importante, est de comprendre ce que c'est - ce que le Bouddha dit, ce que le Bouddha essaie de dire. Il n'est pas nécessaire de juger maintenant. Le premier besoin fondamental est de comprendre exactement ce qu'il veut dire. Et la beauté de la chose est que si vous comprenez exactement ce qu'il veut dire, vous serez convaincu de sa vérité, vous connaîtrez sa vérité. La vérité a ses propres moyens de convaincre les gens ; elle n'a pas besoin d'autres preuves.

La vérité ne discute jamais : c'est un chant, pas un syllogisme.

Les sutras :

NOUS SOMMES CE QUE NOUS PENSONS. TOUT CE QUE NOUS SOMMES NAÎT DE NOS PENSÉES. AVEC NOS PENSÉES NOUS FAISONS LE MONDE.

On vous a dit et répété que les mystiques orientaux croient que le monde est illusoire. C'est vrai : ils ne croient pas seulement que le monde est faux, illusoire, maya - ils savent qu'il est maya, qu'il est une illusion, un rêve. Mais quand ils utilisent le mot sansara - le monde - ils ne veulent pas dire le monde objectif que la science étudie ; non, pas du tout.

Il ne s'agit pas du monde des arbres, des montagnes et des rivières, non, pas du tout.

Ils désignent le monde que vous créez, que vous faites tourner et que vous tissez à l'intérieur de votre esprit, la roue de l'esprit qui continue à bouger et à tourner. Le sansara n'a rien à voir avec le monde extérieur.

Il y a trois choses dont il faut se souvenir. La première est le monde extérieur, le monde objectif.

Le Bouddha n'en dira jamais rien car ce n'est pas son affaire, il n'est pas un Albert Einstein. Ensuite, il y a un deuxième monde : le monde de l'esprit, le monde que les psychanalystes, les psychiatres, les psychologues étudient. Bouddha aura quelques choses à dire à son sujet, pas beaucoup, juste quelques unes - en fait, une seule : qu'il est illusoire, qu'il n'a pas de vérité, ni objective ni subjective, qu'il est entre les deux.

Le premier monde est le monde objectif, que la science étudie. Le deuxième monde est le monde de l'esprit, que le psychologue étudie. Et le troisième monde est votre subjectivité, votre intériorité, votre moi intérieur.

L'indication de Bouddha va vers le noyau le plus profond de votre être. Mais vous êtes trop impliqué dans l'esprit. S'il ne vous aide pas à vous libérer du mental, vous ne connaîtrez jamais le troisième monde, le monde réel : votre substance intérieure. C'est pourquoi il commence par l'affirmation suivante : NOUS SOMMES CE QUE NOUS PENSONS. C'est ce que chacun est : son esprit. TOUT CE QUE NOUS SOMMES NAÎT DE NOS PENSÉES.

Imaginez un seul instant que toutes les pensées ont cessé... alors qui êtes-vous ? Si toutes les pensées cessent un seul instant, alors qui êtes-vous ? Il n'y aura pas de réponse. Vous ne pouvez pas dire : " Je suis catholique ", " Je suis protestant ", " Je suis hindou ", " Je suis musulman " - vous ne pouvez pas dire cela. Toutes les pensées ont cessé. Ainsi le Coran a disparu, la Bible, la Gita... tous les mots ont cessé ! Vous ne pouvez même pas prononcer votre nom. Toute langue a disparu et vous ne pouvez pas dire à quel pays vous appartenez, à quelle race. Lorsque les pensées cessent, qui êtes-vous ? Un vide total, un néant, une absence de choses.

C'est pour cette raison que le Bouddha a utilisé un mot étrange ; personne n'a jamais fait une telle chose avant, ou depuis. Les mystiques ont toujours utilisé le mot "soi" pour désigner le noyau le plus intime de votre être - le Bouddha utilise le mot "non-soi". Et je suis parfaitement d'accord avec lui ; il est beaucoup plus précis, plus proche de la vérité. Utiliser le mot "soi" - même si vous utilisez le mot "soi" avec un "S" majuscule - ne fait pas grande différence. Il continue à vous donner le sentiment de l'ego, et avec un S majuscule, il peut vous donner un ego encore plus grand.

Le Bouddha n'utilise pas les mots atma, "soi", atta. Il utilise le mot opposé : "non-soi", anatma, anatta. Il dit que lorsque le mental cesse, il n'y a plus de soi - vous êtes devenu universel, vous avez dépassé les limites de l'ego, vous êtes un espace pur, non contaminé par quoi que ce soit. Vous n'êtes qu'un miroir qui ne reflète rien.

NOUS SOMMES CE QUE NOUS PENSONS. TOUT CE QUE NOUS SOMMES NAÎT DE NOS PENSÉES. AVEC NOS PENSÉES NOUS FAISONS LE MONDE.

Si vous voulez vraiment savoir qui vous êtes en réalité, vous devrez apprendre à cesser d'être un esprit, à arrêter de penser. C'est ce qu'est la méditation. Méditer, c'est sortir de l'esprit, laisser tomber l'esprit et se déplacer dans l'espace appelé non-esprit.

Et en un rien de temps, vous connaîtrez la vérité ultime, le dhamma.

Et passer de l'esprit au non-esprit est l'étape, pada. Et c'est là tout le secret du DHAMMAPADA.

PARLEZ OU AGISSEZ AVEC UN ESPRIT IMPUR ET LES PROBLÈMES VOUS SUIVRONT COMME LA ROUE SUIT LE BŒUF QUI TIRE LA CHARRETTE.

Chaque fois que le Bouddha utilise l'expression "esprit impur", vous pouvez mal le comprendre. Par "esprit impur", il entend l'esprit, car tout esprit est impur. L'esprit en tant que tel est impur, et aucun esprit n'est pur. La pureté signifie le non-esprit ; l'impureté signifie l'esprit.

PARLEZ OU AGISSEZ AVEC UN ESPRIT IMPUR - parlez ou agissez avec l'esprit - ET LES MALheURS VOUS SUIVRONT.... La misère est un sous-produit, l'ombre de l'esprit, l'ombre de l'esprit illusoire. La misère est un cauchemar. Vous souffrez uniquement parce que vous êtes endormi. Et il n'y a aucun moyen d'y échapper tant que vous êtes endormi. Si vous ne vous réveillez pas, le cauchemar persistera. Il peut changer de forme, il peut avoir des millions de formes, mais il persistera.

La misère est l'ombre de l'esprit : l'esprit signifie le sommeil, l'esprit signifie l'inconscience, l'esprit signifie l'inconscience. L'esprit, c'est ne pas savoir qui l'on est et prétendre le savoir. Le mental, c'est ne pas savoir où l'on va et prétendre que l'on connaît le but, que l'on sait à quoi sert la vie - ne rien savoir de la vie et croire que l'on sait.

Cet esprit apportera la misère aussi certainement QUE LA ROUE SUIT L'OX qui tire le chariot.

NOUS SOMMES CE QUE NOUS PENSONS. TOUT CE QUE NOUS SOMMES NAÎT DE NOS PENSÉES. AVEC NOS PENSÉES NOUS FAISONS LE MONDE.

PARLEZ OU AGISSEZ AVEC UN ESPRIT PUR ET LE BONHEUR VOUS SUIVRA COMME VOTRE OMBRE, INÉBRANLABLE.

Encore une fois, rappelez-vous : quand le Bouddha dit "esprit pur", il veut dire "pas d'esprit". Il est très difficile de traduire un homme comme le Bouddha. C'est presque un travail impossible, parce qu'un homme comme le Bouddha utilise le langage à sa manière ; il crée son propre langage. Il ne peut pas utiliser le langage ordinaire avec des significations ordinaires, car il a quelque chose d'extraordinaire à transmettre.

Les mots ordinaires n'ont absolument aucun sens par rapport à l'expérience d'un bouddha.

Mais vous devez comprendre le problème. Le problème est qu'il ne peut pas utiliser une langue absolument nouvelle ; personne ne comprendra. Cela ressemblera à du charabia.

C'est ainsi que le mot "charabia" a vu le jour. Il vient d'un soufi ; son nom était Jabbar. Il a inventé une nouvelle langue. Personne n'était capable d'y comprendre quoi que ce soit. Comment pouvez-vous comprendre une langue absolument nouvelle ? Il avait l'air d'un fou, proférant des absurdités, des absurdités totales. C'est comme ça que ça se passe ! Si vous écoutez un Chinois et que vous ne comprenez pas le chinois, c'est un non-sens total.

Quelqu'un demandait à un homme qui était allé en Chine : "Comment font-ils pour trouver des noms aussi étranges pour les gens ? - Ching, Chung, Chang...."

L'homme dit : "Ils ont une méthode : ils ramassent toutes les cuillères de la maison et les lancent vers le haut, et quand ces cuillères retombent...

ching ! chung ! chang ! ou n'importe quel son qu'elles font, c'est ainsi qu'ils nomment un enfant."

Mais il en va de même : si un Chinois entend de l'anglais, il pense : "Quelle absurdité !"

Si c'est le cas des langues que des millions de personnes utilisent, qu'en sera-t-il d'un Bouddha s'il invente une langue originale ? Lui seul la comprendra et personne d'autre. Jabbar a fait cela - il devait être un homme très courageux. Les gens pensaient qu'il était fou.

Le mot anglais "gibberish" vient de Jabbar. Personne ne sait ce qu'il disait.

Personne n'a même essayé de le collecter... comment le collecter ? Il n'y avait pas d'alphabet. Et ce qu'il disait n'avait aucun sens, alors nous ne savons pas quels trésors nous avons manqué.

Le problème pour le Bouddha est que soit il doit utiliser votre langage tel que vous l'utilisez - alors il ne peut pas du tout transmettre son expérience - soit il doit inventer un nouveau langage que personne ne comprendra. Tous les grands maîtres doivent donc se situer entre les deux. Ils utiliseront votre langue, mais ils donneront à vos mots leur couleur, leur saveur. Les bouteilles seront les vôtres, le vin sera le leur. Et en pensant que parce que les bouteilles sont à vous, le vin est aussi à vous, vous les porterez pendant des siècles. Et il est possible que, pensant que c'est votre vin parce que la bouteille est la vôtre, vous buviez parfois à l'intérieur, que vous vous enivriez.

C'est pourquoi il est très difficile à traduire. Le Bouddha utilisait une langue qui était comprise par les gens qui l'entouraient, mais il donnait des tournures aux mots d'une manière si subtile que même les gens qui connaissaient la langue n'étaient pas alertés, n'étaient pas choqués. Ils pensaient entendre leur propre langue.

Le Bouddha utilise les mots "pur esprit" pour le non-esprit, parce que si vous dites "non-esprit", il devient immédiatement impossible de comprendre. Mais si vous dites "esprit pur", alors une certaine communication est possible. Lentement, lentement, il vous convaincra que l'esprit pur signifie non-esprit. Mais cela prendra du temps ; très lentement, vous devez être pris et piégé dans une expérience totalement nouvelle. Mais rappelez-vous toujours : esprit pur signifie non-esprit, impur signifie esprit.

En mettant ces adjectifs, impur et pur, il se compromet avec vous pour que vous ne soyez pas alerté trop tôt et que vous vous échappiez. Il faut vous attirer, vous séduire. Tous les grands maîtres sont séduisants - c'est leur art. Ils vous séduisent de telle sorte que, lentement, vous êtes prêt à boire n'importe quoi, tout ce qu'ils donnent. D'abord, ils vous fournissent de l'eau ordinaire, puis lentement, lentement, du vin doit y être mélangé. Puis l'eau doit être retirée... et un jour vous êtes complètement ivre. Mais il faut que ce soit un processus très lent.

En approfondissant les sutras, vous comprendrez. Esprit impur signifie esprit, esprit pur signifie absence d'esprit. Et le bonheur vous suivra si vous avez un esprit pur ou pas d'esprit..... LE BONHEUR VOUS SUIVRA COMME VOTRE OMBRE, INÉBRANLABLE.

La misère est un sous-produit, tout comme la félicité. La misère est un sous-produit de l'endormissement, la félicité est un sous-produit de l'éveil. Vous ne pouvez donc pas chercher et rechercher la félicité directement, et ceux qui cherchent et recherchent la félicité directement sont voués à l'échec, condamnés à l'échec. La félicité ne peut être atteinte que par ceux qui ne la recherchent pas directement ; au contraire, ils recherchent la conscience. Et lorsque la conscience vient, la félicité vient d'elle-même, tout comme votre ombre, inébranlable.

"REGARDE COMME IL M'A MALTRAITÉ ET BATTU, COMME IL M'A JETÉ PAR TERRE ET M'A VOLÉ." VIS AVEC DE TELLES PENSÉES ET TU VIS DANS LA HAINE.

"REGARDE COMME IL M'A MALTRAITÉ ET BATTU, COMME IL M'A JETÉ À TERRE ET M'A VOLÉ." ABANDONNE DE TELLES PENSÉES, ET VIS DANS L'AMOUR.

Quelque chose de très important : la haine existe avec le passé et le futur - l'amour n'a pas besoin de passé, ni de futur. L'amour existe dans le présent. La haine a une référence dans le passé :

quelqu'un a abusé de vous hier et vous le portez comme une blessure, une gueule de bois. Ou vous avez peur que quelqu'un vous maltraite demain - une peur, une ombre de la peur. Et vous vous préparez déjà, vous vous préparez à la rencontrer.

La haine existe dans le passé et dans le futur. Vous ne pouvez pas haïr dans le présent - essayez, et vous serez totalement impuissant. Essayez aujourd'hui : asseyez-vous en silence et haïssez quelqu'un dans le présent, sans référence au passé ou à l'avenir... vous ne pouvez pas le faire. Vous ne pouvez pas le faire. C'est impossible, de par la nature même des choses. La haine ne peut exister que si vous vous souvenez du passé : cet homme vous a fait quelque chose hier - alors la haine est possible. Ou cet homme va faire quelque chose demain - alors la haine est également possible. Mais si vous n'avez aucune référence au passé ou au futur - cet homme ne vous a rien fait et ne va rien vous faire, cet homme est juste assis là - comment pouvez-vous haïr ? Mais vous pouvez aimer.

L'amour n'a pas besoin de référence - c'est la beauté de l'amour et la liberté de l'amour. La haine est un esclavage. La haine est un emprisonnement - imposé par vous à vous-même. Et la haine crée la haine, la haine provoque la haine. Si vous haïssez quelqu'un, vous créez de la haine dans le cœur de cette personne pour vous-même. Et le monde entier existe dans la haine, dans la destruction, dans la violence, dans la jalousie, dans la compétition. Les gens sont à la gorge les uns des autres, soit dans la réalité, dans l'actualité, dans l'action, soit au moins dans leur esprit, dans leurs pensées, tout le monde assassine, tue. C'est pourquoi nous avons créé un enfer sur cette belle terre - qui aurait pu devenir un paradis.

Aimez, et la terre redevient un paradis. Et l'immense beauté de l'amour est qu'il n'a pas de référence. L'amour vient de vous sans aucune raison. C'est l'effusion de votre félicité, c'est le partage de votre cœur. C'est le partage du chant de votre être. Et le partage est si joyeux - donc on partage ! Partager pour le plaisir de partager, sans autre motif.

Mais l'amour que vous avez connu dans le passé n'est pas l'amour dont parle Bouddha ou dont je parle. Votre amour n'est rien d'autre que l'autre face de la haine. Votre amour a donc une référence : quelqu'un a été beau pour vous hier, il était si gentil que vous ressentez un grand amour pour lui. Ce n'est pas de l'amour ; c'est l'autre face de la haine - la référence le prouve.

Ou bien quelqu'un va être gentil avec vous demain : la façon dont il vous a souri, la façon dont il vous a parlé, la façon dont il vous a invité chez lui demain - il va être aimant avec vous. Et un grand amour naît.

Ce n'est pas l'amour dont parlent les bouddhas. C'est de la haine déguisée en amour - c'est pourquoi votre amour peut se transformer en haine à tout moment. Il suffit d'égratigner un peu une personne pour que l'amour disparaisse et que la haine surgisse. Ce n'est même pas à fleur de peau. Même les soi-disant grands amoureux se disputent continuellement, se sautent continuellement à la gorge, se harcèlent, se détruisent. Et les gens pensent que c'est ça l'amour....

Vous pouvez demander à Astha et Abhiyana - ils sont tellement amoureux qu'Astha a un œil au beurre noir presque tous les jours. Un grand combat ! Mais quand une grande dispute a lieu, les gens pensent que quelque chose se passe. Quand il ne se passe rien - pas de dispute, pas de querelle - les gens se sentent vides. "Il vaut mieux se battre que d'être vide" - c'est l'idée de millions de personnes dans le monde. Au moins, la lutte vous maintient engagé, au moins la lutte vous maintient impliqué, et la lutte vous rend important. La vie semble avoir un sens - un sens moche, mais au moins un sens.

Votre amour n'est pas vraiment de l'amour : c'est son contraire. C'est de la haine déguisée en amour, camouflée en amour, paradant en amour. Le véritable amour n'a pas de référence. Il ne pense pas à hier, il ne pense pas à demain. Le véritable amour est un jaillissement spontané de joie en vous... et le fait de la partager... et de la répandre... sans autre raison, sans autre motif, que la simple joie de la partager.

Les oiseaux qui chantent le matin, ce coucou qui appelle au loin... sans raison.

Le cœur est tellement rempli de joie qu'une chanson en jaillit. Quand je parle d'amour, je parle d'un tel amour. Souvenez-vous-en. Et si vous pouvez entrer dans la dimension de cet amour, vous serez au paradis - immédiatement. Et vous commencerez à créer un paradis sur la terre.

L'amour crée l'amour tout comme la haine crée la haine.

DANS CE MONDE, LA HAINE N'A ENCORE JAMAIS DISSIPÉ LA HAINE. SEUL L'AMOUR DISSIPE LA HAINE. TELLE EST LA LOI, ANCIENNE ET INÉPUISABLE.

Aes dhammo sanantano - c'est la loi, éternelle, ancienne et inépuisable.

Quelle est la loi ? Que la haine ne dissipe jamais la haine - les ténèbres ne peuvent pas dissiper les ténèbres - que seul l'amour dissipe la haine. Seule la lumière peut dissiper les ténèbres : l'amour est la lumière, la lumière de votre être, et la haine est les ténèbres de votre être. Si vous êtes sombre à l'intérieur, vous continuez à jeter de la haine tout autour de vous. Si vous êtes léger à l'intérieur, lumineux, alors vous continuez à rayonner la lumière autour de vous.

Un sannyasin doit être un amour rayonnant, une lumière rayonnante.

AES DHAMMO SANANTANO.... Le Bouddha le répète encore et encore - c'est la loi éternelle. Quelle est la loi éternelle ? Seul l'amour dissipe la haine, seule la lumière dissipe l'obscurité.

Pourquoi ? parce que l'obscurité en soi n'est qu'un état négatif ; elle n'a pas d'existence positive propre. Elle n'existe pas vraiment - comment pouvez-vous la dissiper ? Vous ne pouvez rien faire directement à l'obscurité. Si vous voulez faire quelque chose à l'obscurité, vous devez faire quelque chose avec la lumière. Faites entrer la lumière et l'obscurité disparaît, faites sortir la lumière et l'obscurité entre. Mais vous ne pouvez pas faire entrer ou sortir l'obscurité directement - vous ne pouvez rien faire avec l'obscurité. Rappelez-vous que vous ne pouvez rien faire non plus avec la haine.

Et c'est la différence entre les professeurs de morale et les mystiques religieux : les professeurs de morale continuent à prôner la fausse loi. Ils ne cessent de répéter : "Combattez les ténèbres - combattez la haine, la colère, le sexe, ceci, cela !". Toute leur approche consiste à dire : "Combattez le négatif", alors que le vrai, le vrai maître vous enseigne la loi positive : aes dhammo sanantano - la loi éternelle : "Ne combattez pas les ténèbres." Et la haine est l'obscurité, et le sexe est l'obscurité, et la jalousie est l'obscurité, et l'avidité est l'obscurité et la colère est l'obscurité.

Faites entrer la lumière....

Comment la lumière est-elle amenée ? Devenez silencieux, irréfléchi, conscient, alerte, conscient, éveillé - c'est ainsi que la lumière entre. Et au moment où vous êtes alerte, conscient, la haine ne sera pas trouvée. Essayez de haïr quelqu'un avec la conscience....

Ce sont des expériences à faire, pas seulement des mots à comprendre - des expériences à faire. C'est pourquoi je vous dis de ne pas essayer de comprendre seulement intellectuellement : devenez des expérimentateurs existentiels.

Essayez de haïr quelqu'un consciemment et vous trouverez cela impossible. Soit la conscience disparaît, alors vous pouvez haïr ; soit si vous êtes conscient, la haine disparaît. Elles ne peuvent pas exister ensemble. Il n'y a pas de coexistence possible : la lumière et l'obscurité ne peuvent exister ensemble - car l'obscurité n'est rien d'autre que l'absence de lumière.

Les vrais maîtres vous enseignent comment atteindre Dieu ; ils ne disent jamais de renoncer au monde.

Le renoncement est négatif. Ils ne vous disent pas de vous échapper du monde, ils vous apprennent à vous échapper en Dieu. Ils vous apprennent à atteindre la vérité, pas à vous battre avec les mensonges. Et les mensonges sont des millions. Si vous continuez à vous battre, cela prendra des millions de vies, et vous n'atteindrez toujours rien. Et la vérité est une, donc la vérité peut être atteinte instantanément, en ce moment même c'est possible.

VOUS AUSSI VOUS PASSEREZ. SACHANT CELA, COMMENT POUVEZ-VOUS VOUS DISPUTER ?

La vie est si courte, si momentanée, et vous la gaspillez en vous querellant ? Utilisez toute votre énergie pour la méditation - c'est la même énergie. Vous pouvez vous battre avec elle ou vous pouvez devenir une lumière grâce à elle.

LE VENT RENVERSE SI FACILEMENT UN ARBRE FRÊLE. CHERCHEZ LE BONHEUR DANS LES SENS, LAISSEZ-VOUS ALLER À LA NOURRITURE ET AU SOMMEIL, ET VOUS SEREZ VOUS AUSSI DÉRACINÉS.

Le Bouddha dit : Souvenez-vous, si vous dépendez des sens, vous resterez très fragile - parce que les sens ne peuvent pas vous donner de la force. Ils ne peuvent pas vous donner de force parce qu'ils ne peuvent pas vous donner une fondation constante. Ils sont constamment en mouvement ; tout change. Où pouvez-vous vous abriter ? Où pouvez-vous établir des fondations ?

A un moment, cette femme est belle et à un autre moment, c'est une autre femme. Si vous vous contentez de décider par les sens, vous serez constamment dans l'agitation - vous ne pouvez pas décider car les sens changent sans cesse d'avis. À un moment donné, quelque chose semble si incroyable, et à un autre moment, c'est juste laid, insupportable. Et nous dépendons de ces sens.

Le Bouddha dit : Ne dépendez pas des sens - dépendez de la conscience. La conscience est quelque chose de caché derrière les sens. Ce n'est pas l'œil qui voit. Si vous allez chez l'oculiste, il vous dira que c'est l'œil qui voit, mais ce n'est pas vrai. L'œil n'est qu'un mécanisme - à travers lequel quelqu'un d'autre voit. L'œil n'est qu'une fenêtre ; la fenêtre ne peut pas voir.

Quand tu te tiens à la fenêtre, tu peux regarder dehors. Quelqu'un qui passe dans la rue peut penser : "La fenêtre me voit." L'oeil n'est qu'une fenêtre, une ouverture. Qui est derrière l'œil ?

L'oreille n'entend pas - qui est derrière l'oreille qui entend ? Qui est celui qui ressent ? Continuez à chercher et vous trouverez un fondement ; sinon, votre vie ne sera qu'une feuille sèche dans le vent.

LE VENT NE PEUT PAS RENVERSER UNE MONTAGNE. LA TENTATION NE PEUT PAS TOUCHER L'HOMME QUI EST ÉVEILLÉ, FORT ET HUMBLE, QUI SE MAÎTRISE ET QUI TIENT COMPTE DE LA LOI.

La méditation vous rendra éveillé, fort et humble. La méditation vous rendra éveillé parce qu'elle vous donnera la première expérience de vous-même. Vous n'êtes pas le corps, vous n'êtes pas l'esprit - vous êtes la pure conscience qui témoigne. Et lorsque cette conscience témoin est touchée, un grand réveil se produit - comme si un serpent était enroulé et que soudain il se déroulait, comme si quelqu'un était endormi et qu'il était secoué et réveillé. Soudain, un grand réveil intérieur : pour la première fois, vous sentez que vous êtes. Pour la première fois, vous ressentez la vérité de votre être.

Et certes, cela vous rend fort ; vous n'êtes plus fragile, pas comme un arbre frêle que n'importe quel vent peut renverser. Maintenant, tu deviens une montagne ! Maintenant tu as une fondation, maintenant tu es enraciné - aucun vent ne peut renverser une montagne. Vous devenez éveillé, vous devenez fort, et pourtant vous restez humble. Cette force n'apporte aucun ego en vous. Vous devenez humble parce que vous prenez conscience que la même âme témoin existe dans tout le monde, même dans les animaux, les oiseaux, les plantes, les pierres.

Ce ne sont que des façons différentes de dormir ! Quelqu'un dort sur le côté droit, et quelqu'un dort sur le côté gauche, et quelqu'un dort sur le dos... ce ne sont que des façons différentes de dormir. Un rocher a sa propre façon de dormir, un arbre une façon différente de dormir, un oiseau encore une façon différente - mais ce ne sont que des différences dans les façons et les méthodes de dormir ; sinon, au fond de chaque être, il y a le même témoignage, le même Dieu. Cela vous rend humble. Même avant un rocher, vous savez que vous n'avez rien de spécial, car toute l'existence est faite de la même chose appelée conscience. Et si vous êtes éveillé, fort et humble, cela vous donne la maîtrise de vous-même.

SI LES PENSÉES D'UN HOMME SONT BOUEUSES, S'IL EST INSOUCIANT ET PLEIN DE TROMPERIE, COMMENT PEUT-IL PORTER LA ROBE JAUNE ?

Le Bouddha a choisi pour ses sannyasins la robe jaune, tout comme j'ai choisi l'orange. C'est la différence entre mon approche et celle du Bouddha. Le jaune représente la mort - la feuille jaune. Le jaune représente le soleil couchant, le soir.

Bouddha a trop insisté sur la mort - c'est une façon de faire. Si vous insistez trop sur la mort, cela aide : les gens deviennent de plus en plus conscients de la vie par opposition à la mort. Et lorsque vous insistez sur la mort encore et encore et encore, vous aidez les gens à s'éveiller. Ils doivent être éveillés parce que la mort arrive. Chaque fois que Bouddha initiait un nouveau sannyasin, il lui disait : " Va au cimetière, reste là et regarde les bûchers funéraires, les cadavres transportés, brûlés... continue à regarder. Et continue à te souvenir que cela va t'arriver à toi aussi. Trois mois de méditation sur la mort, puis revenez." C'était le début du sannyas.

Il n'y a que deux façons possibles. L'une est de mettre l'accent sur la mort ; l'autre est de mettre l'accent sur la vie.

Parce que ce sont les deux seules choses qui existent - la vie et la mort. Le Bouddha a choisi la mort comme symbole, d'où la robe jaune.

L'orange représente la vie, c'est la couleur du sang. Il représente le soleil du matin, l'aube, le ciel de l'est qui devient rouge. Je mets l'accent sur la vie. Mais le but est le même. Je veux que vous soyez si passionnément amoureux de la vie que votre passion même pour la vie vous rende conscient, que votre intensité même à la vivre vous rende éveillé.

Et la mort est dans le futur, alors que la vie est maintenant, donc si vous pensez à la mort, vous penserez au futur. Si vous pensez à la mort, ce sera une déduction : vous verrez quelqu'un d'autre mourir, vous ne vous verrez jamais mourir. Vous pouvez imaginer, vous pouvez déduire, vous pouvez penser, mais ce sera une pensée.

La vie n'a pas besoin d'être pensée, elle peut être vécue. Elle peut vous aider à être sans pensée, plus que la mort ne le peut. C'est pourquoi mon choix est bien meilleur que celui de Bouddha, car la vie est là maintenant ; vous n'avez pas besoin d'aller dans un cimetière. Tout ce dont vous avez besoin, c'est d'être vigilant et la vie est partout... dans les fleurs, dans les oiseaux, dans les gens qui vous entourent, les enfants qui rient... et en vous !... et maintenant ! Vous n'avez pas besoin d'y penser, vous n'avez pas besoin de la déduire. Vous pouvez simplement fermer les yeux et le sentir - vous pouvez en sentir le chatouillement, vous pouvez en sentir le battement.

Mais les deux méthodes peuvent être utilisées : la mort peut être utilisée pour que vous deveniez un méditant, ou la vie peut être utilisée - mon choix est la vie. Et je souligne et répète que mon choix est bien meilleur que celui de Bouddha. Le choix de la mort comme symbole par Bouddha a aidé ce pays tout entier à devenir mort, terne, insipide. Mon choix de la vie comme symbole peut faire revivre ce pays - pas seulement ce pays mais le monde entier - car ce n'est pas seulement le Bouddha qui a choisi la mort comme symbole, le christianisme a également choisi la mort comme symbole - la croix. Ainsi, les deux plus grandes religions du monde, le christianisme et le bouddhisme, sont orientées vers la mort.

Et à cause de ces deux religions.... Et leur impact a été le plus grand :

Le christianisme a transformé tout l'Occident, et le bouddhisme a transformé tout l'Orient.

Jésus et Bouddha ont été les deux plus grands maîtres, mais le choix de la mort comme symbole a été dangereux, a été une calamité. Je choisis la vie. Je voudrais que cette terre entière soit pleine de vie, de plus en plus de vie, une vie palpitante. Mais ce que Bouddha dit de sa robe jaune, je le dirais aussi de ma robe orange. Il dit : SI LES PENSÉES D'UN HOMME SONT BOUEUSES, S'IL EST INCRÉDIBLE ET PLEIN DE DÉCENCE, COMMENT POURRAIT-IL PORTER LA ROBE JAUNE ?

CELUI QUI EST MAÎTRE DE SA PROPRE NATURE, BRILLANTE, CLAIRE ET VRAIE, PEUT EN EFFET PORTER LA ROBE ORANGE.

Ce qu'il dit de la robe jaune, je le dis de la robe orange : CELUI QUI EST... BRILLANT, CLAIR ET VRAI, PEUT EN EFFET PORTER LA ROBE ORANGE.

AES DHAMMO SANANTANO.

Une chaise vide

La première question :
Question 1 :
MAÎTRE BIEN-AIMÉ, UNE CHAISE VIDE UNE SALLE SILENCIEUSE UNE INTRODUCTION AU BOUDDHA - QUELLE ÉLOQUENCE ! QUELLE RARETÉ !

Oui, Subhuti, c'est la seule façon de te présenter le Bouddha. Le silence est le seul langage dans lequel il peut être exprimé. Les mots sont trop profanes, trop inadéquats, trop limités.

Seul un espace vide... totalement silencieux... peut représenter l'être d'un bouddha.

Il existe un temple au Japon, absolument vide, pas même une statue du Bouddha dans le temple, et il est connu comme un temple dédié au Bouddha. Lorsque les visiteurs viennent et demandent : "Où est le Bouddha ? Le temple lui est dédié...", le prêtre rit et dit : "Cet espace vide, ce silence - c'est Bouddha !"

Les pierres ne peuvent pas le représenter, les statues ne peuvent pas le représenter. Bouddha n'est pas une pierre, ni une statue. Le Bouddha n'est pas une forme - le Bouddha est un parfum sans forme. Ce n'est donc pas par hasard que dix jours de silence ont précédé ces entretiens sur le Bouddha. Ce silence était la seule préface possible.

Subhuti, tu as raison : "Une chaise vide...." Oui, seule une chaise vide peut le représenter.

Cette chaise est vide, et cet homme qui vous parle est vide. C'est un espace vide qui se déverse en vous. Il n'y a personne à l'intérieur, juste un silence.

Parce que vous ne pouvez pas comprendre le silence, il doit être traduit en langage. C'est à cause de votre limitation que je dois parler

; sinon, ce n'est pas nécessaire. La vérité ne peut être dite, n'a jamais été dite, ne sera jamais dite. Toutes les écritures parlent de la vérité, en parlent encore et encore, mais aucune écriture n'a encore été capable de l'exprimer - ni les Vedas, ni la Bible, ni le Coran - parce qu'il est impossible, de par la nature même des choses, de l'exprimer.

On ne peut pas le dire - on ne peut que le montrer. On ne peut pas le prouver logiquement, mais l'amour peut le prouver. Là où la logique échoue, l'amour réussit. Là où le langage échoue, le silence réussit.

Je ne peux pas le prouver, mais l'absence du "moi" en moi peut en devenir une preuve absolue. Si vous voulez comprendre Bouddha, vraiment, vous devrez vous rapprocher de plus en plus de ce silence que je suis, vous devrez devenir de plus en plus intime, disponible, vulnérable, à cette personne qui vous parle.

Je ne suis pas une personne. La personne est morte il y a longtemps. C'est une présence - une absence et une présence. Je suis absent en tant que personne, en tant qu'individu ; je suis présent en tant que véhicule, passage, bambou creux. Il peut devenir une flûte - seul le bambou creux peut devenir une flûte.

Je me suis donné à l'ensemble. Maintenant quelle que soit la volonté du tout... s'il veut parler à travers moi, je suis disponible ; s'il ne veut pas parler à travers moi, je suis disponible. Sa volonté est la seule volonté maintenant. Je n'ai pas de volonté propre.

C'est pourquoi vous trouverez souvent des contradictions dans mes déclarations - parce que je ne peux rien changer. Dieu est contradictoire parce qu'il est un paradoxe. Il contient les opposés polaires : il est l'obscurité et la lumière, l'été et l'hiver, la vie et la mort.

Parfois il parle comme la vie et parfois comme la mort, et parfois il vient comme l'été et parfois comme l'hiver... Que puis-je faire ?

Si je m'immisce, je ferai de fausses déclarations. Si j'essaie d'être cohérent, je serai faux. Je ne peux être vrai que si je reste disponible à toutes les contradictions que Dieu contient.

Cette chaise, Subhuti, est certainement vide. Et le jour où tu seras capable de voir cette chaise vide, ce corps vide, cet être vide, tu m'auras vu, tu m'auras contacté.

C'est le véritable moment où le disciple rencontre le maître. C'est une dissolution, une disparition... la goutte de rosée qui glisse dans l'océan, ou l'océan qui glisse dans la goutte de rosée. C'est la même chose ! - le maître disparaissant dans le disciple et le disciple disparaissant dans le maître. Et puis il règne un profond silence.

Ce n'est pas un dialogue ! C'est là que les religions orientales, en particulier le bouddhisme, ont atteint des sommets plus élevés que le christianisme, le judaïsme, l'islam - parce que l'islam, le judaïsme, le christianisme, restent accrochés d'une manière ou d'une autre à l'idée d'un dialogue. Mais un dialogue présuppose la dualité, la gémellité. L'islam, le christianisme, le judaïsme sont des religions de prière.

La prière présuppose qu'il existe un Dieu distinct de vous, que vous pouvez vous adresser à lui.

C'est pourquoi le livre de Martin Buber est devenu très célèbre - Je et Tu. C'est l'essence même de la prière. Mais "je" et "tu"... une dualité est nécessaire pour un dialogue. Et aussi beau que soit le dialogue, il reste une division, une scission ; ce n'est pas encore l'union. La rivière n'est pas entrée dans l'océan. Peut-être s'en est-il approché de très près, juste au bord, mais il se retient.

Le bouddhisme n'est pas la religion de la prière, c'est la religion de la méditation. Et c'est la différence entre la prière et la méditation : la prière est un dialogue, la méditation est un silence.

La prière doit être adressée à quelqu'un - réelle, irréelle, mais elle doit être adressée à quelqu'un. La méditation n'est pas du tout une adresse ; il suffit de tomber dans le silence, il suffit de disparaître dans le néant. Quand on ne l'est pas, la méditation l'est.

Et le Bouddha est la méditation - c'est sa saveur. Ces dix jours, nous sommes restés silencieux, nous sommes restés en méditation. La vraie chose a été dite. Ceux qui n'ont pas entendu la vraie chose, maintenant je vais parler pour eux.

La méditation qui a prévalu pendant dix jours comportait une différence - et c'est la différence entre l'approche de Bouddha et la mienne - une petite différence, mais d'une importance considérable. Et cela doit être compris par vous, car je ne suis pas un simple commentateur du Bouddha. Je ne me contente pas de lui faire écho, je ne suis pas simplement un miroir qui le reflète ; je suis une réponse, pas un reflet.

Je ne suis pas un érudit, je ne vais pas faire une analyse érudite de ses déclarations - je suis un poète !

J'ai vu le même néant que lui et, certainement, je l'ai vu à ma façon. Le Bouddha a sa propre manière, j'ai ma propre manière - de voir, d'être. Les deux voies atteignent le même sommet, mais les voies sont différentes. Ma façon a une petite différence - petite, mais d'une profonde importance, rappelez-vous.

Ces dix jours n'étaient pas seulement de la méditation silencieuse - ces dix jours étaient de la musique, du silence et de la méditation. La musique est ma contribution à tout cela. Bouddha ne l'aurait pas autorisée. Nous nous serions disputés sur ce point. Il n'aurait pas autorisé la musique ; il aurait dit que la musique est une perturbation. Il aurait insisté sur le silence pur, il aurait dit que cela suffisait. Mais c'est là que nous sommes d'accord pour ne pas être d'accord.

Pour moi, la musique et la méditation sont deux aspects du même phénomène. Et sans musique, il manque quelque chose à la méditation ; sans musique, la méditation est un peu terne, peu vivante.

Sans méditation, la musique n'est que du bruit - harmonieux, mais du bruit. Sans la méditation, la musique est un divertissement. Et sans musique, la méditation devient de plus en plus négative, elle tend à être orientée vers la mort.

D'où mon insistance pour que la musique et la méditation aillent de pair. Cela ajoute une nouvelle dimension - aux deux. Les deux s'en trouvent enrichies.

Retenez trois M comme vous retenez trois R. Le premier M est les mathématiques ; les mathématiques sont la science la plus pure. Le deuxième M est la musique ; la musique est un art pur. Et le troisième M est la méditation ; la méditation est la religion pure. Lorsque ces trois M se rencontrent, vous atteignez la trinité.

Mon approche est scientifique. Même si je fais des affirmations illogiques, je les fais de manière très très logique. Même si j'affirme des paradoxes, ils sont affirmés de manière logique. Tout ce que je dis a un fondement mathématique, une méthode, une certaine approche scientifique. Je ne suis pas une personne non scientifique. Ma science est au service de ma religion ; la science n'est pas la fin, mais c'est un beau début.

Et mon approche est artistique, esthétique. Je ne peux vous aider que si ce champ d'énergie devient musical. La musique est un art pur. Et si elle est associée aux mathématiques, elle devient un instrument extrêmement puissant pour pénétrer dans votre intériorité. Bien sûr, cela ne sera pas complet si la méditation n'est pas le plus haut sommet, la religion la plus pure.

Et nous essayons de créer la synthèse ultime. C'est ma trinité : mathématiques, musique, méditation. C'est ma trimurti - les trois visages de Dieu. Vous pouvez atteindre Dieu à travers un seul visage, mais alors votre expérience de Dieu ne sera pas aussi riche qu'elle ne le sera lorsque vous atteindrez deux visages. Mais il lui manquera toujours quelque chose, à moins que vous n'atteigniez les trois faces.

Lorsque vous connaissez Dieu en tant que trinité, lorsque vous êtes passé par les trois dimensions, votre expérience, votre nirvana, votre illumination, sera la plus riche.

Bouddha insiste sur la méditation seule ; c'est un visage de Dieu. Mahomet insiste sur la prière, la musique, le chant ; le Coran contient donc la qualité de la musique. Aucune autre écriture n'a autant de musique en elle que le Coran. Le mot même de coran signifie simplement "Récite ! Chantez !" Ce fut la première révélation à Mahomet. Quelque chose de l'au-delà l'a appelé et a dit : "Récite ! Récite ! Chantez !"

L'Islam est un autre visage de Dieu. Et il y a des religions qui ont approché Dieu par le troisième M : les mathématiques. Le jaïnisme est le représentant le plus pur de cette troisième approche. Mahavira parle comme Albert Einstein. Ce n'est pas un hasard si Mahavira a été la première personne dans l'histoire de l'humanité à parler de la théorie de la relativité. Après vingt-cinq siècles, Albert Einstein a pu la prouver scientifiquement, mais Mahavira l'a vue dans sa vision.

Si vous lisez Mahavira, ses déclarations sont absolument logiques, mathématiques. Les écritures Jaina n'ont pas de jus en elles - sèches, arithmétiques. C'est un autre visage de Dieu. Et seuls trois types de religion ont existé dans le monde : les religions des mathématiques, représentées par le jaïnisme ; les religions de la musique, représentées par l'islam, le christianisme, le judaïsme, l'hindouisme ; et les religions de la méditation, représentées par le bouddhisme, le taoïsme.

Mon effort ici est de vous donner une religion totale, qui contient tous les trois M's en elle. C'est une aventure très ambitieuse. Elle n'a jamais été tentée auparavant ; c'est pourquoi on va s'opposer à moi comme personne ne l'a jamais fait auparavant. Vous vous déplacez avec une personne dangereuse, mais le voyage sera d'une immense beauté. Les dangers, les risques ne rendent pas un voyage laid ; au contraire, ils le rendent extrêmement beau. Tous les dangers que vous aurez à affronter avec moi vont vous donner des frissons. Le voyage ne sera pas ennuyeux, il sera très vivant. Nous allons avancer vers Dieu d'une manière tellement multidimensionnelle que chaque moment du voyage sera précieux.

J'ai commencé ces conférences sur le Bouddha par un silence de dix jours, délibérément. C'était un artifice de commencer par le silence - Bouddha aurait été très heureux. Il a dû hausser un peu les épaules à cause de la musique, mais que puis-je faire ? On ne peut rien y faire.

Ma religion doit être une religion de danse, d'amour, de rire. Elle doit être orientée vers la vie, elle doit être une affirmation de la vie. Elle doit être une histoire d'amour avec la vie. Ce n'est pas un renoncement mais une réjouissance.

La deuxième question :

Question 2 :

MAÎTRE BIEN-AIMÉ, IL S'AGIT DE CE SENTIMENT QU'IL A TOUJOURS ÉTÉ LÀ, ET DÈS QUE JE LE RESSENS, IL SEMBLE SI LOIN - MAIS QUEL EST CE "ÇA" ?

Deva Prashantam, c'est l'un des éternels problèmes rencontrés par tout chercheur de vérité. Vous ne pouvez pas saisir la vérité - si vous essayez, elle sera très loin. Vous ne pouvez pas posséder la vérité - si vous essayez, vous trouverez vos mains complètement vides. La vérité ne peut être possédée car elle n'est pas une chose. Au contraire, vous devez être assez courageux pour être possédé par la vérité - parce que c'est une histoire d'amour.

Laissez-vous posséder par elle et vous saurez ce que c'est. Mais vous avez fait exactement le contraire : vous avez essayé de vous en emparer. C'est ce que le mental désire toujours. C'est ce que le mental appelle "compréhension". Tant que le mental n'est pas capable de s'emparer de quelque chose, il n'est pas satisfait.

Mais la vérité est mercurielle : si vous essayez de la tenir dans vos mains, plus vous la tenez fermement, plus elle devient insaisissable, et la plus éloignée - si éloignée que vous cesserez d'y croire, d'avoir confiance en elle... si éloignée que vous ne serez pas en mesure de voir qu'elle existe du tout.

La vérité vient ; on ne peut pas l'apporter. La vérité arrive ; vous ne pouvez rien y faire - parce que celui qui agit est le problème, la gêne, l'obstacle. L'auteur est l'ego. Et si vous vous débrouillez d'une manière ou d'une autre et que vous ne permettez pas à l'acteur d'interférer, il arrive par la porte de derrière - en tant que celui qui expérimente, en tant qu'observateur, en tant qu'expérimentateur. C'est à nouveau le même ego, avec de nouveaux vêtements.

C'est pourquoi, lorsque vous le ressentez, il est perdu - l'auteur de l'action est maintenant venu en tant que ressentant. L'acteur doit être totalement dissous ; il ne doit pas être autorisé à revenir d'une manière subtile, d'une manière secrète.

Laissez la vérité être ! Ne soyez pas pressé de la comprendre ou de la ressentir - laissez-la simplement être là.

Vous n'avez pas besoin de faire quoi que ce soit à ce sujet. Si vous pouvez rester dans un tel état de non-faire, de non effort, de non-moi, vous comprendrez, vous ressentirez, vous saurez, vous l'aurez. On ne peut l'avoir qu'indirectement, pas directement.

Prashantam, c'est là que tu rates tout. Et c'est là que tout le monde le rate. Oui, il y a des moments où soudainement il est si proche... vous voudriez le saisir. Le désir même de s'en emparer vient de l'avidité, le désir même de s'en emparer vient de la peur. Le désir même de s'en emparer est un désir de l'esprit. Et quand l'esprit entre, la vérité sort.

Ne pouvez-vous pas simplement être silencieux, ne rien faire du tout - ni sur le plan intellectuel, ni sur le plan physique, ni sur le plan émotionnel - ne rien faire du tout, juste être là, complètement tranquille ? Et alors vous serez possédé par lui. Et la seule façon de le connaître est d'être possédé par lui.

Vous dites : "Il s'agit de ce sentiment qu'il y a toujours eu là....".

Oui, elle a toujours été là. C'est notre être même. C'est la matière dont nous sommes faits. La vérité n'est pas quelque chose de distinct de vous : vous êtes la vérité. Elle est votre conscience même, le fondement même de votre être. Vous n'avez pas besoin d'aller ailleurs pour chercher et chercher, à Kashi ou à la Kaaba. Il n'est même pas nécessaire de faire un seul pas.

Lao Tzu dit : Vous pouvez le trouver assis dans votre propre maison, sans avoir besoin d'aller nulle part - car il est déjà là ! Lorsque vous vous lancez dans une recherche, lorsque vous vous mettez à chercher, vous vous éloignez de la vérité. Chaque recherche vous éloigne de la vérité qui est déjà là.

Et il y a des moments où vous le sentez, que cela a toujours été là - des moments de joie, d'amour, de beauté. Des moments où, soudain, le monde s'arrête : un magnifique coucher de soleil... et vous en êtes saisis. Rappelez-vous que je dis que vous en êtes saisi, possédé, et non que vous le possédez. Comment pouvez-vous posséder un coucher de soleil ? Le coucher de soleil vous possède, vous remplit, chaque coin et recoin de votre être déborde de sa beauté.

Et l'on sait alors, au plus profond de son être, qu'elle a toujours été là.

Les mots ne sont même pas nécessaires ; on sait simplement sans mots - on ressent.

Ou, lorsque vous êtes amoureux... ou lorsque vous écoutez une belle poésie... ou le chant des oiseaux... ou simplement le vent qui souffle dans les pins... ou le son de l'eau.....

Chaque fois que vous vous laissez posséder, vous vous apercevrez que, soudainement, de nulle part, la vérité est apparue, Dieu est apparu, le dhamma est apparu. Vous avez touché quelque chose d'intangible, vous avez vu quelque chose d'invisible. Vous avez été en contact avec quelque chose d'éternel... aes dhammo sanantano - la loi éternelle, la loi inépuisable.

Chaque fois que vous êtes dans un état d'harmonie, que tout ronronne, que tout fonctionne en harmonie, chaque fois que vous êtes en accord... et ces moments arrivent à tout le monde. Ces moments n'ont rien à voir avec les églises, les temples et les mosquées. En fait, il est très rare de trouver une personne qui devient éclairée dans une église, une mosquée ou un temple.

Bouddha a été illuminé sous un arbre, en regardant la dernière étoile du matin disparaître dans le ciel ; pas dans un temple, pas dans une église - sous un arbre, en regardant une étoile. Il a dû être possédé. Et l'étoile qui disparaissait, lentement, lentement, disparaissait... elle disparaissait, elle disparaissait, elle disparaissait. Un instant avant elle était là, et maintenant elle n'est plus là. Et à ce moment-là, soudain, quelque chose en lui, la dernière citadelle de l'ego, a disparu aussi. Tout comme l'étoile du matin qui disparaît, son ego a lui aussi disparu.

Le ciel était vide, et il était vide. Et chaque fois que deux choses sont vides, elles deviennent une seule - parce que deux choses vides ne peuvent pas être délimitées. Par quoi délimiterez-vous le vide ? Deux choses vides ne peuvent être séparées ; deux choses vides deviennent un seul rien. L'étoile a disparu là, et le ciel était vide, et l'ego a disparu à l'intérieur et le ciel était vide à l'intérieur aussi... et soudain l'intérieur et l'extérieur ont disparu. Il n'y avait qu'un seul ciel.

À ce moment-là, Bouddha est devenu illuminé. À ce moment-là, il a appris à connaître le dhamma, le logos, le tao, Dieu, le principe cosmique de la vie.

Mahavira a reçu l'illumination, pas dans un temple - pas même dans un temple jaïna ! Il y avait des temples jaïna à l'époque de Mahavira. Mahavira était le vingt-quatrième tirthankara des Jainas - le vingt-quatrième grand maître. Vingt-trois maîtres l'avaient précédé. Il y avait des temples jaïnas, mais il n'a pas été illuminé dans un temple jaïna - les jaïnas devraient noter ce fait. Il a atteint l'illumination dans la forêt. Il était assis là, ne faisant rien, et soudain, c'est arrivé. C'est arrivé comme une inondation.

Mahomet a été éclairé sur une montagne. Et c'est le cas pour tout le monde :

Lao Tseu, Zarathoustra, Kabir, Nanak... pas une seule personne n'a été illuminée dans un temple, une église ou une mosquée. Pourquoi y allez-vous ?

Allez-y tôt le matin pour voir le lever du soleil. Asseyez-vous au milieu de la nuit pour regarder le ciel plein d'étoiles. Va te lier d'amitié avec les arbres et les rochers. Va t'allonger au bord de la rivière et écoute le son de celle-ci. Et vous vous rapprocherez de plus en plus du véritable temple de Dieu.

La nature est son véritable temple. Et là, soyez possédé - n'essayez pas de posséder. L'effort de posséder est mondain ; le désir d'être possédé est divin.

Prashantam, la prochaine fois que cela se produit, n'essayez pas d'y faire quelque chose. Pas besoin de comprendre, pas besoin d'observer, pas besoin d'examiner, pas besoin d'analyser - laissez-le être là ! Soyez possédés par lui ! Dansez-le ! Chantez-la ! Et soyez totalement un avec lui. C'est la seule façon de le connaître.

Vous me demandez : " Il s'agit de ce sentiment qu'il a toujours été là " - le sentiment est absolument vrai - " et dès que je le ressens, il semble si loin. " Parce qu'avec le sentiment, le "je" entre en jeu - et le "je" est la distance entre vous et la vérité. Plus le "je" est grand, plus la distance est grande, plus le "je" est petit, plus la distance est petite. Pas de "je", pas de distance.

Et vous me demandez, "...mais qu'est-ce que c'est ce "ça" ?".

Je ne peux pas le dire. C'est maintenant. Soyez possédés ! C'est ici. Possédez-le ! Il n'est pas dans mes mots mais dans les vides. Il n'est pas dans mes déclarations mais dans les intervalles. Lisez-le entre les lignes.

Mais n'oubliez pas une chose très importante : il faut être possédé par lui pour le comprendre. Et nous avons très peur d'être possédés - il semble que nous perdions le contrôle, il semble que nous nous dissolvions. "Qui sait où cela va nous mener ? Qui sait si je pourrai en revenir ou non ?"

Toutes ces peurs surgissent et vous vous repliez sur vous-même. Et c'est à ce moment-là que vous créez la distance. La distance est votre création. Sinon, c'est toujours ici, c'est toujours maintenant.

Ne créez pas la distance, n'apportez pas la peur.

Dans toutes les langues du monde, il existe des mots pour désigner les personnes religieuses, comme "craignant Dieu" - des mots affreux, des mensonges absolus, car une personne religieuse n'est pas du tout une personne craignant Dieu.

Une personne religieuse est une personne qui aime Dieu, pas une personne qui craint Dieu. Mais le prêtre dépend de la peur, il exploite votre peur, et il crée la peur en vous. Toute son activité dépend du fait que vous ayez peur ou non.

Laissez tomber vos peurs. Il n'y a pas besoin d'avoir peur de Dieu. Dieu signifie simplement la totalité, le tout, ce qui est. Nous en faisons partie ! Comment la partie peut-elle avoir peur du tout ? Le tout prend soin de la partie, le tout aime la partie, car le tout ne sera pas le tout sans la partie. Il ne peut pas être indifférent à la partie.

Sachant cela, on fait confiance. Sachant cela, on permet au tout de posséder. Sachant cela, on laisse tomber toutes les peurs, on s'abandonne. Et seulement dans l'abandon, c'est, seulement dans la confiance, c'est.

Je peux vous l'indiquer, mais je ne peux pas vous l'expliquer. Et c'est déjà le cas pour vous, Prashantam. Vous êtes béni. Il suffit de cesser de créer une distance entre vous et elle. Et cela peut être fait facilement : prenez juste un petit risque, un pas dans l'inconnu..... La peur sera là - malgré elle, allez dans l'inconnu. Laissez la peur s'installer - allez quand même vers l'inconnu. Ce n'est qu'en allant dans l'inconnu que la peur disparaîtra, car vous saurez qu'il n'y a rien à craindre.

Et une fois que vous êtes enchanté par l'inconnu, alors il n'y a pas de fin à ce pèlerinage - c'est un voyage éternel, sans fin, toujours en cours ; il est inépuisable. aes dhammo sanantano - il est éternel et inépuisable....

La troisième question :

Question 3 :

MAÎTRE BIEN-AIMÉ, QUEL EST VOTRE HOBBY ?

Anando, je n'en ai pas. Je n'en ai pas besoin. Un passe-temps est nécessaire pour vous occuper. Lorsque vous êtes fatigué de votre occupation ordinaire - et naturellement on se lasse de gagner son pain et son beurre - lorsque vous êtes fatigué de votre occupation ordinaire il n'y a que deux alternatives. Soit être inoccupé... ce qui crée une grande peur en vous, car être inoccupé signifie être avec soi-même, être complètement seul avec soi-même. C'est faire face à sa propre profondeur abyssale - cela fait peur, cela effraie. C'est faire face à sa vie et à sa mort, c'est faire face à sa propre intériorité - qui est infinie, si vaste qu'on ne peut la comprendre. Et cette immensité même fait peur. Un grand tremblement se produit en vous.

La seule alternative est la suivante : méditez lorsque vous êtes inoccupé par vos affaires courantes.

L'autre alternative est la suivante : s'occuper à nouveau d'une activité stupide, et l'appeler un hobby.

Quelques personnes collectionnent les timbres-poste - voyez la stupidité de la chose - et ils appellent cela un passe-temps. Et tous les passe-temps sont comme ça. Ce sont des moyens de continuer à s'échapper de soi-même.

Je suis complètement heureux avec moi-même. Être seul, être, sans rien faire, est une expérience si profonde que si vous y avez goûté une fois, vous laisserez tomber toutes ces activités stupides appelées hobbies. Les hobbies sont des pseudo-occupations. Quand il n'y a pas de vraies occupations, on se lance dans des pseudo-occupations. Maintenant, voyez la bêtise de tout cela. Six jours par semaine, vous attendez le dimanche - pour vous détendre, pour vous reposer, pour être avec vous-même. Vous êtes fatigué du monde ; le monde est trop présent pour vous. Vous êtes fatigué des gens, vous êtes fatigué de tout. Et vous espérez que le dimanche viendra bientôt, et quand le dimanche arrive, vous êtes à nouveau occupé - maintenant c'est votre hobby. Vous ne pouvez pas rester inoccupé ; c'est votre problème.

Et il arrive souvent qu'une personne soit plus fatiguée après le dimanche qu'après n'importe quel autre jour, à cause de tant de loisirs, et d'aller faire un pique-nique, et de conduire, et de faire mille et une choses pour lesquelles vous avez attendu six jours. Et vous pensiez que vous alliez vous reposer ?

Vous ne pouvez pas vous reposer ! Vous ne savez pas comment vous reposer. Vous ne pouvez pas vous détendre - vous ne savez pas comment vous détendre. Même au nom de la relaxation, vous allez vous mettre au travail, à une sorte de travail ; même au nom du repos, vous allez commencer une sorte de travail. Simplement parce que vous n'êtes pas payé pour cela, est-ce que cela devient du repos ? Vous jouez aux cartes ou aux échecs. Vous n'êtes pas payé pour cela, c'est vrai, mais cela ne fait pas grande différence ; ce n'est qu'un travail non rémunéré.

Plutôt que de chercher des passe-temps, utilisez les opportunités. Chaque fois que vous êtes capable d'avoir un moment vide, totalement inoccupé, avec vous-même, restez... restez-y, n'en sortez pas. Ne commencez pas à collectionner les timbres.

Deux vieux hommes juifs étaient assis sur un banc de parc. "Eh bien, que faites-vous maintenant que vous êtes à la retraite ?" demande l'un.

"J'ai un hobby : j'élève des pigeons", répondit l'autre.

"Pigeons" ? Où les gardez-vous ? Vous vivez dans un condominium !"

"Je les garde dans un placard."

"Dans votre placard ? Ils ne chient pas sur tes chaussures et sur tes vêtements ?"

"Non," dit l'homme. "Je les garde dans une boîte."

"Dans une boîte ? Comment respirent-ils ?"

"Respirer ? Ils ne respirent pas", dit l'homme, "ils sont morts".

"Mort ?" s'exclame l'ami, choqué. "Vous gardez des pigeons morts ?"

"Et puis merde, ce n'est qu'un hobby !"

La quatrième question :

Question 4 :

MAÎTRE BIEN-AIMÉ,

CE MATIN, LORSQUE VOUS VOUS ÊTES ADRESSÉ À NOUS EN NOUS DISANT " MES BODHISATTVAS BIEN-AIMÉS ", J'AI EU L'IMPRESSION À CE MOMENT-LÀ QUE C'ÉTAIT RÉELLEMENT VRAI. MAIS PLUS TARD, MÊME LA POSSIBILITÉ QUE NOUS DEVENIONS UN JOUR DES BODHISATTVAS SEMBLAIT UN RÊVE....

Sheela, c'est une vérité - c'est pourquoi, lorsqu'elle est prononcée avec confiance, avec amour, elle frappe immédiatement quelque chose au plus profond de votre cœur, elle vous dit quelque chose. Mais c'est à cause de ma confiance que ça me dit quelque chose. Je le répète : Vous êtes des bodhisattvas - des bouddhas en essence, en germe, en potentialité.

Quand je le dis, je le pense. Quand je le dis, je le dis parce que c'est ainsi. Et à ce moment-là, vous êtes tellement en phase avec moi que cela semble absolument vrai ; aucune preuve n'est nécessaire, aucun argument n'est nécessaire.

Je n'ai pas besoin d'argumenter pour les vérités que j'énonce. En fait, aucune vérité n'a jamais besoin d'être argumentée ; elle est simple, mais elle fait immédiatement tilt. La seule chose nécessaire est qu'elle vienne du cœur, alors elle atteint votre cœur.

Je ne parle pas depuis ma tête. Je déverse mon être dans votre être. C'est une rencontre d'énergies. C'est une rencontre d'âmes. Par

conséquent, lorsque vous êtes avec moi, cela semble absolument vrai -
vous ne pouvez pas en douter, c'est impossible. Mais lorsque vous êtes
seul et que je ne suis pas là, des doutes surgissent. Ton vieil esprit revient,
vengeur, et dit : " Sheela, toi, et un bodhisattva ? Et ton amour avec
Veetrag ? - et toi, un bodhisattva ? Et que dire de tes jalousies, et que dire
de ta colère, et que dire de tout ce que tu es ? Toi, un bodhisattva ? Il a dû
plaisanter ; il t'a trompé !" Les grands doutes surgissent parce qu'ils sont
toujours là dans votre esprit.

C'est comme si tu venais avec moi, nous allons de pair, nous
marchons côte à côte pour l'instant. J'ai une lumière à la main, mais grâce
à ma lumière, ton chemin est également éclairé. Puis vient le moment où
nous nous séparons - nous devons nous séparer ; un carrefour est arrivé,
nos chemins se séparent. Je vais dans une direction, tu vas dans une autre.
Soudain, vous êtes dans l'obscurité et vous êtes très perplexe : "Qu'est-il
arrivé à la lumière ?"

Cette lumière n'était pas la vôtre. Bien sûr, votre chemin était éclairé,
mais la lumière n'était pas la vôtre.

Ainsi, lorsque vous êtes avec moi, une lumière vous entoure. Dans
cette lumière, les choses sont très claires. Lorsque vous n'êtes pas avec
moi, il y a soudainement l'obscurité, et dans cette obscurité, vous doutez
de tout ce en quoi vous aviez confiance, et dans cette obscurité, vous
doutez même de la possibilité de la lumière. Vous douterez même de la
réalité de la lumière que vous aviez vécue quelques instants auparavant.
Votre esprit dira : "Vous avez dû rêver. Tu as dû avoir une hallucination.
Quelle lumière ? Où est cette lumière ? Si elle était là, où est-elle passée ?"

Et cela se produira encore et encore. Cela a une signification
profonde qu'il faut comprendre.

Lorsque vous êtes avec moi, ici, en train de m'écouter, assis à mes
côtés, la situation peut rester la même, même si vous n'êtes pas
physiquement avec moi. Vous devrez aller un peu plus loin dans votre
amour, de sorte que même si physiquement vous êtes loin,
spirituellement vous ne l'êtes pas.

Alors la confiance continuera. Alors les doutes n'oseront pas
s'installer.

En ce moment, le doute s'installe parce que tu as un certain amour pour moi mais il n'est pas encore total.

Il y a des espaces dans votre être auxquels vous ne m'avez pas encore donné accès. Et ce n'est pas seulement le cas pour Sheela, c'est le cas pour beaucoup d'entre vous. Vous gardez quelques coins encore cachés, séparés, privés, qui vous sont propres. Vous n'avez pas totalement ouvert votre cœur, vous n'êtes pas complètement nus. Et si vous cachez quelque chose, alors ce que vous cachez restera une distance entre vous et moi.

Ainsi, lorsque vous êtes ici, sous mon impact, lorsque vous êtes ici physiquement avec moi, ma présence peut mettre votre esprit de côté. Mais lorsque vous n'êtes pas physiquement avec moi, votre esprit reviendra - vous ne l'avez pas mis de côté ! Apprenez une leçon : lorsque vous vous éloignez de moi, lorsque vous ne pouvez pas me voir, essayez d'être encore avec moi. Imprègne-toi de l'esprit de proximité, d'intimité - alors même la mort ne peut nous séparer. Alors il n'est plus question d'espace et de temps. Alors tu es avec moi pour toujours. Et la confiance persistera, et la confiance continuera ; elle deviendra un facteur constant en vous. La seule chose qui sera constante sera votre confiance.

Tout le reste va changer, mais pas la confiance.

Vous aurez trouvé le centre de votre être. Et cette découverte est le retour à la maison.

La dernière question :

Question 5 :

MAÎTRE BIEN-AIMÉ,

IL Y A TELLEMENT D'ABSURDITÉS SUR VOS ENSEIGNEMENTS ET LES ACTIVITÉS DE VOTRE ASHRAM DANS LA PRESSE RÉCEMMENT. D'UNE CERTAINE MANIÈRE, CELA M'EXASPÈRE CAR CELA SEMBLE SI ÉLOIGNÉ DES FAITS RÉELS. LES LETTRES DE RÉPONSE AU CONTRAIRE NE SONT PAS PUBLIÉES. JE SAIS QUE CELA NE DOIT FAIRE AUCUNE DIFFÉRENCE POUR VOUS. EST-CE DONC CE QUE JÉSUS VEUT DIRE QUAND IL DIT DE TENDRE L'AUTRE JOUE ?

Zareen, c'est comme ça doit être. Un homme comme moi ne peut pas rester sans opposition. Un homme comme moi est obligé de diviser les gens en deux catégories : ceux qui sont avec moi et ceux qui ne sont pas avec moi.

L'autre jour, un vieil ami m'a écrit une lettre dans laquelle il suggère : ..... À l'heure actuelle, il n'y a que deux sortes de personnes : les dévots, qui sont totalement amoureux de moi, et les ennemis, pleins de haine à mon égard. Il veut créer une troisième catégorie de personnes qui ne sont ni des dévots ni des ennemis, mais des penseurs impartiaux.

Son idée semble logique, mais elle n'est pas possible. Cela ne s'est jamais produit, et cela ne se produira pas. Cela ne peut pas arriver. En fait, il a lui-même du mal à devenir un sannyasin. Il a été un vieil ami et il a un peu de mal à se rendre maintenant en tant que disciple. Il ne peut pas être un dévot et il ne peut pas non plus être un ennemi. Il me connaît, il m'aime ; c'est un ami de longue date. C'est donc vraiment son problème.

Il ne peut pas se rendre à cause de son ego en disant qu'il était un ami pour moi, un collègue. Il ne peut pas être contre moi parce qu'il a de la sympathie pour moi. Maintenant qu'il est dans le pétrin, il veut trouver une issue ; il veut créer une troisième force - des gens qui ne sont ni pour ni contre mais impartiaux. Ces personnes seront impuissantes. Et je ne suis pas intéressé par les personnes impartiales. La troisième force ne m'intéresse pas du tout, pour une certaine raison : parce qu'ils seront complètement froids. Je suis bien plus intéressé par les personnes qui ont une haine très forte pour moi - elles sont au moins chaudes, et les gens chauds sont des gens bien. Ils peuvent être transformés ; ils ne sont pas glacés.

Ceux qui me haïssent vivement seront tôt ou tard devenus des dévots - car on ne peut pas vivre longtemps dans la haine. Elle vous blesse. En me haïssant, vous ne pouvez pas m'aimer.

Zareen, tu as raison, ça n'a aucune importance pour moi. Si le monde entier me déteste, cela n'a pas d'importance, cela ne fait aucune différence. Je reste dans ma félicité absolue.

Ma félicité ne peut être affectée par la haine, l'opposition des gens. Mais pensez à ces gens qui vivent dans la haine - ils se torturent, ils se font du mal, ils se blessent. Combien de temps peuvent-ils continuer à le faire ? Tôt ou tard, leurs blessures voudront guérir. Et tôt ou tard, leur antagonisme très vif lui-même se transformera en un amour passionné.

Je me souviens, Zareen, d'une belle histoire :

Un mystique soufi a écrit un livre sur le Coran. Il a été combattu par toutes les autorités, par la religion officielle. Ils l'ont interdit, ils ont fait un crime de le lire. C'était un sacrilège, ils pensaient, dangereux, parce qu'il interprétait le Coran comme personne ne l'avait jamais interprété. Il allait à l'encontre de la tradition.

Il appela son disciple principal, lui donna le livre, et lui dit d'aller voir le grand prêtre et de lui présenter le livre - et de tout surveiller. "Quoi qu'il arrive, tu dois le rapporter correctement. Sois donc très attentif : quoi qu'il arrive... quand tu lui remettras le livre en cadeau, comment il réagit, ce qu'il fait, ce qu'il dit, souviens-toi bien car tu dois rapporter toute la scène. Et laisse-moi te dire, lui dit le maître, que c'est une sorte de test pour toi. Il ne s'agit pas seulement de donner le livre au grand prêtre et de revenir ; le tout est de rapporter tout ce qui se passe."

L'homme partit, très alerte, très prudent. En entrant dans la maison du grand prêtre, il se rendit très alerte, secoua son corps, car tout devait être observé minutieusement. Puis il entra.

Alors qu'il présentait le livre au grand prêtre et disait le nom de son maître, le prêtre jeta le livre hors de la maison, sur la route, et dit : "Pourquoi ne m'as-tu pas dit plus tôt que cela venait de cet homme dangereux ? Je ne l'aurais même pas touché. Je vais devoir me laver les mains maintenant. C'est un péché de toucher son livre !"

La femme du grand prêtre était assise à ses côtés. Elle lui dit : "Tu es inutilement dur avec ce pauvre homme. Il ne t'a fait aucun mal. Même si tu voulais jeter le livre, tu aurais pu le jeter plus tard. Et je ne vois pas l'intérêt de le jeter parce que vous avez une grande bibliothèque - des milliers de livres s'y trouvent ; ce livre peut aussi être conservé dans la bibliothèque. Si vous ne voulez pas le lire, ce n'est pas la peine de le lire.

Mais vous auriez pu faire au moins une chose : vous auriez pu le jeter après, vous laver les mains, prendre un bain, ou tout ce que vous vouliez faire - mais pourquoi faites-vous du mal à ce pauvre homme ?".

L'homme est revenu et a raconté au maître tout ce qui s'était passé, dans les moindres détails.

Le maître a demandé : "Quelle est votre réaction, alors ?"

L'homme dit : "Ma réaction est que la femme du grand prêtre est une femme très religieuse.

J'ai ressenti beaucoup de respect pour elle. Et le grand prêtre est tout simplement laid - je voulais lui trancher la gorge !"

Le maître dit : " Maintenant, écoutez : Je suis plus intéressé par le grand prêtre - il peut être converti parce qu'il est chaud. S'il peut être si plein de haine, il peut aussi être si plein d'amour, car c'est la même énergie qui devient haine ou amour. Aimer se tenir à l'envers est de la haine - aimer faire shirshasana, un poirier, est de la haine. Mais il est très facile de remettre un homme sur ses pieds. En ce qui concerne la femme, elle est froide, glacée. Je n'ai aucun espoir pour elle ; elle ne peut pas être convertie."

Je suis tout à fait d'accord avec le maître soufi. Ceux qui sont contre moi, Zareen, pourquoi sont-ils contre moi ? Leurs cœurs sont remués. Quelque chose a commencé à leur arriver, et ils ne veulent pas que ça arrive. C'est risqué. J'ai commencé à influencer leur vie et ils ne veulent pas me suivre.

Tout leur investissement s'y oppose. Ils veulent m'éviter, et ils voient qu'ils ne peuvent pas m'éviter - ils s'échauffent. D'où la haine, d'où les mensonges de toutes sortes qu'ils inventent. Mais j'ai beaucoup d'espoir pour ces gens - en fait, j'aime ces gens. Tôt ou tard, ils finiront par se retrouver avec moi.

Le vrai problème, ce sont les gens qui sont indifférents, glacés, ni pour ni contre. Je voudrais diviser l'humanité entière en deux camps : les amis et les ennemis. Et plus j'ai d'amis, plus il y a d'ennemis. Il y a un certain équilibre là-dedans ; dans la vie, tout s'équilibre. Si vous avez tant d'amis, vous aurez forcément tant d'ennemis, sinon l'équilibre sera perdu. Si vous avez plus d'amis, vous aurez plus d'ennemis ; l'équilibre doit être maintenu. La vie s'équilibre en permanence.

Je regarde toute la scène et je l'apprécie.

Zareen, vous n'avez pas besoin de vous inquiéter à ce sujet. Mais je peux comprendre votre inquiétude.

Vous dites : "Il y a tellement de bêtises sur vos enseignements et les activités de votre ashram dans la presse récemment....".

Il y en aura de plus en plus chaque jour, parce que de plus en plus de gens vont venir à moi. Des millions de personnes sont en route. Et plus les gens s'intéresseront à moi et au travail qui se déroule ici, plus les gens s'y impliqueront, plus il y aura de gens contre - une sorte d'équilibre. C'est ainsi que les choses se passent dans le monde ; c'est un phénomène naturel.

Et toutes sortes d'absurdités vont être racontées, parce que les gens qui sont contre ne sont jamais venus ici. S'ils avaient été là, ils n'auraient pas été contre, alors ils vivent de rumeurs. Et les choses négatives ont un mode de fonctionnement qui leur est propre : elles se répandent plus facilement, plus vite, plus rapidement, parce que l'humanité entière vit dans la négativité.

Par exemple, l'autre jour, j'ai reçu une lettre du Canada disant que le gouvernement canadien commence à s'inquiéter, à s'inquiéter beaucoup, au sujet de mes sannyasins et des personnes qui viennent me voir du Canada. Et ils enquêtent sérieusement sur l'ensemble du phénomène, car ils craignent que ma commune ne se transforme en un autre Jonestown. Maintenant, je me sens heureux, car lorsque les gouvernements s'inquiètent, cela signifie que quelque chose se passe. Lorsqu'un pays lointain s'inquiète au point de penser à envoyer une équipe pour enquêter sur l'ensemble du phénomène, cela signifie que des choses sont en train de se produire, que je deviens une sorte de perturbateur pour eux. Je dois surgir dans leurs rêves.

Et pour quelles raisons ont-ils si peur ? Parce qu'un sannyasin américain s'est suicidé, un autre sannyasin américain est devenu fou. Ces deux cas suffisent.... Maintenant, les Américains sont tous fous ! Et avez-vous vu un Américain qui n'a jamais envisagé la possibilité de se suicider ? Les psychologues disent que chaque Américain, au moins quatre fois dans sa vie, pense à se suicider. C'est en Amérique que le taux de suicide est le plus élevé.

Sur cent mille sannyasins, un sannyasin se suicide - c'est suffisant ! Et cela aussi d'un sannyasin américain. Qu'attendiez-vous d'autre d'un sannyasin américain ? Un autre Américain devient fou... c'est absolument normal ! Mais le négatif attire immédiatement notre attention. Combien d'Américains sont devenus sains d'esprit, personne ne s'en soucie. Et combien d'Américains ont été empêchés de se suicider, personne ne les compte. Ils ne seront jamais comptés.

Et les journalistes, la presse et les autres médias ne s'intéressent aussi qu'aux choses négatives. Si vous ne faites pas quelque chose de mal, vous n'êtes pas une nouvelle. George Bernard Shaw dit :

Si un chien mord un homme, ce n'est pas une nouvelle. Mais si un homme mord un chien, c'est une nouvelle.

Un événement n'est digne d'intérêt que s'il est excentrique, s'il attire l'attention.

Vous pouvez continuer à faire mille et une choses et personne n'y prêtera attention. Faites une seule chose de travers et le monde entier s'intéresse soudainement à vous.

Et puis les gens sont très inventifs. Quand on raconte une rumeur à une personne, on y ajoute quelque chose. Les gens sont créatifs ! Et lorsque cette personne partage la rumeur avec quelqu'un d'autre, pensez-vous qu'elle la partagera exactement comme vous le lui avez dit ? Il lui donnera une nouvelle couleur, un peu plus de profondeur, une dimension un peu plus grande. Il va la rendre plus attrayante, il va l'exagérer. Et cela continue de bouche en bouche.

Les rumeurs ont tendance à se répandre, et tout le monde y contribue. Elles n'ont rien à voir avec les faits. Mais c'est toujours comme ça que ça se passe. Et puis ça continue.... Je serai parti et les rumeurs continueront, et elles continueront à augmenter.

Ils deviennent des forces indépendantes ; ils continuent à se développer.

J'ai entendu :

Dieu a le blues. Saint Pierre suggère un voyage sur Terre pour ramasser une jolie fille grecque, peut-être dans le vieux costume de cygne. Dieu répond : "Non. Tant que je suis resté avec ces filles grecques, tout allait bien. Mais une fois, j'ai fait l'erreur d'engrosser une juive, il y a deux mille ans, et que je sois damné si on n'en parle pas encore !".

Les rumeurs continuent encore et encore.... Et ce qu'ils me font n'a rien d'exceptionnel ; c'est attendu. Ils ont toujours fait de telles choses à Jésus, à Socrate, à Mansoor, à Bouddha, à Kabir. S'ils ne me font pas ces choses, ce sera une surprise. En fait, je ne me sentirai pas bien s'ils ne me font pas ces choses. Je voudrais être compté parmi les bouddhas - et c'est la seule façon !

Jésus a décidé de revenir sur terre. Il avait vu qu'en Amérique, il y avait une résurgence de fanatiques de Jésus et de baptistes born-again, alors il a pensé que c'était le bon moment pour venir. Il a emmené Pierre avec lui.

Lorsqu'il est venu sur Terre, il a annoncé qu'il était Jésus, le Fils de Dieu.

Personne ne voulait le croire, ils pensaient qu'il était une sorte de fou. Alors Jésus a demandé à Pierre : "Comment faire pour qu'ils me croient, pour les convaincre que je suis le vrai sauveur ?"

Pierre dit : "Tu te souviens du tour que tu as fait en Galilée, quand tu as marché sur l'eau ?

Je parie que ça marcherait."

Ils ont donc annoncé à la presse que demain Jésus marcherait sur l'eau. Le lendemain, la télévision et les journaux étaient au lac pour voir Jésus marcher sur l'eau.

Jésus et Pierre arrivent et rament jusqu'au milieu du lac, puis Jésus grimpe sur le côté de la barque et coule immédiatement. Lorsqu'il est remonté, Pierre, sous le choc, a demandé : "Que s'est-il passé ? Pourquoi as-tu coulé ?"

"Tais-toi, imbécile !" dit Jésus. "La dernière fois que j'ai fait ça, je n'avais pas ces maudits trous dans les pieds !"

Les choses sont plus difficiles qu'à l'époque de Jésus et de Bouddha ! Mais je m'amuse, je passe un bon moment. Zareen, ne t'inquiète pas du tout. Je vous suggère :

vous devriez en profiter.

Vous dites : "Ça me rend furieux parce que ça semble si loin des faits réels."

Ne soyez pas exaspéré, ne vous mettez pas en colère, cela ne sert à rien. Mon peuple doit apprendre à rire de toutes ces bêtises qui ne manqueront pas de s'intensifier. À mesure que mon travail s'approfondit, de plus en plus de rumeurs insensées circuleront - qui n'auront rien à voir avec les faits. Ou, même si elles ont quelque chose à voir avec les faits, elles les déformeront.

Les gens vont inventer toutes sortes d'histoires. Si vous vous énervez, d'une certaine manière vous les aidez. C'est ce qu'ils veulent. C'est ce qu'ils veulent ! - que si mon peuple devient furieux, en colère, alors il peut vous écraser, vous détruire. Et, certainement, ils peuvent vous écraser et vous détruire. Mon peuple est très peu nombreux, un petit groupe d'élus.

Ne vous énervez pas, sinon vous ferez leur jeu. Lorsque de telles choses vous arrivent, riez un bon coup. Apprenez à rire - réagissez en riant !

Le rire doit être votre protection. Et votre rire les fera paraître stupides.

Quand quelqu'un dit quelque chose contre moi, éclatez de rire. Tapez-lui dans le dos, embrassez-le ! Fais-lui un bon baiser !

C'est ce que Jésus veut dire, vraiment : aimez vos ennemis. Mais je sais qu'il est facile d'aimer ses ennemis - il est plus difficile d'aimer ses voisins. Donc je dis, comme Jésus le dit, encore :

Aimez vos voisins. Ce sont les mêmes personnes ! Embrassez vos voisins ; ne vous contentez pas de les aimer spirituellement - exprimez-le. Quand quelqu'un dit des bêtises à mon sujet, exprimez votre amour. Laisse-le se sentir perplexe - laisse-le sentir que soit il est fou, soit tu es fou. Il ne sera jamais capable de comprendre ce qui s'est passé - pourquoi vous l'avez pris dans vos bras.

Il ne disait pas de belles choses sur votre maître... pourquoi l'avoir pris dans vos bras ? Cela pourrait lui donner l'envie de venir voir le maître aussi. Lorsque le disciple fait une telle chose, cela vaut la peine de prendre la peine d'aller voir ce qui se passe.

Zareen, pas besoin d'être en colère.

Et vous dites : "Les lettres de réponse contraires ne sont pas publiées."

Ils ne seront pas publiés, parce que les journaux, la télévision, la radio, sont entre les mains des intérêts particuliers. Ils publieront tout ce qui est contre moi, parce qu'un journal appartient à un hindou, un autre à un jaïna, un autre à un mahométan, un autre à un chrétien - et tous les journaux appartiennent à différents types de politiciens. Vos lettres ne seront pas publiées. Ces choses doivent être considérées comme allant de soi.

Vous dites : "Je sais que cela ne doit faire aucune différence pour vous. Est-ce donc ce que Jésus veut dire quand il dit de tendre l'autre joue ?"

Oui, c'est exactement ce que Jésus veut dire. C'est la meilleure façon de transformer les gens, de les convertir. La meilleure façon de convertir les gens à votre façon est de tendre l'autre joue. Aimez-les. Riez de leurs déclarations absurdes. Appréciez leurs rumeurs. Faites-en des blagues, et rendez-les perplexes.

Si tu peux en faire autant, tu fais mon travail, Zareen.

Assez pour aujourd'hui.

Vrai ou faux

EN CONFONDANT LE FAUX AVEC LE VRAI ET LE VRAI AVEC LE FAUX, TU NÉGLIGES LE CŒUR ET TU TE REMPLIS DE DÉSIR.

VOIS LE FAUX COMME FAUX, LE VRAI COMME VRAI. REGARDE DANS TON CŒUR. SUIS TA NATURE.

UN ESPRIT IRRÉFLÉCHI EST UN MAUVAIS TOIT. LA PASSION, COMME LA PLUIE, INONDE LA MAISON. MAIS SI LE TOIT EST SOLIDE, IL Y A UN ABRI.

CELUI QUI SUIT DES PENSÉES IMPURES SOUFFRE DANS CE MONDE ET DANS L'AUTRE. DANS LES DEUX MONDES, IL SOUFFRE, ET COMBIEN, LORSQU'IL VOIT LE MAL QU'IL A FAIT.

MAIS CELUI QUI SUIT LA LOI EST JOYEUX ICI ET JOYEUX LÀ-BAS. DANS LES DEUX MONDES IL SE RÉJOUIT, ET COMBIEN, QUAND IL VOIT LE BIEN QU'IL A FAIT.

CAR LA MOISSON EST GRANDE DANS CE MONDE, ET PLUS GRANDE ENCORE DANS L'AUTRE.

QUELLES QUE SOIENT LES PAROLES SAINTES QUE VOUS LISEZ, QUELLES QUE SOIENT CELLES QUE VOUS PRONONCEZ, À QUOI VOUS SERVIRONT-ELLES SI VOUS NE LES METTEZ PAS EN PRATIQUE ?

ÊTES-VOUS UN BERGER QUI COMPTE LES MOUTONS D'UN AUTRE, SANS JAMAIS PARTAGER LE CHEMIN ?

LISEZ AUSSI PEU DE MOTS QUE VOUS LE SOUHAITEZ ET PARLEZ MOINS. MAIS AGISSEZ SELON LA LOI.

ABANDONNEZ LES ANCIENNES HABITUDES - PASSION, INIMITIÉ, FOLIE.

CONNAÎTRE LA VÉRITÉ ET TROUVER LA PAIX. PARTAGER LE CHEMIN.

La vérité est que. Vous n'avez aucun effort à faire pour l'inventer. La vérité doit être découverte, pas inventée. Et qu'est-ce qui nous empêche de la découvrir ? On nous a enseigné beaucoup de mensonges, des montagnes de mensonges. Ce sont les barrières qui falsifient la vérité, qui ne permettent pas à notre cœur de refléter ce qui est.

La vérité n'est pas une conclusion logique. La vérité est l'existence, la réalité. Elle est déjà là - elle a toujours été là. Seule la vérité existe. Alors pourquoi ne pouvons-nous pas la trouver ? Comment faisons-nous pour ne pas la trouver ? Parce que, dès l'enfance, on nous enseigne des faussetés, des préjugés, des idéologies, des religions, des philosophies... tous nous égarent.

La vérité n'est pas une idée. Il n'est pas nécessaire d'être un hindou pour la connaître, ni un mahométan, ni un chrétien. Si vous êtes hindou, vous ne la connaîtrez jamais ; le fait même d'être hindou vous rendra aveugle. Que voulons-nous dire lorsque nous disons : "Je suis un hindou, un mahométan ou un juif" ? Nous voulons dire : "J'ai déjà des idées sur la vérité - des idées tirées de la Bible, du Coran ou de la Gita, mais j'ai déjà des idées. Je ne connais pas la vérité, mais j'en sais beaucoup sur elle." Et le fait d'en savoir beaucoup sur elle est le seul problème qui doit être résolu.

Une fois que vous aurez abandonné vos idées sur la vérité, vous serez confronté à elle, à l'intérieur comme à l'extérieur. Vous l'affronterez - parce qu'il n'y a rien d'autre !

Mais les parents, la société, l'État, l'église, le système éducatif, tous dépendent des mensonges. Dès la naissance de l'enfant, ils commencent à le piéger dans des mensonges. Et l'enfant est impuissant. Il ne peut pas échapper à ses parents, il est totalement dépendant. Vous pouvez exploiter sa dépendance... et elle a été exploitée à travers les âges.

Personne n'a été exploité autant que les enfants - ni le prolétariat, ni les femmes, personne n'a été exploité autant, aussi profondément et de manière aussi destructrice que les enfants innocents. Parce qu'ils sont impuissants et dépendants, ils doivent apprendre tout ce que vous leur enseignez. Ils doivent s'imprégner de toutes les faussetés que vous leur imposez. C'est une question de survie pour eux - ils ne peuvent pas survivre sans vous. C'est une question de vie ou de mort ! Ils doivent être hindous, ils doivent être mahométans, ils doivent être jaïnas, ils doivent être bouddhistes, ils doivent être communistes. Tout ce que vous êtes intéressé à mettre dans leur esprit, vous continuez à le mettre.

Au lieu de les rendre plus alertes, plus conscients, plus vivants, plus réfléchissants, au lieu de les rendre plus miroirs, purs, vous les rendez pleins d'idées... des couches et des couches de poussière. Et alors il devient impossible pour eux de voir ce qui est. Ils commencent à voir ce qui n'est pas et ils cessent de voir ce qui est.

Par conséquent, être vraiment religieux signifie une renaissance : redevenir comme un enfant, abandonner tout ce que la société vous a donné.

La religion est une rébellion - une rébellion contre tout ce qui vous a été imposé, une rébellion contre le fait d'être réduit à un ordinateur. Regardez à l'intérieur ! Tout ce que vous savez, on vous l'a dit ; ce n'est pas votre savoir, ce n'est pas authentique. Comment cela peut-il être authentique si ce n'est pas le vôtre ? Vous n'en êtes pas le témoin, vous n'êtes qu'une victime - une victime des circonstances.

C'est juste un accident de naître en Inde ou en Angleterre. C'est juste un accident de naître dans une famille hindoue ou dans une famille chrétienne. À cause de ces accidents, votre nature essentielle a été perdue - vous avez été forcé de la perdre. Si vous voulez la retrouver, vous devez renaître.

C'est précisément le sens de la phrase de Jésus à Nicodème : "Si tu ne nais pas de nouveau, tu n'entreras pas dans le Royaume de Dieu." Il ne veut pas dire que vous devez réellement mourir, vous suicider, puis naître de nouveau. Cela ne servira à rien, parce qu'à nouveau vous naîtrez de certains parents dans une certaine société, au sein d'une certaine église, et à nouveau la même stupidité vous sera faite.

Par "renaissance", Jésus entend que, délibérément, consciemment, tu es maintenant capable de laisser tomber tout ce qui t'a été enseigné. Abandonnez vos connaissances et devenez innocent. Et c'est la seule façon de devenir innocent. La connaissance est une contamination. Être dans un état de non-savoir est l'innocence, et fonctionner à partir de cet état est la seule façon de connaître la vérité.

Méditez sur ces sutras extrêmement significatifs de Gautama le Bouddha. Il dit :

EN CONFONDANT LE FAUX AVEC LE VRAI ET LE VRAI AVEC LE FAUX, TU NÉGLIGES LE CŒUR ET TU TE REMPLIS DE DÉSIR.

Le mental n'est rien d'autre que du désir. Le cœur ne connaît aucun désir. Vous serez surpris d'entendre que tous les désirs appartiennent à la tête. Le cœur vit dans le présent, il palpite, il bat, dans l'aube. Il ne sait rien du passé et il ne sait rien du futur. Il est toujours maintenant, ici.

Et je ne parle pas d'une certaine philosophie. J'énonce simplement un fait si simple que vous pouvez l'observer en vous-même : votre cœur bat maintenant. Il ne peut pas battre dans le passé, il ne peut pas battre dans le futur. Le cœur ne connaît que le présent, il est donc tout à fait pur. Il n'est pas pollué par les souvenirs du passé, par la connaissance, par l'expérience, par tout ce qu'on vous a dit et enseigné, par les écritures, par les traditions. Il ne sait rien de toutes ces sottises ! Et il ne sait rien de l'avenir, du lendemain. Pour lui, le passé n'existe plus, le futur n'existe pas encore. Tout est ici. C'est immédiat.

Mais l'esprit est tout le contraire du cœur : l'esprit n'est jamais maintenant, ici. Soit il pense aux belles expériences du passé, soit il désire les mêmes belles expériences dans le futur. Il fait la navette entre le passé et le futur, il ne s'arrête jamais au présent. Il est totalement inconscient du présent. Pour l'esprit, le présent n'existe pas. Vous voyez le point : le présent est la seule chose qui existe, mais pour l'esprit, le présent est la seule chose qui n'existe pas. Le passé est non-existant, le futur est non-existant, mais ce sont les choses qui sont existentielles pour l'esprit.

La tête est le problème... et le cœur est la solution. L'enfant fonctionne à partir du cœur. Lorsque vous commencez à grandir, vous passez du cœur à la tête. Lorsque vous êtes diplômé de l'université, vous avez complètement oublié le cœur. Vous êtes accroché à la tête, toute votre énergie s'est déplacée vers la tête. Maintenant, vous ne savez plus rien de la réalité. Vous êtes plein d'ordures - d'ordures académiques, de non-sens académiques.

Vous avez peut-être un doctorat, un doctorat en littérature. Vous savez beaucoup de choses, sans rien savoir du tout ! - parce que la vraie connaissance se fait dans le cœur, pas dans la tête. Et les universités existent pour détourner vos énergies du cœur vers la tête.

Toutes les universités du monde, jusqu'à présent, ont été des ennemis de l'humanité. Leur seule fonction est de servir l'État et l'Église. Elles sont les agents du statu quo, elles sont les agents des intérêts particuliers. Ils ne vous servent pas, ils servent les pouvoirs, les maîtres, les oppresseurs, les exploiteurs. Les universités servent quiconque se trouve au pouvoir. Elles ne sont pas encore au service de l'humanité.

S'ils étaient vraiment au service de l'humanité, alors l'université serait l'endroit où apprendre la rébellion. L'université créerait des révolutionnaires. L'université ne créerait pas des conventionnels, des conformistes ; l'université créerait des non-conformistes, des personnes non conventionnelles. Elle créerait des rebelles - des aventuriers, prêts à risquer leur vie pour la vérité. Cela ne s'est pas encore produit.

Il est triste de constater qu'au nom de l'éducation, quelque chose de laid se poursuit, quelque chose de très laid. Derrière une façade, quelque chose de très criminel continue. Et voici le crime :

qu'ils détournent vos énergies du cœur vers la tête, ils détruisent votre capacité à aimer et ils vous forcent à apprendre la logique. Pour eux, la logique est plus importante que l'amour, la pensée est plus importante que la sensibilité. Cela revient à mettre les bœufs derrière la charrette. C'est complètement à l'envers.

C'est pourquoi l'humanité est dans un tel désordre : le faux semble être vrai et le vrai semble être faux. Ils ont réussi à déformer votre vision. Les bouddhas se sont battus contre tous ces intérêts particuliers.

Le Bouddha dit : EN PRENANT LE FAUX POUR LE VRAI ET LE VRAI POUR LE FAUX, TU NÉGLIGES LE CŒUR ET TU TE REMPLIS DE DÉSIR.

Le mental est désir, et vous vous remplissez de plus en plus de désir, de plus en plus d'ambition, de plus en plus de désir de pouvoir, de prestige, de richesse. Et vous oubliez complètement qu'il y a un cœur qui bat en vous, qui vit déjà en Dieu, qui fait déjà partie de la loi ultime - aes dhammo sanantano - qui fait déjà partie de la loi inépuisable, éternelle. Vous êtes unis à Dieu par le cœur. Vos cœurs sont les racines dans le sol de Dieu.

Vos cœurs sont encore nourris par Dieu, par la vérité, mais vous n'êtes pas là. Vous avez quitté la place. Vous vivez dans votre tête. Jour après jour, vous vivez dans votre tête, vous n'en descendez jamais. Même la nuit, pendant que vous dormez, vous continuez à gronder dans votre tête... des rêves, et des rêves sur des rêves. Le jour des pensées, la nuit des rêves.

Ils ne sont pas différents.

Le rêve n'est qu'une traduction de la pensée dans le langage du sommeil, et vice versa :

la pensée n'est rien d'autre qu'une traduction du rêve dans la langue du jour. Vous continuez à vous déplacer entre les deux : rêver et penser. Les deux sont des désirs. Que pensez-vous ? Qu'y a-t-il d'autre à penser que le désir ? Et que rêvez-vous si ce n'est du désir ?

Le Bouddha dit que le faux semble être vrai parce que vous êtes devenu faux envers votre propre vérité, envers votre propre cœur. Revenez au cœur, et alors vous serez en mesure de connaître la vérité comme étant la vérité et le faux comme étant le faux. C'est l'illumination, c'est le retour à la maison.

VOIR LE FAUX COMME UN FAUX.

Mais par où commencer ? Commencez par voir le faux comme le faux. C'est pourquoi tous les bouddhas semblent être négatifs, tous les bouddhas semblent être destructeurs. Ils nient. Jésus nie. Il le dit encore et encore : On vous l'a déjà dit dans le passé, mais moi je vous le dis : .....

Et il change tout le point de vue.

Par exemple, il dit : "On vous a dit dans le passé que la loi du talion était la loi. Si quelqu'un vous lance une brique, réagissez en lançant une pierre. Mais moi, je vous dis que si quelqu'un vous frappe sur une joue, donnez-lui aussi l'autre joue. Et si quelqu'un te prend ton manteau, donne-lui aussi ta chemise. Et si quelqu'un te force à faire un kilomètre avec lui, fais-en deux.

Mahomet est contre toutes sortes d'images de Dieu, car son peuple pratiquait le culte depuis des siècles ; il avait trois cent soixante-cinq dieux - un dieu pour chaque jour de l'année. La Kaaba de l'époque de Mahomet était l'un des plus grands temples de la terre - dédié à trois cent soixante-cinq dieux ! Mahomet a détruit toutes ces idoles. Il semble négatif....

Bouddha dit : Il n'y a pas de vérité dans les Védas, dans les Upanishads. Méfiez-vous des belles paroles, méfiez-vous des spéculations philosophiques. Ne perdez pas votre temps avec les disputes de cheveux, avec la logique. Soyez silencieux ! Jetez les Vedas hors de votre tête, alors seulement vous pourrez être silencieux. Il semble négatif, il semble nihiliste, il semble dangereux - mais c'est la seule façon de vous aider.

Il faut vous dire que le faux est faux. Vous devez commencer par cela : neti, neti - ni ceci ni cela. Le maître doit vous dire : "Ceci est faux, cela est faux". Il doit continuer à vous montrer ce qui est faux, car lorsque vous connaissez tout ce qui est faux, une transformation se produit soudainement dans votre conscience. Lorsque vous avez pris conscience du faux, vous commencez à prendre conscience du vrai.

On ne peut pas vous apprendre ce qui est la vérité, mais on peut certainement vous apprendre ce qui n'est pas la vérité.

Vous avez été conditionnés, vous pouvez être déconditionnés. Vous avez été hypnotisés - en tant qu'hindous, mahométans, chrétiens, jainas..... La fonction d'un maître est de vous déshypnotiser. Une fois que vous êtes déshypnotisé, vous serez soudainement capable de voir la vérité. La vérité n'a pas besoin d'être enseignée.

VOIR LE FAUX COMME FAUX, LE VRAI COMME VRAI. REGARDE DANS TON COEUR. SUIS TA NATURE.

Une des déclarations les plus significatives qui soient : REGARDE DANS TON COEUR. SUIS TA NATURE. Il ne dit pas de suivre les Écritures. Il ne dit pas de me suivre. Il ne dit pas de suivre certaines règles de conduite. Il ne vous enseigne aucune moralité. Il n'essaie pas de créer un certain caractère autour de vous, car tous les caractères sont de belles cellules de prison. Il ne vous donne pas un certain mode de vie. Il vous donne plutôt le courage, l'encouragement, pour suivre votre propre nature. Il veut que vous soyez assez courageux pour écouter votre propre cœur et aller en conséquence.

"Suivre sa nature" signifie s'accorder avec soi-même. Vous êtes l'écriture... et au fond de vous se cache une petite voix tranquille. Si vous devenez silencieux, vous serez guidé à partir de là.

Le maître doit seulement vous faire prendre conscience de votre maître intérieur. Alors sa fonction est remplie. Il peut alors vous laisser à vous-même ; il peut vous rejeter sur vous-même. Un maître ne doit pas asservir le disciple ; un maître doit le libérer, lui donner une liberté totale.

Et c'est la seule possibilité d'atteindre la liberté totale : SUIVEZ VOTRE NATURE.

Par "nature", le Bouddha entend le dhamma. Tout comme il est dans la nature de l'eau de couler vers le bas et dans la nature du feu de s'élever vers le haut, il existe une certaine nature cachée en vous. Si tous les conditionnements qui ont été mis autour de vous par la société sont supprimés, vous découvrirez soudainement votre nature. Votre nature est devenue Dieu. Aes dhammo sanantano - c'est la loi éternelle, inépuisable : votre nature est de devenir Dieu.

L'homme est un dieu potentiel - un bodhisattva. L'homme est destiné à devenir un dieu. Moins que cela ne vous satisfera pas, moins que cela n'est d'aucune utilité. Vous pouvez avoir tout l'argent du monde, tout le pouvoir, tout le prestige possible, et pourtant vous resterez vide - à moins que votre nature divine ne fleurisse, n'ouvre ses bourgeons, à moins que vous ne deveniez un lotus, un lotus aux mille pétales, à moins que votre divinité ne vous soit révélée, vous ne pourrez jamais être satisfait.

On dit à la personne religieuse ordinaire de rester satisfaite, contente, quoi qu'il en soit. Les soi-disant saints religieux continuent à enseigner aux gens : Soyez satisfaits. La satisfaction est l'un de leurs enseignements fondamentaux. Ce n'est pas la voie des vrais maîtres.

Le vrai maître crée en vous un mécontentement - et un mécontentement tel que rien de ce monde ne pourra jamais le satisfaire. Il crée en vous un tel désir que si vous n'atteignez pas l'ultime, vous resterez enflammé, enflammé. Il crée la douleur dans votre cœur, il crée l'angoisse... parce que la vie s'écoule à chaque instant, et chaque instant passé est passé pour toujours, et vous n'avez pas encore atteint Dieu, et un jour est passé.

Il crée en vous un désir si profond, une telle douleur dans le cœur ! Il crée des larmes dans vos yeux, car ce n'est qu'à travers un tel mécontentement divin que vous allez bouger, que vous allez faire le saut quantique, le saut ultime dans l'inconnu. Ce n'est qu'à travers un tel mécontentement divin que vous rassemblerez toutes vos énergies, et que vous prendrez des risques, et que vous vous lancerez dans l'aventure ultime de la découverte de qui vous êtes.

Suivez votre propre nature. Votre nature est la conscience. Mais les prêtres vous ont dit : suivez certaines règles de conduite, les dix commandements, suivez certains principes - pas votre nature. Les prêtres ont très peur de votre nature, car si vous suivez votre nature, vous échapperez à leur emprise, vous ne serez plus un esclave. Vous n'irez pas dans les églises, les temples et les mosquées, et vous n'écouterez pas vos stupides prêtres, les politiciens, les soi-disant dirigeants. Je les appelle "soi-disant dirigeants" parce que ce qui se passe réellement, c'est que des aveugles dirigent d'autres aveugles.

Vous ne les écouterez plus si vous écoutez votre propre nature. Si tu connais ta propre voix intérieure, tu deviendras libre. Votre voix intérieure doit être écrasée, détruite, complètement détruite - du moins déformée à tel point que même si vous l'entendez, vous ne pouvez pas la comprendre. Et ils ont réussi. Si vous ne luttez pas avec acharnement contre eux, il n'y a aucune possibilité de réussir. Leur exploitation est si ancienne, leur oppression est si ancienne, leurs stratégies sont si rusées... et ils ont un pouvoir infini entre leurs mains. Et qu'êtes-vous contre eux en tant qu'individu ?

Mais si vous y allez, si vous écoutez votre cœur, vous atteindrez une telle puissance qu'aucune puissance sur la terre ne pourra plus vous asservir.

SUIVEZ VOTRE NATURE.... Mais comment suivre votre nature si vous ne savez pas ce qu'elle est ? Et vous n'avez pas le droit de le savoir ! On vous donne des instructions précises sur ce que vous devez faire : ce que vous devez manger, quand vous lever le matin, quand vous coucher. On vous a donné des instructions précises. Ces instructions, si elles sont suivies, font de vous un esclave. Si vous ne les suivez pas, elles font de vous un criminel. Si vous les suivez, vous devenez un saint - mais un esclave. Les gens vous vénéreront, vous respecteront, mais tout ce respect est une compréhension mutuelle : "Si vous suivez nos instructions, nous vous respecterons. Si tu ne les suis pas, tu seras jeté en prison."

Soit on fait de vous un esclave spirituel, soit un prisonnier physique : ce sont les deux alternatives que la société vous donne. Et elle ne vous laisse jamais prendre conscience qu'il existe en vous une source de guidance infinie, d'où Dieu parle.

Dieu parle encore, il n'a pas cessé de parler. Il n'est pas partial - ce n'est pas qu'il ait parlé à Mahomet et à Moïse et qu'il ne vous parle pas à vous. Il vous parle autant qu'il parlait à Mahomet. La seule différence est que Mahomet était prêt à écouter et que vous ne l'êtes pas. Mohammed était disponible et vous ne l'êtes pas.

Se rendre disponible à sa nature intérieure, c'est ce que j'appelle la méditation.

Retenez ces deux mots. Le "caractère" est une invention des politiciens et des prêtres ; c'est une conspiration contre vous. La conscience est votre nature. Oui, un homme de conscience a un certain caractère, mais ce caractère suit sa conscience. Il n'est imposé par personne d'autre ; c'est sa propre décision. Et il n'y est pas enfermé ; il est totalement libre de le changer à tout moment. Lorsque les circonstances changent, sa conscience lui donne des directions différentes et il change de caractère.

L'homme de caractère - le soi-disant homme de caractère - est encagé. Même si les circonstances changent, il continue à répéter le même personnage, bien qu'il ne soit plus pertinent, qu'il ne corresponde pas. Le contexte dans lequel il avait un sens a disparu, mais il continue à répéter les mêmes bêtises. Il est comme un perroquet. C'est une machine : il ne répond pas, il ne fait que réagir.

Un homme de conscience répond, et ses réponses sont spontanées. Il est semblable à un miroir :

il réfléchit à tout ce qui se présente à lui. Et de cette spontanéité, de cette conscience, naît un nouveau type d'action. Cette action ne crée jamais aucun lien, aucun karma. Cette action vous libère. Vous restez libre si vous écoutez votre nature.

Mais ce simple conseil semble être très difficile à suivre pour les gens. Ce devrait être la chose la plus simple au monde. Chaque enfant naît en suivant sa nature, mais en grandissant, on perd peu à peu le contact avec elle - on est obligé de le perdre. Le contact peut être rétabli, il peut être redécouvert. Plus tard, quand on devient très savant, enfermé dans un certain personnage, complètement aveugle à son propre cœur et à sa propre nature, on commence à poser de telles questions.

L'autre jour, Prem Vijen a demandé :

"Maître bien-aimé, qu'est-ce que tu veux dire quand tu dis 'entrez' ?" Une déclaration si simple - "Entrez" - et vous me demandez : "Que voulez-vous dire ?" Ne pouvez-vous pas comprendre ces mots simples, "entrez" ? Je sais que vous comprenez les mots, mais entrer est devenu si difficile parce qu'on vous a enseigné seulement comment sortir. Vous ne pouvez que sortir, vous ne savez que sortir. Votre conscience a été tournée vers les autres ; elle a oublié le chemin vers elle-même. Vous continuez à frapper à la porte des autres, et chaque fois que l'on vous dit : "Rentrez chez vous", vous répondez : "Qu'entendez-vous par "rentrer chez vous" ?". Vous ne connaissez que la maison des autres, mais vous ne connaissez pas votre propre maison. Et vous la portez en vous. Vous avez été forcés de devenir des extravertis. Il faut réapprendre les voies de l'intériorité.

Soren Kierkegaard a dit : La religion signifie l'intériorité - entrer dans sa propre intériorité. Mais ces mots simples, "entrer", sont devenus si difficiles à comprendre. Le mental ne sait que sortir ; il n'a pas de marche arrière.

J'ai entendu dire que lorsque Ford a construit ses premières voitures, elles n'avaient pas de marche arrière. Elle a été ajoutée plus tard. Sans marche arrière, c'était vraiment un problème : chaque fois que vous vouliez revenir en arrière, vous deviez parcourir des kilomètres inutilement, vous deviez faire le tour. Même si vous vouliez revenir quelques mètres en arrière, vous deviez faire un trajet de plusieurs kilomètres. Puis Ford a pris conscience de la nécessité d'une marche arrière.

Je vous apprends ici que la marche arrière est là, intégrée, vous l'avez juste oubliée. Vous savez comment sortir. Personne ne demande : "Qu'est-ce que ça veut dire quand vous dites 'sortir' ?" Mais tout le monde veut demander, "Qu'est-ce que ça veut dire quand vous dites 'Go in' ?" Des mots simples !

Penser, c'est sortir : ne pas penser, c'est entrer. Pensez, et vous avez commencé à vous éloigner de vous-même. La pensée est le chemin qui vous éloigne de vous. La pensée est un projet.

Sans pensée... et soudain vous êtes dedans. Sans pensée, vous ne pouvez pas sortir, sans désir, vous ne pouvez pas sortir. Vous avez besoin du carburant du désir et du véhicule de la pensée pour sortir.

S'asseoir en silence, ne rien faire... ne pas même penser, ne pas même désirer... et où serez-vous ?

Entrer n'est pas vraiment entrer. C'est simplement arrêter de sortir... et soudain, on se retrouve dedans.

Prem Vijen, tu n'as pas besoin d'entrer, car si tu entres, tu sortiras toujours. Aller signifie sortir. Arrêtez d'y aller ! Ne va plus nulle part ! Ne pouvez-vous pas vous asseoir en silence sans aller nulle part ? Oui, physiquement vous pouvez vous asseoir, ce n'est pas très difficile. Vous pouvez apprendre une posture de yoga et vous pouvez faire de votre corps presque une statue, mais le problème est : que faites-vous à l'intérieur ? Désirs, pensées, souvenirs, imagination, projets de toutes sortes ? - Arrêtez-les aussi.

Comment les arrêter ? Il suffit de leur être indifférent, de ne pas se soucier d'eux. Même s'ils sont là, ne leur prêtez pas attention. Même s'ils sont là, ne leur donnez pas d'importance. Même s'ils sont là, laissez-les être. Vous vous asseyez silencieusement à l'intérieur - en regardant.

Rappelez-vous le mot "regarder", témoigner, être vigilant.

Et au fur et à mesure que l'observation grandit, devient plus profonde, la même énergie qui devenait des désirs, des pensées, des souvenirs et de l'imagination - la même énergie est absorbée par la nouvelle profondeur. La même énergie est utilisée par cet approfondissement de l'intériorité. Et vous saurez ce que cela signifie quand je dis "Entrez".

Ne commencez pas à chercher dans les dictionnaires ou dans l'ENCYCLOPAEDIA BRITANNICA. Ce n'est pas une question de mots ! Les mots sont simples à comprendre ; quand je dis "Entrez", c'est exactement ce que je veux dire - entrez ! Ne commencez pas à poser des questions sur les mots - écoutez le message caché, sinon vous manquerez le train. Qu'est-ce que je veux dire par "rater le train" ?

Laissez-moi vous raconter une histoire :

Une femme d'agriculteur naïve est arrivée à la gare de Paddington pour prendre un train. Ayant un peu de temps à perdre avant l'arrivée du train, elle a pensé vérifier son poids sur une machine à peser située à proximité.

Elle y monte, met un penny et sort une carte sur laquelle on peut lire : "Vous pesez cent cinquante livres et dans cinq minutes vous allez péter". Rouge de gêne et se sentant un peu outragée, elle descend de la balance et s'éloigne en vitesse. Cinq minutes plus tard, à son grand étonnement, elle pète fort et longtemps.

Très embarrassée, mais intriguée, elle est retournée à la machine pour voir ce qu'elle avait à dire cette fois. Le penny est entré et la carte est sortie : "Vous pesez toujours 45 kg et dans cinq minutes, vous serez violée." Elle saute de la machine avec dégoût et s'éloigne fermement.

Un vendeur de journaux, qui avait une matinée particulièrement calme, a vu cette paysanne et a pensé s'amuser un peu. Avant qu'elle ne comprenne ce qui se passait, elle a été entraînée derrière le comptoir et violée. Emergeant quelques minutes plus tard dans un état terrible, avec son chapeau sur le côté, le talon de sa chaussure cassé, et dans un état de choc total, elle titube jusqu'à la machine et met aveuglément un penny. La carte est sortie : "Vous pesez encore cent cinquante livres, et à force de péter et de baiser, vous avez raté le train !".

Si vous vous intéressez trop aux mots - "Qu'est-ce que cela signifie d'entrer ? Qu'est-ce que cela signifie, verbalement, linguistiquement ?" - Vijen, tu vas rater le train. Ne perds pas ton temps avec les mots !

Et c'est une maladie d'un genre particulièrement nouveau qui s'est emparée des intellectuels du monde entier. Depuis au moins cinquante ans, le monde philosophique s'est trop intéressé aux mots, à l'analyse linguistique. On ne se demande plus ce qu'est Dieu. Ils ne se demandent plus si Dieu existe ou non. Les philosophes contemporains se demandent : "Qu'est-ce que cela signifie lorsque vous utilisez le mot "Dieu" ?" Il ne s'agit pas de savoir si Dieu existe ou non. Il ne s'agit pas de savoir ce qu'est Dieu. Il ne s'agit pas non plus de savoir comment atteindre Dieu. Maintenant, la question a pris une toute nouvelle tournure : "Que voulez-vous dire quand vous utilisez le mot 'Dieu' ?"

Que voulez-vous dire quand vous utilisez le mot "rose" ? Maintenant, c'est facile : vous pouvez saisir le philosophe, le forcer à aller dans le jardin, et vous pouvez lui montrer la rose : "Voici ce que je veux dire quand j'utilise le mot "rose"." Mais on ne peut pas faire cela avec le mot "Dieu" - et on ne peut pas faire cela avec le mot "méditation" et on ne peut pas faire cela avec les mots "entrer". Ce sont des phénomènes subtils. Ne vous intéressez pas à la langue. Je ne suis pas ici pour vous enseigner l'analyse linguistique.

Mon approche est entièrement existentielle. Si vous voulez vraiment savoir ce que cela signifie d'entrer, entrez ! Et la méthode est la suivante : observez vos pensées et ne vous identifiez pas à elles. Restez simplement un observateur, totalement indifférent, ni pour ni contre. Ne jugez pas, car tout jugement entraîne une identification. Ne dites pas : "Ces pensées sont mauvaises", et ne dites pas : "Ces pensées sont bonnes". Ne commentez pas les pensées. Laissez-les passer comme s'il s'agissait d'un simple trafic routier, et que vous vous teniez sur le bord de la route sans vous soucier de rien, en regardant le trafic.

Peu importe ce qui passe - un bus, un camion, un vélo. Si vous pouvez observer le processus de pensée de votre esprit avec une telle insouciance, un tel détachement, le moment n'est pas très éloigné où un jour tout le trafic disparaîtra... parce que le trafic ne peut exister que si vous continuez à lui donner de l'énergie. Si vous cessez de lui donner de l'énergie....

Et c'est ce qu'est la surveillance : arrêter de lui donner de l'énergie, arrêter de faire circuler l'énergie. C'est votre énergie qui fait bouger ces pensées. Lorsque votre énergie ne vient pas, elles commencent à tomber ; elles ne peuvent pas se tenir debout toutes seules.

Et quand la route de l'esprit est complètement vide, vous êtes dedans. C'est ce que je veux dire, Vijen, quand je dis "Entre". Et c'est ce que Bouddha veut dire quand il dit : SUIS TA NATURE.

UN ESPRIT IRRÉFLÉCHI EST UN MAUVAIS TOIT. LA PASSION, COMME LA PLUIE, INONDE LA MAISON. MAIS SI LE TOIT EST SOLIDE, IL Y A UN ABRI.

UN ESPRIT NON RÉFLÉCHI.... Le Bouddha n'entend pas par "réflexion" la pensée, remarquez bien. Par "réflexion", il entend simplement la réflexion, pas la pensée - la réflexion dans le sens où un miroir reflète. Lorsque vous vous présentez devant un miroir, le miroir ne pense pas à vous. Le miroir ne fait que refléter ! Ce reflet est ce que Bouddha veut dire.

UN ESPRIT NON RÉFLECTEUR - un esprit qui a oublié comment se refléter - EST UN MAUVAIS TOIT. Et nous avons oublié comment refléter. Nous savons comment penser, mais nous ne savons pas comment réfléchir.

Pensez à un enfant : un enfant naît, pour la première fois un enfant ouvre les yeux - il verra les arbres, mais il ne sera pas capable de dire en lui-même, "Ce sont des arbres." Il verra la lumière, mais il ne sera pas capable de dire en lui-même : "C'est de la lumière électrique." Il verra la rougeur de la rose, mais il ne pourra pas dire : "C'est une fleur de rose et la couleur est rouge." Il verra tout, mais il ne dira rien à l'intérieur. C'est cela, le miroir : il ne fera que refléter. Les arbres seront toujours verts, en fait bien plus verts qu'ils ne le seront jamais plus, parce que le miroir est complètement pur, cristallin. Le miroir n'a pas de poussière... les pensées accumulent la poussière.

Lorsque vous allez dans un jardin et que vous dites "La rose est belle", vous ne voyez peut-être même pas la rose. Vous ne faites peut-être que répéter un cliché. Parce que vous avez entendu dire que les roses sont belles, vous le dites. En voyant un beau coucher de soleil, vous ne le voyez peut-être pas, vous n'êtes peut-être pas attentif, vous n'êtes peut-être pas conscient... mais inconsciemment, automatiquement, vous affirmez simplement : "C'est un beau coucher de soleil." Vous ne le pensez pas du tout ; vous le dites simplement parce qu'on vous l'a dit. Vous répétez l'affirmation de quelqu'un d'autre. Si vous observez bien, vous pourrez peut-être même trouver à qui appartient cette affirmation - à votre mère, à votre père, à votre professeur, à votre ami. Si vous observez attentivement, vous pourrez peut-être entendre la voix exacte de celui qui a dit pour la première fois que le coucher de soleil est magnifique... et vous ne faites que le répéter. Vous n'avez pas vu ce coucher de soleil. Vous n'avez pas vu l'instant présent, la beauté immédiate de ce coucher de soleil.

Bouddha dit : UN ESPRIT NON RÉFLÉCHI EST UN MAUVAIS TOIT. LA PASSION, COMME LA PLUIE, INONDE LA MAISON.

Un esprit qui a oublié comment refléter la vérité est toujours une victime du désir - une victime de la tête, une victime du futur, une victime du désir constant de ceci et de cela. Et aucun désir ne peut jamais être satisfait. Le temps qu'un désir soit satisfait, il a créé dix autres désirs.

Et cela continue encore et encore... et la vie est courte, et la mort peut vous frapper à tout moment.

Vous venez dans le monde pour être comblé, mais vous partez les mains vides, vous partez non comblé.

Vous devrez donc revenir. Si vous n'apprenez pas la leçon, vous devrez être renvoyé encore et encore dans une certaine matrice, vous devrez renaître. Vous serez renvoyé à l'école. Des millions de fois, vous avez été renvoyé, et si vous ne faites pas attention, cette vie aussi vous allez manquer le train.

Soyez conscient ! Commencez à nettoyer votre miroir afin de pouvoir vous refléter.

LA PASSION, COMME LA PLUIE, INONDE LA MAISON. MAIS SI LE TOIT EST SOLIDE, IL Y A UN ABRI. Si vous savez comment refléter la réalité, il y a un abri. Vous êtes en sécurité parce que vous êtes en Dieu, parce que vous faites partie de la vérité.

CELUI QUI SUIT DES PENSÉES IMPURES SOUFFRE DANS CE MONDE ET DANS L'AUTRE.

DANS LES DEUX MONDES, IL SOUFFRE, ET COMBIEN, QUAND IL VOIT LE MAL QU'IL A FAIT.

Toutes les pensées sont impures. Une pensée ne peut pas être pure. Alors laissez-moi vous rappeler encore une fois :

Lorsque le Bouddha dit "pensées impures", il veut dire "pensées". Il utilise l'adjectif " impures " pour le souligner, car s'il dit simplement " pensées ", vous risquez de ne pas comprendre correctement. Il dit donc "pensées impures", mais il veut toujours dire "pensées". Toutes les pensées sont impures, parce qu'une pensée signifie que vous pensez à l'autre, qu'un désir a surgi. Et quand il dit "une pensée pure", il veut dire une non-pensée.

Seule une non-pensée est pure, car alors vous êtes complètement vous-même, seul, sans rien qui interfère.

Jean-Paul Sartre dit : L'autre, c'est l'enfer. Et il a raison, d'une certaine manière, car dès que vous pensez à l'autre, vous êtes en enfer. Et toutes les pensées sont adressées aux autres.

Lorsque vous êtes dans un état de non-pensée, vous êtes seul, et la solitude est pureté. Et dans cette solitude se produit tout ce qui vaut la peine de se produire.

MAIS CELUI QUI SUIT LA LOI EST JOYEUX ICI ET
JOYEUX LÀ-BAS.

DANS LES DEUX MONDES, IL SE RÉJOUIT, ET COMBIEN,
QUAND IL VOIT LE BIEN QU'IL A FAIT.

Rétrospectivement, quand vous verrez que vous vous êtes créé un
enfer - personne d'autre que vous n'est responsable - quand vous verrez
cela, vous souffrirez beaucoup, terriblement. Il n'y a même pas d'excuse,
vous ne pouvez pas rejeter la responsabilité sur les épaules de quelqu'un
d'autre :

c'est votre responsabilité.

La souffrance sera là et plus encore, plus intensément, parce que
vous ressentirez aussi : "J'ai été stupide. Personne ne m'a fait souffrir.
C'est à cause de mes pensées. C'est parce que je suis devenu de plus en
plus extraverti, que je me suis intéressé de plus en plus aux choses de
l'extérieur, que j'ai souffert. Je suis le seul responsable."

Cela vous donnera une grande angoisse - et vice versa. Si vous suivez
la loi, le dhamma, le tao, si vous suivez votre noyau le plus profond, votre
nature, vous serez joyeux ici et là.

Le Bouddha n'est pas très concerné par le "là-bas". Mais il dit que
si vous êtes joyeux ici, vous serez forcément joyeux là-bas. Si vous vous
réjouissez en ce moment, vous vous réjouirez encore plus l'instant d'après,
car l'instant d'après naîtra de cet instant.

Et votre félicité prend de l'ampleur, elle s'accumule. Si vous souffrez
en ce moment, vous souffrirez encore plus l'instant d'après, parce que
vous apprenez à souffrir, vous vous habituez à souffrir. Vous créerez
davantage de souffrance l'instant suivant, car vous devenez plus efficace
dans la création de cette souffrance. Ainsi, quelle que soit la nature de ce
moment, elle sera renforcée, approfondie, au moment suivant.

Mais le Bouddha ne se préoccupe pas du tout du moment suivant. Il
ne fait qu'énoncer un fait.

Ne vous préoccupez pas du prochain moment, ni de la prochaine vie,
ni du prochain monde. Faites de ce moment une réjouissance, faites de ce
moment un moment de félicité, et le suivant suivra, et la vie suivante, et
le monde suivant. Et tout ce que vous êtes en ce moment va s'approfondir

de plus en plus. Et quand vous verrez que vous êtes responsable de votre félicité, votre félicité sera bien plus grande. Quand vous verrez que personne ne vous l'a donné, que vous n'avez pas été un mendiant, que ce n'est pas un cadeau de quelqu'un d'autre - parce que personne ne vous l'a donné, personne ne peut vous le retirer - quand vous verrez cela, vous serez beaucoup plus heureux.

CAR LA MOISSON EST GRANDE DANS CE MONDE, ET PLUS GRANDE ENCORE DANS L'AUTRE.

QUELLES QUE SOIENT LES PAROLES SAINTES QUE VOUS LISEZ, QUELLES QUE SOIENT CELLES QUE VOUS PRONONCEZ, À QUOI VOUS SERVIRONT-ELLES SI VOUS NE LES METTEZ PAS EN PRATIQUE ?

Mais tout dépend de l'action. Il ne s'agit pas seulement d'avoir de belles pensées. Il ne s'agit pas seulement d'avoir de beaux désirs - de Dieu, du paradis, de moksha.

Il ne s'agit pas de penser à la méditation, mais d'agir, de faire quelque chose à ce sujet.

L'action et seulement l'action peut aider. Vous devez vous impliquer, vous devez vous engager.

Beaucoup de gens viennent me voir et me disent : " Nous aimons vos discours, mais nous ne voulons pas méditer et nous ne voulons pas devenir sannyasins. N'est-il pas suffisant, me demandent-ils, d'écouter simplement vos beaux discours ?" C'est tout à fait futile !

Le simple fait d'écouter mes discours est très stupide. Si vous n'avez pas l'intention d'agir, ne perdez pas de temps - c'est un exercice futile ! Si vous continuez à m'écouter sans jamais agir, mes paroles peuvent être apaisantes, consolantes, convaincantes, vous pouvez apprécier ce que je dis intellectuellement, vous pouvez apprécier l'espace créé par ma présence, mais cela ne suffit pas. L'action est absolument nécessaire.

Si vous êtes convaincu d'une vérité, agissez en conséquence, et agissez immédiatement ! - Parce que le mental est très rusé, et la plus grande ruse du mental est la remise à plus tard. Il dit : "Demain..." et demain n'arrive jamais. Il dit : "Oui, nous allons méditer un jour. Comprenons d'abord ce qu'est la méditation." Et alors vous pouvez continuer à comprendre ce qu'est la méditation toute votre vie, et vous n'agirez jamais. Et si vous n'agissez pas, rien ne se produira jamais, aucune transformation ne se produira.

Sannyas est un engagement. C'est montrer activement son amour pour moi. C'est s'impliquer dans mon destin. C'est entrer dans mon bateau. C'est dangereux - il est plus sûr de rester sur la rive et d'écouter. C'est alors une sorte de divertissement - un divertissement spirituel ! - mais tout à fait inutile, on tue le temps.

Et c'est ce que les gens continuent à faire dans les soi-disant rassemblements spirituels - les satsangs.

Ils vont au sermon du dimanche et ils écoutent très attentivement et très sérieusement, mais en dehors de l'église, cela n'a aucun effet sur leur vie. En fait, même le prédicateur n'est pas affecté par ce qu'il dit. C'est son métier de dire ces choses, il est payé pour cela. C'est un professionnel. Et c'est une formalité pour les auditeurs - juste pour avoir une bonne réputation dans la communauté, qu'ils sont religieux, qu'ils vont à l'église tous les dimanches. Et c'est aussi une belle rencontre sociale - rencontrer des gens, parler avec des gens, faire des commérages. C'est une bonne occasion - au nom de la religion. Une rencontre sociale ! C'est une vieille sorte de Rotary Club, de Lions Club, etc. Cela n'a pas d'importance, cela ne change pas leur vie.

Une fois, je vivais dans le quartier d'un prêtre chrétien, un orateur très éloquent.

Un jour, il me montrait son jardin, et nous avons commencé à parler de ceci et de cela.

Et il a dit : "Pouvez-vous aider mon fils ?"

J'ai dit : "Qu'est-ce qui se passe avec votre fils ?"

Il a dit : "Il a commencé à prendre mes sermons trop au sérieux. Je dois prêcher et je dois parler de grandes choses. Il vient pour écouter et il a commencé à les prendre trop au sérieux.

Maintenant, il ne veut pas se marier, il veut devenir un saint homme. Ne pouvez-vous pas l'aider ?"

"Je peux - c'est mon métier ! Je peux aider - j'aide les gens saints à redevenir impies. Vous me l'envoyez. Je vais le faire tomber."

"Mais écoutez," dit le prêtre, "il prend mes paroles trop au sérieux." Même le prêtre ne veut pas dire que quelqu'un doit prendre ses paroles trop au sérieux - et personne ne le fait jamais, sauf quelques personnes insensées.

Mais lorsque vous côtoyez un Bouddha, un Jésus, un Krishna, un Mahomet, il ne s'agit pas de prendre leurs paroles au sérieux. Il s'agit de voir l'authenticité de leurs paroles et d'agir en conséquence. Si cela remue votre cœur, si une cloche commence à sonner dans votre cœur, alors ne l'arrêtez pas. Alors suivez, approfondissez, car c'est la seule façon d'être transformé. C'est la seule façon de connaître l'éternel - aes dhammo sanantano. C'est la seule façon de connaître l'harmonie éternelle de l'existence.

Et connaître l'harmonie éternelle, c'est connaître la félicité, c'est connaître Dieu, c'est aller au-delà du temps, c'est aller au-delà de la mort, c'est aller au-delà de la misère.

Deux femmes discutent dans un salon de thé à quatre heures, autour de grandes glaces gluantes et de petits gâteaux sucrés. Elles ne se sont pas vues depuis le lycée et l'une d'elles se vante de son mariage très avantageux.

"Mon mari m'achète de toutes nouvelles paires de diamants lorsque celles que j'ai se salissent", dit-elle. "Je ne prends même pas la peine de les nettoyer."

"Fantastique !" disent les autres femmes.

"Oui", dit le premier, "nous avons une nouvelle voiture tous les deux mois. Pas de ces trucs de location-vente ! Mon mari les achète directement, et nous les donnons au jardinier noir, au domestique, etc. comme cadeaux."

"Fantastique !" dit l'autre.

"Et notre maison", poursuit le premier, "eh bien, à quoi bon en parler ? C'est juste...."

"Fantastique !" termine l'autre.

"Oui, et dites-moi, que faites-vous aujourd'hui ?" dit la première femme.

"Je vais à l'école de charme", dit l'autre.

"L'école de charme ? Comme c'est pittoresque ! Qu'est-ce qu'on y apprend ?"

"Eh bien, on apprend à dire 'Fantastique' au lieu de 'Conneries' !"

Vous pouvez commencer à appeler des conneries "fantastiques", mais ça ne fait aucune différence. Vous pouvez apprendre des conneries religieuses, spirituelles... .....

Il y a aussi beaucoup de gens ici qui sont très experts dans le jargon dit ésotérique. Ils parlent toujours de tant de plans, de tant de corps, de tant de centres... et ils parlent si sérieusement qu'on dirait qu'ils savent de quoi ils parlent. Évitez les ordures ésotériques !

Évitez les connaissances ésotériques ! Ce n'est pas de la connaissance, c'est juste pour tromper les gens. Si vous vous intéressez à ces choses, vous devriez lire la grande littérature créée par les théosophes.

Tout est permis, il suffit de parler de manière à ce que cela semble d'un autre monde. On ne peut ni le prouver ni le réfuter. Maintenant, comment pouvez-vous prouver combien d'avions il y a ?

Sept ou treize ans ?

Un homme est venu me voir. Sa secte religieuse croit en quatorze plans, et il avait un tableau, il avait apporté le tableau. Mahavira n'a atteint que le cinquième plan, Bouddha le sixième, Kabir, Nanak, le neuvième - parce qu'il était Punjabi, il avait été un peu généreux avec Nanak et Kabir. Mais son propre gourou Radhaswami, il a atteint le quatorzième plan ! Même Bouddha ne dépasse pas le sixième niveau ! Et Mahomet, savez-vous où est Mahomet ? - Juste le troisième ! Un Hindou et un Punjabi, comment pouvez-vous permettre à Mahomet d'aller au-delà du troisième ? Il le garde en troisième position. Jésus, il est un peu plus généreux avec - sur la quatrième ; il place Jésus sur la quatrième. Mais son propre gourou - personne ne connaît son gourou - il a atteint le quatorzième rang ! Le quatorzième est appelé satch-khand - le plan de la vérité.

Alors je lui ai demandé : "Et les treize autres ?"

Il a dit : "Ils se rapprochent de plus en plus de la vérité, seulement approximativement de la vérité."

Maintenant, peut-il y avoir une vérité approximative ? Soit quelque chose est vrai, soit quelque chose n'est pas vrai. Soit je suis ici dans la chaise, soit je ne suis pas dans la chaise - je ne peux pas être approximativement dans la chaise. Donc la "vérité approximative" est un beau nom pour un mensonge.

Il était venu me demander quelle était mon opinion sur les quatorze plans. J'ai répondu : "J'ai atteint le quinzième. Et de la même manière que tu me demandes des informations sur les plans, ton gourou Radhaswami me demande encore et encore comment entrer dans le quinzième."

Il était très en colère. Il a dit : "Jamais entendu parler du quinzième avion !"

J'ai dit : " Comment pouvez-vous entendre ? Ton gourou n'a atteint que la quatorzième, tu en as donc entendu quatorze. Mais moi, j'ai atteint le quinzième !"

C'est tout simplement absurde ! Mais il peut être présenté de telle manière qu'il semble très spirituel. A éviter !

Bouddha dit : QUEL QUE SOIT LE NOMBRE DE PAROLES SACRES QUE VOUS LISEZ, QUEL QUE SOIT LE NOMBRE DE PAROLES QUE VOUS PRONONCEZ, QU'EST-CE QU'IL VOUS SERA UTILE SI VOUS NE LES METTEZ PAS EN APPLICATION ?

La croyance reste dans le monde des mots. C'est la confiance, la confiance profonde, qui vous fait passer à l'action. L'action est risquée. Parler de l'autre rive est simple, mais nager jusqu'à l'autre rive est dangereux, car il n'existe aucune carte. En fait, personne ne peut être certain de l'autre rive, qu'elle existe ou non.

Une croyance ordinaire ne suffira pas. Si vous n'avez pas une confiance énorme dans la vie, si vous n'avez pas une confiance énorme dans votre propre voix intérieure, vous ne pouvez pas vous lancer dans le voyage de la mer inconnue.

Mais seule l'action prouvera que vous avez confiance, et seule l'action peut vous transformer.

ÊTES-VOUS UN BERGER QUI COMPTE LES MOUTONS D'UN AUTRE, SANS JAMAIS PARTAGER LE CHEMIN ?

Le Bouddha avait l'habitude de le dire et de le répéter : il y a des gens stupides qui continuent à compter les vaches des autres - cet homme a quinze vaches, cet homme a treize vaches - et eux-mêmes n'en ont pas une seule ! A quoi cela sert-il de compter les vaches ou les moutons des autres ? Cela ne va pas vous nourrir, cela ne va pas vous alimenter. C'est une pure perte de temps !

Mais c'est ce qui se passe au nom de la religion. Ce que disent les Vedas... les gens gaspillent leur vie entière à essayer de déchiffrer le sens des Vedas. Il y a des gens qui ont gaspillé leur vie entière à découvrir le vrai sens de la Bible. C'est compter les moutons des autres !

Vous pouvez y entrer et entendre la Bible s'y dérouler - comme Jésus l'a entendue. Jésus n'a aucun privilège sur vous. Personne n'est privilégié ! Devant la loi éternelle, devant le dhamma, tout le monde est égal. Dans ce monde, tout le monde est inégal et ne pourra jamais l'être. Dans ce monde, le communisme est impossible.

Mais dans le monde intérieur, tout le monde est égal - seul le communisme est possible. Le communisme est un phénomène intérieur. Les efforts qui sont faits pour faire du monde extérieur un monde communiste sont futiles ; cela ne peut se produire dans la nature même des choses.

En Russie soviétique, les anciennes classes n'existent plus, mais de nouvelles classes sont apparues. Les anciennes classes sont remplacées par de nouvelles classes. D'abord, il y avait le prolétariat et la bourgeoisie ; maintenant, il y a les gens qui gouvernent, les dirigeants, les membres du parti communiste et les gens qui sont gouvernés. C'est le même jeu qui se joue sous des noms différents.

Dans le monde extérieur, le communisme est impossible. L'inégalité est la loi ; tout le monde est inégal dans le monde extérieur. Quelqu'un est plus fort que vous, quelqu'un est plus intelligent, quelqu'un est plus beau, quelqu'un a du talent, quelqu'un est un génie.....

Les gens sont différents, et on ne peut pas les forcer à être égaux ; cela reviendrait à détruire l'humanité. Ils resteront inégaux.

Mais à l'intérieur, en allant vers l'intérieur, l'inégalité commence à disparaître. Au plus profond de soi, il y a une égalité absolue. Le communisme est un phénomène intérieur.

C'est pourquoi je vais appeler mon nouvel ashram une commune. Communisme vient du mot 'commune'. Il s'agira d'une égalité intérieure. Les gens resteront différents, autant que possible ; en fait, en ce qui concerne le monde extérieur, chacun devrait avoir son individualité unique, sa propre saveur, sa propre signature. À l'extérieur, chacun devrait avoir la liberté absolue d'être lui-même. A l'intérieur, l'ego disparaît, la personnalité disparaît, il n'y a que la pure conscience. Et deux consciences ne sont pas supérieures ou inférieures. Il n'y a pas de hiérarchie.

Ne continuez pas à compter les moutons des autres. Allez-y ! Ne continuez pas à lire les Écritures. Allez-y !

Ne continuez pas à écouter les paroles des autres. Partagez la voie ! Si vous rencontrez un bouddha, vous avez de la chance. Si tu tombes amoureux d'un bouddha, tu es béni. Ne vous contentez pas d'écouter ses paroles. Suivez le chemin, partagez le chemin ! Regardez où il pointe, ne commencez pas à vénérer son doigt. Regardez la lune !

LISEZ AUSSI PEU DE MOTS QUE VOUS LE SOUHAITEZ ET PARLEZ-EN MOINS.

MAIS AGIR SELON LA LOI.

Permettez-moi de vous le rappeler à nouveau, car le mot "law" en anglais est mal associé. C'est une traduction de dhamma : la loi éternelle, la loi cosmique, le logos. AGIR SELON LA LOI ne signifie pas agir selon le code pénal indien. Agir selon la loi signifie agir selon votre nature intérieure.

ABANDONNEZ LES ANCIENNES HABITUDES - PASSION, INIMITIÉ, FOLIE.

CONNAÎTRE LA VÉRITÉ ET TROUVER LA PAIX.

PARTAGEZ LA VOIE.

ABANDONNER LES ANCIENNES MÉTHODES.... Vous devez vous détacher du passé. Vous devez exister d'une nouvelle manière. Vous devez simplement vous couper de votre passé d'un seul coup. Et c'est ce qu'est le sannyas : se couper de son passé d'un seul coup d'épée.

Quelles sont les anciennes méthodes ? - La voie du désir, la voie de la haine, et la voie de la stupidité.

Ne fonctionne pas par la haine et ne désire pas les choses, les possessions. Et ne soyez pas superstitieux, insensés. Si tu peux faire autant, si tu peux faire ce saut dans l'inconnu... parce que le passé est connu et que tu es habitué à faire les choses d'une certaine manière. Lorsque vous laissez tomber le passé, vous serez perdu pendant quelques jours, désorienté, ne sachant pas quoi faire, comment le faire. Vous serez dans un vide. Ce vide doit être traversé. C'est douloureux - c'est le prix à payer pour la vérité.

Une fois que tu as passé ce vide : SAVOIR LA VÉRITÉ ET TROUVER LA PAIX. Alors la vérité est connue et la vérité suit la paix comme une ombre.

PARTAGEZ LA VOIE, insiste encore le Bouddha. Mais cela ne peut se faire simplement en écoutant, en lisant les œuvres des maîtres.

PARTAGEZ LA VOIE.

AES DHAMMO SANANTANO.

Assez pour aujourd'hui.

Juste de la chance, je suppose !

La première question :
Question 1 :
MAÎTRE BIEN-AIMÉ,

EN RENTRANT EN HOLLANDE L'ANNÉE DERNIÈRE, J'AI COMMENCÉ À PARLER DE VOUS AVEC UN SENTIMENT D'URGENCE. J'AI SENTI QUE VOUS M'AVIEZ TRANSMIS CETTE URGENCE, MAIS ELLE SEMBLAIT AUSSI FAIRE PARTIE DE MA NATURE.

CE SENTIMENT DE N'AVOIR PAS UNE SECONDE À PERDRE, LE SOUHAIT DE FAIRE EN SORTE QUE DAVANTAGE DE NÉERLANDAIS DEVIENNENT SANNYASINS LE PLUS RAPIDEMENT POSSIBLE, M'ONT ÉLOIGNÉ DE L'ASPECT LUDIQUE. LA SÉRIEUXSE a conduit à beaucoup d'angoisse parce que j'ai été confronté à l'INDIFFÉRENCE, à la RIDICULE et à la CONTEMPTION, EN PARTICULIER DE LA PART DES JOURNALISTES. OBJECTIVEMENT, JE N'AI PAS ÉCHOUÉ - Loin de là - mais EN TERMES D'ÊTRE, MON VOYAGE N'ÉTAIT PAS EXACTEMENT wu-wei. JE NE POUVAIS TOUT SIMPLEMENT PAS COMBINER CETTE URGENCE AVEC LA JOIE ET LA RELAXATION.

VOULEZ-VOUS DIRE QUELQUES MOTS SUR CETTE URGENCE, ALORS QUE VOUS M'AVEZ DÉJÀ TANT DONNÉ ?

Deva Amrito, l'enjouement dont je parle vient très lentement. Vous ne pouvez pas simplement sortir du sérieux que vous avez accumulé pendant des vies. Maintenant, il a une force qui lui est propre.

Il n'est pas simple de se détendre, c'est l'un des phénomènes les plus complexes qui soient, car tout ce qu'on nous enseigne, c'est la tension, l'anxiété, l'angoisse. Le sérieux est le noyau même autour duquel la société est construite. L'espièglerie est réservée aux petits enfants, pas aux adultes.

Et je vous apprends à redevenir des enfants, à être enjoués à nouveau. C'est un saut quantique, un saut... mais il faut du temps pour comprendre.

Et en ce qui me concerne, vous avez eu un immense succès : objectivement, certes, mais subjectivement aussi. Vous avez réussi de façon inattendue. N'importe qui d'autre à votre place aurait été dans une maison de fous.

Vous étiez excité, et c'est naturel d'être excité. Lorsque quelqu'un me comprend, me ressent, il commence immédiatement à ressentir une urgence - pas un seul instant à perdre. Et le mot doit être répandu. Une sorte d'immédiateté extraordinaire l'envahit. C'est naturel ! Il est vrai qu'il n'y a pas un seul instant à perdre. Et si vous m'aimez, vous voudriez que tous ces gens viennent à moi, parce qu'ils n'en auront peut-être plus l'occasion - pendant des siècles, pendant toute une vie !

Quand on aime, et qu'on a trouvé un trésor, on a envie de le partager. Et si le trésor est tel qu'il peut disparaître à tout moment, comment éviter le sentiment d'une immense urgence ? Vous devrez crier du haut de vos maisons.

Et la réponse que vous obtiendrez est absolument certaine et fixe. Plus vous voudrez que les gens viennent à moi, plus ils s'échapperont - de vous, de l'idée même de venir à moi. Et la seule façon de s'échapper est de vous ridiculiser, de rire de vous, de vous traiter de fou. C'est leur façon de se défendre. S'ils vous écoutent avec compréhension, s'ils vous permettent de submerger leur être, de déborder dans leur être, d'inonder leur être, alors ils se retrouveront eux aussi dans la même emprise. Et il leur sera très difficile de l'éviter.

Par conséquent, dès le début, ils vous ridiculiseront, vous critiqueront, s'opposeront à vous, se moqueront de vous. Ils feront tout pour créer en vous le sentiment que vous avez tort.

Mais ils ont échoué. Ils n'ont pas réussi à créer ce sentiment en vous. Plus ils vous ridiculisaient, plus ils riaient, plus ils critiquaient, plus vous essayiez de les convaincre.

Et vous avez objectivement réussi - vous avez convaincu des milliers de personnes.

Depuis votre départ pour la Hollande, de nombreux Hollandais sont arrivés, et d'autres arrivent, et d'autres encore continueront d'arriver. Vous avez créé une grande agitation. Vous avez touché le cœur de nombreuses personnes. Et cela a été une grande expérience pour votre croissance intérieure également.

L'impact que vous avez créé n'est pas encore entré dans votre tête ; il ne vous a pas rendu plus égoïste. En fait, cela vous a rendu plus humble. Ce n'était peut-être pas exactement wu-wei, mais c'en était très proche. Et je ne m'attendais pas à ce que ce soit absolument wu-wei, mais cela a été plus que ce que j'attendais.

J'avais un peu peur, Amrito, que tu deviennes fou. L'urgence était telle, ton extase était telle, tu étais si passionnément amoureux de moi, que j'avais peur au fond de moi. Je t'envoyais avec toutes sortes d'appréhensions. Mais tu as survécu à l'épreuve.

Vous êtes revenu. L'agitation qui s'est créée autour de vous parce que vous avez parlé de moi - dans les journaux, à la radio, à la télévision - la façon dont vous avez parlé, cela a donné le sentiment de votre immense amour, cela a donné le sentiment que vous avez trouvé le foyer.

Beaucoup ont été convaincus. Et beaucoup de ceux qui n'ont pas été convaincus ont aussi commencé à y réfléchir. Et même ceux qui vous ont ridiculisé et se sont opposés à vous sont impressionnés ; sinon, qui s'en soucie ? Pourquoi vous opposer à quelqu'un si vous n'êtes pas impressionné ? Pourquoi vous moquer et rire si vous êtes simplement conscient qu'il est fou ?

Personne ne se moque d'un fou, personne ne ridiculise un fou. Il suffit de savoir qu'il est fou et tout est fini !

Vous avez créé une chaîne qui va se poursuivre. Et j'aimerais que beaucoup de mes sannyasins soient si enthousiastes, qu'ils ressentent l'urgence, qu'ils aillent dans leur pays et répandent la nouvelle. Et vous devrez crier du haut de vos maisons.

Et quand vous êtes amoureux, vous avez l'air fou - vous êtes fou. L'amour est folie... mais bien plus élevé que la soi-disant, médiocre, banale santé mentale. Et l'amour est un aveuglement, mais un aveuglement qui est capable de voir l'invisible.

L'amour ne fait pas partie du monde ordinaire que nous avons créé. Nous en avons expulsé l'amour. Ainsi, lorsque vous êtes amoureux - et être amoureux d'un maître, être amoureux d'un bouddha, est l'amour ultime - cela vous rend fou. Cela fait de vous une partie de l'au-delà. Personne ne peut y croire.

Comment tes amis, Amrito, peuvent-ils croire que cela t'est arrivé et que cela ne leur est pas arrivé ? C'est tellement contre leur ego que tu as trouvé et qu'ils n'ont pas encore trouvé, et pourtant ils luttent. Non, la manière la plus facile pour eux est de nier, de dire que vous n'avez pas trouvé, que vous êtes dans une illusion, que vous avez été hypnotisé, que vous avez des hallucinations, que vous avez été drogué. Cela leur donne une consolation, une sorte d'apaisement. Si vous avez vraiment trouvé, alors ils se sentiront très très mal à l'aise - alors leurs vies sont des échecs.

C'était une belle expérience. Je sais que tu ne pouvais pas être très enjoué. C'était difficile.

La prochaine fois que je t'enverrai, tu seras plus enjoué. Maintenant, n'aie pas peur ! Je sais que tu ne veux pas y retourner. Assez, c'est assez... mais encore une fois. La prochaine fois, le projet entier sera d'être enjoué. Alors les gens riront davantage et ils penseront que tu es devenu encore plus fou. Mais riez... dansez, chantez. Cette fois, vous vous êtes disputés. La prochaine fois, ne vous disputez pas - chantez, dansez, embrassez les gens.

Mais je suis absolument heureux. Tout ce qui s'est passé a été bon objectivement, a été bon pour les autres, a été bon pour vous. C'est un dispositif : vous envoyer dans un but particulier est un dispositif pour votre croissance intérieure. Et vous avez réussi.

Il y avait toutes les chances d'être un échec.

On me le rappelle :

Un jour, George Gurdjieff a demandé à P.D. Ouspensky, son principal disciple de l'époque, de venir de Londres à un endroit éloigné, quelque part dans le Caucase. C'était très difficile.

Financièrement, Ouspensky était en faillite. Il n'avait pas d'argent, pas de maison où vivre, personne pour le soutenir. Et un si long voyage ! Et l'époque était très dangereuse. Dans ces régions du monde, il était dangereux de se déplacer, car la révolution russe était en cours. Les gens étaient massacrés, tués, assassinés. Il n'y avait pas de paix. Même Gurdjieff a dû quitter la Russie, et il s'est caché dans les montagnes du Caucase.

Ce n'était pas le bon moment pour y aller ; c'était très dangereux. Le voyage n'a pas été facile : tous les trains étaient déréglés, les routes étaient coupées, les ponts étaient cassés. C'était le chaos ! Mais quand le maître appelle, le disciple doit suivre. Il a vendu tous les biens qu'il avait. Il a emprunté de l'argent aux gens, et a parcouru des milliers de kilomètres. Il lui fallut presque trente jours pour atteindre Gurdjieff. Fatigué, en lambeaux, se demandant souvent : "Qu'est-ce que je fais ?

Les gens s'échappent de Russie, et moi je vais là-bas !". Et il était sur la liste noire des communistes, parce qu'il était une figure connue - disciple principal de George Gurdjieff, un mathématicien connu, mondialement célèbre, un grand auteur, l'un des plus grands que le monde ait jamais connu. Ses livres ont été traduits dans presque toutes les langues du monde. Retourner en Russie était dangereux. Il pouvait être attrapé, emprisonné, tué. Il était anticommuniste ! - Aucune personne sensée ne peut être communiste, car cette idée est absurde. Mais il a voyagé... et lorsqu'il a atteint Gurdjieff, ce dernier l'a regardé et la première chose qu'il a dite a été : " Retourne à Londres et recommence à travailler. "

C'était trop. Ouspensky a échoué. Il ne pouvait pas faire confiance à cet homme. Quel genre de blague est-ce là ? Jouer avec la vie de quelqu'un de cette façon... et il a immédiatement dit : "Retournez-y tout de suite ! Je n'ai rien d'autre à dire."

Ouspensky est revenu en arrière, s'est retourné contre Gurdjieff, est devenu un ennemi. C'était le grand stratagème d'un grand maître. S'il avait fait confiance, il aurait été illuminé. Il a raté l'occasion. Il est mort sans avoir été éclairé.

Lorsque les choses se déroulent sans heurts et sans difficultés, la confiance est facile - mais elle est sans valeur. Quand les choses deviennent difficiles, ardues, impossibles, et que vous pouvez encore faire confiance, quand il devient absolument illogique de faire confiance et que vous pouvez encore faire confiance, seule une telle confiance devient une force transformatrice.

Amrito, je vais t'envoyer encore une fois. Et souviens-toi que je ne suis pas un homme très constant : cela peut être deux fois, trois fois... cela dépend. Mais pour le moment, je vais t'envoyer une fois - c'est certain.

Et cette fois, le projet est ludique.

La deuxième question :

Question 2 :

MAÎTRE BIEN-AIMÉ, POURQUOI Y A-T-IL TANT DE RELIGIONS DANS LE MONDE, ET POURQUOI CES RELIGIONS SE QUERELLENT-ELLES CONTINUELLEMENT ENTRE ELLES ?

Geetam, il est naturel qu'il y ait autant de religions. En fait, il en faut plus.

À mon avis, chaque individu devrait avoir sa propre religion ; il devrait y avoir autant de religions que d'individus. Le nombre n'est pas si important : il n'y a que trois cents religions - et combien de personnes sur la terre ?

Chaque individu devrait avoir sa propre religion, parce que chaque individu est tellement unique, tellement différent des autres. Comment deux personnes peuvent-elles avoir la même religion ? C'est impossible.

Mais nous avons demandé l'impossible. Chaque individu doit atteindre Dieu à sa manière, et ce chemin ne sera plus jamais emprunté par quelqu'un d'autre.

Par conséquent, les bouddhas ne peuvent qu'indiquer, ne peuvent que vous donner des indices. Ils ne peuvent pas vous fournir des cartes certaines, absolument certaines - seulement des indices, quelques indices. Et ces indications ne doivent pas être prises très au sérieux, mais de manière très ludique. Vous ne devez pas devenir un fanatique. Si vous devenez fanatique, vous n'êtes plus religieux.

Une personne religieuse est humble, disponible pour toutes sortes d'indications ; c'est un chercheur, un investigateur, un explorateur, et il apprendra de toutes les sources possibles. Il apprendra de la Bible, des Védas et du DHAMMAPADA. Il écoutera Bouddha, Jésus, Zarathoustra. Il apprendra de toutes les sources possibles, mais il restera lui-même. Il ne deviendra pas une imitation, il ne deviendra pas une copie conforme. Il conservera son authenticité. Il sera humble, sincère, authentique, il ne deviendra pas un pseudo. Il ne sera pas un suiveur, il sera un amoureux.

Il aimera le bouddha, mais il ne le suivra pas ; il ne le suivra pas dans les détails. Comment pouvez-vous suivre un bouddha dans les détails ? Il s'agit d'une personne totalement différente. Vous n'y avez jamais été, personne comme vous n'y a jamais été, et personne qui soit exactement comme vous n'y sera jamais plus. Par conséquent, votre religion doit être votre religion, votre vérité doit être votre vérité.

Et c'est là toute la beauté de la vérité : elle se présente toujours sous une forme si unique que vous pouvez dire : "C'est un cadeau spécial de Dieu pour moi." C'est pourquoi il y a tant de religions. Et c'est beau ! - il devrait y en avoir beaucoup plus. Beaucoup de gens ont essayé de créer une seule religion ; c'est une stupidité totale. Vous ne pouvez pas créer une religion unique. Vous pouvez imposer une religion aux gens, mais cela détruira leur esprit, leur liberté ; cela paralysera leur être et leur croissance.

Tout comme il y a tant de langues, il y a tant de religions. La variété est belle, la variété vous permet de choisir en fonction de votre type.

La religion n'est pas et ne peut pas être décidée par la naissance, et ceux qui décident de leur religion par leur naissance sont de parfaits imbéciles. Vous ne pouvez pas naître hindou et vous ne pouvez pas naître chrétien ; la naissance n'a rien à voir avec votre religion. La religion est une question. Vous pouvez naître de parents hindous - c'est une chose - mais si vos parents vous aiment vraiment, ils ne vous convertiront pas en hindou. Bien sûr, ils vous diront tout ce qu'ils ont connu et expérimenté, mais ils vous laisseront libre. Et ils vous diront : " Deviens plus alerte, plus vigilant, plus mature, et quand tu seras assez mature et que tu voudras décider, choisis ta propre religion. "

Allez à la mosquée, allez à l'église, allez au temple, allez au gurudwara. Écoutez toutes sortes de choses, voyez toutes sortes de fleurs : le jardin de Dieu est si plein de variété, est si riche à cause de la variété. Il y a des roses et des lotus et mille et une autres fleurs.

Va choisir ton propre parfum, ta propre fragrance, parce que si tu ne choisis pas toi-même, tu ne pourras pas t'y consacrer, tu ne pourras pas t'y abandonner.

Le monde n'est pas religieux parce que la religion nous est imposée.

Les parents sont pressés d'imposer ; l'église, l'état, le pays - tout le monde est pressé d'imposer une certaine religion à l'enfant. Quelle bêtise ! Quelle stupidité ! La religion a besoin de maturité, d'une grande compréhension, avant que l'on puisse choisir.

Personne ne naît hindou, mahométan ou parsi. Tout le monde naît propre, innocent, un TABULA RASA, et ensuite chacun doit chercher et chercher. C'est la beauté de la vie, car la vie est une enquête. Et ne vous installez pas trop tôt, ce n'est pas nécessaire.

Il est possible qu'aucune religion existante ne vous satisfasse. Mais c'est bien ainsi ; cela signifie qu'une nouvelle religion naît en vous. Le monde devient plus riche : une religion de plus, une fleur de plus, un arbre de plus - un nouveau phénomène.

Bouddha apporte une nouvelle religion dans le monde ; le monde était plus pauvre avant Bouddha car il lui manquait le bouddhisme. Bouddha aurait pu suivre la religion de ses parents ; le monde aurait alors été encore pauvre. Le monde aurait manqué quelque chose d'immensément précieux, une nouvelle porte vers Dieu. Le Bouddha a ouvert une nouvelle porte, une nouvelle vision, un nouvel aperçu. Il n'était pas convaincu par la religion de ses parents ; sinon, il serait resté hindou. Il s'est rebellé. Toutes les personnes religieuses sont des personnes rebelles.

Il a fait une recherche individuelle - tous les religieux sont des explorateurs, tous les religieux sont des aventuriers. Il aurait été facile, commode et confortable de croire à la religion à laquelle ses parents et les parents de ses parents avaient cru pendant des siècles. Cela aurait été plus commode parce que vous n'avez pas besoin de vous renseigner, vous n'avez pas besoin de faire l'effort de trouver la vérité. Elle a été trouvée par un voyant dans le passé - vous pouvez simplement l'emprunter. Mais une vérité empruntée n'est pas du tout une vérité. Une vérité empruntée est un mensonge.

Bouddha s'est mis à la recherche ; l'enquête était ardue. Il a tout risqué - son royaume, sa vie. Mais quand vous risquez autant, la vie vous montre de nouveaux trésors. Une nouvelle religion, un nouvel aperçu, une nouvelle vision, sont nés dans le monde.

Mahomet aurait pu suivre la religion de ses parents. Jésus aurait pu suivre le judaïsme. Devenez un Jésus, devenez un Bouddha, devenez un Mahomet ! Ne soyez pas un mahométan, ne soyez pas un bouddhiste et ne soyez pas un chrétien - explorez ! Ne gaspillez pas votre vie à imiter, car alors vous resterez un pseudo. Et une personne pseudo ne peut pas être religieuse. Il faut une grande authenticité, une grande sincérité.

Donc, Geetam, c'est bien qu'il y ait trois cents religions - il devrait y en avoir plus ! Je suis toujours pour la variété. Je veux que le monde soit plus riche de toutes les manières possibles. Aimeriez-vous que le monde entier n'ait qu'un seul type de fleur - seulement des roses, ou seulement des lotus ? Ne serait-ce pas un monde appauvri, très pauvre ? Aimeriez-vous que le monde n'ait qu'une seule langue ? Alors les différentes nuances des différentes langues disparaîtront.

Il y a des choses qui ne peuvent être dites qu'en arabe et ne peuvent être dites dans aucune autre langue ; et il y a des choses qui ne peuvent être dites qu'en hébreu et ne peuvent être dites dans aucune autre langue. Il y a des choses qui ne peuvent être dites qu'en chinois et qui ne peuvent être dites dans aucune autre langue. Si le monde n'a qu'une seule langue, beaucoup de belles choses ne seront pas dites.

Lao Tzu ne peut parler que chinois. Vous n'avez peut-être pas réfléchi au problème : imaginez simplement Lao Tzu écrivant son TAO TEH CHING en anglais... et le livre sera totalement différent. Il lui manquera quelque chose d'immense valeur ; il aura quelque chose de différent, une couleur totalement différente, mais il lui manquera la saveur qu'il a en chinois.

Or, le chinois n'a pas d'alphabet, il s'écrit en symboles. Comme il n'y a pas d'alphabet, les symboles peuvent être interprétés de mille et une façons ; les symboles sont plus fluides, moins fixes, plus poétiques, moins prosaïques. Un symbole peut signifier beaucoup de choses. Ce n'est pas scientifique ; il est très difficile d'écrire des traités scientifiques en chinois. Pour cela, l'anglais est une langue bien plus adéquate.

Mais ce que Lao Tzu a donné au monde n'aurait pas été possible sans le chinois. Chaque symbole a de nombreuses significations, une multiplicité de significations. Vous pouvez choisir votre signification en fonction de votre état d'esprit. Chaque symbole a de nombreuses couches de signification. Au fur et à mesure que vous progressez dans votre compréhension, la signification des symboles change.

Il existe donc en Orient un type de lecture totalement différent, qui n'existe pas en Occident. Vous n'aimeriez pas lire le même livre de Bernard Shaw encore et encore et encore, n'est-ce pas ? À moins que vous ne soyez fou, vous ne voudriez pas le lire encore et encore et encore. À quoi cela sert-il ? Une fois que vous l'avez lu, c'est terminé ! C'est pourquoi le livre de poche a vu le jour : il faut le lire et le jeter. Mais en Orient, il existe un autre type de lecture : le même livre est lu et relu toute la vie.

Le TAO TEH CHING n'est pas un livre qui peut être publié en livre de poche - ils le font maintenant. Il ne devrait pas être publié en livre de poche - il ne peut pas l'être, car c'est un livre d'un genre totalement différent. Il a des couches et des couches de signification. Lorsque vous le lisez pour la première fois, c'est un seul livre parce que vous ne connaissez qu'une seule signification, la superficielle.

Après avoir médité pendant quelques mois, vous le lisez à nouveau ; un autre sens se révèle ; après avoir médité quelques mois de plus, vous le lisez à nouveau... un troisième sens. Cela doit continuer, cela doit devenir l'étude de toute une vie.

Et vous continuerez à trouver les significations - elles sont inépuisables. Aes dhammo sanantano : l'ultime est éternel et inépuisable. Ce n'est pas une fiction ; vous ne pouvez pas simplement le lire et en avoir fini avec lui. Une seule lecture ne vous aidera pas du tout ; elle ne fait que vous introduire, elle ne vous donne pas l'essentiel. Il faut une vie entière pour en atteindre le cœur.

Maintenant, nous avons besoin de toutes sortes de langues. L'anglais est nécessaire pour son caractère définitif, pour sa certitude. Chaque mot a une définition. La science ne peut se développer sans une telle langue.

La science n'a pas pu naître en Inde à cause de la langue ; le sanskrit est une langue poétique. Vous pouvez le chanter - il a cette qualité - vous pouvez le psalmodier, mais vous ne pouvez pas en faire un syllogisme. Beaucoup de chants, certes, mais elle n'est pas argumentative ; expressive mais non argumentative.

L'arabe a une qualité très obsédante. Si vous le chantez, il deviendra une hantise dans votre cœur. Arrêtez de le chanter et le chant continue dans votre cœur. L'arabe a cette qualité parce que c'est une langue du désert ; les langues du désert ont une qualité obsédante. Lorsque vous appelez quelqu'un dans un désert, très loin, vous devez appeler d'une certaine manière - et dans un désert, vous pouvez appeler des gens qui sont très loin ; si vous les appelez de manière rythmique, votre son les atteindra.

D'où la beauté du Coran. Ce n'est pas un livre à lire - ceux qui lisent le Coran passent à côté de son sens - c'est un livre à chanter. Ce n'est pas un livre à étudier : c'est un livre à danser, ce n'est qu'ainsi que vous atteindrez son esprit intérieur.

Il est beau qu'il y ait de nombreuses langues car il y a beaucoup de choses à dire, à exprimer, à communiquer. Et à mesure que le monde grandit, il faut beaucoup plus de langues, parce qu'à mesure que le monde grandit, il y a beaucoup plus de choses que les gens ressentent, que les gens traversent, que les gens atteignent.

La religion n'est rien d'autre qu'un langage pour exprimer l'ultime. Geetam, il n'y a rien de mal à ce qu'il y ait de nombreuses religions. Bien sûr, il y a certainement quelque chose de mal à ce qu'elles se querellent constamment les unes avec les autres. Cela montre que les soi-disant religions ont perdu leur qualité religieuse, elles sont devenues politiques ; que ces soi-disant religions n'ont plus de maîtres vivants en elles, mais seulement des prêtres morts, ternes et médiocres. Ils continuent à se quereller, à essayer de convertir, parce que le nombre crée le pouvoir. S'il y a plus de chrétiens, alors le christianisme a plus de pouvoir et le pape au Vatican devient plus puissant. Si les hindous sont plus nombreux, ils ont bien sûr plus de pouvoir.

Les nombres donnent le pouvoir. Ainsi, le christianisme veut que tout le monde soit chrétien, et les mahométans voudraient que tout le monde soit mahométan. Leurs moyens peuvent différer, mais l'effort et le désir sont les mêmes, un désir politique très profond - c'est la politique du pouvoir. Alors, naturellement, les querelles surgissent. La politique est une querelle ; elle n'a rien à voir avec la religion.

Les religions doivent être aussi nombreuses que possible. Et il n'est pas question d'un quelconque conflit : c'est une question de goût et d'aversion. Si j'aime les roses, vous n'essayez pas de venir me convaincre que je devrais aimer les soucis - vous acceptez simplement que je les aime. Et si vous aimez les soucis, c'est tout à fait normal ; il n'est pas question de se disputer, de se quereller. Nous n'avons pas besoin de nous battre l'un contre l'autre - en réalité ou intellectuellement. Je peux vous laisser à votre choix, et je ne me sens pas offensé parce que vous aimez les soucis et que je ne les aime pas.

Les goûts et les dégoûts sont des affaires individuelles. L'un peut aimer la Bhagavadgita, un autre peut aimer le Coran, un autre encore peut aimer le DHAMMAPADA - c'est parfaitement correct, absolument correct. Nous devrions partager nos goûts les uns avec les autres, mais nous ne devrions pas essayer de convertir l'autre, de le forcer à entrer dans notre giron. Oui, partagez par tous les moyens, car le partage montre votre amour. Si vous avez trouvé une source, partagez ! Mais le partage doit se faire par amour, pas pour des raisons de pouvoir. Il ne s'agit pas de convaincre l'autre et de l'entraîner dans votre giron. Les religions ont fait des choses si horribles. Les gens ont été convertis à la pointe de la baïonnette ; les gens sont convertis par l'argent, en les soudoyant... par tous les moyens, bons ou mauvais. Devenez un chrétien ! Devenez mahométan ! Devenez un hindou ! Prenez de plus en plus de gens pour devenir plus puissant, et ne permettez à personne d'autre de quitter votre giron.

Le fils de Mulla Nasruddin lui demandait : "Papa, quand un chrétien devient mahométan, comment l'appelles-tu ?".

Nasruddin sourit et dit : "Il est revenu à la raison, c'est un homme de compréhension, de sagesse. Il a compris ce qui est faux comme faux et ce qui est vrai comme vrai."

Le garçon demande à nouveau : "Et papa, si un mahométan devient chrétien, comment l'appelles-tu ?"

Nasruddin était très en colère et a dit : "C'est un traître ! Il a trahi. Il est stupide !"

Or, si un chrétien devient mahométan, c'est un homme intelligent, un sage ; et si un mahométan devient chrétien, c'est un traître, un stupide. Et la situation est la même si vous demandez au chrétien.

Un hindou est devenu chrétien. Tous les hindous étaient contre lui, naturellement - il les avait trahis ! Mais les chrétiens en ont fait un saint.

Son nom était Sadhu Sunder Singh.

Ils l'ont presque vénéré comme s'il était une incarnation de Jésus, car il a prouvé la vérité du christianisme. Et les Hindous ? - ils étaient tellement en colère contre cet homme qu'ils voulaient le tuer. Et il est fort possible qu'ils l'aient tué, car un jour il a soudainement disparu et son corps n'a pas été retrouvé depuis. C'est toujours un mystère ce qui est arrivé à Sadhu Sunder Singh.

Je connais un homme qui était hindou et qui est devenu jaïna. Les hindous étaient très opposés à lui, naturellement, évidemment. Ils ont essayé par tous les moyens de détruire cet homme, mais il est devenu le saint jaïna le plus célèbre. Son nom était Ganesh Varni. Il a vaincu tous les autres saints jainas, il a atteint le plus haut sommet. Quelle était sa véritable qualité ? Pourquoi a-t-il atteint le plus haut sommet ? Parce que, à la base, il était hindou et est devenu jaïna. "Il a prouvé que le jaïnisme est bien plus élevé que l'hindouisme ; sinon, pourquoi cet homme, un homme si sage, est-il venu dans notre giron ?"

Geetam, ces religions se disputent parce qu'elles ne sont pas religieuses ; elles sont devenues de plus en plus politiques. Et quand vous vous disputez, alors tout est juste - en amour et en guerre, tout est juste.

Un catholique essaie de convertir un juif et lui dit que s'il devient catholique, ses prières seront certainement exaucées, car le prêtre les transmettra à l'évêque, qui les transmettra au cardinal, qui les transmettra au pape, qui les fera monter au ciel par un trou au sommet du Vatican, qui correspond à un trou dans le sol du ciel, où saint Pierre les portera à la Vierge Marie, qui intercédera en leur faveur auprès de Jésus, qui dira un mot gentil pour eux à Dieu.

Le Juif répète tout cet itinéraire d'un air étonné et termine : "Tu sais, ça doit être vrai, parce que je me suis toujours demandé ce qu'ils font de toute la merde au ciel. Ils doivent la jeter dans ce petit trou du Vatican, où le pape la donne au cardinal, qui la donne à l'évêque, qui la donne au prêtre, qui vous la donne - et vous essayez de me la donner ?"

Les religions sont bonnes - il en faut beaucoup plus - mais les religions qui se querellent ne sont pas des religions.

L'attitude même de querelle les rend politiques. Et le prêtre et le politicien ont entretenu une conspiration très subtile à travers les âges

- parce que le politicien peut dominer le peuple par l'intermédiaire du prêtre très facilement. Le prêtre possède l'âme du peuple et le politicien possède le corps du peuple. Tous deux sont des oppresseurs, des exploiteurs. Tous deux sont dans la même affaire, tous deux sont partenaires. Tous deux peuvent s'entraider.

Le politicien peut aider le prêtre parce qu'il a un pouvoir temporel, et le prêtre peut aider le politicien parce que les gens l'écoutent, le vénèrent, prennent sa parole comme divine.

Savez-vous que le bouddhisme n'est pas devenu une grande religion grâce à Bouddha ; il est devenu une grande religion grâce à l'empereur Ashoka. Ce n'est pas grâce à Bouddha que des millions de personnes sont devenues bouddhistes, non. Du vivant de Bouddha, seules quelques personnes, quelques élus, ont eu le courage de marcher avec lui dans sa lumière, de communier avec lui. Et ils étaient courageux - parce qu'ils ont dû souffrir, ils ont dû subir beaucoup de ridicule, d'opposition, parce que l'église hindoue établie était contre cet homme Bouddha.

Le bouddhisme est devenu une religion mondiale non pas grâce à Bouddha mais grâce à l'empereur Ashoka. Lorsque les prêtres bouddhistes ont joint leurs mains à celles de l'empereur Ashoka, la religion est devenue une religion mondiale. L'ensemble de l'Asie a été converti. Désormais, les prêtres aideraient Ashoka à conserver son pouvoir, et Ashoka aiderait les prêtres à devenir de plus en plus puissants.

Le christianisme est devenu une religion mondiale non pas grâce à Jésus. Jésus était très seul - seulement quelques disciples, douze disciples, et quelques centaines de sympathisants, c'est tout. Et même ces disciples ont disparu lorsque Jésus a été crucifié, et les sympathisants l'ont tout simplement oublié ; ils ont cessé de parler de l'homme parce qu'il était dangereux de manifester de la sympathie.

On raconte que les gens qui avaient sympathisé avec Jésus sont venus lui cracher au visage alors qu'il était en train de mourir pour montrer au peuple : "Nous sommes contre, nous ne sommes pas pour lui." Pour prouver au peuple... parce que cet homme est en train de mourir - maintenant ils vont avoir des problèmes. Ils doivent vivre, ils doivent encore vivre. Ils doivent donner une preuve qu'ils sont contre cet homme.

Ils ont renié Jésus alors qu'il était en train de mourir. Ils ont jeté de la boue, des pierres, ils lui ont craché au visage, juste pour montrer aux foules : " Voyez, n'est-ce pas une preuve suffisante que les rumeurs que vous avez entendues, selon lesquelles nous serions des sympathisants, sont absolument fausses, infondées ? Nous sommes contre lui autant que vous - en fait, nous sommes plus contre lui que vous."

Ce ne sont pas les ennemis qui lui crachent dessus, mais les amis. Jésus est devenu une force mondiale non pas à cause de lui-même mais seulement lorsque les empereurs romains et les prêtres chrétiens se sont donné la main. C'est une ironie du sort. Jésus a été crucifié par un empereur romain - voyez comment l'histoire évolue ! Ponce Pilate n'était qu'un représentant du pouvoir romain, de l'empereur romain ; il n'a fait que suivre les ordres de Rome. Qui aurait pu penser que Rome deviendrait le centre du christianisme ? Qui aurait pu penser, alors que Jésus était crucifié, que Rome serait la résidence du pape ? Mais c'est ainsi que les choses se sont passées. Lorsque les prêtres ont joint leurs mains à celles de l'empereur Constantin et d'autres empereurs romains, le christianisme est devenu une force mondiale.

Le christianisme, le bouddhisme, l'hindouisme, le jaïnisme - ils ont tous dépendu de la politique. Ce ne sont plus de vraies religions mais des jeux politiques joués au nom de la religion.

Je voudrais que le monde ait beaucoup plus de religions, tellement de religions que chaque individu ait sa propre religion - alors aucun prêtre ne sera nécessaire. C'est la seule façon d'éliminer les prêtres. Si vous avez votre propre religion, aucun prêtre n'est nécessaire - vous êtes le prêtre, vous êtes le disciple et vous êtes tout.

Vous devez écouter votre voix intérieure. Le Bouddha dit : Suis ta propre nature ; il n'est pas nécessaire que quelqu'un intercède en ta faveur.

Mais je ne suis pas en faveur de la création d'une religion unique ; assez de ces bêtises ! Dans le passé, nous avons essayé de faire cela : créer une seule religion pour que les querelles cessent. Mais ce n'est pas possible. Même si vous pouvez imposer une religion unique, si le monde entier devient chrétien, alors il y aura à nouveau des protestants et des catholiques et mille et une sectes. Et le même jeu recommencera : les gens commenceront à se quereller - parce que leurs besoins sont différents, leurs compréhensions sont différentes.

J'ai entendu :

Une belle jeune femme est rentrée de Londres. Elle appartenait à un petit village et était issue d'une famille catholique. Après trois ou quatre ans de vie à Londres, elle était devenue très riche ; elle est revenue voir ses parents. La mère n'en croyait pas ses yeux. Elle demanda : "Comment as-tu réussi ? Tu es devenue si riche - de si beaux vêtements, une bague en diamant, une belle voiture !".

Et la fille a dit : "Mère, je suis devenue une prostituée."

En entendant cela, la mère s'est évanouie et a perdu connaissance. Quand elle est revenue, elle a demandé à nouveau : "Qu'avez-vous dit ?"

La fille a dit : "Mère, j'ai dit que je suis devenue une prostituée."

La mère s'est mise à rire et a dit : "Je t'ai mal comprise - je croyais que tu avais dit que tu étais devenue protestante."

Se prostituer, ça va, mais devenir protestant... ? Les mêmes querelles vont commencer.

Même les petites religions - par exemple, le jaïnisme, l'une des plus petites religions du monde - ont tellement de sectes, de sectes dans les sectes. En fait, nous n'avons pas encore pris conscience de la grande nécessité que chaque individu ait sa propre version de Dieu, et que chaque individu ait sa propre façon d'approcher Dieu.

Un homme dragué par une prostituée dans un bar est étonné par les fanions et les diplômes d'université qui ornent les murs de sa chambre.

"Ce sont vos diplômes ?", demande-t-il.

"Bien sûr", dit-elle d'un air détaché. "J'ai une maîtrise de lettres de Columbia et j'ai passé mon doctorat sur Shakespeare à Oxford."

L'homme est incrédule. "Mais comment une fille comme vous a-t-elle pu faire un tel métier ?"

"Je ne sais pas", dit-elle. "Juste de la chance, je suppose."

Les gens ont des compréhensions différentes, des façons différentes de voir les choses, des interprétations différentes. Et il faut leur laisser cette liberté.

La troisième question :

Question 3 :

MAÎTRE BIEN-AIMÉ, MES PARENTS ONT ÉTÉ MISSIONNAIRES CHRÉTIENS EN INDE PENDANT

VINGT-CINQ ANS. MON FRÈRE ÉTAIT UN DROGUÉ, MA
SŒUR UNE MENTEUSE COMPULSIVE. QUANT À MOI, JE
SUIS SI SÉRIEUX QUE SI JE SOURIS, J'AI MAL À LA BOUCHE.
COMMENT AI-JE ATTERRI ICI ?

Prem Parijat, juste de la chance, je suppose ! Vous vivrez dans l'extase
et vous mourrez dans l'extase.

As-tu entendu parler de cet homme de 87 ans qui a épousé une jeune
fille de 19 ans ?

Il est mort d'une nouvelle maladie appelée ecstasy. Il leur a fallu trois
jours pour effacer le sourire de son visage.

Maintenant, cela va vous arriver aussi : vivre votre vie sera un rire ; en
mourant, il sera difficile pour les gens d'effacer votre sourire.

C'est peut-être parce que vos parents sont des missionnaires chrétiens
que vous avez atterri ici, car naître de n'importe quel type de
missionnaires - chrétiens, hindous ou mahométans - c'est en avoir assez
de toutes ces sornettes. Naître d'un prêtre, c'est savoir une chose avec
certitude : les prêtres ne croient pas en Dieu. C'est leur métier, ils font
semblant.

C'est une chance rare de naître dans la maison d'un prêtre, parce
que les enfants sont très perspicaces et peuvent voir de part en part que
toutes les sottises que leur père prêche ne sont que des prédications - il
ne les pense pas parce qu'il ne les pratique jamais. Les enfants des prêtres
sont voués à prendre conscience de l'hypocrisie des soi-disant personnes
religieuses.

C'est peut-être justement à cause de cela, parce qu'il est presque
impossible d'être dans la maison d'un prêtre et de ne pas savoir qu'il est la
personne la plus irréligieuse possible dans le monde.

Les prêtres exploitent la religion. Ils exploitent la confiance des gens.
Ils sont les plus grands tricheurs du monde, car exploiter la confiance des
gens est le plus grand des crimes. Vous détruisez leur confiance. Mais ils
vivent de ce genre de tricherie ; c'est leur secret professionnel.

L'évêque était très fier d'un élégant manoir qu'il avait construit
comme résidence officielle. Un jour, un ami et l'évêque discutent et
l'évêque poursuit un raisonnement apparemment athée.....

Ce genre de pensée devient très répandu dans les milieux chrétiens :

la religion sans religion, le christianisme sans Dieu - on en parle, on en discute. Après Friedrich Nietzsche, qui a déclaré que Dieu était mort, le christianisme a été en pleine tourmente - que faire maintenant ? Ils ont essayé par tous les moyens de créer un christianisme qui n'a plus besoin de Dieu, afin que la profession puisse à nouveau se développer.

Dieu est devenu une barrière ; dès que vous prononcez le mot "Dieu", vous repoussez les gens. Les théologiens chrétiens discutent donc, réfléchissent, méditent sur la manière de créer un christianisme qui n'a pas du tout besoin de Dieu. Et c'est possible ! - Parce que le bouddhisme est là sans Dieu, et le jaïnisme est là sans Dieu, alors pourquoi ne pourrait-il pas y avoir un christianisme sans Dieu ?

...Cet évêque poursuivait un raisonnement apparemment athée. L'ami lui a demandé : "Monseigneur, croyez-vous en Dieu ou non ? Dis-le exactement, dis-le en bref. Ne tourne pas autour du pot. Dis simplement oui ou non - crois-tu en Dieu ?"

Après une longue hésitation, l'évêque a répondu : "Bien sûr que oui ! À votre avis, qui a payé cette maison ?"

Maintenant, la maison qu'il a construite, un beau manoir, n'est possible que parce que les gens croient encore en Dieu ; et parce qu'ils croient en Dieu, ils croient en l'évêque. Il ne peut pas déclarer publiquement qu'il n'y a pas de Dieu. Si vous laissez tomber Dieu, alors Jésus n'est plus le Fils de Dieu, alors le pape n'est plus le représentant de Jésus, et ainsi de suite.

Et ils vont tous à l'égout. Il faut une hiérarchie : Dieu en haut et le prêtre en bas, toute l'échelle.

Et le prêtre sait certainement qu'il n'y a pas de Dieu. S'il était conscient qu'il y a un Dieu, il n'aurait pas été prêtre en premier lieu - il aurait été un Jésus, il aurait été un Bouddha, mais pas un prêtre. Il aurait été un prophète, mais pas un prêtre. Il apporterait quelque chose d'inconnu dans la vie des gens, mais il ne ferait pas partie d'un statu quo, il ne ferait pas partie de l'église établie. Aucun homme compréhensif, aucun homme qui a une certaine conscience et des expériences religieuses, ne peut faire partie d'une église établie. Cela ne s'est jamais produit. Bouddha a dû quitter son bercail, Jésus a dû quitter son bercail, Mahomet a dû quitter son bercail - il en a toujours été ainsi. Chaque fois qu'un homme religieux naît, il doit quitter son bercail, parce que le bercail est déjà entre les mains des politiciens et des prêtres, dont tout l'intérêt est d'exploiter les gens.

Anand Moksha m'a écrit :

Au moment des grands tremblements de terre au Guatemala en 1976, l'évêque catholique du lac Atitlan s'est lié d'amitié avec moi et m'a permis de rester dans son jardin pendant un certain temps.

Quelques mois ont passé et les secousses post-chocs étaient encore fréquentes. À cette époque, j'ai découvert qu'une belle maison située à flanc de colline était à louer pour très peu d'argent. La raison en était qu'un gros rocher surplombait la maison de manière inquiétante et que les gens avaient peur.

J'ai senti les vibrations et ça m'a semblé correct - alors j'ai loué l'endroit.

Quand je l'ai dit à l'évêque, il a réagi avec une consternation nerveuse et a balancé ses bras en disant : "Tu n'as pas peur que ce rocher s'abatte sur la maison ?"

J'ai répondu : "Si le Seigneur veut me prendre, il le fera."

L'évêque a haussé les épaules et a dit : "Vous ne le croyez pas, n'est-ce pas ?".

Il se peut simplement, Parijat, que ce soit parce que vous êtes né de missionnaires chrétiens qu'il vous est devenu possible d'être ici. Des missionnaires chrétiens, et vingt-cinq ans en Inde ! - C'est beaucoup trop. En premier lieu, des missionnaires chrétiens et en second lieu, vingt-cinq ans en Inde... c'est suffisant, plus que suffisant, pour convaincre les enfants que leurs parents sont des pseudo, qu'ils parlent affaires, qu'ils ne croient pas.

Ce n'est pas du tout une question de croyance.

J'ai entendu une petite histoire :

Dans une école, une école chrétienne missionnaire, le professeur a demandé aux enfants : "Qui est le plus grand homme de l'histoire ?"

Un garçon américain dit : "Abraham Lincoln."

Un garçon mahométan dit : "Hazrat Mohammed."

Une fille hindoue dit : "Seigneur Krishna."

Et ainsi de suite... et finalement, le petit garçon juif se lève et dit :

"Jésus-Christ".

L'institutrice n'en croyait pas ses oreilles : le Juif disait Jésus-Christ ? Elle demanda : "Vous le pensez vraiment ?"

Il a dit : "Ce n'est pas la question. Au fond de mon coeur, je sais que c'est Moïse - mais les affaires sont les affaires."

Être avec des missionnaires chrétiens pendant vingt-cinq ans, et en Inde, et voir ce qu'ils font, suffit à vous désillusionner. Tout le mérite revient à vos parents et à leurs vingt-cinq années passées en Inde. Ils t'ont amené ici - sois-en reconnaissant.

La quatrième question :

Question 4 :

MAÎTRE BIEN-AIMÉ,

JE SENS QUE JE SUIS UNE PERSONNE TRÈS SPÉCIALE. JE SUIS SI SPÉCIALE QUE JE VEUX JUSTE ÊTRE ORDINAIRE. S'IL VOUS PLAÎT, POUVEZ-VOUS DIRE QUELQUE CHOSE À CE SUJET ?

Anand Sangito, tout le monde ici pense exactement la même chose. Et pas seulement ici, mais partout ailleurs. Tout le monde sait au fond de son cœur qu'il est spécial. C'est une blague que Dieu joue aux gens. Quand il crée un nouvel homme et le pousse vers la terre, il lui murmure à l'oreille : "Tu es spécial. Tu es incomparable, tu es tout simplement unique !"

Mais il continue à le faire à tout le monde et tout le monde continue à le porter au plus profond de son cœur, bien que les gens ne le disent pas aussi fort que vous le faites, parce qu'ils ont peur que les autres se sentent offensés. Et personne ne sera convaincu, alors quel est l'intérêt de le dire ? Si vous dites à quelqu'un : "Je suis spécial", vous ne pouvez pas le convaincre car il sait lui-même qu'il est spécial. Comment pouvez-vous convaincre quelqu'un ? Oui, peut-être que parfois quelqu'un peut être convaincu, ou du moins faire semblant de l'être. S'il a du travail avec vous, en guise de pot-de-vin, il peut dire : "Oui, vous êtes spécial, vous êtes génial." Mais au fond, il sait que les affaires sont les affaires.

Un fanfaron raconte à son ami qu'il a trois voitures, et cetera, et cetera. Lorsqu'il mentionne également qu'il a deux maîtresses à New York, mais qu'il a mis enceinte sa secrétaire particulière, d'une beauté ravissante et terriblement passionnée, et qu'il doit donc emmener sa superbe sténographe blonde avec lui lors de son voyage d'affaires à Rio de Janeiro pour voir le carnaval, l'auditeur se met soudain à haleter, s'accroche à sa propre cravate et fait une crise cardiaque.

Le fanfaron interrompt son récit, va chercher de l'eau, tapote le dos de la victime, et cetera, et cetera, et il demande avec sollicitude ce qui se passe. "Je peux aider ?" s'étonne l'homme. "Je suis allergique aux conneries."

Il vaut mieux garder ces conneries cachées au fond de soi, car les gens sont allergiques. Mais dans un sens, c'est bien que tu aies exposé ton esprit.

Si vous pensez que vous êtes spécial, vous allez forcément vous créer de la misère. Si vous pensez que vous êtes plus élevé que les autres, plus sage que les autres, alors vous atteindrez un ego très fort. Et l'ego est un poison, un pur poison. Et plus vous devenez égoïste, plus cela fait mal, car c'est une blessure. Plus on devient égoïste, plus on se détache de la vie. Vous vous séparez de la vie, vous n'êtes plus dans le courant de l'existence, vous êtes devenu un rocher dans la rivière. Vous êtes devenu glacé, vous avez perdu toute chaleur, tout amour. Une personne spéciale ne peut pas aimer, car où allez-vous trouver une autre personne spéciale ?

J'ai entendu parler d'un homme qui est resté célibataire toute sa vie, et lorsqu'il était mourant, à 90 ans, quelqu'un lui a demandé : "Vous êtes resté célibataire toute votre vie, mais vous n'avez jamais dit quelle en était la raison. Maintenant que tu es mourant, apaise au moins notre curiosité. S'il y a un secret, tu peux le dire maintenant, parce que tu es en train de mourir ; tu ne seras plus là. Même si le secret est connu, il ne peut pas vous nuire."

L'homme dit : "Oui, il y a un secret. Ce n'est pas que je sois contre le mariage, mais je cherchais la femme parfaite. J'ai cherché et cherché, et ma vie entière est passée à côté."

L'enquêteur demande : "Mais sur cette grande terre, avec tant de millions de personnes, dont la moitié sont des femmes, ne pourriez vous pas trouver une femme parfaite ?"

Une larme coula de l'œil du mourant. Il a dit, "Oui, j'en ai trouvé un."

L'enquêteur était absolument choqué. Il a dit : "Alors que s'est-il passé

? Pourquoi ne vous êtes-vous pas mariés ?"

Et le vieil homme a dit : "Mais la femme cherchait un mari parfait."

Ta vie deviendra très difficile si tu vis avec de telles idées. Et oui, l'ego est si rusé, si rusé, qu'il peut te donner, Sangito, ce nouveau projet : "Tu es si spécial, deviens ordinaire." Mais dans ton ordinaire, tu sauras que tu es l'homme le plus extraordinairement ordinaire. Personne n'est plus ordinaire que toi ! Ce sera le même jeu, camouflé.

C'est ce que les gens soi-disant humbles continuent de faire. Ils disent, "Je suis l'homme le plus humble. Je suis juste la poussière sur vos pieds." Mais ils ne le pensent pas ! Ne dites pas "Oui, je sais que vous l'êtes", sinon ils ne pourront jamais vous pardonner. Ils attendent que vous leur disiez : " Vous êtes l'homme le plus humble que j'ai jamais vu, vous êtes l'homme le plus pieux que j'ai jamais vu. " Alors ils seront satisfaits, contents. C'est l'ego qui se cache derrière l'humilité.

Vous ne pouvez pas laisser tomber l'ego de cette façon.

Vous demandez : "Je sens que je suis une personne très très spéciale. Je suis si spécial que je voudrais simplement être ordinaire. S'il vous plaît, pouvez-vous dire quelque chose à ce sujet ?"

Personne n'est spécial, ou, tout le monde est spécial. Personne n'est ordinaire, ou tout le monde est ordinaire.

Quoi que vous pensiez de vous-même, pensez la même chose de tous les autres, et le problème sera résolu. Vous pouvez choisir. Si vous voulez le mot "spécial", vous pouvez penser que vous êtes spécial - mais alors tout le monde est spécial. Pas seulement les gens, mais les arbres, les oiseaux, les animaux, les rochers - toute l'existence est spéciale, parce que vous sortez de cette existence et que vous vous dissolvez dans cette existence. Mais si vous aimez le mot "ordinaire" - qui est un beau mot, plus détendu - sachez que tout le monde est ordinaire. Alors l'existence entière est ordinaire.

Une chose à retenir : quoi que vous pensiez de vous-même, pensez de même pour tous les autres et l'ego disparaîtra. L'ego est l'illusion que l'on crée en pensant à soi d'une certaine manière et en pensant aux autres d'une autre manière. C'est la double pensée. Si vous laissez tomber la double pensée, l'ego meurt de lui-même.

La dernière question :

Question 5 :

MAÎTRE BIEN-AIMÉ, LORSQUE JE SUIS VENU ICI, J'AI SENTI QUE DIEU ÉTAIT TRÈS PROCHE - À TOUT MOMENT, JE SERAIS AVEC LUI - MAIS AVEC LE TEMPS, CELA SEMBLE IMPOSSIBLE. IL N'EST PAS LÀ, IL EST DIFFICILE DE LE VOIR.

POURQUOI EST-CE AINSI ? S'IL VOUS PLAÎT, DITES QUELQUE CHOSE À CE SUJET.

Vedant Bharti, vous devez porter une certaine image de Dieu dans votre esprit ; c'est pourquoi vous manquez. Et si vous ne laissez pas tomber cette image, vous allez manquer. Dieu n'a aucune obligation de répondre à l'idée que vous vous faites de lui. Vous devez avoir une certaine idée que "Dieu ressemble à ceci, se comporte comme ceci....". C'est pourquoi cela devient impossible : c'est vous qui le rendez impossible.

Dieu ne peut être connu que par ceux qui sont capables de laisser tomber toutes les idées sur Dieu. Toute idée que vous avez accumulée en vous dans votre ignorance est une entrave. Laissez tomber toutes les idées sur Dieu et vous serez surpris, vous serez choqués, vous ne pourrez pas en croire vos yeux... parce que seul Dieu existe ! Alors vous ne demanderez jamais : "Où est Dieu ?" Vous demanderez : "Y a-t-il un endroit où Dieu n'est pas ?"

Alors, dans la banalité même des choses, vous verrez quelque chose de terriblement extraordinaire. Alors, des cailloux ordinaires se transforment en diamants. Alors l'humanité ordinaire n'est plus ordinaire - alors quelque chose de lumineux se trouve dans le cœur de chacun.

L'homme se rapproche alors du divin, et le divin se rapproche de l'homme ; l'humain et le divin disparaissent l'un dans l'autre, le monde et Dieu disparaissent l'un dans l'autre.

Alors vous n'êtes pas à la recherche d'un Dieu qui est séparé, haut et lointain, vivant au septième ciel ; alors il vit dans votre quartier comme votre voisin. Alors il est humain, il est animal, il est végétal, il est minéral... il est tout.

Et lorsque vous verrez qu'il vous entoure, non pas en tant que personne, mais en tant que présence, alors seulement votre demande sera satisfaite. Dieu ne se cache pas de vous, mais vous gardez les yeux fermés à cause de tant de préjugés. Quelqu'un a une idée hindoue de Dieu, quelqu'un a une idée chrétienne de Dieu, et quelqu'un d'autre a une idée mahométane de Dieu. Or, Dieu n'est ni mahométan, ni chrétien, ni hindou, alors toutes ces personnes qui véhiculent ces idées sont vouées à trébucher dans les ténèbres et encore plus de ténèbres. Ils iront d'obscurité en obscurité, de mort en mort. Ils ne connaîtront jamais la lumière.

Un hindou ne peut pas connaître Dieu, un mahométan ne peut pas connaître Dieu. Vous devrez d'abord nettoyer complètement votre esprit de tout hindouisme, de tout mahométanisme, de tout bouddhisme.

Quand vous êtes complètement insouciant, juste alerte, conscient, vigilant, alors Dieu explose. Et il explose partout.

Vedant Bharti, vous dites : "Quand je suis venu ici, j'ai senti que Dieu était très proche." C'était votre imagination.

"...A tout moment, je serais avec lui." C'était votre souhait.

"...Mais comme le temps passe, cela semble impossible" - parce qu'aucune imagination ne peut jamais devenir réelle. Aucun de vos rêves ne pourra jamais être réalisé. La réalité doit être découverte, pas imaginée.

Maintenant, vous dites : "Il n'est pas là, il est difficile de le voir."

Il est le seul à exister. Il est difficile de le voir car vos yeux sont trop chargés de vos propres préjugés, concepts, systèmes de pensée. Soyez un peu plus enfantins, soyez un peu plus innocents. Dieu ne vient que lorsque le cœur est innocent. Dieu ne vient que lorsque vous êtes complètement vides de toute idée. Il est toujours prêt à venir, il se tient à la porte, mais vous ne pouvez pas l'entendre parce que votre esprit est tellement agité, plein de pensées, des millions de pensées qui se bousculent. Votre esprit est si bruyant que vous ne pouvez pas entendre le coup silencieux à la porte.

Sois silencieux, sois innocent. Dieu est. Seul Dieu est.

L'éveil, c'est la vie

L'ÉVEIL EST LE CHEMIN DE LA VIE. LE FOU DORT COMME S'IL ÉTAIT DÉJÀ MORT, MAIS LE MAÎTRE EST ÉVEILLÉ ET IL VIT POUR TOUJOURS.

IL REGARDE. IL EST CLAIR.

COMME IL EST HEUREUX ! CAR IL VOIT QUE L'ÉVEIL EST LA VIE. COMME IL EST HEUREUX, EN SUIVANT LE CHEMIN DES ÉVEILLÉS.

AVEC UNE GRANDE PERSÉVÉRANCE, IL MÉDITE, CHERCHANT LA LIBERTÉ ET LE BONHEUR.

ALORS ÉVEILLEZ-VOUS, RÉFLÉCHISSEZ, OBSERVEZ. TRAVAILLEZ AVEC SOIN ET ATTENTION. VIVEZ DANS LE CHEMIN ET LA LUMIÈRE GRANDIRA EN VOUS.

EN OBSERVANT ET EN TRAVAILLANT, LE MAÎTRE SE CRÉE UNE ÎLE QUE LE DÉLUGE NE PEUT SUBMERGER.

L'une des choses les plus importantes à comprendre au sujet de l'homme est que celui-ci est endormi.

Même s'il pense être éveillé, il ne l'est pas. Son état de veille est très fragile ; son état de veille est si petit qu'il n'a aucune importance. Son éveil n'est qu'un beau nom, mais totalement vide.

Vous dormez la nuit, vous dormez le jour ; de la naissance à la mort, vous continuez à changer vos habitudes de sommeil, mais vous ne vous réveillez jamais vraiment. Il ne suffit pas d'ouvrir les yeux pour se convaincre que l'on est éveillé. À moins que les yeux intérieurs ne s'ouvrent, à moins que votre intérieur ne devienne plein de lumière, à moins que vous puissiez vous voir, voir qui vous êtes, ne pensez pas que vous êtes éveillé.

C'est la plus grande illusion dans laquelle vit l'homme. Et une fois que vous acceptez que vous êtes déjà éveillé, alors il n'est pas question de faire des efforts pour être éveillé.

La première chose à enfoncer dans votre cœur est que vous êtes endormi, complètement endormi. Vous rêvez, jour après jour. Vous rêvez parfois les yeux ouverts, parfois les yeux fermés, mais vous rêvez, vous êtes un rêve. Tu n'es pas encore une réalité.

Et, bien sûr, dans un rêve, tout ce que vous faites est dénué de sens, tout ce que vous pensez est inutile, tout ce que vous projetez reste une partie de vos rêves et ne vous permet jamais de voir ce qui est. D'où l'insistance du Bouddha... et non seulement Gautama le Bouddha mais tous les bouddhas ont insisté sur une seule chose : Réveillez-vous ! Continuellement, pendant des siècles, tout leur enseignement peut être contenu dans un seul mot : Soyez éveillé !

Et ils ont conçu des méthodes, des stratégies, ils ont créé des contextes et des espaces, des champs d'énergie dans lesquels vous pouvez être choqués et prendre conscience. Oui, à moins que vous ne soyez choqués, secoués jusque dans vos fondements, vous ne vous réveillerez pas. Le sommeil a été si long qu'il a atteint le cœur même de votre être ; vous en êtes imprégnés. Chaque cellule de votre corps et chaque fibre de votre esprit est devenue pleine de sommeil. Ce n'est pas un petit phénomène. Il faut donc faire un grand effort pour être alerte, pour être attentif, pour être vigilant, pour devenir un témoin.

S'il est un thème sur lequel tous les bouddhas du monde s'accordent, c'est bien celui-là : l'homme tel qu'il est est endormi, et l'homme tel qu'il devrait être devrait être éveillé. L'éveil est le but, et l'éveil est la saveur de tous leurs enseignements. Zarathoustra, Lao Tseu, Jésus, Bouddha, Bahauddin, Kabir, Nanak - tous les éveillés ont enseigné un seul thème, dans des langues différentes, avec des métaphores différentes, mais leur chant est le même.

Tout comme la mer a le goût du sel - que l'on goûte la mer du nord, de l'est ou de l'ouest, la mer a toujours le goût du sel - le goût de la bouddhéité est l'éveil.

Mais vous ne ferez aucun effort si vous continuez à croire que vous êtes déjà éveillé ; alors il n'est pas question de faire le moindre effort. A quoi bon ? Et vous avez créé des religions, des dieux, des prières, des rituels, à partir de vos rêves - vos dieux font autant partie de vos rêves que toute autre chose. Votre politique fait partie de vos rêves, vos religions font partie de vos rêves, votre poésie, votre peinture, votre art - quoi que vous fassiez, parce que vous êtes endormis, vous le faites selon votre propre état d'esprit.

La Bible dit que Dieu a créé l'homme à son image - la vérité semble être tout le contraire : l'homme a créé Dieu à son image. Vos dieux sont faux parce que vous êtes faux. Votre religion est pseudo parce que vous êtes pseudo. Vos écritures ne peuvent avoir aucune signification parce que vous n'avez aucune signification.

Deux prêtres jouent au golf. Le plus jeune rate un putt facile et dit : "Merde !" Le plus âgé le réprimande pour cela, disant que s'il continue à utiliser des blasphèmes de ce genre, Dieu le foudroiera certainement d'un coup de tonnerre. Ils continuent à jouer et le plus jeune rate un autre putt et dit à nouveau "Merde !".

Les cieux s'ouvrent soudain : un coup de foudre jaillit, et frappe mortellement le prêtre le plus âgé.

Il y a une pause, et on entend la voix céleste dire avec des accents de tonnerre : "Merde !".

Vos dieux ne peuvent être différents de vous. Qui les créera ? Qui leur donnera une forme, une couleur, un aspect ? Vous les créez, vous les sculptez ; ils ont des yeux comme vous, un nez comme vous - et un esprit comme vous ! Le Dieu de l'Ancien Testament dit : "Je suis un Dieu très jaloux !" Mais qui a créé ce Dieu jaloux ? Dieu ne peut pas être jaloux. Et si Dieu est jaloux, qu'y a-t-il de mal à être jaloux ? Si même Dieu est jaloux, pourquoi devrions-nous penser que nous faisons quelque chose de mal quand nous sommes jaloux ? Alors la jalousie est divine.

Le Dieu de l'Ancien Testament dit : "Je suis un Dieu très en colère ! Si vous ne suivez pas mes commandements, je vous détruirai. Vous serez jetés dans les flammes de l'enfer pour l'éternité. Et parce que je suis très jaloux," le Dieu dit, "n'adorez personne d'autre. Je ne peux pas le tolérer."

Qui a créé un tel Dieu ? Ce doit être à cause de notre propre jalousie, de notre propre colère, que nous avons créé cette image.

Un Juif qui a eu une longue série de malchance se rend dans les bois et élève la voix dans la prière et la récrimination. "Oh, mon Dieu", demande-t-il au ciel en pleurant, "n'ai-je pas toujours été un bon Juif ? N'ai-je pas toujours fait la charité, même à ces maudits goyim ? N'ai-je pas élevé ma famille décemment ? Je n'ai jamais bu, juré, joué ; pas de mauvaises femmes, rien ! Pourquoi me fais-tu ça, Dieu ? Pourquoi ? Pourquoi ?"

Un nuage sombre apparaît soudainement au-dessus de nos têtes, et une voix puissante répond : "Tu me fais chier !".

Le Dieu ne peut certainement pas être différent de vous. Il est votre projection, il est votre ombre.

Il fait écho à vous et à personne d'autre. C'est pourquoi il y a tant de dieux dans le monde. Les hindous ont une certaine idée de Dieu - l'idée hindoue - elle reflète l'esprit hindou.

Si vous vous replongez dans les écritures hindoues, vous serez surpris. Vous ne pourrez pas croire quel genre de dieux les hindous ont créé - très sexuels. L'adultère est très courant chez les dieux hindous, et non seulement ils jouent à leurs jeux d'adultère dans le paradis hindou, mais ils ne peuvent même pas laisser la terre tranquille ; ils viennent sur la terre aussi, pour violer les femmes, pour séduire les femmes simples. Ils ne laissent même pas tranquilles les épouses des grands voyants. Et comme ils ont un pouvoir infini, ils peuvent même apparaître comme les maris, ils peuvent ressembler aux maris. Et les femmes n'ont aucune idée de qui se cache derrière cette façade.

Qui a créé ces dieux ? - ça devait être au fond un esprit très sexuel.

Et il en va de même pour tous les autres dieux de toutes les autres religions. C'est pour cette raison que le Bouddha n'a jamais parlé de Dieu. Il a dit : Quel est l'intérêt de parler de Dieu à des gens qui dorment ? Ils écouteront dans leur sommeil. Ils rêveront de tout ce qu'on leur dira, et ils créeront leurs propres dieux - qui seront totalement faux, totalement impuissants, totalement dénués de sens. Il est préférable de ne pas avoir de tels dieux.

C'est pourquoi le Bouddha n'est pas intéressé à parler de dieux. Son seul intérêt est de vous réveiller.

On raconte qu'un maître éclairé bouddhiste était assis un soir au bord de la rivière, appréciant le bruit de l'eau, le son du vent passant dans les arbres..... Un homme vint lui demander : "Pouvez-vous me dire en un seul mot l'essence de votre religion ?"

Le maître est resté silencieux, totalement silencieux, comme s'il n'avait pas entendu la question. Le questionneur a dit : "Vous êtes sourd ou quoi ?"

Le maître a dit : "J'ai entendu ta question, et j'y ai aussi répondu ! Le silence est la réponse. Je suis resté silencieux - cette pause, cet intervalle, était ma réponse."

L'homme dit : "Je ne comprends pas une réponse aussi mystérieuse. Ne pouvez-vous pas être un peu plus clair ?"

Alors le maître écrivit sur le sable "méditation", en petites lettres avec son doigt. L'homme dit : " Je sais lire maintenant. C'est un peu mieux qu'au début. Au moins, j'ai un mot à méditer. Mais ne pouvez-vous pas le rendre un peu plus clair ?"

Le maître a écrit à nouveau "MEDITATION". Bien sûr, cette fois, il a écrit en plus grosses lettres.

L'homme se sentait un peu gêné, perplexe, offensé, en colère. Il a dit : "Encore une fois, vous écrivez la méditation ? Ne pouvez-vous pas être un peu plus clair pour moi ?"

Et le maître a écrit en très grosses lettres, en majuscules, "M E D I T A T I O N".

L'homme a dit : "On dirait que vous êtes fou."

Le maître dit : "J'ai déjà beaucoup baissé. La première réponse était la bonne, la deuxième n'était pas si bonne, la troisième encore plus mauvaise, la quatrième est très mauvaise" - parce que lorsque vous écrivez "MEDITATION" avec des majuscules, vous en avez fait un dieu.

C'est pourquoi le mot "Dieu" s'écrit avec un "G" majuscule. Quand on veut rendre quelque chose suprême, ultime, on l'écrit avec une majuscule.

Le maître a dit : "J'ai déjà commis un péché." Il a effacé tous ces mots qu'il avait écrits, et il a dit : "S'il vous plaît, écoutez ma première réponse - alors seulement je suis vrai."

Le silence est l'espace dans lequel on s'éveille, et le mental bruyant est l'espace dans lequel on reste endormi. Si votre esprit continue à bavarder, vous êtes endormi. Assis en silence, si le mental disparaît et que vous pouvez entendre le bavardage des oiseaux et aucun mental à l'intérieur, un silence... ce sifflement de l'oiseau, le gazouillis, et aucun mental ne fonctionnant dans votre tête, un silence total... alors la conscience jaillit en vous. Elle ne vient pas de l'extérieur, elle surgit en vous, elle grandit en vous. Sinon, rappelez-vous : vous êtes endormi.

Un mari et sa femme étaient endormis. Vers 3 heures du matin, la femme a rêvé qu'elle rencontrait secrètement un autre homme. Puis elle a rêvé qu'elle voyait son mari arriver.

Dans son sommeil, elle a crié : "Ciel, mon mari !"

Son mari, réveillé soudainement, a sauté par la fenêtre.

Et rappelez-vous, il ne s'agit pas d'une plaisanterie ; c'est la réalité, c'est la façon dont vous vivez. C'est la façon dont l'homme existe dans son état ordinaire.

Une femme tente de regagner l'amour de son mari, sur les conseils d'une amie, en lui apportant ses pantoufles et sa pipe lorsqu'il rentre tard un soir, en lui offrant un grand verre, en se blottissant sur ses genoux, vêtue seulement d'une robe de chambre en soie, et en terminant par une offre murmurée : "Montons, chéri !".

"Je pourrais aussi bien," dit son mari déconcerté, "Je vais avoir l'enfer quand je rentre à la maison de toute façon !".

Nous continuons à vivre en étant absolument inattentifs à ce qui se passe autour de nous. Oui, nous sommes devenus très efficaces pour faire les choses. Ce que nous faisons, nous l'avons tellement bien fait que nous n'avons pas besoin de conscience pour le faire. C'est devenu mécanique, automatique. Nous fonctionnons comme des robots. Nous ne sommes pas encore des hommes ; nous sommes des machines.

C'est ce que George Gurdjieff répétait sans cesse, que l'homme tel qu'il existe est une machine. Il a offensé beaucoup de gens, car personne n'aime être appelé une machine.

Les machines aiment qu'on les appelle des dieux ; elles se sentent alors très heureuses, gonflées à bloc. Gurdjieff avait l'habitude d'appeler les gens des machines, et il avait raison. Si vous vous observez, vous saurez à quel point vous vous comportez de manière mécanique.

Le psychologue russe Pavlov, et le psychologue américain Skinner, ont raison à quatre-vingt-dix-neuf virgule neuf pour cent à propos de l'homme : ils pensent que l'homme est une belle machine, c'est tout. Il n'y a pas d'âme en lui. Je dis qu'ils ont raison à quatre-vingt-dix-neuf virgule neuf pour cent ; ils ne se trompent que par une très petite marge. Dans cette petite marge se trouvent les bouddhas, les éveillés. Mais ils peuvent être pardonnés, car Pavlov n'a jamais rencontré un bouddha - il a rencontré des millions de personnes comme vous.

Skinner a étudié les hommes et les rats et ne trouve aucune différence. Les rats sont des êtres simples, c'est tout ; l'homme est un peu plus compliqué. L'homme est une machine hautement sophistiquée, les rats sont des machines simples. Il est plus facile d'étudier les rats ; c'est pourquoi les psychologues continuent à étudier les rats. Ils étudient les rats et tirent des conclusions sur l'homme - et leurs conclusions sont presque justes. Je dis "presque", remarquez, parce que ce point de 1 % est le phénomène le plus important qui soit arrivé : un Bouddha, un Jésus, un Mahomet. Ces quelques personnes éveillées sont les vrais hommes, mais où B.F. Skinner peut-il trouver un bouddha ? Certainement pas en Amérique.

J'ai entendu :

Un homme a demandé à un rabbin : "Pourquoi Jésus n'a-t-il pas choisi de naître dans l'Amérique du XXe siècle ?"

Le rabbin a haussé les épaules et a dit : "En Amérique ? Cela aurait été impossible. Où pouvez-vous trouver une vierge, premièrement ? Et deuxièmement, où trouverez-vous trois sages ?"

Et sans une mère vierge et trois sages, comment Jésus peut-il naître ?

J'ai entendu :

Dans une église, le prêtre demande à l'assistance : "Levez-vous, s'il vous plaît, toutes les femmes qui sont vierges !"

Une seule femme avec une petite fille s'est levée. Elle était certainement une mère, et le prêtre a dit : "Vous vous croyez vierge ? Vous êtes une mère !"

Elle a dit : "Oui, je le suis - mais cette fille est vierge, et elle ne peut pas se tenir debout toute seule."

Où B.F. Skinner va-t-il trouver un bouddha ? Et même s'il peut trouver un bouddha, ses préjugés préconçus, ses idées, ne lui permettront pas de voir. Il continuera à voir ses rats.

Il ne peut rien comprendre de ce que les rats ne peuvent pas faire. Les rats ne méditent pas, les rats ne deviennent pas éclairés. Et sa conception de l'homme n'est que la forme agrandie d'un rat. Et pourtant, je dis qu'il a raison pour la grande majorité des gens ; ses conclusions ne sont pas fausses. Et les bouddhas seront d'accord avec lui au sujet de l'humanité dite normale : l'humanité normale est complètement endormie. Même les animaux ne sont pas aussi endormis.

Avez-vous vu un cerf dans la jungle - comme il a l'air alerte, comme il marche prudemment ?

Avez-vous vu un oiseau assis sur un arbre - avec quelle intelligence il continue à observer ce qui se passe autour de lui ? Vous vous approchez de l'oiseau - il vous laisse un certain espace ; au-delà, un pas de plus, et il s'envole. Il est très attentif à son territoire. Si quelqu'un pénètre dans ce territoire, c'est dangereux.

Si vous regardez autour de vous, vous serez surpris : l'homme semble être l'animal le plus endormi de la planète.

Une femme achète un perroquet lors d'une vente aux enchères du mobilier d'un bordel de luxe. Elle garde la cage du perroquet couverte pendant deux semaines pour lui faire oublier son vocabulaire profane.

Lorsque la cage est enfin découverte, le perroquet regarde autour de lui et remarque : "Awrrk ! Nouvelle maison. Nouvelle madame." Quand les filles de la femme entrent, il ajoute, "Awrrk ! Nouvelles filles."

Lorsque son mari rentre à la maison ce soir-là, le perroquet dit : "Awrrk ! Awrrk ! Les mêmes vieux clients. Bonjour, Joe !"

L'homme est dans un état très déchu. C'est d'ailleurs le sens de la parabole chrétienne de la chute d'Adam, de son expulsion. Mais pourquoi Adam et Eve ont-ils été expulsés du paradis ? Ils ont été expulsés parce qu'ils avaient mangé le fruit de la connaissance. Ils ont été expulsés parce qu'ils étaient devenus des esprits, et qu'ils avaient perdu leur conscience. Si vous devenez un esprit, vous perdez la conscience - esprit signifie sommeil, esprit signifie bruit, esprit signifie mécanique.

Si vous devenez un mental, vous perdez la conscience. Par conséquent, tout le travail qui doit être fait est : comment redevenir la conscience et perdre le mental. Vous devez jeter hors de votre système tout ce que vous avez rassemblé comme connaissance. C'est la connaissance qui vous maintient endormi ; par conséquent, plus une personne est instruite, plus elle est endormie.

C'est aussi ce que j'ai observé. Les villageois innocents sont bien plus alertes et éveillés que les professeurs des universités et les pundits des temples. Les pundits ne sont rien d'autre que des perroquets ; les académiciens dans les universités ne sont pleins que de bouse de vache sacrée, pleins de bruits absolument dénués de sens - juste des esprits et aucune conscience.

Les personnes qui travaillent avec la nature - les agriculteurs, les jardiniers, les bûcherons, les charpentiers, les peintres - sont bien plus alertes que les personnes qui fonctionnent dans les universités en tant que doyens, vice-chanceliers et chanceliers. Car lorsque vous travaillez avec la nature, la nature est alerte, les arbres sont alertes ; leur forme d'alerte est certes différente, mais ils sont très alertes.

Il existe maintenant des preuves scientifiques de leur vigilance. Si le bûcheron arrive avec une hache à la main et avec la volonté délibérée de couper l'arbre, tous les arbres qui le voient arriver tremblent. Il existe des preuves scientifiques à ce sujet ; je ne parle pas de poésie, je parle de science quand je dis cela. Il existe maintenant des instruments pour mesurer si l'arbre est heureux ou malheureux, s'il a peur ou non, s'il est triste ou en extase. Lorsque le bûcheron arrive, tous les arbres qui le voient se mettent à trembler. Ils prennent conscience que la mort est proche. Et le bûcheron n'a pas encore coupé d'arbre, seulement sa venue.....

Et une chose encore, bien plus étrange : si le bûcheron ne fait que passer par là sans avoir l'idée délibérée de couper un arbre, alors aucun arbre ne prend peur. C'est le même bûcheron, avec la même hache. Il semble que son intention de couper un arbre affecte les arbres. Cela signifie que son intention est comprise ; cela signifie que la vibration même est décodée par les arbres.

Et un autre fait significatif a été observé scientifiquement : si vous allez dans la forêt et que vous tuez un animal, ce n'est pas seulement le règne animal autour qui s'ébranle, mais aussi les arbres. Si vous tuez un cerf, tous les cerfs qui sont autour ressentent la vibration du meurtre, deviennent tristes ; un grand tremblement se produit en eux. Soudain, ils ont peur sans raison particulière. Ils n'ont peut-être pas vu le cerf se faire tuer, mais d'une manière ou d'une autre, de façon subtile, ils sont affectés - instinctivement, intuitivement. Mais les cerfs ne sont pas les seuls à être affectés - les arbres sont affectés, les perroquets sont affectés, les tigres sont affectés, les aigles sont affectés, les feuilles d'herbe sont affectées. Le meurtre a eu lieu, la destruction a eu lieu, la mort a eu lieu - tout ce qui est autour est affecté.

L'homme semble être le plus asleep....

Ces sutras du Bouddha doivent être médités profondément, imprégnés, suivis.

L'ÉVEIL EST LE CHEMIN DE LA VIE.

Vous n'êtes vivant que dans la mesure où vous êtes conscient. La conscience est la différence entre la mort et la vie. Vous n'êtes pas vivant simplement parce que vous respirez, vous n'êtes pas vivant simplement parce que votre cœur bat. Physiologiquement, vous pouvez être maintenu en vie dans un hôpital, sans aucune conscience. Votre cœur continuera à battre et vous serez capable de respirer. On peut vous maintenir dans un dispositif mécanique tel que vous resterez en vie pendant des années - au sens de la respiration, du battement du cœur et de la circulation du sang. Il y a aujourd'hui de nombreuses personnes dans le monde, dans les pays avancés, qui ne font que végéter dans les hôpitaux, parce que la technologie avancée a permis de repousser indéfiniment votre mort - pendant des années, des siècles, vous pouvez être maintenu en vie. Si c'est cela la vie, alors vous pouvez être maintenu en vie. Mais ce n'est pas du tout la vie. Végéter n'est pas la vie.

Les bouddhas ont une définition différente. Leur définition consiste en la conscience. Ils ne disent pas que vous êtes vivant parce que vous pouvez respirer, ils ne disent pas que vous êtes vivant parce que votre sang circule ; ils disent que vous êtes vivant si vous êtes éveillé. Donc, à l'exception des éveillés, personne n'est vraiment vivant. Vous êtes des cadavres - marchant, parlant, faisant des choses - vous êtes des robots.

L'ÉVEIL EST LA VOIE DE LA VIE, dit le Bouddha. Devenez plus éveillé et vous deviendrez plus vivant. Et la vie est Dieu - il n'y a pas d'autre Dieu. C'est pourquoi le Bouddha parle de vie et de conscience. La vie est le but et la conscience est la méthodologie, la technique pour l'atteindre.

LE FOU DORT....

Et tous sont endormis, donc tous sont stupides. Ne vous sentez pas offensé. Les faits doivent être énoncés tels qu'ils sont. Vous fonctionnez dans le sommeil ; c'est pourquoi vous continuez à trébucher, vous continuez à faire des choses que vous ne voulez pas faire. Vous continuez à faire des choses que vous avez décidé de ne pas faire. Vous continuez à faire des choses que vous savez ne pas être justes, et vous ne faites pas les choses que vous savez être justes.

Comment est-ce possible ? Pourquoi ne pouvez-vous pas marcher droit ? Pourquoi continuez-vous à vous faire piéger dans des chemins de traverse ? Pourquoi continuez-vous à vous égarer ?

Un jeune homme doté d'une belle voix est invité à participer à une pièce de théâtre, bien qu'il essaie de s'en abstenir en disant qu'il est toujours gêné dans de telles circonstances. On lui assure que ce sera très simple et qu'il n'aura qu'une ligne à dire : "Je viens arracher un baiser, et je m'élance dans la mêlée. Écoutez, j'entends un coup de pistolet..." puis il quittera la scène à grands pas.

Lors de la représentation, il entre en scène, déjà très gêné par la culotte coloniale moulante qu'on lui a fait enfiler au dernier moment, et se détache complètement à la vue de la belle héroïne allongée sur un siège de jardin, qui l'attend, dans une robe blanche. Il se racle la gorge et annonce : "Je viens embrasser ta chatte - non ! - un baiser, et péter dans la draille - je veux dire, s'élancer dans la mêlée ! Écoutez - j'entends un pot de shistol - non ! - un puits de shostil, une merde de pistil. Oh, merde de chauve-souris, merde de rat, merde à vous tous ! Je n'ai jamais voulu jouer dans cette maudite pièce de toute façon !"

Voilà ce qui se passe. Observez votre vie : tout ce que vous faites est si confus et si déroutant. Vous n'avez aucune clarté, vous n'avez aucune perspicacité. Vous n'êtes pas en alerte. Vous ne voyez pas ! Vous n'entendez pas ! Bien sûr, vous avez des oreilles pour entendre, mais il n'y a personne à l'intérieur pour le comprendre. Certes, vous avez des yeux pour voir, mais il n'y a personne à l'intérieur. Alors vos yeux continuent à voir et vos oreilles à écouter, mais rien n'est compris.

Si vous aviez vraiment des yeux, vous verriez Dieu partout. Et si vous pouviez entendre, vous entendriez la musique céleste, vous entendriez l'harmonie de l'existence.

Et à chaque pas, vous trébuchez, à chaque pas, vous commettez une erreur. Et pourtant, vous continuez à croire que vous êtes conscient. Abandonnez complètement cette idée. L'abandonner est un grand saut, un grand pas, car une fois que vous aurez abandonné l'idée que "je suis conscient", vous commencerez à chercher et à chercher des moyens d'être conscient. La première chose qui vous vient à l'esprit est que vous êtes endormi, complètement endormi.

La psychologie moderne a découvert quelques éléments significatifs ; bien qu'ils n'aient été découverts qu'intellectuellement, c'est un bon début. Si elles ont été découvertes intellectuellement, tôt ou tard, elles seront également expérimentées existentiellement.

Freud est un grand pionnier ; bien sûr, pas un bouddha, mais un homme d'une grande importance, car il a été le premier à faire accepter par la plus grande partie de l'humanité l'idée que l'homme a un grand inconscient caché en lui. L'esprit conscient ne représente qu'un dixième, et l'esprit inconscient est neuf fois plus grand que le conscient.

Puis son disciple, Jung, est allé un peu plus loin, un peu plus profond, et a découvert l'inconscient collectif. Derrière l'inconscient individuel, il y a un inconscient collectif. Il faut maintenant que quelqu'un découvre une chose de plus qui existe, et j'espère..... Tôt ou tard, les recherches psychologiques en cours, des deux côtés du rideau de fer, vont le découvrir - l'inconscient cosmique. Les bouddhas en ont parlé.

On peut donc dire : l'esprit conscient, une chose très fragile, une toute petite partie de votre être.

Derrière le conscient se trouve le subconscient - vague. Vous pouvez entendre son murmure mais vous ne pouvez pas le comprendre. Il est toujours là, derrière le conscient, tirant ses ficelles.

Troisièmement : l'inconscient que vous ne rencontrez que dans les rêves ou lorsque vous prenez des drogues. Ensuite, l'inconscient collectif. Vous ne le rencontrez que lorsque vous vous lancez dans une enquête très approfondie sur votre inconscient ; vous tombez alors sur l'inconscient collectif. Et si vous allez encore plus loin, plus profondément, vous arriverez à l'inconscient cosmique.

L'inconscient cosmique, c'est la nature. L'inconscient collectif est l'ensemble de l'humanité qui a vécu jusqu'à présent, il fait partie de vous. L'inconscient est votre inconscient individuel que la société a refoulé en vous, qui n'a pas pu s'exprimer.

C'est pourquoi il arrive par la porte de derrière, la nuit, dans vos rêves. Et l'esprit conscient... Je l'appellerai le soi-disant esprit conscient parce qu'il n'est que soi-disant. Il est si minuscule, juste un scintillement, mais même si ce n'est qu'un scintillement, il est important car il contient la graine ; les graines sont toujours petites. Elle a un grand potentiel.

Maintenant, une dimension totalement nouvelle s'ouvre. Tout comme Freud a ouvert la dimension en dessous de la conscience, Sri Aurobindo a ouvert la dimension au-dessus de la conscience. Freud et Sri Aurobindo sont les deux personnes les plus importantes de notre époque. Tous deux sont des intellectuels, aucun d'entre eux n'est une personne éveillée, mais tous deux ont rendu un grand service à l'humanité.

Intellectuellement, ils nous ont fait prendre conscience que nous ne sommes pas si petits qu'il n'y paraît, que la surface cache de grandes profondeurs et hauteurs.

Freud est allé dans les profondeurs, Sri Aurobindo a essayé de pénétrer dans les hauteurs. Au-dessus de notre soi-disant esprit conscient se trouve le véritable esprit conscient ; on ne l'atteint que par la méditation. Lorsque votre esprit conscient ordinaire est ajouté à la méditation, lorsque l'esprit conscient ordinaire est plus la méditation, il devient le véritable esprit conscient.

Au-delà de l'esprit conscient réel se trouve l'esprit superconscient.

Lorsque vous méditez, vous n'avez que des aperçus. La méditation est un tâtonnement dans l'obscurité.

Oui, quelques fenêtres s'ouvrent, mais vous retombez encore et encore. L'esprit superconscient signifie samadhi - vous avez atteint une perceptivité cristalline, vous avez atteint une conscience intégrée. Maintenant, vous ne pouvez pas tomber en dessous de ce niveau ; il est à vous. Même dans le sommeil, il restera avec vous.

Au-delà du superconscient se trouve le superconscient collectif ; le superconscient collectif est ce que l'on appelle les "dieux" dans les religions. Et au-delà du superconscient collectif se trouve le superconscient cosmique qui va même au-delà des dieux. Bouddha l'appelle nirvana, Mahavira l'appelle kaivalya, les mystiques hindous l'ont appelé moksha ; vous pouvez l'appeler la vérité.

Ce sont les neuf états de votre être, et vous ne vivez que dans un petit coin de votre être - le minuscule esprit conscient ; comme si quelqu'un avait un palais et avait complètement oublié le palais et avait commencé à vivre sous le porche - et pensait que c'est tout.

Freud et Sri Aurobindo sont tous deux de grands intellectuels, des pionniers, des philosophes, mais tous deux font de grandes suppositions. Au lieu d'enseigner aux étudiants la philosophie de Bertrand Russell, d'Alfred North Whitehead, de Martin Heidegger, de Jean-Paul Sartre, il serait de loin préférable d'enseigner davantage sur Sri Aurobindo, car il est le plus grand philosophe de notre époque. Mais il est complètement négligé, ignoré par le monde académique - pour une certaine raison.

La raison en est que, même en lisant Sri Aurobindo, vous aurez l'impression d'être inconscient ; et lui-même n'est pas encore un bouddha, mais il va quand même créer une situation très embarrassante pour vous. S'il a raison, alors que faites-vous ? Alors pourquoi n'explorez-vous pas les hauteurs de votre être ?

Freud a été accepté avec une grande résistance, mais finalement il a été accepté. Sri Aurobindo n'est même pas encore accepté. En fait, il n'y a même pas d'opposition à son égard ; il est simplement ignoré. Et la raison en est claire. Freud parle de quelque chose en dessous de vous - ce n'est pas si embarrassant ; vous pouvez vous sentir bien en sachant que vous êtes conscient, et en dessous de votre conscience il y a le subconscient, l'inconscient et l'inconscient collectif. Mais tous ces états sont en dessous de vous ; vous êtes au sommet, vous pouvez vous sentir très bien. Mais si vous étudiez Sri Aurobindo, vous vous sentirez embarrassé, offensé, parce qu'il y a des états plus élevés que vous - et l'ego de l'homme ne veut jamais accepter qu'il y ait quelque chose de plus élevé que lui. L'homme veut croire qu'il est le pinacle le plus élevé, le point culminant, le Gourishankar, l'Everest - qu'il n'y a rien de plus élevé que lui.....

C'est pourquoi l'homme moderne veut nier Dieu, car accepter Dieu signifie que vous devez accepter quelque chose de plus élevé que vous. Et l'ego moderne est tellement gonflé que l'esprit moderne dit qu'il n'y a pas de Dieu, qu'il n'y a pas d'au-delà et qu'il n'y a pas de vie après la mort. Et on se sent très bien - en niant son propre royaume, en niant ses propres hauteurs, on se sent très bien. Regardez la folie de tout cela.

Bouddha a raison. Il dit :

LE FOU DORT COMME S'IL ÉTAIT DÉJÀ MORT, MAIS LE MAÎTRE EST ÉVEILLÉ ET IL VIT POUR TOUJOURS.

La conscience est éternelle, elle ne connaît pas la mort. Seule l'inconscience meurt. Donc, si vous restez inconscient, endormi, vous devrez mourir à nouveau. Si vous voulez vous débarrasser de toute cette misère de naître et de mourir encore et encore, si vous voulez vous débarrasser de la roue de la naissance et de la mort, vous devez devenir absolument vigilant. Vous devrez vous élever de plus en plus haut dans la conscience.

Et ces choses ne doivent pas être acceptées sur des bases intellectuelles ; ces choses doivent devenir expérimentales, ces choses doivent devenir existentielles. Je ne vous dis pas d'être convaincu philosophiquement, car la conviction philosophique n'apporte rien, aucune récolte.

La vraie récolte ne vient que lorsque vous faites de gros efforts pour vous réveiller.

Mais ces cartes intellectuelles peuvent créer un désir, une envie en vous ; elles peuvent vous faire prendre conscience du potentiel, du possible ; elles peuvent vous faire prendre conscience que vous n'êtes pas ce que vous semblez être - vous êtes bien plus.

LE FOU DORT COMME S'IL ÉTAIT DÉJÀ MORT, MAIS LE MAÎTRE EST ÉVEILLÉ ET IL VIT POUR TOUJOURS.
IL REGARDE. IL EST CLAIR.

Des déclarations simples et belles. La vérité est toujours simple et toujours belle. Juste pour voir la simplicité de ces deux déclarations... mais combien elles contiennent - des mondes dans les mondes, des mondes infinis. IL VEILLE. IL EST CLAIR.

La seule chose qui doit être apprise est la vigilance. Observer ! Regardez chaque acte que vous faites. Regarde chaque pensée qui passe dans ton esprit. Observez chaque désir qui prend possession de vous. Observez même les petits gestes - marcher, parler, manger, prendre un bain.

Continuez à tout observer. Que tout devienne une occasion de regarder.

Ne mangez pas mécaniquement, ne vous empiffrez pas - soyez très attentif. Mâchez bien et avec attention... et vous serez surpris de voir tout ce que vous avez manqué jusqu'à présent, car chaque bouchée vous apportera une énorme satisfaction ; si vous mangez avec attention, la nourriture deviendra plus savoureuse. Même la nourriture ordinaire a du goût si vous êtes attentif ; et si vous n'êtes pas attentif, vous pouvez manger la nourriture la plus savoureuse, mais elle n'aura aucun goût, car il n'y a personne pour la surveiller. Vous continuez simplement à vous gaver.

Mangez lentement, avec attention ; chaque bouchée doit être mâchée, goûtée. Sentez, touchez, ressentez la brise et les rayons du soleil. Regardez la lune et devenez juste un bassin silencieux de vigilance, et la lune se reflétera en vous avec une immense beauté. Avancez dans la vie en restant continuellement vigilant.

Vous oublierez encore et encore. Ne soyez pas malheureux à cause de cela, c'est naturel.

Pendant des millions de vies, vous n'avez jamais essayé la vigilance, il est donc simple, naturel, que vous continuiez à oublier encore et encore. Mais au moment où tu te souviens, tu regardes à nouveau.

Rappelez-vous une chose : lorsque vous vous rappelez que vous avez oublié de regarder, ne vous repentez pas, ne vous repentez pas ; sinon, vous perdez à nouveau du temps. Ne vous sentez pas malheureux : "J'ai encore raté." Ne commencez pas à vous sentir : "Je suis un pécheur". Ne commencez pas à vous condamner, car c'est une pure perte de temps. Ne vous repentez jamais pour le passé ! Vivez le moment présent. Si vous aviez oublié, et alors ? C'était naturel - c'est devenu une habitude, et les habitudes ont la vie dure. Et il ne s'agit pas d'habitudes prises dans une seule vie, mais dans des millions de vies. Donc, si vous pouvez rester vigilant ne serait-ce que quelques instants, soyez reconnaissant envers Dieu - soyez reconnaissant. Même ces quelques instants sont plus qu'attendus.

IL VEILLE. IL EST CLAIR.

Et lorsque vous observez, une clarté surgit. Pourquoi la clarté naît-elle de la vigilance ?

Parce que plus vous êtes vigilant, plus votre précipitation ralentit. Vous devenez plus gracieux. Au fur et à mesure que vous observez, votre esprit bavard bavarde moins, parce que l'énergie qui devenait bavardage se transforme et devient vigilance - c'est la même énergie ! Maintenant, de plus en plus d'énergie va se transformer en vigilance et l'esprit ne sera plus nourri. Les pensées vont commencer à devenir plus fines, elles vont commencer à perdre du poids. Lentement, lentement, elles vont commencer à mourir. Et lorsque les pensées commencent à mourir, la clarté apparaît. Maintenant, votre esprit devient un miroir.

COMME IL EST HEUREUX ! Et quand on est clair, on est bienheureux. C'est la confusion qui est la cause première de la misère ; c'est la clarté qui est le fondement de la félicité.

COMME IL EST HEUREUX ! CAR IL VOIT QUE L'ÉVEIL EST LA VIE.

Et maintenant, il sait que la mort n'existe pas, car l'éveil ne peut jamais être détruit.

Quand la mort viendra, vous la regarderez aussi. Vous mourrez en regardant ; regarder ne meurt pas.

Votre corps disparaîtra, de poussière en poussière, mais votre vigilance restera ; elle fera partie du tout cosmique. Elle deviendra la conscience cosmique.

Dans ces moments, les voyants des Upanishads déclarent : "Aham brahmasmi ! - Je suis la conscience cosmique !" C'est dans de tels espaces que al-Hillaj Mansoor a annoncé : "Ana'l haq ! - Je suis la vérité !"

Ce sont les hauteurs qui sont votre droit de naissance. Si vous ne les obtenez pas, vous seul êtes responsable et personne d'autre.

COMME IL EST HEUREUX ! CAR IL VOIT QUE L'ÉVEIL EST LA VIE.

COMBIEN IL EST HEUREUX, EN SUIVANT LE CHEMIN DE L'ÉVEILLÉ.

AVEC UNE GRANDE PERSÉVÉRANCE, IL MÉDITE, CHERCHANT LA LIBERTÉ ET LE BONHEUR.

Écoutez ces mots très attentivement : AVEC BEAUCOUP DE PERSÉVÉRANCE.... Si vous ne faites pas un effort total pour vous réveiller, cela ne se produira pas. Les efforts partiels sont futiles. Vous ne pouvez pas vous contenter d'un effort moyen, vous ne pouvez pas vous contenter d'un effort tiède. Cela ne servira à rien.

L'eau tiède ne peut pas s'évaporer, et les efforts tièdes pour être vigilant sont voués à l'échec.

La transformation ne se produit que lorsque vous y mettez toute votre énergie. Lorsque vous êtes en train de bouillir à une chaleur de cent degrés, puis vous vous évaporez, alors le changement alchimique se produit. Puis tu commences à t'élever.

N'avez-vous pas observé ? - L'eau coule vers le bas, mais la vapeur monte vers le haut. C'est exactement la même chose : l'inconscience va vers le bas, la conscience va vers le haut.

Et encore une chose : vers le haut est synonyme d'intérieur, et vers le bas est synonyme d'extérieur. La conscience va vers l'intérieur, l'inconscience vers l'extérieur. L'inconscience vous fait vous intéresser aux autres - aux choses, aux gens, mais c'est toujours les autres. L'inconscience vous maintient complètement dans l'obscurité ; vos yeux restent fixés sur les autres. Elle crée une sorte d'extériorité, elle fait de vous des extravertis.

La conscience crée l'intériorité, elle fait de vous des introvertis ; elle vous emmène vers l'intérieur, de plus en plus profondément.

Et de plus en plus profond signifie aussi de plus en plus haut ; ils grandissent simultanément, tout comme un arbre grandit. Vous ne le voyez que monter, vous ne voyez pas les racines descendre. Mais les racines doivent d'abord descendre, et ce n'est qu'ensuite que l'arbre peut s'élever. Si un arbre veut atteindre le ciel, il devra envoyer des racines tout en bas, au plus bas niveau possible. L'arbre pousse simultanément dans les deux sens.

De la même manière que la conscience croît vers le haut... vers le bas, elle envoie ses racines dans votre être.

J'ai parlé de neuf états de conscience. Vos branches de conscience iront vers le haut, du conscient - soi-disant conscient - au vrai conscient, du vrai conscient au superconscient, du superconscient au conscient collectif, du conscient collectif au conscient cosmique. Et vos racines se développeront du soi-disant conscient au subconscient, du subconscient à l'inconscient, de l'inconscient à l'inconscient collectif, de l'inconscient collectif à l'inconscient cosmique. Dès que vos racines atteignent la nature, vos fleurs commencent à s'épanouir en Dieu. Ainsi, la nature et Dieu ne sont pas divisés - dans l'être éveillé, ils sont reliés.

Celui qui est vraiment éveillé n'est pas contre la nature, il ne peut pas l'être ; il est tout pour la nature. En fait, il vous aide à aller dans les deux sens - d'un côté dans la nature, de l'autre côté en Dieu. C'est mon effort ici. Je voudrais que vous soyez naturels, si naturels que vos racines aillent au plus profond de votre être - parce que c'est la seule façon de vous aider à vous élever.

Les racines doivent être fortement ancrées dans le sol, si fortes qu'elles peuvent soutenir un cèdre du Liban en hauteur. S'il doit s'élever à des centaines de mètres, il lui faudra de grandes racines. À cause de cela, je suis mal compris dans tout le pays en particulier, et dans le monde en général.

Les racines doivent atteindre l'énergie sexuelle, parce que c'est ce qu'il y a de plus bas, de plus profond en vous ; ce n'est qu'alors que vos fleurs pourront s'épanouir dans la superconscience, dans le samadhi. Le lotus ne peut s'épanouir que s'il est enraciné dans la boue au fond du lac. Cela n'est possible qu'avec une grande persévérance. L'homme tel qu'il est est très paresseux ; parce qu'il est endormi, il est paresseux.

Cette histoire est celle d'un mari et d'une femme qui conviennent que celui qui parle le premier devra fermer la porte de la rue qui a été accidentellement laissée ouverte. Les voleurs trouvent la porte ouverte, entrent et, voyant le couple silencieux qui ne bouge pas, mangent la nourriture sur la table, prennent tous les objets de valeur, et finalement violent la femme, et proposent de raser la barbe du mari.

"D'accord", s'écrie le mari à ce moment-là, "je vais fermer cette putain de porte !".

Les gens sont vraiment paresseux, complètement paresseux. La paresse fait partie du sommeil. Il faudra donc de la persévérance, des efforts, des efforts continus, des efforts constants. Vous retomberez encore et encore.

Vous êtes dans l'état d'ivrogne ; donc tomber en arrière est pardonnable. Mais dès que vous reconnaissez, dès qu'un rayon de lumière se produit et que vous vous souvenez, mettez-y toute votre énergie à nouveau. Ne restez pas un imbécile, ne restez pas endormi, ne restez pas un ivrogne.

Il y avait ces trois ivrognes qui marchaient dans la rue. L'un portait une miche de pain, l'autre une cruche de vin et le troisième une portière de voiture. Alors qu'ils marchaient, un policier les a arrêtés et leur a demandé : "Où allez-vous ?"

"En pique-nique", a répondu l'homme au pain.

"Pour un pique-nique ?" dit le policier. " Le pain, je peux comprendre - on peut le manger quand on a faim ; le vin, on peut le boire quand on a soif. Mais pourquoi la porte de la voiture ? - ça je ne peux pas comprendre."

"Eh bien," dit l'homme à la porte, "s'il fait trop froid, je peux remonter la fenêtre."

Vous devrez vous débarrasser de plusieurs couches d'ivresse. L'avidité est un état d'ivresse, et tout le monde est avide - avide de plus. Le mental demande continuellement plus et plus, et la demande est sans fin. Si vous voulez de l'argent, encore plus d'argent.

Si vous êtes après le pouvoir politique, plus de pouvoir. Si vous êtes après le prestige, plus de prestige. Si vous cherchez à devenir humble, alors plus d'humilité, car vous devez être l'homme le plus humble du monde. Si vous recherchez le renoncement, alors toujours plus de renoncement. Il n'y a jamais de fin à cette demande constante de l'esprit - plus.....

La cupidité est une ivresse, c'est un sommeil. La colère aussi. N'avez-vous pas observé que dans la colère vous pouvez faire des choses que vous ne pouvez pas faire normalement ? Vous dites des choses dont vous vous repentez plus tard. Et vous ne pouvez pas croire plus tard que vous avez proféré de telles absurdités, que vous êtes capable de proférer de telles absurdités. Que se passe-t-il lorsque vous êtes en colère ? Vous êtes dans un état d'ivresse.

Devenez plus vigilant et la colère sera moindre, l'avidité sera moindre et la jalousie sera moindre.

Je ne vous dis pas : Ne soyez pas en colère, parce que c'est ce qu'on vous a dit à travers les âges. Vos soi-disant saints vous ont dit : "Ne soyez pas en colère", alors vous avez appris à réprimer votre colère. Mais plus vous réprimez la colère, plus l'inconscient que vous créez en vous est grand. Vous jetez des choses dans le sous-sol, et ensuite vous aurez peur d'y entrer, parce que toutes ces choses - la colère, la cupidité et le sexe - s'y trouvent. Vous le savez ! Vous les avez jetées là. Toutes sortes de déchets sont là, et dangereux, empoisonnés. Vous ne serez pas prêts à y entrer.

C'est pourquoi les gens ne veulent pas y entrer, car y entrer signifie rencontrer toutes ces choses. Et personne ne veut rencontrer ces choses ; on veut les éviter. Pendant des milliers d'années, on vous a dit de réprimer, et à cause de la répression, vous êtes devenus de plus en plus inconscients. Je ne peux pas vous dire de réprimer. Je voudrais vous dire exactement le contraire : ne réprimez pas - observez, soyez vigilants. Lorsque la colère surgit, asseyez-vous dans votre chambre, fermez vos portes et observez-la.

Vous ne connaissez que deux moyens : soit être en colère, être violent, destructeur, soit le réprimer.

Vous ne connaissez pas la troisième voie, et la troisième voie est celle des bouddhas : ne pas se laisser aller ni réprimer - regarder. L'indulgence crée l'habitude. Si vous vous mettez en colère aujourd'hui et encore demain, et encore après-demain, vous créez une habitude ; vous vous conditionnez à être de plus en plus en colère.

L'indulgence ne peut donc pas vous en sortir. C'est là que le mouvement de croissance moderne est bloqué. Les groupes de rencontre, la thérapie primale, la gestalt, la bioénergétique... et tant de belles choses se produisent dans le monde, mais ils sont bloqués à un certain point. Leur problème est qu'ils enseignent l'expression - et c'est bien, c'est bien mieux que la répression. S'il n'y a que ce choix, réprimer ou exprimer, alors je suggérerais l'expression. Mais ce n'est pas le vrai choix ; il y a une troisième alternative bien plus importante que les deux. Si vous vous exprimez, vous devenez une habitude ; vous apprenez en le faisant encore et encore - vous ne pouvez pas vous en sortir.

Dans cette commune, il y a au moins cinquante groupes de thérapie qui fonctionnent, pour une certaine raison. C'est juste pour équilibrer les milliers d'années de répression ; c'est juste pour équilibrer. C'est juste pour mettre en lumière tout ce que vous avez réprimé en tant que chrétiens, hindous, mahométans, jaïns, bouddhistes. Il s'agit simplement de défaire le mal vieux de plusieurs siècles qui vous a été fait.

Mais n'oubliez pas que ces groupes ne sont pas la finalité ; ils ne font que vous préparer à la méditation.

Ils ne sont pas le but, ils ne sont que de simples moyens pour réparer les erreurs du passé. Une fois que vous avez jeté hors de votre système tout ce que vous avez refoulé pendant tout ce temps, je dois vous conduire à la vigilance. Maintenant, il sera plus facile de veiller.

Mais vous ne devez pas devenir une personne dépendante du groupe, vous ne devez pas devenir une groupie.

Il y a maintenant des gens dans le monde qui sont accros aux groupes ; ils vont d'un groupe à l'autre. Une rencontre se termine - puis un autre marathon, puis la gestalt, puis ceci et cela..... Après quelques jours seulement, la démangeaison apparaît - car où s'exprimer ? Dans la société normale, ils ne peuvent pas s'exprimer, ils doivent réprimer.

Donc le groupe devient juste un exutoire. La société normale vous oblige à réprimer, le groupe vous aide à vous exprimer mais vous ne vous épanouissez pas vraiment. Vous serez à nouveau dans la société normale, à nouveau en train de réprimer. Et si vous vous exprimez dans la société normale, vous vous retrouverez dans des situations bien plus dangereuses. Vous pourriez tuer quelqu'un - vous avez tellement de colère. Vous serez en prison, emprisonné pour toujours. Ou si vous continuez à vous battre avec tout le monde - si vous giflez le patron au bureau, si vous battez votre femme, vos enfants, votre mari - alors votre vie entière deviendra un chaos, il sera impossible de la vivre. Donc, après quelques jours d'accumulation, vous avez besoin d'une autre rencontre. Quelques jours de rencontre et vous vous sentez soulagé ; de retour dans la société, vous serez à nouveau accablé.

Cela ne va pas aider. C'est un soulagement temporaire. Vous pouvez crier à tue-tête dans un groupe de thérapie primale, mais si vous commencez à crier sur la route, on vous emmène au poste de police. Vous pouvez crier dans un contexte de groupe - c'est autorisé, aidé, provoqué ; on vous persuade de crier, parce que depuis votre enfance vous le refoulez. C'est devenu une blessure ; il faut l'ouvrir. Si le pus s'écoule et que la plaie est laissée ouverte aux vents, au soleil et à la pluie, elle se guérira d'elle-même, car vous avez une énergie de guérison ; elle est innée.

Mais de retour dans la société... combien de temps pouvez-vous rester dans un groupe de thérapie primale ? De retour dans la même vieille société, vous devrez réprimer ; vous ne pouvez pas continuer à crier.

Puis le cri s'accumule, puis la vapeur s'accumule. Puis, un jour, vous devez à nouveau rejoindre le groupe. C'est un soulagement temporaire ; c'est bien dans la mesure où cela va, mais cela ne peut pas faire de vous un bouddha. C'est en cela que cette commune est différente d'instituts comme Esalen. Ils se terminent par des groupes - nous commençons par des groupes. Là où ils se terminent, c'est exactement le point d'où nous commençons.

Et ce n'est pas une coïncidence si des milliers de thérapeutes se sont intéressés à mon travail. Ils sont venus ici.... Parmi mes sannyasins, le groupe le plus important, toutes professions confondues, est celui des psychothérapeutes. Un grand besoin se fait sentir aujourd'hui dans le monde entier : la rencontre, la thérapie primale, la gestalt, peuvent aider un peu à décharger les gens, mais elles ne peuvent pas contribuer à en faire des bouddhas - elles ne peuvent pas les aider à devenir éveillés.

L'indulgence crée l'habitude, la répression recueille le poison à l'intérieur. Dans l'indulgence, vous jetez le poison sur les autres, mais ils ne vont pas rester silencieux - ils vont vous le renvoyer. Cela devient un match : vous jetez votre colère sur les autres, ils jettent leur colère sur vous - mais personne n'est aidé, tout le monde est blessé et atteint.

Et si vous réprimez.... En raison de cette futilité de l'indulgence, les prêtres ont inventé la répression.

Elle vous met à l'abri du danger. La répression fait de vous un bon citoyen, un gentleman. Elle vous met à l'abri des dangers d'être pris par la loi, d'être pris dans l'inimitié ; elle vous garde tranquille. La répression vous aide à devenir une meilleure personne sociale, c'est vrai. Mais elle fait de vous une plaie intérieure, juste une plaie, et le pus continue de s'accumuler à l'intérieur. À l'extérieur, elle fonctionne comme un agent lubrifiant, mais à l'intérieur, vous devenez de plus en plus fou.

Si cette société et ce siècle sont les plus fous de toute l'histoire, le mérite en revient au passé. Cinq mille ans de conseils de saints aux gens - le mérite en revient à ces saints. Si les gens deviennent fous, si les gens deviennent déments, si les gens se suicident, si les gens deviennent meurtriers, le mérite en revient certainement à tous vos soi-disant saints, prêtres, prédicateurs, dirigeants. Ils en sont responsables.

L'autre jour, je vous disais que le gouvernement canadien veut enquêter, faire une enquête approfondie sur cette commune parce qu'un citoyen américain qui était un sannyasin s'est suicidé, et qu'un autre Américain qui était un sannyasin est devenu fou aussi. Maintenant, je me demande : la personne qui s'est suicidée avait soixante ans. Il a été chrétien pendant soixante ans, mais le christianisme ne fait pas l'objet d'une enquête. Et il n'a pas été sannyasin pendant soixante jours ! Le mérite revient au christianisme, pas à moi.

L'homme qui est devenu fou était un protestant. Maintenant, je suis condamné parce qu'il était un sannyasin, mais l'église protestante n'est pas condamnée. Et il a été élevé comme un protestant, il a vécu comme un protestant pendant trente-cinq ans, et pendant quelques jours seulement il a été un sannyasin. Maintenant, la société américaine n'est pas condamnée.

C'est une logique étrange... et j'essaie d'aider les gens. Quand il est venu ici, il était déjà fou. Il est venu ici après six ans de psychanalyse ; parce que la psychanalyse ne pouvait pas l'aider, il était venu ici et était devenu un sannyasin. Parce que l'église protestante et les prêtres ne pouvaient pas l'aider, il était venu ici et était devenu un sannyasin. Mais ils avaient fait un si bon travail qu'il était difficile de le ramener sur terre.

Et il n'est pas resté longtemps ici ; il n'est resté que trois semaines. Maintenant, le mérite ne peut pas me revenir. S'il devient fou, je ne peux pas être tenu pour responsable. Mais cette étrange logique est là.

Ici aussi, la même logique continue. Si un sannyasin se conduit mal, je suis condamné. Mais tant d'hindous sont mis en prison chaque jour - l'hindouisme n'est pas condamné. Tant de mahométans se conduisent mal, mais le mahométanisme n'est pas condamné. Si un sikh assassine quelqu'un, le sikhisme n'est pas condamné. C'est un monde très stupide et absurde.

Les gens viennent me demander de l'aide. Beaucoup sont aidés. Quatre-vingt-dix-neuf pour cent des gens sont aidés.

Mais les 1% ont été tellement endommagés qu'il est presque impossible de les aider. Ils peuvent aussi être aidés, mais je n'ai pas le droit de les aider.

Par exemple, un exhibitionniste vient ici et s'expose nu de temps en temps.

Maintenant, il peut être aidé, facilement aidé - si on lui permet de se déplacer nu. Il n'est pas dangereux, il ne fait de mal à personne. Il a simplement cette idée excentrique... il aime ça pour vous choquer. C'est la façon de vous choquer, c'est la façon d'attirer l'attention : il s'expose nu. Si on lui permet simplement de se déplacer nu et que personne ne fait attention à lui, il sera guéri.

Le remède est simple, très simple ! Ne soyez pas choquée, et ne faites pas attention. C'est pour vous choquer et pour attirer votre attention qu'il est exhibitionniste. Si personne ne fait attention, s'il vient nu vers vous et que vous lui parlez comme s'il n'était pas nu, il sera perplexe. Il ne sera pas capable de croire ce qui se passe. Il ira se regarder dans le miroir pour voir s'il est nu ou pas ! Et quel est l'intérêt ? Si personne ne fait attention et que personne n'est choqué, il peut essayer de porter des vêtements - peut-être que ce sont des gens étranges et qu'ils peuvent être choqués en portant des vêtements !

Les gens peuvent être aidés, mais la société ne me permet pas de les aider. Même ce un pour cent peut être guéri, car personne n'est vraiment incurable. Mais il faudra du temps, il faudra de la persévérance.

Le Bouddha dit : AVEC UNE GRANDE PERSÉVÉRANCE, IL MÉDITE, CHERCHANT LA LIBERTÉ ET LE BONHEUR.

Méditez - méditation signifie vigilance - et vous atteindrez la liberté et la félicité.

ALORS RÉVEILLEZ-VOUS, RÉFLÉCHISSEZ, OBSERVEZ.

LE TRAVAIL AVEC SOIN ET ATTENTION.

VIS DANS LE CHEMIN ET LA LUMIÈRE GRANDIRA EN TOI.

La lumière croît de son propre chef. Vous devenez simplement plus silencieux, plus vigilant, plus méditatif, et la lumière descend en vous - de son propre accord. Vous n'avez pas besoin d'aller quelque part.

EN OBSERVANT ET EN TRAVAILLANT, LE MAÎTRE SE CRÉE UNE ÎLE QUE LE DÉLUGE NE PEUT SUBMERGER.

Votre vigilance devient une île, une citadelle, qu'aucune passion, aucune luxure, aucune avidité, aucune colère ne peut posséder. Avec cette île, vous devenez pour la première fois un individu intégré. Pour la première fois, vous devenez un être humain.

Cet être humain est absolument nécessaire aujourd'hui, cet être humain nouveau - homo novus.

Assez pour aujourd'hui.

A travers un verre sombre

La première question :
Question 1 :

MAÎTRE BIEN-AIMÉ, JE SENS QUE JE CONNAIS LES RÉPONSES. POURQUOI EST-CE QUE JE LAISSE ENCORE LES QUESTIONS DEVENIR DES PROBLÈMES ?

Savita, il n'y a pas de réponses, il n'y a que la réponse. Et cette réponse n'est pas de l'esprit, cette réponse ne peut pas être de l'esprit. L'esprit est une multiplicité. Le mental a des réponses et des réponses, mais pas la réponse.

Cette réponse est un état de non-esprit. Elle n'est pas verbale. Vous pouvez la connaître, mais vous ne pouvez pas la réduire à la connaissance. Vous pouvez la connaître, mais vous ne pouvez pas la dire. Elle est connue dans les recoins les plus profonds de votre être. C'est une lumière qui illumine simplement votre intériorité.

Elle n'est pas une réponse à une question particulière. C'est la fin de toute interrogation, elle ne se réfère à aucune question du tout. Elle dissout simplement toutes les questions et un état est laissé sans aucune question... c'est la réponse. À moins que cela ne soit connu, rien n'est connu.

Vous pouvez donc avoir l'impression de connaître les réponses, mais des questions continueront à surgir, des questions continueront à vous torturer. Des questions continueront à surgir parce que la racine n'est pas encore coupée. De nouvelles feuilles vont germer, de nouvelles branches vont apparaître.

La racine n'est coupée que lorsque vous vous déconnectez du mental, lorsque vous devenez si conscient, si vigilant que vous pouvez voir le mental comme séparé de vous. Lorsque toute identité avec le mental est abandonnée, lorsque vous êtes un observateur sur les collines et que le mental est laissé au fond de l'obscurité des vallées, lorsque vous êtes sur les sommets ensoleillés, juste un pur témoin, voyant, observant, mais ne s'identifiant à rien - bon ou mauvais, pécheur ou saint, ceci ou cela - dans ce témoignage, toutes les questions se dissolvent. Le mental se fond, s'évapore. Vous restez un être pur, juste une existence pure - une respiration, un battement de cœur, totalement dans le moment présent, sans passé, sans futur, donc sans présent non plus.

Si cet état n'arrive pas, vous aurez souvent l'impression de connaître les réponses, mais chaque réponse ne fera que créer de nouvelles questions. Chaque réponse déclenchera en vous de nouvelles chaînes de questions. Vous pouvez lire, vous pouvez étudier, vous pouvez penser, mais vous vous enfoncerez de plus en plus dans la fange de l'esprit, vous serez de plus en plus empêtré, piégé. Sortez de l'esprit !

Par conséquent, je ne vous donne pas de réponses, j'essaie de vous indiquer la réponse. Vous ne pouvez pas utiliser le pluriel pour cela car c'est un. C'est un état de silence total, de paix, de non-pensée.

Le Bouddha appelle cela la pleine conscience juste - sammasati. Et il dit que ceux qui sont justement attentifs, alertes, conscients, la vérité vient à eux de son propre chef. Vous n'avez pas besoin d'aller quelque part, elle vient. Vous n'avez même pas besoin de chercher et de chercher, car comment chercher et chercher ? À partir de votre ignorance, tout ce que vous ferez n'apportera que plus d'ignorance. De votre ignorance, où que vous alliez, vous vous égarerez. Dans votre confusion, comment pouvez-vous trouver la clarté ? De votre confusion, vous deviendrez de plus en plus confus - en quête de clarté.

C'est pourquoi Bouddha dit : Le maître veille, le maître est clair. Aes dhammo sanantano - c'est la loi, la loi ultime, éternelle, inépuisable.

Se taire, c'est avoir la réponse. Se taire, c'est être sans questions... et la racine est coupée, alors aucune feuille n'arrive plus.

Savita, tu dis, "Je sens que je connais les réponses."

Ce n'est qu'une illusion. Et le mental est très malin pour créer de nouvelles illusions. L'esprit est très trompeur : il peut vous tromper dans la connaissance aussi. Il peut vous tromper sur tout !

Il peut même vous faire croire que vous êtes illuminé, que vous êtes déjà un bouddha.

Attention ! Le seul ennemi est l'esprit ; il n'y a pas d'autre ennemi.

Les anciennes écritures parlent de l'esprit. Elles lui donnent un nom particulier : elles l'appellent le Diable. Le Diable n'est pas quelqu'un d'extérieur à vous ; c'est votre propre esprit qui continue à vous tenter, à vous tromper, à vous duper, à créer de nouvelles illusions en vous. Prenez garde, surveillez votre esprit ! Et en observant, les questions disparaissent - non pas qu'elles aient une réponse, laissez-moi le répéter encore une fois.

Le Bouddha ne connaît pas de réponses - non pas qu'il soit arrivé à la conclusion de toutes les questions, non, pas du tout. Au contraire, il n'a plus de questions. Parce qu'il n'a plus de questions, son être tout entier est devenu la réponse.

Savita, ce moment est possible.

C'est tout le travail que je fais ici. Je ne suis pas ici pour vous donner plus d'informations, que vous pouvez obtenir n'importe où. Des milliers d'universités existent, des milliers de bibliothèques existent. Vous pouvez obtenir des informations partout, vous pouvez acquérir des connaissances partout. Mon effort consiste à vous faire désapprendre tout ce que vous avez appris jusqu'à présent, à vous rendre innocent afin que vous puissiez commencer à fonctionner à partir d'un état de non-savoir. Pour que vous n'ayez pas de réponses, pour que vous agissiez spontanément, non pas en fonction du passé et des conclusions auxquelles vous êtes déjà arrivés. Pour que tu n'aies pas de formule toute faite pour quoi que ce soit... pour que tu sois comme un petit enfant qui reflète la réalité.

Et quand vous êtes silencieux, aucune connaissance ne claudiquant en vous, votre perception est claire - - pas de poussière sur le miroir... vous reflétez ce qui est. Et à partir de ce reflet, toute action qui surgit est la vertu.

La deuxième question :

Question 2 :

MAÎTRE BIEN-AIMÉ, VOUS VOULEZ QUE NOUS SOYONS DES INDIVIDUS, MAIS PENDANT LE TRAVAIL À L'ASHRAM, NOUS DEVONS ÊTRE TRÈS DISCIPLINÉS. DISCIPLINE ET INDIVIDUALISME - NE SONT-ILS PAS

DIAMÉTRALEMENT OPPOSÉS ?

Sudarshan, je voudrais que vous soyez des individus, mais pas des individualistes. Et il y a une grande différence. L'individualiste n'est pas encore un individu. L'individualiste qui croit en l'individualisme est seulement un égoïste. Et être un égoïste, ce n'est pas être un individu. Au contraire : l'individu n'a pas d'ego, et l'ego n'a pas d'individualité.

L'ego est un phénomène tellement ordinaire - tout le monde en a ! Il n'a rien de spécial, rien d'unique. Tout le monde a un ego. C'est tellement commun ! Ce qui n'est pas commun, c'est l'absence d'ego.

Seule une conscience sans ego atteint l'individualité. Et par individualité, j'entends simplement le sens littéral du mot : individuel signifie indivisible, individuel signifie intégré ; individuel signifie celui qui n'est pas multiple, qui n'est pas une foule, qui n'est pas multipsychique ; celui qui a atteint l'unité, celui qui est devenu un être cristallisé.

Gurdjieff utilise le mot "cristallisation" pour désigner l'individualité. Mais la condition de base pour la cristallisation est de laisser tomber l'ego, parce que l'ego est une entité fausse. Il ne vous permettra pas d'être réel, il ne vous permettra pas d'être authentiquement réel. Il ne vous permettra pas de grandir. Il est faux, il est une tromperie, il est une illusion. Vous n'êtes pas séparé de l'existence, mais l'ego continue de prétendre à la séparation.

Et l'autre mot que vous avez utilisé dans la question doit également être compris :

la discipline. La discipline ne signifie pas quelque chose qui vous est imposé. Rien n'est imposé dans cette commune. Si vous entrez dans cette commune, c'est à votre propre choix. Les portes sont ouvertes - vous pouvez partir à tout moment. En fait, l'entrée est difficile et nous faisons tous les efforts possibles pour vous aider à partir. Personne n'est empêché de sortir, bien que tous les efforts possibles soient faits pour vous empêcher d'entrer. L'entrée est très difficile.

Si vous choisissez de faire partie de cette commune, c'est votre décision - votre volonté de vous engager, de vous impliquer.

De cette décision découle une discipline. Vous pouvez choisir de sortir de la commune, mais une fois que vous êtes dans la commune, cela signifie que vous avez pris une responsabilité. Et ce n'est que par la responsabilité que l'on grandit. En remplissant totalement sa responsabilité, la croissance devient possible.

Il y a quelques personnes ici, seulement quelques unes, qui continuent à essayer de tromper la commune.

Ils ne font que se tromper eux-mêmes ; personne n'est trompé ! Ils ne veulent pas travailler, ils essaient de l'éviter par tous les moyens possibles. Ils trouvent des excuses, ils tombent même malades juste pour éviter de travailler. Mais c'est tellement stupide ! Vous êtes entrés dans la commune pour travailler sur vous-même. Vous êtes entré dans la commune pour faire un effort concentré afin de devenir un individu intégré. Vous êtes entré dans la commune pour votre croissance spirituelle, pour l'illumination. Et si vous évitez... et cela semble être la vraie question derrière l'apparente question.

Vous dites, Sudarshan, "Individualisme et discipline - ne sont-ils pas diamétralement opposés ?"

Ils ne le sont pas ! Un individu est toujours un phénomène discipliné. Celui qui n'est pas discipliné n'est pas un individu ; il n'est qu'un chaos, il est constitué de nombreux fragments. Tous ces fragments fonctionnent séparément, voire en opposition les uns avec les autres. C'est ainsi que les gens sont habituellement : une partie de l'esprit va vers le sud, une autre partie vers le nord ; une partie dit une chose, une autre s'y oppose. Vous le savez ! Je ne fais qu'énoncer un fait - vous pouvez l'observer. Une partie dit "Faites ceci". Une autre partie dit immédiatement "Non !" Quelque chose dit "Oui", et quelque chose le détruit immédiatement en disant "Non".

C'est votre situation ! Vous êtes un individu dans une telle situation, quand vous ne pouvez même pas dire un oui total ou un non total ? Votre non est toujours à moitié sincère et votre oui aussi - et vous pensez que vous êtes un individu ?

Un individu signifie celui qui peut fonctionner comme une totalité, comme une unité organique. Comment allez-vous devenir une unité organique ? Ce ne peut être que par une discipline consciente.

C'est ce que le Bouddha ne cesse de répéter : la persévérance, l'effort, un effort conscient et délibéré pour grandir - et un effort total, pas tiède. Il faut bouillir à cent degrés. Oui, c'est parfois douloureux, mais tout dépend de vous, de la façon dont vous l'interprétez.

Si vous voulez vraiment grandir, ce n'est pas douloureux - c'est extrêmement agréable. Chaque pas plus profond dans la discipline apporte de plus en plus de joie, car il vous donne de plus en plus d'âme, d'être.

La discipline signifie la volonté d'apprendre, d'où le mot "disciple", qui vient de la même racine. Qui est un disciple ? - Celui qui s'incline, se rend, et est prêt à apprendre. Et qu'est-ce que la discipline ? - L'empressement, l'ouverture, la vulnérabilité, pour apprendre.

En entrant dans cette commune, vous entrez dans un champ de Bouddha. C'est un abandon, c'est une confiance ! Je suis ici pour faire de vous des individus, mais vous devrez passer par de nombreux dispositifs. Vous devrez passer par de nombreux feux, de nombreuses épreuves. Alors seulement, lentement, lentement, vous serez soudés en une seule unité. Et vous êtes restés une multiplicité pendant si longtemps, pendant tant de vies, qu'à moins d'un effort concentré, à moins que vous ne soyez attaqués de tous les coins et recoins, à moins que votre sommeil ne soit brisé de toutes les manières possibles, que vous ne soyez secoués et choqués, l'individu ne va pas naître.

Le travail qui se déroule dans la commune n'est pas vraiment ce qu'il semble être à première vue. C'est autre chose, c'est un dispositif ! Nous devons utiliser des dispositifs.

Quelqu'un vient me voir et veut faire partie de la commune, et je lui dis : "Va à Deeksha." Deeksha est mon appareil ! Je lui ai donné un pouvoir total - et je lui ai donné un pouvoir total parce qu'elle est si aimante, si douce, si attentionnée. Elle blesse les gens, mais elle les guérit aussi. D'une main elle martèle, de l'autre elle console. Elle est un appareil.

Et quand je vous dis : "Allez travailler avec Deeksha", et qu'elle vous crie dessus et vous provoque de toutes les manières possibles, c'est une discipline à observer - pour ne pas agir selon vos anciennes habitudes, comme vous l'avez toujours fait. Et elle est si maternelle qu'il est très simple de réagir à elle comme vous avez réagi à vos propres parents. Il est très simple qu'elle crée en vous une réaction que votre mère crée en vous. Les mères sont des créatures intolérables - et Deeksha est une mère parfaite !

Je sais, Sudarshan, c'est difficile - mais la croissance est difficile. Beaucoup plus d'appareils vont être créés. Tu seras envoyé dans de nombreuses dimensions. Aucun coin de votre être ne doit rester inexploité, sinon vous serez déséquilibré.

Et le premier principe de la discipline est l'abandon. Apparemment, cela semble contradictoire, parce que c'est ce qu'on vous a dit : que si vous vous rendez, alors vous n'êtes plus un individu. Et je vous dis que si vous ne pouvez pas vous rendre, vous n'êtes pas un individu. Seul un individu peut s'abandonner. L'abandon est un phénomène si grand, que seul un homme de grande volonté peut s'abandonner. C'est le summum de la volonté. Abandonner sa volonté est forcément le summum de la volonté. Se mettre de côté, absolument de côté, et dire à quelque chose un tel oui total - auquel votre esprit résiste, vos vieilles habitudes résistent.....

Et parfois vous avez raison - et c'est là que réside toute la beauté. Vous avez raison, et pourtant vous devez vous rendre à quelque chose qui ne semble pas du tout juste logiquement.

Deeksha est fou ! Vous pouvez être beaucoup plus intellectuel, beaucoup plus rationnel - mais vous devez vous rendre à Deeksha. Sa folie est sa qualité - c'est pourquoi je l'ai choisie. J'ai beaucoup de gens plus rationnels : J'aurais pu choisir un docteur en médecine qui vous aurait convaincu qu'il a raison. Mais quand vous êtes convaincu et que vous suivez, ce n'est pas une reddition. Lorsque vous n'êtes pas du tout convaincu, que vous voyez la stupidité apparente d'une certaine chose, et que vous vous rendez quand même, c'est un grand pas, un grand pas pour sortir de votre passé.

Cette commune est un laboratoire, cette commune est un processus alchimique. Vous venez ici comme une foule et je dois vous souder en unité. Beaucoup de martelage va se produire, et vous sortirez de tout ce processus comme des individus purs.

La discipline est le moyen de créer l'individualité. Mais n'oubliez pas : être un individu ne signifie pas être un individualiste. L'individualisme est un voyage de l'ego. Et les gens qui croient en l'individualisme ne sont pas des individus, rappelez-vous - rappelez-vous bien. Au fond d'eux-mêmes, ils savent qu'ils ne sont pas des individus, c'est pourquoi ils créent une façade de philosophie, de logique, d'argumentation, parce qu'au fond d'eux-mêmes, ils ne se sentent pas des individus. Ils prétendent à l'extérieur qu'ils sont des individus - ils croient en l'individualisme. Croire en l'individualisme ne signifie pas devenir un individu. La croyance est toujours fausse.

Lorsque vous êtes un individu, vous n'avez pas besoin de croire en l'individualisme. Lorsque c'est une vérité de votre être, la croyance n'est pas nécessaire. La croyance n'est nécessaire que pour couvrir les choses : vous ne connaissez pas Dieu et vous croyez en Dieu. Le croyant est un athée. Il peut être chrétien, hindou, musulman, bouddhiste, peu importe : un croyant est athée. Il ne sait rien de Dieu, et pourtant il croit. Cela signifie qu'il essaie même de tromper Dieu !

C'est un hypocrite, c'est un perroquet. Comme un perroquet, il continue à répéter ce que disent les écritures, ce que disent les autres. Et les perroquets peuvent répéter magnifiquement, sans comprendre une chose, sans connaître une chose, mécaniquement.

Un Noir entre dans une animalerie de Harlem, désireux d'acheter un perroquet parlant. Le propriétaire lui dit qu'ils ont un grand choix de perroquets, alors quelle sorte de perroquet veut-il ?

Le nègre a demandé à voir un perroquet à 50 dollars. "Polly wanna cracker ? Polly veut un biscuit ?", cria-t-il dès que le perroquet apparut. Le perroquet ne dit rien.

"Je veux un perroquet qui parle bien", a-t-il dit. "Montre-moi un bon perroquet."

Alors le propriétaire a sorti un perroquet à deux cents dollars : "Polly veut un biscuit ? Polly veut un biscuit ?" Pas de réponse.

"T'as un meilleur perroquet que ça ?" demanda le nègre.

Le propriétaire a dit oui et a conduit le Noir derrière le comptoir, là où le perroquet à mille dollars, au plumage magnifique et aux yeux de fouine étincelants, manifestement un perroquet très spécial, était assis fièrement dans une cage luxueuse.

"Polly wanna cracker ? Polly wanna cracker ?" a été lancé par le Noir, mais le perroquet n'a même pas levé les yeux.

"Mec, c'est ton meilleur perroquet ?" demanda le nègre, "parce que je veux un bon parleur et celui-là a l'air débile."

Le propriétaire l'emmène au fond du magasin où, dans une cage spéciale en laiton poli de la taille d'une petite pièce, se trouve la fierté de la collection du propriétaire - un perroquet de cinq mille dollars. Le perroquet, vêtu d'une veste de smoking en soie et assis sur un perchoir matelassé, fumait la pipe et lisait le FINANCIAL TIMES.

"Polly veut un biscuit ? Polly veut un biscuit ?", a crié le Noir.

Le perroquet renifla et le regarda par-dessus ses lunettes à monture dorée avec un dédain aristocratique.

"Polly veut un biscuit ? Polly wanna cracker ?", a encore crié le Noir.

"Polly veut un biscuit ?" dit le perroquet avec un accent d'Oxford impeccable. "Nigger wanna watermelon ?"

Le croyant est un perroquet. Le croyant ne sait rien. Le croyant est un athée déguisé. Il essaie de se tromper lui-même, de tromper le monde et même de tromper Dieu.

L'homme qui croit à l'individualisme n'est pas un individu. L'homme qui est réellement un individu n'a pas besoin de croire - il le sait, alors à quoi bon croire ? La croyance est toujours nécessaire dans l'ignorance, et l'individualisme est une croyance. Être un individu est une expérience ! L'individualisme est très bon marché, mais être un individu nécessite une discipline ardue. Il faut beaucoup de persévérance, de travail, de vigilance. Cela ne vient qu'après des années d'efforts dans la conscience, dans la méditation.

Et tout ce qui se passe ici dans cette commune, Sudarshan, n'est rien d'autre que différentes manières de vous initier à la méditation. Dans la cuisine, dans l'atelier de menuiserie, dans l'atelier de savon, dans la boutique - quoi qu'il se passe, apparemment on dirait que c'est la même chose ordinaire qui se passe partout ailleurs. Ce n'est pas le cas. Si vous allez voir les charpentiers travailler, ils continuent bien sûr à travailler comme n'importe quel autre charpentier partout ailleurs, mais avec une qualité différente. Cette qualité ne peut être vue. Vous devez devenir un participant, et ce n'est qu'alors que vous la ressentirez lentement. Cette qualité est celle de la confiance, de l'amour.

Mes sannyasins sont ici parce qu'ils m'aiment, pour aucune autre raison. Ils sont simplement ici avec moi pour être ici avec moi. Pour le plaisir d'être ici avec moi, ils sont prêts à faire n'importe quoi. Mais ce qu'ils font n'est que la partie extérieure. Vous verrez le corps de l'œuvre mais vous ne pourrez pas voir l'esprit de l'œuvre. Pour cela, vous devrez devenir un participant.

Et, Sudarshan, il semble que tu sois encore un spectateur. Peut-être travaillez-vous dans la commune, mais vous n'êtes pas encore devenu un participant - sinon une telle question aurait été impossible.

La troisième question :

Question 3 :

MAÎTRE BIEN-AIMÉ, POURQUOI AI-JE L'IMPRESSION QU'IL ME MANQUE QUELQUE CHOSE ? QUE JE DEVRAIS ÊTRE AUTRE CHOSE ? S'IL TE PLAÎT, AIDE-MOI À ME DÉBARRASSER DE CES DÉCHETS.

Dhyana Yogi, si c'est un déchet, si vous comprenez vraiment que c'est un déchet, alors il n'est pas question de vous aider à le laisser tomber. Savoir que c'est un déchet, c'est le laisser tomber !

Mais il semble que vous m'ayez entendu dire qu'il s'agissait de déchets. C'est devenu une croyance en vous ; ce n'est pas votre propre savoir, ce n'est pas votre propre expérience. Vous vous y accrochez encore.

Au fond de vous, vous pensez toujours que c'est précieux, que ce n'est pas un déchet. Au fond de toi, tu penses encore que ce sont des diamants et non des cailloux. Au fond de toi, tu crois encore que c'est un trésor qui doit être protégé et gardé.

Ne commencez pas à me croire, car cela ne fera aucune différence. Vous croyiez en Mahomet, ou vous croyiez en Christ, ou en Bouddha, et puis vous venez et vous commencez à croire en moi. Ce n'est pas une révolution, ce n'est pas une conversion. Vous changez simplement l'objet de votre croyance, mais la croyance demeure - le même esprit croyant. Vous croyez en Jésus, mais Jésus parle une langue qui a maintenant deux mille ans. Vous ne pouvez pas lui donner beaucoup de sens ; le contexte dans lequel il était pertinent a été perdu. Je parle la langue du vingtième siècle. Vous pouvez lui donner un sens, alors vous retirez votre foi de Jésus et vous commencez à croire en moi. C'est très simple et bon marché.

Je ne dis pas de croire en moi. Je vous dis d'abandonner toute croyance et de commencer à voir, car la croyance reste un aveuglement - commencez à voir ! Est-ce vraiment un déchet que vous portez ? Est-ce que vous comprenez que ce sont des ordures ? Alors vous ne demanderez pas comment les laisser tomber. Personne ne demande comment laisser tomber les ordures. Le problème se pose uniquement parce qu'au fond de vous-même, vous savez que c'est de l'or. Et quelqu'un dit que c'est une ordure et le dit de manière très convaincante, et vous ne pouvez pas argumenter, et il vous fait taire. Et cet homme a une telle authenticité, une telle intégrité, qu'en sa présence vous êtes tout simplement submergé par son être. Vous commencez simplement à dire, "Oui, c'est une ordure." Mais au fond de vous, vous savez que ce ne sont pas des ordures, mais de l'or ! Dès lors, le problème se pose : comment le laisser tomber ?

Si vous comprenez par vous-même que c'est un déchet, vous ne demanderez jamais comment le laisser tomber.

Le voir comme un déchet, c'est le laisser tomber, le savoir comme un déchet, c'est le laisser tomber ! Les ordures ne s'accrochent pas à vous - c'est vous qui vous accrochez à elles. La poubelle ne se soucie pas de vous, la poubelle ne s'intéresse pas à vous. Si vous la laissez tomber, elle ne va pas en faire tout un plat : " Pourquoi me laissez-vous tomber ? ". Elle ne dira pas un seul mot, elle ne vous créera aucun problème. Il n'ira pas au tribunal. Vous n'avez pas besoin de divorcer ! Si vous le laissez tomber, la poubelle sera vraiment plus heureuse qu'elle ne l'est maintenant. Elle en aura fini avec vous, elle sera libérée de vous. Elle doit être fatiguée de vous. C'est toi qui t'y accroches. Pourquoi vous y accrochez-vous ? Pourquoi s'accroche-t-on à quelque chose ? - parce qu'au fond de soi, on continue à croire que c'est précieux.

Dhyana Yogi, vous dites : "Pourquoi ai-je l'impression de manquer quelque chose ?"

Parce que, dès votre enfance, on vous a dit qu'en vous-même, intrinsèquement, vous ne valez rien. Tel que vous êtes, vous n'avez aucune valeur. La valeur doit être atteinte, la valeur doit être prouvée. Dès votre enfance, on vous a enseigné cela des millions de fois. Les parents, les enseignants, les prêtres, les politiciens, ils sont tous dans une conspiration secrète pour détruire l'enfant. Et la meilleure façon de détruire un enfant est de détruire sa confiance en lui-même.

Pour détruire la confiance de l'enfant, il faut lui prouver que la valeur n'est pas un phénomène acquis, qu'elle doit être atteinte dans la vie et qu'on peut la rater. Si vous ne travaillez pas, si vous n'êtes pas très ambitieux, si vous ne vous battez pas avec les autres..... Il faut se battre bec et ongles et s'égorger mutuellement pour y parvenir. On vous conditionne à être violent, ambitieux, plein de désirs : avoir plus d'argent, plus de pouvoir, plus de prestige. C'est parce qu'on vous a dit que, intrinsèquement, vous n'avez aucune valeur, que ce problème est apparu.

Et je dis que vous êtes intrinsèquement dignes, que vous êtes nés comme des bouddhas. Vous êtes inconscients, totalement inconscients de la réalité de votre propre être, mais vous êtes des dieux cachés. Ce que je dis est si totalement différent de ce qui vous a été dit qu'un problème est apparu. Je dis que vous êtes des bouddhas - en ce moment même, vous êtes des bouddhas ! - mais toute la formation et l'enseignement, le conditionnement, c'est : comment pouvez-vous être un bouddha en ce moment ? Demain peut-être, un jour certainement, dans une vie future, cela va se produire... mais maintenant ? Cela semble impossible.

Vous avez trop cru en vos parents, en vos professeurs, en vos politiciens, en vos prêtres, et tout ce qu'ils vous ont dit, vous l'avez recueilli. Ce sont des ordures, mais vous avez porté ces ordures pendant si longtemps que les laisser tomber vous semble soudain impossible - tant que vous y êtes restés attachés, tant que vous les avez trouvées belles, précieuses, nourrissantes. Maintenant je dis : Tout cela n'a pas de sens ! Laissez tomber, et soyez un bouddha dès maintenant ! Il ne s'agit pas d'atteindre, il s'agit seulement de devenir conscient. Il s'agit seulement de devenir conscient, alerte, éveillé, ce n'est pas une question d'accomplissement.

Alors vous m'écoutez : une partie de votre esprit dit : "Oui, le Maître doit avoir raison !" Une partie de vous acquiesce simplement, parce que ce qui est dit est une simple vérité de la vie. Mais toute votre formation s'y oppose. Lorsque vous êtes près de moi, vous commencez à sentir que c'est vrai. Quand tu t'éloignes de moi, l'esprit revient sur toi, pour se venger. Et bien sûr, il est très puissant. L'esprit est si puissant, c'est pourquoi il détruit ton intelligence.

L'intelligence n'a rien à voir avec l'esprit ; l'intelligence a quelque chose à voir avec le cœur. Elle est la qualité du cœur. L'intellectualité est la qualité de la tête. L'intellectuel n'est pas nécessairement une personne intelligente et la personne intelligente n'est pas nécessairement un intellectuel.

Votre intellect est plein d'ordures - et j'essaie de réveiller votre intelligence. Et toute la société a essayé de vous rendre inconscient de votre intelligence. La société est contre votre intelligence. Elle veut que vous soyez médiocres, car seules les personnes médiocres peuvent être de bons esclaves. Elle veut que vous soyez inintelligents et stupides, car seules les personnes stupides peuvent être dominées.

Et les gens stupides sont obéissants, les gens stupides ne sont jamais rebelles, et les gens stupides végètent simplement. Ils ne font aucun effort pour vivre leur vie de façon optimale. Ils n'essaient pas de brûler leur torche de vie par les deux bouts simultanément. Ils n'ont pas d'intensité. La stupidité est obéissante, et l'obéissance crée la stupidité.

Un type assez simple est arrivé en ville en plein milieu de la journée, tout nu. Le shérif l'a appelé et lui a dit : "Jake, que fais-tu en ville sans vêtements ?"

"Eh bien, shérif," dit Jake, "c'est une longue histoire. Je me rendais en ville pour acheter des provisions pour mon père, quand j'ai croisé cette dame sur le bord de la route qui m'a demandé de l'aide. Mon père m'a toujours dit d'aider les gentilles dames, alors je suis descendu de mon cheval et je l'ai aidée à porter son panier de pique-nique jusqu'à la rivière. Puis je l'ai aidée à étendre sa couverture, et à faire tout ce qu'elle me demandait. Puis elle a dit : "Et si tu enlevais tes bottes, cow-boy ?" Je l'ai fait, shérif, et elle a dit : "Et si tu enlevais tes vêtements, cow-boy ?". Et j'ai dit : "Bien sûr, madame. Et elle était là sur le tapis, nue comme le jour de sa naissance. Puis elle s'est allongée et a dit : "Va en ville, cow-boy !"... et me voilà shérif."

L'obéissance est une forme de stupidité - et la société veut que vous soyez stupide. Les gens stupides sont des gens bien. Ils restent toujours avec le statu quo, ils ne vont jamais à l'encontre. Même s'ils voient la pourriture des choses, ils ferment simplement les yeux, ou ils sont toujours prêts à accepter n'importe quelle explication stupide.

Par exemple, ce pays est pauvre depuis des siècles, il meurt de faim, il souffre. Mais parce que les gens sont religieux, obéissants, stupides, on leur a donné n'importe quelle explication et ils l'ont acceptée. Certains croient que Dieu les a rendus pauvres parce que la pauvreté est quelque chose de très pieux. Ils vénèrent la pauvreté ; en Inde, la pauvreté est vénérée. Si vous renoncez à vos richesses et que vous devenez un fakir nu, des millions de personnes penseront que vous êtes un grand sage. Vous pouvez être simplement stupide, mais juste parce que vous avez renoncé aux richesses, vous êtes un grand sage. J'ai vu beaucoup de sages stupides.

C'est une contradiction dans les termes - comment une personne stupide peut-elle être un sage ? Un sage doit être sage ! Mais il est très difficile dans ce monde d'être sage et d'être vénéré. Les sages doivent être assassinés, crucifiés, empoisonnés. Les gens stupides sont vénérés. Les stupides suivent simplement tout ce que la société leur dit. Ce que la société veut qu'ils fassent, ils le font tout simplement. Ainsi, quelques personnes ont vénéré la pauvreté.

Gandhi avait l'habitude d'appeler les pauvres daridra narayana - "les pauvres sont divins". La pauvreté est divine ! Les pauvres sont des dieux ! Si cela est vrai, qui n'aimerait pas être pauvre ? Si les pauvres sont des dieux, qui n'aimerait pas être un dieu ?

Et puis il y a d'autres explications : que vous êtes pauvre parce que dans vos vies passées vous avez commis des péchés. Ces explications ont été inventées pour les personnes qui ne croient pas en Dieu. Les jaïnas, les bouddhistes ne croient pas en Dieu, vous ne pouvez donc pas leur donner la première explication. Ils ont besoin d'une autre explication : la théorie du karma.

Mais le but est le même ! Si vous avez commis des péchés dans votre vie passée, alors il vaut mieux en finir avec le karma. Passez par la pauvreté, et passez par la pauvreté sans aucune résistance. Si vous créez une quelconque résistance, vous créerez à nouveau un mauvais karma et vous souffrirez dans votre vie future. Assez, après tout, c'est assez ! Maintenant, finissez-en avec tout cela - souffrez en ce moment avec contentement. Ainsi, les gens sont devenus des vaches et des buffles ; ils souffrent avec contentement, sans résistance, sans rébellion.

La société veut que vous soyez stupide, pas intelligent. L'intelligence est dangereuse.

L'intelligence signifie que vous commencerez à penser par vous-même, que vous commencerez à regarder autour de vous par vous-même. Vous ne croirez pas aux écritures ; vous ne croirez qu'à votre propre expérience.

Dhyana Yogi, ne croyez pas à ce que je dis.

Expérimentez, méditez, expérimentez - à moins que cela ne devienne votre propre compréhension, rien ne vous aidera.

Vous me demandez : "Pourquoi ai-je l'impression de manquer quelque chose ?"

...Parce qu'on vous a toujours dit que vous deviez trouver quelque chose. Maintenant, vous ne le trouvez pas, et vous avez l'impression de l'avoir perdu. Et je vous le dis, vous ne l'avez jamais perdu en premier lieu ! S'il te plaît, arrête d'essayer de le trouver, arrête de chercher et de chercher.

Vous l'avez déjà ! Tout ce dont vous avez besoin, vous l'avez déjà. Regardez simplement à l'intérieur et vous trouverez des trésors infinis, des trésors inépuisables de joie, d'amour, d'extase.

Rien ne vous échappe si vous regardez à l'intérieur, mais si vous continuez à chercher à l'extérieur, vous vous sentirez de plus en plus frustré. Et en vieillissant, bien sûr, vous aurez l'impression que votre vie vous échappe et que vous ne l'avez pas encore trouvée. Et l'ironie de la chose, c'est que vous ne l'avez pas perdue en premier lieu. Elle a toujours été en vous... c'est ce moment en vous.

Mais ne me croyez pas. Je ne suis pas là pour créer des croyants, je suis là pour vous aider à faire des expériences.

Dès qu'elle devient votre expérience, elle libère. La vérité libère, dit Jésus - pas la croyance mais la vérité.

Mais ma vérité ne peut pas être ta vérité ; ma vérité sera ta croyance. Seule ta vérité peut être vraie pour toi. La vérité libère certainement, mais permettez-moi d'ajouter que la vérité doit être votre vérité.

La vérité de personne d'autre ne peut vous libérer. La vérité de quelqu'un d'autre ne sera qu'un emprisonnement.

Dhyana Yogi, vous ne manquez rien. Personne ne manque. Dans la nature des choses, nous ne pouvons pas le manquer. Nous faisons partie de Dieu et Dieu fait partie de nous. Il n'y a aucun moyen, aucun moyen possible de le manquer. Comment pouvez-vous vous échapper de vous-même ? Où ? Où que vous alliez, vous resterez vous-même. Même en enfer, vous resterez vous-même, car vous ne pouvez pas vous échapper de vous-même, vous ne pouvez pas vous échapper de Dieu.

Il est là, attendant patiemment que vous y jetiez un coup d'oeil.

Vous dites : "... que je devrais être autre chose ?".

On vous l'a dit encore et encore : "Soyez quelqu'un ! Regardez Gautam Bouddha, Krishna, le Christ. Sois un Bouddha, sois un Krishna, sois un Christ !" Alors certainement vous mourrez dans la misère, dans l'angoisse, frustré - complètement frustré, pleurant et pleurant - parce que vous ne pouvez pas être un bouddha. Vous n'êtes pas destiné à être un bouddha ! Vous ne pouvez pas être un Christ, vous ne pouvez pas être un Krishna. Vous ne pouvez être que vous-même.

Un grand maître hassidique, Zusiya, était en train de mourir. Les gens s'étaient rassemblés - disciples, sympathisants. Quelqu'un a demandé, un vieil homme : "Zusiya, quand tu seras face à Dieu - et bientôt tu seras face à Dieu car tu es en train de mourir - pourras-tu lui dire que tu as suivi Moïse absolument, en toute vérité ?"

Zusiya a ouvert les yeux, et ce furent ses derniers mots. Il a dit, "Arrête de dire des bêtises !

Dieu ne va pas me demander : "Zusiya, pourquoi n'étais-tu pas un Moïse ?". Il me demandera : "Zusiya, pourquoi n'étais-tu pas un Zusiya ?" Vous devez être juste vous-même et personne d'autre. Et en fait, c'est ce que signifie la bouddhéité : être soi-même. C'est ce que signifie la conscience christique : être simplement soi-même.

Bouddha n'était pas une imitation de quelqu'un d'autre. Ne pensez-vous pas qu'il y avait beaucoup de grands hommes qui l'avaient précédé ? On a dû lui dire : " Sois un Krishna ! Sois un Parshvanath ! Sois un Adinatha !" Il a dû entendre de belles histoires, des mythologies. Il a dû lire les PURANAS, les histoires anciennes sur les grands hommes, Rama, Krishna, Parasuram. Il a dû entendre tout cela, il a dû recevoir l'héritage. Mais il n'a jamais essayé d'être quelqu'un. Il voulait être lui-même, il voulait savoir qui il était. Il n'est jamais devenu un imitateur, c'est pourquoi un jour il s'est éveillé.

Jésus n'a jamais essayé d'être Abraham, Moïse, Ezéchiel. Jésus a simplement essayé d'être lui-même. C'était son crime, c'est pourquoi il a été crucifié. Les mêmes personnes qui ont crucifié Jésus l'auraient adoré s'il avait simplement été un imitateur, une copie conforme de Moïse.

S'il n'avait été qu'un disque de gramophone répétant les dix commandements, les Juifs l'auraient adoré. Mais ils ont dû crucifier l'homme - il était juste lui-même.

La société pourrie, la foule, l'esprit de la populace, ne peut tolérer les individus. Il leur est impossible de tolérer un Socrate. Savez-vous ce que l'on reproche à Socrate ? On dit exactement la même chose de moi ! C'était le crime de Socrate, qu'il utilisait pour corrompre l'esprit des jeunes. C'est exactement ce que mes ennemis disent : que je corromps l'esprit des gens, en particulier l'esprit des jeunes.

Socrate corrompait l'esprit des jeunes ? Il essayait d'éveiller leur intelligence, mais la société a pris peur. Si tant de gens deviennent si authentiques, vrais, alors les intérêts particuliers sont en danger. Alors vous ne pouvez pas conduire les gens comme du bétail. Et c'est ce qu'apprécient les prêtres, et les politiciens aussi.

Il y a une conspiration entre le prêtre et le politicien pour exploiter les gens, pour les dominer, pour les opprimer. Et le principe fondamental est le suivant : ne leur permettez jamais de devenir intelligents. Donnez-leur des substituts. Quel est le substitut à l'intelligence ? - L'intellectualité. Donnez-leur une éducation ; envoyez-les à l'école, au collège, à l'université, pour qu'ils deviennent des intellectuels.

Avez-vous déjà entendu parler des universités qui créent de l'intelligence ? Elles créent des intellectuels, elles créent des érudits, elles créent des gens qui connaissent les écritures - au mot près, ils peuvent répéter les écritures - mais elles ne créent pas des gens intelligents. Elles servent la société ; le système éducatif est inventé par cette société pourrie pour servir ses propres objectifs. Il n'est pas là pour vous aider, il est là pour vous maintenir en esclavage.

Dhyana Yogi, je ne peux pas vous aider à vous débarrasser de ces déchets, je peux seulement vous aider à être plus conscient. Et si vous êtes conscient, les ordures seront abandonnées d'elles-mêmes. Un jour, vous verrez qu'elles disparaîtront... soudainement. À mesure que la conscience s'approfondit, tous les déchets disparaissent - tout comme vous faites entrer la lumière et l'obscurité se disperse.

Bouddha dit : Devenez plus conscient et la lumière commencera à affluer... aes dhammo sanantano.

La quatrième question :

Question 4 :

MAÎTRE BIEN-AIMÉ,

JE LIS SOUVENT L'"HYMNE À L'AMOUR" DANS LE NOUVEAU TESTAMENT. IL ME SEMBLE QUE C'EST EXACTEMENT VOTRE MESSAGE. DE PLUS, IL EST SIGNIFICATIF QU'IL N'UTILISE JAMAIS LE MOT "DIEU". JE NE PEUX RIEN TROUVER QUI CONTREDISE VOTRE MESSAGE DE BASE DANS CE CHARMANT POÈME. D'UN AUTRE CÔTÉ, IL SEMBLE QUE CE SOIT EXACTEMENT CE QUE VOUS DITES DANS VOS DISCOURS. AI-JE RAISON ?

VOUS AVEZ UNE SI BELLE VOIX QU'IL SERAIT VRAIMENT AGRÉABLE DE VOUS ENTENDRE DIRE TOUT OU PARTIE DE CET HYMNE, D'AUTANT PLUS QUE J'AI L'IMPRESSION QUE VOUS ALLEZ BIENTÔT CESSER COMPLÈTEMENT DE PARLER EN PUBLIC. VOICI UNE COPIE DE L'HYMNE.

Premartha, le message de tous les bouddhas est toujours le même car la vérité est une.

Les expressions peuvent différer, des langues différentes peuvent être utilisées, mais ce qui est indiqué vers est le même.

Des millions de doigts peuvent pointer vers la même lune. Les doigts sont forcément différents - mon doigt est différent du doigt de Jésus ou de Bouddha ou de Moïse ou d'Abraham - mais la lune est la même. Et cet hymne est un magnifique doigt pointant vers la lune. C'est l'essence même de tous les enseignements de tous les bouddhas de tous les âges - passés, présents et futurs aussi.

QUAND JE PARLERAIS LES LANGUES DES HOMMES ET DES ANGES, SI JE N'AI PAS L'AMOUR, JE SUIS COMME L'AIRAIN QUI SONNE OU LA CYMBALE QUI RETENTIT. ET QUAND J'AURAIS LE DON DE PROPHÉTIE, QUAND JE COMPRENDRAIS TOUS LES MYSTÈRES ET TOUTE LA SCIENCE, QUAND J'AURAIS TOUTE LA FOI, AU POINT D'ENLEVER DES MONTAGNES, SI JE N'AI PAS L'AMOUR, JE NE SUIS RIEN.

ET QUAND JE DISTRIBUERAIS TOUS MES BIENS POUR NOURRIR LES PAUVRES, QUAND JE DONNERAIS MON CORPS POUR ÊTRE BRÛLÉ, SI JE N'AI PAS D'AMOUR, CELA NE ME SERT À RIEN.

L'AMOUR SOUFFRE LONGTEMPS ET EST BON ; L'AMOUR N'EST PAS ENVIEUX ; L'AMOUR NE SE VANTE PAS, NE S'ENFLE PAS D'ORGUEIL, NE SE CONDUIT PAS DE MANIÈRE INCONVENANTE, NE CHERCHE PAS SON PROPRE INTÉRÊT, N'EST PAS FACILEMENT PROVOQUÉ, NE PENSE PAS AU MAL ; NE SE RÉJOUIT PAS DE L'INIQUITÉ, MAIS SE RÉJOUIT DE LA VÉRITÉ ; SUPPORTE TOUT, CROIT TOUT, ESPÈRE TOUT, ENDURE TOUT.

L'AMOUR NE FAIBLIT JAMAIS ; MAIS S'IL Y A DES PROPHÉTIES, ELLES DISPARAÎTRONT ; S'IL Y A DES LANGUES, ELLES CESSERONT ; S'IL Y A DE LA CONNAISSANCE, ELLE S'ÉVANOUIRA ; CAR NOUS SAVONS EN PARTIE, ET NOUS PROPHÉTISONS EN PARTIE. MAIS QUAND LA PERFECTION SERA VENUE, ALORS CE QUI EST PARTIEL DISPARAÎTRA. QUAND J'ÉTAIS ENFANT, JE PARLAIS COMME UN ENFANT, JE COMPRENAIS COMME UN ENFANT, JE PENSAIS COMME UN ENFANT ; MAIS QUAND J'ÉTAIS ENFANT, JE PARLAIS COMME UN ENFANT, JE COMPRENAIS COMME UN ENFANT, JE PENSAIS COMME UN ENFANT.

JE SUIS DEVENU UN HOMME, JE ME SUIS DÉBARRASSÉ DES CHOSES ENFANTINES. CAR MAINTENANT NOUS VOYONS À TRAVERS UN VERRE, SOMBREMENT ; MAIS ENSUITE FACE À FACE. MAINTENANT JE CONNAIS EN PARTIE, MAIS ALORS JE CONNAÎTRAI COMME JE SUIS CONNU. ET MAINTENANT DEMEURENT LA FOI, L'ESPÉRANCE, L'AMOUR, CES TROIS-LÀ ; MAIS LE PLUS GRAND DE TOUS EST L'AMOUR.

Ce sont les qualités essentielles d'une personne religieuse. C'est mon message - c'est le message !

La langue est ancienne, et parce qu'elle est ancienne, elle a une beauté qui lui est propre, car plus la langue est ancienne, plus elle a de poésie. Comme nous sommes devenus de plus en plus scientifiques, notre langue est également devenue de plus en plus scientifique.

Comme cet hymne a deux mille ans, il a quelque chose de l'innocence primitive, de la qualité enfantine de l'émerveillement, de l'étonnement devant le mystère. Mais, Premartha, vous avez parfaitement raison : il n'y a rien dans cet hymne qui me contredise, et il n'y a rien non plus que je voudrais contredire. Celui qui l'a dit devait être un éveillé.

Mais ne vous contentez pas de la répéter. C'est beau de le répéter, c'est beau de le chanter, mais ce n'est pas suffisant. Pratiquez-la, laissez-la devenir la saveur même de votre vie. Laissez-la se dissoudre dans votre sang, dans vos os, dans votre moelle. Laissez-la vous entourer comme une aura invisible. Ne vous contentez pas de la répéter. C'est beau - et c'est là le danger. Vous pouvez être tellement charmé, tellement hypnotisé par sa beauté, que vous risquez de la répéter toute votre vie. Et plus vous le répéterez, plus il sera beau... car ces messages anciens ont un pouvoir énorme et de nombreuses couches de signification.

Mais ne vous lancez pas dans une analyse linguistique ou philosophique de celle-ci. C'est une prière ! - et une prière n'est pas quelque chose à dire mais quelque chose à ressentir. Une prière n'est pas quelque chose à lire mais quelque chose à vivre. Vivez-la !

C'est vrai : ET MAINTENANT LA FOI, L'ESPOIR, L'AMOUR, CES TROIS-LÀ, MAIS LE PLUS GRAND DE TOUS EST L'AMOUR.

Vous pouvez penser à l'amour, vous pouvez avoir de belles envolées d'imagination sur l'amour, vous pouvez avoir de beaux rêves sur l'amour, mais cela ne va pas vous aider. Ce qui va aider, c'est que vous devez devenir l'amour. L'amour doit devenir votre noyau essentiel. Tout le reste doit être sacrifié à l'amour, tout le reste doit devenir une partie de votre vie amoureuse.

Alors seulement cette prière sera vraie pour vous. Et alors elle ne sera pas chrétienne, elle n'appartiendra pas au Nouveau Testament. Ce sera quelque chose qui fera partie de votre cœur, vous le respirerez. Et quiconque s'approchera de vous en aura un petit aperçu. Une petite lumière sera jetée sur le chemin de chacun... si vous le vivez.

Les Écritures ne peuvent être comprises que si elles sont d'abord mises en pratique. Les gens font exactement le contraire :

ils lisent les écritures et essaient de les comprendre. Intellectuellement, il n'est pas difficile de comprendre ces écritures, elles sont simples. Les gens deviennent très compétents, très efficaces, en répétant les écritures - et ils en restent là. Ils restent des perroquets.

Et que pouvez-vous comprendre à ce sujet ? Intellectuellement, tout ce que vous comprendrez ne sera pas juste, car cela reflétera votre état d'esprit, et non l'état de l'esprit qui a prononcé ces mots.

Un éleveur de bétail à la retraite, âgé de soixante-cinq ans, qui a vendu son ranch et est venu à New York pour voir du pays, s'est enregistré dans un hôtel du centre-ville.

Une fois à l'étage, il s'installe confortablement et se détend sur le lit. Pendant qu'il se reposait, il a vu la porte s'ouvrir lentement, et là, devant lui, se tenait une blonde aux courbes harmonieuses, vêtue seulement d'un déshabillé transparent.

"Oh," s'est-elle excusée quand elle a vu le vieil homme, "je dois être dans la mauvaise chambre."

"Non", corrige-t-il, "vous êtes dans la bonne pièce, mais vous avez environ quarante ans de retard !".

L'interprétation sera toujours la vôtre. Vous pouvez lire Jésus, vous pouvez lire Bouddha, mais qui va l'interpréter ? C'est vous qui l'interpréterez. Et quelle est votre compréhension ? Quelle lumière avez-vous ? Ces belles paroles ne seront que de belles paroles, de beaux riens. Oui, c'est de la bonne poésie, mais la poésie ne peut pas vous libérer si elle ne devient pas votre propre expérience, si vous ne pouvez pas devenir un témoin des écritures.

"Ton infidélité continuelle prouve que tu es une pourriture absolue", s'emporte l'épouse indignée qui vient de surprendre son mari pour la septième fois en plein ébat sportif avec une autre femme.

"Bien au contraire !" fut la réponse froide. "Cela prouve simplement que je suis trop beau pour être vrai."

Vos interprétations vous refléteront toujours. Lorsque vous vous regardez dans le miroir, vous regardez votre visage, vous vous regardez vous-même. Vous ne pouvez pas voir le miroir, vous ne pouvez voir que votre visage qui s'y reflète. Vous ne serez capable de voir le miroir que lorsque vous aurez perdu votre visage, lorsque vous aurez perdu votre tête, lorsque vous ne serez plus. Lorsque vous serez devenu un rien, un personne, alors tenez-vous devant un miroir et vous verrez le miroir et son reflet et vous ne serez pas reflété en lui, vous ne serez pas reflété en lui. Vous n'y serez pas présent. Avant de devenir une absence, aller devant le miroir ne sert à rien.

Et c'est ce que les gens continuent à faire : lire la Bible, le Coran, le DHAMMAPADA, ils se lisent eux-mêmes.

La mère inquiète sermonnait sa fille adolescente sur le sujet de la moralité sexuelle.

"Bien sûr, je réalise que vous pouvez être tentée lors d'un rendez-vous galant. Si c'est le cas, ma chère, posez-vous cette question essentielle : une heure de plaisir vaut-elle une vie entière d'humiliation ?"

"Mon Dieu, maman," demande la fille, "comment fais-tu pour que ça dure une heure ?"

Rappelez-vous toujours que vous ne pouvez pas comprendre Jésus, Moïse, Zarathoustra. Votre visage y sera trop mêlé.

Un patient récemment marié se plaignait à son médecin de ses relations conjugales. Il semble que la première fois qu'il fait l'amour à son épouse, c'est tout simplement merveilleux, mais la deuxième fois, il transpire et transpire.

Le médico décide de consulter la femme. "N'est-ce pas étrange", demande le médico à la dame quand elle arrive, "qu'il soit juste merveilleux la première fois et que la deuxième fois il soit tout transpirant et en sueur ?".

"Pourquoi ça devrait être bizarre ?" Elle sourit. "La première fois, c'est en janvier et la deuxième fois, c'est en juillet !"

Vous ne pouvez pas aller directement dans les paroles des bouddhas. Vous devez d'abord aller à l'intérieur de vous-même. La rencontre fondamentale doit se faire avec votre propre originalité, et alors tous les bouddhas deviendront clairs pour vous. Et alors, une autre chose commence à se produire : alors Jésus et Bouddha et Moïse et Mahomet ne disent pas des choses différentes - ils disent les mêmes choses.

À moins qu'une personne ne devienne elle-même témoin de la vérité ultime, elle continuera à penser que Bouddha dit une chose et que Jésus dit le contraire ; que le bouddhisme est contre l'hindouisme, que l'hindouisme est contre le jaïnisme, que le jaïnisme est contre le mahométanisme. Si vous n'êtes pas témoin de la vérité, vous continuerez à croire ces trois cents religions, et vous ferez partie de la querelle, du conflit, de l'antagonisme qui se poursuit continuellement entre ces religions. Le jour où vous verrez la vérité de votre propre être, toutes ces trois cents religions disparaîtront, s'évaporeront.

Une fois - tout comme Premartha - un missionnaire chrétien est allé voir un maître zen. Il voulait convertir le maître zen, alors il avait apporté le Sermon sur la Montagne avec lui. Il a commencé à lire le Sermon sur la Montagne : il n'avait lu que les deux ou trois premières phrases, et le maître zen a dit : "Stop ! Celui qui l'a dit est un bouddha !"

Le missionnaire était surpris. Il a dit : "Mais ce sont les paroles de Jésus !"

Le maître a dit : "Peu importe le nom du bouddha, mais celui qui a dit cela était un bouddha. Il était arrivé."

Et je vous le dis parce que je le sais aussi. Une fois que vous aurez goûté, vous saurez. Quelle que soit la forme sous laquelle la vérité se présente, vous la reconnaîtrez immédiatement. Mais devenez d'abord un témoin.

La dernière question :

Question 5 :

MAÎTRE BIEN-AIMÉ, UN SEUL PAS ?

Digambara, oui, en fait, même pas un seul... parce que nous ne devons aller nulle part. Nous sommes déjà en Dieu ! Je dis "un seul pas" juste pour te consoler, parce que sans aucun pas, tu seras trop perplexe. Je le réduis au minimum, un seul pas, pour qu'il vous reste quelque chose à faire, car vous ne comprenez que le langage de l'action. Vous êtes un faiseur ! Si je vous dis : "Il n'y a rien à faire, il n'y a même pas un seul pas à faire", vous ne saurez plus comment vous y prendre.

En vérité, il n'est même pas nécessaire de faire un seul pas. Assis en silence à ne rien faire, le printemps arrive et l'herbe pousse toute seule. Mais c'est peut-être trop. Votre esprit d'action peut simplement l'ignorer ou penser que tout cela n'a pas de sens. Comment pouvez-vous atteindre

Dieu sans rien faire ? Oui, un raccourci que le mental peut comprendre ; c'est pourquoi je dis "un seul pas". C'est le plus court - il ne peut être réduit à moins que cela.

Un seul pas ! C'est juste pour vous faire comprendre que faire n'est pas essentiel. Pour atteindre l'être, le faire n'est absolument pas nécessaire. Lorsque vous serez d'accord et convaincu qu'un seul pas est nécessaire, alors je vous murmurerai à l'oreille : "Même pas un seul - vous y êtes déjà !"

Rabiya, une grande mystique soufie, passait..... C'était la rue dans laquelle elle avait l'habitude de passer tous les jours pour se rendre au marché, car au marché, elle allait tous les jours crier la vérité qu'elle avait atteinte. Et depuis de nombreux jours, elle observait un mystique, un mystique bien connu, Hassan, assis devant la porte de la mosquée et priant Dieu : " Dieu, ouvre la porte ! S'il te plaît, ouvre la porte ! Laisse-moi entrer !"

Rabiya ne pouvait pas le tolérer ce jour-là. Hassan pleurait, des larmes coulaient, et il criait encore et encore : " Ouvrez la porte ! Laisse-moi entrer ! Pourquoi n'écoutez-vous pas ?

Pourquoi n'entendez-vous pas mes prières ?"

Chaque jour, elle avait ri, chaque fois qu'elle avait entendu Hassan, elle avait ri, mais c'était trop aujourd'hui. Des larmes... et Hassan pleurait vraiment, pleurait, pleurait à chaudes larmes. Elle est allée, elle a secoué Hassan et lui a dit : " Arrêtez toutes ces bêtises ! La porte est ouverte - en fait, tu es déjà dedans !"

Hassan regarda Rabiya, et ce moment devint un moment de révélation. Regardant dans les yeux de Rabiya, il s'est incliné, a touché ses pieds et a dit : "Tu es venue à temps ; sinon, j'aurais appelé toute ma vie ! Cela fait des années que je fais cela - où étiez-vous auparavant ? Et je sais que vous passez tous les jours dans cette rue. Vous avez dû me voir pleurer, prier."

Rabiya a répondu : "Oui, mais la vérité ne peut être dite qu'à un certain moment, dans un certain espace, dans un certain contexte. J'attendais le bon moment, le moment propice. Aujourd'hui, il est arrivé ; c'est pourquoi je me suis approché de toi. Hier, si je te l'avais dit, tu aurais été irrité, tu te serais peut-être même mis en colère. Vous auriez réagi de

manière antagoniste ; vous m'auriez dit : "Vous avez dérangé ma prière !"
- et il n'est pas juste de déranger la prière de qui que ce soit."

Même le roi n'est pas autorisé à perturber la prière d'un mendiant.
Même si un criminel, un meurtrier, prie dans les pays mahométans, la
police doit attendre qu'il termine sa prière, et c'est seulement à ce
moment-là qu'il peut être arrêté. La prière ne doit pas être perturbée.

Rabiya a dit : "J'avais envie de te dire ça, que 'Hassan, ne sois pas idiot,
la porte est ouverte - en fait, tu es déjà dedans!'. Mais j'ai dû attendre le
bon moment."

Digambara, je dis "seulement un pas" - et même cela semble être
incroyable pour toi, d'où la question.

Vous me demandez : "Maître bien-aimé, un seul pas ?"

Pas même un seul, Digambara. Mais le bon moment n'est pas encore
arrivé, du moins pour toi.

Quand il viendra, je vous murmurerai à l'oreille : "Vous êtes déjà
dedans. Pas même un seul pas n'est nécessaire" - parce que nous ne
sortons pas. Il faut des pas pour sortir, il n'en faut pas pour entrer.

C'est comme un homme qui rêve, et dans ses rêves, il est parti très
loin. Aura-t-il besoin d'un long voyage pour revenir à la maison ? Il est
déjà chez lui, il dort dans sa maison... mais il est peut-être à Tombouctou
dans son rêve. Il suffit qu'il soit secoué.

Comme Rabiya a secoué Hassan, Digambara, un jour je te secouerai
! Il suffit de verser de l'eau froide sur toi - de l'eau vraiment froide, glacée,
pour que sous le choc tu ouvres les yeux.

Pensez-vous que vous allez me demander : "Comment rentrer chez
moi - parce que je suis à Tombouctou ?".

Non, vous ne demanderez pas, si vous voyez que vous êtes déjà chez
vous, que vous vous êtes endormi et que vous avez rêvé de Tombouctou.
Tu n'y étais jamais allé.

Vous n'êtes pas sortis de Dieu ! Vous ne pouvez pas, c'est impossible,
car seul Dieu existe.

Où pouvons-nous aller, où pouvons-nous aller ? Il n'y a aucun
endroit où Dieu n'est pas. Nous sommes toujours en lui et il est toujours
en nous. Mais cela nécessite un réveil.

Pas même un pas - c'est juste pour vous rapprocher de la vérité.

Lentement, lentement, vous devez être persuadés. Mille pas se réduisent à un pas, et ensuite je vous enlèverai aussi ce pas. Mais cela nécessite un moment propice. Les vérités ultimes ne peuvent être dites que dans une situation juste, mûre.

Ce moment viendra aussi.

Soyez juste prêt à le recevoir, à l'accueillir.....

Assez pour aujourd'hui.

En regardant....

L'IMBÉCILE EST INSOUCIANT. MAIS LE MAÎTRE VEILLE SUR SON OBSERVATION. C'EST SON TRÉSOR LE PLUS PRÉCIEUX.

IL NE CÈDE JAMAIS AU DÉSIR. IL MÉDITE. ET DANS LA FORCE DE SA RÉSOLUTION, IL DÉCOUVRE LE VRAI BONHEUR.

IL SURMONTE LE DÉSIR - ET DU HAUT DE LA TOUR DE LA SAGESSE, IL REGARDE AVEC SÉRÉNITÉ LA FOULE EN PEINE.

DU HAUT DE LA MONTAGNE, IL REGARDE CEUX QUI VIVENT PRÈS DU SOL.

INTELLIGENT PARMI LES SANS ESPRIT, ÉVEILLÉ PENDANT QUE D'AUTRES RÊVENT, RAPIDE COMME UN CHEVAL DE COURSE, IL DEVANCE LE PELOTON.

EN REGARDANT, INDRA EST DEVENU LE ROI DES DIEUX. COMME IL EST MERVEILLEUX DE REGARDER, COMME IL EST INSENSÉ DE DORMIR.

LE BHIKKHU QUI VEILLE SUR SON ESPRIT ET CRAINT L'ÉGAREMENT DE SES PENSÉES BRÛLE TOUS LES LIENS PAR LE FEU DE SA VIGILANCE.

LE BHIKKHU QUI VEILLE SUR SON ESPRIT ET CRAINT SA PROPRE CONFUSION NE PEUT PAS TOMBER. IL A TROUVÉ LE CHEMIN DE LA PAIX.

La vie est tridimensionnelle, et l'homme est libre de choisir. La liberté de l'homme est à la fois une malédiction et une bénédiction. Il peut choisir de s'élever, il peut choisir de tomber. Il peut choisir la voie des ténèbres ou la voie de la lumière.

Aucun autre être n'a la liberté de choisir. Leur vie est prédéterminée. Parce qu'elles sont prédéterminées, elles ne peuvent pas s'égarer - c'est ce qui est beau. Mais parce qu'elles sont prédéterminées, elles sont mécaniques - c'est ce qui est laid.

L'homme n'est pas encore un être au sens propre du terme. Il n'est qu'un devenir, il est en chemin. Il cherche, il cherche, il tâtonne ; il n'est pas encore cristallisé. C'est pourquoi il ne sait pas qui il est - parce qu'il n'est pas encore ; comment peut-il savoir qui il est ? Avant de savoir, il faut être. Et l'être n'est possible que si l'on choisit avec justesse, consciemment, en pleine conscience.

Jean-Paul Sartre a raison lorsqu'il dit que l'homme est un projet, que l'homme se crée lui-même par son propre effort, que l'homme ne naît que comme une opportunité, comme une possibilité, pas comme une réalité. Il doit devenir effectif - et il y a toutes les chances qu'il rate la cible. Des millions de personnes manquent la cible ; il est très rare qu'une personne ait trouvé son être. Lorsqu'une personne trouve son être, elle est un bouddha.

Mais l'exigence de base est la suivante : choisissez votre vie en toute conscience. Vous devez choisir de toute façon - que vous choisissiez avec conscience ou non ne fait aucune différence, le choix doit être fait. Vous n'êtes pas libre dans le sens où si vous ne voulez pas choisir, vous serez autorisé à ne pas le faire. Vous n'êtes pas libre de ne pas choisir - même ne pas choisir sera un choix.

Les millions de personnes qui passent à côté, passent à côté parce qu'elles ne choisissent pas. Ils attendent simplement, ils continuent à espérer que quelque chose va se passer. Rien n'arrive jamais de cette façon. Vous devez créer le contexte, l'espace, pour que quelque chose de précieux vous arrive, pour que quelque chose d'essentiel vous arrive.

Il existe deux écoles de philosophes dans le monde. L'une croit que l'homme naît comme une essence : l'école essentialiste. Elle dit que l'homme est déjà né tout fait. C'est l'idée de tous les fatalistes. L'autre école est celle de ceux qui se disent existentialistes. Ils croient que l'homme ne naît pas comme une essence mais seulement comme une existence.

Et quelle est la différence ? L'essence est prédéterminée ; vous l'apportez avec votre vie, vous l'apportez comme un plan. Vous n'avez qu'à le déployer ; vous êtes déjà fait. Vous n'avez pas le choix de vous fabriquer, de vous créer. C'est un point de vue très peu créatif, qui réduit l'homme à une machine.

L'autre école croit que l'homme naît seulement en tant qu'existence. L'essence doit être créée ; elle n'est pas déjà là. Vous devez vous créer vous-même, vous devez trouver les moyens de devenir, d'être. Vous devez devenir une matrice pour votre propre être, vous devez vous donner naissance à vous-même. La naissance physique n'est pas la vraie naissance ; vous devrez naître à nouveau.

Jésus dit à Nicodème : "Si tu ne nais pas de nouveau, tu n'entreras pas dans le royaume de mon Dieu." Que veut-il dire ? Nicodème doit-il d'abord mourir physiquement ? Non.

Jésus veut dire quelque chose de totalement différent : il doit mourir en tant qu'ego, il doit mourir en tant que personnalité. Il doit mourir en tant que passé. Il doit mourir en tant que mental. Ce n'est que lorsque vous mourrez en tant que mental que vous naissez en tant qu'être.

En Orient, nous avons appelé les bouddhas les deux fois nés - dwij. Les autres personnes ne naissent qu'une fois ; un bouddha naît deux fois. Le premier don de la vie est fait par les parents ; le second don doit être fait à soi-même.

Vous pouvez choisir entre ces trois dimensions. Si vous choisissez une seule dimension, vous atteindrez une certaine intégrité, mais parce qu'elle est unidimensionnelle, elle ne sera pas totale et elle ne sera pas entière. La première dimension est celle de la science, du monde objectif, des objets, des choses, de l'autre. La deuxième dimension est celle de l'esthétique : le monde de la musique, de la poésie, de la peinture, de la sculpture, le monde de l'imagination. Et la troisième dimension est celle de la religion - subjective, intérieure.

La science et la religion sont des pôles opposés : la science est extravertie, la religion est introvertie. Et entre les deux se trouve le monde de l'esthétique. Il est le pont ; il est à la fois l'un et l'autre. Le monde de l'esthétique, le monde de l'artiste, est en quelque sorte objectif - seulement en quelque sorte. Il peint, puis un tableau naît en tant qu'objet. Il est également subjectif, car avant de pouvoir peindre, il doit créer le tableau dans son for intérieur, dans sa subjectivité. Avant qu'un poète puisse chanter sa chanson, il la chante dans les recoins les plus profonds de son être. C'est d'abord là qu'elle est chantée, et ce n'est qu'ensuite qu'elle passe dans le monde extérieur.

Il est scientifique dans le sens où l'art crée des objets, et il est religieux dans le sens où ce que l'art crée est d'abord envisagé dans le for intérieur de chacun. C'est le pont entre la science et la religion. La religion est l'intériorité absolue. C'est aller au plus profond de soi, c'est la subjectivité.

Ce sont les trois dimensions.

Si vous devenez un scientifique et que vous perdez le contact avec l'esthétique et la religion, vous serez un homme unidimensionnel. Vous ne serez qu'un tiers ; vous ne serez pas entier. Vous atteindrez peut-être une certaine intégrité que vous verrez chez un homme comme Albert Einstein - une certaine individualité, une beauté, une vérité, mais seulement partielle.

Vous pouvez choisir d'être un artiste : vous pouvez être un Picasso, un Van Gogh, un Beethoven, un Rabindranath, mais alors aussi... vous serez un peu meilleur parce que l'esthétique est le monde de l'entre-deux, le monde du crépuscule. Vous aurez quelque chose de religieux en vous. Chaque poète a quelque chose de religieux en lui - il peut en être conscient, il peut ne pas en être conscient, mais aucun poète ne peut être sans une certaine saveur de religion. C'est impossible. Même l'artiste le plus athée est obligé d'avoir une certaine forme de religiosité. Sans cela, il ne sera pas un génie.

Sans elle, il ne restera qu'un technicien, un artisan, mais pas un artiste.

Même un homme comme Jean-Paul Sartre - qui est résolument athée, qui ne concédera jamais qu'il est religieux - même lui est d'une certaine manière religieux. Il a créé de grands romans, et ces romans et les personnages de ces romans ont une grande intériorité. Cette intériorité a été vécue par cet homme, sinon il ne pourrait pas l'écrire. Cette intériorité est vécue.

Et l'homme qui s'oriente vers l'esthétique a forcément des qualités scientifiques autour de lui. Il sera plus logique que la personne religieuse, plus orienté vers l'objet que la personne religieuse - moins orienté vers l'objet que le scientifique bien sûr, moins logique que le scientifique, mais plus logique que la personne religieuse. Il sera dans un état plus équilibré.

Il est préférable de se déplacer dans le monde de l'art parce que, d'une certaine manière, il a quelque chose des trois dimensions - mais seulement quelque chose, ce n'est pas encore total.

L'homme religieux est à nouveau unidimensionnel, tout comme le scientifique. Albert Einstein est unidimensionnel, tout comme Gautama le Bouddha. Et parce que l'Orient est devenu unidimensionnel, il a beaucoup souffert. Et maintenant l'Occident souffre beaucoup, et la cause en est l'unidimensionnalité. L'Occident est en faillite en ce qui concerne le monde intérieur et l'Orient est en faillite en ce qui concerne le monde extérieur.

L'Est n'est pas accidentellement pauvre et affamé. Il a choisi de l'être. Il a nié la science, il a même nié le monde de la réalité objective. Il dit que le monde est illusoire. Si le monde est illusoire, comment pouvez-vous créer une science ? La toute première condition est absente. Vous ne pouvez pas créer une science à partir de maya, l'illusion. Comment pouvez-vous créer une science à partir de quelque chose qui n'est pas, qui n'existe même pas ? Si vous niez le monde, vous avez complètement nié la dimension de la science.

C'est la raison pour laquelle l'Orient est pauvre et affamé. Et à moins que le génie oriental ne comprenne cela, nous pouvons continuer à importer la science de l'Occident, mais elle ne s'enracinera pas dans nos êtres. Si notre approche reste la même qu'il y a cinq mille ans, la science ne sera qu'une chose étrangère. C'est ainsi.

En Inde, vous pouvez trouver un scientifique, mondialement connu dans son domaine de travail, qui mène pourtant une vie très peu scientifique. Il peut consulter le chiromancien et l'astrologue. Il peut aller se baigner dans le Gange, pour que ses péchés de plusieurs vies soient lavés. Il peut continuer à croire en mille et une choses qui sont simplement superstitieuses - et pourtant il est un scientifique ! La science reste quelque chose de périphérique ; son âme reste toujours enracinée dans le passé antique de l'Orient, qui n'est pas scientifique.

L'Est a beaucoup souffert de l'unidimensionnalité. Et maintenant, l'Occident souffre à nouveau pour la même raison : l'unidimensionnalité.

L'Occident a choisi d'être scientifique au détriment de la religion. Aujourd'hui, Dieu est nié, l'âme est niée. L'homme est réduit d'abord à un animal et maintenant à une machine. L'homme perd toute gloire, toute grandeur. L'homme perd tout espoir, tout avenir. Dès que l'homme perd son intériorité, il perd sa profondeur, il devient superficiel. L'homme occidental est riche en ce qui concerne les choses, mais il est très pauvre en ce qui concerne l'âme - pauvre intérieurement, riche extérieurement.

C'est l'état actuel des choses.

Et entre les deux, il existe quelques artistes qui ont quelque chose des deux dimensions.

Mais même l'artiste n'est pas satisfait, parce qu'il est un peu des deux, mais il n'est ni un scientifique ni un religieux - il a juste quelques aperçus des deux mondes. Il reste dans une sorte de limbes ; il ne se fixe jamais, il reste un vagabond. Il se déplace comme une navette entre ces deux mondes. Il n'apporte pas grand-chose : parce qu'il n'est pas un scientifique, il ne peut pas apporter de contribution scientifique, et parce qu'il n'est pas religieux, il ne peut pas apporter de contribution religieuse. Tout au plus son art reste-t-il décoratif ; tout au plus peut-il rendre la vie un peu plus belle, un peu plus confortable, plus commode. Mais ce n'est pas grand-chose.

Je propose la quatrième voie. L'homme véritable sera les trois simultanément : il sera un scientifique, un artiste et un religieux. Et j'appelle ce quatrième homme l'homme spirituel. C'est là que je diffère d'Albert Einstein, de Gautam Buddha et de Picasso - de tous.

Vous devez vous souvenir de mes différences.

Bouddha est unidimensionnel - d'une beauté extraordinaire ! En ce qui concerne son propre monde intérieur, il est le plus grand maître, le maître de l'intérieur, insurpassable, mais il reste unidimensionnel. Il atteint une paix, un silence et une félicité immenses, mais ne contribue pas au monde de manière objective.

Albert Einstein contribue au monde de manière très objective, mais ne peut rien apporter de l'intérieur - sa contribution devient donc une malédiction. Il a souffert toute sa vie parce qu'il était l'homme qui avait proposé de fabriquer des bombes atomiques. Il avait écrit une lettre au président américain : "Il est temps maintenant - si les bombes atomiques ne sont pas fabriquées, la guerre peut durer des années et des années et sera très destructrice. La seule fabrication des bombes atomiques, la seule menace qu'elle représente, arrêtera la guerre."

Mais une fois que le pouvoir - n'importe quel type de pouvoir - arrive entre les mains des politiciens, vous ne pouvez pas les contrôler, vous ne pouvez pas les empêcher de l'utiliser. Le politicien est le type de personne le plus stupide - singe, fou de pouvoir.

Une fois la bombe atomique entre les mains des politiciens américains, elle devait être larguée quelque part. Hiroshima, Nagasaki, devaient arriver. Et quand elles se sont produites, ce fut une blessure, une grande blessure, pour Albert Einstein. Il s'est repenti toute sa vie.

Dans les derniers moments, lorsque quelqu'un lui a demandé : "Aimeriez-vous redevenir un scientifique si Dieu vous donne l'occasion de renaître dans le monde ?"

Il a répondu : "Non, certainement pas, absolument pas ! J'aimerais plutôt être un plombier qu'un physicien, un scientifique. Assez, c'est assez ! Je n'ai pas été une bénédiction pour le monde, j'ai été une malédiction."

Il a certainement enrichi le monde extérieur, mais sans croissance intérieure, la croissance extérieure crée un déséquilibre. Vous possédez beaucoup de choses, mais vous ne vous possédez pas vous-même. Vous avez tout ce qui peut vous rendre heureux, mais vous n'êtes pas heureux, car le bonheur ne peut être tiré de vos possessions. Le bonheur est une montée en puissance intérieure ; c'est un éveil de vos propres énergies. C'est un éveil de votre âme.

Le Bouddha a énormément contribué à la dimension subjective. Il est un maître par excellence. Tout ce qu'il dit est absolument vrai, mais c'est unidimensionnel - ne l'oubliez jamais.

Mon effort ici est de créer la quatrième voie : un homme qui réunit en lui ces trois dimensions de la vie, qui devient une trinité, un trimurti, qui a en lui ces trois visages de Dieu. Un homme qui a un esprit aussi logique que celui requis par la science, qui est aussi poétique que celui requis par l'esthétique, et qui est aussi méditatif et vigilant que celui proposé par les bouddhas.

Le quatrième homme est l'espoir du monde. La quatrième voie est la seule possibilité si l'homme veut survivre. Si l'homme doit encore exister sur cette terre, nous devons trouver une grande synthèse entre ces trois dimensions. Et si ces trois dimensions se rencontrent, fusionnent, se fondent en une seule, cette synthèse est bien sûr la quatrième.

Je parle de Bouddha, de Mahavira, de Jésus, de Patanjali, de Lao Tseu, et de bien d'autres encore. Mais n'oubliez jamais que toutes ces personnes sont unidimensionnelles. Je veux enrichir votre vie grâce à leurs enseignements, mais je ne m'arrête pas à eux. Je voudrais que vous vous enfonciez un peu plus dans d'autres dimensions également.

La nouvelle commune sera donc un lieu de rencontre entre l'Est et l'Ouest, entre le subjectif et l'objectif. Dans la nouvelle commune, nous aurons des scientifiques, des artistes, des poètes, des peintres, des chanteurs, des musiciens, des méditants, des yogis, des mystiques - toutes sortes de personnes qui déverseront leurs énergies dans une grande rivière. Et c'est ainsi que je voudrais que le monde entier soit.

Le Bouddha doit y être incorporé, c'est pourquoi je parle de lui. Et, bien sûr, la troisième dimension, le religieux, est l'une des plus importantes, la plus importante dimension. Sans elle, tout est sans âme.

Les sutras d'aujourd'hui :

L'IMBÉCILE EST INSOUCIANT. MAIS LE MAÎTRE VEILLE SUR SON OBSERVATION. C'EST SON TRÉSOR LE PLUS PRÉCIEUX.

Le Bouddha qualifie un homme d'insensé, non pas parce qu'il est ignorant, non pas parce qu'il n'a pas de connaissances. Selon le Bouddha, un homme est un fou s'il est inconscient, s'il se comporte de manière inconsciente, s'il vit dans le sommeil, s'il est somnambule. S'il continue à se comporter sans aucune conscience, alors c'est un fou. Le mot a un sens particulier, se souvenir :

L'inconscience, l'absence de conscience, la non-attention - c'est la définition que le Bouddha donne de l'idiot.

Il avance dans la vie comme un bois flotté, à la merci des vents. Il ne sait pas qui il est, il ne sait pas d'où il vient, il ne sait pas où il va. Il est accidentel ; il vit simplement par accident. Il n'a pas de recherche consciente, délibérée de l'être, de la vérité, de la réalité. Il suit la foule, il fait partie de la psychologie de la foule.

Il n'est pas un individu. Il n'a pas d'intelligence propre authentique, il suit simplement les autres. Les parents ont dit quelque chose, les enseignants, les prêtres, les politiciens, et il continue à suivre toutes sortes de conseils. Il ne sait pas du tout pourquoi il est ici, pour quoi faire, ce qu'il fait et pourquoi. Il ne pose jamais de telles questions.

Ces questions le mettent très mal à l'aise. Elles créent de l'anxiété en lui ; il évite ces questions. Il croit simplement aux réponses qui lui sont données ; il ne doute jamais de ces réponses. Non pas qu'il ait atteint la confiance - non, il n'a pas confiance non plus - mais il réprime simplement son doute parce que le doute crée un malaise.

Il reste un hindou, un mahométan, un chrétien. Il ne s'informe jamais et ne risque rien pour son enquête. Il ne se lance jamais dans l'exploration. Il n'est pas un aventurier, sa vie n'est pas une aventure. Il est coincé, il est dormant, stagnant. Vous ne pouvez pas le séparer de sa foule ; il est comme un mouton. Le Bouddha l'appelle le fou.

Le fou peut être très bien informé - en fait, il l'est presque toujours. Il peut être un expert, un érudit, un grand professeur - c'est ainsi qu'il cache sa bêtise. En accumulant des connaissances sur la circonférence, il cache l'ignorance qui existe au centre.

Il y a deux types de personnes : l'un, les personnes très bien informées - bien informées, mais elles ne savent rien. Elles ont une sorte de connaissance ignorante. Et il y a l'autre catégorie : les personnes qui ne sont pas bien informées - mais elles savent. Ils ont une sorte de connaissance ignorante.

Lorsque le Bouddha utilise le mot "fou", il ne parle pas de la deuxième catégorie - car le Bouddha lui-même n'est pas très bien informé, pas plus que Jésus ou Mahomet.

Ce sont des gens innocents, des gens simples, mais leur simplicité est telle, leur innocence est telle, leur qualité d'enfant est telle, qu'ils ont été capables de pénétrer au plus profond de leur être. Ils ont été capables de connaître leur vérité, ils ont été capables d'atteindre le cœur même de leur existence. Ils savent, mais ils n'ont pas la connaissance. Leur connaissance ne provient pas des écritures. Leur connaissance est le fruit de la vigilance. Souvenez-vous de la source : la connaissance réelle vient de la méditation, de la conscience, de l'attention, de la vigilance, du témoignage. Et la connaissance irréelle vient des écritures. Vous pouvez apprendre le savoir irréel très facilement et vous pouvez vous en vanter, mais vous resterez un imbécile - un imbécile instruit, mais un imbécile tout de même.

Si vous voulez vraiment savoir, vous devrez abandonner toutes vos connaissances, vous devrez les désapprendre. Tu devras redevenir ignorant, comme un petit enfant, avec des yeux émerveillés, avec de la vigilance. Tu pourras connaître non seulement ton propre être, mais aussi l'être qui existe dans le monde... l'être qui existe dans les arbres, les oiseaux, les animaux, les pierres et les étoiles. Si tu es capable de te connaître toi-même, tu seras capable de connaître tout ce qui est.

Dieu est un autre nom pour tout ce qui est.

L'IDIOT EST INSOUCIANT. Par "insouciance", Bouddha entend qu'il se comporte de manière inconsciente.

Il ne sait pas ce qu'il fait. Il continue simplement à faire des choses parce qu'il ne peut pas rester inoccupé ; il veut une occupation constante. Il ne peut pas rester seul ; il veut une compagnie constante. Il ne peut pas rester inoccupé, ne serait-ce qu'un seul instant, parce qu'à chaque fois qu'il est inoccupé, seul, il commence à se retrouver face à lui-même - et il a très peur de cela.

Il ne veut pas aller dans l'abîme de son propre être. Tout ce qu'il sait n'a aucun sens là-bas. Tout ce qu'il sait, il ne peut pas le porter là. Toutes ses connaissances, toute son efficacité, toutes ses écritures, toutes ses théories, sont totalement futiles dans le monde intérieur. Il s'accroche à l'extérieur parce que là, il est quelqu'un. Dans le monde intérieur, il n'est personne.

Regardez les gens ! En fait, c'est le meilleur des divertissements : rester sur le bord de la route et regarder les gens. Que font-ils ? Pourquoi le font-ils ? Et ensuite, regardez-vous - que faites-vous ? et pourquoi ?

Un homme ramasse une jeune femme dans le hall d'un hôtel et se rend avec elle à son appartement.

Ils se déshabillent tous les deux, mais alors elle dit : "D'abord, poursuis-moi ! Je veux être enflammée, excitée !"

Il la poursuit pendant deux heures, mais ne parvient pas à la rattraper et s'en va, dégoûté.

La nuit suivante, il la voit ramasser une autre victime dans le même hall et il se faufile sur l'escalier de secours pour observer par la fenêtre la déconfiture du nouveau pigeon. En regardant les jambes nues qui défilent sous le store partiellement tiré, il se dit à haute voix : "Ah, mon frère, prends-en plein la vue !".

"Tu l'as dit !" lui souffle une voix d'homme à l'oreille, "mais tu aurais dû voir le fils de pute qui était là hier soir !".

Observez simplement les gens - que font-ils ? Ils courent après des ombres, ils courent après des choses dont ils n'ont pas besoin, ils font de grands efforts pour atteindre quelque chose qu'ils ne sauront pas quoi faire une fois atteint. C'est ainsi que les gens courent après l'argent, après le pouvoir politique. Une fois que vous l'avez, vous ne savez plus quoi en faire.

Une femme disait à une autre femme : "Ne t'inquiètes-tu pas pour ton mari ?

Il continue à courir après les femmes, n'importe quelle femme, et tu le sais !".

Et l'autre femme a ri. Elle a dit : "Il n'y a pas à s'inquiéter : il court après les femmes comme les chiens courent après les voitures."

L'autre femme a dit : "Je ne comprends pas. Comment ça, des chiens qui courent après des voitures ?"

Elle a répondu : "Oui, les chiens qui courent après les voitures - une fois qu'ils en ont attrapé une, ils ne savent pas quoi faire de la voiture, et mon mari est comme ça. Il court après une femme, il l'attrape. Puis il ne sait pas quoi faire d'elle. Je le connais ! C'est pourquoi je ne suis pas inquiète."

Voici la situation. Quelqu'un veut être très célèbre, et il va gaspiller toute sa vie à le devenir, puis il ne saura pas quoi en faire. En fait, une fois que vous êtes devenu très célèbre, vous voulez redevenir non célèbre, parce que c'est un tel poids.

Vous ne pouvez pas vous détendre. Vous ne pouvez aller nulle part sans être observé par la foule. Vous n'avez plus d'intimité, vous ne pouvez pas vivre une vie personnelle. Tout le monde regarde, observe, enquête sur votre vie. Vous ne pouvez pas rire, vous ne pouvez pas parler avec aisance... tout devient difficile.

Il y a quelques jours à peine, Jimmy Carter a déclaré que si Kennedy se dresse contre lui lors de l'élection présidentielle, il lui "bottera le cul". Maintenant il est condamné dans le monde entier pour avoir utilisé ce mot. Vous ne pouvez même pas utiliser un mot innocent. Maintenant il doit se sentir très repentant pour ce qu'il a fait. Il a commis un crime.

Vous n'avez pas de vie privée lorsque vous êtes célèbre - lorsque vous êtes président d'un pays, lauréat du prix Nobel, vous êtes une chose publique. Vous êtes toujours à l'affiche, dans la vitrine ; vous devez toujours rester sur votre 31. Vous ne pouvez pas faire un simple geste en toute liberté.

Les gens ont de l'argent... et ensuite ils ne savent pas quoi en faire.

L'homme accidentel est stupide. L'homme sage se déplace délibérément, fait chaque pas consciemment. Sa vie est une recherche constante de la vérité. Il ne s'égare pas. Il reste vigilant dans chacun de ses actes - pas à cause des autres. Il reste vigilant parce que c'est seulement en étant vigilant qu'il s'intègre, qu'il se cristallise.

LE FOU EST INSOUCIANT. Le sage se soucie - il se soucie de lui-même, il se soucie de sa vie, et il se soucie aussi des autres. Il se soucie de tout, parce qu'il accorde de la valeur à sa vie. Il sait qu'elle est très précieuse, qu'elle est une occasion donnée par Dieu de grandir, qu'elle ne doit pas être perdue dans une sorte d'ivresse.

Une prostituée repentie a rejoint l'Armée du Salut et témoigne au coin d'une rue. "J'avais l'habitude de me coucher dans les bras des hommes", confesse-t-elle, "des hommes blancs, des hommes noirs, des Chinois. Mais maintenant, je me couche dans les bras de Jésus."

"C'est ça, ma soeur," crie un ivrogne au dernier rang, "on les emmerde tous !"

Il suffit d'observer les gens et de s'observer soi-même, et vous serez surpris de voir à quel point nous sommes inconscients, à quel point nous sommes ivres. Quelle insouciance ! Nous n'écoutons pas ce qui se dit, nous ne voyons pas ce que nous voyons.

Nos yeux sont embrumés, nos esprits sont confus, nos êtres n'ont aucune clarté. Nous ne sommes pas perceptifs, nous ne sommes pas sensibles.

Nous continuons à dire des choses que nous ne pensons pas, et nous en souffrons. Nous continuons à dire des choses que nous n'avons jamais voulu dire. Nous continuons à faire des choses - même lorsque nous les faisons, nous savons que nous ne voulons pas les faire, mais nous continuons quand même à les faire. Une force inconsciente continue à nous pousser. Parfois, nous décidons même de ne pas faire une certaine chose, de ne pas dire une certaine chose - et pourtant nous le faisons, même contre nos propres décisions. Nous n'avons pas de résolution, nous n'avons pas de résolution, nous n'avons pas de volonté.

Elle savait qu'il s'agissait de ses dernières heures sur cette terre, elle a donc appelé son mari à ses côtés et, d'une voix hésitante, lui a fait part de sa dernière requête.

"Je sais," dit-elle, "que toi et maman ne vous êtes jamais entendues. Mais tu veux bien, pour me rendre service, aller au cimetière dans la même voiture qu'elle ?"

"D'accord", a répondu le mari malheureux. "Mais ça va gâcher toute ma journée."

Ce n'est pas vraiment une blague - cela arrive tous les jours. Vous dites des choses que vous auriez dû savoir qu'il ne fallait pas dire. Mais vous ne le savez que plus tard, lorsque le mal est fait.

Des énoncés inconscients.

Maintenant, cet homme peut avoir pleuré et dit à sa femme, "Sans toi, il sera impossible de vivre. Je resterai toujours vide sans toi, une partie de mon âme mourra avec toi..." et des choses comme ça. Mais maintenant, en cet instant, il a tout oublié.

LE FOU EST INSOUCIANT. MAIS LE MAÎTRE VEILLE SUR SON OBSERVATION. C'EST SON TRÉSOR LE PLUS PRÉCIEUX. Le fou reste un esclave - un esclave des instincts, un esclave des désirs inconscients, un esclave des caprices, un esclave de la société dans laquelle il est né, un esclave des modes - un esclave de tout ce qui se passe autour de lui. Il se contente de le capter. Si le voisin achète une nouvelle voiture, il doit aussi acheter une nouvelle voiture. Il n'en a pas besoin. Si le voisin a acheté une maison dans les collines, il doit en acheter une. Cela peut être difficile et difficile à gérer pour l'argent. Il peut avoir à emprunter, cela peut lui prendre des années pour payer, mais il doit l'acheter. Son ego est blessé. Les gens vivent de façon imitative, très négligente.

Chez les Eskimos, il existe une tradition, une très belle tradition, qui veut que chaque année, le premier jour de l'année, chaque famille regarde dans la maison ce qui est inutile et ce qui est nécessaire - ils font le tri. Et seul ce qui est absolument nécessaire est conservé ; tout ce qui n'est pas nécessaire est donné en cadeau aux gens.

Et vous serez surpris d'apprendre que la maison des Esquimaux est la plus propre du monde, qu'elle est pure - pas de déchets, rien ne s'accumule. Spacieuse - petite mais spacieuse ; seulement ce qui est nécessaire, absolument nécessaire.....

Pensez à toutes les choses que vous continuez à accumuler : sont-elles vraiment nécessaires ? en avez-vous vraiment besoin ? Ou est-ce simplement parce que les gens accumulent que vous devenez vous aussi accumulateurs ?

L'homme vigilant devient le maître de sa vie. Il la vit selon sa lumière, pas selon la vie des autres. Il la vit en fonction de ses propres besoins. Et souvenez-vous, vos besoins ne sont pas nombreux. Si tu es sage, vigilant, tu auras une vie très très contente, et très simple, et avec de petites choses.

Mais si vous imitez, alors votre vie deviendra très complexe, inutilement complexe. Et je ne vous donne pas d'instructions particulières sur ce que vous devriez avoir et ce que vous ne devriez pas avoir. Je vous dis simplement de continuer à observer... ce qui vous est nécessaire, ayez-le ; et ce qui ne vous est pas nécessaire, oubliez-le. C'est la voie d'un sannyasin.

Je ne suis pas pour renoncer aux choses, mais je suis certainement pour renoncer aux déchets inutiles.

Et ce n'est pas seulement que vous collectionnez des choses inutiles - vous désirez des choses inutiles, et vous ne méditez jamais si ces choses sont vraiment nécessaires. Vont-elles vous aider d'une manière ou d'une autre ? Vont-elles vous rendre plus heureux, plus béat ?

Avant de commencer à désirer une chose, réfléchissez-y trois fois... et vous serez surpris. Sur cent de vos désirs, quatre-vingt-dix-neuf sont absolument inutiles. Ils ne font que vous occuper ; c'est leur seule fonction. Ils vous éloignent de vous-même, c'est leur seule utilité. Ils ne vous laissent pas le temps, l'espace pour être avec vous-même. Ils sont dangereux.

C'est à cause de ces choses inutiles que vous gaspillerez votre vie, et que vous mourrez ruiné.

...LE MAÎTRE VEILLE SUR SA SURVEILLANCE.

J'ai entendu :

Le mari et la femme sont rendus fous par la présence continue du frère de la femme, qui est venu passer le week-end mais qui est toujours là six mois plus tard. Ils décident que la femme fera cuire un poulet et que le mari prétendra qu'il est trop cuit. Ils poseront la question au beau-frère. S'il dit que le poulet est bon, le mari le mettra à la porte ; s'il dit que le poulet est mauvais, la femme le mettra à la porte. Il ne peut pas échouer !

La scène se déroule comme prévu, avec beaucoup de cris et de récriminations simulées, tandis que le beau-frère range silencieusement sa nourriture. Soudain, le mari et la femme cessent de crier et se tournent vers lui.

"Harry," dit le mari, "qu'en pensez-vous ?"

"Moi ?" dit Harry en mordant dans la cuisse de poulet. "Je pense que je vais rester trois mois de plus."

Ça devait être un homme très vigilant. Il devait être très prudent, alerte. Il n'est pas pris dans le piège. Le piège était certainement très subtil. A moins qu'il n'ait été très vigilant, elle ne pouvait que le piéger. Il ne donne pas d'opinion. Il énonce simplement un fait : "Je vais rester trois mois de plus."

Vivez avec vigilance et vous ne serez pas piégé. Vivez inconsciemment et à chaque pas vous êtes piégé ; votre vie devient de plus en plus emprisonnée. Et personne n'est responsable, sauf vous.

MAIS LE MAÎTRE GARDE SON OBSERVATION. C'EST SON TRÉSOR LE PLUS PRÉCIEUX. Quoi qu'il fasse, il le fait en toute conscience. Ce que vous faites, vous le faites presque mécaniquement. Vous devez vous dé-automatiser. C'est l'essence même de la méditation : le processus de désautomatisation.

Vous êtes devenu automatique. Vous continuez à conduire la voiture, à fumer la cigarette, à parler à l'ami et à penser à mille et une choses en vous. La plupart des accidents se produisent à cause de cela. Chaque année, il y a plus d'hommes qui meurent dans des accidents de voiture, de train, d'avion ou autres que dans des guerres. Adolf Hitler n'a peut-être pas tué autant de personnes que celles qui sont tuées chaque année par le comportement mécanique de l'homme autour de la terre.

Mais que pouvez-vous faire ? C'est toute votre façon de vivre, c'est comme ça que vous vivez. Vous mangez - vous continuez simplement à vous gaver, vous ne faites pas attention à ce que vous mangez. Vous faites l'amour à votre femme ou à votre mari - vous ne voyez même pas le visage de la femme. Vous êtes devenus très insensibles ; vous vous contentez de faire des gestes vides, sans signification. Ils ne peuvent avoir aucune signification si vous n'êtes pas pleinement attentif.

C'est la lumière de la conscience qui rend les choses précieuses, extraordinaires. Alors les petites choses ne sont plus petites. Lorsqu'un homme alerte, sensible, amoureux, touche un galet ordinaire sur le bord de la mer, ce galet devient un kohinoor. Et si vous touchez un kohinoor dans votre état inconscient, ce n'est qu'un caillou ordinaire - pas même cela. Votre vie aura autant de profondeur et de sens que vous aurez de conscience.

Aujourd'hui, les gens se demandent partout dans le monde : "Quel est le sens de la vie ?" Bien sûr, le sens est perdu, parce que vous avez perdu la voie pour trouver le sens - et la voie est la conscience. C'EST SON TRÉSOR LE PLUS PRÉCIEUX.

IL NE CÈDE JAMAIS AU DÉSIR.

Qu'est-ce que Bouddha entend par "désir" ? Le désir signifie votre esprit tout entier. Le désir signifie ne pas être heureux. Le désir signifie aller quelque part dans le futur qui n'est pas encore. Le désir signifie mille et une façons de s'échapper du présent. Le désir est équivalent à l'esprit. Dans la terminologie du Bouddha, le désir est l'esprit.

Et le désir est aussi du temps. Quand je dis que le désir est aussi du temps, je ne parle pas du temps de l'horloge, mais du temps psychologique. Comment créez-vous le futur dans votre esprit ? - En désirant. Si vous voulez faire quelque chose demain, vous avez créé le lendemain ; sinon, le lendemain n'est pas encore là, il n'est pas encore arrivé. Mais vous voulez faire quelque chose demain, et parce que vous voulez faire quelque chose demain, vous avez créé un demain psychologique.

Et les gens créent des années en avant, des vies en avant. Ils pensent même à ce qu'ils feront après la vie, après la mort. Ils s'y préparent même ! Et ces gens sont considérés comme religieux ; ils ne le sont pas du tout. Le désir vous éloigne de l'ici et maintenant, et l'ici et maintenant est la seule réalité.

C'est pourquoi le Bouddha dit : " Il ne cède jamais aux désirs. Il ne se projette jamais dans le futur, il vit dans le présent. Vivre dans le futur, c'est vivre une fausse vie, une pseudo-vie.

Une actrice à la mode refuse un jeune homme qui mendie ses faveurs, sous prétexte qu'il est juif, et se moque de son offre de cent mille francs. Elle lui dit que pour lui montrer le peu de cas qu'elle fait de son argent, il peut lui faire l'amour aussi longtemps qu'il faudra pour brûler les cent mille francs.

Il revient le lendemain avec l'argent, dispose dix billets en ligne, les extrémités se chevauchant, allume le premier et saute dans le lit avec elle. Alors que le dernier billet se consume, elle le repousse.

"Eh bien, je vous ai eu", dit-il triomphalement.

"Oui," sourit-elle, "et vos cent mille francs sont réduits en cendres."

"Quelle importance ?" dit-il en allumant une cigarette. "Ils étaient contrefaits."

L'homme qui vit dans le futur, vit une vie contrefaite. Il ne vit pas vraiment, il fait seulement semblant de vivre. Il espère vivre, il désire vivre, mais il ne vit jamais. Et le lendemain ne vient jamais, c'est toujours aujourd'hui. Et ce qui vient est toujours maintenant et ici, et il ne sait pas comment vivre le maintenant-ici ; il sait seulement comment s'échapper du maintenant-ici. Le moyen de s'échapper est appelé "désir", tanha - c'est le mot du Bouddha pour désigner ce qui est une fuite du présent, du réel vers l'irréel.

L'homme qui désire est un évadé.

Il est très étrange que les méditants soient considérés comme des évadés. C'est tout à fait absurde. Seul le méditant n'est pas un évadé - tous les autres le sont. Méditer, c'est se débarrasser de ses désirs, de ses pensées, de son esprit. Méditer, c'est se détendre dans l'instant, dans le présent. La méditation est la seule chose au monde qui ne soit pas une évasion, même si elle est considérée comme la chose la plus évasive. Les personnes qui condamnent la méditation la condamnent toujours avec l'argument qu'il s'agit d'une évasion, d'une fuite de la vie. Ils disent simplement n'importe quoi ; ils ne comprennent pas ce qu'ils disent.

La méditation ne consiste pas à s'échapper de la vie : elle consiste à s'échapper dans la vie. Le mental s'échappe de la vie, le désir s'échappe de la vie.

IL NE CÈDE JAMAIS AU DÉSIR.... IL MÉDITE.

Il se ramène encore et encore au présent. Encore et encore, l'esprit commence à fonctionner et il le ramène au présent. Lentement, lentement, cela commence à se produire : la fenêtre s'ouvre et pour la première fois, vous voyez le ciel tel qu'il est. Et pour la première fois, vous ressentez le vent, la pluie et le soleil, dans leur immédiateté, parce que vous devenez méditatif. On commence à toucher la vie. Alors la vie n'est plus un mot mais une réalité tangible ; alors l'amour n'est plus un mot mais une énergie débordante. Alors la bénédiction n'est plus seulement un désir, un espoir - vous la sentez, vous l'avez, vous l'êtes.

IL MEDITE.... Bouddha n'est pas pour la prière, il est pour la méditation, parce que la prière est encore une fois, en quelque sorte, une sorte de désir. Lorsque vous priez, vous désirez. La prière est toujours pour le futur ; la prière signifie que vous demandez quelque chose. Vous pouvez ne pas demander de l'argent, vous pouvez demander Dieu lui-même, mais c'est la même chose. Demandez, et vous vous éloignez.

La méditation est un état de non-demande, de non-questionnement, de non-pensée. La prière fait toujours partie de la pensée - une belle pensée, mais la pensée reste la pensée ; une belle prison, mais une prison reste une prison.

Et l'esprit qui prie est avide, et l'esprit qui prie ne subit aucune transformation. Il reste le même esprit. Et la prière naît du même esprit ; elle ne peut pas avoir une qualité très différente. Comment pouvez-vous prier pour quelque chose qui est différent de vous ? - Ce sera votre prière. Elle reflétera votre esprit, elle sortira de votre esprit, elle jaillira de votre esprit. Comment peut-elle vous emmener au-delà du mental ?

La prière ne peut pas vous emmener au-delà du mental. Seule la méditation peut vous emmener au-delà du mental.

La méditation est un état de non-esprit. La prière est un état d'esprit religieux, mais l'esprit est là.

Et lorsqu'elle est entourée du bel habit de la religiosité, elle devient encore plus dangereuse.

Un petit garçon en pique-nique s'éloigne de sa famille et réalise soudain qu'il est perdu et que la nuit tombe. Effrayé après avoir erré sans but pendant un certain temps, et après avoir crié pour ses parents mais sans recevoir de réponse, il s'agenouille et prie les mains levées. "Seigneur, dit-il, aide-moi à retrouver mon papa et ma maman, et je ne frapperai plus ma petite sœur, honnêtement, je ne le ferai plus !".

Alors qu'il est agenouillé en train de prier, un oiseau vole au-dessus de lui et dépose un tas de merde dans sa paume tendue. Le petit garçon l'examine et tourne son regard vers le ciel.

"Oh s'il vous plaît, Seigneur," supplie-t-il, "ne me donnez pas cette merde. Je suis vraiment et sincèrement perdu !"

Votre prière est votre prière, elle fait partie de vous, elle est une extension de vous. Elle ne peut pas vous aider à vous dépasser. La méditation est le seul moyen de se dépasser, le seul moyen de se transcender.

Et qu'est-ce que la méditation ? Cela ne signifie pas méditer sur quelque chose ; le mot anglais est trompeur. En anglais, il n'existe pas de mot suffisamment adéquat pour traduire le mot sammasati du Bouddha. On l'a traduit par "méditation", "pleine conscience", "conscience", "vigilance", "vigilance", "témoignage", mais il n'y a pas vraiment de mot qui possède la qualité de sammasati.

Sammasati signifie : la conscience est, mais sans aucun contenu. Il n'y a pas de pensée, pas de désir, rien ne s'agite en vous. Vous ne contemplez pas Dieu ou de grandes choses... la nature et sa beauté, la Bible, le Coran, les Vedas et leurs déclarations immensément significatives. Vous ne contemplez pas ! Vous ne vous concentrez pas non plus sur un objet particulier. Vous ne chantez pas un mantra, car ce sont toutes des choses de l'esprit, ce sont tous des contenus de l'esprit. Vous ne faites rien ! L'esprit est complètement vide, et vous êtes simplement là, dans ce vide. Une sorte de présence, une pure présence, sans nulle part où aller - complètement détendu en soi-même, au repos, à la maison. C'est le sens de la méditation du Bouddha.

Et personne n'a jamais atteint une expression aussi belle sur la méditation que le Bouddha. Beaucoup de gens y sont parvenus, mais personne n'a été aussi expressif, aussi capable de transmettre le message, que le Bouddha. IL NE CÈDE JAMAIS AU DÉSIR. IL MÉDITE.

ET DANS LA FORCE DE SA RÉSOLUTION, IL DÉCOUVRE LE VRAI BONHEUR.

La félicité est le vrai bonheur. Ce que vous appelez bonheur n'est que de la misère déguisée. Ce que vous appelez bonheur n'est rien d'autre qu'un divertissement, un plaisir. C'est momentané - cela ne peut pas être vrai.

La vérité doit avoir une qualité, et cette qualité est l'éternité. Si une chose est vraie, elle est éternelle ; si elle est fausse, elle est momentanée.

On ne trouve le vrai bonheur que lorsque l'esprit cesse complètement de fonctionner. Il ne vient pas de l'extérieur. Il jaillit à l'intérieur de votre propre être, il commence à vous déborder.

Vous devenez lumineux. Vous devenez une fontaine de félicité.

IL SURMONTE LE DÉSIR - ET DU HAUT DE LA TOUR DE LA SAGESSE, IL REGARDE AVEC SÉRÉNITÉ LA FOULE EN PEINE.

DU HAUT DE LA MONTAGNE, IL REGARDE CEUX QUI VIVENT PRÈS DU SOL.

Lorsque quelqu'un devient un bouddha - le désir vaincu, l'esprit vaincu, le temps vaincu, l'ego transcendé - il ne fait plus partie de cette terre. Il vit toujours sur la terre, mais son âme s'élève si haut que, depuis les sommets ensoleillés de son être, il peut voir la foule affligée dans les sombres vallées de la vie, trébuchant, ivre, se battant, ambitieuse, avide, en colère, violente... un pur gaspillage de grandes opportunités. Une grande compassion naît dans son être.

Toute sa passion passe par la dissipation et devient compassion.

La passion signifie utiliser l'autre comme un moyen - et c'est là le fondement de l'immoralité.

Utiliser quelqu'un comme un moyen est l'acte le plus immoral au monde, car chaque personne est une fin en soi. L'utiliser comme un moyen, c'est l'exploiter. Et c'est ce que nous appelons l'amour :

le mari qui se sert de sa femme, la femme qui se sert de son mari ; les enfants qui se servent de leurs parents, et les parents qui, plus tard, se servent de leurs enfants - c'est ce qu'on appelle l'amour !

Ce n'est pas de l'amour. C'est une stratégie de l'esprit ; c'est du poison enrobé de sucre. Cet amour est vraiment dégoûtant. C'est pourquoi vous voyez le monde entier avec un tel dégoût. Cet amour est dégoûtant. Il a rendu malade toute l'âme de l'humanité parce que ce n'est pas du tout de l'amour. C'est la passion, la luxure, l'utilisation de l'autre comme un moyen.

Lorsque vous commencez à méditer, vous passez à la deuxième étape, la dispassion - l'amour disparaît.

Vous entrez dans une phase neutre ; tout comme vous changez de vitesse dans une voiture, et chaque fois que vous changez de vitesse, la première vitesse doit passer par le point mort, la passion passe par une phase neutre - elle devient froide. L'amour disparaît. Pour l'instant, dans l'intervalle, l'homme qui se dirige vers la bouddhéité devient totalement froid, dépassionné.

Et alors le troisième stade est atteint. Quand il a atteint la bouddhéité, qu'il a trouvé la félicité et les sources inépuisables de la félicité - aes dhammo sanantano - quand il a trouvé le principe de l'éternité, quand il a trouvé le trésor inépuisable de la vie, il commence à déborder. L'amour revient - en fait, l'amour revient pour la première fois. C'est la compassion. Maintenant, il déverse sa compassion sur tout le monde ; quiconque vient à lui, il partage sa félicité avec lui, il partage son chemin, il partage sa perspicacité.

INTELLIGENT PARMI LES SANS ESPRIT, ÉVEILLÉ PENDANT QUE D'AUTRES RÊVENT, RAPIDE COMME UN CHEVAL DE COURSE, IL DEVANCE LE PELOTON.

Et lorsque vous vous êtes établi dans la méditation et la compassion, vous n'êtes plus victime du sommeil et du rêve. Vous restez éveillé - même lorsque vous dormez. Et alors votre vie devient une flèche droite, se déplace à une vitesse formidable, à la vitesse de la lumière, vers le but. Vous devenez, pour la première fois, l'être.

RAPIDE COMME UN CHEVAL DE COURSE, IL DÉPASSE LE CHAMP. CONSCIENT PARMI LES SANS ESPRIT, ÉVEILLÉ ALORS QUE LES AUTRES RÊVENT. C'est la différence entre le Bouddha et les autres. Les autres ne font que rêver, ils ne vivent pas vraiment ; ils espèrent vivre un jour, ils se préparent à vivre, mais ils ne vivent pas. Et ce jour n'arrive jamais - avant ce jour vient la mort.

Un bouddha est éveillé. Même lorsqu'il est endormi, il ne rêve pas. Lorsque les désirs disparaissent, les rêves disparaissent aussi. Les rêves sont des désirs traduits dans le langage du sommeil. Un bouddha dort avec une vigilance absolue. La lumière continue de brûler en lui.

Le corps a besoin de repos, donc le corps dort, mais lui n'a pas besoin de repos - l'énergie est inépuisable. Là, au centre de son être, une petite lumière continue de brûler. Toute la circonférence est profondément endormie, mais cette lumière est alerte, éveillée.

Nous sommes endormis même si nous sommes éveillés : il est éveillé même s'il est endormi.

EN REGARDANT, INDRA EST DEVENU LE ROI DES DIEUX. COMME IL EST MERVEILLEUX DE REGARDER, COMME IL EST INSENSÉ DE DORMIR.

LE BHIKKHU QUI VEILLE SUR SON ESPRIT ET CRAINT L'ÉGAREMENT DE SES PENSÉES BRÛLE TOUS LES LIENS PAR LE FEU DE SA VIGILANCE.

Bhikkhu " est le terme utilisé par Bouddha pour désigner un sannyasin. Sannyasin " est mon mot pour désigner le bhikkhu. Je n'ai pas choisi le mot de Bouddha - pour une certaine raison. Bhikkhu signifie littéralement mendiant.

Bouddha a renoncé à son royaume et est devenu un mendiant. Bien sûr, même s'il est mendiant, il marche comme un empereur ; bien sûr, il est beaucoup plus gracieux qu'il ne l'a jamais été auparavant, et beaucoup plus riche qu'il ne l'a jamais été. Mais parce qu'il a renoncé au royaume, les gens ont commencé à l'appeler un bhikkhu, un mendiant. Et, lentement, ce nom a été adopté par ses disciples aussi.

Je ne veux pas que vous soyez des mendiants, je veux que vous soyez des maîtres. C'est pourquoi j'ai choisi le mot " sannyasin ". Un sannyasin signifie celui qui sait comment vivre correctement. Ce n'est pas un renoncement ; au contraire, c'est une réjouissance, une célébration.

LE BHIKKHU QUI VEILLE SUR SON ESPRIT ET CRAINT L'ÉGAREMENT DE SES PENSÉES BRÛLE TOUS LES LIENS PAR LE FEU DE SA VIGILANCE.

Oui, la méditation est un feu - elle brûle vos pensées, vos désirs, vos souvenirs ; elle brûle le passé et le futur. Elle brûle votre mental et votre ego. Elle fait disparaître tout ce que vous pensez être. C'est une mort et une renaissance, une crucifixion et une résurrection. Vous naissez à nouveau. Vous perdez totalement votre propre identité, et vous accédez à une nouvelle vision de la vie.

Cette vision de la vie est ce que l'on entend par dieu, dhamma, tao, logos. Vous pouvez choisir le nom que vous voulez lui donner car il n'a pas de nom propre. En fait, elle n'est pas exprimable du tout ; on ne peut que l'indiquer, y faire allusion.

LE BHIKKHU QUI VEILLE SUR SON ESPRIT ET CRAINT SA PROPRE CONFUSION NE PEUT PAS TOMBER. IL A TROUVÉ LE CHEMIN DE LA PAIX.

Le mental est une confusion. Des pensées et des pensées - des milliers de pensées qui s'entrechoquent, qui se battent entre elles, qui se battent pour votre attention. Des milliers de pensées qui vous entraînent dans des milliers de directions. C'est un miracle que vous parveniez à vous maintenir ensemble. D'une manière ou d'une autre, vous parvenez à cette unité - ce n'est qu'une manière ou une autre, ce n'est qu'une façade. Au fond, il y a une foule qui crie, une guerre civile, une guerre civile permanente.

Des pensées qui se battent entre elles, des pensées qui veulent que vous les réalisiez. C'est une grande confusion, ce que vous appelez votre esprit.

Mais si vous êtes conscient que l'esprit est une confusion, et que vous ne vous identifiez pas à l'esprit, vous ne tomberez jamais. Vous serez à l'abri des chutes ! L'esprit deviendra impuissant.

Et parce que vous regarderez continuellement, vos énergies seront lentement retirées, éloignées de l'esprit ; il ne sera plus nourri.

Et une fois que l'esprit meurt, vous naissez en tant que non-esprit. Cette naissance est l'illumination. Cette naissance vous amène pour la première fois au pays de la paix, le paradis du lotus. Elle vous amène dans le monde de la félicité, de la bénédiction. Sinon, vous restez en enfer. En ce moment même, vous êtes en enfer. Mais si vous vous résolvez, si vous décidez, si vous choisissez la conscience, vous pouvez dès maintenant faire un saut, un bond de l'enfer au paradis.

C'est à vous de choisir : vous pouvez choisir l'enfer, vous pouvez choisir le paradis. L'enfer est bon marché. Le paradis demande un grand effort, de la persévérance, de la détermination. L'enfer signifie que tu peux rester inconscient, que tu peux rester tel que tu es. Le paradis signifie que vous devez vous élever au-dessus de vous-même, vous devez vous transcender. Vous devez passer de la vallée aux sommets.

Et ces sommets sont à vous, mais vous devez payer pour les obtenir. L'ascension de ces sommets est un effort ardu. Soyez vigilant, soyez méditatif, et un jour vous vous retrouverez sur les sommets ensoleillés. C'est la libération, moksha. C'est le nirvana - la cessation de l'ego et la naissance de Dieu.

Vous avez le droit d'être des dieux. Si vous ne l'êtes pas, vous êtes les seuls responsables et personne d'autre.

Écoutez le Bouddha. N'écoutez pas seulement le Bouddha - agissez, engagez-vous dans la vie de la conscience, impliquez-vous.

Mais permettez-moi de vous rappeler une fois encore qu'il ne s'agit que d'une dimension de la vie - immensément riche, mais toujours une dimension. Vous aurez à faire quelque chose de plus. Je vous confie une tâche plus ardue que celle de Bouddha. Bouddha vous a donné une seule dimension ; je veux que vous ayez les trois dimensions, et une synthèse.

Un homme nouveau est nécessaire sur la terre. L'ancien est pourri et fini, il n'a pas d'avenir, il ne peut pas survivre. Il est arrivé au bout de son rouleau. Il est sur son lit de mort. Si un homme nouveau ne naît pas - l'Est et l'Ouest se rencontrant, les trois dimensions ensemble - l'humanité est condamnée.

Cette expérience que je fais ici est juste pour créer le premier spécimen de l'homme nouveau.

Vous participez à une expérience d'une importance capitale. Sentez-vous bénis. Sentez-vous chanceux. Vous n'avez peut-être pas conscience de ce à quoi vous participez, mais vous pouvez créer l'histoire ! Tout dépend de votre engagement, de votre implication avec moi et avec mon expérience.

C'est la plus grande synthèse possible, qui n'a jamais été tentée.....

Assez pour aujourd'hui.

Le début d'une nouvelle phase

La première question :

Question 1 :

MAÎTRE BIEN-AIMÉ, JE N'AI JAMAIS ÉTÉ EXCITÉ PAR LA MUSIQUE CLASSIQUE, ET LES GALERIES D'ART M'ONT ENNUYÉ À MOURIR. ALORS, EST-IL POSSIBLE DE PASSER DE LA PREMIÈRE COUCHE, LA TÊTE, À LA TROISIÈME COUCHE, LE CENTRE, ET DE CONTOURNER EN QUELQUE SORTE TOUTES CES ORDURES ESTHÉTIQUES ?

Nirgun, oui, c'est vrai : au nom de l'esthétique, il y a beaucoup d'ordures. Mais quand j'utilise le mot "esthétique", je ne parle pas des déchets collectés dans les musées et les galeries d'art.

Quand j'utilise le mot "esthétique", je veux dire une qualité en vous. Cela n'a rien à voir avec les objets - peintures, musique, poésie - cela a quelque chose à voir avec une qualité de votre être, une sensibilité, un amour de la beauté, une sensibilité pour la texture et le goût des choses, pour la danse éternelle qui se déroule tout autour, une conscience de celle-ci, un silence pour entendre ce coucou qui appelle depuis la distance.....

Ce n'est pas un déchet : c'est le cœur même de l'existence.

Mais je peux comprendre que vous devez vous ennuyer avec la musique dite classique et les peintures rassemblées dans les galeries d'art. Et vous devez être un peu perplexe quant à la raison pour laquelle les gens continuent à parler autant de toutes ces absurdités.

L'esthétique n'est qu'une approche artistique de la vie, une vision poétique. Voir les couleurs si totalement que chaque arbre devient un tableau, que chaque nuage apporte la présence de Dieu, que les couleurs sont plus colorées, que vous ne continuez pas à ignorer l'éclat des choses, que vous restez alerte, conscient, aimant, que vous restez réceptif, accueillant, ouvert. C'est ce que j'entends par l'attitude esthétique, l'approche esthétique.

La musique doit être dans votre cœur, votre être même doit être musical, il doit devenir une harmonie. Un homme peut exister comme un chaos ou comme un cosmos. La musique est le chemin du chaos au cosmos. Un homme peut exister comme un désordre, une discorde, juste du bruit, une place de marché, ou un homme peut exister comme un temple, un silence sacré, où la musique céleste est entendue par elle-même, la musique incréée est entendue par elle-même.

Les Zen l'appellent le son du battement d'une main. En Inde, depuis des siècles, les mystiques parlent d'anahat nad - le son non frappé. Il est là, dans votre être même ; vous n'avez pas besoin de vous déplacer pour l'écouter. C'est la musique la plus ancienne, et la plus récente aussi.

C'est à la fois le plus ancien et le plus récent. Et c'est la musique de votre propre être, le bourdonnement de votre propre existence. Et si vous ne pouvez pas l'entendre, vous êtes sourd.

Et il n'y a aucun moyen, Nirgun, de le contourner. Les musées, tu peux les contourner, les galeries d'art, tu peux les contourner - en fait, tu devrais les contourner. Tu ne dois pas t'inquiéter de l'art et de la critique d'art - oublie tout cela. Mais tu dois devenir un artiste de la vie elle-même.

Je dis que Bouddha est un poète, bien qu'il n'ait jamais composé un seul poème. J'insiste néanmoins sur le fait qu'il est l'un des plus grands poètes qui aient jamais vécu. Il n'était pas un Shakespeare, un Milton, un Kalidas, un Rabindranath - non, pas du tout. Mais je le dis quand même : Shakespeare, Milton, Kalidas, Rabindranath, ne sont rien comparés à sa poésie. Sa vie était sa poésie - la façon dont il marchait, la façon dont il regardait les choses.....

L'autre soir, je suis tombé sur l'une des plus belles déclarations de Sainte Thérèse d'Avila. Elle dit : Tout ce dont vous avez besoin est de regarder. Tout son message est contenu dans cette simple phrase : Tout ce dont vous avez besoin est de regarder. La capacité de regarder - et vous trouverez Dieu. La capacité d'entendre - et vous trouverez sa musique. La capacité de toucher - et chaque texture devient sa texture. Touchez la roche et vous trouverez Dieu.

Ce n'est pas une question d'objets d'art : c'est une question d'approche intérieure, de vision - de voir les choses de manière artistique. Et, Nirgun, vous avez cette qualité ! En fait, c'est à cause de cette qualité que la musique classique vous a ennuyé et que les galeries vous ont ennuyé - parce que, de manière inconsciente, en tâtonnant, vous sentez en vous quelque chose de bien supérieur. Mais vous n'en êtes pas encore pleinement conscient.

Évitez les galeries d'art et vous ne perdrez rien. Mais vous ne pouvez pas contourner la couche esthétique de votre être : vous devez la traverser. Sinon, vous resterez toujours appauvri ; il vous manquera quelque chose, quelque chose d'immense valeur. Votre illumination ne sera jamais totale. Une partie de votre être restera non éclairée ; un coin de votre âme restera sombre - et ce coin restera lourd pour vous. Il faut devenir totalement éclairé. Rien ne doit être contourné, aucun raccourci ne doit être inventé. Il faut se déplacer très naturellement à travers toutes les couches, car toutes ces couches sont des opportunités de croissance.

Souvenez-vous-en : chaque fois que j'utilise les mots "musique", "poésie", "peinture" ou "sculpture", j'ai ma propre signification.

Quand Helen Keller, la femme aveugle, est venue en Inde, elle a rendu visite à Jawaharlal Nehru. Elle était aveugle et sourde. Elle a touché le visage de Nehru ; avec ses deux mains, elle a touché le visage de Nehru, et elle était immensément ravie. Elle a exprimé sa grande joie. Elle a déclaré : "J'ai ressenti dans le visage de Nehru la même qualité que celle que j'ai ressentie en touchant de belles statues romaines - la même fraîcheur, la même proportion et la même forme."

Cette femme a un cœur de sculpteur - aveugle, sourde, mais elle a le génie d'une grande artiste. Parce qu'elle était sourde et aveugle, elle a dû trouver de nouvelles façons de ressentir la vie. Et parfois les malédictions s'avèrent être des bénédictions. Elle touchait l'eau, elle sentait sa fraîcheur, son flux, sa vie, sa vibration. Vous ne le ressentirez jamais, car vous pouvez voir l'eau ; vous pouvez dire : "Qu'est-ce qu'il y a là ?" Parce qu'elle ne pouvait pas voir, elle ne pouvait que sentir la texture d'un rocher... vous pouvez voir et vous manquerez - vous ne sentirez pas la texture de celui-ci.

Parfois, il est extrêmement significatif de fermer les yeux et de simplement toucher la roche, et de se sentir comme si vous étiez aveugle et que vous n'aviez que vos mains et que vous deviez utiliser les mains comme vos yeux. Et vous serez surpris - vous allez avoir une surprise. Pour la première fois, vous verrez que la texture a sa propre dimension.

Parce qu'elle n'avait pas d'yeux et pas d'oreilles, son sens de l'odorat était juste à l'optimum. Elle pouvait sentir le parfum des choses, des gens. Elle pouvait distinguer un arbre d'un autre arbre juste par son parfum. Elle pouvait même distinguer les personnes juste par leur odeur.

Aujourd'hui, elle est aussi esthétique que n'importe quel Picasso, Dali ou Van Gogh, voire plus.

Nirgun, les déchets esthétiques sont certainement là, car tout ce que l'homme crée dans son inconscient est forcément un déchet. Les peintures de Picasso représentent l'esprit de Picasso. Or cet homme semble être fou quelque part au fond de lui. En fait, ses peintures sont un moyen de rester sain d'esprit ; ses peintures sont cathartiques. Ce que vous faites dans votre Méditation Dynamique, il le fait à travers ses peintures : il jette les tensions, les cauchemars, toute la laideur qui est dans l'esprit. Il faut les évacuer du système, et cela peut se faire très facilement par la peinture.

Carl Gustav Jung avait l'habitude de dire à ses patients de peindre. Et beaucoup de fous ont peint de très beaux tableaux. Mais, bien sûr, ces peintures sont folles ! Comment un aliéné peut-il peindre un tableau sain ? Elle peut avoir une certaine beauté propre - la beauté de la folie -, une certaine proportion, un certain arrangement des couleurs, ou même une certaine vision, mais il y a forcément quelque chose de sa folie qui s'y cache. Et Jung a pris conscience, lentement, lentement, que par la peinture, les personnes démentes peuvent être énormément aidées - la peinture peut devenir une thérapie. Et, certainement, il a raison. Si vous pouvez peindre vos cauchemars, vous vous en libérez. C'est une expression ! L'expression apporte toujours la liberté. La répression amène la servitude, l'expression amène la liberté. Et c'est l'une des plus belles façons de s'exprimer, de peindre.

Si vous avez peur de la mort, si vous êtes torturé par l'idée de la mort, si vous faites des cauchemars à propos de la mort, et si vous pouvez peindre de nombreuses peintures de la mort, vous vous débarrasserez de ces idées. Vous les avez amenées de l'inconscient au conscient. Tout ce qui est amené de l'inconscient au conscient, vous vous en libérez.

Mais l'humanité a fait exactement le contraire. On nous a dit pendant des siècles de rejeter les choses du conscient vers l'inconscient - c'est ce qu'est la répression. Oui, d'une certaine manière, vous semblez vous en être libéré, mais pas vraiment. En fait, ils sont allés plus loin en vous, ils se sont enfoncés plus profondément en vous. Ils vont vous troubler encore plus. Maintenant, elles vous contrôleront depuis l'inconscient et vous n'en serez même pas conscient.

Toute la démarche de la psychanalyse est contre le refoulement : amener à la conscience tout ce qui est refoulé dans l'inconscient. Cela peut se faire de plusieurs façons. La psychanalyse est la voie la plus longue ; elle prend trois ans, six ans, voire dix ans. Et puis, l'analyse n'est jamais complète. Il n'y a pas une seule personne dans le monde entier dont la psychanalyse soit complète et terminée.

Il ne peut être terminé, car le processus est lent. Deux ou trois fois par semaine, vous voyez votre psychanalyste ; allongé sur le divan du psychanalyste, vous jetez vos déchets pendant une heure. Il vous écoute patiemment - du moins, il fait semblant de vous écouter patiemment. Et parce qu'il écoute, vous continuez à les sortir. Il vous encourage, alors vous continuez à creuser de plus en plus profondément, et vous faites passer des choses de l'inconscient au conscient. Sa présence, son expertise, son nom, son autorité, vous rendent courageux.

Vous n'avez pas peur d'évoquer des choses qui vous effraieraient si vous les évoquiez quand vous êtes seul - parce que vous vous verriez sur le point de devenir fou. Mais son autorité et sa présence... et cela peut n'être que dans votre croyance, car il peut lui-même être plus fou que vous. Mais vous pouvez avoir simplement la conviction qu'il sait qu'il pourra vous aider, qu'il est là, alors vous n'avez pas à avoir peur ; vous pouvez aller creuser profondément dans votre inconscient.

Plus vous apportez de choses à la conscience, plus vous êtes libéré - c'est très soulageant.

Mais une, deux ou trois fois par semaine, vous vous déchargez, et pendant toute la semaine, vous recommencez à rassembler. Les trois heures de travail sont perdues, vous restez le même. Cela devient un cercle vicieux. Dans la société, dans la famille, vous accumulez à nouveau des refoulements, vous allez chez l'analyste et vous exprimez ces refoulements. Un peu soulagé, vous retournez dans la société - la même société, les mêmes personnes. Vous écoutez le même prêtre, vous lisez le même journal, vous allez au même rassemblement politique. Vous restez un communiste ou vous restez un catholique. La même femme, le même mari, les mêmes enfants, les mêmes personnes à fréquenter..... Une fois de plus, la répression se produit.

Il s'agit d'un soulagement très temporaire.

On trouve de nombreux autres moyens. La peinture est l'un de ces moyens - bien plus significatif, car l'inconscient connaît le langage des images et non celui des mots.

L'inconscient s'exprime en images. C'est pourquoi, dans vos rêves, votre inconscient s'exprime de manière plus adéquate. C'est pourquoi le psychanalyste veut connaître de plus en plus vos rêves. Les rêves sont un langage pictural, primitif, non sophistiqué, plus innocent. Et c'est exactement ce qui se passe quand vous peignez.

Peindre, c'est exposer ses rêves à la lumière - cela peut être d'une grande aide. Mon sentiment personnel est que si Picasso avait été empêché de peindre, il serait devenu fou. C'est sa peinture qui l'a sauvé - même s'il n'était pas conscient que c'était sa peinture qui le sauvait. Mais sa peinture a la qualité de la folie.

Si vous regardez un tableau de Picasso et que vous méditez dessus, vous aurez des vertiges, vous serez mal à l'aise, vous serez tendu, vous ne serez pas détendu. Et si vous vivez dans une pièce dont tous les murs sont recouverts de tableaux de Picasso, vous risquez de faire des cauchemars ou de devenir fou. Ces tableaux provoqueront votre folie.

Donc, Nirgun, tu peux éviter les galeries d'art, tu peux éviter les Picasso, mais tu ne peux pas éviter la couche esthétique de ton être. Tu ne peux pas contourner la dimension esthétique, sinon tu resteras appauvri, déséquilibré, il te manquera quelque chose.

Et je ne voudrais pas qu'il manque quoi que ce soit à mes sannyasins. Ils doivent être aussi scientifiques que possible. Je ne veux pas dire - rappelez-vous encore une fois - que vous devez devenir un physicien, un chimiste, un biologiste ou un physiologiste. Ce n'est pas ce que je veux dire ! Quand je dis que vous devez être un scientifique, je veux dire que vous devez être scientifique - c'est une métaphore. Rappelez-vous toujours : je parle en métaphores, en similes et en paraboles.

Il faut être scientifique. Pour approcher le monde, le monde objectif, de manière correcte, la seule voie est la science. Si la Bible dit que la terre n'est pas ronde mais plate, n'y croyez pas - soyez scientifique. La terre est ronde et non plate. La Bible n'a pas le droit de dire quoi que ce soit sur quelque chose d'objectif. La Bible est un livre religieux ; elle a sa propre dimension. Ne confondez pas ces dimensions.

En raison de cette confusion, un grand conflit est apparu entre la science et la religion.

Ce n'est pas du tout nécessaire. La science a son propre domaine, son propre territoire. D'abord, les prêtres ont commencé à interférer avec la science ; maintenant, l'histoire se répète dans l'ordre inverse. Maintenant, les scientifiques essaient d'interférer dans le monde de la religion.

Ne demandez pas à un scientifique si Dieu existe ou non - cela ne le regarde pas. Que sait-il de Dieu ? Ce n'est pas sa dimension. Et tout ce qu'il dit sur Dieu est stupide ; tout ce qu'il dit sera faux.

C'est comme demander de la poésie à un grand médecin - c'est peut-être un grand médecin, mais lui demander de la poésie juste parce que c'est un grand médecin est stupide. Ou demander à un grand poète de vous parler de votre maladie parce qu'il est un grand poète... vous pouvez voir la stupidité de la chose. Vous n'irez pas voir un grand poète pour être diagnostiqué simplement parce qu'il est un grand poète. Vous irez voir un médecin - qui n'est peut-être pas du tout un poète.

Le scientifique n'a pas le droit de dire quoi que ce soit sur l'intériorité de l'humanité - ce n'est pas son monde. Mais maintenant, il s'en mêle. Il fait le même mal que les prêtres ont fait pendant des siècles.

Galilée a été convoqué par le pape, contraint dans sa vieillesse de s'excuser parce qu'il avait dit que ce n'est pas le soleil qui tourne autour de la terre, mais la terre qui tourne autour du soleil.

Or, c'est contre la Bible. Les prêtres étaient très ennuyés : "Comment pouvez-vous nier la Bible ? Qui êtes-vous ?" Dans sa vieillesse - il avait soixante-dix ans, malade, alité - il a été obligé d'aller au tribunal, il a été obligé de s'agenouiller devant le pape, et on lui a demandé de s'excuser.

Il devait être un homme d'humour, il devait avoir un grand sens de l'humour. Il a dit : "Oui, monsieur, je m'excuse. Je déclare que la Bible a raison, que la terre ne tourne pas autour du soleil mais que le soleil tourne autour de la terre. Êtes-vous satisfait, monsieur ?"

Et ils étaient tous heureux. Ils ont dit : "Nous sommes satisfaits."

Et là, Galilée s'est mis à rire. Il a dit : "Mais quoi que je dise, cela ne fait aucune différence - la terre tourne autour du soleil. Mes affirmations, que signifient-elles ? Que peuvent-elles faire ? Qu'est-ce que je peux faire ? Le fait que je le dise ne servira à rien - la terre ne m'écoutera pas. Mais je m'excuse, j'ai tort et la Bible a raison. Mais souvenez-vous bien : la terre tourne autour du soleil - elle n'est pas obligée de réaliser mon désir. Je voudrais qu'elle aille selon la Bible et selon vous, mais je suis impuissant, complètement impuissant".

La Bible a de nombreuses déclarations non scientifiques, les Vedas ont de nombreuses déclarations non scientifiques. Toutes les anciennes écritures contiennent de nombreuses déclarations non scientifiques, pour une certaine raison :

parce qu'à cette époque, il n'y avait pas de science en tant que phénomène distinct. Les écritures religieuses étaient les seules écritures disponibles. Elle rassemblait donc tout, toutes les connaissances disponibles étaient rassemblées dans l'écriture. Elle contient l'art, les mathématiques, la géographie, l'histoire, la science - elle contient tout ce qui était disponible. Et les connaissances étaient si limitées qu'elles pouvaient être contenues dans une seule écriture.

Mais maintenant, les siècles ont passé, l'homme a grandi, il a atteint sa maturité. Maintenant, la science a son propre monde. Nous devrions laisser tomber tout ce qui est scientifique dans les écritures religieuses - elles n'ont rien à voir avec cela. La science n'a rien à voir non plus avec les écritures religieuses ou la dimension religieuse. Mais c'est ainsi que les esprits stupides continuent à se quereller.

Je voudrais que vous soyez scientifique - en ce qui concerne le monde, soyez scientifique. Pour ce qui est de votre réalité intérieure, soyez religieux. Et il existe un monde entre les deux, le monde de l'entre-deux, le monde du crépuscule, où l'objectif et le subjectif se rencontrent.

C'est le monde de l'esthétique. À ce sujet, soyez un artiste, un poète, un musicien.

Toutes ces dimensions remplies et vous deviendrez spirituel ; toutes ces dimensions enrichies feront de vous le quatrième homme, l'homme spirituel. Mes sannyasins doivent être le quatrième homme - intégré, entier. Rien ne doit être contourné, Nirgun. Tout doit être vécu, aimé, expérimenté. Tout doit être absorbé, afin que tu deviennes aussi riche qu'il est possible de l'être.

La deuxième question :

Question 2 :

MAÎTRE BIEN-AIMÉ,

POUVEZ-VOUS EN DIRE PLUS SUR LA RELAXATION ? JE SUIS CONSCIENT D'UNE TENSION AU PLUS PROFOND DE MOI ET JE SOUPÇONNE QUE JE N'AI PROBABLEMENT JAMAIS ÉTÉ TOTALEMENT DÉTENDU.

LORSQUE VOUS AVEZ DIT L'AUTRE JOUR QUE SE DÉTENDRE EST L'UN DES PHÉNOMÈNES LES PLUS COMPLEXES QUI SOIENT, J'AI ENTREVU UNE RICHE TAPISSERIE DANS LAQUELLE LES FILS DE LA RELAXATION ET DU LÂCHER-PRISE ÉTAIENT PROFONDÉMENT ENTRELACÉS AVEC LA CONFIANCE, PUIS L'AMOUR S'EST IMMISCÉ, ET L'ACCEPTATION, LE FAIT DE SUIVRE LE COURANT, L'UNION ET L'EXTASE.....

Anurag, la relaxation totale est l'ultime. C'est le moment où l'on devient un bouddha. C'est le moment de la réalisation, de l'illumination, de la conscience du Christ. Vous ne pouvez pas être totalement détendu en ce moment. Au plus profond de vous, une tension persistera.

Mais commencez à vous détendre. Commencez par la circonférence - c'est là où nous sommes, et nous ne pouvons commencer que de là où nous sommes. Détendez la circonférence de votre être - détendez votre corps, détendez votre comportement, détendez vos actes. Marchez de manière détendue, mangez de manière détendue, parlez, écoutez de manière détendue. Ralentissez chaque processus. Ne soyez pas pressés et ne vous précipitez pas.

Déplacez-vous comme si toute l'éternité était à votre disposition - en fait, elle est à votre disposition. Nous sommes ici depuis le début et nous serons ici jusqu'à la fin, s'il y a un début et une fin. En fait, il n'y a ni début ni fin. Nous avons toujours été là et nous serons toujours là. Les formes changent, mais pas la substance ; les vêtements changent, mais pas l'âme.

La tension signifie la hâte, la peur, le doute. La tension signifie un effort constant pour protéger, pour être en sécurité, pour être en sûreté. La tension, c'est se préparer au lendemain, maintenant, ou à l'après-demain - la peur de ne pas pouvoir faire face à la réalité demain, alors soyez prêt. La tension, c'est le passé que vous n'avez pas vraiment vécu, mais que vous avez en quelque sorte contourné ; il est suspendu, c'est une gueule de bois, il vous entoure.

Souvenez-vous d'une chose très fondamentale dans la vie : toute expérience qui n'a pas été vécue s'accrochera à vous, persistera : "Finis-moi ! Vivez-moi ! Complétez-moi !" Il y a une qualité intrinsèque à toute expérience qui tend et veut être terminée, achevée.

Une fois achevée, elle s'évapore ; incomplète, elle persiste, elle vous torture, elle vous hante, elle attire votre attention. Elle dit : "Qu'allez-vous faire de moi ? Je suis toujours incomplet - accomplissez-moi !"

Tout votre passé est suspendu autour de vous sans que rien ne soit achevé - parce que rien n'a été vraiment vécu, tout a été en quelque sorte contourné, partiellement vécu, seulement de façon mitigée, de façon tiède. Il n'y a pas eu d'intensité, pas de passion. Vous vous êtes déplacé comme un somnambule, une somnambule. Ainsi, le passé est suspendu, et le futur crée la peur. Et entre le passé et le futur s'écrase votre présent, la seule réalité.

Vous devrez vous détendre à partir de la circonférence. La première étape de la relaxation est le corps.

Rappelez-vous aussi souvent que possible de regarder dans votre corps, si vous portez une tension dans le corps quelque part - au cou, dans la tête, dans les jambes. Détendez-la consciemment. Allez simplement vers cette partie du corps, et persuadez-la, dites-lui affectueusement "Détendez-vous !".

Et vous serez surpris de constater que si vous vous approchez de n'importe quelle partie de votre corps, elle vous écoute, elle vous suit - c'est votre corps ! Les yeux fermés, allez à l'intérieur de votre corps, des orteils à la tête, à la recherche de tout endroit où il y a une tension. Puis, parlez à cette partie comme vous parlez à un ami ; laissez s'établir un dialogue entre vous et votre corps. Dites-lui de se détendre, et dites-lui : "Il n'y a rien à craindre. N'aie pas peur. Je suis là pour prendre soin de toi - tu peux te détendre."

Lentement, lentement, vous apprendrez à le faire. Puis le corps se détend.

Puis faites un autre pas, un peu plus profond ; dites à l'esprit de se détendre. Et si le corps écoute, l'esprit écoute aussi, mais vous ne pouvez pas commencer par l'esprit - vous devez commencer par le début. Vous ne pouvez pas commencer par le milieu. Beaucoup de gens commencent par le mental et échouent ; ils échouent parce qu'ils partent d'un mauvais endroit. Tout doit être fait dans le bon ordre.

Si vous devenez capable de détendre volontairement votre corps, vous serez alors en mesure d'aider votre esprit à se détendre volontairement. L'esprit est un phénomène plus complexe. Une fois que vous aurez acquis la certitude que le corps vous écoute, vous aurez une nouvelle confiance en vous.

Maintenant, même le mental peut vous écouter. Cela prendra un peu plus de temps avec l'esprit, mais ça arrive.

Lorsque l'esprit est détendu, commencez à détendre votre cœur, le monde de vos sentiments, de vos émotions - qui est encore plus complexe, plus subtil. Mais maintenant, vous allez avancer avec confiance, avec une grande confiance en vous. Vous savez maintenant que c'est possible. Si c'est possible avec le corps et avec l'esprit, c'est aussi possible avec le cœur. Ce n'est que lorsque vous aurez franchi ces trois étapes que vous pourrez passer à la quatrième. Vous pouvez maintenant aller au cœur le plus intime de votre être, qui est au-delà du corps, de l'esprit et du cœur : le centre même de votre existence. Et vous serez en mesure de le détendre également.

Et cette relaxation apporte certainement la plus grande joie possible, le summum de l'extase, l'acceptation. Vous serez plein de béatitude et de réjouissance. Votre vie aura la qualité de la danse.

Toute l'existence est en train de danser, sauf l'homme. L'ensemble de l'existence est dans un mouvement très détendu ; il y a certes du mouvement, mais il est tout à fait détendu. Les arbres poussent, les oiseaux gazouillent, les rivières coulent, les étoiles bougent : tout se déroule de manière très détendue. Pas de hâte, pas de précipitation, pas de souci et pas de gaspillage. Sauf l'homme.

L'homme est victime de son esprit.

L'homme peut s'élever au-dessus des dieux et tomber au-dessous des animaux. L'homme a un grand spectre. Du plus bas au plus haut, l'homme est une échelle.

Anurag, commence par le corps, et ensuite va, lentement, lentement, plus profondément. Et ne commencez pas avec autre chose si vous n'avez pas d'abord résolu le problème principal. Si ton corps est tendu, ne commence pas avec l'esprit. Attendez. Travaillez sur le corps. Et juste de petites choses sont d'une aide immense.

Vous marchez à un certain rythme ; c'est devenu habituel, automatique. Maintenant, essayez de marcher lentement. Le Bouddha avait l'habitude de dire à ses disciples : "Marchez très lentement, et faites chaque pas très consciemment." Si vous faites chaque pas très consciemment, vous êtes sûr de marcher lentement. Si vous courez, si vous vous dépêchez, vous oublierez de vous souvenir. C'est pourquoi le Bouddha marche très lentement.

Essayez simplement de marcher très lentement, et vous serez surpris - une nouvelle qualité de conscience commence à se manifester dans le corps. Mangez lentement, et vous serez surpris - il y a une grande relaxation. Faites tout lentement... juste pour changer le vieux modèle, juste pour sortir des vieilles habitudes.

Il faut d'abord que le corps soit totalement détendu, comme un petit enfant, puis commencer par l'esprit. Avancez scientifiquement : d'abord le plus simple, puis le plus complexe, puis le plus complexe.

Et c'est seulement à ce moment-là que vous pourrez vous détendre au plus profond de vous-même.

Vous me demandez, Anurag, "Voulez-vous dire quelque chose de plus sur la relaxation ? Je suis conscient d'une tension au fond de moi et je soupçonne que je n'ai probablement jamais été totalement détendu."

C'est la situation de chaque être humain. C'est une bonne chose que vous soyez conscient - des millions de personnes ne le sont pas. Vous êtes béni d'être conscient, car si vous êtes conscient, alors quelque chose peut être fait. Si vous n'êtes pas conscient, rien n'est possible. La prise de conscience est le début de la transformation.

Et vous dites : "Quand vous avez dit l'autre jour que se détendre est l'un des phénomènes les plus complexes qui soient, j'ai entrevu une riche tapisserie dans laquelle les fils de la relaxation et du lâcher-prise étaient profondément entrelacés avec la confiance, puis l'amour, l'acceptation, le flux, l'union et l'extase....".

Oui, Anurag, la relaxation est l'un des phénomènes les plus complexes - très riche, multidimensionnel. Toutes ces choses en font partie : le lâcher-prise, la confiance, l'abandon, l'amour, l'acceptation, le fait de suivre le courant, l'union avec l'existence, l'absence d'égoïsme, l'extase. Toutes ces choses en font partie, et toutes ces choses commencent à se produire si vous apprenez les méthodes de relaxation.

Vos soi-disant religions vous ont rendu très tendus, parce qu'elles ont créé de la culpabilité en vous. Mon effort ici est de vous aider à vous débarrasser de toute culpabilité et de toute peur. Je voudrais vous dire :

il n'y a ni enfer ni paradis. Alors n'ayez pas peur de l'enfer et ne soyez pas avide du paradis.

Tout ce qui existe est ce moment. Vous pouvez faire de ce moment un enfer ou un paradis - c'est certainement possible - mais il n'y a pas de paradis ou d'enfer ailleurs. L'enfer, c'est quand vous êtes tous tendus, et le paradis, c'est quand vous êtes tous détendus. La relaxation totale est le paradis.

La troisième question :

Question 3 :

MAÎTRE BIEN-AIMÉ,

CHAQUE FOIS QUE VOUS AVEZ PARLÉ D'UN MAÎTRE, J'AI SENTI QUE VOUS ÉTIEZ AMOUREUX DE CE MAÎTRE ET QUE VOUS VOUS COULIEZ DANS SES SUTRAS. DANS CETTE SÉRIE, CEPENDANT, J'AI L'IMPRESSION QUE VOUS VOUS TENEZ À L'ÉCART DU BOUDDHA ET QUE VOUS N'ÊTES PAS VRAIMENT AMOUREUX DE SON ŒUVRE.

EST-CE QUE QUELQUE CHOSE CHANGE OU EST-CE QUE J'IMAGINE DES CHOSES ?

Nishant, vous ne vous imaginez pas des choses. Avec moi, tu devras être toujours en mouvement - les choses changeront. En grandissant, je te dirai des choses que je ne pouvais pas te dire avant. Ce n'est pas que mon amour pour Bouddha soit moindre - mon amour ne peut être plus ou moins grand ; mon amour est simplement de l'amour, c'est une qualité, il n'a pas de dimension quantitative. Il ne peut jamais être moins ou plus - il est tout simplement.

J'aime Bouddha, j'aime Jésus, j'aime Zarathoustra, j'aime Lao Tseu, j'aime Patanjali - PARCE QUE j'aime... parce que je t'aime, parce que j'aime les arbres, parce que j'aime les oiseaux.

Mon amour n'est pas moindre.

Et vous avez parfaitement raison de dire que je me tiens à l'écart - je me tiendrai à l'écart de plus en plus à l'avenir. Je me prépare à cette nouvelle phase. Le travail doit faire un bond en avant, et il faut beaucoup de préparation. Le travail doit revêtir une qualité totalement différente. J'ai maintenant avec moi des personnes de grande confiance, d'amour, des personnes qui s'engagent et se rendent.

Au début, je m'adressais aux masses. C'était un tout autre type de travail : J'étais à la recherche de disciples. En parlant aux masses, j'utilisais leur langage ; parler aux masses, c'était parler à une classe primaire. Vous ne pouvez pas aller très loin ; vous devez parler superficiellement. Vous devez regarder à qui vous parlez.

Puis, lentement, quelques personnes ont commencé à passer d'étudiants à disciples. Mon approche a alors changé. Il était désormais possible de communiquer à des niveaux plus élevés. Puis les disciples ont commencé à se transformer en sannyasins - ils ont commencé à s'engager, à s'impliquer avec moi, avec ma destinée. Ma vie est devenue leur vie, mon être est devenu leur être. La communication a alors fait un bond : elle est devenue communion.

Maintenant que j'ai assez de sannyasins... le travail devra s'approfondir.

Je parlais de Bouddha avant, et je parlais comme si je lui permettais simplement de couler à travers moi. Maintenant, ce ne sera pas le cas. Cette série est le début d'une nouvelle phase.

Nishant, tu as bien soupçonné. Maintenant, je vais devoir expliquer clairement quels sont les points sur lesquels je diffère de Bouddha, de

Jésus, de Krishna. Je dois dire très clairement en quoi je diffère d'eux.

Vingt-cinq siècles se sont écoulés depuis Bouddha. Beaucoup de choses se sont passées depuis lors - beaucoup d'eau a coulé dans le Gange. Tout a changé ! Si Bouddha vient dans le monde, il ne pourra pas reconnaître que c'est le même monde que celui qu'il a quitté.

J'appartiens à ce siècle. Au cours de ces vingt-cinq siècles, beaucoup de nouvelles choses ont été ajoutées. Par exemple, le Bouddha ne connaissait rien à la science - il ne pouvait pas. Je ne dis pas qu'il aurait dû savoir - il ne pouvait pas ! C'était impossible. Albert Einstein n'existait pas encore. Le Bouddha n'était pas conscient de beaucoup de choses dont nous sommes conscients, dont je suis conscient. Je dois intégrer toutes ces choses. Sigmund Freud, Karl Marx, Albert Einstein et bien d'autres doivent être intégrés. La religion doit devenir de plus en plus riche chaque jour.

Je devrai indiquer clairement mes différences. Je devrai indiquer clairement quel PLUS j'essaie d'ajouter à l'héritage religieux. Je ne serai plus un simple véhicule. Cette phase est terminée. Elle était nécessaire jusqu'à présent, parce que je voulais... les gens qui aimaient Bouddha, je voulais les approcher ; les gens qui aimaient Mahavira, je voulais les approcher ; les gens qui aimaient Jésus, je voulais les approcher.

L'humanité est divisée : quelques-uns sont avec Jésus, quelques-uns sont avec Bouddha, quelques-uns sont avec Krishna... et ainsi de suite. Il n'y a pas d'êtres humains libres disponibles. J'ai dû choisir parmi différentes sectes, différentes communautés, différentes religions.

Le seul moyen était de parler comme le Bouddha, alors seulement quelques bouddhistes s'impliqueraient avec moi ; sinon, cela aurait été impossible pour eux, ils ne m'auraient pas compris. Maintenant qu'ils se sont engagés avec moi, la situation est totalement différente. Maintenant que leur amour est né pour moi, il m'est facile de dire en quoi je diffère de Bouddha et ils seront capables de comprendre. Cela ne créera aucun problème pour eux, cela ne sera pas déroutant pour eux.

Mais souvenez-vous, mon amour n'est pas moindre parce que je me tiens à l'écart : mon amour est le même. Mon amour ne va pas changer, ce n'est pas quelque chose qui peut changer. Mais cela va se produire de plus en plus : Je vais me tenir à l'écart et me séparer.

Maintenant, j'ai mes propres collaborateurs. Et je dois indiquer très clairement où je diffère, où j'essaie d'apporter quelque chose de nouveau, quelque chose de plus, où j'essaie d'enrichir le patrimoine, où je contribue. Et parfois, je devrai aussi critiquer - mais j'aime tellement que je peux critiquer.

Parfois, je vais critiquer Bouddha, Mahavira, Jésus. Non pas que je ne les aime pas - je les aime, sinon pourquoi devrais-je parler d'eux ? Même si je les critique, cela signifie que mon amour est tel que je vais même prendre la peine de les critiquer.

Bouddha a beaucoup donné à l'humanité, mais l'humanité est un processus en cours. Et tout ce qui arrive à l'humanité apporte ses avantages et apporte aussi ses inconvénients.

Dans ce monde, rien ne peut rester absolument pur. Quand il pleut, l'eau est pure. Au moment où elle touche la terre... en fait, même avant cela : au moment où elle entre dans l'atmosphère, l'air pollué commence à la contaminer. La terre est entourée d'une épaisse couche d'air ; lorsque l'eau pénètre dans cette couche d'air, elle commence à être polluée. Et quand elle tombe sur la terre, elle devient boueuse, elle devient sale. C'est toujours de l'eau, mais elle n'est plus pure.

C'est ce qui arrive à toute vérité. Lorsque Bouddha a prononcé quelque chose, c'était absolument pur. Dès qu'elle a été entendue par des gens, elle est devenue impure. Lorsqu'elle a été enregistrée - et rappelez-vous qu'elle a été enregistrée après de nombreuses années, après trois cents ans... maintenant, pouvez-vous imaginer que des gens puissent enregistrer après trois cents ans exactement la même chose que ce que Bouddha a dit ? C'est impossible ! Les gens sont des gens ; ils vont automatiquement le détruire, le déformer - ils vont lui donner leurs propres couleurs.

Le jour où Bouddha est mort, ses disciples ont été divisés en trente-six écoles - immédiatement !

Trente-six interprétations. Personne n'était d'accord sur ce qu'il disait, ou même s'ils étaient d'accord sur les mots, ils n'étaient pas d'accord sur le sens qui était donné aux mots.

On me le rappelle :

Dans la dernière année de sa vie, Sigmund Freud a convoqué tous ses disciples - les plus importants, les principaux. Il sentait la mort s'approcher, il avait dû entendre les premiers pas de la mort, et il voulait avoir une dernière réunion.

Ils étaient assis à table, près d'une trentaine de personnes venues du monde entier - tous les principaux disciples - et ils ont commencé à se disputer sur quelque chose que Freud avait dit quelques jours auparavant. Freud était là ! Il était l'hôte, mais ils ont complètement oublié Freud.

Ils se sont tellement impliqués dans la dispute : quelqu'un disait une chose, et quelqu'un d'autre disait autre chose, et quelqu'un d'autre contredisait les deux.

Et ils se disputaient sur ce que Freud voulait vraiment dire..... Et Freud regardait, écoutait, puis s'écriait : " Arrêtez toutes ces bêtises ! Pensez-vous que je suis mort ? Je suis ici, présent - pourquoi ne me demandez-vous pas ce que je voulais dire ? Et si tu peux me faire ça de mon vivant, que feras-tu quand je serai mort ? Vous ne vous donnez pas la peine de me demander, et vous avez perdu une heure à vous disputer, à vous battre, à vous irriter, à vous énerver, à vous crier dessus... et le maître est présent !".

Et Freud n'est pas un homme éclairé. Si cela peut arriver à une personne non éclairée, qu'en est-il du Bouddha qui parle depuis les plus hauts sommets de l'existence ? Au moment où il prononce quelque chose, ce n'est plus la même chose que ce qu'il y avait dans son cœur. Lorsqu'elle est entendue, elle n'est plus la même que celle qui a été prononcée. Lorsqu'elle est interprétée, elle est totalement différente.

Souvent, je vais critiquer. Je vous parlerai souvent de tous les avantages et de tous les inconvénients qui se sont produits. Bouddha est la dimension religieuse la plus pure, la plus pure possible, mais comment éviter de dire que c'est un homme unidimensionnel ? Si je ne le dis pas, ce ne sera pas vrai. Si je ne le dis pas, mon amour de la vérité n'est pas total alors. Je dois le dire, il est unidimensionnel - le plus pur dans sa dimension, mais il lui manque les autres dimensions.

Il ne sait pas apprécier la beauté, pas du tout. Il n'apprécie pas la musique, pas du tout.

Il ne sait pas apprécier l'amour, pas du tout. La dimension esthétique est absente, il l'a contournée. Et il n'a pas d'approche scientifique ; il ne peut pas en avoir - la science n'était pas encore assez développée. Il est d'une pureté unidimensionnelle, mais unidimensionnelle.

Et parce qu'il est unidimensionnel, ce pays tout entier est resté unidimensionnel.

Bouddha est unidimensionnel, Mahavira est unidimensionnel, Patanjali est unidimensionnel.

Tous les grands maîtres religieux de ce pays étaient des personnes religieuses. Ils ont atteint l'expérience religieuse la plus pure et ont essayé de convertir le pays entier à leur vision. Mais l'inconvénient est que le pays est devenu pauvre. Sans la science, aucun pays ne peut devenir riche. Le pays est devenu extérieurement laid, affamé, malade.

Sans la science et la technologie, aucun pays ne peut être extérieurement beau, sain et prospère.

Maintenant, je ne peux pas éviter de le mentionner - ce ne serait pas vrai, et ce ne serait pas juste non plus. Ce serait vous tromper ! Ce serait un crime contre l'humanité. Il est temps que quelqu'un ait le courage de le dire ! Personne dans le monde entier ne le fait, et il est temps que quelqu'un crie et dise que Bouddha, Mahavira, Patanjali, Lao Tseu, sont des personnes immensément belles, et qu'elles ont beaucoup apporté - l'humanité n'aurait pas été ce qu'elle est sans elles - elles sont notre âme même, c'est absolument vrai, mais il y a un désavantage parce qu'elles sont toutes unidimensionnelles. Les autres dimensions sont restées paralysées, estropiées. Et maintenant, le temps est venu : d'autres dimensions doivent aussi s'accomplir.

Je voudrais que ce pays devienne riche, scientifique, technologique, sain, bien nourri - pas seulement ce pays mais l'humanité entière. Et je ne vois pas en quoi cela est contraire à la religion. Au contraire : plus un pays est riche, plus il peut devenir religieux - parce que la richesse vous donne l'opportunité, la richesse vous donne la facilité, la richesse vous donne le temps, l'espace et l'énergie pour vous déplacer vers l'intérieur. Si vous ne bougez pas, c'est votre responsabilité. Il n'y a rien de mal à être riche. Si une personne riche n'est pas religieuse, elle est simplement médiocre, stupide ; cela n'a rien à voir avec la richesse : c'est simplement une indication qu'elle est stupide.

Si une personne riche n'est pas religieuse, je l'appelle stupide ; et si une personne pauvre est religieuse, je l'appelle intelligente, vraiment intelligente. Une intelligence rare est nécessaire pour que le pauvre devienne religieux. Lorsqu'un Kabir devient religieux, il fait preuve de plus d'intelligence que le Bouddha lui-même - car il est impossible, presque impossible de devenir religieux lorsqu'on est pauvre. Quand vous ne savez pas ce que sont les richesses, comment pouvez-vous les dépasser ? On ne peut aller au-delà d'une certaine chose que lorsqu'on en a fait l'expérience ; ce n'est que par l'expérience que l'on dépasse et transcende. Si quelqu'un transcende sans avoir fait l'expérience de quelque chose, cela signifie simplement qu'il a une telle intelligence qu'il apprend des expériences des autres ; il n'a pas besoin d'approfondir toutes ces choses par lui-même.

Kabir a dû regarder les gens riches et voir la futilité de tout cela. Il a donc abandonné cette ambition, ce désir. Bouddha était le fils d'un roi ; il a vécu richement et, par expérience, il a fini par comprendre que tout est futile et que tout est vanité. Il est venu par sa propre expérience : Kabir est venu en observant les expériences des autres. Certainement, Kabir a besoin de plus d'intelligence.

Les personnes pauvres peuvent devenir religieuses, mais les sociétés pauvres ne peuvent pas devenir religieuses. Les personnes riches peuvent éviter la religion, mais les sociétés riches ne peuvent pas éviter la religion.

Maintenant, il faut ajouter cette nouvelle dimension. La religion ne doit pas vénérer la pauvreté. La religion n'a pas besoin de consoler les pauvres en leur disant des choses fausses, en les consolant, en leur donnant des théories inventées sur les vies passées, les vies futures et le destin, etc. La terre entière est maintenant capable de s'enrichir. La science a libéré tant de pouvoir - mais il faut l'utiliser à bon escient !

C'est pourquoi je ne suis pas favorable à l'approche occidentale. L'Occident n'a pas l'âme, l'âme même - il n'est qu'un corps. Et le danger est que les politiciens stupides de l'Est vont imiter l'Ouest.

Maintenant, tous les pays veulent créer de l'énergie atomique - même l'Inde. Les pays pauvres comme l'Inde ou le Pakistan, ils veulent créer des bombes atomiques. Pourquoi ? Les gens sont pauvres et affamés.

Il y a quelques jours, l'Inde a lancé dans le ciel un satellite, Bhaskar, pour étudier.....

Les industries n'ont pas d'électricité ; cinq jours par semaine, les industries sont fermées. Vous n'avez pas d'électricité, mais vous lancez un satellite pour étudier les possibilités du ciel - concurrence, concurrence insensée.

Aujourd'hui, cinq cents satellites artificiels tournent autour de la Terre. L'un d'entre eux, le Skylab américain, va tomber parce qu'il est devenu incontrôlable. Il peut créer un grand danger. Poona est en route ; de Bombay à Poona, et de Poona à Kannada, il va tomber quelque part. Et il ne tombera pas en un seul morceau à un seul endroit - au moins cinq cents morceaux, et chaque morceau sera comme une bombe. Il peut tomber sur un générateur atomique et détruire la terre entière.

Et tous ces cinq cents satellites, tôt ou tard, vont devenir incontrôlables. Si le satellite américain peut devenir incontrôlable, qu'en est-il du satellite indien ? Il y a juste deux ans, l'Inde a lancé son premier satellite. Maintenant il fonctionne presque comme un Indien - le nom du satellite était Aryabhatta - maintenant il continue à donner de mauvaises informations. C'est une nuisance ! Vous ne pouvez pas le croire. Au début, ils avaient l'habitude de le croire, mais ensuite ils ont découvert qu'il donnait des informations absolument fausses. Comme l'esprit indien ! Comme il est représentatif ! Maintenant ils veulent s'en débarrasser, ils veulent qu'il se taise, mais il ne le fait pas... il continue à envoyer des informations. Vous ne pouvez pas le faire taire.

Les pays pauvres imitant l'Occident - tout cela est tellement stupide. Les pays pauvres ont certainement besoin d'une meilleure compréhension scientifique, mais ils n'ont pas besoin d'instruments scientifiques sophistiqués - ce n'est pas leur besoin.

Et maintenant, la science a libéré suffisamment d'énergie pour que la terre entière soit transformée en paradis.

Bouddha a apporté une immense contribution, mais, par effet secondaire, il a été l'une des causes de la pauvreté de l'Inde. Je ne peux pas ignorer ce fait. Je dois l'affirmer. Je ne l'ai pas dit jusqu'à présent, mais maintenant j'ai mon propre peuple qui va comprendre.

Mahavira a énormément contribué à l'enrichissement spirituel de l'Inde, mais le sous-produit de ses enseignements a été l'esclavage pendant mille ans ; à cause de son enseignement de la non-violence, l'Inde est devenue l'un des pays les plus lâches du monde.

Krishna a raison de dire qu'il faut s'en remettre à Dieu - dans la dimension religieuse, c'est ainsi que les choses doivent être : faire confiance à Dieu. Mais pas dans la dimension scientifique - c'est un mécanisme totalement différent qui fonctionne : le doute, pas la confiance. La confiance est le fondement du monde religieux, le doute le fondement du monde scientifique.

Krishna a parfaitement raison lorsqu'il dit à Arjuna : " Faites confiance à Dieu ! Abandonne-toi à Dieu. Crois que ce qu'il fait est juste." Maintenant, quel a été l'effet secondaire ? L'effet secondaire a été : "Si vous êtes pauvre, faites confiance à Dieu ; si vous êtes malade, faites confiance à Dieu. Tout ce qu'il fait est juste." Voilà l'effet secondaire. Dans la dimension religieuse, c'est tout à fait juste, mais lorsque vous l'amenez à la dimension scientifique, cela devient absolument faux.

Maintenant, je dois le dire. Et je sais que je vais beaucoup souffrir à cause de ces déclarations, car en Inde, les gens n'ont pas l'habitude d'entendre une critique de Krishna, Mahavira ou Bouddha - non, pas du tout.

Je vais d'abord vous expliquer clairement où se situe ma différence. Et bientôt, je commencerai aussi à critiquer les effets secondaires.

Nishant, attends encore un peu, car je dois te dire toute la vérité - toute la vérité telle qu'elle est, quelles qu'en soient les conséquences. J'apprécierai tout ce qui mérite d'être apprécié et je condamnerai tout ce qui doit être condamné.

La pauvreté, l'esclavage, la longue souffrance de l'Inde ne peuvent être simplement tolérés, ignorés. Et Krishna, Mahavira et Bouddha ne peuvent être pardonnés - ils sont responsables. S'ils doivent être loués pour ce qu'ils ont apporté à la spiritualité, ils doivent aussi être critiqués car ils ont été la cause première de la chute de l'Inde.

Et maintenant, le temps est venu où tout doit être remis en ordre. Et ce n'est pas seulement une question d'Inde : c'est une question du monde entier. Tout comme les fous indiens peuvent imiter l'Occident, il y a des fous occidentaux qui peuvent imiter l'Inde et continuer à commettre le même genre d'erreurs que l'Inde a commises dans le passé.

Il faut que les choses soient absolument claires. Nous devons être très

très impartiaux. C'est pourquoi, Nishant, tu sens qu'il y a une certaine différence - il y en a une. Vous ne vous faites pas d'idées. Mon travail entre dans une nouvelle phase, j'entre dans une nouvelle phase.

Avant que la nouvelle commune n'arrive, je m'y prépare....

La dernière question :

Question 4 :

MAÎTRE BIEN-AIMÉ, POURQUOI SUIS-JE FATIGUÉ DU SEXE ?

Sandhan, le sexe est fatiguant - et c'est pourquoi je vous le dis : Ne l'évite pas. Si tu ne connais pas sa stupidité, tu ne pourras pas t'en débarrasser. Si vous ne connaissez pas son gaspillage pur et simple, vous ne pourrez pas le transcender.

C'est bien que vous ayez commencé à vous sentir fatigué - c'est naturel. Le sexe signifie simplement que l'énergie est dissipée vers le bas. L'énergie doit se déplacer vers le haut, alors elle est nourrissante.

Il ouvre alors en vous des trésors inépuisables - aes dhammo sanantano. Mais si tu continues à faire l'amour comme un maniaque, tu te retrouveras bientôt complètement épuisé, gaspillé.

Un couple de jeunes mariés se rend aux chutes du Niagara pour leur lune de miel. À leur arrivée, ils s'inscrivent immédiatement dans un hôtel et on n'entend plus parler d'eux pendant trois jours, sans service d'étage ni rien. Au bout d'un moment, le directeur de l'hôtel s'inquiète un peu et décide de prendre de leurs nouvelles.

Il frappe à la porte, entend un peu de bruit dans la pièce, puis un homme au teint pâle ouvre la porte avec juste son short. "Nous étions inquiets", dit le gérant.

"Eh bien, nous venons de nous marier", a répondu l'homme.

"Je comprends," dit le directeur, "mais vous avez une des grandes merveilles du monde...."

À ce moment-là, une petite voix du fond de la pièce l'interrompt : "Si tu me montres ce truc encore une fois, je saute par la fenêtre."

Vous ne comprenez pas ! ...Trois jours sans interruption - la femme va forcément sauter par la fenêtre.

L'homme ne peut continuer à vivre stupidement que jusqu'à un certain point - au-delà, il doit prendre conscience de ce qu'il s'inflige.

Sandhan, il est temps maintenant. Il y a des choses bien plus importantes dans la vie que le sexe. Le sexe n'est pas tout. Il est important, mais pas tout. Si tu restes coincé dedans, tu vas rater toutes les gloires de la vie.

Et je ne suis pas contre le sexe, rappelez-vous. C'est pourquoi mon enseignement devient un peu contradictoire. Je suis un paradoxe. Je n'y peux rien, car la vérité elle-même est un paradoxe. Je ne suis pas contre le sexe, parce que ceux qui sont contre le sexe, ils resteront toujours sexuels. Je suis pour le sexe, parce que si vous y allez à fond, vous en sortirez vite. Plus vous y allez consciemment, plus vite vous en sortirez. Et le jour où une personne sort totalement du sexe est un jour de grande bénédiction.

C'est bien que vous vous sentiez fatigué. N'allez pas consulter un médecin pour obtenir des médicaments - cela ne vous aidera pas, ou ne fera que retarder un peu plus votre fatigue. Si vous vous sentez fatigué, cela montre simplement que vous êtes arrivé au point où vous pouvez vous en sortir.

À quoi bon y rester si vous vous sentez fatigué ? Sortez-en ! Et je ne dis pas de le réprimer. Lorsque vous ressentez beaucoup d'énergie pour elle et que vous essayez d'en sortir, il y aura répression. Mais quand vous êtes épuisé et fatigué et que vous voyez la futilité de la chose, vous pouvez vous en sortir sans répression. Et sortir du sexe sans répression, c'est s'en libérer.

S'affranchir du sexe est une grande expérience. L'absence de sexe rend vos énergies disponibles pour la méditation, pour le samadhi.

Assez pour aujourd'hui.

Assis dans la grotte du cœur

COMME LE TAILLEUR DE BOIS SCULPTE ET REDRESSE SES FLÈCHES, LE MAÎTRE DIRIGE SES PENSÉES ERRANTES.

COMME UN POISSON HORS DE L'EAU, ÉCHOUÉ SUR LE RIVAGE, LES PENSÉES S'AGITENT ET FRÉMISSENT. CAR COMMENT SE DÉBARRASSER DU DÉSIR ?

ILS TREMBLENT, ILS SONT INSTABLES, ILS ERRENT À LEUR GRÉ. IL EST BON DE LES CONTRÔLER. ET LES MAÎTRISER APPORTE LE BONHEUR.

MAIS COMME ILS SONT SUBTILS, INSAISISSABLES ! IL S'AGIT DE LES APAISER, ET EN LES DOMINANT DE TROUVER LE BONHEUR.

AVEC UNE SEULE VOLONTÉ, LE MAÎTRE APAISE SES PENSÉES. IL MET FIN À LEUR ERRANCE. ASSIS DANS LA GROTTE DU CŒUR, IL TROUVE LA LIBERTÉ.

La liberté est le but de la vie. Sans liberté, la vie n'a aucun sens. Par "liberté", on n'entend pas une quelconque liberté politique, sociale ou économique. Par "liberté", on entend liberté par rapport au temps, liberté par rapport au mental, liberté par rapport au désir. Dès que le mental n'existe plus, vous ne faites plus qu'un avec l'univers, vous êtes aussi vaste que l'univers lui-même.

C'est le mental qui constitue la barrière entre vous et la réalité, et à cause de cette barrière, vous restez confiné dans une cellule sombre où aucune lumière n'arrive jamais et où aucune joie ne peut jamais pénétrer. Vous vivez dans la misère parce que vous n'êtes pas fait pour vivre dans un espace aussi petit et confiné. Votre être veut s'étendre jusqu'à la source ultime de l'existence.

Votre être aspire à être océanique, et vous êtes devenu une goutte de rosée. Comment pouvez-vous être heureux ? Comment pouvez-vous être heureux ? L'homme vit dans la misère parce que l'homme vit emprisonné.

Et Gautama le Bouddha dit que tanha - le désir - est la cause profonde de toute notre misère, parce que le désir crée l'esprit. Désirer, c'est créer l'avenir, se projeter dans le futur, faire entrer le lendemain. Faites entrer le lendemain et le présent disparaît, vous ne pouvez plus le voir, vos yeux sont embrumés par le lendemain. Faites entrer le demain et vous devrez porter la charge de tous vos hier, car le demain ne peut être là que si les hier continuent à le nourrir.

Chaque désir est né du passé et chaque désir est projeté dans le futur. Le passé et le futur, ils constituent l'ensemble de votre esprit. Analysez l'esprit, disséquez-le, et vous ne trouverez que deux choses : le passé et le futur. Vous ne trouverez même pas un iota du présent, pas même un seul atome. Et le présent est la seule réalité, la seule existence, la seule danse qui existe.

Le présent ne peut être trouvé que lorsque le mental a totalement cessé d'exister. Lorsque le passé ne vous domine plus et que le futur ne vous possède plus, lorsque vous êtes déconnecté des souvenirs et des imaginations, à ce moment-là, où êtes-vous ? qui êtes-vous ?

À ce moment-là, vous n'êtes personne. Et personne ne peut vous faire du mal quand vous n'êtes personne, vous ne pouvez pas être blessé - parce que l'ego est très prêt à recevoir des blessures. L'ego cherche et cherche presque à être blessé ; il existe à travers les blessures. Toute son existence dépend de la misère, de la douleur.

Quand on n'est personne, l'angoisse est impossible, l'anxiété tout simplement incroyable. Quand on n'est personne, il y a un grand silence, une grande tranquillité, aucun bruit à l'intérieur. Le passé a disparu, le futur a disparu, qu'y a-t-il pour faire du bruit ? Et le silence que l'on entend est céleste, est sacré. Pour la première fois, dans ces espaces de non-esprit, on prend conscience de l'éternelle fête qui se poursuit sans cesse. C'est de cela qu'est faite l'existence.

A part l'homme, l'existence entière est bienheureuse. Seul l'homme s'en est écarté, s'est égaré. Seul l'homme peut le faire parce que seul l'homme a une conscience.

Maintenant, la conscience a deux possibilités : soit elle peut devenir une lumière brillante en vous, si brillante que même le soleil paraîtra pâle comparé à elle..... Le Bouddha dit que c'est comme si mille soleils s'étaient levés soudainement - lorsque vous regardez à l'intérieur sans esprit, il n'y a que de la lumière, une lumière éternelle. C'est toute la joie, pure, non contaminée, non polluée. C'est une simple félicité, innocente.

C'est une merveille. Sa majesté est indescriptible, sa beauté inexprimable, et sa bénédiction inépuisable. Aes dhammo sanantano : ainsi est la loi ultime.

Si vous pouvez seulement mettre votre esprit de côté, vous deviendrez conscient du jeu cosmique. Alors vous n'êtes que de l'énergie, et l'énergie est toujours de l'orée, elle ne quitte jamais l'orée.

C'est une possibilité : si vous devenez une pure conscience.

L'autre possibilité est : vous pouvez devenir conscient de vous-même. Alors vous tombez. Alors vous devenez une entité séparée du monde. Alors vous devenez une île, définie, bien définie. Vous êtes alors confiné, car toutes les définitions confinent. Vous êtes alors dans une cellule de prison, et la cellule de prison est sombre, complètement sombre. Il n'y a aucune lumière, aucune possibilité de lumière.

Et la cellule de prison vous paralyse, vous paralyse.

La conscience de soi devient un esclavage ; le soi est l'esclavage. Et la conscience juste devient la liberté.

Laissez tomber le moi et soyez conscient ! C'est là tout le message - le message de tous les bouddhas de tous les âges, passés, présents et futurs. Le cœur essentiel du message est très simple : laissez tomber le moi, l'ego, l'esprit, et soyez.

Juste en ce moment, quand ce silence s'installe... qui êtes-vous ? Un inconnu, une non-entité. Vous n'avez pas de nom, vous n'avez pas de forme. Vous n'êtes ni homme ni femme, ni hindou ni musulman. Tu n'appartiens à aucun pays, à aucune nation, à aucune race.

Vous n'êtes pas le corps et vous n'êtes pas l'esprit.

Alors qu'êtes-vous ? Dans ce silence, quel est votre goût ? Quel est le goût de l'être ? Juste une paix, juste un silence... et à partir de cette paix et de ce silence, une grande joie commence à faire surface, à jaillir, sans aucune raison. C'est votre nature spontanée.

L'art de mettre le mental de côté est tout le secret de la religion, car lorsque vous mettez le mental de côté, votre être explose en mille et une couleurs. Vous devenez un arc-en-ciel, un lotus, un lotus aux mille pétales. Soudain, vous vous ouvrez, et alors toute la beauté de l'existence - qui est infinie ! - vous appartient. Toutes les étoiles du ciel sont alors en vous. Alors même le ciel n'est plus votre limite ; vous n'avez plus de limites.

Le silence vous donne une chance de fondre, de fusionner, de disparaître, de vous évaporer. Et quand vous n'êtes pas, vous êtes - pour la première fois vous êtes. Quand vous n'êtes pas, Dieu est, le nirvana est, l'illumination est. Lorsque vous n'êtes pas, tout est trouvé - et lorsque vous êtes, tout est perdu.

L'homme est devenu une conscience de soi ; c'est son égarement, c'est la chute originelle.

Toutes les religions parlent de la chute originelle d'une manière ou d'une autre, mais la meilleure histoire est contenue dans le christianisme. La chute originelle est due au fait que l'homme a mangé de l'arbre de la connaissance. Lorsque vous mangez de l'arbre de la connaissance, des fruits de la connaissance, cela crée une conscience de soi.

Plus on est savant, plus on est égoïste - d'où l'ego des érudits, des pundits, des maulvis. L'ego est décoré de grandes connaissances, d'écritures, de systèmes de pensée. Mais ils ne vous rendent pas innocent ; ils ne vous apportent pas la qualité enfantine d'ouverture, de confiance, d'amour, d'espièglerie. La confiance, l'amour, l'espièglerie, l'émerveillement, tout cela disparaît lorsque vous devenez très savant.

Et on nous apprend à devenir des connaisseurs. On ne nous apprend pas à être innocents, on ne nous apprend pas à ressentir l'émerveillement de l'existence. On nous dit le nom des fleurs, mais on ne nous apprend pas à danser autour des fleurs. On nous dit le nom des montagnes, mais on ne nous apprend pas à communier avec les montagnes, à communier avec les étoiles, à communier avec les arbres, à être en phase avec l'existence.

Si tu es désaccordé, comment peux-tu être heureux ? Si vous êtes désaccordé, vous êtes condamné à rester dans l'angoisse, dans la misère, dans la douleur. Vous ne pouvez être heureux que lorsque vous dansez avec la danse du tout, lorsque vous n'êtes qu'une partie de la danse, lorsque vous n'êtes qu'une partie de ce grand orchestre, lorsque vous ne chantez pas votre chanson séparément. Alors seulement, dans cette fusion, l'homme est libre.

C'est ce qu'est la liberté. Elle n'est pas politique, ni économique, ni sociale. La liberté est spirituelle.

La liberté sociale, économique et politique ne sont des libertés que si elles aident les gens à être libres spirituellement. Si elles n'aident pas les gens à devenir spirituellement libres, alors ce sont des faux-semblants. Alors, au nom de la liberté, l'homme devient de plus en plus un esclave.

Les beaux noms deviennent des façades qui cachent de vilaines réalités. Si vous n'êtes pas libre spirituellement, vous n'êtes pas libre du tout. Alors toutes vos libertés sont fausses, bidons, pseudo. Alors vous avez été dupés. On vous a donné des jouets pour jouer avec.

Bouddha parle de la réalité - la vraie liberté. Il l'appelle nirvana. Le mot "nirvana" est très beau ; il signifie la cessation de la conscience de soi, la cessation totale du soi, l'état nu de l'absence d'ego. Il apporte de grandes extases, une grande récolte ; il apporte des trésors inépuisables.

C'est pourquoi le Bouddha ne cesse de répéter encore et encore... deux affirmations qu'il répète dans le DHAMMAPADA. La première est : aes dhammo sanantano. C'est la loi ultime de la vie : disparaissez et vous vous retrouverez. C'est très paradoxal : en disparaissant, on se retrouve. En laissant tomber le soi, on devient le soi ultime. En disparaissant comme une goutte de rosée, on devient l'océan.

Et l'autre déclaration qu'il répète encore et encore est : aes dhammo visuddhya - telle est la loi de la pureté, de devenir innocent, pur. Quelle est la loi de la pureté ? Une loi simple : se désidentifier de l'esprit, ne pas se considérer comme un esprit. Non pas que Bouddha soit contre l'esprit, non pas qu'il ne veuille pas que vous l'utilisiez - il veut que vous l'utilisiez, mais pas que vous soyez utilisé par lui. Et généralement, c'est le contraire qui se produit : l'esprit vous utilise. Vous êtes devenu un esclave. Le maître est devenu l'esclave et l'esclave est devenu le maître. Tout est parti à l'envers.

Vous êtes debout sur votre tête ! Maintenant, comment pouvez-vous marcher, comment pouvez-vous bouger, comment pouvez-vous danser

? Avez-vous vu quelqu'un danser debout sur sa tête ? Votre vie ne sera plus une vie de mouvement si vous êtes debout sur votre tête. Votre vie sera stagnante, elle deviendra une mare d'eau sale. Vous allez bientôt commencer à puer. En vous tenant sur la tête, vous êtes infirme, paralysé.

Si vous vous remettez simplement sur vos jambes - un petit changement, un très petit changement, mais qui apporte une révolution radicale - immédiatement vous êtes capable de mouvement, et le mouvement est la vie.

Ne pas bouger, c'est mourir.

Comment définissez-vous la mort ? Lorsqu'une personne ne peut plus bouger d'aucune façon. Il ne peut pas respirer - c'est un type de mouvement ; il ne peut pas voir - c'est un autre type de mouvement ; il ne peut pas marcher, il ne peut pas parler - ce sont tous des types de mouvement, des dimensions différentes du mouvement. Parce que tout mouvement a cessé, nous disons que l'homme est mort.

Plus vous avez de mouvement, plus vous avez de vie, plus vous êtes vivant. Ayez un mouvement multidimensionnel ! Mais cela n'est possible que si vous cessez de vous tenir sur la tête. Vous devez être remis à l'endroit.

Le jour où vous venez me voir, vous arrivez dans un état second. L'initiation à sannyas ne signifie rien, si ce n'est que je vous persuade de vous tenir sur vos pieds et de ne pas continuer à faire ce shirshasana - le poirier - toute votre vie.

Soyez naturel, faites partie de la nature. Ne vous vantez pas. N'allez pas gonfler votre ego. Nous sommes des parties minuscules - immensément belles si nous fonctionnons avec le tout, mais absolument laides si nous fonctionnons contre lui.

Mais vos sociétés vous ont dit de vous battre, de lutter, parce que la vie est une lutte pour la survie, parce que si vous ne vous battez pas, vous serez vaincu. Et vous devez être victorieux, et vous devez être célèbres. On vous a donné de grandes ambitions et toutes ces ambitions sont devenues des chaînes, toutes ces ambitions vous maintiennent attachés. Toutes ces ambitions sont la cause première de votre esprit ; elles créent l'esprit.

Le mot "tanha" du Bouddha contient toutes les significations du désir, de l'ambition, de l'accomplissement.

Ce sont les nourritures de l'esprit. Si vous continuez à nourrir le mental, vous vous empoisonnez. Et le mental deviendra de plus en plus grand et vous deviendrez de plus en plus petit. L'esprit devient presque une croissance cancéreuse.

Sannyas signifie une opération. Le Bouddha a transformé des milliers de personnes grâce au sannyas, à l'initiation. C'était un grand chirurgien.

Et une fois que vous prenez conscience que vous êtes la cause de votre propre misère, les choses commencent à changer. Vous n'aidez plus votre propre misère, vous ne la nourrissez plus. Et une fois que vous avez pris conscience que vous n'êtes pas votre esprit mais un témoin de celui-ci, vous commencez à vous élever au-dessus de l'esprit, vous n'êtes plus attaché. Vous commencez à vous faire pousser des ailes, à vous élever de plus en plus haut. Le mental reste toujours à tâtons dans les sombres vallées de la vie, mais vous pouvez devenir un aigle, vous pouvez vous élever haut. Vous pouvez être le maître et alors vous pouvez utiliser l'esprit - et l'utiliser de manière très ciblée.

Ces sutras expliquent comment devenir le maître de votre esprit. Ils contiennent la science pour devenir le maître.

Le Bouddha dit :

COMME LE TAILLEUR DE BOIS SCULPTE ET REDRESSE SES FLÈCHES, LE MAÎTRE DIRIGE SES PENSÉES ERRANTES.

Maintenant, méditez : est-ce que vos pensées vous dirigent, ou est-ce vous qui dirigez vos pensées ? - car beaucoup de choses dépendent de cette intuition. Êtes-vous dominé par vos pensées ? Est-ce qu'elles vous poussent à aller et venir ? Vous suggèrent-elles, vous fascinent-elles, vous obsèdent-elles ? Tirent-elles les ficelles et êtes-vous simplement un esclave ? Ou bien êtes-vous le maître, et pouvez-vous dire à vos pensées "Stop !" et elles doivent s'arrêter - pouvez-vous les mettre en marche ou les arrêter ?

Les gens ne méditent jamais sur ce sujet car il les fait se sentir très humiliés. Cela leur montre leur impuissance : ils ne peuvent même pas arrêter les pensées, leurs propres pensées.

Il y a une célèbre parabole tibétaine :

Un homme a servi un maître pendant de nombreuses années. Le

service n'était pas pur, il y avait une motivation. Il voulait obtenir un secret du maître. Il avait entendu dire que le maître avait le secret - le secret pour faire des miracles. Avec ce désir caché, il servait le maître jour après jour, mais il avait peur de dire quoi que ce soit. Mais le maître observait continuellement sa motivation.

Un jour, le maître demanda : "Il vaut mieux que vous disiez ce que vous pensez, car je vois continuellement un motif dans tous les services que vous rendez pour moi. Ce n'est pas par amour, certainement pas par amour. Je n'y vois pas d'amour et je n'y vois pas d'humilité. C'est une sorte de corruption. Alors s'il te plaît, dis-moi simplement ce que tu veux ?"

L'homme attendait cette opportunité. Il a dit : "Je veux le secret pour faire des miracles."

Le maître dit : "Alors pourquoi as-tu perdu ton temps si longtemps ? Tu aurais pu le dire dès le premier jour de ta venue. Tu t'es torturé et tu m'as torturé aussi, parce que je n'aime pas avoir autour de moi des gens qui ont des motivations. Ils sont laids à regarder. Ils sont fondamentalement avides, et l'avidité les rend laids. Le secret est simple - pourquoi ne pas me l'avoir demandé le premier jour ? C'est ça le secret...."

Il a écrit un petit mantra sur un morceau de papier, juste trois lignes peut-être : "Buddham sharanam gachchhami, sangham sharanam gachchhami, dhammam sharanam gachchhami - Je vais aux pieds du Bouddha, je vais aux pieds de la commune du Bouddha, je vais aux pieds du dhamma, la loi ultime."

Et le maître dit à l'homme : "Tu prends ce petit mantra avec toi, tu le répètes cinq fois, juste cinq fois. C'est un processus simple. Rappelez-vous juste une condition : pendant que vous le répétez, prenez un bain, fermez la porte, asseyez-vous en silence - et pendant que vous le répétez, s'il vous plaît, ne vous souvenez pas des singes."

L'homme dit : "De quelles absurdités parlez-vous ? Pourquoi devrais-je me souvenir des singes en premier lieu ? Je ne me suis jamais souvenu d'eux de toute ma vie !"

Le maître a dit : "C'est à vous de décider, mais je dois vous dire la condition. C'est ainsi que le mantra m'a été donné, avec cette condition. Si tu ne t'es jamais souvenu des singes, jusqu'ici tout va bien. Maintenant, rentrez chez vous, et s'il vous plaît, ne revenez jamais me voir. Vous avez le secret, vous connaissez la condition. Remplis la condition et tu auras des pouvoirs miraculeux, et tout ce que tu veux faire, tu peux le faire : tu peux voler dans le ciel, tu peux lire dans les pensées des gens, tu peux matérialiser des choses, et ainsi de suite."

L'homme s'est précipité chez lui ; il a même oublié de remercier le maître. C'est ainsi que fonctionne la cupidité :

elle ne connaît pas la reconnaissance, elle ne connaît pas la gratitude. L'avarice ne connaît absolument pas la gratitude, elle ne la rencontre jamais. La cupidité est un voleur et les voleurs ne remercient pas.

L'homme se précipita, mais il était très perplexe : même sur le chemin de sa maison, des singes commencèrent à apparaître dans sa tête. Il vit de nombreuses sortes de singes : petits et grands, à la bouche rouge et à la bouche noire, et il était très perplexe : "Que se passe-t-il ?".

En fait, il ne pensait à rien d'autre qu'aux singes. Et ils devenaient de plus en plus gros et se pressaient tout autour.

Il est rentré chez lui, a pris un bain, mais les singes ne le quittaient pas. Il commençait à se douter qu'ils n'allaient pas le quitter pendant qu'il chantait le mantra. Il n'avait même pas encore chanté le mantra, il se préparait simplement. Et quand il a fermé ses portes, la pièce était pleine de singes. Il y avait tellement de monde qu'il n'avait pas de place pour lui ! Il a fermé les yeux et il y avait des singes, et il a ouvert les yeux et il y avait des singes. Il ne pouvait pas croire ce qui se passait ! Il a essayé toute la nuit. Encore et encore, il prenait un bain, et encore et encore, il essayait et échouait, et échouait complètement.

Le matin, il alla voir le maître, lui rendit le mantra et lui dit : " Garde ce mantra avec toi. Cela me rend fou ! Je ne veux pas faire de miracle, mais s'il te plaît, aide-moi à me débarrasser de ces singes !".

Il est tellement impossible de se débarrasser d'une seule pensée ! Et si vous voulez vous en débarrasser, cela devient encore plus difficile, car lorsque vous voulez vous débarrasser d'une pensée, il s'agit - moment très décisif - de savoir qui est le maître : le mental ou vous ? L'esprit essaiera par tous les moyens possibles de prouver qu'il est le maître et non vous.

Le maître a été un esclave pendant des siècles, et l'esclave a été le maître pendant des millions de vies. Maintenant, l'esclave ne peut pas quitter tous ses privilèges, ses priorités, si facilement. Il va vous opposer une grande résistance.

Essayez-le ! Aujourd'hui, prenez un bain, fermez vos portes, répétez ce simple mantra : Buddham sharanam gachchhami, sangham sharanam gachchhami, dhammam sharanam gachchhami - et ne laissez pas les singes venir à vous.....

Vous vous moquez de ce pauvre homme. Vous serez surpris : vous êtes cet homme.

Sigmund Freud racontait une autre histoire :

Il est arrivé une fois dans un grand hôtel qu'un homme vienne séjourner. Le gérant hésitait un peu à lui donner une chambre alors qu'il y avait une chambre libre. L'homme dit : "Pourquoi hésitez-vous tant ?"

L'homme dit : "La raison est que juste en dessous de cette chambre se trouve un politicien, un homme très célèbre et très puissant, un gros calibre. Et il est agacé par de petites choses, donc nous avons gardé la chambre au-dessus de lui vide pendant trois jours depuis qu'il est ici - parce que si quelqu'un marche, un certain bruit est créé, si vous déplacez quelque chose, un certain bruit est créé, et il devient si irrité et si en colère qu'il crée beaucoup d'agitation à ce sujet."

L'étranger a dit : "Ne vous inquiétez pas ! Je serai très prudent. D'ailleurs, je ne vais rester que pour la nuit. Je viendrai vers minuit, car j'ai beaucoup de travail à faire en ville, et je partirai tôt le matin, à cinq heures. Il est peu probable qu'entre midi et cinq heures, je fasse quoi que ce soit qui puisse irriter le grand homme. Tout au plus, je serai endormi et je rêverai, et je ne pense pas que mes rêves le dérangeront."

Le manager était convaincu : "S'il ne reste que cinq heures, il n'y a pas de problème." Il a été autorisé.

À midi, l'homme rejoint sa chambre, épuisé : toute la journée de travail, mille et une choses qui se bousculent dans sa tête. Il avait complètement oublié le politicien. Il entre dans sa chambre. Il est si fatigué. Il s'assied sur son lit, enlève une de ses chaussures et la jette dans un coin de la pièce. Soudain, le bruit de la chaussure lui rappelle que l'homme politique, le grand chef, pourrait être dérangé, réveillé. Il a donc posé l'autre chaussure très silencieusement.

Au bout d'une heure, le politicien a frappé à sa porte. Il est sorti de son sommeil, a ouvert la porte et a dit : "Ai-je fait quelque chose ? - parce que pendant une heure j'ai dormi."

L'homme politique était rouge de colère. Il a dit : "Oui ! Où est l'autre chaussure ? Je n'arrive pas à dormir. L'autre chaussure reste suspendue, une question continue dans mon esprit - où est passée l'autre chaussure ? Cet homme dort-il avec une seule chaussure ? Je sais que vous en avez jeté une, mais qu'est-il arrivé à l'autre ? J'ai essayé par tous les moyens possibles de me débarrasser de cette idée - que cela ne me concerne pas. En quoi sa chaussure me concerne-t-elle ? Mais plus j'ai essayé de me débarrasser de cette idée, plus elle m'a possédé. Maintenant, il n'y a plus qu'un seul moyen de m'endormir : venir te réveiller et te demander ce qui s'est passé. Si je ne sais pas, je ne peux pas dormir."

Il est même très difficile de se débarrasser d'une pensée absurde, totalement dénuée de sens pour vous, sans but, quelque chose qui est juste accidentel, qui ne vous regarde pas. Mais elle peut quand même vous poursuivre, vous hanter, vous torturer. Elle peut devenir une chose si puissante qu'elle peut vous rendre fou.

Les gens ne regardent pas à l'intérieur. Ils savent qu'il vaut mieux ne pas regarder parce que c'est très humiliant. Se voir comme un esclave est humiliant. Et l'esprit a été sur le trône si longtemps qu'il s'est habitué à être le maître. Et il n'est pas le maître.

Vous êtes né en tant que conscience, pas en tant que mental. Votre noyau le plus profond est la conscience, pas le mental. Le mental n'est rien d'autre que des pensées accumulées, des déchets du passé. Vous êtes totalement différent de lui.

En la regardant, lentement, vous verrez la distance. Une pensée surgit en vous, regardez-la.

Regardez-le sans aucun jugement. Ne soyez pas pour ou contre, regardez-la simplement, voyez en elle, comme un miroir qui la reflète. Et une chose deviendra certaine : elle est séparée de vous. Il va et vient, et vous restez pour toujours. Le reflet dans le miroir n'est pas le miroir. De nombreux reflets vont et viennent, le miroir reste. Le miroir n'est que la capacité de refléter. Une pensée est là - colère, avidité, jalousie - une pensée, une sorte de pensée est là. Ce n'est pas vous !

Mais toute notre formation, tout notre conditionnement, est fondamentalement faux. Nos langues sont fondamentalement fausses parce qu'elles nous donnent des notions erronées. Lorsque vous voyez la pensée de la faim surgir dans votre esprit, vous dites immédiatement : "J'ai faim", ce qui est tout à fait absurde. Vous n'avez jamais eu faim et vous ne pouvez pas avoir faim, car la conscience n'a rien à voir avec la faim, la nourriture, la satiété. Ce qui se passe réellement, c'est que le corps a faim - vous en êtes conscient. Vous ne faites que refléter la situation du corps.

Pour être exactement précis, vous devriez dire : "Je suis conscient que mon corps a faim, je vois que mon corps a besoin de nourriture."

Mais toutes les langues disent : "J'ai faim, j'ai soif." Je sais qu'il est plus simple de dire "J'ai soif" que de répéter sans cesse "Je suis conscient que mon corps a soif".

Un des grands mystiques indiens a visité l'Amérique - son nom était Swami Ram. Il avait l'habitude de parler de lui-même à la troisième personne, il n'utilisait jamais le mot "je". Il ne s'appelait que Ram. Il disait, "Ram a faim. Ram a soif. Maintenant Ram a sommeil." C'est une manière très étrange parce que nous ne sommes pas habitués à cela.

Quand il est allé en Amérique pour la première fois, les gens ne pouvaient pas le comprendre ou le comprenaient mal, le comprenaient mal. Il disait, "Ram a faim." Ils regardaient tout autour d'eux - où est Ram ? Et puis il leur montrait :

"Ce corps est un bélier, ce corps a faim."

Et ils disaient : "Alors pourquoi ne dites-vous pas simplement "J'ai faim" ? Pourquoi faire des détours, pourquoi tourner en rond ? Ram a faim. Alors nous devons demander : "Qui est Ram ?

Alors vous devez dire, 'Ce corps est Ram.'" Mais Ram dirait, "Je ne peux pas affirmer quelque chose qui n'est pas vrai. Je ne peux pas dire 'j'ai faim' parce que je n'ai pas faim."

Une fois, il était assis dans un parc, un parc public, et quelques personnes qui s'étaient rassemblées autour de lui posaient des questions. Un homme demanda : " Nous avons entendu dire de Krishna que lorsqu'il jouait de sa flûte, les gens oubliaient leur travail et se précipitaient vers lui, enchantés, comme possédés. Quel était son secret ?"

Ram ne portait qu'un seul vêtement, il venait de s'envelopper d'une couverture.

Il a jeté la couverture - plutôt que de répondre, il a créé une situation. C'est comme ça que les grands mystiques travaillent. Il a jeté la couverture, il était complètement nu, et il s'est enfui. Tous les gens ont couru avec lui ! Non seulement ceux qui l'entouraient, mais aussi ceux qui se tenaient ici et là ou qui étaient venus pour une promenade matinale, et les gens qui étaient assis sur les bancs en train de lire leurs journaux, ils ont jeté leurs journaux. Une grande foule le suivait, et il riait et gloussait, et toute la foule le suivait.

Puis il s'est tenu sous un arbre et a dit : " Pourquoi me suivez-vous ? Pour quelle raison ? Je n'ai même pas joué de la flûte ! Et tu m'avais demandé pourquoi les gens devenaient possédés par la flûte de Krishna."

Partout où quelque chose de l'au-delà se produit, les gens sont enchantés. "Vous êtes enchantés", a-t-il dit. "Et Ram n'a rien fait de spécial. Ram est seulement devenu nu et a couru comme un enfant dans le soleil du matin."

Quelqu'un qui n'était pas au courant de sa façon de parler a demandé : "Qui est ce Ram ?"

Et de nouveau, il a dit : "Ce corps est Ram, cet esprit est Ram, et je suis un observateur tout comme vous êtes un observateur. Tout comme vous regardiez ce corps courir nu dans le soleil du matin, je regardais aussi. Vous regardez de l'extérieur, je regarde de l'intérieur. Nous sommes tous deux des observateurs."

C'est la façon de se désidentifier de l'esprit : être un observateur. Bouddha dit : COMME LE TAILLEUR DE FLÈCHES SCULPTE ET REND DROITES SES FLÈCHES, AINSI LE MAÎTRE DIRIGE SES PENSÉES ERRANTES. Alors il sera possible et seulement alors : lorsque vous êtes devenu un observateur, lorsque vous avez réduit vos pensées à des objets observés, le contenu de l'esprit n'est plus puissant. Vous vous êtes soustrait à son pouvoir, vous êtes à part. Vous êtes un spectateur, un témoin.

Lorsque vous serez devenu un témoin, vous serez en mesure de diriger vos pensées. Alors les pensées peuvent être utilisées, alors les pensées sont belles.

L'esprit est le mécanisme le plus sophistiqué de toute l'existence, et l'esprit humain plus que tout autre. C'est la machine la plus évoluée, elle peut être utilisée pour de grandes choses. Mais vous devez en être le maître, ce n'est qu'alors que vous pouvez l'utiliser.

Mais la situation est telle que c'est la voiture qui conduit le conducteur.

Le conducteur n'a plus du tout conscience de lui-même ; il est peut-être ivre. Il se déplace simplement là où la voiture le mène. Maintenant, il se dirige vers un fossé, vers un accident ! Et si votre vie est si pleine d'accidents, ce n'est pas du tout un accident - il doit en être ainsi.

Vous suivez une machine. C'est un bio-ordinateur, votre esprit ; beau si vous pouvez l'utiliser comme un maître, dangereux s'il vous utilise. C'est de l'esclavage. S'en libérer, c'est connaître quelque chose de la liberté.

Et le premier effort doit être semblable à celui de l'affûteur qui rend ses flèches droites.

Vos esprits ne sont pas dans un état d'harmonie ; vos esprits sont dans le désordre, rien n'y est droit. Tout est devenu un labyrinthe très compliqué, une énigme. Vous ne savez pas ce qui est quoi et ce qui est quoi. Vous ne savez pas ce que vous faites et pourquoi. Et à un moment, une pensée vous possède, à un autre moment, une autre pensée vous possède, et les deux peuvent être contradictoires. Ainsi, d'une main vous faites quelque chose et de l'autre vous le défaites. D'où l'échec total de la vie, un pur gaspillage d'énergie, de temps et d'opportunités.

Regardez comme vos pensées sont contradictoires. Une partie dit oui, une autre partie dit immédiatement non, ne manque jamais l'occasion de dire non. Maintenant, dire oui et non en même temps, c'est gaspiller ton énergie. Soit vous dites oui et vous êtes total, alors votre pensée est droite ; soit vous dites non et vous êtes total, alors votre pensée est droite. Mais dire oui et non en même temps, ou alternativement - un moment oui, un autre moment non - où allez-vous arriver ? Vous faites un pas dans une direction, un autre pas dans une autre direction. Vous resterez bloqué au même endroit, ou tout au plus vous tournerez en rond, mais votre vie ne sera pas une vie de croissance, vous ne grandirez pas. Vous pourrez certes vieillir, mais vous ne grandirez jamais, vous n'atteindrez jamais la maturité.

Mettez de l'ordre dans vos pensées ! C'est presque une jungle complète dans votre esprit - tous les chemins sont perdus. Vous ne savez pas ce qui se passe. Vous ne pouvez pas non plus vous arrêter, car cela vous effraie de vous arrêter. Tous les autres font tellement de choses, tous les autres réalisent, atteignent, réalisent leurs ambitions, comment pouvez-vous vous arrêter ? Vous devez continuer, et vous devez continuer à toute vitesse, avec beaucoup d'enthousiasme. Et vous ne savez pas où vous allez, quel est votre objectif. Que voulez-vous vraiment atteindre dans la vie ? L'argent ?

Et même si vous obtenez beaucoup d'argent, qu'allez-vous en faire ?

Vous pouvez acheter plus de misère, bien sûr, quand vous aurez plus d'argent ; c'est ce que vous allez faire. Vous allez continuer à acheter les mêmes choses que vous achetez maintenant. Bien sûr, vous pourrez les acheter en plus grande quantité, c'est tout. Vous vivrez dans des maisons plus grandes, mais vous vivrez ; ce n'est pas la maison qui vivra. Si vous êtes anxieux dans une petite maison, vous serez peut-être plus anxieux dans une plus grande maison, parce que vous aurez plus d'espace pour être anxieux. Si vous êtes ignorant, totalement ignorant de vous-même, comment l'argent va-t-il vous aider ? Comment la célébrité peut-elle vous aider ? Vous pouvez devenir une personne de renommée mondiale, mais cela ne changera rien. Votre obscurité intérieure restera la même ; elle peut même devenir plus sombre.

La première chose que dit le Bouddha est : ...LE MAÎTRE DIRECTE SES PENSÉES ÉTRANGÈRES.

Il ne permet pas aux pensées d'emprunter des voies contradictoires. Il ne permet pas à une pensée d'être détruite par une autre. Il ne permet pas aux pensées de le diriger - il est le directeur. Il les maîtrise ; il les utilise comme de beaux outils, des instruments.

Et puis, il arrive certainement à l'accomplissement, car il sait où il va et il sait ce qu'il fait.

À chaque étape de son voyage, il est parfaitement conscient de l'endroit où il se trouve ; il a un certain sens de l'orientation. Il ne court pas dans toutes les directions simultanément ; il a une direction. Naturellement, il s'intègre, il devient une grande puissance. Sans atteindre un quelconque pouvoir politique, il devient une grande puissance. Son pouvoir découle de son propre être, il lui appartient.

Personne ne peut le lui enlever, il ne dépend de personne. Même la mort ne peut le lui enlever, même la mort est impuissante.

Mais les gens vivent dans un tel état de folie. Cet état est insensé ! Les gens se sentent offensés quand je dis que l'humanité entière est folle, mais que puis-je faire ? - C'est ainsi. Le fait doit être dit, même si c'est douloureux. Cela me fait aussi mal, je plains l'humanité, mais il faut le dire : l'humanité entière est folle. Les êtres humains que vous appelez normaux ne sont pas normaux du tout. Ils sont normalement fous, certes ; leur folie est presque la même, donc ils sont normaux. Mais ils ne sont pas la norme, ils ne sont pas le principe, ils ne sont pas le critère de la santé. La terre entière est une grande maison de fous.

Kahlil Gibran a une belle histoire :

Un homme devient fou ; il est placé dans un asile d'aliénés. Un ami vient lui rendre visite.

L'ami est un professeur, un professeur de philosophie, il a écrit de nombreux livres, c'est un savant bien connu, il est aussi psychologue. Le fou est assis sur un banc sous un arbre dans le jardin, entouré d'un grand mur. Le professeur vient, s'assied à côté de lui et lui demande : "Comment te sens-tu dans cet endroit ?"

Le fou rit. Il dit : "Je me sens si bien - comme je ne l'ai jamais fait auparavant."

Le professeur est perplexe. Il dit : "Pourquoi ? Pourquoi es-tu si heureux d'être dans cette maison de fous ?"

Le fou dit : "Une maison de fous ? Vous appelez ça une maison de fous ? J'ai laissé la maison de fous dehors - c'est l'endroit le plus sain du monde ! La maison de fous est dehors ; ce mur nous protège des fous. Si jamais vous en avez assez des fous à l'extérieur, vous serez toujours les bienvenus ici. Entrez ! C'est très paisible ici - personne ne se mêle du travail des autres. C'est très silencieux ici. Il y a très peu de gens ici, et je n'ai jamais vu de gens aussi sains d'esprit de toute ma vie - ils sont tous comme moi !".

C'est sa définition de la santé mentale : il est sain d'esprit et ils sont comme lui. Les gens qui sont à l'extérieur sont fous.

Mais les gens de l'extérieur suivent le même critère : vous vous croyez sain d'esprit parce que vous êtes exactement comme vos voisins. Mais qui sait ? - les voisins sont peut-être fous eux aussi.

Toute l'histoire de l'humanité prouve qu'il s'agit d'une humanité folle ; quelque chose ne tourne pas rond chez elle. En trois mille ans, l'homme a mené cinq mille guerres.

Et vous appelez cette humanité saine d'esprit ? Tout le monde est avide, jaloux, possessif - et vous appelez cela une humanité saine ? Tout le monde est à la gorge des autres - et vous appelez cela une humanité saine ? Normale bien sûr - normale dans le sens où ils sont tous semblables.

Un jour, Mark Twain a annoncé, sous forme de canular, qu'il avait perdu un chat si noir qu'il ne pouvait être vu à la lumière ordinaire, et qu'il voulait le récupérer. Près d'un millier de personnes l'ont contacté en prétendant l'avoir vu.

Il suffit de regarder autour de soi, d'observer les gens, et vous serez surpris de voir l'état de folie totale que l'on appelle normal. Qu'est-ce qui est normal ? Quelle est la définition d'un être humain normal ?

Il devrait être plein d'amour, il devrait être plein de félicité. Il devrait être sans peur. Il doit être joyeux et extatique. Il devrait être capable de chanter, de rire et de danser. Il doit être capable d'apprécier les petites choses de la vie. Il devrait être total dans tout ce qu'il fait. Ses pensées seront droites : s'il dit non, il veut dire non, s'il dit oui, il veut dire oui. Il ne sera pas diplomate, il ne sera pas politique dans le sens où il dit une chose, il en pense une autre, et il fera une troisième chose. Vous ne pouvez pas le savoir, vous ne pouvez jamais être sûr de ce que la personne politique va faire. Il a un visage extérieur et une autre réalité intérieure. Il a un double visage, il est dans une double impasse. Il vous sourit, il vous salue - et il vous déteste, il vous maudit à l'intérieur. C'est un ennemi, mais il prétend être un ami.

C'est de la folie ! Cette hypocrisie est de la folie, cette scission est de la folie. Cette atmosphère schizophrénique est de la folie. Ce n'est pas un être humain sain que nous avons été capables de produire. Nous avons échoué jusqu'à présent... et nous devons faire quelque chose de très radical maintenant, sinon l'humanité est condamnée. Aujourd'hui, les fous ont tellement de pouvoir destructeur entre leurs mains qu'une guerre de plus et l'humanité est finie et cette planète est finie.

Il faut quelque chose d'extrêmement radical, un saut quantique. Mais cela n'est possible que par les personnes qui écoutent les bouddhas.

...LE MAÎTRE DIRIGE SES PENSÉES ÉGARÉES.

COMME UN POISSON HORS DE L'EAU, ÉCHOUÉ SUR LE RIVAGE, LES PENSÉES S'AGITENT ET FRÉMISSENT. CAR COMMENT SE DÉBARRASSER DU DÉSIR ?

Les pensées ne peuvent vivre en dehors du désir, tout comme un poisson ne peut vivre en dehors de la mer. Les pensées ne peuvent vivre en dehors de la mer du désir : les pensées sont essentiellement les instruments d'un état de désir. Et nous sommes continuellement en train de désirer, de désirer ceci et cela. Nous ne pouvons pas arrêter de penser si nous continuons à désirer. Il faut d'abord couper le désir, la racine même.

Qu'y a-t-il à désirer dans la vie ? Ceux qui ont connu, ceux qui ont réalisé la vie, disent qu'il n'y a rien à désirer dans la vie. Vivez-la ! et vivez aussi pleinement que possible, vivez chaque moment à fond. Pressez-le totalement. Mais il n'y a rien à désirer. Le désir vous égare parce qu'il vous conduit vers l'avenir.

Buvez dans le moment présent, car le moment présent est la porte de Dieu. Dieu n'a qu'un seul temps : le présent. Il ne connaît ni passé ni futur. Si vous voulez aussi faire partie de Dieu... et c'est la seule façon d'être sain d'esprit, d'être en bonne santé. Seule une personne religieuse est saine d'esprit et en bonne santé. Si vous voulez faire partie de Dieu, vous devrez apprendre à vous détendre dans le moment présent.

Meurs au passé et au futur, et vis dans le présent. Ne vous permettez pas de vous éloigner du présent, pas même d'un seul centimètre ici et là, sinon vous continuerez toujours à manquer le train.

Et l'esprit court continuellement d'un objet à un autre, d'une personne à une autre. Vous avez une femme, mais l'esprit court après les femmes des autres. Vous avez des enfants, mais ils ne sont jamais aussi beaux que les enfants des autres. L'herbe est toujours plus verte de l'autre côté de la haie. Tout le monde semble être plus heureux que vous.

Et puis, bien sûr, vous en déduisez logiquement : "Ils ont de plus grandes maisons, de meilleurs enfants, une belle femme, plus d'argent, plus de pouvoir, plus de prestige, donc ce sont les choses dont j'ai aussi besoin. Si je n'ai pas toutes ces choses, comment puis-je être heureux ?" Vous rendez votre bonheur conditionnel. Et dès qu'un homme rend son bonheur conditionnel, il est condamné ; il restera malheureux toute sa vie.

Le bonheur n'est pas conditionnel ; rien n'est nécessaire pour être heureux. Il suffit d'être vivant - et vous l'êtes, vous l'êtes déjà. Il suffit d'être conscient - et vous l'êtes déjà. C'est pourquoi les mystiques et les bouddhas disent que la félicité est notre nature même. Mais le mental est un coureur et il continue à vous traîner.

Le sultan a appelé son eunuque. "Je suis d'humeur", dit-il. "Va chercher mon numéro d'épouse

L'eunuque s'est donc précipité hors du palais et dans le harem. Il traversa le jardin, passa devant le verger et monta les marches. Il revint bientôt avec la femme 256. Un peu plus tard, le sultan fit de nouveau venir l'eunuque et lui dit : "J'en veux encore. Va me chercher la femme 87." L'eunuque courut la chercher. Puis le roi a voulu la femme 68, et peu après, la femme 92.

Quand il est revenu avec la femme numéro 92, l'eunuque haletait fortement. Puis il s'est soudainement effondré et est mort.

Moralité : ce n'est pas l'amour qui vous tue, c'est le fait de courir partout.

L'esprit est continuellement en train de courir partout. Il ne s'assied jamais, il ne peut pas s'asseoir. S'asseoir semble être la mort pour lui, et d'une certaine manière c'est le cas. C'est pourquoi les zen disent que si vous pouvez vous asseoir en silence pendant quelques heures chaque jour, sans rien faire, même pas chanter un mantra, parce que c'est encore une fois une course de l'esprit, le même esprit..... Il peut chanter des chansons pop, il peut chanter un mantra religieux, ça ne fait aucune différence. Il veut du travail, de l'activité, de l'occupation, il veut courir. Sa vie est dans la course.

Les zen disent de rester assis, de ne rien faire. La chose la plus difficile au monde est de rester assis à ne rien faire. Mais une fois que vous en avez pris l'habitude..... Si vous restez assis pendant quelques mois à ne rien faire pendant quelques heures chaque jour, lentement, lentement, beaucoup de choses vont se produire. Vous aurez sommeil, vous rêverez. De nombreuses pensées envahiront votre esprit, beaucoup de choses. L'esprit dira : " Pourquoi perds-tu ton temps ? Vous auriez pu gagner un peu d'argent. Vous auriez pu aller voir un film, vous divertir, ou vous détendre et bavarder. Vous auriez pu regarder la télévision ou écouter la radio, ou au moins vous auriez pu lire le journal que vous n'avez pas vu. Pourquoi perdez-vous votre temps ?"

Le mental vous donnera mille et un arguments, mais si vous continuez à écouter sans être dérangé par le mental..... Il vous jouera toutes sortes de tours : il aura des hallucinations, il rêvera, il s'endormira. Il fera tout ce qui est possible pour vous faire sortir de votre siège. Mais si vous continuez, si vous persévérez, un jour le soleil se lève.

Un jour, cela arrive, vous n'avez pas sommeil, l'esprit s'est lassé de vous, en a marre de vous, a abandonné l'idée que vous puissiez être piégé, en a tout simplement fini avec vous !

Il n'y a pas de sommeil, pas d'hallucination, pas de rêve, pas de pensée. Vous êtes simplement assis là à ne rien faire... et tout est silence, tout est paix et tout est félicité. Vous êtes entré en Dieu, vous êtes entré dans la vérité.

ILS TREMBLENT, ILS SONT INSTABLES, ILS ERRENT À LEUR GRÉ. IL EST BON DE LES CONTRÔLER. ET LES MAÎTRISER APPORTE LE BONHEUR.

Regardez, et vous verrez l'esprit tremblant, les pensées frémissantes se poursuivant les unes les autres, courant dans toutes les directions possibles, cohérentes, incohérentes, significatives, insignifiantes.

Un jour, asseyez-vous dans votre chambre, fermez les portes et commencez à écrire les pensées qui vous passent par la tête. Cela vous aidera à prendre conscience. Continuez à écrire tout ce qui vous arrive. Ne les éditez pas, ne les rendez pas cohérentes, belles. Ce n'est pas à montrer à qui que ce soit, c'est juste pour votre observation. Pendant quinze minutes, continuez à écrire, puis lisez-les et vous serez perplexe : êtes-vous fou ou autre ? Que se passe-t-il dans votre tête ? Toutes sortes de choses, si peu pertinentes que vous ne pouvez concevoir aucune relation possible avec elles. Tout mène à tout, par hasard.

Le chien commence à aboyer dans le quartier et votre esprit se met à fonctionner. Vous vous rappelez d'un chien que vous aviez dans votre enfance, et soudain l'esprit saute du chien à un ami qui était aussi connu dans l'enfance... et de l'ami à l'école, et au professeur. Et de cette façon, l'esprit continue à sauter, et vous atterrirez on ne sait où. Et tout a commencé par l'aboiement du chien qui ne sait rien de vous, qui ne s'intéresse pas du tout à vous, mais il a déclenché un processus. Vous pouvez arriver n'importe où ! Et à chaque fois que cela se produit, tu atteindras un autre endroit.

L'esprit continue à sauter d'un endroit à l'autre, et l'esprit possède tellement d'informations qu'il peut produire toutes sortes de mondes.

En le regardant, vous verrez la vérité de la déclaration de Bouddha : ILS TREMBLENT, ILS SONT INSTABLES, ILS ERRENT À LEUR GRÉ. Elles ne vous écoutent pas, elles ont leur propre volonté. Chaque pensée a sa propre volonté et insiste pour rester elle-même. Elle ne veut pas être manipulée, elle ne veut pas que vous interveniez. Si vous interférez, elle résiste, elle proteste. Chaque pensée veut sa propre individualité. Et ces millions de pensées dans votre tête détruisent votre individualité, car elles revendiquent toutes leur propre individualité et elles prétendent toutes être autonomes et libres. Et si vous dites quoi que ce soit, elles vous demandent : "Qui êtes-vous ?" Et à chaque fois, elles vous montreront votre place, elles vous réduiront à rien.

Si vous ne les contrôlez pas, dit le Bouddha, il n'y a aucune possibilité que la félicité vous parvienne. Vous resterez dans le désordre, vous resterez dans la confusion.

Détenu : "J'ai un désir fou, insensé, de t'écraser dans mes bras."

Dame psychiatre : "Maintenant, vous parlez de sens !"

Cela dépend de ce que vous appelez sens et ce que vous appelez non-sens. Il y a des philosophes dans le monde qui disent que tout est absurde, et il y a des philosophes dans le monde qui disent que tout est sensé, raisonnable. C'est le monde le plus rationnel, disent-ils, très logique. Tout dépend de ce que vous appelez sens et de ce que vous pensez être sensé. Cela dépend de votre formation, de votre éducation, de votre conditionnement, de la façon dont vous avez été hypnotisé.

Maintenant, manger de la viande est raisonnable si vous avez été élevé dans une maison où personne n'a jamais pensé au végétarisme ; même s'ils en parlaient, ils ne le faisaient que pour se moquer des végétariens : "Ces gens stupides qui pensent qu'en devenant végétariens ils deviennent religieux". Si vous êtes né dans une maison végétarienne, dans une famille végétarienne, alors les gens qui mangent de la viande sont des monstres. Ce ne sont pas du tout des gens, ce sont des intouchables, ce ne sont pas des êtres humains, ce sont des animaux.

Vous ne savez jamais vous-même ce qui est bien, ce qui est mal ; vous ne le savez que d'après ce que les autres vous ont dit. Ce n'est pas une voie qui peut vous conduire à la raison. Vous devrez devenir plus conscient, plus alerte, plus vigilant. Vous devrez décider par vous-même. Vous avez vécu une vie d'emprunt. Vous devrez réfléchir - vous ne devenez un être humain que lorsque vous commencez à réfléchir aux choses par vous-même. Lorsque vous observez avec précision, lorsque vous jugez, lorsque vous évaluez, lorsque vous pesez les choses et que vous commencez à vivre de plus en plus selon votre propre conscience, vous atteignez la liberté. Et la liberté apporte la félicité.

La liberté signifie que vous devez contrôler l'esprit, votre soi-disant esprit, qui n'est pas du tout le vôtre car il vous a été donné par d'autres, en fragments. Une partie appartient à votre mère, une autre à votre père, une autre à votre oncle, et ainsi de suite... au prêtre, à l'enseignant, au garçon du quartier..... Vous avez rassemblé des fragments du monde entier - des livres que vous avez lus et des films que vous avez vus.

Si vous y réfléchissez, vous serez surpris - vous n'avez pas d'esprit propre.

Tout est emprunté ! Comment pouvez-vous être authentique ? Vous n'êtes qu'un phénomène empilé, des fragments de tant de sources différentes qu'ils ne peuvent jamais se fondre et devenir un. Mais il y a une chose qui n'est pas empruntée en vous, c'est votre conscience, votre conscience tout court. Ce que vous avez apporté avec vous, cela fait partie de votre noyau intérieur.

Dépendez d'elle et ne dépendez jamais du mental. Devenez indépendant du mental et absolument dépendant de la conscience, et vous faites le plus grand pas de votre vie.

MAIS COMME ILS SONT SUBTILS, INSAISISSABLES !

LA TÂCHE EST DE LES APAISER, ET EN LES GOUVERNANT DE TROUVER LE BONHEUR.

Ce ne sera pas un travail facile. Il est ardu, car l'esprit est très rusé et les pensées sont très subtiles.

Un soldat explique à un autre la transmigration des âmes et lui dit que s'il est tué, son corps se décomposera sur le champ de bataille et finira par s'enfoncer dans le sol. Au printemps, une belle fleur poussera à cet endroit.

"Et c'est moi, n'est-ce pas ?" demande l'autre soldat.

"Non, attendez une minute. Puis une vache arrive, mange la fleur et laisse derrière elle un gros tas de bouse de vache. Alors je me promène dans le champ avec ma fille, je vois cette bouse, je la tape avec ma canne et je dis : 'Bonjour, Bill ! L'esprit est très rusé - il peut toujours trouver des moyens de rester le même. Il peut trouver de nouveaux moyens pour rester vieux. Il peut trouver de nouveaux vêtements pour pouvoir se cacher derrière eux ; il peut trouver de belles rationalisations.

Attention ! L'esprit n'est pas un phénomène simple, il est complexe, subtil, très insaisissable. Si vous essayez de l'attraper, vous aurez des difficultés. Si vous le poussez dehors par la porte d'entrée, il reviendra par l'arrière. Si vous voulez le contrôler et le réprimer, il commencera à fonctionner à partir de votre inconscient - ce qui est bien plus dangereux, car il vous contrôlera encore, même si vous n'êtes absolument pas conscient de son contrôle. L'ennemi n'est plus visible, c'est tout, mais l'ennemi est là. Et quand l'ennemi est invisible, il est plus puissant.

...COMME ILS SONT SUBTILES, et COMME ILS SONT ELUSIFS ! LA TÂCHE EST DE LES FAIRE TAIRE.... Alors rappelez-vous, ils ne doivent pas être réprimés, ils ne doivent pas être attrapés. LA TÂCHE EST DE LES APAISER, ET EN LES DOMINANT, DE TROUVER LE BONHEUR.

C'est en les apaisant que l'on devient un dirigeant, et non en les dirigeant que l'on les apaise. Souvenez-vous de ce processus : il semble similaire, mais il ne l'est pas. Il est très très différent, diamétralement opposé en fait. Vous devez d'abord les apaiser, les calmer.

Et la façon de les calmer est simplement de regarder en silence, sans jugement, sans dire ceci est bon, cela est mauvais. Dès que vous dites "bon" et "mauvais", vous vous enfoncez dans le bourbier.

L'esprit vous a déjà attrapé, vous êtes déjà piégé.

Vous regardez simplement ! Vos professeurs de morale ne vous permettent pas de regarder. Vous vous asseyez et regardez simplement...

une pensée de tuer quelqu'un vient. Votre esprit apprécie la pensée de tuer quelqu'un. C'est une partie. Une autre partie de l'esprit dit : "C'est très mauvais, c'est un péché. Vous ne devriez même pas penser à une telle pensée, même y penser est un péché." C'est une autre partie de l'esprit. Vous vous identifiez à l'autre partie, la partie morale.

Vous dites : "C'est ma conscience." Ce n'est pas votre conscience : on vous l'a imposée. C'est la société qui vous contrôle de l'intérieur ; c'est une stratégie de la société pour vous contrôler. Vous ne savez pas ce qui est bien et ce qui est mal.

Sois innocent ! Regarde juste, regarde les deux. Une partie de l'esprit dit : "Tue cet homme, il t'a insulté !". Une autre partie de l'esprit dit, "C'est mauvais, c'est immoral.

Tu tomberas en enfer, tu souffriras dans ta prochaine naissance, tu seras puni pour cela."

Sachez bien que le second est aussi un esprit, et qu'il n'y a pas de choix possible entre deux fragments de l'esprit. Regardez les deux, appréciez les deux. Voyez la contradiction de l'esprit - ne vous identifiez à aucune partie.

Rappelez-vous, l'ego veut être identifié à la bonne partie, la partie morale. C'est beau : "Je suis contre le meurtre, regardez ! Je ne suis pas pour." Vous vous faites juste attraper par une autre partie de l'esprit. Vous êtes toujours un esclave. Vos pécheurs et vos saints, les deux sont des esclaves.

L'homme vraiment libre est libre à la fois du bien et du mal. Il est au-delà du bien et du mal. Il est juste la conscience et rien d'autre. Il observe simplement. Et si vous pouvez simplement observer sans être identifié, lentement, l'esprit se calme, et dans ce calme se trouve votre pouvoir. Un jour, lorsque le mental aura complètement disparu, sera devenu totalement immobile, vous serez le souverain.

AVEC LA PENSÉE UNIQUE, LE MAÎTRE APAISE SES PENSÉES. IL MET FIN À LEUR ERRANCE.

ASSIS DANS LA GROTTE DU CŒUR, IL TROUVE LA LIBERTÉ.

Et quand l'esprit n'est plus, où allez-vous ? Soudain, quand l'esprit n'est plus, vous entrez dans le cœur. Vous vous échappez de l'esprit, de l'emprise de la tête. Et alors le cœur, la grotte du cœur, est votre palais. L'esprit est un sous-produit de la société : le cœur est une extension de Dieu.

Cela n'est possible que si vous vous efforcez d'apaiser l'esprit, d'être conscient de l'esprit, d'être totalement vigilant, sans jugement et sans identification.

LE MAÎTRE APAISE SES PENSÉES. IL MET FIN À LEUR ERRANCE. ASSIS DANS LA GROTTE DU CŒUR, IL TROUVE LA LIBERTÉ.

La tête est un esclavage, le cœur la liberté. La tête est une misère, le cœur la félicité ultime.

AES DHAMMO SANANTANO.

Assez pour aujourd'hui.

Ni ceci ni cela

La première question :
Question 1 :
MAÎTRE BIEN-AIMÉ, QUELLE EST LA DIFFÉRENCE ENTRE VOUS ET LES AUTRES HOMMES-DIEUX ?

Sunil Sethi, je ne suis pas un dieu, je suis simplement Dieu - comme vous, comme les arbres, comme les oiseaux, comme les pierres. Je n'appartiens à aucune catégorie. Le terme "homme-dieu" est une catégorie inventée par les journalistes. Je n'appartiens tout simplement à aucune catégorie. Vous n'appartenez à aucune catégorie non plus. Toutes les catégories sont fausses. Plus vous allez profondément en vous-même, plus vous découvrirez que vous êtes tout simplement - ni ceci ni cela. Les voyants des Upanishads disent :

neti, neti - ni ceci ni cela. Aucune catégorie n'est applicable.

Il y a une belle histoire à propos de Bouddha :

Il était assis sous un arbre. Un astrologue s'est approché de lui - il était très perplexe, parce qu'il avait vu les empreintes du Bouddha sur le sable mouillé et il ne pouvait en croire ses yeux. Toutes les écritures qu'il avait étudiées toute sa vie lui avaient parlé de certains signes qui existent dans les pieds d'un homme qui dirige le monde - un chakravartin - un dirigeant des six continents, de la terre entière. Et il a vu dans les empreintes de pieds dans le sable humide sur la rive tous les symboles si clairement qu'il ne pouvait en croire ses yeux !

Soit toutes ses écritures étaient fausses et il perdait sa vie dans l'astrologie... sinon, comment était-il possible qu'un après-midi si chaud, dans un si petit village sale, un chakravartin vienne et marche pieds nus, sur le sable brûlant ?

Il a suivi les empreintes de pas, à la recherche de l'homme à qui ces empreintes appartenaient.

Il a trouvé le Bouddha assis sous un arbre. Il est encore plus perplexe. Le visage était celui d'un chakravartin - la grâce, la beauté, la puissance, l'aura - mais l'homme était un mendiant, avec une sébile !

L'astrologue toucha les pieds du Bouddha et lui demanda : "Qui êtes-vous, monsieur ? Vous m'avez laissé perplexe. Vous devriez être un chakravartin, un dirigeant du monde. Que faites-vous ici, assis sous cet arbre ? Soit tous mes livres d'astrologie sont faux, soit j'ai des hallucinations et vous n'êtes pas vraiment là."

Bouddha a dit : " Vos livres sont absolument justes - mais il y a quelque chose qui n'appartient à aucune catégorie, pas même à la catégorie d'un chakravartin. Je suis, mais je ne suis personne en particulier."

L'astrologue a dit : "Tu me laisses encore plus perplexe. Comment peux-tu être sans être personne en particulier ? Tu dois être un dieu qui est venu visiter la terre - je le vois dans tes yeux !"

Bouddha a dit : "Je ne suis pas un dieu."

L'astrologue a dit : "Alors tu dois être un gandharva - un musicien céleste."

Bouddha a répondu : "Non, je ne suis pas non plus un gandharva."

Et l'astrologue de continuer à demander : "Alors, es-tu un roi déguisé ? Qui es-tu ? Tu ne peux pas être un animal, tu ne peux pas être un arbre, tu ne peux pas être un rocher - qui es-tu exactement ?"

Et la réponse que le Bouddha a donnée est d'une immense importance à comprendre. Il a dit : "Je suis juste un bouddha - je suis juste la conscience, et rien d'autre. Je n'appartiens à aucune catégorie. Chaque catégorie est une identification et je n'ai pas d'identité."

Sunil Sethi, ma réponse est exactement la même : Je n'appartiens à aucune catégorie, et l'homme-dieu est une catégorie. Je suis simplement une conscience. Je suis simplement une vigilance. Et ce n'est pas quelque chose de spécial ; cela fait aussi partie de votre noyau le plus profond. Vous êtes aussi divin que n'importe qui d'autre - un Bouddha, un Krishna, un Christ. Vous êtes aussi divin que n'importe qui d'autre. Le plus haut et le plus bas, tous sont divins, car seul Dieu existe.

C'est la première chose à retenir : je n'appartiens à aucune catégorie.

Vous non plus n'appartenez à aucune catégorie. Êtes-vous hindou, mahométan, chrétien ? Êtes-vous noir ou blanc ? Ce sont des choses qui sont extérieures - vous n'êtes pas ces choses.

La conscience ne peut pas être noire et ne peut pas être blanche ; la conscience ne peut avoir aucune couleur.

Êtes-vous riche ou pauvre ? La conscience ne peut pas non plus être riche ou pauvre. Êtes-vous un homme ou une femme ? La conscience n'est ni un homme ni une femme.

La conscience est simplement la conscience ! Pour réaliser cela, il faut déclarer : "aham brahmasmi ! - Je suis Dieu !" Ce n'est pas une nouvelle catégorie. Quand quelqu'un déclare "Je suis Dieu !", ce n'est pas une nouvelle catégorie, c'est simplement la disparition de toutes les catégories. C'est exactement la signification du mot "Dieu".

Quand Mansoor dit, "ana'l haq ! - Je suis la vérité !", il dit la même chose. Il dit, "Je suis la conscience."

Je n'ai pas la prétention d'être un homme de Dieu - je ne le suis pas.

La deuxième chose : entre moi et les soi-disant hommes-dieux, il y a beaucoup de différences.

La plus fondamentale est que je suis favorable à la vie et qu'ils sont défavorables à la vie. J'aime la vie, ils la détestent. Je voudrais que vous vous enfonciez de plus en plus dans la vie ; ils voudraient que vous reculiez, que vous vous retiriez. Ils sont tous pour le renoncement, je suis pour la réjouissance. Pour moi, "Réjouissez-vous !" est le seul message. "Renoncer !" c'est s'échapper. Renoncer, c'est commettre un lent suicide. Réjouissez-vous ! et réjouissez-vous énormément. Ce n'est qu'alors que vous pourrez savoir ce qu'est Dieu.

À l'optimum de votre être, quand l'intensité est totale, quand vous ne retenez rien, quand vous dansez avec abandon, quand vous chantez si totalement que le chanteur disparaît dans le chant... quand vous aimez si infiniment qu'il n'y a plus d'amant derrière, vous devenez simplement l'énergie appelée amour, alors vous affirmez la vie. Et la vie EST Dieu.

Je suis une affirmation de la vie ; vos soi-disant hommes-dieux sont des négateurs de la vie. Et parce que, fondamentalement, la vie ne peut être niée - vous êtes la vie, comment pouvez-vous la nier ? - ils créent l'hypocrisie. C'est inévitable. Vos soi-disant hommes-dieux, à travers les âges, ont créé de l'hypocrisie.

Ils ne vous permettent pas d'être authentique. Ils ne vous permettent pas d'être naturel - comment peuvent-ils vous permettre d'être authentique ? Ils créent une division en vous.

Ils sont à l'origine de toutes les schizophrénies, et l'humanité entière souffre de schizophrénie. Les différences entre la schizophrénie d'une personne et celle d'une autre ne sont que des degrés. Vous êtes divisés ! Qui vous a fait ce mal ? Vos soi-disant dieux, vos soi-disant saints, vos soi-disant mahatmas. Ils sont à l'origine de toute votre misère car leur enseignement même est "Niez la nature ! Combattez la nature ! Allez à l'encontre du courant ; poussez la rivière !" Et vous faites partie de la nature, juste une vague dans la rivière - comment pouvez-vous vous battre avec la nature ? En vous battant, vous serez vaincu. Si vous êtes une personne sincère, vous deviendrez fou ; si vous n'êtes pas encore fou, cela montrera simplement que vous n'êtes pas une personne sincère. Vous dites une chose et vous en faites une autre.

J'ai entendu :

Un sodomiste s'est vu attribuer une chambre dans un hôtel avec un autre homme, qui, lui a assuré le commis de la chambre, n'était pas opposé à un combat, mais que pour la forme il pourrait se débattre. "Mais ne faites pas attention à lui. Vas-y, il aime ça."

Le lendemain matin, le sodomiste est descendu et le greffier lui a demandé comment il s'était débrouillé. "C'était assez facile", a-t-il répondu. "Il ne s'est pas débattu du tout."

"Mon Dieu !" dit le greffier, "Je vous ai mis dans la mauvaise chambre. C'était l'archevêque !"

Cela doit arriver. L'hypocrisie est un sous-produit naturel de tous vos pseudo-dieux.

Et ils ne peuvent être que pseudo ! Si quelqu'un a réalisé Dieu, il n'est pas un homme-dieu - il est simplement Dieu ! Pourquoi "homme-dieu" ? Et il sait que non seulement il est Dieu mais que tout le monde est Dieu. Quand il dit "Je suis Dieu", il n'utilise pas ce mot dans un sens comparatif. Il ne dit pas : "Je suis plus saint que toi". Il dit simplement : "Je suis ce que vous êtes, mais je suis conscient et vous ne l'êtes pas encore." La différence n'est pas dans nos qualités, dans nos êtres, mais seulement dans notre conscience. Vous avez le même trésor que moi, mais je suis tombé dessus et vous êtes encore en train de chercher et de tâtonner. Tôt ou tard, vous le trouverez.

Si vous continuez à chercher, vous le trouverez forcément, car il est là. Combien de temps pouvez-vous continuer à manquer ? Même dans l'obscurité la plus profonde, si vous le cherchez, vous le trouverez forcément.

Quand je dis que je suis Dieu, je déclare simplement que l'humanité entière est divine. Je déclare simplement que tous les êtres humains sont divins ; je déclare simplement que tout ce qui existe est divin. Un homme-dieu, un soi-disant homme-dieu, déclare qu'il est Dieu et que vous êtes des pécheurs. Il crée un nouveau type de supériorité, une nouvelle hiérarchie. Et son secret de fabrication consiste à vous faire sentir coupable. Et plus vous vous sentez coupable, plus vous êtes sous son emprise.

Comment vous faire sentir coupable ? Il suffit de condamner les choses naturelles et cela commencera à se produire.

Condamnez le sexe - vous aurez des désirs sexuels qui surgiront et vous vous sentirez coupable. Condamnez la nourriture... condamnez tout ce qui est un penchant naturel en vous.

Le ministre en croisade fait une descente à la fête de l'échangisme et compte bien mettre fin à ces agissements. Lorsqu'il sonne, l'homme de la maison arrive et ne semble pas gêné.

Le ministre dit : "On m'a dit que vous aviez une fête ici ce soir."

"Nous le faisons", dit l'homme. "Nous jouons aux devinettes en ce moment. Les femmes ont les yeux bandés et essaient de deviner le nom des hommes en touchant leur queue. Vous devriez entrer, Révérend, votre nom a déjà été deviné huit fois !"

Tout le sacerdoce, à travers les âges, n'a prouvé qu'une seule chose : on ne peut pas lutter contre la nature. Bien qu'il existe un moyen de la dépasser - mais ce moyen ne va pas contre elle ; il la traverse.

C'est ma première et plus fondamentale différence : J'affirme la vie telle qu'elle est. Cela ne signifie pas qu'il n'y a pas de croissance possible au-delà de la vie - les possibilités de croissance sont immenses - mais toute croissance doit être fondée sur un amour profond et passionné de la vie.

C'est seulement en faisant l'expérience de la vie que la transcendance se produit.

Je voudrais que vous alliez au-delà du sexe, mais je ne condamne pas le sexe. Le sexe est un désir naturel, et il est bon à sa place. Mais il ne faut pas s'y arrêter ; ce n'est qu'un début, un aperçu - un aperçu de l'au-delà. Dans l'orgasme sexuel profond, vous prenez conscience pour la première fois de quelque chose qui n'est pas de l'ego, de quelque chose qui n'est pas du mental, de quelque chose qui n'est pas du temps. Dans l'orgasme profond, le mental, le temps, tout disparaît ; le monde entier s'arrête pour un instant. Pendant un instant, vous ne faites plus partie du monde matériel ; vous n'êtes qu'un espace pur.

Mais ce n'est qu'un aperçu - et à un coût élevé. Vous devez aller de l'avant. Vous devez chercher et chercher des moyens pour que cet aperçu devienne votre état véritable. C'est ce que j'appelle la réalisation, l'illumination. Une personne éclairée est dans un état de joie orgasmique vingt-quatre heures sur vingt-quatre. Ce que la personne sexuelle n'atteint qu'une fois de temps en temps, au prix d'un grand effort, l'homme spirituel l'atteint sans aucun effort et sans aucun gaspillage. L'homme spirituel vit simplement là ; sa demeure se trouve sur ces sommets ultimes. Vous ne voyez ces sommets que depuis des milliers de kilomètres.

Je ne suis pas contre le sexe, car le sexe est la première fenêtre sur l'existence spirituelle. Je ne suis pas contre la nourriture, parce que je ne suis pas contre toute forme de plaisir. Il y a toutes sortes d'expériences que vous rencontrerez en profitant des choses - la nourriture, l'amour, la musique, la danse, la nature... c'est seulement en profitant de toutes ces choses que vous allez, lentement, prendre conscience de l'invisible.

C'est pour cette raison que les Upanishads disent : annam brahma - la nourriture est Dieu. Une déclaration extrêmement significative : la nourriture et Dieu ? devenus synonymes ? - annam Brahma. La nourriture est Dieu ? Que disent-ils ? Ces gens savaient, ils savaient ce qu'ils disaient - le goût de la nourriture est le goût de Dieu. Le goût de n'importe quelle joie est le goût de Dieu - aussi éloigné soit-il, aussi réfléchi soit-il.

La lune qui se reflète dans le lac est toujours une réflexion de la lune, même si vous ne la trouverez pas dans le lac. Si vous sautez dans le lac, vous ne ferez que perturber le reflet et vous n'y trouverez pas la lune. Le reflet n'est pas la lune, le reflet reflète la lune. Et si tu es un peu intelligent, tu ne sauteras pas dans le lac, tu regarderas dans le ciel où se trouve la vraie lune.

Dieu se reflète lorsque vous appréciez la nourriture. Dieu se reflète dans le plaisir du sexe. Dieu se reflète dans mille et un lacs de la vie. Prenez la clé du reflet, prenez l'indication, l'indice, et commencez à vous diriger vers l'original.

C'est ma différence fondamentale. Je ne suis pas contre la vie ou tout ce que la vie implique - ni le sexe, ni la nourriture, ni le corps, ni les plaisirs corporels. Je ne suis pas opposé au confort, je ne suis pas non plus contre le luxe.

L'autre jour, il y avait une question. Quelqu'un a demandé - ce doit être un nouvel arrivant et un Indien - il a demandé : " N'êtes-vous pas un hypocrite ? Pourquoi vivez-vous dans le luxe ?"

Il ne connaît pas le sens du mot "hypocrite". Je suis peut-être la seule personne au monde à ne pas être un hypocrite.

Un hypocrite est quelqu'un qui dit une chose et en fait une autre. Un hypocrite est une personne dont la vie intérieure et la vie extérieure sont différentes - non seulement différentes mais diamétralement opposées. Je ne suis pas contre le luxe, alors pourquoi serais-je un hypocrite ? Je ne suis pas contre le confort - je ne suis pas masochiste, c'est tout. Je ne crois pas à la torture, ni à celle des autres. Je ne crois pas à la torture.

Je voudrais que la terre entière vive dans le luxe. Certes, je sais qu'aujourd'hui ce n'est pas le cas. La terre entière ne reçoit même pas le minimum vital. Mais je ne vais pas me torturer à cause de cela, car cela ne va pas non plus les aider. S'il y a mille personnes dans la misère, il y aura mille et une personnes dans la misère - c'est tout.

Je ne crois pas à la misère. Et je ne mène pas une double vie. Ma vie est très simple - simple dans le sens où elle a une sorte d'intégrité. Je fais ce que je dis. Je crois au luxe ; pour moi, la religion est la forme la plus élevée du luxe. Si je ne peux pas faire vivre tout le monde dans le luxe, je peux au moins réussir à y vivre moi-même. Sinon, les gens me diront : "Médecin, guéris-toi d'abord toi-même".

Mais ces soi-disant hommes de Dieu, ils vivent tous dans le luxe et ils sont tous contre le luxe. Ce sont des hypocrites ! Ils parlent de la pauvreté et de la spiritualité de la pauvreté, et ils vivent tous dans le luxe - ce sont des hypocrites.

Je déteste la pauvreté ! Je ne respecte pas la pauvreté, je n'apprécie pas la pauvreté. C'est par stupidité que les gens sont pauvres ; c'est par esprit superstitieux que les gens sont pauvres. Les gens n'ont pas besoin d'être pauvres. C'est à cause de milliers d'années d'enseignement selon lequel la pauvreté a quelque chose de spirituel que les gens sont pauvres.

Un très célèbre penseur allemand, le comte Keyserling, est venu en Inde. Il a écrit un journal pendant son voyage en Inde. Dans son journal, il note de nombreuses choses significatives. Il a notamment écrit : "En visitant l'Inde, j'ai pris conscience de deux choses. L'une : qu'être pauvre, c'est être spirituel ; et l'autre : qu'être malade, affamé, laid, c'est être saint."

Je n'enseigne pas ces choses. Je voudrais que toute ma commune vive dans le plus grand confort possible. La commune doit devenir un modèle - un modèle pour le monde entier. Mes sannyasins doivent vivre dans toute la joie possible : physique, psychologique, spirituelle.

Les joies du corps, les joies de l'esprit et les joies de l'âme doivent toutes être vécues dans une telle harmonie que le quatrième homme naît de cette harmonie.

C'est pourquoi je dis : Soyez scientifique, soyez esthétique, et soyez religieux. A partir de ces trois dimensions, de la rencontre de ces trois rivières, la quatrième sera créée. Et la quatrième est ma voie.

Toute approche non naturelle de la vie crée des complexités, des pathologies.

Cela ne rend pas les gens sains d'esprit, cela les rend fous.

Patient dans le bureau du psychiatre : "Docteur, il faut que vous m'aidiez. Je n'arrête pas de rêver de nourriture, de rêver continuellement de nourriture."

Docteur : "Vous ne rêvez jamais de filles ?"

Patient : "Oui, mais je continue à verser du ketchup dessus."

Maintenant, si vous faites en sorte que quelqu'un se sente coupable de sa nourriture - c'est ce que font les soi-disant religieux - alors il va commencer à rêver de nourriture. Or, manger est sain, nourrissant, bon ;

en rêver est laid et pathologique. Rêver de nourriture signifie simplement que vous privez en quelque sorte votre corps de ce dont il a besoin.

Qui rêve de nourriture ? Seule une personne qui réprime son désir de nourriture. Vous pouvez essayer : jeûnez pendant un jour et voyez ce qui se passe..... Toute la journée, vous penserez à la nourriture ; de partout, l'esprit reviendra sans cesse à l'idée de nourriture. Et la nuit, vous rêverez forcément de nourriture.

Refoulez le sexe et vous rêverez de sexe. Refoulez n'importe quoi et vous commencerez à devenir pathologique. Un homme vraiment sain n'a pas de rêves - il n'a rien à rêver. Il vit totalement chaque instant ; il ne réprime jamais rien. Par conséquent, son inconscient reste totalement vide et propre. Refoulez, et votre inconscient s'encombre de meubles inutiles. Et dans les rêves, vous êtes obligé de faire face à votre inconscient. Vous devez l'affronter ; dans le sommeil profond, vous devez le traverser. Il crée une agitation tout au long de votre vie.

Je suis une personne qui aime la vie. J'aime énormément la vie, et c'est mon enseignement. Les soi-disant hommes-dieux sont tous contre la vie ; ils créent une humanité pathologique.

Deuxièmement, ils sont tous de l'autre monde ; je suis de ce monde. Non pas que je ne croie pas à l'autre monde - il n'est pas question d'y croire ; je sais qu'il existe - mais il ne faut pas s'en inquiéter. S'inquiéter ne sert à rien. L'autre monde va naître de ce monde. Rendez cette vie belle, vivez-la de la manière la plus sensible possible, et l'autre monde en naîtra. Il sera bien plus beau que celui-ci si vous parvenez à le rendre beau.

Le Bouddha dit juste dans les premiers sutras que si cette vie est belle, l'autre va être encore plus belle. Mais si vous pensez à l'autre vie, si vous vous projetez dans l'autre vie, si vous rêvez de l'autre vie, la vie après la mort, vous allez rendre cette vie si laide, si mal à l'aise, que l'autre deviendra encore plus laide.

Vous n'avez pas besoin de penser au lendemain, le présent se suffit à lui-même. Vivez ce jour avec une telle joie et une telle extase... d'où viendra le lendemain ? Il naîtra de cette extase, il sera encore plus extatique. Et alors vous avez la clé - la clé qui ouvre toutes les portes de la vie.

Vivez le moment présent ! Je crois au moment présent. Ces

hommes-dieux, ils parlent de l'autre vie, de la vie après la mort, du paradis et de l'enfer - tout cela est absolument inutile. Les gens sont déjà bien trop perplexes ; ne les perdez pas davantage.

Mon enseignement est très simple, très précis : vivre le moment présent, mourir au passé, ne pas projeter d'avenir... profiter du silence, de la joie, de la beauté, de ce moment. Et c'est de cela que naîtra la vie. Il vient de lui-même. Comme le dit Bouddha : Tout comme l'ombre vous suit, le futur vous suit. Si votre présent est laid, l'avenir sera l'enfer ; si votre présent est beau, l'avenir sera le paradis.

Troisièmement, jusqu'à présent, ces soi-disant hommes-dieux ont divisé l'humanité en hindous, chrétiens, mahométans, jaïnas, sikhs et parsis... Il existe trois cents religions sur terre et au moins trois mille sectes au sein de ces trois cents religions. Ces hommes-dieux ont créé la haine parmi les gens. Ils parlent d'amour, mais ils créent un contexte dans lequel seule la guerre se produit. Les religions se sont battues entre elles, se sont détruites, se sont assassinées, se sont massacrées. Plus de sang a été versé au nom de la religion qu'au nom de toute autre chose. Même la politique n'est pas aussi criminelle que vos prétendues religions.

Maintenant, tous vos parrains sont soit des hindous, soit des mahométans, soit des chrétiens. Je ne suis ni un hindou ni un chrétien, je ne suis personne. Et j'aide les gens à devenir des moins que rien. J'aide les gens à se libérer de toutes ces absurdités. Il suffit d'être - il n'est pas nécessaire d'être un mahométan, un hindou ou un chrétien. Il n'est pas nécessaire d'aller dans un temple, une mosquée ou une église. L'existence entière est leur temple, et les arbres sont continuellement en adoration, et les nuages sont en prière, et les montagnes sont en méditation... commencez simplement à regarder autour de vous.

Regardez avec justesse ! Regardez sans croyance dans vos yeux, regardez sans préjugés, et vous trouverez Dieu. Vous ne pouvez pas le manquer car il est partout ! Il n'est pas comme une cible que l'on peut manquer ; frappez n'importe où et vous le trouverez, car il est partout. Il est impossible de le manquer. Tout ce dont vous avez besoin, c'est d'un cœur innocent. Mais un hindou ne peut pas être innocent, un mahométan ne peut pas être innocent. Il est plein d'ordures : plein de théories, de théologies, plein de connaissances empruntées - c'est ce que j'appelle des ordures.

Je ne dis pas que Mahomet n'a pas raison, je ne dis pas que Bouddha n'a pas raison ; sinon, pourquoi devrais-je parler de Bouddha, de Mahomet, du Christ ? Ils sont vrais, mais leur vérité ne peut pas être votre vérité - vous devrez la trouver par vous-même. La vérité ne peut être empruntée, la vérité est intransmissible ; elle ne fait jamais partie de votre patrimoine. Vous devez chercher et chercher par vous-même ; elle doit toujours être individuelle.

Ma vérité est ma vérité. C'est mon expérience. Je peux en parler, je peux chanter des chansons à sa louange, je peux la danser. Je peux vous montrer mon extase - mais pourtant, ce qui a été vécu reste inexprimé. Aucune écriture n'a été capable de l'exprimer. Toutes les écritures sont des efforts pour l'exprimer, mais tous les efforts ont échoué : la vérité est inexprimable.

Les écritures montrent simplement la compassion des personnes qui ont atteint le but, mais elles ne prouvent pas que cette compassion a réussi à exprimer la vérité.

Rabindranath était mourant et quelqu'un lui a dit : "Tu devrais être heureux, content et reconnaissant envers Dieu - tu es le plus grand poète que la terre ait jamais connu. Tu as écrit six mille poèmes, personne d'autre ne l'a fait. Même Shelley, qui est considéré comme le plus grand poète de l'Occident, n'a écrit que deux mille chansons. Tu es trois fois grand !"

Mais les larmes ont commencé à couler des yeux de Rabindranath. L'homme était perplexe ; il n'arrivait pas à comprendre pourquoi Rabindranath pleurait. Il lui dit : "Pourquoi pleures-tu ? Sois reconnaissant envers Dieu ! Il a rempli ta vie. Tu as atteint tout ce à quoi on aspire."

Rabindranath a dit : "Je n'ai rien atteint ! Ces six mille chansons sont la preuve de mon échec." Ecoutez attentivement. Rabindranath dit : "Ces six mille chansons sont la preuve de mon échec. J'essayais de dire quelque chose, mais je n'ai pas été capable de le dire. Chaque fois que j'ai essayé, j'ai échoué. J'ai essayé encore et encore et encore, six mille fois j'ai essayé, et j'ai échoué. La chanson que j'étais venu chanter n'est toujours pas chantée. Je l'emporte avec moi."

C'est le cas d'un Bouddha, d'un Mahomet, d'un Zarathoustra - de tous ceux qui ont connu. On ne peut pas être à la fois croyant et religieux. Si vous voulez être religieux, vous devez abandonner toute croyance. C'est ma troisième différence fondamentale.

Je vous enseigne à être religieux, mais pas croyants. Vous devez être des enquêteurs, des explorateurs. Vous ne pouvez pas considérer les choses comme allant de soi : parce que tant de gens le disent, cela doit être vrai.

La vérité doit devenir votre propre expérience - vous devez en être le témoin. Et dès que vous en serez témoin, vous ne pourrez plus dire que vous êtes un hindou, un mahométan ou un chrétien. Ce sont toutes des philosophies, des conjectures, des théologies, de la logique, des calculs, de l'intelligence - mais l'expérience est absente.

Toute mon approche est existentielle, expérientielle. Je ne vous donne aucun dogme, je n'essaie pas de vous donner une certaine doctrine. Au contraire, j'essaie de vous enlever toutes les doctrines. Je voudrais que vous soyez totalement vides de doctrines, de croyances et de préjugés.

Dans ce vide, vous êtes Dieu - autant que je le suis, autant que Bouddha l'est. Ce vide ouvre les portes de votre divinité.

Je ne suis pas un dieu. Je suis aussi ordinaire que vous, que tout le monde ; aussi ordinaire ou aussi extraordinaire - cela signifie la même chose. Je ne suis supérieur à personne et je ne suis inférieur à personne. Personne n'est supérieur et personne n'est inférieur. Nous appartenons à une seule réalité - comment pouvons-nous être inférieurs et supérieurs ?

La deuxième question :

Question 2 :

MAÎTRE BIEN-AIMÉ,

IL Y A UNE QUESTION À LAQUELLE JE N'AI JAMAIS PU OBTENIR DE RÉPONSE. C'EST UNE QUESTION STUPIDE ET POURTANT J'AI L'IMPRESSION QUE JE VEUX TELLEMENT CONNAÎTRE LA RÉPONSE.

POUVEZ-VOUS NOUS DIRE QUEL EST LE BUT DE LA CRÉATION, POURQUOI LA VIE EXISTE, POURQUOI TOUT EXISTE ? JE NE CROIS PAS AUX ACCIDENTS.

Prem Patrick, la question est certainement stupide, vous avez tout à fait raison à ce sujet. Et il est impossible de répondre à cette question. Quiconque y répondra ne fera que créer d'autres questions en vous. Vous n'avez pas été en mesure d'obtenir une réponse parce qu'il n'y en a pas. La vie est un mystère - d'où l'impossibilité de répondre à cette question. Vous ne pouvez pas demander "Pourquoi ?" Si vous répondez à la question "Pourquoi ?", la vie n'est plus un mystère.

C'est là tout l'effort de la science : détruire le mystère de la vie. Et le moyen est de trouver la réponse à chaque pourquoi. Et la science croit - bien sûr, avec arrogance et ignorance - qu'un jour elle sera capable de répondre à tous les pourquoi. Ce n'est pas possible. Même si nous répondons à tous les pourquoi, l'ultime pourquoi restera : Pourquoi la vie existe-t-elle ? Quel est le sens de l'existence ? Quel est le but de tout cela ? Cette question est ultime - il est impossible d'y répondre.

Si quelqu'un vous donne une réponse, cela ne fera que créer une autre question. Si quelqu'un dit... par exemple, ces réponses ont été données - quelques personnes croient que Dieu a créé le monde parce qu'il voulait aider l'humanité. Maintenant, quel genre de réponse est-ce ? Il a créé l'humanité pour aider l'humanité. Quel était le besoin de créer ? Quelques autres disent que Dieu a créé le monde parce qu'il se sentait très seul. Si Dieu aussi se sent très seul, alors il n'y a aucune possibilité que quelqu'un devienne un jour un bouddha.

Et soudain, Dieu a commencé à se sentir seul - que faisait-il avant de créer le monde ? Pendant l'éternité, il était resté seul...puis soudain, un jour, un matin, il est devenu fou, ou quoi ? Tout à coup, il a commencé à se sentir seul après le petit-déjeuner ! Et quel besoin y avait-il de créer le monde entier ? Une seule femme aurait suffi !

Et maintenant, comment se sent-il aujourd'hui ? Trop de monde ? Trop sur la place du marché ? Il doit avoir l'intention de détruire le monde bientôt. De quel genre de Dieu parlez-vous ? Votre Dieu est-il une personne qui peut se sentir seule ?

Ce sont des réponses insensées à des questions insensées.

Puis il y a quelques personnes qui disent que c'est le jeu de Dieu - son leela. Ne peut-il pas s'asseoir en silence ?

Et de quel genre de jeu s'agit-il ? Adolf Hitler et Mussolini et Joseph Staline et Mao Zedong, Genghis Khan, Tamerlane, Nadirshah... le jeu de Dieu ? Des millions de personnes sont massacrées et c'est le jeu de Dieu ? Six millions de juifs tués par Adolf Hitler et Dieu joue à un jeu ? Pourquoi ne joue-t-il pas au golf ? ou aux échecs ? Pourquoi torturer les gens ? Tant de misère dans le monde, et ces imbéciles continuent à dire que c'est le jeu de Dieu ? Des enfants naissent paralysés, aveugles, sourds, muets... C'est le jeu de Dieu ? Quel genre de Dieu est-ce là ? Soit il est fou, soit il n'est pas Dieu du tout, du moins pas pieux. Il doit être très mauvais.

Or, ces réponses n'aident pas - elles créent d'autres questions. Patrick, je ne peux dire que ceci : la vie n'a pas de but, ne peut pas avoir de but.

Tous les buts sont dans la vie. Oui, une voiture a un but ; elle peut vous emmener d'un endroit à un autre. Et la nourriture a un but ; elle peut vous nourrir, vous maintenir en vie. Une maison a un but ; elle peut vous donner un abri quand il pleut ou quand il fait chaud. Et les vêtements ont un but.... Tous les buts sont dans la vie, mais la vie elle-même ne peut pas avoir de but car elle n'est pas un moyen d'atteindre une fin. Une voiture est un moyen, une maison est un moyen.

La vie n'a pas de but, la vie ne va nulle part. La vie est simplement là ! Elle n'a jamais été créée - oubliez cette idée de création. Cela crée de nombreuses questions stupides dans l'esprit. Elle n'a jamais été créée, elle a toujours été là, et elle sera toujours là - sous différentes formes, de différentes manières, la danse continuera. Elle est éternelle. Aes dhammo sanantano - ainsi est la loi ultime.

Il n'y a pas de but - c'est la beauté de la vie ! S'il y avait un but, alors la vie ne serait pas si belle. Alors il y aurait une motivation, alors ce serait du business, alors ce serait très sérieux. Regardez les roses, les lotus et les lys - quel but ? Le lotus dans le soleil du matin qui s'ouvre, et le coucou qui commence à appeler... Quel but ? N'est-ce pas intrinsèquement beau ? Tout doit-il avoir un but en dehors de lui-même ?

La vie est intrinsèquement belle. Elle n'a pas de but extrinsèque, elle n'a pas d'objectif. Elle est juste comme le chant d'un oiseau dans l'obscurité de la nuit, ou le son de l'eau, ou le son du vent passant à travers les pins.....

L'homme est orienté vers un but parce que votre esprit est orienté vers un but. Il crée des questions comme celle-ci :

"Quel est le but de la vie ?" Il doit y avoir un but. Mais si quelqu'un dit : " Ceci est le but de la vie ", alors vous demanderez : " Quel est le but de ce but ? Pourquoi devrions-nous l'atteindre ?

A quoi cela va-t-il servir ?" Et puis quelqu'un dit : " C'est le but de ce but. " La même question se pose à nouveau, et vous tombez dans une régression, à l'infini.

Vous me demandez : "Pouvez-vous nous dire quel est le but de la création ?"

Le monde n'a jamais été créé. Le mot "création" n'est pas juste. Il a toujours été là, il est éternel. Il n'y a pas de créateur. Dieu n'est pas le créateur du monde : Dieu est l'énergie créatrice même de l'existence - une créativité plutôt qu'un créateur. Il n'est pas le poète mais la poésie, pas le danseur mais la danse, pas la fleur mais le parfum.

Vous me demandez : "Pourquoi la vie existe-t-elle ?"

Ces questions ont l'air très philosophiques, et peuvent vous torturer beaucoup, mais elles sont absurdes. C'est comme demander : "Quel est le goût de la couleur verte ?" C'est sans intérêt. La couleur verte n'a pas de goût ; la couleur et le goût ne sont pas du tout liés. "Pourquoi la vie existe-t-elle ?" Il suffit de regarder les mots : "vie" et "existence" signifient la même chose ; c'est une tautologie. Si vous demandez : Pourquoi la vie existe-t-elle ? alors ce sera clair pour vous. Mais lorsque vous demandez : " Pourquoi la vie existe-t-elle ? ", le langage vous trompe.

Vous vous demandez : Pourquoi la vie est-elle la vie ? Vous vous demandez : Pourquoi une rose est une rose ? Seriez-vous satisfait si la rose était un souci ? Alors vous demanderiez : pourquoi un souci est un souci ? Comment allez-vous être satisfaits ?

Si la vie n'existe pas, serez-vous satisfait ? Imaginez-vous sans corps, sans esprit, un fantôme, posant la question : Pourquoi la vie n'existe-t-elle pas ? Qu'est-il arrivé à la vie ? Pourquoi a-t-elle disparu ? La même question persistera et vous persécutera.

La vie est un mystère. Il n'y a pas de pourquoi, pas de but, pas de raison. C'est simplement ici. A prendre ou à laisser, mais elle est simplement là. Et quand elle est là, pourquoi ne pas la prendre ? Pourquoi perdre son temps à philosopher ? Pourquoi ne pas danser, chanter, aimer et méditer ? Pourquoi ne pas aller de plus en plus loin dans cette chose appelée "vie" ? Peut-être qu'au bout du compte, vous connaîtrez la réponse. Mais la réponse arrive d'une telle manière qu'elle ne peut être exprimée. C'est comme le goût du sucre pour un homme muet. C'est doux - il sait que c'est doux, mais il ne peut pas le dire.

Les bouddhas savent mais ils ne peuvent pas dire. Et les idiots ne savent pas et ils continuent à dire, et ils continuent à vous donner des réponses. Les idiots sont très intelligents de cette façon - ils trouvent, fabriquent et produisent des réponses. Posez n'importe quelle question et ils vous répondront.

Lorsque Gautama le Bouddha se déplaçait dans son pays d'un endroit à un autre, quelques-uns de ses disciples le précédaient et déclaraient dans la ville : "Bouddha arrive, mais ne posez pas ces onze questions." Et l'une de ces onze questions était :

Pourquoi la vie existe-t-elle ? et une autre question : Qui a créé le monde ? Dans ces onze questions, toute la philosophie est contenue. En fait, si vous laissez tomber ces onze questions, il ne reste rien à demander.

Le Bouddha disait que ce sont des questions inutiles. Il est impossible d'y répondre - non pas parce que personne ne connaît la réponse. Elles sont impossibles à répondre de par la nature même des choses.

Un grand philosophe, Maulingaputta, est venu voir Bouddha, et il a commencé à poser des questions... questions après questions. Il devait être une incarnation de Patrick ! Bouddha a écouté en silence pendant une demi-heure. Maulingaputta a commencé à se sentir un peu gêné parce qu'il ne répondait pas, il était simplement assis là, souriant, comme si rien ne s'était passé, et il avait posé des questions si importantes, si significatives.

Finalement, Bouddha a dit : "Veux-tu vraiment connaître la réponse ?"

Maulingaputta répondit : " Sinon, pourquoi serais-je venu vous voir ? J'ai parcouru au moins mille kilomètres pour te voir. " Et rappelez-vous, à cette époque, mille kilomètres, c'était vraiment mille kilomètres ! Ce n'était pas sauter dans un avion et arriver en quelques minutes ou en quelques heures. Mille kilomètres, c'était mille kilomètres. C'est avec un grand désir, avec un grand espoir qu'il était venu. Il était fatigué, las du voyage, et il a dû suivre Bouddha parce que Bouddha lui-même voyageait continuellement.

Il a dû arriver à un endroit et les gens ont dit : "Oui, il était là il y a trois mois.

Il est allé au nord" - il doit donc avoir voyagé vers le nord.

Lentement, lentement, il se rapprochait de plus en plus et puis le jour est venu, le grand jour, où les gens ont dit : "Hier matin encore, il est parti ; il n'a dû atteindre que le prochain village. Si tu te précipites, si tu cours, tu pourras peut-être le rattraper." Et puis un jour, il l'a rattrapé, et il était si joyeux qu'il a oublié tout son pénible voyage et il a commencé à poser toutes les questions qu'il avait prévues tout au long du chemin, et Bouddha a souri et s'est assis là et a demandé : "Voulez-vous vraiment avoir la réponse ?"

Maulingaputta dit : " Alors pourquoi ai-je voyagé si longtemps ? La souffrance a été longue - il semble que j'aie voyagé toute ma vie, et vous demandez : " Voulez-vous vraiment la réponse ? " Bouddha répondit : " Je demande à nouveau : Voulez-vous vraiment la réponse ? Dites oui ou non, car beaucoup de choses en dépendront. "

Maulingaputta a dit : "Oui !"

Le Bouddha a alors dit : "Pendant deux ans, restez assis en silence à mes côtés - sans poser de questions, sans parler. Restez assis en silence à mes côtés pendant deux ans. Et après deux ans, tu pourras demander tout ce que tu veux demander, et je te promets que je te répondrai."

Un disciple, un grand disciple de Bouddha, Manjushree, qui était assis sous un autre arbre, se mit à rire si fort qu'il se mit presque à rouler sur le sol. Maulingaputta a dit : "Qu'est-il arrivé à cet homme ? Tout à coup, vous me parlez, vous ne lui avez pas dit un seul mot, personne ne lui a rien dit - est-ce qu'il se raconte des blagues à lui-même ?".

Bouddha a dit : "Vas-y et demande-lui."

Il a demandé à Manjushree. Manjushree a répondu : "Monsieur, si vous voulez vraiment poser la question, posez-la maintenant - c'est sa façon de tromper les gens. Il m'a trompé. J'étais un philosophe stupide tout comme vous. Sa réponse était la même quand je suis arrivé ; vous avez parcouru mille miles, j'en ai parcouru deux mille."

Manjushree était certainement un grand philosophe, plus connu dans le pays. Il avait des milliers de disciples. Lorsqu'il est venu, il était venu avec mille disciples - un grand philosophe venant avec ses disciples.

"Et Bouddha a dit : "Asseyez-vous en silence pendant deux ans. Et je me suis assis en silence pendant deux ans, mais alors je ne pouvais pas poser une seule question. Ces jours de silence... lentement, toutes les questions se sont évanouies. Et je vais vous dire une chose : il tient sa promesse, c'est un homme de parole. Après exactement deux ans - j'avais complètement oublié, j'avais perdu la notion du temps, car qui se soucie de se souvenir ? Au fur et à mesure que le silence s'approfondissait, je perdais la notion du temps.

"Quand deux années se sont écoulées, je n'en avais même pas conscience. Je profitais du silence et de sa présence. Je m'abreuvais de lui. C'était tellement incroyable ! En fait, au fond de mon cœur, je n'ai jamais voulu que ces deux années se terminent, parce qu'une fois qu'elles étaient terminées, il disait : 'Maintenant, donne ta place à quelqu'un d'autre pour qu'il s'assoie à mes côtés, tu t'éloignes un peu. Maintenant, tu es capable d'être seul, tu n'as plus autant besoin de moi". Tout comme la mère déplace l'enfant lorsqu'il peut manger et digérer et qu'il n'a plus besoin d'être nourri au sein. Donc, dit Manjushree, j'espérais simplement qu'il oublierait ces deux années, mais il s'en est souvenu - exactement après deux ans, il a demandé : "Manjushree, maintenant tu peux poser tes questions". J'ai regardé à l'intérieur ; il n'y avait pas de question et pas de questionneur non plus - un silence total. J'ai ri, il a ri, il m'a tapoté le dos et m'a dit : "Maintenant, va-t'en".

" Alors, Maulingaputta, c'est pour cela que je me suis mis à rire, parce que maintenant il nous joue encore le même tour. Et cette pauvre Maulingaputta va rester assise pendant deux ans en silence et sera perdue à jamais, ne pourra jamais poser une seule question. Alors j'insiste, Maulingaputta, si vous voulez vraiment demander, DEMANDEZ MAINTENANT !"

Mais Bouddha a dit : "Mes conditions doivent être remplies."

Et, Patrick, je te réponds de la même manière : remplis ma condition - médite, assieds-toi en silence, sois simplement ici, et toutes les questions disparaîtront. Je ne suis pas intéressé à vous répondre, je suis intéressé à dissoudre vos questions. Et lorsque toutes les questions disparaissent, le questionneur disparaît également - il ne peut exister sans questions. Quand il n'y a pas de question et pas de questionneur, quelle félicité, quelle extase ! Vous ne pouvez pas imaginer, vous ne pouvez pas rêver, vous ne pouvez pas comprendre en ce moment. Alors tout le mystère de la vie s'ouvre, mystères sur mystères... il n'y a pas de fin à cela.

La troisième question :

Question 3 :

MAÎTRE BIEN-AIMÉ, J'AI ENTENDU DE NOMBREUX SAINTS SPIRITUELS DANS MA VIE - POURQUOI PARLENT-ILS TOUS UNE LANGUE TRÈS DIFFICILE ?

Kamla Kant, ils sont obligés, car ils ne savent rien. S'ils parlent un langage simple comme celui que je vous parle, le langage de tous les jours, ils ne pourront pas cacher leur ignorance. Derrière le camouflage de grands mots, ils peuvent cacher leur ignorance ; c'est l'un des secrets du métier. Et les gens sont si stupides que s'ils ne peuvent pas comprendre ce qu'on leur dit, ils pensent que cela doit être quelque chose de grand.

L'incompréhensible leur semble être quelque chose de profond. Le compréhensible leur semble superficiel. C'est pourquoi, à travers les âges, vos soi-disant saints ont utilisé un langage très compliqué, complexe, difficile, en utilisant de grands mots, des langues mortes, afin que personne ne comprenne. Le latin, le sanskrit, l'arabe - voilà ce qu'utilisent vos soi-disant saints.

Lorsque vous les entendez, vous n'arrivez pas à comprendre de quoi il s'agit et, naturellement, vous ne pouvez pas dire : "Je ne comprends pas votre langue" - c'est humiliant. Alors vous commencez à hocher la tête, "Oui, c'est vrai". Ils cachent leur ignorance, vous cachez votre ignorance - c'est une conspiration mutuelle. Vous le savez parfaitement.

Lorsque vous allez chez le médecin, il écrit l'ordonnance en latin ou en grec. Pourquoi ne peut-il pas écrire en anglais simple ou en hindi ou en marathi ? S'il écrit dans un anglais simple que vous comprenez, vous le prendrez pour un imbécile, car il écrit de telles choses - comment des choses aussi simples peuvent-elles aider votre grande maladie complexe ? Et s'il écrit dans un langage simple, vous n'allez pas donner cinquante roupies au pharmacien pour cela ; vous irez au marché et achèterez les mêmes choses pour deux roupies.

Le médecin rédige l'ordonnance dans une telle langue... et elle est toujours illisible.

Même si vous retournez voir le médecin pour lui demander ce qu'il a écrit, il sera en difficulté.

J'ai entendu dire que Mulla Nasruddin utilisait une ordonnance d'un médecin pour beaucoup de choses : il l'a utilisé comme un billet dans un train, parce que le conducteur ne pouvait pas le lire ; il l'a utilisé au cinéma, parce que le contrôleur ne pouvait pas le lire - il l'a utilisé de beaucoup de façons. Il l'utilisait comme laissez-passer pour voir un certain ministre. Il m'a dit : "Depuis deux mois, cette ordonnance m'a été d'une grande aide - partout où je veux entrer et quoi que je veuille faire, je présente simplement cette ordonnance, car ils ne peuvent pas la lire et ils ne peuvent pas admettre qu'ils ne peuvent pas la lire. Ils m'autorisent simplement, ils doivent m'autoriser".

C'est un secret bien connu, que les saints qui sont faux sont obligés d'utiliser un langage très difficile ; sinon, vous pourrez voir qu'ils sont aussi ignorants que vous, ou parfois même plus ignorants que vous. Ils créent un grand camouflage, une façade, de grands mots de langues mortes. Ils citent des écritures, des mots qui sonnent bien, et vous ne savez tout simplement pas quoi faire. Soit vous acceptez votre ignorance et vous leur demandez ce qu'ils disent, soit vous dites simplement que ce doit être quelque chose de très profond - comment un homme comme vous, un pécheur, ignorant, inculte, irréligieux, peut-il le comprendre ?

On a demandé à un prédicateur de conduire un réveil dans une petite ville du sud. Comme il n'y avait pas d'hôtel, il fut logé chez une des sœurs de l'église, une jeune veuve. Après le réveil, en prenant congé, il dit à l'hôtesse : "Sœur Jones, jamais, dans toute ma carrière ecclésiastique, je n'ai rencontré une manifestation aussi abondante, satisfaisante et durable de gratitude, de reconnaissance, d'appréciation et d'hospitalité que celle dont vous avez fait preuve".

Sœur Jones sourit, fait la moue et répond : "Parson, je ne sais pas ce que signifient tous ces grands mots, mais je veux dire que vous êtes un vrai battant du monde, un fort répétiteur, et que vous le faites de manière plus nette, plus douce et plus complète avec moins de peter que toute autre personne que j'ai jamais eue ici !".

Vous pouvez utiliser un langage très complexe, mais vous ne pouvez pas tromper ceux qui savent - vous pouvez seulement tromper ceux qui ne savent pas. Si vous lisez les livres de Hegel, vous rencontrerez des phrases qui se prolongent sur des pages. Lorsque vous arrivez à la fin de la phrase, vous avez déjà oublié le début. Il est presque impossible d'en tirer un quelconque sens. Ainsi, du vivant de Hegel, on le considérait comme le plus grand philosophe qui ait jamais vécu sur terre. Mais au fur et à mesure que les gens examinaient ses livres de plus près - les chercheurs travaillaient, fouillaient et comprenaient les choses - on s'est aperçu qu'il ne disait rien de très spécial. Une grande partie de ce qu'il disait était totalement absurde - mais avec de grands mots.

Les grands mots attirent les gens, les grands mots fascinent les gens, hypnotisent les gens.

Vous me demandez : "Pourquoi parlent-ils tous une langue très difficile ?"

...Sinon, qui va les écouter ? Pour quoi faire ?

Un fermier avec deux fils paresseux, leur a un jour ordonné de nettoyer la fosse à merde. Ils en creusèrent simplement une nouvelle et déplacèrent la maison de merde de quelques mètres. Une nuit, le vieil homme a eu un appel de la nature et a couru le long du chemin bien usé, tombant dans la fosse. Dans la merde jusqu'au cou, il s'est mis à hurler "Au feu ! Au feu !"

Les gens sont arrivés en courant, l'ont sorti et nettoyé, puis ont demandé pourquoi il avait crié "Au feu !".

"Vous pensez que quelqu'un serait venu si j'avais crié "Merde !" ?"

La raison pour laquelle ils utilisent un langage difficile est simple : sinon, qui va venir ?

Ils ne peuvent pas parler comme moi - j'utilise simplement le langage que vous utilisez. Je m'adresse tout simplement à vous ! Ce n'est pas un sermon, juste un dialogue entre amis, des commérages - ce n'est pas un évangile.

Et vous pouvez utiliser des mots simples, des mots de tous les jours, uniquement si vous avez vraiment quelque chose à transmettre, sinon non. Si vous n'avez rien à transmettre, alors vous devrez utiliser de grands mots par nécessité.

La dernière question :

Question 4 :

MAÎTRE BIEN-AIMÉ, TOUS LES PRÊTRES NE SONT-ILS PAS LES PIRES ENNEMIS DE DIEU ?

Deepesh, pas tous les prêtres, mais seulement quelques-uns - le pape, les shankaracharyas. Ce sont les personnes qui sont les ennemis de Dieu ; sinon, les pauvres prêtres essaient simplement, d'une manière ou d'une autre, de gagner leur pain et leur beurre. Ils n'ont rien à voir avec Dieu - ce ne sont pas des amis, ce ne sont pas des ennemis. Ils n'ont pas de temps à consacrer à Dieu. C'est juste une profession, et une pauvre profession en plus. Le pauvre prêtre ne gagne pas plus d'argent que le plus petit employé, et il court toute la journée d'un temple à l'autre, d'une maison à l'autre - il est presque un mendiant ! Non, il n'est pas l'ennemi de Dieu. Il ne connaît tout simplement pas d'autre moyen de gagner son pain, surtout en Inde.

En Inde, les prêtres sont des brahmanes, et les brahmanes sont les personnes les plus pauvres. Ils ne connaissent rien d'autre, et ne peuvent rien faire d'autre - l'esprit traditionnel ne le leur permet pas.

Ils ne peuvent pas être cordonniers, ils ne peuvent pas être charpentiers, ils ne peuvent pas être balayeurs..... Les brahmanes, à travers les âges, n'ont vécu que d'une seule chose : prier les dieux. Mais si vous continuez simplement à prier Dieu, vous allez mourir, vous allez mourir de faim. L'argent ne va pas vous tomber du ciel, cela n'est jamais arrivé. Vous devez donc utiliser votre capacité de prier, votre connaissance des écritures, comme une profession.

Mais le pauvre prêtre n'est pas l'ennemi ou quoi que ce soit. Il ne sait rien de Dieu, il ne s'intéresse pas du tout à Dieu.

Je m'en souviens :

Un prêtre vivait juste derrière ma maison quand j'étais enfant. J'avais l'habitude de le torturer avec de grandes questions : "Dieu existe-t-il ? L'âme est-elle immortelle ? Quelle est la philosophie du karma ?" Un jour, il m'a dit : "Je t'en prie, ne me dérange pas. Je vous dis la vérité : je ne sais rien. Et vous êtes une sorte d'enquiquineur ! Personne ne me pose ces questions - je suis un simple prêtre. Les gens me demandent simplement de faire une puja - un culte - alors j'y vais, et ils me paient deux roupies, trois roupies, par jour. Je me débrouille tant bien que mal. J'ai trois enfants, un vieux père, une mère, une femme, et je dois aussi faire semblant de vivre parfaitement bien, car c'est ainsi qu'un brahmane doit faire semblant. Il est de la haute caste, donc je dois faire semblant que tout va bien.

"Et puis, après toute une journée de travail, quand je rentre à la maison, tu es assise ici ! Je n'ai gagné que trois roupies dans toute la journée, et nous sommes presque affamés. Maintenant, qui se soucie de savoir si Dieu existe ou pas ! Et je ne le sais pas du tout. Je sais seulement comment adorer, et je peux adorer n'importe quel dieu - donnez-moi juste l'argent."

Alors s'il te plaît, Deepesh, ne pense pas que tous les prêtres... pas tous les prêtres, seulement quelques rusés sont contre Dieu. Ce sont des adorateurs du Diable, c'est à cause d'eux que très peu de gens ont pu devenir des bouddhas. Mais les autres prêtres, quatre-vingt-dix-neuf pour cent d'entre eux, ne sont que de pauvres gens qui ne savent pas quoi faire. Traditionnellement, s'ils savent une seule chose, ils peuvent mendier. Mais ils sont de haute caste, alors ils mendient avec une méthode.

Cette méthode est leur rituel de culte.

Un homme voit des panneaux sur l'autoroute indiquant UN MILLE POUR LA MAISON DU CHAT DE GRAND-MÈRE.

Submergé par la curiosité et la surprise que quelqu'un ait le culot de faire une publicité aussi claire, il entre.

Une vieille dame l'admet et lui dit d'un ton sec : "Deux dollars, s'il vous plaît, et vous pouvez passer par la porte devant vous, au bout du couloir."

Il paie, passe la porte, qui se referme derrière lui, et se retrouve dans la cour, qui est pleine de boîtes en bois avec des façades grillagées, à l'intérieur desquelles se trouvent des chats galeux. Au-dessus, il y a un petit panneau écrit à la main : "Tu as maintenant été baisé par grand-mère. S'il vous plaît, ne dites pas le secret - je suis juste une vieille dame qui essaie de joindre les deux bouts."

Assez pour aujourd'hui.

La sagesse de l'innocence

COMMENT UN ESPRIT TROUBLÉ PEUT-IL COMPRENDRE LE CHEMIN ? SI UN HOMME EST TROUBLÉ, IL NE SERA JAMAIS REMPLI DE CONNAISSANCE.

UN ESPRIT SEREIN, QUI NE CHERCHE PLUS À SAVOIR CE QUI EST BIEN ET CE QUI EST MAL, UN ESPRIT AU-DELÀ DES JUGEMENTS, REGARDE ET COMPREND.

SACHEZ QUE LE CORPS EST UNE JARRE FRAGILE, ET FAITES DE VOTRE ESPRIT UN CHÂTEAU. DANS CHAQUE ÉPREUVE, LAISSEZ LA COMPRÉHENSION SE BATTRE POUR VOUS AFIN DE DÉFENDRE CE QUE VOUS AVEZ GAGNÉ.

BIENTÔT LE CORPS EST JETÉ. ALORS QUE RESSENT-IL ? UNE BÛCHE DE BOIS INUTILE, IL GÎT SUR LE SOL. ALORS QUE SAIT-IL ?

VOTRE PIRE ENNEMI NE PEUT VOUS FAIRE AUTANT DE MAL QUE VOS PROPRES PENSÉES, SANS SURVEILLANCE.

MAIS UNE FOIS MAÎTRISÉ, PERSONNE NE PEUT VOUS AIDER AUTANT, PAS MÊME VOTRE PÈRE OU VOTRE MÈRE.

Un jour, on m'a demandé : "Qu'est-ce que la philosophie ?" J'ai répondu : "La philosophie est l'art de poser les mauvaises questions." L'aveugle qui demande "Qu'est-ce que la lumière ?" - c'est de la philosophie. Le sourd qui demande "Qu'est-ce que la musique ? Qu'est-ce que le son ?" - c'est de la philosophie.

Si l'aveugle demande : "Comment puis-je récupérer mes yeux ?", ce n'est plus de la philosophie, c'est de la religion. Si le sourd va chez le médecin pour se faire soigner afin d'entendre, alors il va dans le sens de la religion et non dans celui de la philosophie.

La philosophie est une conjecture, une spéculation ; ne sachant rien, on essaie d'inventer la vérité. Or, la vérité ne peut être inventée, et tout ce qui est inventé ne peut être vrai. La vérité doit être découverte. Elle est déjà là... tout ce dont nous avons besoin, c'est d'ouvrir les yeux - des yeux pour la voir, un cœur pour la ressentir, un être pour y être présent. La vérité est toujours présente mais nous sommes absents, et parce que nous sommes absents, nous ne pouvons pas voir la vérité. Et nous continuons à demander la vérité, mais nous ne posons pas la bonne question : Comment être présent ? Comment devenir une présence ?

Nous nous interrogeons sur la vérité et cette interrogation nous éloigne également de la vérité, car l'interrogation implique qu'une réponse est possible de la part de quelqu'un d'autre. Demander implique que quelqu'un d'autre peut vous dire quelle est la vérité. Personne ne peut vous la dire, elle ne peut pas être dite.

Lao Tzu dit : La vérité qui peut être dite n'est plus la vérité. Une fois dite, elle devient un mensonge.

Pourquoi ? parce que la personne qui sait, ne le sait pas en tant qu'information ; sinon, il aurait été très facile de transférer l'information à quiconque était prêt à la recevoir. La vérité est connue comme une expérience intérieure. C'est comme un goût sur la langue. Si un homme n'a jamais goûté ce qu'est la douceur, vous ne pouvez pas le lui expliquer - c'est impossible.

Si un homme n'a pas vu de couleur, vous ne pouvez pas lui expliquer ce que c'est.

Il y a des choses que l'on ne peut expérimenter et comprendre qu'à travers l'expérience.

Dieu est cette expérience ultime, qui est totalement inexprimable, intransmissible. Elle ne peut être transmise. Tout au plus peut-on donner quelques indications, mais ces indications doivent être reçues avec un cœur très compatissant, sinon elles vous échapperont.

Si vous les interprétez avec votre esprit, vous allez les manquer, car que peut faire votre esprit en matière d'interprétation ? Il ne peut apporter que son propre passé. Il ne peut apporter que son propre chaos. Il peut apporter ses conflits, ses doutes, ses confusions. Et tout cela, il va l'imposer à la vérité, à l'indication qui vous est donnée, et immédiatement tout est déformé. Votre esprit n'est pas en état de voir, de sentir.

La religion signifie simplement créer un espace dans votre esprit qui est capable de voir, qui est capable de non-conflit, qui est capable d'être un sans aucune division, qui est capable d'intégrité, de clarté, de perceptivité. Un esprit qui est rempli de pensées ne peut pas percevoir ; ces pensées continuent à interférer. Ces pensées sont là, couche après couche.

Lorsque quelque chose atteint votre noyau le plus profond, si tant est qu'elle l'atteigne, elle n'est plus la même que celle délivrée par quelqu'un qui a connu. C'est un phénomène totalement différent.

Le Bouddha avait l'habitude de répéter trois fois chaque allusion. Quelqu'un lui a demandé : "Pourquoi répétez-vous une chose trois fois ?"

Il a dit : "Même trois fois, ce n'est pas suffisant. Quand je le dis pour la première fois, vous n'entendez que les mots. Ces mots sont vides, juste des coquilles vides, creuses, sans contenu. Vous ne pouvez pas entendre le contenu la première fois. La deuxième fois, vous entendez le contenu avec les mots, un parfum arrive, mais vous êtes tellement étourdi, vous êtes tellement mystifié par sa présence, que vous n'êtes pas en état de comprendre. Vous entendez, mais vous ne comprenez pas. C'est pourquoi je dois le répéter trois fois."

Je continue à répéter encore et encore pour la simple raison que vous êtes tellement endormis - il faut le répéter, le marteler. Peut-être qu'à un moment donné, un moment propice, vous ne serez pas si profondément endormi ; vous serez peut-être proche, très proche du réveil, et quelque chose pourra entrer en vous. Vous serez peut-être capable d'entendre. Oui, il y a des moments où vous êtes très proche de l'éveil - ni éveillé, ni endormi, juste au milieu, quelque part entre les deux.

Chaque matin, vous le savez, il y a quelques instants où le sommeil n'est plus mais vous n'êtes pas encore réveillé, vous ne pouvez pas dire que vous êtes éveillé. Vous entendez, de façon très vague, le bruit des oiseaux, du laitier, de la femme qui parle au voisin, des enfants qui se préparent à aller à l'école, le bruit de la circulation, le passage d'un train - mais de façon très vague, pas totalement, partiellement. Et vous continuez à vous endormir. À un moment, vous entendez le bruit du train qui passe, à un autre moment, vous vous enfoncez plus profondément dans le sommeil.

Aujourd'hui, les chercheurs spécialisés dans le domaine du sommeil affirment que cela se produit en permanence pendant le sommeil : si vous dormez pendant huit heures, vous n'êtes pas toujours au même niveau, votre niveau change constamment, avec des pics et des creux. Toute la nuit, vous montez et descendez. Parfois vous êtes dans un sommeil très profond où même les rêves disparaissent - Patanjali l'a appelé SUSHUPTI, le sommeil sans rêve - et parfois vous êtes plein de rêves. Et parfois vous êtes juste sur le point de vous réveiller. Si quelque chose de bouleversant, de choquant, se produit, vous serez éveillé, soudainement éveillé.

C'est l'effort de tous les bouddhas : attendre le bon moment, lorsque vous êtes très proche de l'éveil. Puis une petite poussée et vos yeux s'ouvrent et vous pouvez voir.

Dieu ne peut être expliqué mais peut être vu, peut être expérimenté - ne peut PAS être expliqué.

Toute explication sur Dieu n'est rien d'autre qu'une explication de sa disparition ; par conséquent, plus il y a de prêtres, de théologiens, de professeurs, moins il y a de religion dans le monde. Plus il y a de papes et de shankaracharyas, moins il y a de religion dans le monde - parce que ces gens continuent à expliquer et que Dieu ne peut être expliqué. Ils ont bourré vos esprits de tant d'explications, maintenant ces explications sont en conflit. Maintenant, il est presque impossible de comprendre, ce qui est quoi, ce qui est quoi. Vous êtes dans la confusion la plus totale. L'homme n'a jamais été dans une telle confusion auparavant, parce que l'humanité n'a jamais été aussi proche auparavant. La terre est VRAIMENT devenue un village, un village global.

Dans les temps anciens, le bouddhiste ne connaissait que ce que le Bouddha avait dit, le mahométan ne connaissait que ce que Mahomet avait dit et le chrétien ne connaissait que Jésus. Aujourd'hui, nous sommes devenus les héritiers de l'ensemble du patrimoine de l'humanité.

Maintenant, vous connaissez Jésus, vous connaissez Zarathoustra, vous connaissez Patanjali, vous connaissez Bouddha, vous connaissez Mahavira, vous connaissez Lao Tzu et des centaines d'autres explications, d'autres indices - et ils sont tous mélangés en vous. Il est maintenant très difficile de vous sortir de cette confusion. Le seul moyen possible est de laisser tomber tout ce bruit, non pas en partie mais en totalité. C'est là mon message.

Et en l'abandonnant, vous n'abandonnerez pas Jésus, Mahomet ou Bouddha ; en l'abandonnant, vous vous rapprocherez d'eux. En les abandonnant, vous laisserez simplement tomber les prêtres, les traditions, les conventions et l'exploitation qui se fait au nom de la tradition et de la convention. En vous débarrassant de tout cela, en oubliant la Bible, les Vedas et la Gita, vous atteindrez une clarté, une propreté. Oui, vous avez besoin d'un nettoyage de printemps, vous avez besoin d'un soulagement total du cœur. Ce n'est qu'alors, dans ce silence, que vous serez en mesure de comprendre.

Bouddha dit :

COMMENT UN ESPRIT TROUBLÉ PEUT-IL COMPRENDRE LE CHEMIN ?

Des milliers de personnes s'étaient rassemblées autour de Bouddha, tout comme vous vous êtes rassemblés autour de moi - des milliers de chercheurs étaient venus voir Bouddha et posaient toutes sortes de questions.

Et Bouddha n'était pas du tout intéressé par leurs questions, il n'était pas intéressé à y répondre. Il était intéressé, certes, à leur montrer le chemin, mais le problème était qu'ils étaient tellement troublés par leurs questions ET les réponses qu'ils avaient recueillies, ils étaient tellement troublés par tout le savoir qu'ils avaient porté tout au long, qu'il était impossible, presque complètement impossible de leur montrer le chemin. D'où ce sutra : COMMENT UN ESPRIT TROUBLÉ PEUT-IL COMPRENDRE LE CHEMIN ?

Alors, plutôt que de leur donner plus de réponses, plus d'explications, plus de connaissances, Bouddha a commencé à leur enlever leurs connaissances, leurs réponses toutes faites, leurs conceptions a priori, leurs préjugés. L'Inde n'a jamais été capable de pardonner au Bouddha pour cela.

Immédiatement après sa mort, l'esprit traditionnel de ce pays a commencé à déraciner toutes les plantes qu'il avait plantées ; tous les rosiers ont été brûlés. Bouddha a été complètement jeté hors de ce pays. Le plus grand fils de ce pays n'avait pas d'abri ici ; l'enseignement a dû chercher refuge dans des pays étrangers.

Ce n'est pas accidentel, cela s'est toujours produit. Jésus a été condamné par les Juifs, crucifié par les Juifs, et Jésus était le plus grand Juif qui ait jamais existé sur la terre, le plus grand épanouissement de la conscience juive, l'expression la plus extrême, le crescendo, l'Everest. Mais pourquoi les Juifs l'ont-ils renié ? Ils auraient dû être heureux, ils auraient dû danser et faire la fête, mais ils ne pouvaient pas - ils ne pouvaient pas lui pardonner, parce que sa présence les faisait se sentir très médiocres ; c'était son crime. Il devait être puni pour cela, pour être si haut, pour être si au-delà, pour être si supérieur, pour être si gracieux, pour apporter un tel amour. Il devait être puni pour sa présence, parce que sa présence rendait les gens laids par comparaison. Il fallait le supprimer pour que l'esprit médiocre puisse se sentir à l'aise.

Jésus n'a pas été tué par les Juifs, il a été tué par l'esprit médiocre. Il se trouve que c'était l'esprit médiocre juif dans le cas de Jésus. La même chose s'est produite avec Bouddha. Bouddha n'a pas été pardonné par les Hindous, et il était le plus grand Hindou de tous les temps. Il était l'hindou le plus pur possible, la quintessence même de l'hindouisme. Ce que les Upanishads disaient, il l'a actualisé. Il était la réalisation des désirs les plus profonds de cette terre, mais il a été déraciné d'ici, il a été jeté hors d'ici.

Le bouddhisme a disparu de l'Inde, il n'en reste même pas une trace - il a été complètement balayé. Pourquoi ? Il était extrêmement respecté au Tibet, en Chine, en Corée, au Japon, en Thaïlande, en Birmanie et au Sri Lanka. Toute l'Asie aimait cet homme, tant son enseignement était unique, tant ses paroles étaient porteuses. Mais l'Inde l'a tout simplement oublié - l'esprit médiocre indien. Cela n'a rien à voir avec l'Indien - encore une fois l'esprit médiocre. L'esprit médiocre ne permet jamais le génie ; la personne médiocre est heureuse avec d'autres personnes médiocres. Les gens stupides sont heureux avec des dirigeants stupides. Plus le leader est stupide, plus les gens sont heureux - parce qu'il leur ressemble tellement.

J'ai entendu :

Un nouveau directeur a été nommé dans un asile psychiatrique. L'ancien cédait sa charge, il se retirait, et une petite fête fut organisée pour que l'ancien soit remercié de tous ses services, pour que le nouveau soit reçu par les détenus. Tous les fous se sont réunis.

Le vieux commissaire était un peu perplexe ; il ne les avait jamais vus si heureux. Tous les fous étaient si heureux, si joyeux, qu'il n'a pas pu résister à la tentation de leur poser la question - et comme il devait partir le jour même, il fallait qu'il la pose immédiatement, sinon la question resterait toujours une curiosité dans son esprit et il ne connaîtrait jamais la réponse.

Il a demandé aux fous. "Pourquoi avez-vous l'air si heureux ?"

Ils ont dit : "A cause du nouveau commissaire - il nous ressemble ! Tu étais un étranger parmi nous, tu étais sain d'esprit. Il a l'air fou !"

Et c'était une vérité - le nouveau superintendant était presque fou. Mais les fous étaient très heureux. Quelqu'un était venu qui ne les rendrait pas fous.

Cela a toujours été la situation sur la terre - cette terre est une maison de fous - et dès qu'une personne saine d'esprit arrive, nous nous comportons mal avec elle. Des milliers de personnes étaient venues voir Bouddha pour lui demander : "Où est Dieu ? Qu'est-ce que Dieu ?" Et surtout les brahmanes, les pundits, les érudits, qui étaient parfaitement informés, bien informés des écritures, ils venaient le voir pour lui demander : " Croyez-vous en Dieu ? ". Définissez votre croyance, expliquez votre concept."

Et Bouddha a insisté encore et encore : COMMENT UN ESPRIT TROUBLÉ PEUT-IL COMPRENDRE LA VOIE ? Il avait l'habitude de dire : "S'il vous plaît, ne posez pas de questions sur Dieu. Votre question sur Dieu est comme celle d'un aveugle sur la lumière - elle ne peut être expliquée. Je suis un médecin", insistait-il. "Je peux soigner vos yeux, je peux vous rendre la vue. Et alors vous serez capable de voir par vous-même, et la lumière doit être vue par vous. Le fait que je voie la lumière ne va pas vous aider. Je peux voir la lumière, je peux même la décrire, mais cela ne vous donnera aucune idée de ce qu'elle est."

En fait, il n'y a aucun moyen possible d'expliquer à l'aveugle ce qu'est la lumière. La lumière est une expérience, quelque chose d'existentiel, d'inexplicable. Et Dieu est la lumière ultime, la lumière de toutes les lumières, la lumière derrière toutes les lumières, la source de toutes les lumières. Comment peut-on vous expliquer Dieu si vous êtes aveugle ?

Par conséquent, le Bouddha n'a jamais parlé de Dieu. Et les pundits et les brahmanes retournaient chez eux en répandant des rumeurs et en disant : " Cet homme ne répond pas à la question parce qu'il ne sait pas ; sinon, pourquoi ne peut-il pas dire simplement oui ou non ? Nous lui avons posé une question très simple : "Croyez-vous en Dieu ?" Il aurait pu dire oui ou non - s'il le sait, la réponse est simple. Mais il parle de manière détournée ; nous lui posons des questions sur Dieu et il parle en paraboles. Il dit : "Comment peut-on le dire ? Comment l'expliquer ?

Le fait est qu'il ne le sait pas. Le fait réel est qu'il est un athée déguisé ; il trompe les gens, il corrompt les gens."

Les hindous ont inventé une histoire très astucieuse sur Bouddha. Ils disent que Dieu a créé le monde, et qu'en même temps il a créé l'enfer et le paradis - l'enfer pour ceux qui devaient être punis et le paradis pour ceux qui devaient être récompensés pour leurs vertus. Mais il arriva que des milliers d'années passèrent et que personne n'entra en enfer, car personne ne commit de péché. Bien sûr, le Diable était très fatigué d'attendre et d'attendre et d'attendre - sans travail, sans affaires ! Pas même une seule âme ne s'était manifestée !

Extrêmement furieux, il s'est approché de Dieu et a dit : "Pourquoi as-tu fait cet enfer, pour quoi faire ? Et pourquoi m'y as-tu mis en charge ? Nous sommes fatigués, tout mon personnel est fatigué.

Personne ne se présente jamais. Nous ouvrons le magasin et nous restons assis toute la journée et pas un seul client ! Nous gardons les portes ouvertes - pas une seule âme n'entre. Quel est l'intérêt ?

S'il vous plaît, libérez-nous de ce travail."

Dieu a dit : "Pourquoi n'es-tu pas venu plus tôt ? Je l'avais complètement oublié. Je vais prendre des dispositions. Bientôt, je naîtrai dans le monde sous le nom de Gautama le Bouddha, et je corromprai l'esprit des gens. Je vais tellement corrompre leur esprit que vous serez surpeuplés. Tu n'as qu'à retourner en enfer et attendre."

Et c'est comme ça que ça s'est passé. L'histoire dit que Dieu est venu au monde sous la forme de Gautama le Bouddha, a corrompu l'esprit des gens, détruit leurs croyances, déraciné leurs conventions, ébranlé leur foi, créé le doute dans leur esprit, des soupçons. Depuis lors, l'enfer est si peuplé que le Diable s'y rend encore et encore et dit à Dieu : "Arrêtez maintenant ! S'il vous plaît, arrêtez ! Nous sommes fatigués, tant de gens

! Nous assurons un service de vingt-quatre heures sur vingt-quatre, jour après jour ; même la nuit, les portes ne peuvent être fermées. Les gens continuent simplement à venir !"

Une histoire très astucieuse. Voyez-vous la délicate ruse qu'elle recèle ? Dans un sens, Bouddha est reconnu comme l'AVATARA de Dieu. Les hindous sont plus rusés que les juifs à cet égard. Ils ont simplement nié que Jésus était le Fils de Dieu, ils ont rejeté Jésus. Les hindous sont plus sophistiqués dans ce sens, plus polis, plus cultivés - bien sûr, c'est une civilisation plus ancienne. Et plus la civilisation est ancienne, plus elle est rusée.

Voyez la ruse : Bouddha est accepté comme la dixième incarnation de Dieu, et pourtant Dieu prend cette incarnation dans le monde pour corrompre l'esprit des gens. Ainsi, bien que Bouddha soit Dieu, prenez garde, ne l'écoutez pas ! Vous voyez la stratégie, l'astuce ? Ils ne nient pas la divinité du Bouddha - en fait, il était presque impossible de nier la divinité du Bouddha.

H.G. Wells a dit que Gautama le Bouddha est un paradoxe : l'homme le plus impie et pourtant le plus pieux. Il n'a jamais parlé de Dieu, il n'a jamais dit aux gens de croire en Dieu.

Dieu est tout simplement absent de son enseignement. Ce n'est pas une hypothèse nécessaire, il n'est pas requis. Le plus impie et pourtant le plus pieux... personne ne semble être aussi pieux que le Bouddha, aussi gracieux que le Bouddha - juste une fleur de lotus, la conscience la plus pure qui soit, aussi fraîche que les gouttes de rosée dans le soleil du petit matin.

Ils ne pouvaient pas le nier, ils devaient accepter qu'il était Dieu. Mais ils ne pouvaient pas accepter son approche parce que son approche, si elle était acceptée, détruirait toute la religion établie, tout l'establishment. Il supprime toutes les croyances ; en fait, il fait de la croyance une chose très importante, très essentielle, qu'un homme de croyance ne pourra jamais connaître.

Il ne veut pas dire devenir un mécréant, car le mécréant est à nouveau la croyance d'une manière négative. Ne soyez pas un croyant ou un incroyant.

L'approche du Bouddha est celle d'un agnostique. Il n'est ni théiste ni athée - il est un chercheur. Et il veut que vous restiez ouvert à la curiosité. Allez-y sans préjugés, allez-y sans idée toute faite - parce que si vous y allez avec une certaine idée, vous allez projeter votre idée sur la réalité. Et si vous avez une idée profondément ancrée dans votre esprit, vous verrez cette idée se réaliser dans la réalité et ce ne sera qu'une hallucination, un rêve projeté par vous.

Vous devez aller complètement vide. Si vous voulez vraiment connaître la vérité, vous devez être absolument vide, vous ne devez porter aucune idée, aucune idéologie ; vous devez aller nu, nu, vide. Vous devez fonctionner à partir de l'état d'ignorance. L'état d'ignorance est l'état d'émerveillement.

Il existe un ancien dicton de Jésus, qui n'est pas enregistré dans la Bible, mais les soufis l'ont préservé. Les soufis ont préservé de nombreux beaux dictons de Jésus. Cette parole est si importante qu'on se demande pourquoi elle n'a pas été enregistrée dans la Bible, mais si on y réfléchit, la raison devient claire.

Le proverbe dit : Heureux celui qui s'émerveille, car le royaume de Dieu est à lui.

Béni soit celui qui s'interroge. Cela n'a pas été enregistré dans la Bible. Pourquoi ? parce que la Bible veut créer une certaine religion, une certaine secte ; elle veut propager une certaine idéologie. Et l'homme prodige doit abandonner toute idéologie.

Béni soit celui qui s'interroge, car c'est seulement en s'interrogeant que l'on peut être comme un enfant, innocent. Et c'est seulement dans cette innocence que tu peux connaître ce qui est. COMMENT UN ESPRIT TROUBLÉ PEUT-IL COMPRENDRE LE CHEMIN ?

Ainsi, chaque fois qu'une personne venait voir Bouddha pour poser des questions - de grandes questions sur la vie et les mystères de la vie - Bouddha répondait : "Tu attends, tu médites. D'abord, laissez votre esprit troublé devenir calme. Laissez passer la tempête de votre esprit. Laisse venir le silence, car le silence te donnera les yeux. Je peux te montrer la façon d'être silencieux, et alors tu n'as besoin de l'aide de personne. Une fois que vous êtes silencieux, vous serez capable de voir le chemin et vous serez capable d'atteindre le but."

Et nos esprits sont vraiment troublés. Il y a mille et un troubles.

D'abord, tout le monde est en état de schizophrénie, plus ou moins, les différences ne sont que de degrés. Tout le monde est divisé parce que les exploiteurs, tant religieux que politiques, ont misé sur cette stratégie : divisez l'homme, ne laissez pas l'homme intègre, et il restera un esclave. Une maison divisée contre elle-même est vouée à être faible. On vous a donc appris à vous battre avec le corps ; c'est la stratégie fondamentale de la division, de la division de l'homme.

"Combattez le corps, le corps est votre ennemi. C'est le corps qui vous entraîne vers l'enfer. Combattez, poignard en main ! Combattez jour et nuit ! Battez-vous pour vivre ensemble ! Alors seulement, un jour, vous serez en mesure de le vaincre. Et si vous n'êtes pas victorieux de votre corps, vous n'entrerez pas dans le monde de Dieu."

Pendant des siècles, ces absurdités ont été enseignées aux gens. Et le résultat est que tout le monde est divisé, tout le monde est contre son corps. Et si vous êtes contre votre corps, vous allez avoir des problèmes. Vous vous battrez avec votre corps, et vous et votre corps êtes une seule énergie. Le corps est l'âme visible, et l'âme est le corps invisible. Le corps et l'âme ne sont divisés nulle part, ils font partie l'un de l'autre, ils font partie d'un tout.

Vous devez accepter le corps, vous devez aimer le corps, vous devez respecter le corps, vous devez être reconnaissant envers votre corps. Ce n'est qu'alors que vous atteindrez une certaine forme d'intégrité, une cristallisation se produira ; sinon, vous resterez troublé. Et le corps ne vous quittera pas si facilement ; même après des centaines de vies, le combat sera toujours là.

Vous ne pouvez pas vaincre le corps.

Je ne dis pas que le corps ne peut pas être vaincu, mais vous ne pouvez pas le vaincre. Vous ne pouvez pas le vaincre en vous montrant hostile à son égard. Vous pouvez le vaincre en étant amical, en étant aimant, en étant respectueux, en lui faisant confiance. C'est exactement mon approche :

le corps est le temple, vous êtes la divinité du temple. Le temple vous protège, vous abrite de la pluie, du vent, de la chaleur. Il est à votre service ! Pourquoi devriez-vous vous battre ?

C'est aussi stupide que le conducteur qui se bat avec sa voiture. Si le conducteur se bat avec sa voiture, que va-t-il se passer ? Il va détruire la voiture et se détruire lui-même en se battant avec elle.

La voiture est un beau véhicule, elle peut vous emmener sur les trajets les plus lointains.

Le corps est le mécanisme le plus complexe qui existe. Il est tout simplement merveilleux ! - et heureux sont ceux qui s'émerveillent. Commencez le sentiment d'émerveillement par votre propre corps, car c'est le plus proche de vous. C'est par le corps que la nature s'est le plus approchée de vous, que Dieu s'est le plus approché de vous. Dans ton corps se trouve l'eau des océans, dans ton corps se trouve le feu des étoiles et des soleils, dans ton corps se trouve l'air, ton corps est fait de terre. Ton corps représente toute l'existence, tous les éléments. Et quelle transformation ! Quelle métamorphose ! Regarde la terre, puis regarde ton corps - quelle transformation, et tu ne t'en es jamais émerveillé ! La poussière est devenue divine - quel plus grand mystère est possible ? Quels sont les plus grands miracles que vous attendez ? Et vous voyez le miracle se produire chaque jour. De la boue sort le lotus... et de la poussière a surgi notre beau corps. Et un mécanisme si complexe, qui fonctionne si bien - aucun bruit. Et c'est vraiment compliqué.

Les scientifiques ont fabriqué des machines très compliquées, mais rien de comparable avec le corps. Même l'ordinateur le plus sophistiqué n'est qu'un jouet comparé au mécanisme interne du corps. Et on vous a appris à vous battre avec lui. Cela crée une scission, qui vous perturbe, qui vous maintient dans une guerre civile constante.

Et parce que vous vous battez avec vous-même - ce qui est tout à fait stupide - votre vie devient de moins en moins une vie d'intelligence et de plus en plus une vie de stupidité. Et alors vous voulez de grandes transformations - vous voulez que les jalousies tombent et que la colère disparaisse et vous voulez qu'il n'y ait pas d'avidité en vous. C'est impossible ! Avec un tel malentendu dès le début, comment pouvez-vous créer l'espace où les transformations se produisent, où la colère devient compassion, où la haine devient amour, où l'avidité devient partage, où le sexe devient samadhi ? Comment pouvez-vous espérer, comment pouvez-vous attendre de si grandes transformations, avec un tel état de trouble ?

La chose fondamentale est de laisser tomber la séparation, de devenir un. Ne faire qu'un, et alors tout le reste est possible ; même l'impossible est possible.

COMMENT UN ESPRIT TROUBLÉ PEUT-IL COMPRENDRE LE CHEMIN ?

La méthode est très simple et directe. Même un enfant peut la comprendre. C'est aussi simple que deux plus deux égale quatre, ou encore plus simple. Elle est aussi simple que le chant d'un oiseau, aussi simple qu'une fleur de rose - simple et belle, simple et d'une immense grandeur. Mais seul un esprit libre peut le comprendre, seul un esprit libre a la capacité de le voir ; sinon, vous vivrez dans l'avidité, dans la colère, dans la jalousie et la possessivité, dans la haine. Vous pouvez prétendre, vous pouvez devenir un saint en surface, mais vous resterez un pécheur au fond de vous. Et le plus grand péché est de se diviser soi-même. Le plus grand péché n'est pas commis contre les autres, il est toujours commis contre soi-même. C'est un état de suicide que de créer cette division entre ton corps et toi-même. En condamnant le corps, vous ne pouvez devenir qu'un hypocrite, vous ne pouvez vivre qu'une vie de faux-semblants.

Dans un compartiment de train de première classe, deux dames joliment habillées discutent de vêtements pendant qu'un monsieur dans le coin fait semblant de dormir. Lorsqu'une dame dit qu'elle trouve le coût des vêtements impossible de nos jours, l'autre lui suggère de suivre son exemple et de prendre un petit ami à côté : "Il vous donnera cinq cents dollars par mois pour un petit cadeau - votre mari ne ferait jamais ça."

"Mais si je ne peux pas trouver un ami avec cinq cents dollars ?"

"Alors prenez-en deux avec deux cent cinquante chacun."

Le monsieur prend la parole : "Ecoutez, mesdames, je vais dormir maintenant. Réveillez-moi quand vous aurez atteint les 20 dollars."

Les gens font semblant de toutes les manières possibles. La personne qui fait semblant d'être un saint peut être tout le contraire, et la personne qui fait semblant d'être éveillée peut être endormie, et la personne qui fait semblant d'être endormie peut être éveillée... toutes sortes de faux-semblants, parce que la société crée le contexte dans lequel elle vous permet uniquement de vivre une vie totalement condamnée, la vie d'un criminel, ou la vie d'un hypocrite, d'un faux-semblant. La société ne vous donne que deux alternatives : soit être honnête et être un criminel, soit être malhonnête et être respectable. Elle ne vous permet pas la troisième alternative. Pourquoi ne vous permet-elle pas la troisième alternative ? - Parce que la troisième alternative crée un Jésus, un Bouddha, un Krishna, et leur présence fait que la foule se sent très médiocre, très insultée, humiliée.

Alors s'il vous plaît, ne décidez pas en regardant les apparences des gens. Il y a plus de chances, presque quatre-vingt-dix-neuf virgule neuf pour cent, que ce qu'ils semblent être à la surface ne le soit pas au fond. Vous pouvez en être certain ; je dis presque totalement certain, car vous ne pouvez manquer qu'un point un pour cent - ce qui est peu. Ce n'est qu'une fois de temps en temps que vous rencontrerez un Bouddha dont l'apparence est la même que l'intérieur ; sinon, vous rencontrerez des gens qui sont une chose à l'extérieur et une autre à l'intérieur.

Ne vous laissez pas tromper par les apparences.

Une actrice ramasse un clochard au chômage et l'emmène chez elle parce qu'il porte de très grandes chaussures et qu'on lui a dit que les hommes aux grands pieds ont de grosses bites.

Elle lui donne un dîner de steak avec beaucoup de poivre et de bière, puis le traîne au lit.

Le matin, l'homme se réveille seul et trouve un billet de dix dollars sur la cheminée, avec une brève note : "Achète-toi une paire de chaussures à ta taille."

Mais c'est ainsi que nous décidons tous... de l'extérieur. En fait, comme nous ne connaissons même pas notre propre intérieur, comment pouvons-nous regarder à l'intérieur des autres ? Nous ne connaissons pas l'art de regarder à l'intérieur. Vous devez d'abord pratiquer cet art avec vous-même. Vous devez d'abord entrer dans votre intériorité, votre monde intérieur. Vous devez pénétrer de plus en plus profondément dans votre conscience, jusqu'au centre même de celle-ci. Une fois que vous aurez pénétré au cœur de votre être, vous serez capable de voir au cœur de l'être de n'importe qui d'autre. Personne ne pourra alors vous tromper, car vous ne verrez plus l'apparence, mais la réalité.

COMMENT UN ESPRIT TROUBLÉ PEUT-IL COMPRENDRE LE CHEMIN ?

L'esprit troublé ne peut rien comprendre. Ce n'est pas un état où la compréhension est possible. La compréhension ne signifie pas la connaissance. Un esprit troublé peut devenir très savant - vous pouvez aller dans les universités et vous pouvez voir les professeurs, très savants - mais ils sont plus troublés que vous, bien plus en conflit intérieur que vous. Leurs connaissances ne les aident pas du tout. Le savoir n'a jamais aidé personne, il ne fait qu'alourdir. Il vous donne de la respectabilité, certes. C'est un grand voyage de l'ego, et l'ego se sent très gonflé ; mais plus l'ego est gonflé, plus vous aurez des problèmes intérieurs, car l'ego est un faux phénomène. Et lorsque vous vous attachez trop au faux, vous commencez à perdre le contact avec le réel. Lorsque vous commencez à faire pousser des racines dans le faux, vous oubliez de faire pousser des racines dans le réel.

L'homme de la connaissance est aussi inconscient que vous l'êtes. L'ignorant et le savant ne sont pas sur des bateaux différents ; ils sont compagnons de voyage. La différence entre eux n'est que de l'information - ce qui n'est pas une différence du tout, ce qui n'est pas une différence qui fait une différence. Il se peut que je ne sache que quelques choses, que vous en sachiez un peu plus, que quelqu'un d'autre sache mille et une choses, et que quelqu'un d'autre ne soit qu'un ENCYCLOPAEDIA BRITANNICA ambulant - cela ne fait aucune différence.

Un bouddha n'est pas un homme de connaissance, c'est un homme de compréhension - non pas plein d'informations mais plein de perspicacité. Plein de vision, pas plein de pensées - une clarté, une clarté de miroir, et une grande conscience.

Vous vous déplacez comme un somnambule, une somnambule. Vous ne savez pas ce que vous faites, vous ne savez pas pourquoi vous le faites ; vous ne savez pas où vous allez, vous ne savez pas pourquoi vous y allez. Votre vie est accidentelle, et une vie accidentelle est une vie inconsciente - c'est comme un robot.

Un homme au théâtre avec sa femme sort pour aller aux toilettes à l'entracte, mais passe par la mauvaise porte et se retrouve dans le jardin. Comme il est trop bien entretenu pour penser à utiliser le sol, il soulève une plante d'un pot de fleurs et l'utilise, puis remplace la plante.

Il y retourne et découvre que l'acte suivant a déjà commencé. "Que s'est-il passé jusqu'ici dans cet acte ?" demande-t-il à sa femme en chuchotant.

"Tu devrais le savoir", dit-elle froidement. "Vous étiez dedans !"

L'homme vit dans l'inconscience. Il n'est pas conscient, pas du tout conscient. Vous pouvez observer n'importe quelle personne, vous pouvez vous observer vous-même, lentement lentement, et vous verrez tant d'actes inconscients se produire qu'il sera presque incroyable de voir comment vous avez vécu jusqu'à présent. Vous mentez sans aucune raison ! Et lorsque vous vous prendrez en flagrant délit de mensonge, vous serez surpris : pourquoi mentiez-vous en premier lieu ? - Parce qu'il n'y a pas de raison, tu ne vas pas en tirer profit. C'est juste une habitude, une routine mécanique. Vous devenez triste sans aucune raison.

Il y a maintenant quelques chercheurs qui disent que vous pouvez faire un calendrier de vos humeurs, et je trouve leurs recherches significatives - vous pouvez vraiment faire un calendrier de vos humeurs. Il suffit de noter pendant un mois : Le lundi matin, comment vous vous sentez, et l'après-midi, et le soir, et la nuit... au moins huit fois par jour, notez chaque jour, exactement aux mêmes moments, comment vous vous sentez. Et au bout de trois ou quatre semaines, vous serez surpris de constater que chaque lundi, à la même heure, vous vous sentez exactement pareil.

Cela ne peut pas être dû à des circonstances extérieures, car elles sont différentes chaque lundi. C'est quelque chose d'intérieur - même si vous trouverez des excuses à l'extérieur, car personne ne veut se sentir responsable de sa propre misère. Cela fait du bien de faire en sorte que les autres se sentent responsables de votre malheur. Et vous pouvez trouver des excuses, vous pouvez les inventer si elles ne sont pas là.

C'est là que les gens sont devenus très très créatifs. En fait, toute leur créativité consiste à créer des excuses : "Pourquoi suis-je triste ?" et vous pouvez trouver mille et une raisons. La femme a dit ceci et les enfants ne se comportent pas bien et les voisins et le patron au bureau et le trafic et les prix qui augmentent... et vous pouvez trouver mille et une choses ; elles sont toujours là. Et vous pouvez peindre le monde entier de façon très sombre, noire, et ensuite vous pouvez vous sentir à l'aise en pensant que ce n'est pas votre responsabilité si vous êtes triste.

Mais le même monde, et mardi matin vous vous sentez très pétillant, très joyeux, radieux - à nouveau vous pouvez trouver des excuses : "C'est un beau matin, et le soleil et les oiseaux et les arbres et le ciel, et tout est si plein de lumière - un si beau matin !"

Vous pouvez trouver des excuses pour toutes sortes d'humeurs, mais si vous tenez un journal pendant quatre à huit semaines, vous serez vraiment choqué de constater que tout ce qui vous arrive dépend presque entièrement de vous. Vous avez une roue intérieure qui continue à tourner, et les mêmes rayons reviennent sans cesse au sommet.

Oui, il y a des circonstances extérieures, mais elles ne sont pas des causes ; tout au plus des déclencheurs. Une certaine humeur qui doit se produire est déclenchée par une certaine circonstance. Si cette circonstance n'existait pas, alors quelque chose d'autre aurait été le point de déclenchement - mais le déclenchement était inévitable.

Les personnes qui ont vécu dans l'isolement ont pris conscience de ce fait. Bouddha avait l'habitude d'envoyer ses disciples en isolement. Dans la nouvelle commune, nous allons avoir des grottes souterraines et je peux vous envoyer pour un mois d'isolement - un isolement absolu. Vous disparaissez du monde, vous ne pouvez donc reprocher aucune circonstance à l'extérieur car il n'y a rien à l'extérieur... vous et les murs de la grotte. Et vous serez surpris : un jour vous êtes heureux, un jour vous êtes malheureux, un jour vous vous sentez très avide, un jour vous vous sentez en colère et il n'y a personne qui vous a insulté, irrité. Un jour, vous vous rendrez compte que vous vous mentez à vous-même parce que vous ne trouvez personne d'autre.

"Je peux vous offrir un verre ?" a-t-il demandé, pour engager la conversation.

"Non merci", a-t-elle dit. "Je ne bois pas."

"Que diriez-vous d'un petit dîner avec moi dans ma chambre ?"

"Non, je ne pense pas que ce serait approprié", a-t-elle dit.

N'ayant pas eu de succès avec les approches plus subtiles, le jeune homme est allé droit au but : "Je suis charmé par votre beauté rafraîchissante, mademoiselle, et je vous donnerai tout ce que votre cœur désire si vous voulez passer la nuit avec moi."

"Oh, non, non, monsieur, je ne pourrais jamais faire une chose pareille."

"Dites-moi, dit le jeune homme en riant, vous ne faites jamais rien d'un peu déplacé ?".

"Oui," dit la Française, "je dis des mensonges."

Observez combien de fois dans la journée vous dites des mensonges - et sans aucune raison - et combien de fois vous vous mettez en colère, sans aucune raison, et vous verrez alors que vous vivez dans un monde intérieur, un monde subjectif qui vous est propre. Comprendre signifie comprendre ces principes fondamentaux du fonctionnement de la vie. Et si vous comprenez ces principes fondamentaux, la transformation n'est pas difficile. En fait, la compréhension elle-même devient la transformation.

COMMENT UN ESPRIT TROUBLÉ PEUT-IL COMPRENDRE LE CHEMIN ?

SI UN HOMME EST PERTURBÉ, IL NE SERA JAMAIS REMPLI DE CONNAISSANCES.

Le mot "connaissance" ne signifie pas ce que VOUS entendez par "connaissance". Lorsque le Bouddha utilise le mot "connaissance", il veut dire sagesse, et non information ; il veut dire savoir, et non connaissance.

SI UN HOMME EST DÉRANGÉ... est en conflit, est dans la confusion, est dans une division, est divisé à l'intérieur, si un homme est une foule à l'intérieur... IL NE SERA JAMAIS REMPLI DE SAGESSE.

La sagesse a besoin d'unité, la sagesse a besoin d'intégration, la sagesse a besoin d'une cristallisation de la conscience, de la vigilance, de l'observation de vos actes, de vos humeurs, de vos pensées, de vos émotions... de l'observation de tout ce qui se passe dans votre monde intérieur. En observant tout cela, un miracle commence à se produire. Si vous commencez à voir que vous dites des mensonges sans aucune raison, cette simple conscience deviendra un obstacle. La prochaine fois que vous serez sur le point de dire un mensonge, une voix intérieure vous dira : "Regarde, fais attention - tu vas encore tomber dans le piège." La prochaine fois que vous tomberez dans la tristesse, quelque chose en vous vous rendra alerte, vous alertera.

C'est la voie de la transformation de vos énergies - AES DHAMMO SANANTANO. AES MAGGO VISUDDHYA - c'est la voie de la purification, c'est la loi éternelle de la transformation.

UN ESPRIT SEREIN, QUI NE CHERCHE PLUS À SAVOIR CE QUI EST BIEN ET CE QUI EST MAL, UN ESPRIT AU-DELÀ DES JUGEMENTS, REGARDE ET COMPREND.

La première exigence pour un sannyasin est donc : un esprit libre, qui ne cherche plus à considérer ce qui est bien ou mal. ....

Une déclaration extrêmement importante et révolutionnaire. Le Bouddha dit : Ne considérez pas ce qui est bien et ce qui est mal, car si vous considérez ce qui est bien et ce qui est mal, vous serez divisé, vous deviendrez un hypocrite. Vous prétendez avoir raison et vous faites le mal. Et dès que vous considérez ce qui est bien et ce qui est mal, vous vous attachez, vous vous identifiez. Vous vous identifiez certainement au bien.

Par exemple, vous voyez sur le bord de la route un billet de cent roupies ; il est peut-être tombé de la poche de quelqu'un. La question se pose alors : Le prendre ou ne pas le prendre ? Une partie de vous dit : "C'est parfaitement normal de le prendre. Personne ne regarde, personne ne soupçonnera jamais rien.

Et vous ne volez pas - il est juste là ! Si vous ne le prenez pas, quelqu'un d'autre le prendra de toute façon. Alors pourquoi le manquer ? C'est tout à fait normal !"

Mais une autre partie dit : "C'est mal - cet argent ne vous appartient pas, il n'est pas à vous. D'une certaine manière, d'une manière indirecte, c'est du vol. Vous devriez informer la police, ou si vous ne voulez pas être dérangé par cela, alors allez-y, oubliez tout cela. Ne regardez même pas en arrière. C'est de l'avidité et l'avidité est un péché !"

Maintenant, ces deux esprits sont là. L'un dit : "C'est bien, prends-le", l'autre dit : "C'est mal, ne le prends pas". Avec quel esprit allez-vous vous identifier ? Vous allez certainement vous identifier à l'esprit qui dit que c'est immoral, parce que c'est plus satisfaisant pour l'ego. "Vous êtes une personne morale, vous n'êtes pas ordinaire ; n'importe qui d'autre aurait pris le billet de cent roupies". Dans ces moments de difficultés, les gens ne pensent pas à de telles délicatesses." Vous vous identifierez à l'esprit moral. Mais il y a de fortes chances que vous preniez le billet. Vous vous identifierez à l'esprit moral, et vous vous désidentifierez de l'esprit qui va prendre la note. Vous le condamnerez au plus profond de vous-même ; vous direz : "Ce n'est pas bien - c'est la partie pécheresse de moi, la partie inférieure, la partie condamnée." Vous vous en tiendrez à l'écart. Vous direz : "J'étais contre. C'était mon instinct, c'était mon inconscient, c'était mon corps, c'était mon esprit, qui m'a persuadé de le faire ; sinon, je le savais, que c'était mal. Je suis celui qui sait que c'était mal."

Vous vous identifiez toujours au bien, à l'attitude moraliste, et vous vous désidentifiez de l'acte immoral - bien que vous le fassiez. C'est ainsi que naît l'hypocrisie.

Saint Augustin a dit dans ses confessions : Dieu, pardonne-moi, car je continue à faire des choses que je sais que je ne dois pas faire, et aussi je ne fais pas des choses que je sais que je dois faire.

C'est le conflit, c'est ainsi que l'on devient troublé. C'est pourquoi le Bouddha vous donne une clé secrète. C'est la clé qui peut vous libérer de toute identification : ne vous identifiez pas à l'esprit moral - car cela aussi fait partie de l'esprit. C'est le même jeu : une partie dit le bien, une autre partie dit le mal - c'est le même esprit qui crée un conflit en vous.

L'esprit est toujours double. Le mental vit dans des oppositions polaires. Il aime et déteste la même personne ; il veut faire l'acte et il ne veut pas faire l'acte. C'est un conflit, le mental est un conflit. Ne vous identifiez ni à l'un ni à l'autre.

Le Bouddha dit : Devenez juste un observateur. Voyez qu'une partie dit ceci, une autre partie dit cela. "Je ne suis ni - NETI, NETI, ni ceci ni cela - je suis juste un témoin." Ce n'est qu'alors qu'il y a une possibilité que la compréhension surgisse.

UN ESPRIT SEREIN, QUI NE CHERCHE PLUS À SAVOIR CE QUI EST BIEN ET CE QUI EST MAL, UN ESPRIT AU-DELÀ DES JUGEMENTS, REGARDE ET COMPREND.

Aller au-delà des jugements sur le bien et le mal est la voie de la vigilance. Et c'est par la vigilance que les transformations se produisent. C'est la différence entre la moralité et la religion. La moralité dit : "Choisissez le bien et rejetez le mal. Choisissez le bien et rejetez le mal." La religion dit : "Regardez simplement les deux. Ne choisissez pas du tout. Restez dans une conscience sans choix."

La religion est très très différente de la moralité. La moralité est très ordinaire, mondaine, médiocre ; la moralité ne peut pas vous conduire à l'ultime, ce n'est pas la voie du divin.

La moralité n'est qu'une stratégie sociale. C'est pourquoi une chose est bonne dans une société et la même chose est mauvaise dans une autre société ; une chose est considérée comme bonne en Inde et la même chose est considérée comme mauvaise au Japon. Une chose est considérée comme bonne aujourd'hui et peut devenir mauvaise demain. La moralité est un produit dérivé de la société, c'est une stratégie sociale de contrôle. C'est le policier en vous, le juge en vous - c'est une ruse de la société pour vous hypnotiser selon certaines conceptions que la société veut imposer aux gens. Ainsi, si vous êtes né dans une famille végétarienne, les non-végétariens sont les plus grands des pécheurs.

Un moine jaina m'a dit un jour : "J'aime vos livres, mais pourquoi mentionnez-vous Jésus, Mahomet et Ramakrishna avec Mahavira ? Vous ne devriez pas les mentionner dans la même ligne. Mahavira est Mahavira - comment peut-on le comparer et le mettre de la même manière, dans la même catégorie que Jésus, Mahomet et Ramakrishna ?".

J'ai dit : "Pourquoi pas ?"

Il a dit : "Jésus boit du vin, mange de la viande - quel plus grand péché peut-on commettre ?"

Mahomet mangeait de la viande et s'est marié à neuf femmes ! Il faut renoncer à la femme - et pas seulement à une, mais à neuf ! Un nombre parfait. En fait, il n'y a pas d'autres chiffres ; neuf est le dernier chiffre, puis il répète le même.....

"Mahomet s'est marié à neuf femmes, était un mangeur de viande - comment pouvez-vous mettre Mahomet avec Mahavira ? Et comment pouvez-vous mettre Ramakrishna avec Mahavira ? Il mangeait du poisson."

Un Bengali est obligé de manger du poisson.

Sa seule critique de mes livres est que j'ai mis ces gens ensemble.

Maintenant, demandez à un chrétien.... J'ai demandé un jour à un missionnaire chrétien : " Que dites-vous de ce moine jaïna ? Il a dit ceci... avez-vous une objection ?"

Il a dit : " Certainement ! Comment pouvez-vous mettre Mahavira avec Jésus ? Jésus a vécu pour l'humanité, s'est sacrifié pour l'humanité - qu'a fait Mahavira ? Mahavira est totalement égoïste, il ne pense qu'à son propre salut. Il ne se soucie pas des autres ! Il n'a jamais guéri un aveugle, il n'a jamais ressuscité un mort. Il n'a fait que méditer pendant douze ans dans les montagnes, dans les forêts - quel égoïsme de plus... ? Et le monde souffre, les gens ont de grandes douleurs, et il n'est pas venu les consoler. Quel luxe peut-il y avoir de plus ? Juste méditer au bord d'une rivière dans la forêt - quel luxe de plus ! Qu'a-t-il fait pour la pauvre humanité ? Jésus s'est sacrifié - il a vécu et est mort pour les autres. Toute sa vie n'était que pur sacrifice. Comment pouvez-vous mettre Mahavira à côté de Jésus ?"

Et lui aussi semble avoir raison. Maintenant, comment décider ? Bouddha n'a jamais soigné les malades, les aveugles, les sourds, les muets - il a juste médité. Cela semble être égoïste ! Il aurait dû ouvrir des hôpitaux, ou au moins des écoles ; il aurait dû distribuer des médicaments, il aurait dû aller dans les zones inondées et servir les gens... il n'a jamais rien fait de tel. Quel genre de spiritualité est-ce là ? Selon un chrétien, c'est de l'égoïsme pur.

Maintenant, qui a raison ? Et qui va décider ? Nous vivons en fonction de nos préjugés.

Le moine jaïna a tort et le missionnaire chrétien a tort, car tous deux jugent - et juger est une erreur. Jésus est Jésus - il vit à sa manière. Bouddha est Bouddha - il vit à sa manière. Des personnalités uniques, des expressions uniques de Dieu.

Aucun n'est une copie de l'autre, et aucun n'a besoin d'être une copie de l'autre. Et il est beau que le monde soit varié. S'il n'y avait que des Jésuites et des Jésuites encore et encore, ils ressembleraient à des voitures Ford sortant d'une chaîne de montage - chaque seconde une voiture Ford sortant, la même, exactement la même que les autres. Il est beau que Jésus soit unique et simplement unique et non reproductible. Et c'est bien que le Bouddha soit seul et non répétable.

Une personne vraiment religieuse a une approche sans jugement. Le moraliste ne peut éviter les jugements, il devient un juge. Or, ce moine jaina, une personne ordinaire, stupide, est prêt à juger Jésus, Ramakrishna, Mahomet. Il ne sait rien, ne comprend rien, n'a jamais médité - ne s'est pas encore connu lui-même. C'est pourquoi il est venu me voir.

Il était venu me voir pour comprendre ce qu'est la méditation et comment méditer. La méditation n'a pas encore eu lieu, mais le jugement est là - et il est prêt à juger même un homme comme Jésus, n'a même pas honte de ce qu'il fait, n'est pas timide, est très arrogant. Et il en va de même pour le missionnaire chrétien ! Il ne sait rien de la méditation, de ce que faisait Bouddha, de ce que faisait Mahavira. Il ne sait rien des manières subtiles dont un Bouddha fonctionne. Le fait qu'il devienne illuminé est le plus grand service possible à l'humanité - il ne peut rien faire de plus. Il n'a certainement pas guéri les yeux physiques, mais il est l'homme qui a guéri les yeux spirituels de milliers de personnes - et ça, c'est un vrai service !

Il a permis à des milliers de personnes d'entendre, d'écouter, de comprendre - C'est ça, le vrai service.

Mais ce missionnaire chrétien, parce qu'il dirige une école primaire et un hôpital, se prend pour quelqu'un qui est autorisé à juger. Le moraliste juge toujours, le religieux ne juge jamais. Il vit dans une conscience sans jugement.

UN ESPRIT AU-DELÀ DES JUGEMENTS, REGARDE ET COMPREND. Il observe et comprend, tout simplement. Si Bouddha avait croisé Jésus, il aurait compris ; si Jésus avait croisé Mahavira, il aurait compris. Il suffit de regarder, de voir, et il y a compréhension.

SACHEZ QUE LE CORPS EST UN BOCAL FRAGILE, ET FAITES UN CHÂTEAU DE VOTRE ESPRIT.

Par " esprit ", le Bouddha entend la conscience. Par "esprit", le Bouddha entend l'esprit avec un M majuscule - non pas cet esprit ordinaire que vous avez, mais l'esprit qui apparaît lorsque toutes les pensées ont disparu, lorsque l'esprit est totalement vide de pensées. Faites un château de votre esprit car ce corps va mourir - ne dépendez pas de lui.

DANS CHAQUE PROCÈS, LAISSEZ LA COMPRÉHENSION SE BATTRE POUR VOUS AFIN DE DÉFENDRE CE QUE VOUS AVEZ GAGNÉ.

Et n'oubliez jamais, car la lutte est longue et le voyage ardu.

De nombreuses fois, vous allez tomber et oublier, de nombreuses fois, vous allez commencer à juger. De nombreuses fois vous commencerez à vous identifier à ceci ou cela, de nombreuses fois l'ego s'affirmera encore et encore. Chaque fois que l'ego s'affirme, chaque fois que l'identification se produit, chaque fois que le jugement surgit, rappelez-vous immédiatement : observez, observez simplement, et il y aura la compréhension.

Et la compréhension est le secret de la transformation. Si vous pouvez comprendre la colère, vous serez immédiatement inondé de compassion. Si vous pouvez comprendre le sexe, vous atteindrez immédiatement le samadhi. La "compréhension" est le mot le plus important à retenir.

BIENTÔT LE CORPS EST JETÉ. ALORS QUE RESSENT-IL ? UNE BÛCHE DE BOIS INUTILE, IL GÎT SUR LE SOL. ALORS QUE SAIT-IL ?

Ne dépendez pas du corps et ne restez pas confiné dans le corps. Utilisez-le, respectez-le, aimez-le, prenez-en soin, mais n'oubliez pas : vous devrez le quitter un jour. Ce n'est qu'une cage, elle sera abandonnée, et l'oiseau sera parti. Avant que cela n'arrive, prenez aussi soin de l'oiseau. Nettoyez votre conscience, car elle partira avec vous. Votre compréhension partira avec vous, pas votre corps.

Ne perdez donc pas trop de temps à le décorer avec des cosmétiques, des vêtements, des ornements - ne perdez pas trop de temps avec le corps, car le corps appartient à la terre et la terre le réclamera. De la poussière à la poussière. Vous n'appartenez pas à la terre, vous appartenez à un au-delà, à un inconnu. Votre maison est dans l'inconnu, ici vous n'êtes qu'un visiteur. Profitez de cette visite et utilisez-la autant que possible pour grandir en compréhension et en maturité, afin de pouvoir ramener chez vous votre maturité, votre compréhension, votre sagesse.

VOTRE PIRE ENNEMI NE PEUT VOUS FAIRE AUTANT DE MAL QUE VOS PROPRES PENSÉES, SANS SURVEILLANCE.

Lorsque les pensées ne sont pas gardées, pas surveillées, votre esprit est votre plus grand ennemi.

MAIS UNE FOIS MAÎTRISÉ, PERSONNE NE PEUT VOUS AIDER AUTANT, PAS MÊME VOTRE PÈRE OU VOTRE MÈRE.

Mais le même esprit, s'il est maîtrisé - maîtrisé par la vigilance, maîtrisé par la méditation - se transforme. Il devient le plus grand ami. Personne ne peut vous aider autant que lui.

L'esprit est une échelle : non gardé, il vous emmène vers le bas, gardé, il vous emmène vers le haut. La même échelle ! L'esprit est une porte : sans surveillance, il vous emmène vers l'extérieur, avec surveillance, il vous emmène vers l'intérieur. Le même esprit non surveillé devient colère, haine, jalousie ; surveillé, il devient compassion, amour, lumière.

Soyez vigilant, éveillé, alerte, ne portez pas de jugement. Ne soyez pas un moraliste : créez une conscience religieuse. Et par "conscience religieuse", on entend une conscience sans choix. Laissez cette phrase s'enfoncer profondément dans votre cœur : la conscience sans choix. C'est l'essence même de l'enseignement du Bouddha - AES DHAMMO SANANTANO.

Assez pour aujourd'hui.

Buvez à pleines dents et dansez

L a première question :
Question 1 :
MAÎTRE BIEN-AIMÉ,
POURRIEZ-VOUS NOUS EN DIRE PLUS SUR LA NOUVELLE PHASE DE VOTRE TRAVAIL ? SRI RAMAKRISHNA, SRI RAMAN, ET MÊME J. KRISHNAMURTI, SEMBLENT UNIDIMENSIONNELS.

GURDJIEFF A-T-IL TENTÉ UNE APPROCHE MULTIDIMENSIONNELLE ? EST-CE LA RAISON POUR LAQUELLE IL A ÉTÉ SI MAL COMPRIS ?

Ajit Saraswati, il est tout à fait naturel d'être incompris si vous voulez vraiment aider les gens. Si vous ne voulez pas les aider, vous ne serez jamais incompris - ils vous adoreront, ils vous loueront. Si vous ne faites que parler, si vous ne faites que philosopher, alors ils n'ont pas peur de vous. Alors vous ne touchez pas à leur vie.

Et c'est beau de connaître des théories complexes, des systèmes de pensée. Cela aide leur ego, cela nourrit leur ego - ils deviennent plus savants. Et tout le monde aime être plus instruit. C'est la plus subtile des nourritures pour l'ego.

Mais si vous voulez VRAIMENT les aider, alors le problème se pose. Vous commencez alors à changer leur vie, à empiéter sur leur ego, à interférer avec leurs habitudes et leurs mécanismes vieux de plusieurs siècles. Vous créez alors un antagonisme : ils ont peur de vous, ils sont hostiles à votre égard. Et ils essaieront par tous les moyens possibles de vous comprendre de travers, de vous déformer.

Les personnes unidimensionnelles sont de belles fleurs, mais ne sont pas d'une grande utilité. Krishnamurti parle depuis quarante ans ou plus, et les gens l'écoutent. Les mêmes personnes l'ont écouté pendant quarante ans... et pas un iota de changement dans leur conscience.

Il est certain qu'ils sont devenus très savants, argumentés, logiques. Si vous discutez avec eux - ce sont les meilleures personnes avec qui discuter de quoi que ce soit - ils entrent dans les mondes de la pensée les plus subtils, les plus délicats. Ils peuvent tout analyser : la conscience, la méditation, la conscience..... Ils sont devenus très efficaces, très intelligents, mais ils restent aussi médiocres qu'avant, aussi stupides qu'avant, à une seule différence près : maintenant, leur stupidité se cache derrière la soi-disant connaissance qu'ils ont recueillie auprès de J. Krishnamurti.

Krishnamurti est resté un simple phénomène intellectuel, car il n'a jamais pris la peine d'entrer dans la vie des gens. Il est dangereux d'entrer dans la vie des gens - vous jouez avec le feu.

Sri Raman est parfaitement bien : assis en silence dans son temple, les gens peuvent venir, offrir des fleurs, se prosterner, et il se contentera de regarder. Et bien sûr, il a une beauté et une grâce, mais c'est unidimensionnel, il n'affecte pas la vie dans sa totalité. Tout au plus, les gens peuvent-ils en être émus. Tout comme J. Krishnamurti touche les gens intellectuellement, Sri Raman touche les gens émotionnellement.

Et il en était de même avec Ramakrishna. Les émotions de nombreuses personnes étaient touchées, et elles pleuraient des larmes de joie. Mais cela ne va pas vous transformer. Ces larmes de joie sont momentanées ; de retour chez vous, vous serez le même.

Gurdjieff est certainement un pionnier. Avec Gurdjieff commence un concept totalement nouveau de la vie spirituelle. Il a en fait appelé sa voie "la quatrième voie" - tout comme j'appelle ma voie "la quatrième voie", il appelle aussi sa voie "la quatrième voie". Il a été immensément mal compris, parce qu'il n'était pas intéressé à vous transmettre des connaissances, il n'était pas intéressé à vous consoler. Il n'était pas intéressé à vous donner de belles théories, des visions, des hallucinations. Il ne s'intéressait pas à vos larmes, à vos émotions et à vos sentiments.

Il n'était pas intéressé à être adoré par vous, il était intéressé à vous transformer.

Et pour transformer une personne, il faut prendre un marteau dans les mains, car il faut couper de nombreux morceaux de son être. Cette personne est tellement déséquilibrée que tout est mauvais en l'état et qu'il faut y remédier. Et elle a tellement investi dans son mode de vie erroné que toute personne qui veut changer son style de vie - non seulement la circonférence mais aussi le centre - lui fait peur, lui fait peur. Seules quelques personnes courageuses peuvent entrer dans le monde d'un homme comme Gurdjieff. Il faut un courage énorme, le courage de mourir, car ce n'est qu'alors que l'on renaît.

Gurdjieff était une sage-femme. Il n'était pas un enseignant, il était un maître. Krishnamurti est resté un enseignant. Raman est resté un bel individu - éclairé, mais juste une étoile lointaine, lointaine. On pouvait l'observer, l'apprécier et écrire des poèmes à son sujet, mais c'était tout. Il restait un phénomène lointain. Vous ne pouviez jamais espérer l'atteindre, la distance était vaste. Et il n'y avait aucun effort de sa part pour la combler.

Et que pourriez-vous faire ? Comment pouviez-VOUS le combler ? Si vous aviez été capable de vous rapprocher d'un homme comme Raman, il n'y aurait pas eu besoin de faire le pont. Un homme de cette capacité serait capable de se transformer par lui-même ; il n'aurait pas besoin d'un maître. Si Raman n'avait pas essayé de faire le pont, le pont n'était pas possible.

Et il était distant, distant, cool. Il n'était pas impliqué. Il savait que toute misère est fausse. Et, certes, elle l'est - mais pas pour ceux qui sont dans la misère. L'homme qui est éveillé sait que la personne qui pleure et pleure dans son sommeil voit un rêve, vrai. Pour l'homme qui est éveillé, c'est parfaitement vrai. Mais même si c'est un rêve, un cauchemar, pour la personne qui est profondément endormie, c'est une vérité. Et l'homme qui dort profondément ne peut faire aucun effort pour se connecter avec l'homme éveillé. C'est évidemment impossible. Il ne peut même pas être conscient que quelqu'un est éveillé ; il est tellement absorbé par son cauchemar. Seul l'éveillé peut faire l'effort. Mais perturber le sommeil de quelqu'un, même s'il est en plein cauchemar, est dangereux. Personne ne veut être dérangé, personne ne veut qu'on interfère avec lui.

Les gens ont des idées étranges - des gens endormis, des gens idiots, mais ils ont des idées étranges de la liberté. Ils n'ont pas de liberté, ils ne peuvent pas en avoir. Ils ne peuvent pas l'avoir dans leur sommeil. Comment un homme endormi peut-il avoir une quelconque liberté ? Mais ils ont des idées, de grandes idées de liberté, et un homme comme Gurdjieff s'en mêle. Sa compassion est bien plus grande que la compassion de J.

Krishnamurti, Raman, et Ramakrishna.

Ramakrishna est magnifique - il chante les louanges de Dieu, prie, adore, danse.

Il est quelque chose de l'au-delà. Il vous rappelle que dans la vie, beaucoup plus de choses sont possibles que ce qui vous arrive - mais c'est tout. Grâce à lui, un petit souvenir peut vous atteindre. Mais votre vie est telle que ce souvenir ne va pas créer de mutation ; il sera oublié. Vous en profiterez. Encore et encore, vous aimeriez aller vers l'homme et le voir danser, chanter et prier... et vous vous sentirez bien.

C'est ce que le Bouddha appelle "compter les moutons des autres". Il est une belle fleur, mais en regardant une rose, vous ne pouvez pas devenir la rose ; vous ne pouvez pas non plus devenir un Ramakrishna en regardant Ramakrishna. Un grand effort est nécessaire. Vous devez gravir la montagne contre tous les dangers.

À moins qu'un maître ne tente de vous approcher dans votre profond sommeil, à moins qu'il ne remue votre être, ne vous tienne fermement et ne vous sorte de votre ignorance, c'est impossible, c'est presque impossible. Mais vous serez en colère contre cet homme - qui veut être dérangé ? On s'est habitué à un certain mode de vie ; l'esprit aime toujours l'ancien, le connu, le familier. Même s'il est misérable, l'esprit a peur du nouveau, parce qu'avec le nouveau, il faut réapprendre comment se comporter, comment être. Et qui veut apprendre ?

Vous êtes si efficace avec l'ancien, votre ego est si satisfait de l'ancien - pourquoi se donner la peine ?

Et quand vous rencontrez un homme comme Gurdjieff, il fait voler en éclats toutes les absurdités que vous avez accumulées. Il les brise sans pitié ! Parfois, il doit dire des choses qui ne sont pas vraiment vraies, mais juste pour briser vos idées, il doit les dire.

Un ami a demandé : "Comment était-il possible qu'un homme comme Gurdjieff, un homme d'une si grande compréhension, ne comprenne pas l'idée de l'énergie kundalini ?"

Il l'appelait Kundabuffer. Il était très opposé à l'idée de la kundalini. Il disait que la pire chose qui puisse arriver à une personne dans la vie est l'éveil de la kundalini.

L'auteur de la question, naturellement, est déconcerté.

Mais vous ne comprenez pas la vraie signification de Gurdjieff. Il l'a appelé kundabuffer à cause des absurdités que les théosophes ont créées dans le monde. Ils ont tellement parlé de la kundalini, de la puissance du serpent, et ce n'était que du charabia ; ils ne connaissaient rien à ce sujet. Ils ne faisaient que fabriquer, ils ne faisaient qu'inventer des théories et des idées. Ce n'était que des conjectures.

En fait, sur cent livres qui sont écrits sur la kundalini, quatre-vingt-dix-neuf sont des absurdités absolues. Et les gens qui s'étaient rassemblés autour de Gurdjieff étaient passés par la philosophie théosophique, les hypothèses, les doctrines. Il brisait leurs connaissances ; il ne disait rien contre la kundalini. Comment pouvait-il dire cela ? Il savait bien mieux que Blavatsky, Annie Besant, Alcott, Leadbeater - il savait bien mieux que ces gens. Ces gens n'étaient que des experts en création de doctrines, et en réalité ils étaient de grands experts. Ils avaient créé presque un mouvement mondial - sur les auras et les couleurs et la kundalini... de nouveaux mots issus de l'ancien savoir spirituel. Et ils ont créé des mondes, des mondes imaginaires, autour de ces mots.

Gurdjieff a raison de l'appeler kundabuffer. Et Gurdjieff a raison de dire que la pire chose qui puisse arriver à un homme est l'éveil de la kundalini. Mais n'oubliez jamais qu'il s'adressait à ses disciples, dans un contexte particulier. Il brisait les connaissances de ses disciples sur le pouvoir de la kundalini - car la première étape d'un maître est de détruire vos connaissances, parce que vos connaissances sont fondamentalement fausses, empruntées.

Avant de pouvoir vous familiariser avec la vérité, il faut vous débarrasser de ce qui est faux.

Parfois le maître doit être très impitoyable, et parfois le maître doit dire des choses qui ne le sont pas vraiment. La Kundalini n'est pas une idée fausse, mais pour quatre-vingt-dix-neuf pour cent des gens, Gurdjieff a raison.

Maintenant, il y a à nouveau des gens comme Gopi Krishna, qui écrivent des livres sur la kundalini et le pouvoir du serpent, et le grand génie qui en découle. Cela n'est même pas arrivé à Gopi Krishna ! Quel genre de génie a-t-il ? Tout au plus, la seule preuve qu'il a donnée de son génie est une poésie absolument sans valeur, tout comme celle qu'écrivent les écoliers. Il a été clerc toute sa vie. Sa poésie a l'odeur de toute sa vie d'employé de bureau - elle pue ! Elle n'a pas de beauté, elle n'a pas de grandeur - elle n'a rien de superbe.

Et maintenant, il affirme dans le monde entier que lorsque la kundalini se lève, votre pouvoir latent de génie se manifeste. Combien de yogis ont gagné le prix Nobel ? Et combien de yogis ont contribué à la connaissance scientifique du monde, à l'art, à la poésie, à la peinture, à la sculpture ? Combien d'entre vous, dont la soi-disant kundalini s'est levée, ont contribué de quelque manière que ce soit à la richesse du monde ?

Ce dont parle Gopi Krishna n'est pas kundalini mais kundabuffer. Gurdjieff l'aurait remis à sa place d'un seul coup. Mais il attire les gens. Les gens sont très attirés par les absurdités mystiques, par la stupidité occulte, par le charabia ésotérique. Il suffit de commencer à parler aux gens des chakras, des centres d'énergie, et de la kundalini qui les traverse, et ils sont tout à fait attentifs. Essayez simplement ! Il n'est pas nécessaire d'en savoir quoi que ce soit - il suffit d'inventer... parce que les mystiques Jaina n'ont pas parlé de la kundalini, les mystiques bouddhistes n'ont pas parlé de la kundalini, les mystiques chrétiens n'en ont jamais rien su, les soufis ne sont absolument pas au courant de cette énergie appelée kundalini. Seul le yoga hindou en parle.

Il y a quelque chose là-dedans, mais pas exactement de la manière dont on le raconte aux gens. Les connaissances qui circulent sur la kundalini sont toutes absurdes, et Gurdjieff a eu raison de les condamner. Il condamnait l'ensemble du mouvement théosophique. Les théosophes étaient très opposés à Gurdjieff. Ils ne savaient rien, mais ils ont créé un grand mouvement. C'étaient des gens plus ou moins politiques, des érudits, des coupeurs de logique, mais en aucun cas des âmes réalisées.

Gurdjieff a brisé de nombreuses croyances. Il a brisé l'une des croyances les plus fondamentales de toute l'humanité. Il a dit : "L'âme n'existe pas. On ne naît pas avec une âme - l'âme doit être créée par un grand effort. Et seules de très rares personnes ont été capables de la créer. Les millions de personnes qui marchent sur la terre sont toutes sans âme."

Maintenant, pouvez-vous créer un plus grand choc ? - en disant simplement aux gens, "Vous êtes sans âme. Il n'y a rien en vous - creux, personne en vous. Vous n'êtes pas encore né ; vous n'êtes qu'un corps, un mécanisme. Oui, vous avez une possibilité, une potentialité de devenir une âme, mais alors vous devez faire beaucoup de travail pour elle, un grand travail pour elle, et seulement alors il est possible d'avoir une âme. C'est le luxe ultime d'avoir une âme."

Au fil des siècles, les prêtres vous ont dit que vous étiez né avec une âme. Cela a créé un état de choses très mauvais. Parce que tout le monde s'est entendu dire qu'il naissait avec une âme, il se dit : "Alors pourquoi se donner la peine ? Je suis déjà une âme. Je suis immortel. Le corps va mourir mais je vais vivre." Gurdjieff a dit : "Vous n'êtes rien d'autre que le corps, et quand le corps mourra, VOUS mourrez. Ce n'est qu'une fois de temps en temps qu'une personne survit - celui qui a créé une âme dans sa vie survit à la mort - pas tous. Un Bouddha survit, un Jésus survit, mais pas vous ! Vous mourrez tout simplement, il ne restera même pas une trace."

Qu'est-ce que Gurdjieff essayait de faire ? Il vous choquait jusqu'à la racine ; il essayait de vous enlever toutes vos consolations et vos théories stupides qui vous aident à remettre à plus tard le travail sur vous-même. Maintenant, dire aux gens : "Vous n'avez pas d'âme, vous n'êtes que des légumes, juste un chou ou peut-être un chou-fleur" - un chou-fleur est un chou avec une éducation universitaire - "mais rien de plus que cela." Il était vraiment un maître par excellence. Il enlevait la terre même de sous vos pieds. Il vous donnait un tel choc que vous deviez réfléchir à toute la situation : allez-vous rester un chou ? Il créait autour de vous une situation dans laquelle vous deviez chercher et chercher l'âme, car qui veut mourir ?

Et l'idée que l'âme est immortelle a aidé les gens à se consoler en se disant qu'ils ne vont pas mourir, que la mort n'est qu'une apparence, qu'un long sommeil, un sommeil réparateur, et que vous renaîtrez. Gurdjieff dit : "Tout cela est absurde. Tout ceci n'a aucun sens !

Mort, tu es mort pour toujours - à moins que tu n'aies créé l'âme...."

Maintenant, voyez la différence : on vous a dit que vous étiez déjà une âme, et Gurdjieff change totalement la donne. Il dit : " Vous n'êtes pas déjà une âme, mais seulement une opportunité. Vous pouvez l'utiliser, vous pouvez la manquer".

Et je voudrais vous dire que Gurdjieff utilisait juste un appareil. Ce n'est pas vrai.

Tout le monde naît avec une âme. Mais que faire avec les personnes qui ont utilisé les vérités comme des consolations ? Un grand maître doit parfois mentir - et seul un grand maître a le droit de mentir - juste pour vous tirer de votre sommeil.

Par exemple, tu es profondément endormi et je te secoue, je te secoue et tu ne bouges pas.

Et puis je me mets à crier : "Au feu ! Au feu !" et tu te mets à courir hors de la maison. Dehors, nous allons régler la question. Je dirai qu'il n'y a pas de feu... mais c'était le seul moyen de te réveiller.

Une fois que vous aurez connu l'âme, Gurdjieff vous murmurera à l'oreille : "Maintenant, ne t'inquiète pas. Oublie tout ce que je t'ai dit. Mais c'était nécessaire. C'était un dispositif. Il fallait que je crie "Feu !", sinon tu ne sortirais pas de ton sommeil."

Mais ces personnes sont forcément mal comprises. Comprendre un homme comme Gurdjieff est un travail presque impossible. Vous ne pouvez le comprendre que si vous l'accompagnez, si vous le suivez. Et le travail de Gurdjieff était un travail très secret - il ne peut en être autrement. Le vrai travail ne peut être fait que dans une école de mystère. Il est caché, il est souterrain. Il n'est pas public et il ne peut pas l'être.

Au Moyen Âge, les mystiques ont disparu sous le couvert de l'alchimie ; ils ont dû disparaître à cause des chrétiens. Les chrétiens détruisaient toutes sortes de sources qui étaient de quelque façon en conflit avec l'idéologie chrétienne. Ils ne permettaient à personne de pratiquer autre chose ; même parler d'autre chose n'était pas permis :

"Le christianisme et seulement le christianisme est la voie."

Les mystiques devaient disparaître. Ils ont créé une belle tromperie, ils ont créé l'idée de l'alchimie. Ils ont commencé à dire : "Nous sommes des alchimistes, nous n'avons rien à voir avec la spiritualité. Tout cela est de la pourriture. Nous cherchons et recherchons le secret de la vie immortelle, de la jeunesse éternelle. Nous essayons de trouver les moyens de transformer les métaux de base en or." Et juste pour tromper le public, ils ont fait des laboratoires de chimie. Si vous étiez entré dans le monde d'un alchimiste, vous auriez rencontré des bocaux, des médicaments, des herbes et des éprouvettes... et vous auriez vu une sorte de laboratoire où se déroulaient de nombreux travaux chimiques. Mais ce n'était qu'une façade ; ce n'était pas le vrai travail - le vrai travail se passait ailleurs, au fond de l'école.

Le véritable travail consistait à créer des êtres humains intégraux, cristallisés, à créer l'éveil.

Le vrai travail était la méditation. Mais le christianisme ne permet pas la méditation. Il dit que la prière suffit. Il ne permet pas la recherche intérieure. Il dit qu'il suffit de vénérer Dieu, d'aller tous les dimanches à l'église, de lire la Bible. Il vous a donné des jouets - et c'est ainsi que cela s'est passé dans d'autres pays aussi.

En Inde aussi, les mystiques ont vécu déguisés.

L'autre jour, je lisais une histoire soufie - et Gurdjieff est fondamentalement enraciné dans la tradition soufie. Il est un soufi. Il a appris ses secrets des soufis.

Je lisais une histoire soufie :

Un disciple est venu voir le maître et lui a dit : "J'ai des problèmes. Le problème est que l'homme le plus riche de la ville part en pèlerinage. Il a une belle fille, et j'ai une grande réputation grâce à toute la discipline que j'ai suivie et au caractère que j'ai cultivé. J'ai une telle réputation dans la ville qu'il veut que je prenne soin de sa belle fille pendant qu'il est en pèlerinage. Et j'ai peur - je connais mes tentations. Et la fille est vraiment belle ; en fait, j'ai toujours été épris d'elle. J'ai évité... ! C'est trop : pendant six ou neuf mois, elle va vivre avec moi. Je ne peux pas me faire confiance. Que dois-je faire ?"

Le maître a dit : "Je connais un homme qui connaît le secret. Va le voir."

Et il lui dit d'aller dans un autre village où vivait un fou. Il dit : "Mais que peut faire ce fou ? Je connais ce fou, j'ai beaucoup entendu parler de ce fou.

Il est complètement fou ! Comment peut-il m'aider ?"

Le maître a dit : "Vas-y, mais fais attention. Regarde tout ce qui se passe là-bas."

Il est allé voir le fou. Un très beau jeune garçon versait du vin et le fou buvait.

Or, les pays mahométans ont été, à travers les âges, homosexuels, très largement - à tel point que seul le paradis mahométan est gay. Il est bien plus avancé que n'importe quel autre paradis. Dans le paradis hindou, il n'y a pas de place pour une personne gay. Dans le paradis chrétien, non, pas du tout. Même le Dieu juif est très opposé à l'homosexualité, très en colère. Mais le Dieu mahométan est très indulgent. Non seulement de belles femmes sont prévues pour les vertueux, mais de beaux garçons aussi.

Ce beau jeune garçon qui verse du vin et le fou qui boit - cet homme a ressenti une grande haine, une condamnation. Mais parce que le maître avait dit : "Regarde et va lui demander conseil...", il oublia tout de son problème. Il a d'abord demandé : "S'il te plaît, dis-moi ce qui se passe. Que fais-tu ?"

Le fou a ri et a dit : "Ce garçon est mon fils. Et approche-toi, mon verre ne contient que de l'eau. Ce qu'il verse n'est pas du vin."

L'homme demanda : "Alors pourquoi fais-tu semblant de boire du vin ? Personne ne sirote de l'eau comme vous le faites. La gourde dans laquelle il verse de l'eau n'est pas utilisée pour conserver de l'eau - alors pourquoi ?"

Le fou rit et dit : "Pour que personne ne me confie sa belle fille quand il part en pèlerinage. C'est un stratagème !"

Il doit avoir lu la pensée, il doit être télépathe. Il doit avoir vu cet homme de part en part. "...Pour que personne ne me confie sa belle fille, pour que personne ne s'inquiète. Pour qu'on me laisse seul. Mais s'il vous plaît, ne révélez mon secret à personne, sinon je serai obligé de quitter cette ville pour une autre. Ma folie est une rumeur créée par moi. Mon absence de caractère est une rumeur que j'ai créée. Et si VOUS voulez vraiment travailler sur vous-même, dit le fou, vous devriez faire de même. Retourne en arrière. Commencez à vous comporter de façon idiote, stupide, folle, immorale - faites au moins semblant ! - et personne ne te dérangera."

Gurdjieff a vécu une vie très mystérieuse ; elle n'était pas publique. Son école était une école cachée. Ce qui s'y passait, les gens ne faisaient que le deviner.

Et c'est ce qui va se passer dans la nouvelle phase de mon travail. Ma commune va devenir cachée, souterraine. Elle aura une façade à l'extérieur : les tisserands, les menuisiers et les potiers... ce sera la façade. Les gens qui viendront en tant que visiteurs, nous aurons une belle salle d'exposition pour eux ; ils pourront acheter des choses. Ils pourront voir la créativité des sannyasins : peintures, livres, boiseries..... On pourra leur faire visiter les lieux - un beau lac, des piscines, un hôtel cinq étoiles pour eux - mais ils ne sauront pas ce qui se passe réellement. Ce qui se passera sera presque entièrement souterrain. Il faut que ce soit sous terre, sinon cela ne peut pas arriver.

J'ai quelques secrets à vous transmettre, et je ne voudrais pas mourir avant de vous les avoir transmis - parce que je ne connais personne d'autre en vie dans le monde qui puisse faire ce travail. J'ai des secrets du taoïsme, des secrets du tantra, des secrets du yoga, des secrets des soufis, des secrets des zen. J'ai vécu dans presque toutes les traditions du monde ; j'ai été un vagabond dans de nombreuses vies. J'ai récolté beaucoup de miel de nombreuses fleurs.

Et le moment, tôt ou tard, viendra où je devrai partir - et je ne pourrai plus entrer à nouveau dans le corps. Ce sera ma dernière vie. Tout le miel que j'ai récolté, je voudrais le partager avec vous, pour que vous puissiez le partager avec d'autres, pour qu'il ne disparaisse pas de la terre.

Il s'agira d'un travail très secret ; c'est pourquoi, Ajit Saraswati, je ne peux pas en parler. Je pense que j'en ai déjà trop dit ! Je n'aurais même pas dû dire cela. Ce travail sera réservé à ceux qui sont totalement dévoués.

En ce moment, nous avons un grand bureau de presse pour faire connaître au plus grand nombre le phénomène qui se passe ici. Mais dans la nouvelle commune, le travail réel va tout simplement disparaître aux yeux du monde. Le bureau de presse fonctionnera - il fonctionnera à d'autres fins. Les gens continueront à venir, parce que parmi les visiteurs nous devons choisir ; nous devons inviter des gens qui peuvent être des participants, qui peuvent se dissoudre dans la commune. Mais le vrai travail va être absolument secret. Il ne se fera qu'entre vous et moi.

Et il n'y aura pas non plus beaucoup de paroles entre vous et moi. Je me tairai de plus en plus, car la vraie communion se fait par l'énergie, pas par les mots. Au fur et à mesure que vous vous préparerez à recevoir l'énergie en silence, je me tairai de plus en plus. Mais je garde un grand trésor pour vous. Soyez réceptifs....

Et comme mon travail devient souterrain, plus secret et plus mystérieux, de plus en plus de rumeurs et de ragots vont se répandre dans le monde entier. Les gens deviennent très méfiants vis-à-vis de tout ce qui est secret, et comme ils ne trouvent aucun indice, ils commencent à inventer leurs propres idées sur ce qui se passe là-bas. Soyez donc prêt à cela aussi.

Mais ne t'inquiète pas pour ça. Il s'agira d'une école mystérieuse. De telles écoles existaient du vivant de Zarathoustra ; il a créé une telle école. De nombreuses écoles de ce genre existaient en Égypte, en Inde, au Tibet. Lorsque Pythagore est venu et a visité ce pays, il a constaté l'existence d'écoles à mystères. Il a été initié dans de nombreuses écoles de mystères en Égypte et en Inde.

Jésus a été formé par les Esséniens, une école de mystère très secrète.

Tout ce qui est beau et tout ce qui est grand dans l'histoire de l'humanité n'est arrivé que grâce à quelques personnes qui ont mis leurs énergies en commun pour l'exploration intérieure. Ma commune va être une école de mystère pour l'exploration intérieure. C'est la plus grande aventure qui soit, et la plus grande danse aussi.

La deuxième question :

Question 2 :

MAÎTRE BIEN-AIMÉ,

QUELLE EST LA CLÉ DE CETTE ÉNIGME ? LE BOUDDHA DIT, PARLE MOINS : ET LE SILENCE EST BEAU, CAR QU'AI-JE À DIRE ?

LES RÉCITS DU PASSÉ, LES RÊVES DE L'AVENIR, LES BAVARDAGES ÉTOURDIS OU LES ARGUMENTS RAISONNÉS, TOUT CELA A UN GOÛT DE FAUX SUR LA LANGUE.

LE SILENCE EST BEAU, ET POURTANT....

LE SON DES JOYEUSES DISCUSSIONS AUTOUR DES

TASSES DE THÉ FAIT ÉCHO AU GAZOUILLIS INSOUCIANT DES OISEAUX - L'ÉNERGIE CIRCULE DANS UN COSMOS JOYEUX.

MAÎTRE BIEN-AIMÉ, DITES-MOI, QUELLE EST LA CLÉ DE CETTE ÉNIGME ?

Nirgun, ne prends pas Gautama le Bouddha trop au sérieux. Le silence EST beau, certainement il est beau. Mais qui t'a dit que le bavardage n'était pas beau ? En fait, plus vous aimez bavarder, plus votre silence sera profond.

Ce sont des opposés polaires et ils s'équilibrent mutuellement. Si vous travaillez dur pendant la journée, vous dormirez d'un sommeil profond pendant la nuit. Des opposés polaires : un travail dur apporte un sommeil profond.

Illogique ! La chose logique aurait été que vous vous reposiez toute la journée, que vous pratiquiez le repos toute la journée, puis que vous dormiez d'un sommeil profond, profond, dans la nuit. Cela aurait été logique - mais Dieu est illogique.

Cela semble parfaitement juste : toute la journée vous avez pratiqué le repos - naturellement vous devriez avoir plus de repos la nuit que quiconque ne l'a pas pratiqué ! Et l'homme qui a fait exactement le contraire - un travail dur, labourer la terre, creuser la terre, travailler dans le jardin, couper du bois, porter l'eau du puits - toute la journée il a transpiré, travaillé dur, un travail fatigant, le soir il est complètement fatigué. Logiquement, il ne devrait pas pouvoir dormir du tout, car il a pratiqué le contraire.

Mais ce n'est pas ainsi que la vie fonctionne.

La vie fonctionne à travers les opposés polaires. La vie n'est pas logique, la vie est dialectique. C'est une dialectique : thèse, antithèse, et toutes deux s'équilibrent et deviennent une synthèse. Puis la synthèse fonctionne à nouveau comme une thèse et crée son antithèse... et ainsi de suite.

La vie n'est pas aristotélicienne mais hégélienne.

Il est parfaitement bon de bavarder. Et quand vous bavardez, bavardez totalement - que ce soit une méditation ! Tout en sachant parfaitement qu'il s'agit de commérages, on peut quand même les apprécier. En fait, on peut l'apprécier davantage parce que ce ne sont que des ragots ! Et puis restez silencieux.

Le gazouillis des oiseaux est beau, mais avez-vous observé que lorsqu'il s'arrête soudainement, il y a un grand silence ? Le silence est approfondi par le chant des oiseaux. Le silence qui suit la tempête est le plus profond, le plus grave.

Nirgun, ne prends pas Bouddha trop au sérieux. Il peut être pris trop au sérieux - c'est un homme unidimensionnel. Ce que je dis... si vous aviez posé la même question à Bouddha, il n'aurait pas répondu la même chose. Il aurait dit : "Nirgun, vous arrivez au bon moment. Arrête de bavarder et de parler. Ne dis que le minimum, l'absolument nécessaire." Il aurait suggéré d'être très télégraphique. Si cela peut être fait en dix mots, alors ne le faites pas en onze mots. Si vous pouvez réduire les mots de plus en plus, c'est encore mieux.

Mais ma propre expérience est que si vous arrêtez tous vos bavardages, toutes vos discussions, votre silence sera superficiel, votre silence sera juste une sorte de tristesse. Il n'aura pas de profondeur. D'où viendra la profondeur ? Il ne peut l'obtenir que de son opposé polaire.

Si vous voulez vraiment vous reposer, commencez par danser - dansez pour vous abandonner. Laissez danser chaque fibre de votre corps et de votre être, et ensuite suit une relaxation, un repos, qui est total. Vous n'avez pas besoin de le faire, cela se produit tout seul.

Je ne dis pas que les ragots doivent être faits pour nuire à quelqu'un. Alors ce n'est plus du commérage, c'est de la violence ; alors ce n'est plus du commérage, c'est quelque chose d'autre camouflé en commérage. Le commérage devrait être un art pur, sans motivation - plaisanter pour le plaisir de plaisanter, commérer pour le plaisir de commérer. Et alors, cela vous permettra de rester joyeux. Et quand ça s'arrête... et combien de temps pouvez-vous bavarder ? Il y a une limite naturelle à tout. "Le son d'un joyeux bavardage sur des tasses de thé" ne peut pas continuer éternellement. Bientôt, les tasses de thé seront vides et le bavardage disparaîtra... et il y aura alors un profond silence.

Il est bon que les oiseaux n'aient pas entendu le Bouddha, que les arbres n'aient pas entendu le Bouddha.

Nirgun, je ne voudrais pas que tu deviennes bouddhiste. Je connais les moines bouddhistes : ils deviennent très sérieux, trop sérieux, au point que leur sérieux est une sorte de maladie. Ils ne peuvent pas rire, ils ne peuvent pas plaisanter. En fait, s'ils lisent mes discours sur le Bouddha et qu'ils tombent sur des blagues juteuses, ils vont tout simplement fermer les yeux. Ils ne seront même pas capables de les lire. Tout leur être se retirera, ils se rétracteront. Ils ne seront pas en mesure de me pardonner.

Ne soyez pas du tout trop sérieux. Mon message est celui de la réjouissance. C'est en cela que je suis différent de Bouddha. Bouddha est une personne sérieuse ; il n'existe pas une seule statue où il est représenté en train de rire ou même de sourire. Oui, il existe des statues chinoises et japonaises de Bouddha sur lesquelles il est représenté souriant et riant parfois - parfois même un fou rire, le ventre qui tremble. Mais ce sont des bouddhas chinois et japonais.

En fait, si vous voyez une statue chinoise du Bouddha et une statue indienne du Bouddha, vous ne serez pas en mesure de concevoir une quelconque relation entre les deux ; elles sont si totalement différentes.

Le Bouddha indien est très sérieux. Son corps est athlétique : il a une grosse poitrine et un ventre très très rétréci - pas de ventre du tout. Et si vous voyez le Bouddha chinois, c'est exactement le contraire. Vous ne trouverez pas du tout la grosse poitrine, elle est complètement perdue parce que le ventre est si gros. Et vous pouvez voir, même dans les statues de marbre, que le ventre est agité par le rire.

Son visage est totalement différent, il est rond et vous donne l'impression d'être un enfant. Le visage du Bouddha indien est très romain - il a été réalisé après la visite d'Alexandre en Inde - il est grec et romain. Les traits ne sont pas indiens. Regardez encore une fois une statue indienne de Bouddha, les traits ne sont pas indiens. Alexandre et sa beauté ont tellement impressionné les gens qu'ils ont imposé le visage d'Alexandre sur le corps de Bouddha.

Et il est très sérieux, extrêmement sérieux. Vous ne pouvez pas concevoir qu'il puisse rire un jour. Mais lorsque le bouddhisme a atteint la Chine, il a rencontré une philosophie très profonde - tout le contraire.

La dialectique s'est produite là. Le bouddhisme est devenu la thèse et le taoïsme l'antithèse : la rencontre de Bouddha et de Lao Tseu. La statue chinoise du Bouddha est une croix, elle est à moitié Gautam Buddha et à moitié Lao Tseu - ils sont mêlés l'un à l'autre. Ce ventre appartient à Lao Tzu, ce rire appartient à Lao Tzu, et le silence appartient à Bouddha. C'est la plus grande rencontre qui ait jamais eu lieu dans le monde. De là est né le phénomène le plus profond, le plus significatif de toute l'histoire : le zen.

Le Zen n'est ni bouddhiste ni taoïste, ou bien il est les deux à la fois. C'est une étrange rencontre. En fait, Lao Tseu et Bouddha, s'ils s'étaient rencontrés physiquement, n'auraient été d'accord sur AUCUN point.

Lao Tzu était un homme qui riait. Il avait l'habitude de se déplacer d'un village à l'autre assis sur son buffle - il devait ressembler à un clown. Et il riait presque toujours, se roulant par terre - de tout le ridicule de l'existence, de l'absurdité de la vie.

Bouddha et Lao Tzu sont des opposés polaires. C'est peut-être pour cela que ces deux philosophies se sont attirées l'une l'autre. Toutes deux étaient incomplètes - la rencontre les a rendues plus complètes. Ni Lao Tzu ne sera d'accord avec le Zen, ni Bouddha ne sera d'accord avec le Zen.

J'ai entendu une histoire :

Au paradis, dans un café, Bouddha, Confucius et Lao Tseu, tous les trois sont assis, ils bavardent. Et la femme, la propriétaire du café, une belle femme, arrive. Elle apporte le jus de la vie. Bouddha ferme immédiatement les yeux. Il dit : "Je ne peux pas la regarder !

Ce n'est pas la peine de regarder - la vie est une misère. La naissance est une misère, la vie est une misère, la mort est une misère.

Ôtez-le de ma vue, sinon je ne peux pas ouvrir les yeux !".

Confucius ouvre les yeux à moitié - il croit au juste milieu, au juste milieu, juste la moitié - regarde avec des yeux à moitié ouverts et dit : " Je ne peux pas le nier sans y goûter. "

C'est un homme aux penchants plus scientifiques. "Comment pouvez-vous affirmer quoi que ce soit sans faire d'expériences ? Vous ne devriez pas déclarer de telles choses à l'improviste. Alors", dit-il, "donne-moi une gorgée." Il la goûte et dit : "Bouddha a raison : c'est amer, c'est misérable, et je suis tout à fait d'accord et je suis un témoin de Bouddha. Mais je répète que le Bouddha a tort - sans le goûter, il ne faut rien dire. Bien qu'il ait raison - je peux l'approuver, sur MON témoignage il a raison - mais par lui-même il n'a pas raison."

Lao Tzu prend la flasque entière et avant que la propriétaire ne puisse dire quoi que ce soit, il l'avale d'un trait. Il boit toute la flasque et il est tellement ivre qu'il se met à danser. Il ne dit pas un mot - amer ou doux, misère ou félicité. Quand il reprend un peu ses esprits, Bouddha et Confucius lui demandent : "Que dis-tu ?"

Il dit : "Il n'y a rien à dire. Il faut boire la vie dans sa totalité, alors seulement on sait. Et quand on sait, il n'y a rien à dire. Cela ne peut être mis dans aucune catégorie.

La misère ou la félicité sont des catégories - la vie est au-delà de toutes les catégories. Mais il faut la connaître dans sa globalité, et je suis le seul à la connaître dans sa globalité. Vous n'y avez même pas goûté.

Confucius n'a fait qu'y goûter, mais il ne faut pas décider du tout en fonction d'une partie.

Je suis le seul à pouvoir dire ce que c'est, mais je ne vais pas le dire parce que c'est impossible à dire. Si tu veux vraiment savoir, je peux commander une autre flasque. Buvez-le à ras bord et dansez - c'est le seul moyen !"

C'est la seule façon de savoir quoi que ce soit.

La rencontre du bouddhisme et du taoïsme est le phénomène le plus étrange au monde. Mais elle devait se produire ; il y a là une certaine fatalité, car ces opposés polaires s'attirent, tout comme les pôles négatifs et positifs du magnétisme ou l'électricité négative et positive s'attirent.

Le bouddhisme a voyagé de l'Inde à la Chine. Le taoïsme n'a jamais voyagé en Inde, parce que le taoïsme était tellement ivre d'extase, de joie - qui s'en soucie ? Le bouddhisme a voyagé, il a dû voyager. Le sérieux est devenu très très lourd. Une fois que Bouddha est parti, une fois que la lumière est partie, alors c'était comme un rocher sur la poitrine des adeptes - c'était devenu trop lourd. Ils ont dû se déplacer pour trouver quelque chose de non sérieux pour l'équilibrer.

Nirgun, ne sois pas sérieux. Appréciez vos bavardages, appréciez les petites choses de la vie, les petites joies de la vie. Elles contribuent toutes à l'enrichissement de votre être. Et rappelez-vous toujours : l'insouciance est l'une des qualités les plus fondamentales d'une personne vraiment religieuse.

Un jeune homme sincère est allé demander conseil à un vieux rabbin compréhensif. "Le problème, c'est mon appétit sexuel. Lorsque je serre la main d'une femme, il est excité - même lorsque je croise une jolie femme dans la rue, il est excité. Cela me perturbe car j'aime beaucoup ma femme."

"Ne t'inquiète pas, fils", dit le rabbin. "Peu importe où tu t'ouvres l'appétit, tant que tu dînes à la maison."

Ce rabbin est un homme sage, non sérieux, qui prend la vie à la légère. Mes sannyasins doivent prendre la vie très à cœur - alors vous pouvez avoir les deux mondes ensemble. On peut avoir le beurre et l'argent du beurre. Et c'est un véritable art. Ce monde et l'autre, le son et le silence, l'amour et la méditation, être avec les gens, avoir des relations et être seul. Toutes ces choses doivent être vécues ensemble dans une sorte de simultanéité ; ce n'est qu'alors que vous connaîtrez la profondeur extrême de votre être et la hauteur extrême de votre être.

La troisième question :

Question 3 :

MAÎTRE BIEN-AIMÉ,

QUE DITES-VOUS DE LA CÉLÈBRE DÉCLARATION DE FRIEDRICH NIETZSCHE SELON LAQUELLE DIEU EST MORT ?

Neeraj, Friedrich Nietzsche dit que Dieu est mort - ce qui signifie qu'il était vivant avant. Pour autant que je sache, il n'a jamais été en vie. Comment Dieu peut-il être mort s'il n'a jamais été en vie ? Dieu n'est pas une personne, donc il ne peut pas être vivant et il ne peut pas être mort. Pour moi, Dieu est la vie même !

Dieu est synonyme d'existence ; on ne peut donc pas dire que Dieu est vivant ou que Dieu est mort.

Dieu est la vie ! Et la vie est éternelle... c'est un continuum, elle est éternelle, sans début, sans fin.

Nietzsche disait en réalité que le Dieu que les gens avaient adoré jusqu'alors était devenu sans intérêt. Mais il était très habitué à faire des déclarations dramatiques.

Plutôt que de dire : "Le Dieu que les gens ont adoré jusqu'à présent n'est plus pertinent", il a dit : "Dieu est mort." Et d'une certaine manière, les déclarations dramatiques pénètrent davantage la conscience des gens.

S'il l'avait dit de manière philosophique, il aurait peut-être manqué la cible, mais c'est devenu la déclaration la plus importante de ces cent dernières années. Aucune autre déclaration n'a eu une telle signification, ou n'a eu un tel impact sur la pensée humaine, le comportement, la vie.

Le Dieu chrétien est mort, le Dieu juif est mort - c'est ce que disait Nietzsche.

Mais il y a eu tant de dieux et tous sont partis à la dérive. Si vous faites une liste, vous serez surpris du nombre de dieux qui ont été vénérés. Un homme a fait une liste.

Je lisais la liste - pas un seul des noms qu'il mentionne n'est connu. Il mentionne près d'une cinquantaine de dieux. Les dieux égyptiens n'existent plus - même en Égypte, personne ne les connaît. Il fut un temps où, pour ces dieux, même des êtres humains étaient sacrifiés, des guerres étaient menées, des croisades, des meurtres, des viols ; des villages étaient brûlés au nom de ces dieux. Maintenant, même les noms ne sont pas connus. J'ai lu toute la liste ; sur les cinquante, pas un seul nom n'est connu. Il y a eu beaucoup de dieux inventés par les gens, et quand ces gens sont fatigués de ces dieux, ils inventent de nouveaux jouets et ils jettent les anciens.

Ces dieux continuent à naître et à mourir, mais ils ne sont pas le vrai Dieu. Le vrai Dieu

signifie simplement la vie - AES DHAMMO SANANTANO - la loi inépuisable de l'existence. Comment peut-elle mourir ? C'est impossible. Les formes changent....

Il semble que Dieu ait visité le métro de New York récemment. Quelqu'un avait gribouillé sur le mur : "Dieu est mort - signé Nietzsche," et en dessous il était écrit : "Nietzsche est mort - signé Dieu."

Cela semble être bien plus vrai. Mais un message encore meilleur pour vous :

Un métro de Londres affiche ce joyeux message : "Dieu est mort, mais ne vous inquiétez pas, Marie est à nouveau enceinte !"

La dernière question :

Question 4 :

MAÎTRE BIEN-AIMÉ,

POUVEZ-VOUS DIRE QUELQUE CHOSE SUR LA

CULPABILITÉ ET LA PEUR ?

Latifa, la peur est naturelle, la culpabilité est une création des prêtres. La culpabilité est créée par l'homme. La peur est innée, et elle est très essentielle. Sans la peur, vous ne pourrez pas du tout survivre. La peur est normale. C'est à cause de la peur que vous ne mettez pas votre main dans le feu. C'est à cause de la peur que vous marchez à droite ou à gauche, quelle que soit la loi du pays. C'est à cause de la peur que vous évitez le poison. C'est à cause de la peur que lorsque le chauffeur du camion klaxonne, vous vous écartez du chemin.

Si l'enfant n'a pas peur, il n'y a aucune chance qu'il survive un jour. Sa peur est une mesure de protection vitale. Mais en raison de cette tendance naturelle à se protéger... et il n'y a rien de mal à cela - vous avez le droit de vous protéger. Vous avez une vie si précieuse à protéger, et la peur vous aide tout simplement. La peur est l'intelligence. Seuls les idiots n'ont pas peur, les imbéciles n'ont pas peur ; c'est pourquoi vous devez protéger les idiots, sinon ils se brûleront ou ils sauteront d'un immeuble, ou ils iront dans la mer sans savoir nager ou ils mangeront un serpent... ou tout ce qu'ils peuvent faire !

La peur, c'est l'intelligence. Ainsi, lorsque vous voyez un serpent traverser le chemin, vous vous écartez du chemin. Ce n'est pas de la lâcheté, c'est simplement de l'intelligence. Mais il y a deux possibilités....

La peur peut devenir anormale, elle peut devenir pathologique. Vous avez alors peur de choses dont vous n'avez pas à avoir peur - même si vous pouvez trouver des arguments pour justifier votre peur anormale. Par exemple, quelqu'un a peur d'entrer dans une maison. Logiquement, vous ne pouvez pas prouver qu'il a tort. Il dit : "Quelle est la garantie que la maison ne va pas tomber ?" Or, les maisons sont connues pour tomber, donc cette maison peut aussi tomber. Des gens ont été écrasés par la chute de maisons. Personne ne peut donner une garantie absolue que cette maison ne va pas tomber - un tremblement de terre peut se produire... tout est possible ! Un autre homme a peur - il ne peut pas voyager car il y a des accidents de train. Quelqu'un d'autre a peur - il ne peut pas monter dans une voiture, il y a des accidents de voiture. Et quelqu'un d'autre a peur d'un avion....

Si vous avez peur de cette manière, ce n'est pas intelligent. Alors vous devriez aussi avoir peur de votre lit, car près de 97 % des gens meurent dans leur lit - c'est donc l'endroit le PLUS dangereux. Logiquement, vous devriez rester aussi loin que possible du lit, ne jamais vous en approcher. Mais vous vous rendriez alors la vie impossible.

La peur peut devenir anormale, alors c'est une pathologie. Et à cause de cette possibilité, les prêtres l'ont utilisée, les politiciens l'ont utilisée. Toutes sortes d'oppresseurs l'ont utilisée. Ils la rendent pathologique, et il devient alors très simple de vous exploiter. Le prêtre vous fait craindre l'enfer. Il suffit de regarder dans les Écritures - avec quelle joie elles décrivent toutes les tortures, avec une grande délectation. Les Écritures décrivent en détail, dans les moindres détails, chacune des tortures.

Adolf Hitler a dû lire ces écritures ; il a dû trouver de grandes idées dans ces écritures décrivant l'enfer. Il n'était pas lui-même un génie créatif au point d'inventer les camps de concentration et toutes sortes de tortures. Il a dû les trouver dans les écritures religieuses - elles sont déjà là, les prêtres ont déjà fait le travail. Il n'a fait que mettre en pratique ce que les prêtres ont prêché. C'était vraiment un homme religieux !

Les prêtres n'ont fait que parler d'un enfer qui vous attend après la mort. Il a dit : "Pourquoi attendre si longtemps ? Je vais créer un enfer ici et maintenant. Vous pouvez en avoir un avant-goût."

J'ai entendu dire qu'un jour un homme est mort, qu'il est arrivé en enfer et qu'il a frappé à la porte. Le Diable l'a regardé - il avait l'air allemand - il lui a demandé : "D'où viens-tu ?"

L'homme a dit : "D'Allemagne."

Il a dit : "Alors il n'y a pas besoin de venir ici - vous l'avez déjà vécu ! Maintenant, vous pouvez aller au paradis. Et vous trouverez notre endroit très ennuyeux parce que vous avez eu une édition bien plus améliorée de l'enfer. Nous vivons encore à l'époque des charrettes à bœufs - les vieilles tortures. Vous connaissez des instruments, des voies, des moyens bien plus sophistiqués."

Les chambres à gaz ne sont toujours pas connues en enfer. Dans une seule chambre à gaz, dix mille personnes, en quelques secondes, peuvent devenir de la fumée. Et vous serez surpris de savoir que bien que nous vivions au vingtième siècle, l'homme est toujours un animal. Des milliers de personnes allaient voir. Le verre était posé, fixé, à sens unique. Vous pouviez voir ce qui se passait à l'intérieur, mais les initiés ne pouvaient pas voir qui regardait de l'extérieur.

Des milliers de personnes se tenaient à l'extérieur et regardaient à travers la vitre : des gens qui disparaissaient dans la fumée - qui disparaissaient tout simplement dans la fumée - des milliers de personnes qui mouraient en quelques secondes. Et les gens qui s'amusaient dehors, peut-on les appeler des êtres humains ? Mais rappelez-vous, cela n'a rien à voir avec l'Allemagne, il en est ainsi dans le monde entier.

L'homme est exactement le même partout.

Les prêtres ont compris très tôt que l'instinct de peur de l'homme peut être exploité. On peut lui faire tellement peur qu'il se jettera aux pieds des prêtres et leur dira : "Sauvez-nous ! Vous seul pouvez nous sauver." Et le prêtre concédera à les sauver s'ils suivent le prêtre ; s'ils suivent les rituels prescrits par le prêtre, le prêtre les sauvera.

Et par peur, les gens ont suivi les prêtres, et toutes sortes de bêtises, de superstitions.

Le politicien s'est aussi vite rendu compte que l'on peut faire très peur aux gens. Et si vous leur faites peur, vous pouvez les dominer. C'est par la peur que les nations existent. La peur de l'Amérique maintient les Russes esclaves des communistes, et la peur de la Russie maintient les Américains esclaves du gouvernement. La peur de l'autre... les Indiens ont peur des Pakistanais, et les Pakistanais ont peur des Indiens. C'est un monde tellement stupide ! Nous avons peur les uns des autres, et à cause de notre peur, le politicien devient important. Il dit : "Nous vous sauverons ici, dans ce monde", et le prêtre dit : "Nous vous sauverons dans l'autre monde". Et ils conspirent ensemble.

C'est la peur qui crée la culpabilité - mais pas la peur elle-même. La peur crée la culpabilité par l'intermédiaire des prêtres et des politiciens. Les prêtres et les politiciens créent en vous une pathologie, un tremblement. Et, naturellement, l'homme est si délicat et si fragile qu'il a peur. Et alors vous pouvez lui dire de faire n'importe quoi et il le fera - en sachant parfaitement bien que c'est stupide, en sachant parfaitement bien au fond de lui que tout cela n'a aucun sens, mais qui sait... ? Par peur, on peut forcer l'homme à faire n'importe quoi.

Une jeune femme qui ne peut s'empêcher de tousser et d'éternuer au théâtre demande à un médecin un remède avant de se rendre à une première soirée. Il lui dit : "Tiens, bois ça", en lui offrant un verre. Elle le boit, la bouche en vrac, et demande ce que c'est, imaginant une sorte de médicament contre la toux au mauvais goût.

"C'est une double dose d'eau de Pluton", répond-il. "Maintenant, vous n'oserez plus éternuer ou tousser."

...Vous ne comprenez pas. Vous n'avez jamais goûté à l'eau de Pluton - essayez, et vous n'oserez ni éternuer ni tousser. Faites une expérience : vous pouvez demander à Ajit Saraswati de l'eau de Pluton, alors seulement vous comprendrez la plaisanterie. Elle est très existentielle. Comme vous ne l'avez pas comprise, je vais devoir en raconter une autre :

Un matin, une grosse ourse a fait irruption dans la cabane de Joe, a tout éparpillé, a tout mangé, a tout déchiré et s'est éloignée.

Joe l'a suivie, l'a abattue, puis, remarquant à quel point elle ressemblait à une femme, il a assouvi sa passion avec sa carcasse. C'est alors qu'il aperçoit un autre chasseur qui se cache dans les branches d'un arbre voisin. Réalisant que son acte avait été observé, Joe a pointé son arme sur l'homme, l'a fait descendre et lui a dit : "Avez-vous déjà fait l'amour à un ours ?".

Et le chasseur a dit : "Non, mais je me prépare à essayer."

On peut forcer l'homme à faire n'importe quoi - juste pour se sauver. Et parce que la pathologie que les prêtres ont créée en vous n'est pas naturelle, votre nature se rebelle contre elle, et de temps en temps vous faites quelque chose qui va à l'encontre de cette pathologie - vous faites quelque chose de naturel - alors la culpabilité surgit.

Latifa, la culpabilité signifie que vous avez une idée contre nature dans votre esprit sur la façon dont la vie devrait être, ce qui devrait être fait, et puis un jour vous vous retrouvez à suivre la nature et vous faites la chose naturelle. Vous allez à l'encontre de l'idéologie. Parce que vous allez à l'encontre de l'idéologie, vous vous sentez coupable, vous avez honte. Vous vous sentez très inférieur, indigne.

Mais en donnant aux gens des idées contre nature, vous ne pouvez pas les transformer. C'est pourquoi les prêtres ont été capables d'exploiter les gens, mais ils n'ont pas été capables de les transformer. Ils ne sont pas non plus intéressés à vous transformer ; leur idée est de vous maintenir toujours en esclavage.

Ils créent une conscience en vous. Votre conscience n'est pas vraiment VOTRE conscience - elle est créée par les prêtres. Ils disent : "C'est mal". Vous pouvez savoir, au plus profond de votre être, qu'il n'y a rien de mal à cela, mais ils disent que c'est mal. Et ils continuent à vous hypnotiser depuis votre enfance. L'hypnose va profondément, s'infiltre profondément en vous, s'enfonce profondément en vous, devient presque une partie de votre être. Elle vous retient.

Ils vous ont dit que le sexe était un mal - mais le sexe est un phénomène tellement naturel que vous êtes attiré par lui. Et il n'y a rien de mal à être attiré par une femme ou un homme. Cela fait partie de la nature. Mais votre conscience vous dit : "C'est mal". Alors vous vous retenez. Une moitié de vous va vers la femme, l'autre moitié vous tire en arrière.

Tu ne peux prendre aucune décision, tu es toujours divisé, partagé. Si vous décidez d'aller avec la femme, votre conscience vous torturera : "Tu as commis un péché." Si tu ne vas pas avec la femme, ta nature te torturera : "Tu m'affames."

Maintenant vous êtes dans une double contrainte. Quoi que vous fassiez, vous allez souffrir. Et c'est ce que le prêtre a toujours voulu - que tu souffres, parce que plus tu souffres, plus tu vas lui demander conseil. Plus tu souffres, plus tu cherches le salut.

Bertrand Russell a tout à fait raison de dire que si l'on donne à l'homme une liberté totale, naturelle - libre de cette soi-disant conscience et moralité - et si on l'aide à devenir un être intégré, naturel - intelligent, compréhensif, vivant sa vie selon sa propre lumière, et non selon les conseils de quelqu'un d'autre - les soi-disant religions disparaîtront du monde.

Je suis parfaitement d'accord avec lui. Les soi-disant religions disparaîtront certainement du monde si les gens ne sont pas dans la souffrance ; ils ne chercheront pas le salut. Mais Bertrand Russell continue et il dit que la religion elle-même disparaîtra de la terre. Là, je ne suis pas d'accord avec lui. Les soi-disant religions vont disparaître, et parce que les soi-disant religions vont disparaître, il y aura, pour la première fois dans le monde, une opportunité pour la religion d'exister.

Les chrétiens ne seront pas là, les hindous ne seront pas là, les mahométans ne seront pas là - ce n'est qu'alors qu'une nouvelle forme de religiosité se répandra sur la terre. Les gens vivront en fonction de leur propre conscience. Il n'y aura pas de culpabilité, pas de repentir, car ces choses ne changent jamais les gens. Les gens restent les mêmes ; ils ne font que changer de vêtements extérieurs, de forme. Fondamentalement, rien ne change par la culpabilité, par la peur, par le paradis, par l'enfer. Toutes ces idées ont complètement échoué.

Il est temps de reconnaître que toutes les anciennes religions ont échoué. Oui, elles ont créé quelques belles personnes - un Bouddha par-ci, un Jésus par-là - mais sur des millions et des millions d'êtres humains, une fois de temps en temps, quelqu'un s'est épanoui. C'est une exception, elle ne peut pas être comptée. Il ne faut pas en tenir compte. Les bouddhas se comptent sur les doigts.

Si un jardinier plante dix mille arbres et qu'un seul fleurit au printemps, l'appellerez-vous un jardinier ? Et les neuf mille neuf cent quatre-vingt-dix-neuf autres arbres ? Si cet arbre a fleuri, il a dû le faire en dépit du jardinier. Le mérite ne peut pas lui revenir - il a dû, d'une manière ou d'une autre, le manquer.

Nous avons vécu dans un monde très mauvais, nous avons créé une situation très mauvaise. Les gens ne changent que superficiellement - l'hindou devient chrétien, le chrétien devient hindou, et rien ne change jamais. Tout reste identique.

La prostituée réformée témoigne avec l'Armée du Salut au coin d'une rue, un samedi soir, et ponctue son discours en frappant sur un gros tambour en cuivre.

"J'étais une pécheresse !" crie-t-elle (boom !) "J'étais une mauvaise femme (boom !) Je buvais ! (boom !) Je jouais ! (Boum !) Je me prostituais ! (boom ! boom !) J'avais l'habitude de sortir le samedi soir et de faire l'enfer ! (boom ! boom ! boom !) Maintenant, qu'est-ce que je fais le samedi soir ? Je me tiens au coin de cette rue, en tapant sur ce putain de tambour !"

Assez pour aujourd'hui.

Et voyager

QUI VAINCRA CE MONDE ET LE MONDE DE LA MORT AVEC TOUS SES DIEUX ? QUI DÉCOUVRIRA LA VOIE LUMINEUSE DE LA LOI ?

TU LE FERAS, DE MÊME QUE L'HOMME QUI CHERCHE DES FLEURS TROUVE LES PLUS BELLES, LES PLUS RARES.

COMPRENDRE QUE LE CORPS N'EST QUE L'ÉCUME D'UNE VAGUE, L'OMBRE D'UNE OMBRE.

BRISER LES FLÈCHES FLORALES DU DÉSIR ET ENSUITE, SANS ÊTRE VU, ÉCHAPPER AU ROI DE LA MORT.

ET CONTINUER À VOYAGER.

LA MORT RATTRAPE L'HOMME QUI CUEILLE DES FLEURS LORSQUE, L'ESPRIT DISTRAIT ET LES SENS ASSOIFFÉS, IL CHERCHE EN VAIN LE BONHEUR DANS LES PLAISIRS DU MONDE. LA MORT L'EMPORTE COMME UNE INONDATION EMPORTE UN VILLAGE ENDORMI.

LA MORT LE VAINC LORSQUE, L'ESPRIT DISTRAIT ET LES SENS ASSOIFFÉS, IL CUEILLE DES FLEURS.

IL N'AURA JAMAIS SA DOSE DES PLAISIRS DU MONDE.

L'ABEILLE RECUEILLE LE NECTAR DE LA FLEUR SANS EN ALTÉRER LA BEAUTÉ OU LE PARFUM. AINSI, LAISSEZ LE MAÎTRE S'INSTALLER, ET ERRER.

REGARDEZ VOS PROPRES FAUTES, CE QUE VOUS AVEZ FAIT OU OMIS DE FAIRE. NÉGLIGEZ LES FAUTES DES AUTRES.

COMME UNE JOLIE FLEUR, BRILLANTE MAIS INODORE, SONT LES BELLES MAIS VIDES PAROLES DE L'HOMME QUI NE PENSE PAS CE QU'IL DIT.

COMME UNE JOLIE FLEUR, BRILLANTE ET PARFUMÉE, SONT LES PAROLES FINES ET VÉRIDIQUES DE L'HOMME QUI PENSE CE QU'IL DIT.

COMME DES GUIRLANDES TISSÉES À PARTIR D'UN TAS DE FLEURS, FAÇONNEZ DE VOTRE VIE AUTANT DE BONNES ACTIONS.

Dieu n'est pas vraiment le centre de la recherche religieuse - la mort l'est. Sans la mort, il n'y aurait pas eu de religion du tout. C'est la mort qui pousse l'homme à chercher et à rechercher l'au-delà, l'immortalité.

La mort nous entoure comme un océan autour d'une petite île. L'île peut être inondée à tout moment. Le moment suivant peut ne jamais arriver, demain peut ne jamais arriver. Les animaux ne sont pas religieux pour la simple raison qu'ils n'ont pas conscience de la mort. Ils ne peuvent pas concevoir qu'ils meurent eux-mêmes, bien qu'ils voient d'autres animaux mourir. Il y a un saut quantique entre le fait de voir quelqu'un d'autre mourir et celui de conclure que "je vais aussi mourir".

Les animaux ne sont pas aussi alertes, conscients, pour arriver à une telle conclusion.

Et la majorité des êtres humains sont aussi des sous-hommes. Un homme est vraiment un homme mûr quand il est arrivé à cette conclusion : "Si la mort arrive à tout le monde, alors je ne peux pas être une exception." Une fois que cette conclusion s'enfonce profondément dans votre cœur, votre vie ne pourra plus jamais être la même. Vous ne pouvez pas rester attaché à la vie comme avant. Si elle doit être emportée, à quoi bon être si possessif ? Si elle doit disparaître un jour, pourquoi s'accrocher et souffrir ? S'il ne va pas rester pour toujours, alors pourquoi être dans une telle misère, angoisse, inquiétude ? S'il doit partir, il doit partir - peu importe quand il partira. Le moment n'est pas si important - aujourd'hui, demain, après-demain. Mais la vie va vous glisser des mains.

Le jour où vous prenez conscience que vous allez mourir, que votre mort est une certitude absolue... en fait, la seule certitude dans la vie est la mort. Rien d'autre n'est aussi absolument certain.

Mais d'une certaine manière, nous continuons à éviter cette question, cette question de la mort. Nous continuons à nous occuper d'autres questions. Parfois nous parlons de grandes choses - Dieu, le ciel et l'enfer

- juste pour éviter la VRAIE question. La vraie question n'est pas Dieu, elle ne peut pas l'être, car quelle connaissance avez-vous de Dieu ? Que savez-vous de Dieu ? Comment pouvez-vous vous renseigner sur quelque chose qui vous est absolument inconnu ? Ce sera une enquête vide. Ce sera tout au plus de la curiosité, ce sera juvénile, enfantin, stupide.

Les gens stupides s'interrogent sur Dieu, la personne intelligente s'interroge sur la mort. Les gens qui continuent à demander Dieu ne le trouvent jamais, et la personne qui demande la mort est sûre de trouver Dieu - parce que c'est la mort qui vous transforme, votre vision. Votre conscience est aiguisée parce que vous avez soulevé une vraie question, une question authentique, la question la plus importante de la vie. Vous avez créé un si grand défi que vous ne pourrez pas rester endormi longtemps ; vous devrez être éveillé, vous devrez être suffisamment alerte pour rencontrer la réalité de la mort.

C'est ainsi que l'enquête de Bouddha a commencé :

Le jour où Bouddha est né... il était le fils d'un grand roi, et le fils unique, et il est né alors que le roi devenait vieux, très vieux ; il y eut donc une grande réjouissance dans le royaume. Le peuple avait attendu longtemps. Le roi était très aimé du peuple ; il l'avait servi, il avait été bon et compatissant, il avait été très aimant et très partageur. Il avait fait de son royaume l'un des plus riches et des plus beaux royaumes de l'époque.

Les gens priaient pour que leur roi ait un fils car il n'y avait personne pour hériter. Et puis Bouddha est né dans la très grande vieillesse du roi - sa naissance était inattendue. Grande fête, grande réjouissance ! Tous les astrologues du royaume se réunirent pour prédire la naissance de Bouddha. Il s'appelait Siddhartha - on lui a donné ce nom, Siddhartha, car il signifie accomplissement. Le roi était comblé, son désir était comblé, son désir le plus profond était comblé - il voulait un fils, il avait voulu un fils toute sa vie ; d'où le nom Siddhartha. Il signifie simplement l'accomplissement du désir le plus profond.

Ce fils a rendu la vie du roi significative, importante. Les astrologues, les grands astrologues, ont prédit - ils étaient tous d'accord sauf un jeune astrologue. Il s'appelait Kodanna. Le roi a demandé : "Que va-t-il se passer dans la vie de mon fils ?" Et tous les astrologues levèrent deux doigts, sauf Kodanna qui ne leva qu'un seul doigt.

Le roi demanda : "S'il vous plaît, ne parlez pas en symboles - je suis un homme simple, je ne connais rien à l'astrologie. Dites-moi, que voulez-vous dire par deux doigts ?"

Et ils ont tous dit : "Soit il va devenir un TCHAKRAVARTIN - un dirigeant du monde - soit il va renoncer au monde et devenir un bouddha, une personne éclairée. Ces deux alternatives sont là, c'est pourquoi nous levons deux doigts."

Le roi s'inquiète de la seconde alternative, à savoir qu'il renonce au monde. "Donc à nouveau le problème : qui héritera de mon royaume s'il renonce au monde ?". Il demanda alors à Kodanna : "Pourquoi ne lèves-tu qu'un seul doigt ?"

Kodanna a dit : "Je suis absolument certain qu'il renoncera au monde - il deviendra un bouddha, un illuminé, un éveillé."

Le roi n'était pas heureux avec Kodanna. La vérité est très difficile à accepter. Il a ignoré Kodanna ; Kodanna n'a pas été récompensé du tout - la vérité n'est pas récompensée dans ce monde. Au contraire, la vérité est punie de mille et une façons. En fait, le prestige de Kodanna a chuté après ce jour. Parce qu'il n'a pas été récompensé par le roi, la rumeur s'est répandue qu'il était un fou. Alors que tous les astrologues étaient d'accord, il était le seul à ne pas l'être.

Le roi demanda aux autres astrologues : "Que suggérez-vous ? Que dois-je faire pour qu'il ne renonce pas au monde ? Je ne voudrais pas qu'il soit un mendiant, je ne voudrais pas qu'il soit un sannyasin. Je voudrais qu'il devienne un chakravartin - un souverain des six continents." L'ambition de tous les parents. Qui voudrait que son fils ou sa fille renonce au monde et s'installe dans les montagnes, qu'il ou elle aille dans sa propre intériorité, qu'il ou elle cherche et cherche le soi ?

Nos désirs sont extravertis. Le roi était un homme ordinaire, comme tout le monde - avec les mêmes désirs et les mêmes ambitions. Les astrologues ont dit : "Cela peut s'arranger :

Donnez-lui le plus de plaisir possible, maintenez-le dans le plus grand confort et le plus grand luxe qu'il est humainement possible. Ne lui permettez pas de connaître la maladie, la vieillesse et surtout la mort. Ne lui permettez pas de connaître la mort et il ne renoncera jamais."

Ils avaient raison d'une certaine manière, car la mort est la question centrale. Dès qu'elle surgit dans votre cœur, votre style de vie est amené à changer. Vous ne pouvez pas continuer à vivre de la même façon.

Si cette vie doit se terminer par la mort, alors cette vie ne peut être la vraie vie, alors cette vie doit être une illusion. La vérité doit être éternelle si elle est vraie - seuls les mensonges sont momentanés. Si la vie est momentanée, alors elle doit être une illusion, un mensonge, une idée fausse, un malentendu ; alors la vie doit être ancrée quelque part dans l'ignorance. Nous devons la vivre de manière à ce qu'elle prenne fin.

Nous pouvons vivre d'une manière différente afin de faire partie du flux éternel de l'existence. Seule la mort peut vous donner ce changement radical.

Alors les astrologues ont dit : "S'il vous plaît, qu'il ne sache rien de la mort." Et le roi a pris toutes les dispositions nécessaires. Il a fait trois palais pour Siddhartha pour différentes saisons dans différents endroits, afin qu'il ne connaisse jamais l'inconfort de la saison. Quand il faisait chaud, il avait un palais dans un certain endroit des collines où il faisait toujours frais. Quand il faisait trop froid, il avait un autre palais au bord d'une rivière où il faisait toujours chaud. Il a pris toutes les dispositions nécessaires pour ne jamais ressentir d'inconfort.

Aucun homme ou femme âgé n'était autorisé à entrer dans les palais où il vivait - seulement des jeunes gens. Il rassembla autour de lui toutes les belles jeunes femmes du royaume pour qu'il reste séduit, fasciné, pour qu'il reste dans les rêves, les désirs. Un doux monde de rêve fut créé pour lui. On avait dit aux jardiniers qu'il fallait enlever les feuilles mortes dans la nuit, les fleurs fanées, flétries dans la nuit - car qui sait ? - En voyant une feuille morte, il pourrait commencer à se demander ce qui est arrivé à cette feuille, et la question de la mort pourrait se poser. En voyant une rose fanée, des pétales qui tombent, il pourrait se demander : "Qu'est-il arrivé à cette rose ?" et il pourrait commencer à ruminer, à méditer sur la mort.

Il a été maintenu dans l'ignorance absolue de la mort pendant vingt-neuf ans. Mais combien de temps pouvez-vous l'éviter ? La mort est un phénomène si important - combien de temps peut-on la tromper ? Tôt ou tard, il devait entrer dans le monde. Le roi devenait très vieux et le fils devait connaître le monde, alors lentement, lentement, il fut autorisé à le faire, mais chaque fois qu'il passait dans une rue de la capitale, les vieux hommes et les vieilles femmes étaient chassés, les mendiants étaient chassés. Aucun sannyasin n'était autorisé à traverser pendant qu'il passait, car en voyant un sannyasin, il pourrait demander : " Quel genre d'homme est-ce ? Pourquoi est-il en orange ? Que lui est-il arrivé ? Pourquoi a-t-il l'air différent, détaché, distant ? Ses yeux sont différents, sa saveur est différente, sa présence a une qualité différente. Qu'est-il arrivé à cet homme ?" Et puis la question du renoncement, et fondamentalement la question de la mort..... Mais un jour, ça devait arriver. On ne peut pas l'éviter.

Nous faisons la même chose. Si quelqu'un meurt et que le cortège funèbre passe par là, la mère tire l'enfant à l'intérieur de la maison et ferme la porte.

L'histoire est très significative, symbolique, typique. Aucun parent ne veut que les enfants connaissent la mort, car ils commenceraient immédiatement à poser des questions gênantes. C'est pourquoi nous construisons les cimetières en dehors de la ville, pour que personne n'ait besoin d'y aller. La mort est un fait central ; le cimetière devrait se trouver exactement au milieu de la ville, de sorte que tout le monde doive passer devant plusieurs fois dans la journée - en allant au bureau, en allant à la maison, en allant à l'école, au collège, en allant à la maison, en allant à l'usine... de sorte que l'on se rappelle sans cesse de la mort. Mais nous faisons le cimetière en dehors de la ville, et nous rendons le cimetière très beau : des fleurs, des arbres. Nous essayons de cacher la mort - en particulier en Occident, la mort est un tabou ! Tout comme autrefois le sexe était un tabou, maintenant c'est la mort qui est le tabou. La mort est le dernier tabou.

Il faut quelqu'un comme Sigmund Freud - un Sigmund Freud qui puisse ramener la mort dans le monde, qui puisse exposer les gens au phénomène de la mort. Quand une personne meurt en Occident, son corps est décoré, baigné, parfumé, peint. Maintenant il y a des experts qui font tout ce travail. Et si vous voyez un homme ou une femme morte, vous serez surpris - il a l'air bien plus vivant qu'il ne l'a jamais été de son vivant ! Peint, ses joues sont rouges, son visage lumineux ; il semble dormir profondément dans un espace calme et tranquille.

Nous nous trompons nous-mêmes ! Nous ne le trompons pas, il n'est plus là. Il n'y a personne, juste un corps mort, un cadavre. Mais nous nous trompons nous-mêmes en peignant son visage, en mettant des guirlandes sur son corps, en lui mettant de beaux vêtements, en transportant son corps dans une voiture coûteuse, et une grande procession et beaucoup d'appréciation pour la personne qui est morte. Il n'a jamais été apprécié de son vivant, mais maintenant personne ne le critique, tout le monde le loue.

Nous essayons de nous tromper, nous rendons la mort aussi belle que possible pour que la question ne se pose pas. Et nous continuons à vivre dans l'illusion que c'est toujours l'autre qui meurt - évidemment, vous ne verrez pas votre propre mort, vous verrez toujours les autres mourir. Une conclusion logique - c'est toujours l'autre qui meurt, alors pourquoi s'en préoccuper ? Vous semblez être l'exceptionnel, Dieu a établi une règle différente pour vous.

N'oubliez pas que personne n'est une exception. AES DHAMMO SANANTANO - une seule loi régit tout, une loi éternelle. Ce qui arrive à la fourmi arrivera aussi à l'éléphant, et ce qui arrive au mendiant arrivera aussi à l'empereur. Pauvre ou riche, ignorant ou savant, pécheur ou saint, la loi ne fait aucune distinction - la loi est très juste.

Et la mort est très communiste - elle égalise les gens. Elle ne tient pas compte de qui vous êtes. Elle ne regarde jamais dans les pages des livres publiés, comme le WHO'S WHO. Elle ne se soucie pas de savoir si vous êtes un pauvre ou Alexandre le Grand.

Un jour, Siddhartha a dû prendre conscience, et il a pris conscience. Il allait participer à un festival de la jeunesse, il allait l'inaugurer. Le prince, bien sûr, était censé inaugurer le festival annuel de la jeunesse. C'était une belle soirée ; les jeunes du royaume s'étaient réunis pour danser, chanter et se réjouir toute la nuit. Le premier jour de l'année - une fête qui dure toute la nuit. Et Siddhartha allait l'ouvrir.

En chemin, il a rencontré ce que son père avait eu peur qu'il ne voie jamais - il a rencontré ces choses. Il a d'abord vu un homme malade, sa première expérience de la maladie. Il a demandé : "Que s'est-il passé ?"

L'histoire est très belle. Elle dit que le cocher allait mentir, mais qu'une âme désincarnée a pris possession du cocher, l'obligeant à dire la vérité. Il a dû dire, en dépit de lui-même, "Cet homme est malade."

Et Bouddha a immédiatement posé la question intelligente : "Alors, puis-je aussi être malade ?".

Le cocher allait encore mentir, mais l'âme d'un dieu, une âme éclairée, une âme désincarnée, le força à dire : "Oui." Le cocher était perplexe, il voulait dire non, mais ce qui est sorti de sa bouche était : "Oui, tu vas aussi être malade."

Puis ils rencontrèrent un vieil homme - et la même question. Puis ils rencontrèrent un cadavre que l'on transportait vers le GHAT en flammes, et la même question... et lorsque Bouddha vit le cadavre et qu'il demanda : " Est-ce que je vais aussi mourir un jour ? ", le cocher répondit : " Oui, monsieur. Personne n'est une exception. Désolé de le dire, mais personne n'est une exception - même vous allez mourir."

Bouddha a dit : " Alors, faites demi-tour. Alors il est inutile d'aller à un festival de la jeunesse. Je suis déjà malade, je suis déjà vieux, je suis déjà sur le point de mourir. Si un jour je vais mourir, alors à quoi bon toutes ces bêtises ? - À vivre et à attendre la mort. Avant qu'elle n'arrive, je voudrais connaître quelque chose qui ne meurt jamais. Maintenant, je vais consacrer toute ma vie à la recherche de quelque chose d'immortel. S'il y a quelque chose d'immortel, alors la seule chose importante dans la vie peut être sa recherche."

Et pendant qu'il disait cela, ils virent la quatrième vision - un sannyasin, un moine, en orange, marchant très méditativement. Et Bouddha dit : "Qu'est-il arrivé à cet homme ?" Et le conducteur du char dit : "Monsieur, c'est ce que vous pensez faire. Cet homme a vu la mort arriver et il est parti à la recherche de l'immortalité."

La même nuit, Bouddha renonça au monde ; il quitta sa maison à la recherche de l'immortel, à la recherche de la vérité.

La mort est la question la plus importante de la vie. Et ceux qui acceptent le défi de la mort, ils sont immensément récompensés.

Les sutras. Bouddha dit :

QUI VAINCRA CE MONDE ET LE MONDE DE LA MORT AVEC TOUS SES DIEUX ? QUI DÉCOUVRIRA LA VOIE LUMINEUSE DE LA LOI ?

Il vous lance un défi. Il soulève une question dans votre cœur. Il demande :

QUI CONQUERRA CE MONDE ET LE MONDE DE LA
MORT AVEC TOUS SES DIEUX ?

Ce monde est le monde de la mort, et les dieux que vous avez créés à partir de votre imagination font partie de ce monde - ils vont mourir. Vous, votre monde, vos dieux, ils vont tous mourir, parce que ce monde est créé par votre désir, et les dieux sont également créés par votre désir et votre imagination.

Tu ne sais pas qui tu es - comment peux-tu connaître le vrai Dieu ? Et comment pouvez-vous connaître le monde réel ? Tout ce que vous connaissez est une projection, une sorte de rêve. Oui, quand un rêve est là, il semble réel. Chaque nuit, vous rêvez, et vous savez que pendant que vous êtes dans le rêve, vous ne le soupçonnez jamais, vous ne doutez jamais, vous ne posez jamais de question.

Gurdjieff avait l'habitude de dire à ses disciples : " Chaque nuit, quand vous allez vous endormir, quand vous êtes juste au bord et que le rideau du sommeil tombe sur vous, un petit peu que vous vous rappelez encore, pas encore noyé dans l'obscurité du sommeil, un petit peu de conscience, et le sommeil arrive... ces moments, ces intervalles entre la veille et le sommeil ", disait Gurdjieff, " ces moments sont très significatifs. Posez une question dans votre esprit et répétez-la pendant que vous vous endormez. Une question simple : Est-ce réel ? Est-ce réel ?

Continuez à répéter la question pendant que vous vous endormez, pour qu'un jour, en rêve, vous puissiez demander : "Est-ce réel ?". Ce jour-là, il y aura une grande bénédiction.

Si vous pouvez demander dans un rêve : "Est-ce réel ?", le rêve disparaît immédiatement. Ici vous demandez, et là le rêve n'est plus. Soudain, un grand réveil se produit à l'intérieur. Dans le sommeil, vous devenez alerte. Le sommeil continue, d'où l'immense beauté de son expérience.

Le sommeil continue ; le corps reste endormi, l'esprit reste endormi, mais quelque chose au-delà du corps et de l'esprit devient alerte ; un témoin surgit en vous. "Est-ce réel ?" - si vous le demandez dans votre rêve... très difficile de s'en souvenir parce que lorsque vous rêvez, vous vous êtes complètement oublié. D'où le dispositif - en vous endormant, répétez cette question : Est-ce que c'est réel ? Est-ce que c'est réel ? S'endormir en répétant cette question.

Quelque part entre trois et neuf mois, un jour cela arrive - dans le rêve, la question se pose soudain : Est-ce réel ? Et vous vivez l'une des expériences les plus profondes de votre vie. Au moment où la question est posée, le rêve disparaît immédiatement, et il y a un vide et un silence absolus. Le sommeil est là et pourtant une petite lumière de conscience s'est produite.

Alors seulement vous serez conscient de cette vie et de son caractère illusoire ; alors vous serez capable de voir que le monde des désirs, des jalousies, des ambitions, n'est qu'un rêve vu les yeux ouverts.

Et si vous pouvez voir que ce monde est aussi un rêve, vous êtes sur le point d'atteindre l'illumination.

Mais rappelez-vous, croire ne vous aidera pas. Vous pouvez croire que ce monde est illusoire - en Inde, des millions de personnes croient et répètent continuellement, comme des perroquets : "Ce monde est MAYA, illusion" - ceci et cela. Et ce qu'ils disent n'est que foutaise, non-sens, parce que ce n'est pas leur expérience authentique. Ils ont entendu des gens le dire, et ils le répètent.

Ils ne le SAVENT pas d'eux-mêmes, ils n'en sont pas les témoins ; par conséquent, cela ne change jamais leur vie. Ils continuent à répéter : "Ce monde est irréel", et ils continuent à vivre dans ce monde autant que ceux qui pensent qu'il est réel - il n'y a aucune différence, aucune différence qualitative.

Quelle est la différence entre le matérialiste et la personne dite religieuse ? Quelle différence ? Parce qu'il va à l'église tous les dimanches ? ou parce qu'il va au temple de temps en temps ? C'est la seule différence ; sinon, dans la vie réelle, vous les trouverez exactement pareils. Parfois, la personne irréligieuse peut être plus honnête, plus authentique, plus sincère, plus véridique, que la personne religieuse - parce que la personne religieuse est déjà malhonnête en étant religieuse sans aucune expérience propre. Sa religiosité est basée sur la malhonnêteté ; il a commis la plus grande malhonnêteté qu'un homme puisse commettre : il croit en Dieu et il ne sait rien de Dieu ; il croit à la vie éternelle et il n'en a pas le goût. Il n'a rien vu, et pourtant il continue à faire semblant. Sa religiosité est fondamentalement malhonnête ; il n'est donc pas étonnant, pas surprenant que dans les pays dits religieux comme l'Inde, vous trouverez les gens plus malhonnêtes que dans les pays dits matérialistes de l'Occident.

Le matérialiste occidental est plus sincère. La personne religieuse indienne est très méchante, malhonnête, trompeuse, car si vous pouvez même tromper Dieu, qui allez-vous laisser de côté ? Si votre religion est pseudo, votre vie entière sera pseudo. La personne qui a le courage de dire : "Si je ne connais pas Dieu, je ne croirai pas", est tacitement sincère, honnête. C'est mon constat : les athées ont plus de possibilité de connaître Dieu que les soi-disant théistes.

QUI CONQUERRA CE MONDE ET LE MONDE DE LA MORT AVEC TOUS SES DIEUX ? QUI DÉCOUVRIRA LA VOIE LUMINEUSE DE LA LOI ?

AES DHAMMO SANANTANO - qui va découvrir la loi éternelle, inépuisable ? AES MAGGO VISUDDHYA - qui va trouver le chemin de la pureté éternelle, de l'innocence éternelle ? Qui ? Le Bouddha vous lance un défi et dit ensuite :

TU LE FERAS, DE MÊME QUE L'HOMME QUI CHERCHE DES FLEURS TROUVE LES PLUS BELLES, LES PLUS RARES.

Oui, vous pouvez conquérir ce monde de la mort - car au plus profond de votre être, vous faites partie de l'éternité, vous ne faites pas partie du temps. Tu existes dans le temps, mais tu appartiens à l'éternité. Tu es une pénétration de l'éternité dans le monde du temps. Tu es sans mort, tu vis dans un corps de mort. Votre conscience ne connaît ni mort, ni naissance. C'est seulement votre corps qui naît et meurt. Mais vous n'êtes pas conscient de votre conscience, vous n'êtes pas conscient de votre conscience.

Et c'est là tout l'art de la méditation : devenir conscient de la conscience elle-même. Au moment où vous savez qui réside dans le corps, qui vous êtes, dans cette révélation même, vous avez transcendé la mort et le monde de la mort. Vous avez transcendé tout ce qui est momentané.

Vous le ferez, tout comme l'homme qui cherche des fleurs trouve les plus belles, les plus rares.

Jésus dit : Cherchez et vous trouverez, demandez et l'on vous donnera, frappez et l'on vous ouvrira la porte.

Une grande enquête est nécessaire, une grande recherche est nécessaire. De même que la science s'interroge sur le monde objectif, la religion est une enquête sur le monde subjectif. La science s'intéresse à ce que vous voyez, et la religion s'intéresse au voyant lui-même. La religion, bien sûr, est la science des sciences.

La science ne pourra jamais être plus importante que la religion ; il est impossible que la science soit plus importante que la religion, car après tout, la science est une entreprise humaine. C'est ce que vous faites - mais qui est le faiseur en vous ? Le faiseur ne peut jamais être moins que ce qu'il fait. Le peintre ne peut jamais être moins que sa peinture, et le poète ne peut jamais être moins que sa poésie. Le scientifique connaît le monde mais ne sait rien du scientifique lui-même.

Albert Einstein, dans ses derniers jours, avait l'habitude de dire : "Parfois, je soupçonne que ma vie a été un gaspillage. J'ai enquêté sur les étoiles les plus lointaines et j'ai complètement oublié de m'enquérir de moi-même - et j'étais l'étoile la plus proche !".

Ce n'est pas parce que nous sommes conscients que nous le prenons pour acquis - le méditant ne le prend jamais pour acquis. Il entre, il frappe à la porte de son propre être intérieur, il cherche et fouille à l'intérieur, il ne laisse pas une seule pierre non retournée. Il entre dans son propre être. Et son accomplissement est grand, le plus grand, parce qu'il trouve le plus rare. Oui, il y a beaucoup de fleurs, mais il n'y a pas de fleur comme celle de votre conscience. C'est la plus rare - c'est le lotus aux mille pétales, c'est un lotus doré. Si on ne la connaît pas, on ne connaît rien.

Si on ne la trouve pas, toutes les richesses sont inutiles, tout pouvoir est futile.

COMPRENDRE QUE LE CORPS N'EST QUE L'ÉCUME D'UNE VAGUE, L'OMBRE D'UNE OMBRE.

BRISER LES FLÈCHES FLORALES DU DÉSIR ET ENSUITE, SANS ÊTRE VU, ÉCHAPPER AU ROI DE LA MORT.

Le corps est un phénomène momentané. Un jour il n'était pas, un jour il ne sera plus. Il n'existe que pour le moment - c'est comme l'écume ; elle est si belle depuis le rivage, l'écume, l'écume blanche d'une vague. Et si le soleil s'est levé, un arc-en-ciel peut être créé autour de l'écume ;

il est si beau, il ressemble à des diamants, il est si blanc et si pur. Mais si vous le prenez dans vos mains, il commence à disparaître. Seules vos mains restent mouillées, c'est tout.

Il en est de même pour le corps. Il a l'air beau, mais la mort y pousse, la mort s'y cache, la vieillesse l'attend. Ce n'est qu'une question de temps.

Ce n'est pas qu'à une certaine date on meurt. En fait, la réalité est que le jour où vous naissez, vous commencez à mourir. L'enfant qui a un jour est un peu mort, il est mort un jour.

Il continuera à mourir jour après jour. Ce que vous appelez votre anniversaire n'est pas vraiment votre anniversaire - vous devriez l'appeler votre jour de mort. L'homme qui fête son cinquantième anniversaire célèbre en réalité son cinquantième anniversaire de mort. La mort s'est rapprochée. Maintenant, s'il doit vivre soixante-dix ans, il ne lui reste que vingt ans. Cinquante ans qu'il est déjà mort !

Nous mourons continuellement en ce qui concerne le corps... il disparaît en mousse.

Ne vous laissez pas tromper par soixante-dix ans, car soixante-dix ans ne signifient rien dans l'étendue de l'éternité - quelle est la signification de soixante-dix ans ? C'est de l'écume, c'est momentané.

COMPRENDRE QUE LE CORPS N'EST QUE L'ÉCUME D'UNE VAGUE, L'OMBRE D'UNE OMBRE. Ce n'est même pas l'ombre, mais l'ombre de l'ombre.

Bouddha veut en souligner l'irréalité. C'est l'écho de l'écho, très très éloigné de la réalité. Dieu est le réel - appelez-le vérité. Bouddha voudrait l'appeler dhamma - la loi. Dieu est la réalité ultime ; alors l'âme est son ombre et le corps est l'ombre de l'ombre. Passez du corps à l'âme et de l'âme au dhamma - à Dieu, à la loi éternelle.

À moins que vous n'atteigniez la loi éternelle, ne vous reposez pas, car personne ne sait - aujourd'hui vous êtes là, demain vous ne le serez peut-être plus. Ne gaspillez pas ces jours précieux à vous languir, à désirer des choses futiles. Les gens continuent à collectionner des déchets, et puis un jour ils disparaissent. Ils laissent derrière eux tout ce qu'ils ont amassé pendant toute leur vie. Ils ne peuvent pas prendre une seule chose avec eux.

On raconte que lorsqu'Alexandre le Grand est mort, il a demandé à ses ministres que ses mains restent suspendues à l'extérieur du cercueil lorsqu'on le porterait dans la tombe.

"Pourquoi ?" demandent les ministres. "Personne n'a jamais entendu parler d'une telle chose ! Cela ne se fait jamais ! Ce n'est pas une tradition. Pourquoi cette idée étrange et excentrique ? Pourquoi laisserait-on vos mains pendre à l'extérieur du cercueil ?"

Alexandre dit : "Je voudrais que les gens sachent que même moi, Alexandre le Grand, je pars les mains vides. Je n'emporte rien avec moi. Ma vie entière n'a été qu'un pur gaspillage. J'ai travaillé dur" - et il a vraiment travaillé dur, il a lutté dur, c'était une personne vraiment ambitieuse, folle de pouvoir, qui voulait devenir le maître du monde, et il avait plus ou moins réussi, il était plus ou moins devenu le maître du monde connu à l'époque..... Mais même lui dit : "Je suis en train de mourir et je ne peux rien emporter avec moi ; par conséquent, tous ces efforts n'ont été qu'un exercice futile. Que le peuple sache, qu'il prenne conscience, qu'il comprenne ma folie, mon idiotie. Cela les aidera peut-être à comprendre leurs propres modèles de vie, leurs styles de vie."

BRISER LES FLÈCHES FLORALES DU DÉSIR ET ENSUITE, SANS ÊTRE VU, ÉCHAPPER AU ROI DE LA MORT.

Si vous pouvez devenir sans désir, alors la mort ne peut avoir aucune emprise sur vous. C'est l'esprit de désir qui est pris dans le filet de la mort, et nous sommes tous pleins de désirs : désir d'argent, de pouvoir, de prestige, de respectabilité - mille et un désirs. Les désirs créent l'avidité, et l'avidité crée la compétition, et la compétition crée la jalousie. Une chose en entraîne une autre, et nous continuons à tomber dans le désordre, dans l'agitation du monde.

C'est un monde fou, mais la cause première de la folie est le désir.

Une fois que vous avez semé les graines du désir... le désir signifie avoir plus. Vous avez une certaine quantité d'argent, vous aimeriez en avoir le double. Le désir signifie l'envie de plus. Et personne ne réfléchit à deux fois qu'un changement quantitatif ne vous satisfera pas.

Si vous ne pouvez pas vous satisfaire de dix mille roupies, comment pouvez-vous vous satisfaire de vingt mille roupies ? Les roupies seront doublées. Mais si dix mille roupies ne peuvent vous donner aucune satisfaction, votre satisfaction ne peut être doublée ; il n'y a pas eu de satisfaction au départ. En fait, lorsque vous avez dix mille roupies, vous avez une certaine quantité d'anxiété, de peur - ces anxiétés seront doublées lorsque vous aurez vingt mille roupies, triplées lorsque vous aurez trente mille roupies, et ainsi de suite. Vous pouvez continuer à multiplier....

Et quoi que vous possédiez, quelqu'un aura toujours plus que vous - le monde est vaste. D'où la jalousie, et la jalousie est la fièvre de l'âme. A part la méditation, il n'y a pas de médicament pour cela. Le médecin peut vous aider si votre corps souffre d'une fièvre, mais seul un maître peut vous aider, un bouddha peut vous aider, si vous souffrez de la fièvre de l'âme. Très peu de gens souffrent de la fièvre physique, et presque tout le monde souffre de la fièvre spirituelle - la jalousie.

La jalousie signifie que quelqu'un d'autre a plus que vous. Et il est impossible d'être le premier en tout. Vous pouvez avoir la plus grosse somme d'argent du monde, mais vous n'avez peut-être pas un beau visage. Et un mendiant peut vous rendre jaloux - son corps, son visage, ses yeux, et vous êtes jaloux. Un mendiant peut rendre un empereur jaloux.

Napoléon n'était pas très grand, il ne mesurait qu'un mètre cinquante. Je n'y vois rien de mal, c'est tout à fait normal, je mesure 1,5 m et je n'en ai jamais souffert, car que vous mesuriez 1,8 m ou 1,5 m, vos pieds touchent quand même la terre ! Où est donc le problème ? Si la personne d'un mètre cinquante était suspendue à un pied au-dessus de la terre, alors il y aurait eu un problème ! Mais Napoléon a beaucoup souffert. Il était continuellement conscient du fait qu'il n'était pas grand. Et, bien sûr, il était entouré de gens très grands. Les soldats, les généraux, tous étaient grands et lui était très petit.

Il avait l'habitude de se tenir sur quelque chose de plus élevé.... C'était exactement la même chose pour le premier premier ministre de l'Inde, Jawaharlal Nehru. Il mesurait également 1,5 m - ce 1,5 m, c'est quelque chose ! Et le dernier vice-roi de l'Inde, Lord Mountbatten, était très grand - Lady Mountbatten encore plus grande. Lorsque Lord Mountbatten lui a fait prêter le serment du premier premier ministre... vous pouvez le voir sur la photo, ces photos sont disponibles partout :

Nehru est debout sur une marche et Mountbatten est debout sur le sol, juste pour paraître au moins égal, sinon plus grand que Mountbatten.

Et puis, il n'est pas plus grand que Mountbatten, même debout sur une marche... un profond sentiment d'infériorité.

Napoléon était continuellement gêné par lui-même. Un jour, il réparait une horloge et sa main ne pouvait l'atteindre. L'horloge était haute sur le mur. Son garde du corps - et les gardes du corps sont forcément des gens plus grands, plus forts - son garde du corps a dit : "Attendez, je suis plus haut que vous, je vais la réparer."

Napoléon était très en colère et il a dit : "Stupide ! Excuse-toi ! Vous n'êtes pas plus haut que moi, vous êtes simplement plus grand. Changez votre mot. Plus haut ? Que voulez-vous dire ?" Il était très offensé. Et le pauvre garde du corps ne voulait pas l'insulter - il ne savait même pas que dire "plus haut" était offensant. Napoléon avait tout, mais le problème, c'était sa taille.

Il est très difficile de tout avoir dans le monde et d'être le premier en tout. C'est impossible ! Alors la jalousie persiste, elle continue. Quelqu'un a plus d'argent que vous, quelqu'un a plus de santé que vous, quelqu'un a plus de beauté que vous, quelqu'un a plus d'intelligence que vous... et vous comparez constamment. L'esprit de désir continue à comparer.

Goldstein et Weinberg étaient en affaires ensemble et passaient un mauvais moment. Un jour, Goldstein, alors qu'il se promenait dans les bois, fut tout à coup surpris par une véritable marraine fée qui lui dit : "Je vais t'accorder trois vœux, mais souviens-toi que tout ce que tu souhaites, Weinberg l'obtiendra en double."

Sur le chemin du retour, Goldstein se dit : "Je ne serais pas contre un manoir spacieux." Et avant qu'il ne réalise ce qui se passait, il était là - son manoir. Mais au même moment, il voit Weinberg, de l'autre côté de la route, qui est fier de ses deux villas. Goldstein a réprimé sa jalousie et est entré pour voir sa nouvelle maison. Alors qu'il entrait dans la chambre à coucher, un second désir le frappa : "Je ne serais pas contre une femme comme Sophia Loren."

Et bien sûr, elle était là - une pièce magnifique ressemblant à Sophia Loren. Mais en regardant par la fenêtre de la chambre, il a vu Weinberg sur son balcon avec deux superbes femmes.

"Eh bien," soupira-t-il en pensant à la fée marraine, "vous pouvez me couper une de mes couilles !".

La jalousie est la jalousie.... Si tu ne peux pas tout avoir, tu peux au moins empêcher les autres de l'avoir. La jalousie devient destructrice, la jalousie devient violence. Et la jalousie est l'ombre du désir. Le désir compare toujours et, à cause de la comparaison, il y a de la souffrance. Les gens perdent leur vie à désirer, à être jaloux, à comparer, et ce temps précieux est tout simplement perdu. Même si Dieu vous donne trois souhaits, vous ferez la même chose que Goldstein - parce que le juif existe en chacun. Seul un bouddha n'est pas juif, sinon tout le monde l'est.

La nature du désir est juive. Il veut plus, il est fou de plus. Et ceux qui vivent dans le désir sont voués à être victimes de la mort. Seule la personne qui comprend la folie du désir, de l'avidité, du désir constant de plus, de la jalousie, de la comparaison, celle qui prend conscience de toutes ces absurdités et les laisse tomber, va au-delà de la mort. Il devient invisible. Le Bouddha utilise un mot magnifique. Il dit : ET ALORS, INVISIBLE, IL ÉCHAPPE AU ROI DE LA MORT.

La mort ne peut voir qu'une personne qui vit dans les vêtements du désir. La mort ne peut voir que le désir. Si le désir est abandonné, vous devenez invisible pour la mort ; la mort ne peut pas vous toucher, car sans désir vous êtes simplement la pure conscience et rien d'autre. Vous n'êtes plus identifié au corps ou à l'esprit. Vous savez simplement une chose, que vous êtes un témoin. La mort ne peut pas vous voir - vous pouvez voir la mort.

Normalement, la mort peut vous voir, vous ne pouvez pas voir la mort - parce que le désir est grossier, il peut être vu par la mort. La conscience est invisible, ce n'est pas de la matière - c'est de l'énergie pure, c'est de la lumière.

VOUS pouvez voir la mort, mais la mort ne peut pas vous voir. Et voir la mort est à nouveau une grande expérience, une expérience hilarante. On commence à rire quand on voit la mort - la mort est si impuissante. Son pouvoir ne lui appartient pas, son pouvoir est dans votre esprit désirant. VOUS lui donnez du pouvoir. Plus vous désirez, plus vous avez peur de la mort. Plus vous êtes avide, plus vous avez peur. Plus vous avez de biens, plus vous êtes naturellement anxieux - la mort va arriver et tout va vous être enlevé.

BRISER LES FLÈCHES FLORALES DU DÉSIR ET ENSUITE,

SANS ÊTRE VU, ÉCHAPPER AU ROI DE LA MORT.

ET CONTINUER À VOYAGER.

Rappelez-vous cette phrase : ET CONTINUEZ VOTRE VOYAGE.

C'est alors que le vrai voyage, le pèlerinage, commence. Avant cela, vous ne faisiez que tourner en rond - les mêmes désirs : plus d'argent, plus d'argent, plus de pouvoir, plus de pouvoir... des cercles vicieux, qui ne vont nulle part. Une fois que vous avez abandonné tous les désirs, votre conscience est libérée de la grossièreté du désir. Maintenant VOYAGEZ - maintenant vous pouvez aller dans l'existence infinie, vous pouvez aller dans l'éternité de l'existence. Maintenant, des mystères et des mystères s'ouvrent devant vous. Maintenant l'existence entière est disponible pour vous, dans sa totalité elle est à vous... maintenant VOYAGEZ.

LA MORT S'ABAT SUR L'HOMME QUI CUEILLE DES FLEURS LORSQUE, L'ESPRIT DISTRAIT ET LES SENS ASSOIFFÉS, IL CHERCHE EN VAIN LE BONHEUR DANS LES PLAISIRS DU MONDE.

LA MORT L'EMPORTE COMME UNE INONDATION EMPORTE UN VILLAGE ENDORMI.

Si vous êtes trop distrait par les désirs, les plaisirs, les gratifications, si vos sens ont trop soif de titillation, si vous cherchez bêtement le bonheur dans le monde extérieur, alors la mort vient vous chercher comme une inondation qui emporte un village endormi.

L'homme qui cherche le bonheur dans le monde extérieur est un homme profondément endormi. Il n'est pas conscient de ce qu'il fait, car il n'a jamais trouvé le bonheur à l'extérieur.

Et tout ce qui apparaît comme du bonheur s'avère finalement être la source du malheur et rien d'autre. Le monde extérieur ne fait que promettre, mais ne livre jamais la marchandise. Lorsque vous êtes loin, les choses semblent très belles. Plus vous vous approchez, plus elles commencent à disparaître. Lorsque vous les avez obtenues après de longs et pénibles efforts, vous êtes tout simplement désemparé. Vous ne pouvez pas croire ce qui s'est passé - c'était un mirage.

Les choses ne sont belles que de loin. Quand on les a, elles n'ont rien en elles. L'argent n'est important que pour ceux qui n'en ont pas. Ceux qui en ont, en connaissent la futilité. La célébrité n'est importante que pour ceux qui ne l'ont pas. Ceux qui en ont... demandez-leur : ils sont fatigués d'être célèbres, ils sont complètement fatigués d'être célèbres.

Ils veulent être anonymes. Ils veulent être des moins que rien.

Voltaire a écrit dans ses mémoires que lorsqu'il n'était pas célèbre, son seul désir était d'être célèbre ; il était prêt à tout sacrifier pour la célébrité. Et si vous continuez à chercher une certaine chose, vous êtes sûr de l'obtenir, rappelez-vous. Un jour, il est devenu célèbre, et il a alors écrit : "J'étais si fatigué de ma célébrité, parce que toute intimité dans ma vie avait disparu, toutes les relations intimes avaient disparu - j'étais si célèbre que j'étais toujours entouré de gens, partout, où que j'aille. Si j'allais me promener dans le jardin, une foule me suivait. J'étais presque comme un objet de spectacle, une sorte de cirque ambulant."

Sa renommée atteignit de tels sommets qu'elle devint dangereuse pour sa vie. Une fois, alors qu'il revenait de la gare à sa maison après un voyage, il est arrivé chez lui presque nu, griffé sur tout le corps, du sang suintant de nombreux endroits - car en France, à cette époque, la superstition voulait que si l'on pouvait obtenir un morceau des vêtements d'un homme célèbre, on pouvait aussi devenir célèbre. Les gens ont donc déchiré ses vêtements, et en les déchirant, ils ont griffé son corps.

Il a pleuré ce jour-là et a dit : "Comme j'ai été bête de vouloir être célèbre.

Comme c'était beau quand personne ne me connaissait et que j'étais un homme libre. Maintenant, je ne suis plus un homme libre."

Puis il a voulu être un inconnu. Et il est arrivé aussi que la célébrité disparaisse. Dans cette vie, rien n'est permanent - un jour vous êtes célèbre, un autre jour vous n'êtes personne. Le jour de sa mort, seules quatre personnes l'ont suivi sur sa tombe ; et sur ces quatre personnes, une était son chien - donc seulement trois en réalité. Les gens l'avaient complètement oublié, ils avaient oublié qu'il était vivant. Ils ne l'ont appris que lorsque les journaux ont publié l'annonce de la mort de Voltaire. Alors les gens ont pris conscience et ont commencé à se demander les uns aux autres, "Était-il encore en vie ?"

Si vous avez la célébrité, vous vous en lassez. Si vous avez de l'argent, vous ne saurez pas quoi en faire. Si vous êtes respecté par les gens, vous devenez un esclave, car vous devez alors continuer à répondre à leurs attentes, sinon votre respectabilité disparaîtra. Ce n'est que lorsque vous n'êtes pas célèbre que vous pensez que c'est quelque chose de significatif. Lorsque vous n'êtes pas respecté, vous en avez envie. Lorsque vous êtes respecté, vous devez payer pour la respectabilité.

Plus les gens vous respectent, plus ils vous surveillent de près - que vous répondiez ou non à leurs attentes. Vous perdez toute liberté. Mais c'est ainsi que les gens vivent.

Bouddha dit que c'est comme un village endormi - l'inondation arrive et prend tout le village, l'inondation de la mort arrive.

LA MORT LE VAINC LORSQUE, L'ESPRIT DISTRAIT ET LES SENS ASSOIFFÉS, IL CUEILLE DES FLEURS.

IL N'AURA JAMAIS SA DOSE DES PLAISIRS DU MONDE.

Et personne ne peut jamais être satisfait dans le monde - c'est impossible. Vous pouvez devenir de plus en plus mécontent, c'est tout, parce que le contentement n'arrive que lorsque vous allez vers l'intérieur. Le contentement est votre nature la plus profonde. Le contentement n'appartient pas aux choses. Vous pouvez être à l'aise avec les choses - une belle maison, un beau jardin, aucun souci d'argent - oui, vous pouvez être à l'aise, mais vous restez le même :

confortablement mécontent. En effet, quand on a tout le confort et qu'on n'a rien à faire pour gagner de l'argent, vingt-quatre heures sur vingt-quatre on est conscient de son mécontentement, parce qu'il ne reste aucune autre occupation.

C'est pourquoi les riches sont plus mécontents que les pauvres. Il ne devrait pas en être ainsi - - logiquement il ne devrait pas en être ainsi - mais c'est ainsi que la vie est. La vie ne suit pas Aristote et sa logique. Les riches venant de l'Ouest sont très perplexes lorsqu'ils voient des Indiens pauvres avec des visages de contentement. Ils n'en croient pas leurs yeux. Ces gens n'ont rien - pourquoi ont-ils l'air satisfaits ? Et les soi-disant saints et mahatmas indiens, ainsi que les dirigeants politiques, continuent de se vanter devant le monde entier : "Notre pays est spirituel - regardez ! les gens sont si satisfaits, même s'ils sont pauvres, parce qu'ils sont intérieurement riches."

Tout cela est absurde. Ils ne sont pas riches intérieurement. Le contentement que vous voyez sur les visages des Indiens pauvres n'est pas celui d'une réalisation intérieure. C'est simplement parce qu'ils sont tellement préoccupés par l'argent, le pain et le beurre, qu'ils ne peuvent pas se permettre d'être mécontents. Ils ne peuvent pas se permettre de s'asseoir et de ruminer leurs misères. Ils sont si malheureux qu'ils n'ont pas le temps de se sentir malheureux ! Ils sont si misérables et ils n'ont jamais connu aucun plaisir, donc ils ne peuvent avoir aucune comparaison.

Lorsqu'une société s'enrichit, elle a le temps de se dire : "Et maintenant, qu'est-ce qu'on fait ?" Et il semble qu'il ne reste rien. Quand toutes les choses extérieures sont disponibles, vous commencez à penser, "Qu'est-ce que je fais ici ? Toutes les choses sont là, mais je suis aussi vide que jamais." On commence à se tourner vers l'intérieur.

Les mendiants ont l'air satisfaits parce qu'ils n'ont pas le goût de la richesse. Mais une personne riche devient très mécontente. A cause de sa richesse, il prend conscience de la futilité de toutes les richesses. LA MORT L'ENVAHIT LORSQUE, L'ESPRIT DISTRAIT ET LES SENS ASSOIFFÉS, IL CUEILLE DES FLEURS. IL NE POURRA JAMAIS SE RASSASIER DES PLAISIRS DU MONDE.

Vous ne pouvez pas avoir votre dose. C'est impossible. Vous ne pouvez pas vous satisfaire des choses ; l'esprit continuera à en demander davantage. Plus vous en avez, plus vous vous créez des problèmes - car vous pouvez vous permettre des problèmes, vous avez le temps. En fait, vous avez tellement de temps à votre disposition que vous ne savez pas quoi en faire. Vous allez commencer à faire des bêtises.

Vous vous créerez plus de misères, plus d'angoisses. Et ne trouvant aucune satisfaction à l'extérieur, vous pouvez devenir si insatisfait que vous pouvez commencer à penser à vous suicider.

Il y a beaucoup plus de gens qui se suicident dans les pays riches que dans les pays pauvres. Ou bien vous pouvez être tellement insatisfait que vous pouvez devenir fou, vous pouvez perdre la tête. Il y a beaucoup plus de gens qui deviennent fous dans les pays riches que dans les pays pauvres.

Être riche est d'une certaine manière très dangereux : cela peut vous conduire au suicide, à une sorte de folie - mais c'est aussi très significatif car cela peut vous conduire à la religion, à votre intériorité, à l'intériorité, cela peut devenir une révolution intérieure. Cela dépend de vous - les alternatives sont ouvertes. Une personne riche doit soit devenir névrosée, suicidaire, soit devenir un méditant ; il n'y a pas de troisième alternative disponible pour elle.

Le pauvre homme ne peut pas être suicidaire, ne peut pas être névrosé ; il n'a même pas assez de pain, que dire de l'esprit ? Il est si fatigué le soir, il ne peut pas penser, pas d'énergie pour penser... il s'endort. Le matin, c'est à nouveau la vieille routine pour gagner du pain. Chaque jour, il doit gagner, d'une manière ou d'une autre, pour rester en vie, pour survivre. Il ne peut pas se permettre le luxe des névroses, il ne peut pas se permettre le luxe de la psychanalyse - ce sont des luxes que seuls les riches peuvent se permettre ! Et il ne peut pas non plus être vraiment un méditant. Il ira au temple, mais il demandera quelque chose de mondain. Sa femme est malade, ses enfants ne sont pas admis à l'école, il est au chômage. Il va au temple pour demander ces choses. La qualité de la religion des pauvres est très mauvaise.

Il existe deux types de religiosité dans le monde : la religiosité des pauvres - elle est très mondaine, très matérialiste - et la religiosité des riches - elle est très spirituelle, très immatérielle. Quand un homme riche prie, sa prière ne peut pas être pour l'argent.

S'il prie encore pour de l'argent, il n'est pas encore assez riche.

Il y avait un saint soufi, Farid. Un jour, les villageois lui ont demandé : "Farid, le grand roi Akbar vient si souvent vous voir - pourquoi ne lui demandez-vous pas d'ouvrir une école pour les pauvres de notre village ? Nous n'avons pas d'école."

Farid a dit : "Bien, alors pourquoi attendre qu'il vienne ? Je vais y aller."

Il est allé à Delhi, il a été reçu - tout le monde savait qu'Akbar le respectait énormément. Akbar priait dans sa mosquée privée ; Farid a été autorisé à y entrer. Il est entré, il a vu Akbar prier. Il se tenait derrière Akbar - il pouvait entendre ce qu'il disait. Les mains écartées, Akbar venait de terminer sa prière, son NAMAZ, et il disait à Dieu : "Tout-puissant et compatissant, répands sur moi plus de richesses ! Donne-moi un plus grand royaume !"

Farid s'est immédiatement détourné. C'était juste la fin de la prière, alors Akbar s'est rendu compte que quelqu'un était venu et s'était éloigné.

Il s'est retourné, a vu Farid descendre les marches, a couru, a touché les pieds de Farid et a demandé : "Pourquoi es-tu venu ?" - car c'était la première fois qu'il venait - "et pourquoi t'en vas-tu ?"

Farid a déclaré : "J'étais venu avec l'idée que vous étiez riche, mais en écoutant votre prière, j'ai compris que vous étiez encore pauvre. Et si vous demandez toujours de l'argent, plus de pouvoir, alors il n'est pas bon pour moi de demander de l'argent, car j'étais venu demander un peu d'argent pour ouvrir une école dans mon village. Non, je ne peux pas demander à un pauvre. Vous avez vous-même besoin de plus. Je vais en collecter dans le village et vous en donner ! Et en ce qui concerne l'école, si vous demandez à Dieu, je peux demander à Dieu directement - pourquoi devrais-je vous utiliser comme médiateur ?"

L'histoire est rapportée par Akbar lui-même dans son autobiographie. Il dit : "Pour la première fois, j'ai pris conscience que, oui, je ne suis pas encore assez riche, je ne suis pas encore insatisfait de tout cet argent. Il ne m'a rien apporté et je continue à en demander plus, presque inconsciemment ! Il est temps pour moi d'en finir avec lui. La vie s'est envolée et je demande encore des déchets. Et j'ai accumulé beaucoup - cela ne m'a rien apporté".

Mais presque mécaniquement, on continue à demander. N'oubliez pas que la religion qui naît lorsque vous avez vécu dans le monde, que vous avez connu le monde et sa futilité, a une saveur totalement différente de la religion qui naît en vous parce que vos besoins physiques ne sont pas satisfaits.

La religion de l'homme pauvre est pauvre, la religion de l'homme riche est riche. Et je voudrais une religion riche dans le monde ; c'est pourquoi je ne suis pas contre la technologie, contre l'industrialisation. Je ne suis pas contre la création d'une société d'abondance, je suis tout à fait pour, parce que c'est mon observation :

que la religion n'atteint son apogée que lorsque les gens sont totalement frustrés par les richesses du monde, et la seule façon de les rendre totalement frustrés est de les laisser en faire l'expérience.

L'ABEILLE BUTINE LE NECTAR DE LA FLEUR SANS EN ALTÉRER LA BEAUTÉ OU LE PARFUM.

ALORS LAISSEZ LE MAÎTRE S'INSTALLER, ET ERRER.

Bouddha a appelé ses moines "mendiants", MADHUKARI. Madhukari signifie recueillir du miel comme une abeille. Le BHIKKHU, le sannyasin bouddhiste, va de maison en maison ; il ne demande jamais à une seule maison car cela pourrait être un trop lourd fardeau. Il demande donc à de nombreuses maisons, juste un peu d'une maison, un peu d'une autre, pour ne pas être un fardeau pour personne. Et il ne va plus jamais dans la même maison. C'est ce qu'on appelle madhukari - comme une abeille à miel. L'abeille va d'une fleur à l'autre, et continue à se déplacer de fleur en fleur - elle est non possessive.

L'ABEILLE BUTINE LE NECTAR DE LA FLEUR SANS EN ALTÉRER LA BEAUTÉ OU LE PARFUM. Elle prend si peu d'une fleur que sa beauté n'est pas altérée, que son parfum n'est pas détruit. La fleur ne se rend tout simplement jamais compte de la présence de l'abeille ; elle vient si silencieusement et s'en va si silencieusement.

Le Bouddha dit : L'homme de la conscience vit dans ce monde comme une abeille. Il ne gâche jamais la beauté de ce monde, il ne détruit jamais le parfum de ce monde. Il vit silencieusement, se déplace silencieusement. Il demande seulement ce qui est nécessaire. Sa vie est simple, elle n'est pas complexe. Il ne rassemble pas pour demain. L'abeille n'amasse jamais pour demain, le jour présent se suffit à lui-même.

ALORS, QUE LE MAÎTRE S'INSTALLE ET VAGABONDE. Une déclaration très étrange : ...S'INSTALLER, ET ÉVOLUER. S'installer à l'intérieur, être centré à l'intérieur, et à l'extérieur être un vagabond : à l'intérieur, être complètement enraciné, et à l'extérieur ne pas rester longtemps à un endroit, ne pas rester longtemps avec une personne, parce que les attachements surgissent, la possessivité surgit. Alors soyez comme une abeille.

L'autre soir, je lisais les mémoires d'un poète. Il dit : "J'ai découvert une chose très étrange : lorsque je tombe amoureux d'une personne vraiment belle, je ne peux pas la posséder. Et si je la possède, je vois immédiatement que je détruis la beauté de cette personne. Si je m'attache, d'une certaine manière je blesse l'autre personne, sa liberté."

Les poètes sont des personnes sensibles ; ils peuvent prendre conscience de beaucoup de choses dont les gens ordinaires ne prennent jamais conscience. Mais c'est une belle intuition, d'une profonde profondeur : si vous êtes vraiment amoureux d'une belle personne, vous n'aimeriez pas la posséder, car posséder, c'est détruire. Vous serez comme une abeille ; vous apprécierez sa compagnie, son amitié, vous partagerez son amour, mais vous ne posséderez pas. Posséder, c'est réduire la personne à une chose. C'est détruire son esprit, c'est en faire une marchandise - et cela ne peut se faire que si vous n'aimez pas. Cela n'est possible que si votre amour n'est rien d'autre que de la haine déguisée en amour.

Le Bouddha dit : Comme une abeille, déplacez-vous dans la vie - en profitant, en célébrant, en dansant, en chantant, mais comme une abeille - d'une fleur à l'autre. Faites toutes les expériences, car ce n'est que par les expériences que vous devenez mature. Mais ne soyez pas possessif, ne restez pas coincé quelque part. Restez fluide comme une rivière - ne devenez pas stagnant. S'installer à l'intérieur, certes, se cristalliser à l'intérieur, mais à l'extérieur rester un vagabond.

REGARDEZ VOS PROPRES FAUTES, CE QUE VOUS AVEZ FAIT OU OMIS DE FAIRE. NÉGLIGEZ LES FAUTES DES AUTRES.

La manière ordinaire des êtres humains est de négliger leurs propres défauts et de souligner, d'amplifier, les défauts des autres. C'est la voie de l'ego. L'ego se sent très bien quand il voit : "Tout le monde a tant de défauts et moi aucun." Et l'astuce est la suivante : négliger vos défauts, magnifier ceux des autres, de sorte que tout le monde passe pour un monstre et vous pour un saint.

Bouddha dit : Inversez le processus. Si vous voulez vraiment être transformé, ignorez les fautes des autres - ce ne sont pas vos affaires. Vous n'êtes personne, on ne vous demande pas d'intervenir, vous n'avez aucun droit, alors pourquoi vous en préoccuper ? Mais ne négligez pas vos propres fautes, car elles doivent être changées, surmontées.

Lorsque le Bouddha dit, REGARDEZ VOS PROPRES DEFAUTS, CE QUE VOUS AVEZ FAIT OU LAISSÉ FAIRE, il ne veut pas dire se repentir si vous avez fait quelque chose de mal ; il ne veut pas dire se vanter, se féliciter si vous avez fait quelque chose de bien. Non. Il veut simplement dire qu'il faut regarder pour se souvenir à l'avenir qu'il ne faut pas répéter le mal, pour se souvenir à l'avenir qu'il faut augmenter le bien, le renforcer, et réduire le mal - non pas pour se repentir mais pour se souvenir.

C'est la différence entre l'attitude chrétienne et l'attitude bouddhiste. Le chrétien se souvient d'eux pour se repentir ; le christianisme crée donc une grande culpabilité. Le bouddhisme ne crée jamais de culpabilité, ce n'est pas pour se repentir, c'est pour se souvenir. Le passé est le passé ; il est passé et disparu pour toujours - pas besoin de s'en inquiéter. Souvenez-vous simplement de ne pas répéter les mêmes erreurs. Soyez plus attentif.

COMME UNE JOLIE FLEUR, BRILLANTE MAIS INODORE, SONT LES BELLES MAIS VIDES PAROLES DE L'HOMME QUI NE PENSE PAS CE QU'IL DIT.

Ceux qui répètent mécaniquement les écritures, leurs paroles sont belles mais vides.

Elles sont comme des fleurs, belles, lumineuses, mais sans parfum. Ils sont comme des fleurs en papier ou en plastique - ils ne peuvent pas avoir de parfum, ils ne peuvent pas avoir de vivacité. La vivacité, le parfum n'est possible que lorsque vous parlez par vous-même, pas sur l'autorité des Écritures ; lorsque vous parlez sur votre propre autorité, lorsque vous parlez en tant que témoin de la vérité, pas en tant qu'érudit, pas en tant qu'expert, mais lorsque vous parlez comme quelqu'un qui est éveillé.

COMME UNE JOLIE FLEUR, BRILLANTE ET PARFUMÉE, SONT LES PAROLES FINES ET VÉRIDIQUES DE L'HOMME QUI PENSE CE QU'IL DIT.

N'oubliez pas de ne pas répéter les paroles des autres. Expérimentez, et ne dites que ce que vous avez expérimenté, et vos mots auront de la substance, du poids ; et vos mots auront un rayonnement, vos mots auront un parfum. Vos paroles attireront les gens ; pas seulement attirer - influencer. Vos paroles seront chargées d'une grande signification, et ceux qui sont prêts à les entendre seront transformés par elles. Vos paroles respireront, seront vivantes, elles feront battre votre cœur.

COMME DES GUIRLANDES TISSÉES À PARTIR D'UN TAS DE FLEURS, FAÇONNEZ DE VOTRE VIE AUTANT DE BONNES ACTIONS.

Que votre vie devienne une guirlande - une guirlande de bonnes actions. Mais les bonnes actions, selon le Bouddha, ne se produisent que si vous devenez plus attentif, plus alerte, plus conscient. Les bonnes actions ne doivent pas être cultivées comme un caractère ; les bonnes actions doivent être des sous-produits de votre prise de conscience.

Le bouddhisme ne met pas l'accent sur le caractère mais sur la conscience - c'est sa plus grande contribution à l'humanité et à son évolution.

Assez pour aujourd'hui.

Répandez la rumeur !

La première question :
Question 1 :

MAÎTRE BIEN-AIMÉ,

TOUT SEMBLE ÊTRE TRÈS PARADOXAL : DEVOIR ÊTRE TOTAL ET POURTANT RESTER UN TÉMOIN, UN OBSERVATEUR ; DEVOIR ÊTRE NOYÉ DANS L'AMOUR ET POURTANT ÊTRE SEUL. TOUT CELA SEMBLE TRÈS MYSTÉRIEUX, ET JE ME SENS COMPLÈTEMENT PERDUE ET CONFUSE. EST-CE QUE JE ME FAIS AVOIR ?

Prem Urja, la vie est belle parce qu'elle est paradoxale. Elle contient du sel parce qu'elle est paradoxale - elle n'est pas seulement douce, elle contient aussi du sel. Si elle n'était que sucrée, elle deviendrait trop sucrée, saccharine.

La vie recèle un immense mystère car elle est fondée sur le paradoxe. Vous vous sentez confus parce que vous avez une certaine idée fixe de la façon dont la vie devrait être - vous ne permettez pas à la vie d'être telle qu'elle est. Vous voulez lui imposer un certain concept, une certaine logique.

La confusion est de votre propre création.

Essayez d'imposer un modèle logique à la vie et vous serez très confus, car la vie n'a aucune obligation de répondre à votre logique. La vie est comme elle est. Vous devez l'écouter.

Il contient toutes les couleurs, tout le spectre - c'est un arc-en-ciel. Mais vous avez une certaine idée qu'il ne devrait être que bleu ou qu'il ne devrait être que vert ou qu'il ne devrait être que rouge - mais il y a les sept couleurs. Alors qu'allez-vous faire des six autres couleurs qui ne font pas partie de votre conception ? Soit vous devez les ignorer, les bloquer,

afin de ne pas en prendre conscience ; les réprimer, simplement les nier.....
Mais quoi que vous fassiez, la vie ne va pas laisser tomber ses couleurs ;
elles seront là - niées, rejetées, réprimées, elles seront là, attendant le bon
moment pour exploser dans votre conscience.

Et à chaque fois qu'ils exploseront, vous serez confus. La confusion
est votre responsabilité.

La vie n'est pas du tout déroutante. La vie est mystérieuse mais jamais
confuse. Parce que vous ne voulez pas qu'elle soit mystérieuse, vous
voulez qu'elle soit mathématique, vous voulez qu'elle soit très claire pour
que vous puissiez calculer et mesurer - d'où la difficulté. Elle n'est pas
créée par la vie. Laissez tomber vos conceptions et regardez..... Vous
découvrirez alors que la tempête qui arrive apporte avec elle un silence -
ce qui est illogique ! Le silence que l'on ressent après la tempête est le plus
profond, la plus grande profondeur. S'il n'y a pas de tempête, le silence
reste superficiel, le silence reste terne, il n'a pas de profondeur. Après la
tempête... plus la tempête est grande, plus le silence est profond.

Maintenant, c'est paradoxal.

Ce n'est paradoxal que parce que vous voulez imposer une certaine
logique. La tempête, et créer le silence ? Cela ne correspond pas à votre
idée - c'est vrai - alors vous devenez confus. Mais pourquoi cela devrait-il
correspondre à votre idée ? La vie doit être perçue, pas conçue. Voyez
ce qu'il en est, n'ayez pas de réponses toutes faites. Ne traversez pas la
vie avec des préjugés, avec un esprit plein de préjugés, n'ayez pas de
conceptions a priori. Faites preuve d'innocence, de nudité, d'ignorance.
Fonctionnez à partir de l'état de non-savoir. Et alors... alors la vie n'est
pas confuse. C'est une joie immense, c'est l'extase. Alors ce qui apparaît
aujourd'hui comme confus, vous vous sentirez reconnaissant pour cela,
reconnaissant pour cela, que ce soit ainsi, que ce ne soit pas logique.

La vie aurait été tout à fait ennuyeuse si Dieu avait suivi Aristote.
C'est un grand soulagement qu'il ne soit pas aristotélicien ; c'est un grand
soulagement que Dieu ne sache rien d'Aristote, qu'il n'ait pas lu ses livres,
qu'il ne croie pas à la logique, qu'il croie à la dialectique.

D'où ces paradoxes.

On peut être profondément amoureux et pourtant être seul. En fait,
on ne peut être seul que lorsqu'on est profondément amoureux. La

profondeur de l'amour crée un océan autour de vous, un océan profond, et vous devenez une île, complètement seul. Oui, l'océan continue à jeter ses vagues sur votre rivage, mais plus l'océan se fracasse avec ses vagues sur votre rivage, plus vous êtes intégré, plus vous êtes enraciné, plus vous êtes centré.

L'amour n'a de valeur que parce qu'il vous donne la solitude. Il vous donne l'espace nécessaire pour être seul.

Mais vous avez une idée de l'amour ; cette idée crée des problèmes - pas l'amour lui-même, mais l'idée.

L'idée est que, dans l'amour, les amoureux disparaissent l'un dans l'autre, se dissolvent l'un dans l'autre. Oui, il y a des moments de dissolution - mais c'est la beauté de la vie et de tout ce qui est existentiel :

que lorsque les amoureux se dissolvent l'un dans l'autre, ce sont les mêmes moments où ils deviennent très conscients, très alertes. Cette dissolution n'est pas une sorte d'ivresse, cette dissolution n'est pas inconsciente. Elle apporte une grande conscience, elle libère une grande conscience.

D'une part, ils sont dissous - d'autre part, ils voient pour la première fois leur beauté absolue dans leur solitude. L'autre les définit, leur solitude ; ils définissent l'autre. Et ils sont reconnaissants l'un envers l'autre. C'est grâce à l'autre qu'ils ont pu voir leur propre moi ; l'autre est devenu un miroir dans lequel ils se reflètent.

Les amoureux sont des miroirs l'un pour l'autre. L'amour vous fait prendre conscience de votre visage originel.

Donc, ça semble très contradictoire, paradoxal, quand c'est dit de cette façon : "L'amour apporte la solitude." Vous pensiez depuis le début que l'amour apporte la convivialité. Je ne dis pas qu'il n'apporte pas l'unité, mais si vous n'êtes pas seuls, vous ne pouvez pas être ensemble. Qui va être ensemble ? Deux personnes sont nécessaires pour être ensemble, deux personnes indépendantes sont nécessaires pour être ensemble. L'union sera riche, infiniment riche, si les deux personnes sont totalement indépendantes. Si elles dépendent l'une de l'autre, il ne s'agit pas d'une union, mais d'un esclavage, d'une servitude.

S'ils dépendent l'un de l'autre, s'ils s'accrochent, s'ils sont possessifs, s'ils ne se permettent pas d'être seuls, s'ils ne se laissent pas suffisamment d'espace pour grandir, ce sont des ennemis, pas des amants ; ils sont destructeurs l'un pour l'autre, ils ne s'aident pas à trouver leur âme, leur être. De quel genre d'amour s'agit-il ? Il se peut que ce soit simplement la peur d'être seul ; c'est pourquoi ils s'accrochent l'un à l'autre. Mais le véritable amour ne connaît pas la peur. Le véritable amour est capable d'être seul, complètement seul, et de cette solitude naît une unité.

Kahlil Gibran dit : Deux amants sont comme les deux piliers d'un temple - ils soutiennent le même toit, mais ils sont séparés ; ensemble en ce qui concerne le soutien du même toit, mais complètement séparés en ce qui concerne leur propre être. Soyez les piliers d'un temple, soutenant le même temple d'amour, le même toit d'amour, mais enracinés dans votre propre être, sans en être distraits. Et alors vous connaîtrez à la fois la beauté, la pureté, la propreté, la santé, la plénitude de la solitude, et vous connaîtrez aussi la joie, la danse, la musique de l'union.

Il y a une beauté lorsque quelqu'un joue d'un instrument solo - un joueur de flûte solo - il y a une énorme beauté dans cela. Et il y a aussi de la beauté dans un orchestre. Et l'amour connaît les deux : il sait comment être un joueur de flûte solo et il sait aussi comment être en rythme, en harmonie avec l'autre.

Il n'y a pas de contradiction dans la réalité - la contradiction n'apparaît que parce que vous avez une certaine idée. Laissez tomber l'idée et alors où est la confusion ? La confusion ne vient que des conclusions. Si vous avez déjà une conclusion et que la vie apparaît comme quelque chose d'autre, vous êtes confus. Plutôt que d'essayer d'arranger la vie, laissez tomber vos conclusions.

Ne jamais fonctionner sans conclusions ! - c'est ce que je continue à vous répéter chaque jour :

ne fonctionnent pas à partir de l'état des connaissances. La connaissance signifie des conclusions, et toutes les conclusions sont empruntées. La vie est si vaste qu'elle ne peut être condensée en une conclusion.

Toutes les conclusions sont partielles. Et chaque fois que la partie prétend être le tout, cela crée une sorte de fanatisme, d'orthodoxie ; cela crée un esprit terne et stupide.

Urja, vous dites : "Devoir être total et pourtant devoir rester un témoin, un observateur... semble être très paradoxal."

Il ne semble, le paradoxe n'est qu'apparent ; autrement, être total, c'est être observateur.

Chaque fois que vous êtes totalement impliqué dans quelque chose, une grande conscience est libérée en vous - vous devenez un témoin. Soudain ! Non pas que vous vous entraîniez à être témoin. Si vous êtes totalement dedans... un jour, dansez totalement et voyez ce que je dis.

Ce ne sont pas des conclusions logiques que je vous donne : ce sont des indications existentielles, des indices. Dansez totalement ! - et vous serez alors surpris. Vous ressentirez quelque chose de nouveau. Lorsque la danse devient totale, et que le danseur est presque complètement dissous dans la danse, une nouvelle forme de conscience surgit en vous. Vous serez totalement perdu dans la danse : le danseur a disparu, il ne reste que la danse. Et pourtant, vous n'êtes pas inconscient, pas du tout, bien au contraire. Vous êtes très conscient, plus conscient que vous ne l'avez jamais été auparavant.

Mais si vous commencez à y penser, alors le paradoxe viendra. Alors vous ne serez pas en mesure de gérer, et vous deviendrez très confus.

Faites-en l'expérience. Tout ce qui est dit ici a pour but de vous aider à faire cette expérience. Je ne vous transmets aucune connaissance, aucune information - seulement quelques conseils pour goûter aux qualités multidimensionnelles de la vie.

Vous dites : "Cela semble paradoxal... d'être noyé dans l'amour et pourtant d'être seul." Cela ne l'est pas - cela ne fait qu'apparaître. Mais vous semblez être trop attaché à vos conclusions, d'où l'idée : "Est-ce que je me fais avoir ?"

D'une certaine manière, oui, on vous escroque de tous vos préjugés, de toutes vos conclusions, de toutes vos connaissances. J'essaie de vous ramener dans le monde de l'innocence. J'essaie de vous donner une nouvelle naissance, afin que vous puissiez redevenir un enfant - plein de crainte et d'émerveillement.

L'enfant ne voit jamais de paradoxe nulle part - et c'est la beauté de l'enfant. L'enfant peut être extrêmement amoureux de vous et dire : "Je ne peux pas vivre sans toi, même pour un seul instant", et l'instant suivant, il est en colère et dit : "Je ne verrai plus jamais ton visage". Il est total dans ses deux déclarations, et après quelques instants, il est à nouveau assis sur vos genoux avec une grande joie - et cela aussi est total.

L'enfant est total à chaque instant, et l'enfant ne voit jamais de contradiction. Lorsqu'il est en colère, il est vraiment en colère ; et lorsqu'il est aimant, il est vraiment amour. Il passe d'un moment à l'autre sans se créer aucune confusion. Il n'est jamais confus. Il n'apporte jamais ce paradoxe, car il n'est pas encore arrivé à des conclusions.

Il ne sait pas comment on doit être. Il se permet simplement d'être ce qu'il est - il s'écoule avec la vie.

Urja, vous avez stagné quelque part. Tu as trop de connaissances, et cela fonctionne comme une barrière. Cela ne te permettra pas de circuler avec moi, et cela ne te permettra pas de circuler avec mon peuple. Cela ne te permettra pas de couler avec la vie, cela ne te permettra pas de couler avec Dieu.

Dieu est à la fois jour et nuit, été et hiver, naissance et mort... et vous devez être capable d'absorber tous ces soi-disant paradoxes. Si vous pouvez absorber tous ces soi-disant paradoxes, sans devenir confus, l'illumination n'est pas loin.

L'illumination est l'état où tous les paradoxes ont disparu. On prend simplement acte de la vie telle qu'elle est. On n'a pas de conclusions à comparer, pas d'idées à juger. Alors comment pouvez-vous être confus ? Vous ne pouvez pas me confondre - c'est impossible - parce que je n'ai pas de conclusions. Sans conclusions, sans connaissances, goûtez simplement à la vie telle qu'elle est. C'est un mystère, pas un paradoxe.

La deuxième question :

Question 2 :

MAÎTRE BIEN-AIMÉ,

JE NE CROIS PAS UN MOT DE CE MYSTÈRE. RIEN DE TEL N'EXISTE ! JE PENSE QUE VOUS FAITES DE LA PUBLICITÉ POUR VOTRE NOUVELLE COMMUNE PARCE QUE LE BUREAU DE PRESSE EST TROP PARESSEUX, ET PAS AUSSI INTELLIGENT QUE VOUS POUVEZ L'ÊTRE.

Sarjano, il ne s'agit pas de croire ou de ne pas croire - il en est ainsi. La question de la croyance se pose uniquement parce que vous n'en êtes pas conscient. La croyance est importante, et l'incrédulité aussi, lorsque vous n'êtes pas conscient de la réalité. Alors, soit vous croyez, soit vous ne croyez pas.

Je ne dis pas qu'il faut croire au mystère dont je parle. Je ne dis pas non plus de ne pas croire - je dis : Venez avec moi ! C'est ainsi ! Laissez-moi vous réveiller... c'est ainsi.

Vous dites, "Je ne crois pas un mot de ce mystère." C'est très bien. S'il vous plaît, ne croyez pas un mot, parce que si vous commencez à croire, vous ne serez pas en mesure d'expérimenter. Je ne suis pas intéressé par les croyants, je suis intéressé par les curieux. Mais s'il vous plaît, ne commencez pas non plus à deviner, car une supposition est une supposition. Une supposition ne va pas vous aider. Elle deviendra une croyance - si vous continuez à deviner pendant longtemps, et si vous continuez à répéter la même supposition encore et encore, elle deviendra une croyance. Vous créez alors votre propre croyance, et cela devient un obstacle.

Et les croyances sont des barrières si subtiles, tout comme l'incrédulité. Rappelez-vous, chaque fois que je parle de croyance, j'y inclus toujours l'incrédulité, car c'est l'autre côté de la médaille. Croyance et incrédulité sont toutes deux des barrières. Une fois que vous avez créé un système de croyance autour de vous - - soit emprunté à d'autres, soit deviné par vous-même ; soit emprunté à la Bible, MEIN KAMPF, DAS KAPITAL, BHAGAVADGITA, soit deviné par vous-même, fabriqué à la maison, peu importe - une croyance devient une barrière, une barrière invisible. Et une fois qu'elle s'installe, elle ne vous permet pas de voir autre chose qui va à son encontre.

L'autre jour, je lisais un article sur une expérience. Sarjano, méditez là-dessus.

Un certain naturaliste fit l'expérience suivante : un bocal en verre fut divisé en deux moitiés par une cloison en verre parfaitement transparente. D'un côté de la cloison, il plaça un brochet ; de l'autre, un certain nombre de petits poissons tels que ceux qui constituent la proie du brochet.

Le brochet n'a pas remarqué la cloison, et s'est jeté sur sa proie avec, bien sûr, pour seul résultat un nez contusionné. La même chose se produisit plusieurs fois, et toujours le même résultat. Enfin, voyant tous ses efforts se terminer si douloureusement, le brochet abandonna la chasse ; de sorte que quelques jours après, la cloison ayant été enlevée, il continuait à nager parmi les alevins sans oser les attaquer..... N'en est-il pas de même pour nous ?

Maintenant, la cloison n'existe plus - elle a été supprimée - mais un système de croyance est apparu dans l'esprit du brochet. Il croit maintenant qu'il existe une cloison transparente. Maintenant, la croyance est suffisante ; il ne va jamais au-delà de cette cloison qui n'existe plus. Maintenant il peut y aller ! Maintenant, il n'y a rien qui puisse l'en empêcher, sauf sa croyance... il a créé une croyance. Et, bien sûr, à partir de son expérience, Sarjano - pas même une supposition - c'était son expérience, une expérience répétée. Il a essayé encore et encore et encore, et à chaque fois un nez meurtri et une douleur - bien sûr, une croyance est née.

Il faut lui pardonner - un pauvre brochet en est arrivé à la conclusion que c'est futile : "Il y a une barrière, transparente, donc je ne peux pas y aller..." et il n'essaie plus jamais. Il n'essaiera plus jamais toute sa vie. Maintenant, il peut aller manger les poissons, ils sont disponibles, mais il n'ira que jusqu'à une certaine ligne, et de cette ligne il reviendra.

C'est aussi la situation des êtres humains. Un hindou a une barrière autour de lui, un mahométan une autre, un jaina encore une autre - tous les gens vivent cachés derrière des barrières transparentes, et à cause de ces barrières ils ne peuvent pas voir au-delà.

La vie est un mystère, Sarjano. Et ma commune ne sera qu'une expérience de vie totale, une expérience de vie au-delà de toutes les barrières - barrières de croyances, barrières d'idéologies, barrières de catholicisme et de communisme... au-delà des mots.

L'homme n'est pas ce qu'il paraît être : il est bien plus. Les fleurs non plus ne sont pas ce qu'elles semblent être : cela dépend de vous. Lorsqu'un scientifique s'approche d'une fleur, il n'en voit qu'une partie, la partie scientifique ; il a une barrière, une barrière transparente. Il ne va jamais au-delà. Il ne voit que la partie scientifique, la partie matérielle de la fleur. La rose n'est plus belle, car la beauté n'est pas son concept. Il pèsera, mesurera ; il examinera les composants de la fleur, combien de couleur, combien d'eau, combien de terre etc... mais il ne pensera jamais à la beauté.

Quand le poète s'en va, il ne se soucie jamais du poids, de la mesure, de la terre, de l'eau et des autres éléments qui constituent la rose. Pour lui, la rose est constituée de beauté pure, c'est quelque chose de l'au-delà qui est descendu sur la terre. Il a une vision différente, beaucoup plus grande que celle du scientifique, beaucoup plus significative que celle du scientifique.

Mais quand un mystique va vers la même fleur, il danse - il danse dans une joie immense, parce qu'une rose n'est rien d'autre que Dieu. Une rose contient l'univers entier pour lui - toutes les étoiles et tous les soleils et toutes les lunes, tous les mondes possibles et les mondes impossibles sont contenus dans la petite fleur de rose. Elle est équivalente à Dieu - ni plus ni moins - exactement équivalente à Dieu. Il peut prier, il peut se prosterner.

Le scientifique rira, le poète sera un peu perplexe.... Le scientifique rira de la stupidité du mystique : "Que fait-il ? - Il prie une rose, il prie un arbre, il prie une rivière, il prie une montagne ? Que des bêtises, des superstitions !" Il le rejette.

Il nie simplement le monde du mystique.

Le poète se sentira un peu perplexe. Il peut comprendre qu'il apprécie la beauté de la rose, mais prier la rose, se prosterner devant la rose, crier "Alleluia" à la rose ? Il ne peut pas comprendre cela. C'est au-delà de son point de vue. Il se sentira perplexe. Il pensera que ce mystique est un peu fou.

Le scientifique le croira superstitieux, ignorant. Le poète le trouvera un peu excentrique, un peu fou - parce qu'il va au-delà de sa barrière, le mystique va au-delà de la barrière du poète. Le mystique va au-delà de toutes les barrières - c'est pourquoi on l'appelle le mystique, parce qu'il vit dans le mystère.

Sarjano, ce que je dis sur la nouvelle commune est absolument vrai. Et je n'en parle pas beaucoup, parce qu'il est dangereux d'en parler. Je ne veux pas y attirer les mauvaises personnes. Donc, quelques conseils seulement pour ceux qui seront capables de comprendre ces conseils. Je parle dans un code spécial qui ne peut être compris que par ceux qui sont à la recherche du mystérieux et du miraculeux. Les autres en seront empêchés - non pas par moi, mais par leurs propres préjugés, par leur propre barrière transparente.

Vous pouvez voir ce qui se passe ici ! Les gens viennent du monde entier - qui empêche les Poonaites de venir ? Ils sont les bienvenus, mais ils ne viendront pas d'eux-mêmes - leurs barrières transparentes sont suffisantes. Et c'est bien qu'ils ne viennent pas, parce qu'ils ne seront qu'une nuisance ici. Seules quelques personnes parmi eux viennent, qui sont capables de comprendre l'au-delà, l'incompréhensible, qui sont capables de comprendre quelque chose de l'incompréhensible.

Mais que vous y croyiez ou non, écoutez cette anecdote :

Deux homosexuels discutent. Premier homosexuel : "Avez-vous entendu parler de la dernière découverte scientifique ? Les rapports sexuels normaux provoquent le cancer."

Deuxième homosexuel : "C'est vrai ?"

Premier homosexuel : "Non, bien sûr que non ! Mais répandez la rumeur."

Sarjano, que vous y croyiez ou non, faites circuler la rumeur. La rumeur doit atteindre les coins les plus reculés de la terre. Que ce soit une rumeur ! Ne vous inquiétez pas. C'est à moi d'en faire une vérité ou pas. Si je trouve les bonnes personnes - et je les trouve - cela va se concrétiser.

Ce mystère dont je parle va se matérialiser. Mais il ne se matérialisera que pour ceux qui sont prêts à risquer tous leurs préjugés, qui sont prêts à sacrifier toutes leurs conclusions. Sarjano est l'une de ces personnes. J'ai confiance en lui. Il ne s'est pas posé cette question pour lui-même, il l'a posée pour les autres - car je sais qu'il est parfaitement fou. Il n'est pas seulement un poète, mais il est sur le point de devenir un mystique. Il a posé cette question pour les autres, ce n'est pas la question de son propre cœur. Son cœur est tout à fait d'accord avec moi.

Vous ne pouvez pas me cacher vos cœurs. Dès que vous vous approchez de moi, la seule chose qui m'intéresse est votre cœur. Je parle à votre tête et je continue à regarder dans votre cœur. Dès la première rencontre avec moi, je sais ce qui est possible avec toi et ce qui est impossible avec toi.

J'ai aimé Sarjano dès le premier instant. Dans sa tête, il peut avoir de nombreuses théories, beaucoup de connaissances et d'informations - cela ne me concerne pas du tout. Ce qui m'intéresse, c'est qu'il a un beau cœur, un cœur qui peut se transformer en cœur de mystique.

La troisième question :

Question 3 :

MAÎTRE BIEN-AIMÉ,

MA COMPRÉHENSION DE MOI-MÊME EST QUE TOUT CE QUE JE FAIS DÉCOULE D'UN DÉSIR DE COMMUNIQUER. MÊME LA PENSÉE LA PLUS SUBTILE EST UNE CONVERSATION, UNE TENTATIVE POUR QUE LES AUTRES EXPÉRIMENTENT ET VÉRIFIENT MON EXISTENCE.

EN RÉALISANT QUE JE SUIS LE SEUL À POUVOIR VIVRE MES EXPÉRIENCES ET À LEUR DONNER UNE VALIDITÉ, TOUTES CES ACTIONS INUTILES DEVRAIENT DISPARAÎTRE. C'EST SI SIMPLE ET SI ÉVIDENT. POURQUOI CETTE PRISE DE CONSCIENCE N'ATTEINT-ELLE PAS MON NOYAU LE PLUS PROFOND ?

Prem Steven, ce n'est pas encore une réalisation - c'est encore de l'information, c'est encore des suppositions, c'est encore de la réflexion ; sur la bonne voie, certainement, dans la bonne direction, c'est vrai, mais ce n'est pas encore une réalisation. La "réalisation" est un grand mot. Il faut utiliser ce mot avec beaucoup de précaution.

Vous pouvez avoir de grandes pensées, mais elles ne deviennent pas votre réalisation par la pensée. Vous pouvez penser à Dieu et arriver à la conclusion que Dieu existe, et vous pouvez sentir qu'il n'y a maintenant plus aucun doute dans votre esprit sur l'existence de Dieu - mais ce n'est pas encore une réalisation.

La réalisation signifie précisément la réalisation - elle doit devenir une réalité pour vous, pas seulement une idée ! Même si l'idée est bonne, elle reste une idée. L'idée ne peut pas vous transformer, et l'idée ne peut pas atteindre le cœur même de votre être. Elle reste sur la circonférence.

Toutes les idées sont périphériques - de même que toutes les vagues restent à la surface. La vague ne peut pas s'enfoncer dans l'océan, elle n'a aucun moyen d'y aller. Au plus profond de l'océan, il n'y a pas de vagues.

À la surface, une tempête peut faire rage, mais au plus profond, l'océan est calme et tranquille - et le restera toujours. Seule la surface peut être perturbée.

Toute pensée est une perturbation sur la circonférence de votre être. Les mauvaises idées, les bonnes idées, toutes sont périphériques. Les gens ont cette croyance que les mauvaises idées sont périphériques et que les bonnes idées sont centrales - ce n'est pas le cas. Qu'elles soient bonnes ou mauvaises, cela ne fait aucune différence. Une idée est une idée, et l'idée reste périphérique.

Seul le témoignage peut être au centre.

La première chose à faire est donc de réaliser ce que vous n'avez pas encore réalisé. Une fois que vous avez réalisé quelque chose, cela ne peut que vous transformer - instantanément, cela vous transforme. Alors la question ne peut plus se poser : "C'est si simple et si évident. Pourquoi cette réalisation n'atteint-elle pas mon noyau le plus profond ?" Ce "pourquoi ?" n'est alors pas possible. Si vous réalisez quelque chose, votre caractère change immédiatement. Votre caractère est l'ombre de votre conscience. Une fois que la conscience est nouvelle, le caractère entier devient nouveau.

Si vous demandez pourquoi, si vous demandez comment changer, alors la réalisation n'est qu'une idée - et ne vous fiez pas aux idées. Elles vous trompent, ce sont de grandes tromperies, ce sont de fausses pièces de monnaie. Vous pouvez continuer à les accumuler en croyant que vous vous enrichissez, mais un jour vous serez brisés. Le repentir sera grand et la misère sera grande, car tout le temps que vous avez passé à accumuler ces fausses pièces est tout simplement gaspillé. Et il ne peut pas être récupéré - il est parti pour toujours.

La deuxième chose... tu dis, Steven, "Ma compréhension de moi-même est que tout ce que je fais découle d'un désir de communiquer. Même la pensée la plus subtile est une conversation, une tentative pour que les autres expérimentent et vérifient mon existence."

Pourquoi ? Pourquoi voudriez-vous que les autres vérifient votre existence, qu'ils donnent une validité à votre existence ? Parce que vous êtes méfiant à ce sujet, vous doutez de votre existence.

Vous ne savez pas vraiment que vous l'êtes ; vous savez que vous l'êtes uniquement lorsque les autres le disent.

Vous dépendez de l'opinion des autres.

Si on vous dit que vous êtes belle, vous pensez que vous êtes belle. Si on vous dit que vous êtes intelligent, vous pensez que vous êtes intelligent. Par conséquent, vous voulez impressionner les gens - avec votre intelligence, avec votre beauté, avec toutes sortes de choses - vous voulez impressionner les gens, parce que si vous pouvez voir quelque chose dans leurs yeux, cela devient une validité pour vous.

C'est pourquoi il est si rageant quand quelqu'un vous insulte, si dommageable pour l'image quand quelqu'un vous traite d'idiot ; sinon, pourquoi vous en préoccuper ? Cela ne vous regarde pas. S'il vous traite d'idiot, c'est SON problème. Ce n'est pas parce qu'il vous traite d'idiot que vous le devenez. Mais vous le devenez, parce que vous dépendez de l'opinion des autres.

C'est ainsi que nous vivons dans la société. Nous essayons continuellement de nous impressionner les uns les autres.

C'est pourquoi nous vivons comme des esclaves, car si vous voulez impressionner les autres, vous devez suivre leurs idées ; c'est seulement ainsi qu'ils sont impressionnés. Vous devez être bon comme ils veulent que vous soyez bon. S'ils sont végétariens, vous devez être végétarien, alors ils seront impressionnés - ils diront que vous êtes un saint. S'ils ont un certain style de vie, vous devez l'adopter ; ce n'est qu'alors qu'ils vous reconnaîtront.

Vous ne pouvez gagner en respectabilité que si vous suivez les idées des autres. Il s'agit d'un accord mutuel : vous soutenez leurs idées, ce qui leur donne le sentiment que leurs idées sont justes, donc qu'elles sont justes. Ensuite, ils vous soutiennent et vous accordent du respect parce que vous suivez les bonnes idées, vous êtes une bonne personne. Ils vous apprécient, ils vous couvrent d'honneurs, ils vous appellent un saint, un sage... c'est très gratifiant pour vous. C'est gratifiant pour eux parce que vous respectez leur idéologie et qu'ils respectent votre personnalité. C'est un arrangement mutuel. Et vous êtes tous deux dans l'illusion. Vous soutenez leur illusion, ils soutiennent votre illusion. Vous êtes partenaires dans la même entreprise d'hallucination.

Pourquoi vouloir être vérifié, validé par les autres ? Si vous savez par vous-même, si vous avez fait l'expérience de votre être, de sa beauté, de sa joie, de sa grandeur et de sa gloire, qui se soucie de ce que disent les autres ?

Bouddha traversait un village, et les gens de ce village étaient très opposés à Bouddha. Pourquoi étaient-ils contre le Bouddha ? - Parce que Bouddha était né dans ce village, qu'il y avait vécu de nombreuses années, et que les villageois ne pouvaient pas croire qu'un homme né parmi eux était devenu illuminé. C'était une offense à leur ego !

C'est pourquoi Jésus dit : Un prophète n'est pas respecté, n'est pas aimé, par son propre peuple. Jésus lui-même a été chassé de son lieu de naissance. Il n'y est allé qu'une seule fois - après avoir été illuminé, il n'y est allé qu'une seule fois. Et les gens étaient tellement enragés par son affirmation : "Je me suis réalisé, je suis le Fils de Dieu", qu'ils l'ont emmené sur les collines pour le jeter du haut des montagnes. Ils voulaient le tuer. Il a dû s'échapper d'une manière ou d'une autre de leurs griffes, de leurs mains. Et il n'y est jamais retourné.

Bouddha traversait le village dans lequel il est né, juste quelque part à la frontière de l'Inde et du Népal, et les gens se sont rassemblés et ont commencé à l'insulter, à l'injurier, à l'insulter. Il a écouté en silence pendant une demi-heure, puis il a dit : "Il commence à faire chaud et je dois atteindre l'autre village, où les gens vont m'attendre.

Je ne peux pas vous donner plus de temps cette fois-ci. Si vous avez d'autres choses à me dire, veuillez attendre. Lorsque je reviendrai, j'aurai un peu plus de temps. Vous pourrez vous rassembler, et vous pourrez communiquer ce que vous voulez. Mais pour cette fois, excusez-moi. Je dois y aller."

Si cool, si calme, et ils l'insultaient vraiment. Ils n'en croyaient pas leurs yeux. Ils disaient : "Nous ne te disons pas quelque chose - nous t'insultons, nous te maltraitons ! Ne peux-tu pas comprendre ce que nous disons ?"

Le Bouddha a dit : " Je peux entendre, je peux comprendre tout ce que vous dites - mais ce n'est pas mon problème ! Si vous êtes en colère, c'est votre problème. Ce n'est pas mon affaire d'interférer dans votre vie. Si vous voulez être en colère, si vous en profitez, profitez-en ! Mais je n'accepterai aucune absurdité de votre part.

"En fait, vous arrivez un peu tard. Si vous vouliez vraiment me perturber, vous auriez dû venir il y a dix ans. J'aurais alors été vraiment en colère contre toi. J'aurais réagi, je t'aurais frappé ! Mais maintenant, une grande prise de conscience s'est produite : mon être ne dépend pas de l'opinion des autres. Ce que tu penses de moi ne montre que quelque chose sur toi, pas sur moi ! Je me connais moi-même ; par conséquent, je ne dépend pas des opinions de quiconque à mon sujet. Les gens qui sont ignorants de leur propre moi, ils doivent dépendre des autres".

Steven, tout cet esprit de communication avec les gens dans le but d'être vérifié par eux montre simplement une profonde obscurité à l'intérieur ; autrement, il n'y a pas besoin. Et je ne dis pas que lorsqu'un homme devient plein de lumière, il cesse de communiquer - non. Lui seul peut communiquer, car il a quelque chose à communiquer. Qu'avez-vous à communiquer ? Qu'avez-vous à partager avec les gens ? Vous êtes un mendiant, vous mendiez. Quand vous voulez être vérifié, validé, certifié, vous mendiez. Vous leur dites : "S'il vous plaît, dites-moi quelque chose de bien, quelque chose de gentil, pour que je puisse me sentir bien dans ma peau. Je me sens très déprimé, je me sens très inutile - donnez-moi de la valeur !

Fais-moi me sentir important." Vous suppliez, ce n'est pas de la communication.

La communication n'est possible que lorsqu'un chant a éclaté dans votre être, lorsqu'une joie a surgi, lorsqu'une félicité a été expérimentée - alors vous pouvez partager. Alors, non seulement la communication, non seulement la communication verbale, mais à un niveau beaucoup plus profond, la communion commence également à se produire. Mais alors vous n'êtes pas un mendiant, vous êtes un empereur.

Seuls les bouddhas peuvent communier et communiquer. Les autres n'ont rien à dire, rien à donner. En fait, ce que vous faites lorsque vous parlez avec les gens... et les gens parlent continuellement, bavardent, sinon réellement, du moins dans leur esprit - tout comme vous dites qu'au fond de votre esprit, vous êtes aussi toujours en train de parler avec quelqu'un, une personne imaginaire..... Vous dites quelque chose de votre côté, et vous répondez aussi de l'autre côté ; un bavardage continu, un dialogue à l'intérieur de vous.

C'est un état d'UNsanité. Je ne l'appellerai pas un état de folie mais de non-sanité. L'humanité entière existe dans l'état d'insanité. La personne démente a dépassé les limites de la normalité. La personne insensée est également insensée, mais à l'intérieur des limites. Il reste fou à l'intérieur, mais à l'extérieur, il continue à se comporter de manière saine. C'est pour lui que j'ai créé le mot "insanité".

La santé mentale n'apparaît que lorsque vous devenez si totalement silencieux que tous les bavardages intérieurs disparaissent. Lorsque le mental n'existe plus, vous êtes sain d'esprit. Le mental est soit non sain - c'est-à-dire normalement fou, soit fou - c'est-à-dire anormalement fou. Le non-esprit est la santé mentale. Et dans le non-esprit, vous comprenez, vous réalisez, non seulement votre propre être, mais l'être - l'être même - de l'existence. Alors vous avez quelque chose à partager, à communiquer, à communier, à danser, à célébrer.

Avant cela, c'est un effort désespéré pour obtenir une image de soi à partir de celle des autres.

opinions. Et votre image restera brouillée parce que vous recueillerez des avis provenant de tant de sources - ils resteront contradictoires.

Une personne vous trouve laid, vous déteste, ne vous aime pas ; une autre personne pense que vous êtes si beau, si gracieux, qu'il n'y a personne qui puisse vous être comparé - vous êtes incomparable. Maintenant, qu'allez-vous faire de ces deux opinions ? Vous ne savez pas qui vous êtes ; maintenant ces deux opinions sont là - comment pouvez-vous juger laquelle est la bonne ?

Vous aimeriez que l'opinion qui dit que vous êtes belle soit juste ; vous n'aimez pas l'opinion qui dit que vous êtes laide. Mais il ne s'agit pas d'aimer ou de ne pas aimer. Vous ne pouvez pas être sourd à l'autre opinion, elle aussi est là. Vous pouvez la refouler dans l'inconscient, mais elle restera là.

Tu vas recueillir les opinions de tes parents, de ta famille, de ton quartier, des personnes avec lesquelles tu travailles, des enseignants, des prêtres... des milliers d'opinions qui se bousculent en toi. Et c'est ainsi que vous allez créer une image de vous-même. Ce sera un désordre. Elle n'aura pas de visage, pas de forme, ce sera un chaos. C'est comme ça que tout le monde est, un chaos. Aucun ordre n'est possible, car il manque le centre même qui peut créer l'ordre.

Ce centre, je l'appelle conscience, méditation - AES DHAMMO SANANTANO. C'est la loi inépuisable, la loi ultime, que seuls ceux qui prennent conscience savent qui ils sont. Et quand ils savent, alors personne ne peut ébranler leur savoir. Personne ne le peut ! Le monde entier peut dire une chose, mais si vous savez, si vous vous êtes réalisé, cela n'a pas d'importance.

Le monde entier disait que Jésus était fou. Le jour où il a été crucifié, il n'y avait pas une seule personne... des milliers de personnes s'étaient rassemblées - pas une seule personne qui était en sa faveur. Tous pensaient qu'il était fou.

La coutume de l'époque voulait que, lors de certaines fêtes, un seul criminel soit pardonné. Ce jour-là était un jour férié et trois personnes étaient crucifiées : deux voleurs et Jésus. Ponce Pilate demanda au peuple : "Nous pouvons pardonner à une personne sur les trois.

Lequel voulez-vous pardonner ?" Il pensait qu'ils demanderaient à Jésus d'être pardonnés, mais ils n'ont pas demandé Jésus. Ils ont demandé qu'un voleur soit pardonné - pas Jésus mais un voleur, un voleur bien connu - toute la ville le connaissait. Mais ils ne pouvaient pas pardonner l'homme innocent qu'était Jésus. Pourquoi ?

Mais Jésus n'est pas ébranlé. Le monde entier peut être contre lui, il sait que Dieu est avec lui. Il meurt l'esprit calme et tranquille, sans se laisser distraire, avec une prière sur les lèvres - une prière unique. Les dernières paroles de Jésus sont : "Père, pardonne-leur, car ils ne savent pas ce qu'ils font. Amen...." Pardonnez-leur, car ils ne savent pas ce qu'ils font ! Ils sont en train de le crucifier, mais son cœur est plein de compassion pour tous ces gens.

Quand vous savez, vous savez de manière absolue. Lorsque la réalisation se produit, elle est si ultime que même si le monde entier est contre elle, cela ne fait aucune différence. Vous n'avez pas besoin de la validité de qui que ce soit d'autre.

La dernière question :

Question 4 :

MAÎTRE BIEN-AIMÉ,

POURQUOI AI-JE TOUJOURS L'IMPRESSION QUE LE SEXE ET L'ARGENT SONT EN QUELQUE SORTE

PROFONDÉMENT LIÉS L'UN À L'AUTRE ?

Nirmal, ils sont liés. L'argent est le pouvoir, il peut donc être utilisé de nombreuses façons. Il peut acheter du sexe, et c'est ce qui s'est passé à travers les âges. Les rois ont eu des milliers d'épouses. Rien qu'au cours de ce siècle, le vingtième siècle, il y a seulement trente ans, quarante ans, le nizam d'Hyderabad avait cinq cents épouses !

On dit que Krishna a eu seize mille épouses. J'avais l'habitude de penser que c'était trop, mais quand j'ai appris que le nizam d'Hyderabad avait cinq cents épouses il y a seulement quarante ans, cela ne semble pas trop - seulement trente-deux fois plus ! Cela semble humainement possible. Si vous pouvez en gérer cinq cents, pourquoi pas seize mille ?

Tous les rois du monde faisaient ça. Les femmes étaient utilisées comme du bétail. Dans les palais des grands rois, les femmes étaient numérotées. Il était difficile de se souvenir des noms, alors le roi pouvait dire à ses serviteurs : "Apportez le numéro quatre cent un" - car comment se souvenir de cinq cents noms ? Les numéros... tout comme les soldats sont numérotés ; ils n'ont pas de noms mais seulement des numéros. Et cela fait une grande différence.

Les nombres sont absolument mathématiques. Les nombres ne respirent pas, ils n'ont pas de cœur. Les nombres n'ont pas d'âme. Lorsqu'un soldat meurt à la guerre, on lit simplement sur le tableau d'affichage : "Le numéro 15 est mort." Maintenant, "le numéro 15 est mort" est une chose ; si vous dites exactement le nom de la personne, c'est totalement différent. Il était un mari et la femme sera une veuve maintenant ; il était un père et les enfants seront orphelins maintenant ; il était le seul soutien de ses vieux parents, maintenant il n'y aura plus de soutien. Une famille est abandonnée, la lumière d'une famille a disparu. Mais quand le numéro quinze meurt, le numéro quinze n'a pas de femme, rappelez-vous ; le numéro quinze n'a pas d'enfants, le numéro quinze n'a pas de vieux parents. Le numéro quinze n'est que le numéro quinze ! Et le numéro quinze est remplaçable - une autre personne viendra et deviendra le numéro quinze. Mais aucun être humain individuel n'est remplaçable. C'est une astuce, une astuce psychologique, de donner des numéros aux soldats. Cela aide... personne ne prend note de la disparition des numéros ; de nouveaux numéros continuent à arriver et à remplacer les anciens.

Les épouses étaient numérotées, et cela dépendait de l'argent que vous aviez. En fait, dans l'ancien temps, c'était le seul moyen de savoir à quel point un homme était riche ; c'était une sorte de mesure. Combien de femmes a-t-il ?

Maintenant, les hindous, en particulier les ARYA SAMAJIS, critiquent beaucoup Hazrat Mohammed pour avoir eu neuf épouses - et ils ne pensent pas à Krishna qui a eu seize mille épouses.

Et il n'est pas une exception, il est la règle. Dans ce pays, comme dans d'autres pays, à travers les âges, la femme a été exploitée - et le moyen d'exploiter est l'argent ! Le monde entier a souffert de la prostitution, elle dégrade les êtres humains. Et qu'est-ce qu'une prostituée ? Elle a été réduite à un mécanisme, et vous pouvez l'acheter avec de l'argent.

Mais rappelez-vous bien que vos femmes ne sont pas très différentes non plus. Une prostituée est comme un taxi, et votre femme est comme votre propre voiture, c'est un arrangement permanent. Les pauvres ne peuvent pas prendre de dispositions permanentes, ils doivent utiliser des taxis. Les gens riches peuvent prendre des dispositions permanentes - ils peuvent avoir leur propre voiture. Et plus ils sont riches, plus ils peuvent avoir de voitures.

Je connais une personne qui avait trois cent soixante-cinq voitures - une voiture pour chaque jour.

Et il avait une voiture faite en or massif.....

L'argent c'est le pouvoir, et le pouvoir peut acheter n'importe quoi. Donc, Nirmal, tu n'as pas tort de penser qu'il y a un lien entre le sexe et l'argent.

Il faut encore comprendre une chose. La personne qui réprime le sexe devient plus soucieuse de l'argent, car l'argent devient un substitut du sexe. L'argent devient son amour.

Voyez la personne avide, le maniaque de l'argent : la façon dont il touche des billets de cent roupies - il les touche comme s'il caressait sa bien-aimée ; la façon dont il regarde l'or, regardez ses yeux - tellement romantique. Même les grands poètes se sentiront inférieurs. L'argent est devenu son amour, sa déesse. En Inde, les gens vénèrent même l'argent. Il y a un jour particulier pour vénérer l'argent - l'argent réel - les billets et les pièces, les roupies, ils le vénèrent. Des gens intelligents qui font des choses aussi stupides !

Le sexe peut être détourné de nombreuses façons. Il peut devenir de la colère s'il est réprimé. C'est pourquoi le soldat doit être privé de sexe, de sorte que l'énergie sexuelle devienne sa colère, son irritation, son pouvoir destructeur et qu'il puisse être plus violent que jamais. Le sexe peut être détourné en ambition. Réprimez le sexe : une fois le sexe réprimé, vous avez de l'énergie disponible, vous pouvez la canaliser dans n'importe quelle direction. Elle peut devenir une recherche du pouvoir politique, une recherche de l'argent, une recherche de la gloire, du nom, de la respectabilité, de l'ascétisme, et ainsi de suite.

L'homme n'a qu'une seule énergie - cette énergie est le sexe. Il n'y a pas beaucoup d'énergies en vous.

Et une seule énergie a été utilisée pour toutes sortes d'entraînements. C'est une énergie au potentiel énorme.

Les gens courent après l'argent dans l'espoir que lorsqu'ils auront plus d'argent, ils pourront avoir plus de sexe. Ils peuvent avoir des femmes ou des hommes beaucoup plus beaux, ils peuvent avoir beaucoup plus de variété. L'argent leur donne la liberté de choix.

La personne qui est libre de la sexualité, dont la sexualité est devenue un phénomène transformé, est également libre de l'argent, est également libre de l'ambition, est également libre du désir d'être célèbre. Immédiatement, toutes ces choses disparaissent de sa vie. Au moment où l'énergie sexuelle commence à s'élever, au moment où l'énergie sexuelle commence à devenir amour, prière, méditation, alors toutes les manifestations inférieures disparaissent.

Mais le sexe et l'argent sont profondément associés. Ton idée, Nirmal, a une part de vérité.

On entend un petit client vieillissant d'un bordel de luxe crier de l'étage supérieur :

"Non ! Pas de cette façon ! Je veux que ça se passe à ma façon, comme on le fait à Brooklyn. Alors arrêtez ! Fais-le à ma façon ou oublie-le !"

La maquerelle monte les escaliers et fait irruption dans la chambre de la jeune fille. "Quel est le problème avec toi, Zelda ?" dit-elle. "Donne-lui ce qu'il veut."

Elle part, la jeune fille s'allonge et l'homme lui fait l'amour de manière parfaitement routinière. Elle se lève, enfile sa robe de chambre, allume une cigarette et dit ,

"C'est ta façon de faire, Hymie, hein ?"

"C'est ça", dit-il fièrement depuis le lit.

"C'est comme ça qu'on fait à Brooklyn ?"

"Vous avez raison !"

"Alors qu'est-ce qu'il y a de si différent ?"

"A Brooklyn, je l'obtiens pour rien."

Les gens peuvent être obsédés par l'argent, autant qu'ils le sont par le sexe. L'obsession peut être déplacée vers l'argent. Mais l'argent vous donne un pouvoir d'achat et vous pouvez acheter n'importe quoi. Vous ne pouvez pas acheter l'amour, bien sûr, mais vous pouvez acheter le sexe. Le sexe est une marchandise, pas l'amour.

Vous ne pouvez pas acheter la prière, mais vous pouvez acheter des prêtres. Les prêtres sont des marchandises - la prière n'est pas une marchandise. Et ce qui peut être acheté est ordinaire, banal.

Ce qui ne peut être acheté est sacré. Souvenez-vous-en : le sacré est au-delà de l'argent, le banal est toujours au pouvoir de l'argent.

Et le sexe est la chose la plus banale du monde.

Un homme entre dans un bordel-night-club moderne de Chicago, géré par le syndicat de la pègre qui envisage maintenant de rationaliser son image. Le lupanar occupe plusieurs étages d'un gratte-ciel hôtelier. Il est reçu par une charmante jeune réceptionniste en uniforme sexy, qui le fait asseoir à un bureau d'entretien en teck et lui demande combien d'argent il veut dépenser. Elle lui explique que les prix vont de cinq dollars à mille dollars, en fonction de la qualité et du nombre de filles souhaitées. Tout est montré sur l'interphone de la télévision. Les prix les plus élevés sont ceux des étages inférieurs, qui ont des plafonds plus hauts, des miroirs au-dessus des lits, trois ou quatre filles dans le lit en même temps, etc. Les prix les plus bas correspondent à des plaisirs moindres, jusqu'à cinq dollars pour une "mamie nègre noir charbon avec de grosses narines", comme l'explique la charmante jeune réceptionniste.

Le client y réfléchit. "Vous n'avez rien de moins cher que cinq ?" demande-t-il enfin.

"Bien sûr", dit la réceptionniste. "Septième étage - jardin sur le toit.

Un dollar le verre. Self-service."

L'argent est certainement associé au sexe, car le sexe peut être acheté. Et tout ce qui peut être acheté fait partie du monde de l'argent.

Rappelez-vous une chose : votre vie restera vide si vous ne connaissez que des choses qui peuvent être achetées, si vous ne connaissez que des choses qui peuvent être vendues. Votre vie restera tout à fait futile si vous ne connaissez que des marchandises. Apprenez à connaître les choses qui ne peuvent être ni achetées ni vendues - alors, pour la première fois, des ailes vous pousseront, pour la première fois, vous commencerez à vous élever.

Un grand roi, Bimbisara, a atteint Mahavira. Il avait entendu dire que Mahavira avait atteint le DHYANA - la méditation, le samadhi. Dans la terminologie Jaina, on l'appelle SAMAYIK - l'état ultime de prière ou de méditation. Bimbisara avait tout de ce monde. Il s'inquiéta : "Qu'est-ce que ce samayik ? Qu'est-ce que ce samadhi ?" Il ne pouvait pas être tranquille, car pour la première fois, il était conscient qu'il y avait une chose qu'il n'avait pas obtenue - et il n'était pas homme à rester satisfait sans obtenir ce qui lui plaisait.

Il se rendit dans les montagnes, trouva Mahavira et lui dit : " Combien voulez-vous pour votre samayik ? Je suis venu l'acheter. Je peux te donner tout ce que tu désires, mais donne-moi ce samayik, ce samadhi, cette méditation - qu'est-ce que c'est ? Où est-il ? Laissez-moi d'abord le regarder !"

Mahavira était surpris de la stupidité du roi, mais c'était un homme très poli, doux, gracieux. Il a dit : "Vous n'avez pas besoin d'avoir voyagé si loin. Dans votre propre capitale, j'ai un disciple qui a atteint le même état, et il est si pauvre qu'il pourrait être prêt à le vendre. Je ne suis pas disposé, car je n'ai pas besoin d'argent. Vous pouvez voir que je suis nu, je n'ai pas besoin de vêtements, je suis totalement satisfait - je n'ai aucun besoin, alors que vais-je faire de votre argent ? Même si vous me donnez tout votre royaume, je ne vais pas l'accepter. J'avais mon propre royaume - j'y ai renoncé. J'avais tout ce que vous avez !"

Et Bimbisara le savait, que Mahavira avait tout eu et avait renoncé, il était donc difficile de persuader cet homme de vendre. Certes, l'argent ne signifiait rien pour lui. Alors il a dit : " Bon, qui est cet homme ?

Donnez-moi son adresse."

Et Mahavira lui a dit : "Il est très pauvre, il vit dans la partie la plus pauvre de votre ville. Tu n'as peut-être jamais visité cette partie. Voici l'adresse... tu vas lui demander. Il est ton sujet, il peut te le vendre, et il est dans le besoin. Il a une femme, des enfants et une grande famille et il est vraiment pauvre".

C'était une blague. Bimbisara revint heureux, se rendit directement dans les quartiers pauvres de sa capitale où il n'était jamais allé. Les gens n'en croyaient pas leurs yeux - son char doré et des milliers de soldats qui le suivaient.

Ils s'arrêtèrent devant la cabane du pauvre. Le pauvre homme vint, toucha les pieds du roi et dit : "Que puis-je faire ? Ordonne-moi simplement."

Le roi dit : "Je suis venu acheter la chose appelée samadhi, la méditation, et je suis prêt à payer le prix que vous demandez."

Le pauvre homme se mit à pleurer, les larmes coulaient sur ses joues, et il dit : "Je suis désolé. Je peux vous donner ma vie, je peux mourir pour vous maintenant, je peux me couper la tête - mais comment puis-je vous donner mon samadhi ? Ce n'est pas vendable, ce n'est pas achetable - ce n'est pas du tout une marchandise. C'est un état de conscience. Mahavira a dû vous faire une blague."

Si vous ne connaissez pas quelque chose qui ne peut être ni vendu ni acheté, si vous ne connaissez pas quelque chose qui est au-delà de l'argent, vous n'avez pas connu la vraie vie. Le sexe n'est pas au-delà de l'argent - l'amour l'est. Transformez votre sexe en amour, et transformez votre amour en prière - de sorte qu'un jour, même des rois comme Bimbisara puissent se sentir jaloux de vous. Deviens un Mahavira, un Bouddha, un Christ, un Zarathoustra, un Lao Tseu. Alors seulement tu auras vécu, alors seulement tu auras connu les mystères de la vie !

L'argent et le sexe sont au plus bas, et les gens ne vivent que dans le monde de l'argent et du sexe - et ils pensent qu'ils vivent. Ils ne vivent pas, ils ne font que végéter, ils ne font que mourir. Ce n'est pas la vie. La vie a bien d'autres royaumes à révéler, un trésor infini qui n'est pas de ce monde. Ni le sexe ne peut vous le donner, ni l'argent. Mais vous pouvez l'atteindre.

Vous pouvez utiliser votre énergie sexuelle pour l'atteindre, et vous pouvez utiliser votre pouvoir financier pour l'atteindre.

Bien sûr, on ne peut pas l'atteindre par l'argent ou par le sexe, mais vous pouvez utiliser votre énergie sexuelle, votre pouvoir d'argent, d'une manière si habile que vous pouvez créer un espace dans lequel l'au-delà peut descendre.

Je ne suis pas contre le sexe, et je ne suis pas contre l'argent, ne l'oubliez pas. Souvenez-vous-en toujours ! Mais je suis certainement pour vous aider à les dépasser - je suis certainement pour aller au-delà.

Utilisez tout comme une étape. Ne reniez rien. Si vous avez de l'argent, vous pouvez méditer plus facilement qu'une personne pauvre. Vous pouvez avoir plus de temps pour vous. Vous pouvez avoir un petit temple dans votre maison, vous pouvez avoir un jardin, des rosiers, où la méditation sera plus facile. Vous pouvez vous accorder quelques vacances à la montagne, vous pouvez vous isoler et vivre sans souci. Si vous avez de l'argent, utilisez-le pour quelque chose que l'argent ne peut pas acheter, mais pour lequel l'argent peut créer un espace.

L'énergie sexuelle est un gaspillage si elle reste uniquement confinée au sexe, mais elle devient une grande bénédiction si elle commence à transformer sa qualité : le sexe pas pour le sexe - utilisez le sexe comme une communion d'amour. Utilisez le sexe comme une rencontre de deux âmes, pas seulement de deux corps. Utilisez le sexe comme une danse méditative des énergies de deux personnes. Et la danse est bien plus riche lorsque l'homme et la femme dansent ensemble - et le sexe est l'ultime danse : deux énergies qui se rencontrent, fusionnent, dansent, se réjouissent.

Mais utilisez-le comme un tremplin, comme un tremplin. Et lorsque vous atteignez le point culminant de votre orgasme sexuel, prenez conscience de ce qui se passe, et vous serez surpris - le temps a disparu, le mental a disparu, l'ego a disparu. Pendant un instant, le silence le plus total règne. Ce silence est le vrai !

Ce silence peut aussi être atteint par d'autres moyens, et avec un moindre gaspillage d'énergie.

Ce silence, cette absence d'esprit, cette intemporalité, peuvent être atteints par la méditation. En fait, si une personne se plonge consciemment dans son expérience sexuelle, elle deviendra tôt ou tard un méditant. Sa conscience de l'expérience sexuelle lui fera prendre conscience que la même chose peut se produire sans qu'aucune sexualité ne soit impliquée. La même chose peut se produire en restant assis en silence, sans rien faire. Le mental peut être abandonné, le temps peut être abandonné, et au moment où vous abandonnez le mental, le temps et l'ego, vous êtes orgasmique.

L'orgasme sexuel est très momentané, et tout ce qui est momentané entraîne la frustration dans son sillage, apporte la misère et le malheur, la tristesse et le repentir. Mais la qualité d'être orgasmique peut devenir une continuité en vous, un continuum - elle peut devenir votre saveur même. Mais cela n'est possible que par la méditation, pas par le sexe seul.

Utilisez le sexe, utilisez l'argent, utilisez le corps, utilisez le monde, mais nous devons atteindre Dieu. Que Dieu reste toujours le but.

Assez pour aujourd'hui.

Dans la litière du bord de la route

LE PARFUM DU BOIS DE SANTAL, DE LA BAIE DE ROSE OU DU JASMIN, NE PEUT PAS VOYAGER CONTRE LE VENT.

MAIS LE PARFUM DE LA VERTU VOYAGE MÊME CONTRE LE VENT, JUSQU'AU BOUT DU MONDE.

COMBIEN LE PARFUM DE LA VERTU EST PLUS FIN QUE CELUI DU SANTAL, DE LA ROSE, DU LOTUS BLEU OU DU JASMIN !

LE PARFUM DU BOIS DE SANTAL OU DE LA ROSE NE VA PAS LOIN. MAIS LE PARFUM DE LA VERTU S'ÉLÈVE JUSQU'AUX CIEUX.

LE DÉSIR NE CROISE JAMAIS LE CHEMIN DES HOMMES VERTUEUX ET ÉVEILLÉS. LEUR ÉCLAT LES LIBÈRE.

COMME IL EST DOUX LE LOTUS QUI POUSSE DANS LA LITIÈRE DU BORD DU CHEMIN. SON PARFUM PUR RAVIT LE CŒUR.

SUIVEZ LES ÉVEILLÉS ET D'ENTRE LES AVEUGLES LA LUMIÈRE DE VOTRE SAGESSE BRILLERA PUREMENT.

L'homme n'est pas un être mais seulement un devenir. L'homme est un processus, une croissance, une possibilité, une potentialité. L'homme n'est pas encore réel. L'homme doit être, il n'est pas encore arrivé. L'homme n'est pas né en tant qu'essence mais seulement en tant qu'existence... un grand espace où beaucoup de choses peuvent se produire, ou rien ne peut se produire - tout dépend de vous.

L'homme doit se créer lui-même. Il n'est pas prêt à l'emploi, il n'est pas donné. Et la création doit être une auto-création - personne d'autre ne peut vous créer. Vous n'êtes pas une chose, une marchandise ; vous ne pouvez pas être produit ou fabriqué. Vous devez vous auto-créer, vous devez vous éveiller par vous-même, personne ne peut vous réveiller.

C'est la grandeur de l'homme, sa gloire, qu'il soit le seul être sur la terre qui ne soit pas un être mais une liberté d'être. Tous les autres êtres sont déjà fixés, modelés. Ils apportent un plan, et ils suivent simplement le plan. Le perroquet deviendra un perroquet, le chien deviendra un chien, le lion un lion ; il n'est pas question que le lion soit quelqu'un d'autre. Mais avec l'homme, il faut se demander s'il est vraiment un homme.

Chaque lion est vraiment un lion, et chaque éléphant est aussi un éléphant, mais l'homme est un point d'interrogation. Un homme peut être un homme, peut ne pas l'être. Un homme peut tomber en dessous des animaux, et un homme peut s'élever au-dessus des dieux. Cet état ultime au-dessus des dieux est la bouddhéité - l'éveil, l'éveil ultime, la réalisation de votre potentiel dans sa totalité.

Le Bouddha est au-dessus des dieux. C'est une des raisons pour lesquelles les hindous n'ont pas pu pardonner à Gautama le Bouddha, parce qu'il a dit que le bouddha est au-dessus des dieux. Les dieux sont aussi endormis ; bien sûr, leurs rêves sont agréables, leurs rêves ne sont pas des cauchemars, ils vivent au paradis. Leur vie n'est que plaisir. Le paradis n'est rien d'autre que du pur hédonisme, l'idée même est hédoniste. L'enfer est tout le contraire. L'enfer est douleur, le paradis est plaisir ; l'enfer est un cauchemar, le paradis un doux rêve. Mais les rêves SONT des rêves ; doux ou amers, cela n'a pas d'importance.

Les dieux sont aussi endormis et font de beaux rêves. Le Bouddha est éveillé, il ne rêve plus. Les écritures bouddhistes disent : Le jour où Siddhartha Gautam est devenu un bouddha, des dieux sont venus du ciel pour l'adorer, pour lui laver les pieds. Les hindous ne pouvaient pas pardonner cette idée, car pour eux les dieux du ciel - Indra et d'autres dieux - sont les plus suprêmes. Et regardez l'arrogance des bouddhistes qui disent que des dieux sont venus du ciel pour laver les pieds d'un être humain.

Le bouddhisme a élevé l'humanité à son plus haut sommet. Aucune autre religion n'a fait cela. L'homme devient le centre de l'existence. Dieu n'est pas le centre de l'existence, selon le Bouddha, mais l'homme qui s'est éveillé. La périphérie est constituée de ceux qui sont endormis et aveugles, et le centre est constitué de ceux qui ont des yeux, qui sont éveillés. Les dieux sont simplement abandonnés ; ils ne sont plus pertinents. Ce que Nietzsche a fait après deux mille ans, Bouddha l'avait déjà fait.

Un grand poète, Chandidas, a été très impressionné par Gautam Buddha - et qui ne sera pas impressionné par cet homme ? Il a dit : SABAR UPAR MANUS SATYA, TAHAR UPAR NAHIN - la vérité de l'homme est la vérité la plus élevée, il n'y a pas d'autre vérité plus élevée que celle-là. Mais laissez-moi vous rappeler une fois de plus que lorsque le Bouddha parle de l'homme, il parle de l'homme réalisé, pas de vous - vous n'êtes qu'en chemin, vous n'êtes que dans le processus.

Vous êtes une graine.

La graine peut avoir quatre possibilités. La graine peut rester une graine pour toujours, fermée, sans fenêtre, pas en communion avec l'existence, morte, car la vie signifie la communion avec l'existence. La graine EST morte, elle n'a pas encore communiqué avec la terre, avec le ciel, avec l'air, avec le vent, avec le soleil, avec les étoiles. Elle n'a encore fait aucune tentative de dialogue avec tout ce qui existe. Elle est complètement seule, enfermée, encapsulée en elle-même, entourée d'une muraille de Chine. La graine vit dans sa propre tombe.

La première possibilité est que la graine reste une graine. C'est très malheureux - un homme peut rester simplement une graine. Avec tout le potentiel à votre disposition, avec toutes les bénédictions prêtes à se déverser sur vous, vous pouvez ne jamais ouvrir vos portes.

La deuxième possibilité est que la graine soit assez courageuse, qu'elle plonge profondément dans le sol, qu'elle meure en tant qu'ego, qu'elle laisse tomber son armure, qu'elle commence une communion avec l'existence, qu'elle devienne une avec la terre. Un grand courage est nécessaire, car qui sait ? - cette mort peut être ultime, il peut n'y avoir aucune naissance après elle. Quelle est la garantie ? Il n'y a pas de garantie, c'est un pari. Seuls quelques hommes rassemblent assez de courage pour parier, pour risquer.

Être un sannyasin est le début du pari. Vous risquez votre vie, vous risquez votre ego. Vous prenez des risques parce que vous laissez tomber toutes vos sécurités, tous vos dispositifs de sécurité. Vous ouvrez les fenêtres... qui sait qui va entrer - l'ami ou l'ennemi ? Qui sait ? Vous devenez vulnérable. C'est ce qu'est le sannyas. C'est ce que Bouddha a enseigné toute sa vie. Quarante-deux ans sans interruption, transformant les graines en plantes - c'était son travail - transformer des êtres humains ordinaires en sannyasins.

Un sannyasin est une plante, une pousse - douce, délicate. La graine n'est jamais en danger, rappelez-vous.

Quel danger peut-il y avoir pour la graine ? Elle est absolument protégée. Mais la plante est toujours en danger, la plante est très douce. La graine est comme une pierre, dure, cachée derrière une croûte dure. Mais la plante doit passer par mille et un dangers. C'est la deuxième étape : la graine qui se dissout dans le sol, l'homme qui disparaît en tant qu'ego, en tant que personnalité, pour devenir une plante.

La troisième possibilité, qui est encore plus rare, parce que toutes les plantes ne vont pas atteindre cette hauteur où elles peuvent s'épanouir en fleurs, mille et une fleurs..... Très peu d'êtres humains atteignent le deuxième stade, et très peu de ceux qui atteignent le deuxième stade atteignent le troisième, le stade de la fleur. Pourquoi ne peuvent-ils pas atteindre le troisième stade, le stade de la fleur ? À cause de leur avidité, de leur avarice, ils ne sont pas prêts à partager... à cause d'un état de manque d'amour.

Le courage est nécessaire pour devenir une plante, et l'amour est nécessaire pour devenir une fleur. Une fleur signifie que l'arbre ouvre son cœur, libère son parfum, donne son âme, déverse son être dans l'existence. La graine PEUT devenir une plante, même s'il est difficile de laisser tomber l'armure, mais d'une certaine manière, c'est simple. La graine ne fera que récolter de plus en plus, accumuler de plus en plus ; la graine ne prend que de la terre. L'arbre ne fait que prendre de l'eau, de l'air, du soleil ; son avidité n'est pas perturbée, au contraire, son ambition est satisfaite. Il continue à devenir de plus en plus grand. Mais il arrive un moment où vous avez tellement pris que vous devez maintenant partager. Vous avez tellement bénéficié, maintenant vous devez servir. Dieu vous a tant donné, maintenant vous devez remercier, être reconnaissant - et la seule façon d'être reconnaissant est de répandre vos trésors, de les rendre à l'existence, d'être aussi peu misérable que l'existence a été avec vous. Ensuite, l'arbre se transforme en fleurs, il s'épanouit.

Et la quatrième étape est celle du parfum. La fleur est encore grossière, elle est encore matérielle, mais le parfum est subtil, c'est presque quelque chose d'immatériel. Vous ne pouvez pas le voir, il est invisible. Vous pouvez seulement le sentir, vous ne pouvez pas le saisir, vous ne pouvez pas l'appréhender. Une compréhension très sensible est nécessaire pour dialoguer avec le parfum. Et au-delà du parfum, il n'y a rien. Le parfum disparaît dans l'univers, il ne fait qu'un avec lui.

Ce sont les quatre étapes de la graine, et ce sont aussi les quatre étapes de l'homme. Ne restez pas une graine. Trouvez le courage - le courage de laisser tomber l'ego, le courage de laisser tomber les sécurités, le courage de laisser tomber les sécurités, le courage d'être vulnérable. Mais ensuite, ne restez pas un arbre, car un arbre sans fleurs est pauvre. Un arbre sans fleurs est vide, un arbre sans fleurs manque de quelque chose de très essentiel. Il n'a pas de beauté - sans amour, il n'y a pas de beauté. Et c'est seulement à travers les fleurs que l'arbre montre son amour. Il a tant pris au soleil, à la lune et à la terre ; il est temps de donner !

La vie doit toujours atteindre un équilibre. Vous avez tant pris, donnez maintenant. Devenez une fleur ! Ce n'est que lorsque vous devenez une fleur que vous avez la possibilité de disparaître en tant que parfum. Mais alors aussi, rappelez-vous, ne restez pas une fleur fermée, ne restez pas un bourgeon, sinon votre parfum ne sera pas libéré. Et si votre parfum n'est pas libéré, vous n'êtes pas libre, vous êtes dans l'esclavage.

Cette servitude, le Bouddha l'appelle SANSARA - le monde. Et il appelle la liberté, la liberté du parfum, nirvana : cessation totale, disparition, dissolution. La partie disparaît dans le tout, la goutte de rosée glisse dans l'océan et devient l'océan. Le jour où vous disparaissez et devenez l'océan est le jour où, dans un sens, vous n'êtes plus, et dans un autre sens, vous êtes pour la première fois - vous avez atteint l'état d'être.

Cette qualité d'être est une véritable divinité. Cet être, cette expérience cristallisée, océanique, est la libération, le salut, MOKSHA, KAIVALYA, le nirvana. Vous pouvez utiliser tous les mots que vous voulez, mais ils ont tous la même signification : la liberté absolue de l'âme, sans frontières, sans limitations.

Les sutras :

LE PARFUM DU BOIS DE SANTAL, DE LA BAIE DE ROSE OU DU JASMIN, NE PEUT PAS VOYAGER CONTRE LE VENT.

Évidemment ! Le parfum du santal, du rosebay ou du jasmin fait partie du monde matériel. Il ne peut voyager qu'avec le vent, pas contre le vent. Il doit suivre les lois de la matière. Il EST la matière. Parce qu'il doit suivre les lois de la matière, il n'est pas vraiment libre - libre seulement dans un sens relatif. Le parfum est plus libre que la fleur, la fleur est plus libre que l'arbre, l'arbre est plus libre que la graine. Mais ces libertés ne sont que relatives, pas absolues.

Et Bouddha dit, souvenez-vous : l'objectif est la liberté absolue, la transcendance de toutes les lois.

C'est seulement en transcendant toutes les lois que vous deviendrez une partie de la loi ultime : AES DHAMMO SANANTANO. C'est seulement en transcendant toutes les limitations de la matière brute que vous pourrez devenir aussi infini que le ciel.

Si vous ne devenez pas universel, vous n'avez pas atteint votre potentiel. Vous êtes censés devenir universels, et vous êtes devenus de petites personnes, confinées, presque comme si vous viviez dans une cellule de prison, sombre et lugubre, sans porte, sans fenêtre, une existence laide, entourée de toutes sortes de pathologies - ego, avidité, colère, luxure, jalousie, possessivité. Ce sont vos compagnons. Quel parfum avez-vous éprouvé dans la vie ?

Vous n'avez pas encore connu l'amour sans luxure. Vous n'avez pas encore connu d'état où aucune limitation n'existe. Vous êtes liés à certaines lois très grossières. Vous faites partie de la gravitation, vous n'avez encore rien connu de la grâce. Vous continuez à descendre, parce que ces lois de la gravitation continuent à vous tirer vers le bas. Vous ne savez pas comment vous élever, vous envoler vers le haut. Vous ne savez rien de la lévitation.

En science, on ne parle pas de lévitation, on ne parle que de gravitation, de l'attraction vers le bas. Mais il s'agit d'un phénomène tellement simple à comprendre, que dans la nature, tout est équilibré par son opposé polaire. S'il existe une attraction vers le bas, la gravitation, il doit y avoir une attraction vers le haut pour l'équilibrer - c'est la lévitation. Dans un langage plus poétique, on l'appelle la grâce.

Il y a deux lois : la loi de la gravitation, la loi terrestre, brute, matérielle ; et la loi de la grâce, la loi divine, ce que Bouddha appelle la loi divine - AES DHAMMO SANANTANO - la loi éternelle, inépuisable, la loi divine, qui vous tire vers le haut.

LE PARFUM DU BOIS DE SANTAL, DE LA BAIE DE ROSE OU DU JASMIN, NE PEUT PAS VOYAGER CONTRE LE VENT.

Il a certaines limites absolues, il ne peut que se laisser porter par le vent. Il ne peut pas avoir sa propre volonté, il n'est pas vraiment libre. Si vous ne pouvez pas exister en toute liberté, il vous manque quelque chose. Si vous devez suivre les lois, alors vous êtes un prisonnier. Les lois peuvent vous donner suffisamment de corde, mais vous êtes toujours un prisonnier.

C'est ainsi que les choses se passent : si on vous donne suffisamment de corde, vous oubliez la prison. Par exemple, ces soi-disant nations - l'Inde, le Pakistan, le Japon, l'Allemagne - sont toutes de grandes prisons, mais elles sont si grandes que vous ne pouvez pas voir les limites de votre prison. Franchissez les frontières de votre nation et vous verrez que vous étiez un prisonnier. Mais la prison est assez grande ; vous pouvez vous déplacer dans la prison où vous voulez. Mais sortez de la prison, essayez d'entrer dans une autre prison, et vous verrez alors les limites.

Ce sont des prisons construites par l'homme ; suffisamment grandes pour qu'elles puissent vous donner un faux sentiment de liberté, mais il n'y a pas de liberté. À moins que toutes les nations ne disparaissent du monde, la terre restera un esclave, l'humanité restera dans des prisons, petites et grandes. Mais peu importe que la prison soit très grande et que vous ne puissiez pas voir le mur qui l'entoure.....

Les murs peuvent être très subtils - des passeports et des visas - les murs peuvent être TRÈS subtils, vous ne les voyez peut-être pas, mais ils sont là. Vous n'êtes pas libre de vos mouvements.

Presque toutes les constitutions du monde disent que la liberté de mouvement est le droit de naissance de chaque être humain, mais c'est seulement écrit dans les livres, ce n'est pas vrai. Vous ne pouvez pas vous déplacer librement. Si vous voulez aller en Russie, impossible ; si vous voulez entrer en Chine, impossible.

Les nations sont devenues de grandes prisons, et vos présidents et vos soi-disant premiers ministres ne sont que des geôliers. Ceux qui parlent de liberté ne sont que des policiers. Ils disent qu'ils vous gardent pour votre propre sécurité, mais en fait, ce sont des gardiens de prison qui veillent à ce que vous ne puissiez pas vous échapper.

J'ai entendu :

Un vieux Russe était en train de mourir, et il a entendu frapper à sa porte. Il a demandé, "Qui est là ?"

Et une voix très fantomatique a dit : "La mort."

Le vieux Russe a dit : "Dieu merci ! Je pensais que c'était la police secrète."

Et il y a des prisons dans les prisons comme des boîtes chinoises - des boîtes dans des boîtes..... L'Inde est une grande prison ; puis il y a les hindous, les mahométans, les chrétiens, les sikhs, les jaïnas et les bouddhistes - ce sont de petites prisons. Le chrétien peut aller à l'église, il ne peut pas aller au temple ; l'hindou peut aller au temple, il ne peut pas aller à l'église.

On lui a enseigné et conditionné que l'église n'est pas un lieu religieux ; on a dit au chrétien que l'église est le seul endroit où il faut aller - toutes les autres religions sont fausses, et toutes les autres religions vous égarent. Si vous n'êtes pas chrétien, vous ne pouvez pas être sauvé. Et ensuite, au sein du christianisme, il y a les catholiques et les protestants, et ensuite, parmi les protestants et les catholiques, il y a des sous-sectes de plus en plus petites. Et les prisons deviennent de plus en plus petites.

Puis il y a les prisons politiques : quelqu'un est communiste, quelqu'un est socialiste, quelqu'un est capitaliste... et ainsi de suite. Et vous ne vous contentez pas de cela : vous créez alors des Rotary Clubs et des Lions Clubs..... Votre soif d'être prisonnier est telle que vous ne pouvez pas simplement être un être humain. Vous devez être un Rotarien et vous déclarez fièrement : " Je suis un Rotarien ", " Je suis un Lion ". Vous ne vous contentez pas d'être un simple être humain, vous devez être un Lion. Et puis il y a des confinements de plus en plus petits.

Plutôt que de sortir de ces cellules de prison, nous continuons à les décorer, nous continuons à les rendre de plus en plus confortables. Nous vivons sous la loi de la gravitation, nous vivons comme des prisonniers.

Nous ne pouvons pas aller contre le vent - notre vie est grossière. Le Bouddha dit : Soyez-en conscient : que faites-vous de votre vie ? Reconsidérez, méditez sur ce que vous avez fait de vous-même.

MAIS LE PARFUM DE LA VERTU VOYAGE MÊME CONTRE LE VENT, JUSQU'AU BOUT DU MONDE.

Le Bouddha dit : Mais il existe une floraison de votre être intérieur, qui est bien plus belle que le bois de santal, le rosebay ou le jasmin. Sa beauté est sa liberté absolue. Elle peut aller contre le vent. L'homme vraiment vertueux vit en liberté ; il ne suit aucun commandement, aucune écriture, il ne suit personne d'autre que sa propre lumière intérieure. Il vit selon son cœur - c'est un rebelle.

Mais le Bouddha parle du parfum de la vraie vertu. Il ne parle pas des soi-disant justes, il ne parle pas des soi-disant "personnes de caractère", vos soi-disant saints et mahatmas - il ne parle pas d'eux. Ce ne sont pas des personnes libres. En fait, le parfum du santal, de la rose et du jasmin est bien plus libre que vos soi-disant saints. Ils vivent selon des lois faites par l'homme. Le parfum du bois de rose, le parfum du bois de santal, le parfum des autres fleurs, suivent au moins les lois de la nature. Mais vos saints, vos soi-disant vertueux, eux, suivent des lois faites par l'homme - des lois faites par des aveugles, des ignorants, des gens qui ne sont pas encore éveillés, qui ne savent rien de la conscience.

Qui fait vos lois ? Qui fait vos Constitutions ? Qui est chargé de diriger la société, de l'organiser et de la gérer ? Des personnes aussi aveugles que vous, peut-être plus savantes, peut-être plus informées. Mais cela ne fait aucune différence qu'un aveugle soit plus informé sur la lumière ou moins informé sur la lumière - un aveugle est un aveugle.

Observez simplement vos saints, et vous serez surpris ! - ils vivent dans un esclavage bien plus profond que les gens ordinaires.

Un moine jaina voulait venir me voir. Il a envoyé un message disant qu'il désirait me voir depuis de nombreuses années, et que maintenant il était dans la commune et voulait me voir. Mais ses disciples ne lui ont pas permis, les Jainas ne lui permettent pas de venir dans cette commune. Quel genre de saint est cet homme dont les disciples décident où il doit aller et où il ne doit pas aller ? Mais il y a un arrangement mutuel : les disciples l'appellent un saint, ils le vénèrent, maintenant il doit céder, faire des compromis. Il doit suivre les adeptes.

Vos soi-disant saints et leaders sont les adeptes de leurs propres adeptes. C'est un monde tellement stupide, tellement ridicule, toute cette situation. En surface, il semble que le saint soit le facteur décisif ; il conseille aux gens de le suivre. Mais si vous regardez en profondeur, vous serez surpris - le saint suit ses propres disciples. En fait, ce sont eux qui décident. Et ils ont un pouvoir décisif car ils peuvent vous adorer et vous insulter. Ils peuvent vous vénérer si vous les suivez, si vous allez dans le sens des idées, des préjugés, qu'ils portent dans leur esprit ; sinon vous n'êtes plus un saint. Ils peuvent vous dégrader - ils ont le pouvoir de vous élever au rang de saint ou de vous dégrader au rang de pécheur. Si vous voulez être un saint, vous devez suivre toutes sortes de stupidités. Vous savez peut-être au fond de vous que c'est stupide.

Je lui ai envoyé un message disant : " C'est stupide, ridicule ! Pourquoi devrais-tu demander à tes followers ? Qui est le suiveur, vous ou eux ? Pourquoi devrais-tu leur demander ?"

Il a répondu : "Vous avez raison, mais je dois dépendre d'eux. A mon âge, je ne peux pas les quitter car je n'ai jamais travaillé de ma vie. Je dépends d'eux pour ma nourriture, pour mes vêtements, pour tout".

Maintenant vous voyez l'arrangement. Cela s'appelle la spiritualité, et l'arrangement est financier !

Un homme vraiment vertueux est certainement libre, et il est si libre qu'il peut aller contre le vent, il peut aller contre la société entière, il peut aller contre le passé entier, il peut aller contre toutes les conventions. En fait, il le fait - parce qu'en allant contre toutes les conventions et le passé mort, il affirme sa liberté.

C'est à cause de cela que je suis condamné dans tout le pays et maintenant, lentement, dans le monde entier. La seule raison est qu'ils voulaient que j'aille avec le vent, ils voulaient que je sois conventionnel, orthodoxe. Ils étaient prêts à me vénérer, ils sont venus me voir à plusieurs reprises pour me dire que si je pouvais simplement suivre la religion traditionnelle, ils me vénéreraient comme un saint. J'ai répondu : "Je ne suis pas intéressé par le fait d'être vénéré ou d'être un saint. Je veux simplement être moi-même. Et je ne vais pas faire de compromis avec qui que ce soit, quel qu'il soit. Le compromis n'est pas ma voie."

Parce que je vais à contre-courant, ils sont très offensés. Mais si vous êtes vertueux... et qu'est-ce que la vertu ? Ce n'est pas un caractère cultivé de l'extérieur.

La vertu est le parfum de la méditation, la vertu est le parfum de la fleur de la méditation ; par conséquent, je dis que ce n'est pas de la droiture, ce n'est pas du moralisme.

J'ai entendu :

La prostituée de Jérusalem se fait lapider. Lorsque Jésus dit : "Que celui d'entre vous qui est sans péché jette la première pierre", une vieille dame se précipite avec une énorme pierre, la jette sur la tête de la prostituée et l'astique.

Jésus baisse les yeux et dit : "Tu sais, mère, parfois tu me fais vraiment chier."

Le juste, le moraliste, le puritain, est toujours prêt... en fait, toute sa joie est de savoir comment condamner, comment envoyer de plus en plus de gens en enfer, comment crucifier les gens, comment tuer et détruire. Il est prêt à souffrir, il est prêt à être masochiste, il est prêt à passer par toutes sortes d'austérités insensées, juste pour jouir du sentiment de supériorité, du sentiment de sainteté, du sentiment que "Vous êtes tous des pécheurs et je suis un saint."

Le vrai saint a une qualité totalement différente. Il n'est pas moraliste ; il sait pardonner, car il sait que Dieu lui a beaucoup pardonné. Il connaît les limites humaines, car il a lui-même souffert de ces limites humaines. Il peut pardonner. Il est compréhensif.

Le moraliste n'est jamais compréhensif, il ne pardonne jamais ; il ne peut pas pardonner parce qu'il a été si dur avec lui-même. Il a atteint son soi-disant caractère avec une telle difficulté que la seule joie, le seul plaisir qu'il peut obtenir est celui de se sentir plus saint que soi.

Comment peut-il pardonner ? S'il pardonne, il ne peut pas profiter du voyage égoïste qu'il a fait.

L'ascète est la personne la plus égoïste du monde. La personne vertueuse n'est pas un ascète.

L'histoire est racontée sur le Bouddha lui-même :

Pendant six ans, lorsqu'il a quitté son palais, il a vécu de grandes austérités - c'était la façon traditionnelle de chercher et de rechercher la vérité. Il a torturé son corps, il a jeûné, il a tellement jeûné qu'on dit qu'il est devenu absolument maigre, juste des os ; on aurait pu compter ses côtes. Il est devenu si maigre que son estomac touchait son dos - il n'y avait plus rien entre l'estomac et le dos. Il est devenu si faible qu'il ne pouvait pas traverser une petite rivière, la Niranjana. Je m'étais rendu à cet endroit juste pour voir. Le Niranjana est une si petite rivière, et ce n'était pas la saison des pluies, mais il ne pouvait pas traverser, il ne pouvait pas nager la rivière. Il devait être très faible.

Ce jour-là, une grande révélation lui est arrivée : "Je me suis fait une violence inutile." Il avait cinq adeptes ; ils étaient tous des ascètes et ils étaient devenus des adeptes du Bouddha parce qu'il les devançait de loin. Ils ne pouvaient pas faire grand-chose, mais lui en faisait beaucoup plus ; c'est pourquoi ils étaient des disciples. Ce soir-là, Bouddha décida : " Il est stupide de torturer le corps, et comment pouvez-vous atteindre l'âme en torturant le corps ?

Il ne semble y avoir aucune relation logique." Et il vit : "Si je ne peux même pas traverser la rivière, la pauvre rivière Niranjana, comment vais-je traverser cet immense océan qu'est le monde ? Le corps a besoin de nourriture, le corps a besoin d'être nourri, le corps a besoin de force, pour que je puisse méditer, pour que je puisse contempler, pour que je puisse m'enquérir, avec zeste, enthousiasme, énergie."

Il a décidé d'abandonner toutes les austérités. Ses cinq disciples le quittèrent immédiatement. Ils dirent : "Gautam est tombé de son état de sainteté, il n'est plus un saint." Ils le quittent immédiatement, ils n'étaient pas avec LUI. Ils n'étaient avec lui qu'à cause de son style de vie masochiste - ils devaient être masochistes eux-mêmes.

Et Gautam Bouddha devint illuminé le jour suivant. Abandonnant toutes les austérités, abandonnant tous ces conflits intérieurs inutiles, cette guerre civile, il devint si calme, si silencieux, que le lendemain matin il put voir, il devint perspicace. Dans son silence, toute agitation, tout bavardage était dissous. Au petit matin, alors que le soleil se levait, il a commencé à s'élever dans son être. Il s'est éveillé, il est devenu un bouddha.

La vertu est née du silence, de la méditation, de la détente, et non de l'effort, de la tension ou de la lutte. Il est allé à la recherche de ses cinq anciens disciples pour leur donner le message : "Ne vous torturez plus. Cela n'a rien à voir avec la sainteté. Cela n'a rien à voir avec la religion."

La méditation doit d'abord se produire, puis le caractère vient comme une ombre à cette méditation. Et si la méditation n'a pas lieu, alors votre caractère est juste une hypocrisie et rien d'autre.

Vos saints sont de grands hypocrites ; ils disent une chose, ils en pensent une autre, peut-être juste le contraire. Ils font une chose, mais ils veulent faire exactement le contraire. En surface, ils montrent une chose, mais au fond, ils sont juste son contraire.

Une fille confesse qu'elle a laissé son petit ami poser sa main sur son genou. "Et c'est tout ce qu'il a fait ?" demande le prêtre.

"Non. Il a glissé son doigt sous l'élastique de ma culotte aussi."

"Et puis quoi ?"

"Et puis il a ouvert mon duvet et a commencé à chatouiller mon popotin."

"Et ensuite ? Et ensuite ?"

"Et puis ma mère est entrée."

"Oh merde !" dit le prêtre.

Ces prêtres, ces saints, ils sont bien plus laids que vous ne l'êtes, bien plus laids que vous ne pourrez jamais l'être, parce qu'ils sont bien plus clivés, divisés. Ils sont tellement refoulés que leur conscient et leur inconscient se sont séparés. Ils prêchent une chose, ils en pratiquent une autre. À leur porte d'entrée, vous trouverez une personne, à leur porte de derrière, vous trouverez une personne totalement différente. Vous ne serez même pas capable de les reconnaître - ils portent des masques.

Ce ne sont pas des personnes vertueuses. Le Bouddha ne parle pas d'une telle vertu, il parle de la vertu qui naît de l'épanouissement de la méditation. Le Bouddha insiste sur le DHYANA - la méditation. C'est sa contribution fondamentale au monde. Son approche la plus fondamentale est que vous devez d'abord vous éveiller au centre, puis votre circonférence sera pleine de lumière - de son propre chef, et non l'inverse.

Le prêtre vous a dit de pratiquer d'abord le caractère, et ensuite votre centre changera. C'est absurde. Le centre ne peut jamais suivre la circonférence, parce que le centre est bien plus important, bien plus fondamental - c'est le centre, il NE PEUT PAS suivre la circonférence. Mais la circonférence suit toujours le centre. Transformez d'abord le centre, et ne vous préoccupez pas de la circonférence. C'est aussi mon insistance, et je suis absolument d'accord avec Bouddha. La méditation d'abord, et ensuite tout le reste suivra de lui-même.

Jésus dit : Cherchez d'abord le royaume de Dieu, et tout le reste vous sera donné par surcroît.

Ce que Jésus dit avec "royaume de Dieu", Bouddha le dit avec "méditation". Les paroles de Bouddha sont beaucoup plus scientifiques que celles de Jésus. Jésus est plus poète que Bouddha ; Jésus parle plus en paraboles que Bouddha. Bouddha parle d'une manière claire, logique et mathématique.

C'est un homme qui ne veut rien dire d'une manière qui puisse être interprétée de plusieurs façons. Il ne veut pas utiliser la poésie, parce que la poésie est vague, peut avoir de nombreuses interprétations. Il parle comme un mathématicien, il parle comme un logicien, de sorte que chaque mot a un sens fixe et une connotation fixe.

...LE PARFUM DE LA VERTU VOYAGE MÊME CONTRE LE VENT, JUSQU'AU BOUT DU MONDE.

COMBIEN LE PARFUM DE LA VERTU EST PLUS FIN QUE CELUI DU SANTAL, DE LA ROSE, DU LOTUS BLEU OU DU JASMIN !

Le parfum d'un lotus bleu, du jasmin ou du bois de santal est fin, subtil, mais comparé au parfum de la vertu, il est très grossier. La vertu a vraiment un parfum, et il voyage jusqu'aux coins les plus reculés du monde.

Comment es-tu venu jusqu'à moi ? Vous avez voyagé de différents coins du monde, parfois sans savoir exactement pourquoi, mais quelque chose vous a attiré, une force inconnue a fait bouger votre cœur, quelque chose a été ressenti au plus profond de votre être. Parfois, vous avez même été contre vous-même. Votre esprit vous disait : "Ne pars pas ! Il n'y a pas besoin d'aller quelque part." Et pourtant, vous êtes venu. Vous avez dû sentir un parfum - un parfum qui n'a rien à voir avec le visible. C'est un phénomène invisible.

Beaucoup, beaucoup d'autres personnes vont bientôt arriver. Le parfum les atteint, il les atteindra certainement. N'importe qui, n'importe où, qui est vraiment à la recherche de la vérité, va forcément venir. C'est irrésistible, cela DOIT arriver. C'est ainsi que cela s'est produit tout au long de l'histoire, à travers les âges. Des milliers de personnes ont voyagé vers Bouddha, des milliers de personnes ont voyagé vers Mahavira, vers Lao Tseu, vers Zarathoustra - sans aucune raison, parce que ce qu'ils disaient était disponible dans les écritures.

Ce que je dis ici, vous pouvez le lire dans la Bhagavadgita, dans la Bible, dans le Coran, dans le DHAMMAPADA, ce que je dis, vous pouvez le trouver facilement dans les Upanishads, dans le TAO TEH CHING - mais vous ne trouverez pas le parfum. Ce sont des fleurs - vieilles, mortes, séchées. Vous pouvez garder une fleur de rose dans votre Bible ; bientôt elle sera sèche, le parfum aura disparu, elle ne sera plus qu'un cadavre, un souvenir de la vraie fleur. Il en va de même pour les Écritures.

Ils doivent être rendus à la vie par un autre bouddha, sinon ils ne peuvent pas respirer.

C'est pourquoi je parle du DHAMMAPADA, de la Gita, de la Bible - pour les laisser respirer à nouveau. Je peux leur insuffler la vie. Je peux partager mon parfum avec eux, je peux verser mon parfum en eux. Ainsi, le chrétien qui est vraiment chrétien, pas seulement par conditionnement social mais par un grand amour du Christ, retrouvera le Christ vivant dans mes paroles. Ou si quelqu'un est bouddhiste, il trouvera dans mes mots que Bouddha parle à nouveau - dans la langue du vingtième siècle, avec des gens du vingtième siècle.

COMBIEN LE PARFUM DE LA VERTU EST PLUS FIN QUE CELUI DU SANTAL, DE LA ROSE, DU LOTUS BLEU OU DU JASMIN ! Il est si fin qu'il peut voyager contre le vent, il peut voyager contre toutes les lois. Il peut aller contre la gravitation, il peut s'élever, il peut atteindre les cieux les plus élevés.

LE PARFUM DU BOIS DE SANTAL OU DE LA ROSE NE VA PAS LOIN. MAIS LE PARFUM DE LA VERTU S'ÉLÈVE JUSQU'AUX CIEUX.

Le parfum des fleurs ne peut pas voyager loin. Il est momentané, il est fini ; il ne peut aller qu'à une certaine distance et ensuite il disparaît.

Mais le parfum de la bouddhéité peut aller jusqu'aux confins du monde parce qu'il est infini, ET qu'il est quelque chose au-delà du temps, au-delà de l'espace.

En fait, même lorsque le corps d'un bouddha a disparu, son parfum continue de voyager.

Ceux qui sont vraiment perspicaces, sensibles, peuvent s'en saisir même si un bouddha a disparu depuis des siècles. Il est possible d'être un contemporain de Bouddha même maintenant, d'avoir une communion avec Jésus même maintenant. La fleur n'est plus, mais son parfum fait partie de l'univers - les arbres l'ont, les vents l'ont, les nuages l'ont.

Maintenant Jésus n'est pas dans le corps physique, mais Jésus est devenu universel. Si vous savez comment boire de l'universel, si vous savez comment contacter l'universel, vous serez surpris : tous les bouddhas deviennent vivants parce qu'ils sont tous contemporains, le temps ne fait aucune différence.

C'est tout mon effort ici : vous rendre contemporains de Jésus, de Bouddha, de Zarathoustra, de Lao Tseu. Si vous pouvez être les contemporains de ces âmes éveillées, à quoi bon rester les contemporains de votre monde ordinaire et de ses citoyens ordinaires, les soi-disant êtres humains, qui n'ont rien d'humain en eux, qui ne sont pas encore devenus des êtres, qui ne sont que creux, vides, sans signification ? Quel est l'intérêt de vivre dans le quartier des cellules vides quand on peut être le voisin de Gautama le Bouddha ?

Oui, c'est possible - c'est possible en transcendant le temps et l'espace. Et dans la méditation, vous transcendez les deux. En méditation, vous ne savez pas où vous êtes, vous ne connaissez pas le temps, vous ne connaissez pas l'espace. Dans la méditation, le temps et l'espace disparaissent tous deux - vous êtes simplement.

À ce moment-là, lorsque vous êtes tout simplement, Bouddha est juste à vos côtés ; vous êtes entouré de bouddhas de tous les âges. Vous vivrez pour la première fois une vie digne d'être vécue, une vie significative : lorsque vous pourrez tenir la main des bouddhas et des krishnas, lorsque vous pourrez danser avec Krishna et chanter avec Meera et vous asseoir avec Kabir. C'est possible - car seules les fleurs ont disparu, mais le parfum est éternel. Il ne peut pas disparaître.

Et alors toutes les écritures deviennent vivantes pour vous. En lisant la Bible, vous ne lisez pas seulement un livre - Moïse vous parle, Abraham vous parle, Jésus vous parle, face à face !

LE DÉSIR NE CROISE JAMAIS LE CHEMIN DES HOMMES VERTUEUX ET ÉVEILLÉS. LEUR ÉCLAT LES REND LIBRES.

Le désir signifie l'avidité de toujours plus. Le désir est synonyme de mécontentement, mécontentement de ce qui est, mécontentement du présent ; c'est pourquoi vous cherchez le contentement dans vos espoirs pour l'avenir. Le présent est vide ; vous ne pouvez vivre que par l'espoir du lendemain. Le lendemain apportera quelque chose... bien que de nombreux lendemains soient passés et que ce quelque chose n'arrive jamais, mais vous continuez à espérer contre toute attente. Seule la mort viendra.

Les désirs ne sont jamais réalisés. Dans la nature même des choses, ils ne peuvent pas être satisfaits. La personne éveillée regarde l'esprit de désir et rit. L'esprit de désir est l'esprit le plus stupide, parce qu'il désire quelque chose qui ne peut être réalisé dans la nature même des choses. Tout comme vous ne pouvez pas obtenir de pétrole à travers le sable - vous pouvez continuer à travailler sur le sable, mais vous n'en tirerez pas de pétrole, il n'existe pas dans le sable, c'est impossible - exactement comme cela, le désir n'est qu'une tromperie.

Il vous occupe - évidemment, c'est là tout son but - il vous occupe, il vous fait espérer, il vous fait des promesses. Le désir est un politicien : il continue à vous promettre : "Attendez, encore cinq ans et tout ira parfaitement bien. Encore cinq ans et le monde deviendra un paradis." Et les politiciens disent cela depuis des milliers d'années. Et regardez l'humanité inintelligente : elle continue à croire aux politiciens. Elle change de politicien ; quand elle se lasse de l'un, elle commence à en écouter un autre. Mais ce n'est pas du tout un changement. Un politicien est remplacé par un autre ; c'est pourquoi les démocraties vivent comme des systèmes à deux partis.

Un parti reste au pouvoir pendant cinq ans ; selon les promesses, vous continuez à espérer, puis vous êtes frustrés - rien ne se passe. Les choses sont pires qu'elles ne l'étaient auparavant. Mais à ce moment-là, l'autre parti qui n'est pas au pouvoir commence à vous faire des promesses. Et la stupidité est telle que vous commencez à croire l'autre parti. Vous amenez l'autre parti au pouvoir ; pendant cinq ans, il vous trompera. À ce moment-là, le premier parti qui vous a trompé auparavant est redevenu crédible ; il a de nouveau atteint le crédit, il a de nouveau critiqué le parti au pouvoir et il a de nouveau gagné le respect à vos yeux. Et encore une fois, il a éveillé votre esprit d'espoir. Et la mémoire des gens est très courte ; c'est pourquoi les politiciens continuent à tromper.

Le désir est un politicien. Un désir vous occupe pendant de nombreuses années ; puis, frustration en main, vous en êtes fatigué, las, vous l'abandonnez - mais aussitôt vous entrez dans un autre désir. Un autre politicien vous attend. Vous recherchiez l'argent ; puis, fatigué, vous l'oubliez et vous vous lancez dans la course au pouvoir ou à la gloire.

Le désir est si rusé qu'il peut même prendre la forme de la religion, il peut devenir religieux. Il est prêt à porter n'importe quel masque. Il peut commencer à penser au paradis et aux plaisirs célestes. Il peut vous donner l'idée que cette vie n'est pas possible, mais que dans la prochaine, vous serez au paradis, et qu'au paradis, il y a toutes sortes de réalisations... des arbres qui exaucent les souhaits. Vous vous asseyez sous l'arbre, vous faites un vœu, et il est exaucé. Que vas-tu souhaiter ? Vos souhaits seront stupides car ils sortiront de votre esprit. Quels plaisirs allez-vous rechercher au paradis ? Pensez un jour que vous avez atteint le paradis : maintenant, que voulez-vous ? Tu vas commencer à demander un hôtel, un cinéma, une femme, un homme... quoi d'autre ? Les mêmes choses ! Et les mêmes frustrations suivront.

LE DÉSIR NE CROISE JAMAIS LE CHEMIN DES HOMMES VERTUEUX ET ÉVEILLÉS. Le Bouddha dit : J'appelle cet homme vertueux celui qui est devenu totalement conscient de la tromperie du désir et donc le désir ne traverse jamais son esprit. Son esprit reste sans désir. La seule façon d'être sans désir est d'être éveillé, vigilant. La vigilance crée une lumière en vous, et dans cette lumière, l'obscurité du désir ne peut pas entrer.

LEUR LUMINOSITÉ LES LIBÈRE. Et lorsque vous êtes vigilant, il y a une luminosité dans votre être ; une grande intelligence surgit en vous. L'homme ordinaire vit dans la stupidité ; l'homme ordinaire vit d'une manière très stupide. Dès que vous vous mettez en accord avec votre musique intérieure, que vous vous mettez en accord avec la méditation, une grande intelligence est libérée. Dans cette intelligence, il vous est impossible d'être trompé par le désir. Dans cette intelligence, pour la première fois, tu commences à comprendre les choses telles qu'elles sont, tu ne comprends plus rien. D'ordinaire, toute votre compréhension n'est qu'un malentendu. Vous pouvez penser que vous êtes très intelligent, mais seules les personnes stupides pensent qu'elles sont intelligentes. L'intelligence elle-même est très peu consciente. Elle fonctionne, elle fonctionne parfaitement, mais elle ne crée aucune conscience de soi, elle n'apporte aucune idée de l'ego, aucune supériorité. Elle est très humble, elle est très simple.

Mais comme l'homme ordinaire existe, il continue à se méprendre. Vous lisez la Bible et vous comprenez mal. Même les plus proches disciples de Jésus ne l'ont jamais compris. Je ne cesse de répéter que Jésus est l'un des maîtres les plus malheureux qui aient jamais marché sur la terre - non seulement parce qu'il a été crucifié et qu'il n'a eu que trois ans pour travailler, mais aussi parce qu'il avait des disciples très stupides.

Le jour où Jésus va être pris, et qu'il est devenu absolument certain qu'il a été trahi par l'un de ses disciples, Judas, il demande à ses onze autres apôtres : "Avez-vous quelque chose à me demander ?" Et savez-vous ce qu'ils ont demandé ? Ils ont demandé des choses si stupides. Jésus a dû pleurer. Il a peut-être prié au fond de son cœur, comme il l'a fait plus tard sur la croix : "Père, pardonne-leur, car ils ne savent pas ce qu'ils demandent."

Que demandaient-ils ? Ils demandaient : "Maître, maintenant que tu pars, il faut que certaines choses soient claires. Dans le monde de Dieu, dans le royaume de Dieu, dont tu as tant parlé à maintes reprises, tu seras certainement à la droite de Dieu ; alors qui sera à ta droite ? Parmi nous, qui sera ton second, qui sera le troisième et le quatrième ? Quelle sera la hiérarchie ?"

Voyez la question ! Le maître va être crucifié demain, et ces insensés s'inquiètent de la hiérarchie, de savoir qui sera le plus haut. Ils sont prêts à concéder à Jésus : "D'accord, nous acceptons cela, que tu sois le second de Dieu, mais qui sera le troisième, le quatrième et le cinquième ? Que cela soit décidé clairement, car maintenant tu pars et nous ne nous retrouverons peut-être pas de sitôt, alors il faut que tout soit certain !"

L'esprit désireux, l'esprit ambitieux - ils n'ont pas du tout compris Jésus. On dit que Jésus est tombé à genoux et a prié, et que des larmes ont coulé sur ses joues. Personne ne sait ce qu'il a prié, mais il a dû prier : "Pardonnez à ces gens, ils ne savent pas ce qu'ils demandent." Et il a dû pleurer parce que c'était l'œuvre de toute sa vie, ces gens. Et il leur a dit de ne pas désirer, de ne pas être ambitieux. Il leur a dit : "Ceux qui sont les premiers dans ce monde seront les derniers dans mon royaume de Dieu, et ceux qui sont les derniers seront les premiers." Mais ils n'ont pas compris qu'il leur disait de ne pas être ambitieux.

L'autre jour, Premgeet m'a envoyé une petite anecdote sur les erreurs d'interprétation :

L'infirmière frénétique court après un patient qui hurle dans le couloir du service, portant un bol. Elle a été arrêtée par le chirurgien qui a dit : "Infirmière ! Infirmière ! Je vous ai dit de piquer son furoncle !"

Tu comprends ? Elle faisait bouillir sa bite ! Mais c'est exactement ce qui se passe - l'esprit de masse ne peut pas comprendre. L'incompréhension est inévitable, car l'esprit de masse est sourd. Lorsque vous parlez aux gens, ils n'écoutent pas vraiment, ils font seulement semblant d'écouter. Mille et une pensées traversent leur esprit ; ils ne sont pas vraiment là, ils ne sont jamais présents à aucune situation, ils sont toujours absents.

Ils ne sont pas là où ils sont, ils sont toujours ailleurs. Quand ils sont à Poona, ils sont à Pékin ; quand ils sont à Pékin, ils sont à Poona. Des gens étranges !

Où qu'ils soient, vous pouvez être certain que là au moins ils ne le sont pas ; partout ailleurs dans le monde ils peuvent l'être. Comment peuvent-ils comprendre ?

Et ils n'écoutent que les mots, ils n'écoutent jamais le sens - parce que le sens ne peut être écouté que par le cœur. Les mots peuvent être écoutés par la tête. Or, ils ne savent pas comment écouter par le cœur. Écouter par le cœur, c'est la signification d'être un disciple ; écouter par le cœur signifie écouter avec amour, avec confiance, avec une profonde sympathie et enfin avec une profonde empathie. Écouter à travers le cœur, c'est écouter comme si vous ne faisiez qu'un avec ce qui vous est dit - quand le disciple devient si proche du maître qu'avant même que les mots ne soient prononcés, il les entend, et pas seulement les mots mais le sens, le parfum qui est porté par les mots. Mais c'est très invisible. La tête est grossière.

L'invisible ne peut être attrapé que dans le filet du cœur.

Les gens suivent même, mais là aussi, ils suivent par incompréhension. Le simple fait de devenir un adepte ne change rien à votre vie. Il ne s'agit pas de suivre quelqu'un : il s'agit de comprendre quelqu'un qui est éveillé. C'est pourquoi je ne vous appelle pas mes adeptes mais seulement mes amis. Si vous pouvez être mes amis, si vous pouvez être dans un amour et une confiance profonds ici en ma présence, si vous pouvez être présents à ma présence, si nous pouvons nous faire face et nous refléter mutuellement, des choses extrêmement importantes commenceront à se produire d'elles-mêmes - parce que votre cœur comprendra, et quand le cœur comprend, IMMÉDIATEMENT des transformations se produisent.

Lorsque la tête comprend, elle demande alors : "Comment ? Oui, c'est juste ; maintenant, comment le faire ?". Rappelez-vous cette différence : dans la tête, la connaissance et l'action sont deux choses différentes ; dans le cœur, la connaissance EST l'action.

Socrate dit : La connaissance est la vertu - et il n'a pas été compris à travers les âges.

Même ses propres disciples, Platon et Aristote, ne l'ont pas compris correctement. Quand il dit que la connaissance est une vertu, il veut dire qu'il y a une façon d'écouter et de comprendre dans laquelle, dès que vous comprenez une chose, vous ne pouvez pas faire autrement. Lorsque vous voyez que c'est la porte, alors vous ne pouvez pas essayer de sortir par le mur, vous sortirez par la porte. Voir signifie agir, voir amène l'action.

Si lorsque je vous dis : "Voici la porte. Chaque fois que tu veux sortir, sors par cette porte, parce que tu t'es déjà fait mal à la tête en essayant de sortir par le mur", tu réponds : "Oui, monsieur, je comprends parfaitement, mais comment sortir par la porte ?" Ta question montrera que le cœur n'a pas écouté, seulement la tête. La tête demande toujours "Comment ?"

La tête pose toujours des questions qui semblent très pertinentes en surface mais qui sont absolument ridicules. Le cœur ne pose jamais de questions - il écoute et agit. L'écoute et l'action ne font qu'un dans le cœur ; l'amour sait et agit en conséquence. Il ne demande jamais "Comment ?" Le cœur a une intelligence qui lui est propre. La tête est intellectuelle, le cœur est intelligence.

COMME IL EST DOUX LE LOTUS QUI POUSSE DANS LA LITIÈRE DU BORD DU CHEMIN. SON PARFUM PUR RAVIT LE CŒUR.

Rappelez-vous-le encore et encore, car vous oublierez encore et encore qu'il s'agit d'une question de cœur. Si le cœur se réjouit de quelque chose, alors vous pouvez être certain que votre vie grandit, s'étend ; votre conscience devient plus claire, votre intelligence est libérée de ses liens.

COMME IL EST DOUX LE LOTUS QUI POUSSE DANS LA LITIÈRE DU BORD DU CHEMIN. Le mot que Bouddha utilise pour désigner le lotus est PANKAJ ; c'est l'un des mots les plus beaux. Pankaj signifie ce qui est né de la boue, de la boue sale. Le lotus est l'un des phénomènes les plus miraculeux qui existent ; c'est pourquoi, en Orient, il est devenu le symbole de la transformation spirituelle. Bouddha est assis sur un lotus, Vishnu est debout sur un lotus.

Pourquoi un lotus ? - parce que le lotus a une signification très symbolique : il pousse dans la boue sale. C'est un symbole de transformation, c'est une métamorphose. La boue est sale, voire puante ; le lotus est parfumé, et il est sorti de la boue puante.

Le Bouddha dit : Exactement de la même manière, la vie ordinaire n'est que de la boue puante - mais la possibilité de devenir un lotus est cachée là. La boue peut être transformée, vous pouvez devenir un lotus. Le sexe peut être transformé et devenir samadhi. La colère peut être transformée et devenir de la compassion. La haine peut être transformée et devenir de l'amour. Tout ce que vous avez qui semble négatif en ce moment, qui ressemble à de la boue, peut être transformé. Votre esprit bruyant peut être vidé et transformé, et il devient une musique céleste.

SUIVEZ LES ÉVEILLÉS ET D'ENTRE LES AVEUGLES LA LUMIÈRE DE VOTRE SAGESSE BRILLERA PUREMENT.

Mais la seule façon de se sortir de ce pétrin est d'être en phase avec quelqu'un qui est déjà éveillé. Vous êtes endormi ; seul quelqu'un qui est éveillé peut vous secouer et vous aider à sortir de votre sommeil.

Gurdjieff avait l'habitude de dire : Si vous êtes dans une prison, seul quelqu'un qui est sorti de prison peut s'en occuper, peut faire en sorte que vous puissiez vous échapper de la prison ; sinon, c'est impossible. Et vous n'êtes pas seulement dans une prison - on vous a hypnotisé et on vous a dit que ce n'était pas une prison, que c'était votre maison. Vous n'êtes pas seulement dans une prison - vous avez cru que c'était votre maison et vous la décorez. Votre vie entière n'est rien d'autre que la décoration de la prison, et vous êtes en compétition avec d'autres prisonniers qui décorent leurs sombres cellules.

Seul quelqu'un qui est libre, qui a été en prison une fois et qui n'y est plus, peut réussir à vous réveiller, à vous faire prendre conscience de la réalité. Il peut réussir à vous déshypnotiser, il peut vous aider à vous déconditionner, et il peut concevoir des méthodes et des moyens pour que vous puissiez vous échapper de la prison. Il peut soudoyer le directeur, le geôlier ; il peut approcher une échelle du mur, il peut lancer une corde à l'intérieur. Il peut faire un trou dans le mur depuis l'extérieur... mille et une possibilités.

Mais le seul espoir pour vous est d'être en contact profond avec quelqu'un qui est éveillé. Celui qui est éveillé est appelé le maître - SATGURU. Si vous pouvez trouver un maître, ne manquez pas l'occasion - abandonnez-vous, détendez-vous dans son être, imprégnez-vous de sa conscience, laissez son parfum vous entourer. Et le jour n'est pas loin où vous serez aussi éveillé, où vous serez aussi un bouddha.

Rappelez-vous sans cesse que si vous n'êtes pas un bouddha, votre vie n'est qu'un gaspillage. C'est seulement en étant un bouddha que la vie a de la grâce, de la beauté, de l'intelligence, de la signification, de la bénédiction.

Assez pour aujourd'hui.

C'est ici.

La première question :
Question 1 :
MAÎTRE BIEN-AIMÉ,

VOUS AVEZ TOUJOURS FAIT REMARQUER QUE LA PLUPART DES CHOSES ET DES ÉTATS SONT DEUX EXTRÊMES D'UN MÊME ÉTAT, DES OPPOSÉS POLAIRES. ALORS LA HAINE EST L'AUTRE EXTRÉMITÉ DE L'AMOUR. CELA SIGNIFIE-T-IL QU'IL EST AUSSI FACILE DE HAÏR QUE D'AIMER ? L'AMOUR EST SI BEAU. LA HAINE EST SI LAIDE, ET POURTANT ELLE EXISTE AUSSI.

Zareen, l'amour est un état naturel de la conscience. Il n'est ni facile ni difficile. Ces mots ne s'y appliquent pas du tout. Il ne s'agit pas d'un effort ; par conséquent, il ne peut pas être facile et il ne peut pas non plus être difficile. C'est comme respirer ! C'est comme les battements de votre cœur, c'est comme le sang qui circule dans votre corps.

L'amour est votre être même... mais cet amour est devenu presque impossible. La société ne le permet pas. La société vous conditionne de telle sorte que l'amour devient impossible et que la haine devient la seule chose possible. Alors la haine est facile, et l'amour est non seulement difficile mais impossible. L'homme a été déformé. L'homme ne peut être réduit à l'esclavage s'il n'est pas d'abord déformé. L'homme politique et le prêtre se sont engagés dans une profonde conspiration à travers les âges. Ils ont réduit l'humanité à une foule d'esclaves. Ils détruisent toute possibilité de rébellion chez l'homme - et l'amour EST la rébellion, car l'amour n'écoute que le cœur et ne se soucie pas du tout du reste.

L'amour est dangereux parce qu'il fait de vous un individu, et l'État et l'Église ne veulent pas d'individus, pas du tout. Ils ne veulent pas d'êtres humains - ils veulent des moutons. Ils veulent des gens qui ne ressemblent qu'à des êtres humains, mais dont l'âme a été si complètement écrasée, endommagée si profondément, que cela semble presque irréparable.

Et la meilleure façon de détruire l'homme est de détruire sa spontanéité d'amour. Si l'homme a de l'amour, il ne peut y avoir de nations ; les nations existent sur la haine. Les Indiens haïssent les Pakistanais, et les Pakistanais haïssent les Indiens - c'est seulement dans ce cas que ces deux pays peuvent exister. Si l'amour apparaît, les frontières disparaîtront. Si l'amour apparaît, alors qui sera chrétien et qui sera juif ? Si l'amour apparaît, les religions disparaîtront.

Si l'amour apparaît, qui va aller au temple ? Pour quoi faire ? C'est parce que l'amour manque que vous cherchez Dieu. Dieu n'est rien d'autre qu'un substitut à votre amour manquant.

Parce que vous n'êtes pas heureux, parce que vous n'êtes pas en paix, parce que vous n'êtes pas extatique, vous êtes à la recherche de Dieu - sinon, qui s'en soucie ? Qui s'en soucie ? Si votre vie est une danse, Dieu a déjà été atteint. Le cœur aimant est plein de Dieu. Il n'y a pas besoin de chercher, il n'y a pas besoin de prier, il n'y a pas besoin d'aller dans un temple ou chez un prêtre.

Donc, le prêtre et le politicien, ces deux-là sont les ennemis de l'humanité. Et ils sont en conspiration, car le politicien veut régir votre corps et le prêtre veut régir votre âme. Et le secret est le même : détruire l'amour. Alors l'homme n'est rien d'autre qu'un creux, un vide, une existence vide de sens. Alors vous pouvez faire ce que vous voulez de l'humanité et personne ne se rebellera, personne n'aura le courage de se rebeller.

L'amour donne du courage, l'amour enlève toute peur - et les oppresseurs dépendent de votre peur.

Ils créent la peur en vous, mille et une sortes de peur. Tu es entouré de peurs, toute ta psychologie est remplie de peurs. Au fond de vous, vous tremblez. Ce n'est qu'en surface que vous gardez une certaine façade ; sinon, à l'intérieur, il y a des couches et des couches de peur.

Un homme plein de peur ne peut que haïr - la haine est le résultat naturel de la peur. Un homme plein de peur est aussi plein de colère, et un homme plein de peur est plus contre la vie que pour la vie. La mort semble être un état reposant pour l'homme rempli de peur. L'homme craintif est suicidaire, il est négatif pour la vie.

La vie lui semble dangereuse, car pour vivre, il faut aimer - comment vivre ? Tout comme le corps a besoin de respirer pour vivre, l'âme a besoin d'amour pour vivre. Et l'amour est complètement empoisonné.

En empoisonnant votre énergie d'amour, ils ont créé une scission en vous, ils ont fait un ennemi en vous, ils vous ont divisé en deux. Ils ont créé une guerre civile, et vous êtes toujours en conflit. Et dans le conflit, votre énergie est dissipée ; par conséquent, votre vie n'a pas de joie de vivre, de gaieté. Elle ne déborde pas d'énergie, elle est terne, insipide, inintelligente.

L'amour aiguise l'intelligence, la peur l'émousse. Qui veut que vous soyez intelligent ? Pas ceux qui sont au pouvoir. Comment peuvent-ils vouloir que vous soyez intelligent ? - Parce que si vous êtes intelligent, vous commencerez à voir toute la stratégie, leurs jeux. Ils veulent que vous soyez stupides et médiocres. Ils veulent certainement que vous soyez efficaces en ce qui concerne le travail, mais pas intelligents ; c'est pourquoi l'humanité vit au plus bas, au minimum de son potentiel.

Les chercheurs scientifiques affirment que l'homme ordinaire n'utilise que cinq pour cent de son intelligence potentielle au cours de sa vie. L'homme ordinaire, seulement cinq pour cent - qu'en est-il de l'extraordinaire ? Qu'en est-il d'un Albert Einstein, d'un Mozart, d'un Beethoven ? Les chercheurs affirment que même ceux qui sont très talentueux n'utilisent pas plus de dix pour cent. Et ceux que nous appelons les génies, n'en utilisent que quinze pour cent.

Pensez à un monde où chacun utilise cent pour cent de son potentiel... alors les dieux seront jaloux de la terre, alors les dieux voudront naître sur la terre. Alors la terre sera un paradis, un superparadis. Pour l'instant, c'est un enfer.

Zareen, vous dites qu'il devrait être plus facile d'aimer que de haïr. Si l'homme est laissé seul, non empoisonné, alors l'amour sera simple, très simple. Il n'y aura aucun problème. Ce sera juste comme l'eau qui coule vers le bas, ou la vapeur qui monte vers le haut, les arbres qui fleurissent, les oiseaux qui chantent. Ce sera si naturel et si spontané !

Mais l'homme n'est pas laissé seul. Dès que l'enfant naît, les oppresseurs sont prêts à lui sauter dessus, à écraser ses énergies, à les déformer à tel point, à les déformer si profondément, que la personne ne prendra jamais conscience qu'elle vit une fausse vie, une pseudo-vie, qu'elle ne vit pas comme elle était censée vivre, comme elle est née pour vivre ; qu'elle vit quelque chose de synthétique, de plastique, que ce n'est pas sa véritable âme. C'est pourquoi des millions de personnes sont dans une telle misère - parce qu'elles sentent quelque part qu'elles ont été distraites, qu'elles ne sont pas elles-mêmes, que quelque chose a fondamentalement mal tourné.....

L'amour est simple si l'on permet à l'enfant de grandir, si on l'aide à grandir, de façon naturelle - à la manière du dhamma. Si l'enfant est aidé à être en harmonie avec la nature et en harmonie avec lui-même, si l'enfant est soutenu, nourri, encouragé de toutes les manières possibles à être naturel et à être lui-même, une lumière pour lui-même, alors l'amour est simple. On sera simplement aimant !

La haine sera presque impossible, car avant de pouvoir haïr quelqu'un d'autre, vous devez d'abord créer le poison en vous. Vous ne pouvez donner quelque chose à quelqu'un que si vous l'avez. Vous ne pouvez haïr que si vous êtes plein de haine. Et être plein de haine, c'est subir l'enfer. Être plein de haine, c'est être dans le feu. Être plein de haine signifie que tu te blesses d'abord toi-même. Avant de pouvoir blesser quelqu'un d'autre, tu dois te blesser toi-même. L'autre peut ne pas être blessé, cela dépend de l'autre. Mais une chose est absolument certaine : avant de pouvoir haïr, il faut passer par une longue souffrance et une grande misère. L'autre peut ne pas accepter votre haine, la rejeter. L'autre peut être un bouddha - il peut simplement en rire. Il peut vous pardonner, il peut ne pas réagir. Vous ne pourrez peut-être pas le blesser s'il n'est pas prêt à réagir. Si vous ne pouvez pas le perturber, que pouvez-vous faire ? Vous vous sentirez impuissant devant lui.

Ce n'est donc pas nécessairement que l'autre va être blessé. Mais une chose est absolument certaine : si vous haïssez quelqu'un, vous devez d'abord blesser votre propre âme de bien des façons ; vous devez être si plein de poison que vous pouvez en jeter sur les autres.

La haine n'est pas naturelle. L'amour est un état de santé ; la haine est un état de maladie. Tout comme la maladie, elle n'est pas naturelle. Elle n'apparaît que lorsque l'on perd le fil de la nature, lorsque l'on n'est plus en harmonie avec l'existence, avec son être, avec son noyau le plus profond ; alors on est malade, psychologiquement, spirituellement. La haine n'est que le symbole de la maladie, et l'amour celui de la santé, de la plénitude et de la sainteté.

Zareen, l'amour devrait être l'une des choses les plus naturelles, mais ce n'est pas le cas. Au contraire, il est devenu la chose la plus difficile - presque impossible. La haine est devenue facile ; on est entraîné, on est préparé à la haine. Être un hindou, c'est être plein de haine envers les mahométans, les chrétiens, les juifs ; être un chrétien, c'est être plein de haine envers les autres religions. Être un nationaliste, c'est être plein de haine envers les autres nations.

Vous ne connaissez qu'une seule façon d'aimer : c'est de haïr les autres. Vous ne pouvez montrer votre amour pour votre pays qu'en détestant les autres pays, et vous ne pouvez montrer votre amour pour votre église qu'en détestant les autres églises. Vous êtes dans le pétrin !

Ces soi-disant religions continuent de parler d'amour, et tout ce qu'elles font dans le monde, c'est créer de plus en plus de haine. Les chrétiens parlent d'amour et ils ont créé des guerres, des croisades. Les mahométans parlent d'amour et ils ont créé des JIHADS - des guerres de religion. Les hindous parlent d'amour, mais vous pouvez regarder dans leurs écritures - elles sont pleines de haine, de haine pour les autres religions. Vous pouvez étudier le soi-disant grand livre de Dayanand, SATYARTH PRAKASH, et vous trouverez la haine sur chaque page, dans chaque phrase. Et ces livres sont considérés comme des livres spirituels.

Et nous acceptons toutes ces absurdités ! Et nous l'acceptons sans aucune résistance, parce que nous avons été conditionnés à accepter ces choses, on nous a appris que c'est ainsi que sont les choses. Et puis on continue à nier sa propre nature.

L'autre jour, je lisais une blague :

Une femme se confessait - c'était une nonne - elle se confessait à la mère supérieure, pleurant, des larmes coulant sur ses joues ; elle avait l'air terriblement perturbée. Et elle disait : "J'ai commis un péché - quelque chose d'impardonnable. Cet homme est entré dans ma chambre la nuit dernière, et j'étais seule. Et sous la menace d'un revolver, il m'a fait l'amour. Il ne m'a donné que deux alternatives : "Soit tu meurs, soit tu me fais l'amour. Je suis ruinée !" disait-elle. "Ma vie entière est ruinée !"

La mère supérieure a dit : "Ne soyez pas si perturbée, ne soyez pas si inquiète - la compassion de Dieu est infinie. Et il est dit dans les anciennes écritures qu'un homme est autorisé à faire n'importe quoi si c'est une question de survie - sauf cracher sur la Bible. Un homme est autorisé à faire n'importe quoi si c'est une question de survie, et c'était une question de survie pour vous.

Alors ne vous inquiétez pas - vous êtes pardonné !"

Mais la femme est restée troublée et s'est remise à pleurer en disant : "Non. Ça n'aidera pas !"

La mère supérieure a dit : "Pourquoi ça n'aide pas ?"

La nonne a levé les yeux au ciel et a dit : "Parce que j'ai aimé ça."

Vous pouvez nier la nature mais vous ne pouvez pas la détruire. Elle reste quelque part dans les recoins les plus profonds de votre être, vivante. Et c'est le seul espoir.

L'amour a été empoisonné, mais pas détruit. Le poison peut être jeté, hors de votre système - vous pouvez être nettoyé. Vous pouvez vomir tout ce que la société vous a imposé.

Vous pouvez abandonner toutes vos croyances et tous vos conditionnements - vous pouvez être libre. La société ne peut pas vous garder comme esclave pour toujours si vous décidez d'être libre.

C'est ça, le sannyas.

Zareen, il est temps de devenir sannyasin. Il est temps d'abandonner tous les vieux schémas et de commencer un nouveau mode de vie, un mode de vie naturel, un mode de vie non répressif, une vie non pas de renoncement mais de réjouissance.

D'ordinaire, si vous regardez les êtres humains, l'amour est impossible, seule la haine est possible. Mais l'espace que je crée ici est totalement différent : ici, l'amour est la seule possibilité.

La haine deviendra de plus en plus impossible. La haine est l'opposé polaire de l'amour - dans le sens où la maladie est l'opposé polaire de la santé. Mais vous ne devez pas choisir la maladie.

La maladie a quelques avantages que la santé ne peut avoir ; ne vous attachez pas à ces avantages. La haine a également quelques avantages que l'amour ne peut avoir. Et il faut être très vigilant. La personne malade s'attire la sympathie de tous les autres ; personne ne lui fait de mal, tout le monde fait attention à ce qu'il lui dit, il est si malade. Il reste le centre d'intérêt, le centre de tout le monde - la famille, les amis - il devient la personne centrale. Il devient important. Or, s'il s'attache trop à cette importance, à cette satisfaction de l'ego, il ne voudra plus jamais être en bonne santé. Il s'accrochera lui-même à la maladie.

Et les psychologues disent qu'il y a beaucoup de gens qui s'accrochent aux maladies à cause des avantages qu'elles présentent. Et ils ont investi dans leur maladie depuis si longtemps qu'ils ont complètement oublié qu'ils s'y accrochent. Ils ont peur que s'ils deviennent en bonne santé, ils ne soient plus personne.

Vous enseignez cela aussi. Quand un petit enfant tombe malade, toute la famille est si attentive. Ce n'est absolument pas scientifique. Lorsque l'enfant est malade, prenez soin de son corps mais ne lui accordez pas trop d'attention. C'est dangereux, car si la maladie et votre attention s'associent... ce qui ne manquera pas d'arriver si cela se répète. Chaque fois que l'enfant est malade, il devient le centre de toute la famille : le papa vient s'asseoir à ses côtés et s'enquiert de sa santé, le médecin vient, les voisins commencent à venir, les amis s'informent, les gens lui apportent des cadeaux..... Il peut alors devenir trop attaché à tout cela ; cela peut nourrir tellement son ego qu'il n'aimera peut-être pas se rétablir.

Et si cela arrive, alors il est impossible d'être en bonne santé. Aucun médicament ne peut aider. La personne s'est résolument engagée dans la maladie. Et c'est ce qui est arrivé à de nombreuses personnes - la majorité.

Lorsque vous haïssez, votre ego est comblé. L'ego ne peut exister que s'il hait, parce qu'en haïssant vous vous sentez supérieur, en haïssant vous devenez séparé, en haïssant vous vous définissez, en haïssant vous atteignez une certaine identité. Dans l'amour, l'ego doit disparaître. Dans l'amour, vous n'êtes plus séparé - l'amour vous aide à vous dissoudre avec les autres. C'est une rencontre et une fusion.

Si vous êtes trop attaché à l'ego, alors la haine est facile et l'amour est très difficile. Soyez vigilants, attentifs : la haine est l'ombre de l'ego, et l'amour nécessite un grand courage. Il faut un grand courage parce qu'il nécessite le sacrifice de l'ego. Seuls ceux qui sont prêts à devenir des nuls sont capables d'aimer. Seuls ceux qui sont prêts à devenir rien, totalement vides d'eux-mêmes, sont capables de recevoir le don de l'amour de l'au-delà.

Si tu es vigilante, Zareen, l'amour deviendra très simple et la haine impossible. Et le jour où la haine deviendra impossible et l'amour naturel, tu seras arrivée chez toi. Alors il n'y a nulle part où aller - Dieu a été atteint.

Être absolument naturel, c'est tout ce que signifie trouver Dieu.

La deuxième question :

Question 2 :

MAÎTRE BIEN-AIMÉ,

QU'EST-CE QUE C'EST ?

Prabhati, il y a deux sortes de choses dans l'existence : l'une, ce qui peut être expliqué ; et l'autre, ce qui ne peut être qu'expérimenté. Les choses qui peuvent être expliquées sont banales, ordinaires, elles n'ont pas de valeur intrinsèque. Et les choses qui ne peuvent être expliquées sont vraiment significatives, ont une valeur intrinsèque.

Par exemple, le sexe peut être expliqué, l'amour ne peut pas l'être. Par conséquent, le sexe devient une marchandise - il peut être vendu, il peut être acheté. L'amour n'est pas une marchandise ; vous ne pouvez pas le vendre, vous ne pouvez pas l'acheter - c'est impossible. Le sexe peut être expliqué car il fait partie de la physiologie. L'amour ne peut être expliqué - il fait partie de votre mystère intérieur.

Si votre sexualité ne s'élève pas jusqu'à l'amour, elle est banale, elle n'a rien de sacré. Lorsque votre sexualité devient amour, elle entre alors dans une dimension totalement différente - la dimension du mystérieux et du miraculeux. Il devient alors religieux, sacré, il n'est plus profane.

Et il existe un stade d'amour encore plus élevé - je l'appelle la prière - qui est absolument inexplicable, qui est absolument ineffable. Rien ne peut être dit à son sujet.

Lorsqu'un disciple a demandé à Jésus : "Qu'est-ce que la prière ?" Jésus est tombé à genoux et a commencé à prier. Que pouvez-vous faire d'autre ? La prière ne peut pas être expliquée, on ne peut rien dire à son sujet, mais on peut la montrer. Que peux-tu dire de la mort, que peux-tu dire de la vie ?

Tout ce que vous direz restera lettre morte ; cela ne pourra pas s'élever jusqu'aux sommets de la vie et de la mort. Ce sont des expériences.

Que pouvez-vous dire de la beauté ? Même si le lac est plein de beaux lotus et que c'est une nuit de pleine lune, et que tout est bénédiction, quelqu'un peut demander, "Qu'est-ce que la beauté ?" Que pouvez-vous dire ? Vous pouvez montrer ! Vous pouvez dire, "C'est ça !" Mais il dira : "Je demande une définition."

Rabindranath, l'un des plus grands poètes de ce pays, vivait sur une petite péniche.

Il avait l'habitude de vivre pendant des mois ensemble sur cette péniche ; il aimait vivre sur la péniche. C'était une nuit de pleine lune et il lisait dans sa chambre, une petite cabine, juste à la lumière d'une petite bougie, et il lisait sur l'esthétique - qu'est-ce que la beauté ? Et la pleine lune dehors, et le coucou qui criait depuis la rive lointaine, et la lune qui se reflétait sur le lac, et tout le lac était argenté... ! C'était une nuit extrêmement silencieuse, personne autour, sauf le coucou. De temps en temps, un oiseau volait au-dessus du bateau, ou un poisson sautait dans le lac - et ces sons approfondissaient encore plus le silence. Et il méditait sur les grands livres d'esthétique à la recherche de la définition de ce qu'est la beauté.

Fatigué, épuisé, au milieu de la nuit, il a soufflé la bougie... et il a été choqué, surpris. Alors qu'il soufflait la bougie, les rayons de la lune sont entrés par la fenêtre, par la porte, à l'intérieur de la cabane. La lumière pâle de la bougie avait empêché la lune d'entrer. Soudain, il a entendu le coucou qui appelait de la rive lointaine.

Soudain, il a pris conscience de l'immense silence, de la profondeur du silence qui entourait le bateau. Un poisson a sauté, et il est sorti..... Il n'avait jamais vu une nuit aussi belle. Quelques nuages blancs flottant dans le ciel, la lune, le lac et le coucou... il était transporté dans un autre monde.

Il écrit dans son journal : "Je suis fou ! J'ai cherché dans les livres ce qu'est la beauté, et la beauté se tenait devant ma porte, frappant à ma porte ! Je cherchais la beauté, je cherchais la beauté, avec une petite bougie, et la petite lumière de la bougie empêchait le clair de lune de sortir." Il a écrit dans son journal : "Il semble que mon petit ego empêche Dieu d'entrer - le petit ego, comme une pâle petite bougie, empêche la lumière de Dieu d'entrer. Et il attend dehors. Tout ce que je dois faire, c'est fermer les livres, souffler la bougie de l'ego et sortir - ET VOIR !".

Prabhati, vous me demandez : "Qu'est-ce que c'est ?"

Cette... cette authenticité... ce moment où vous êtes entouré par l'est. C'est en vous et sans vous. Le gazouillis des oiseaux... et ce silence... et vous me demandez ce qui est ?

Ce n'est pas une question à laquelle on peut répondre. C'est une question dangereuse aussi, dangereuse dans le sens où vous pouvez trouver une personne stupide qui y répond, et ensuite vous pouvez vous accrocher à cette réponse. Quelqu'un dira : "Dieu est", et vous vous accrocherez à cette réponse.

Et alors une autre question se posera : "Qu'est-ce que Dieu ?" Et là, vous êtes prêt à tomber dans une régression infinie.

Un homme qui a rendu un jour un service à Dieu a reçu comme récompense la promesse d'une réponse à une question, n'importe quelle question. Mais Dieu l'a averti que certaines choses ne peuvent être vécues que par expérience et ne peuvent être expliquées. Alors qu'il réfléchissait, puis commençait à poser sa question cosmique, Dieu l'a de nouveau mis en garde contre l'expérience et les explications.

L'homme ne put contenir plus longtemps sa question et demanda à savoir ce qu'il y a après la mort, et Dieu le tua sur place.

Que pouvait faire Dieu d'autre ? Il l'a tué là où il se tenait, il l'a tué immédiatement, parce que si tu veux savoir ce qu'il y a après la mort, tu dois mourir ! Soyez très prudents. On peut vous donner des explications sur des choses qui appartiennent au monde, au monde objectif. Pour cela, il faut demander au scientifique ; il sait, c'est son affaire. Ne demandez pas au mystique des choses qui peuvent être expliquées ; ce n'est pas son problème. Il s'intéresse aux choses qui peuvent être expérimentées.

Ne me pose pas de question qui ne puisse être expliquée. Soyez en ma présence, ressentez ma présence, soyez ouvert et vulnérable. Nous sommes ici pour vivre une expérience. Toutes les explications sur les mystères de la vie ne sont rien d'autre que l'explication de ces choses.

Le sens fondamental, la racine du mot "explication" est "aplatir une chose" - mais aplatir une chose, c'est la détruire. Si quelqu'un pouvait répondre à la question "Qu'est-ce que Dieu ? Qu'est-ce que l'amour ? Qu'est-ce que la prière ? Qu'est-ce que c'est ?", il aurait aplati une expérience magnifique, terriblement belle, incroyable, en des mots affreux. Tous les mots sont inadéquats.

Soyez et sachez ! Soyez tranquille et sachez ! Vous n'êtes pas ici pour apprendre plus de mots ; vous êtes ici pour vous enfoncer plus profondément dans le silence. Utilisez mes mots comme des indices vers une existence sans mots.

C'est ici ! Qu'est-ce que vous demandez ? Ressentez ce moment... dans sa totalité, dans toute sa dimensionnalité, et une grande beauté descendra, une grande beauté, une grande bénédiction vous entourera ; une grâce, une extase très silencieuse commencera à monter en vous. Vous vous sentirez ivre d'existence.

S'enivrer de l'existence - c'est la seule façon de la connaître.

La troisième question :

Question 3 :

MAÎTRE BIEN-AIMÉ, QUELLE EST VOTRE OPINION SUR LA SCIENTOLOGIE ?

Aïda, c'est fantastique... Je veux dire des conneries, des conneries totales ! Faites attention à ces choses stupides. Elles se déplacent dans le monde au nom de la science parce que la science a du crédit, donc toute sorte de stupidité peut prétendre être scientifique. Et les gens sont très impressionnés par les mots : "scientologie". Les gens sont très impressionnés par les gadgets brillants, les instruments..... L'homme est tellement inconscient de lui-même qu'il peut être victime de n'importe quoi ! Il suffit de le propager, d'en faire la publicité - et notre siècle dispose des médias les plus efficaces pour faire de la publicité, pour propager les choses.

La Scientologie n'est rien d'autre qu'une sorte d'hypnose - elle peut vous hypnotiser. Et la vraie religion est tout le contraire : c'est la déhypnose. Vous êtes déjà hypnotisé, vous n'avez plus besoin de scientologie. Vous avez besoin d'un processus de déshypnose, vous avez besoin de déconditionnement, vous avez besoin de sortir de toutes sortes d'idéologies. La scientologie est une idéologie. Elle parle en termes de science, et la science a beaucoup d'attrait. La science est la superstition moderne.

L'homme moderne est immédiatement impressionné si vous faites intervenir la science. Il faut donc prouver scientifiquement tout et n'importe quoi. Et il y a des charlatans qui continuent à prouver Dieu scientifiquement et qui essaient de mesurer les états de méditation - comme si la méditation pouvait être mesurée. Tout ce que vous pouvez mesurer sera du mental ; le non-mental ne peut être mesuré. Toutes vos ondes alpha, etc., ne vont pas aider. Elles ne peuvent aller que jusqu'à un certain point dans l'esprit. Mais la méditation ne commence que là où le mental s'arrête.

L'esprit est mesurable, parce que l'esprit EST une machine. Mais le non-esprit est incommensurable, il n'a pas de limites. Ainsi, toutes les absurdités qui se produisent au nom de la mesure... et les gens sont très impressionnés. Ils sont assis devant des gadgets très brillants - cela donne une impression de science - des fils attachés à la tête, aux mains, tout comme un cardiogramme.

Ils essaient de comprendre le silence intérieur. C'est impossible ! Tout ce que vous enregistrez est l'esprit. Toutes les ondes sont de l'esprit.

La méditation est sans onde parce qu'elle est sans pensée. La méditation ne peut pas être enregistrée ; il n'y a pas de cardiogramme, il n'y a pas de machine qui puisse l'enregistrer. Elle est très insaisissable, elle est très subjective, elle ne peut être réduite à un objet. Mais comme l'esprit occidental est très objectif, qu'il a été formé à la science, il y a maintenant des charlatans qui tirent profit de cette attraction et de cette formation.

La Scientologie est l'une de ces pseudo-religions. La vraie religion n'a pas besoin de cela. Et la scientologie détruit l'esprit de nombreuses personnes.

L'homme moderne se trouve dans une situation particulière : les anciennes religions ont perdu leur emprise, leur crédibilité, et la nouvelle religion n'est pas encore arrivée - il y a un vide. Et l'homme ne peut pas vivre sans religion, c'est impossible ; la religion est un tel besoin. Donc, si le vrai n'est pas disponible, le faux s'impose, le faux devient un substitut. La scientologie est une fausse religion, et il y en a beaucoup d'autres comme la scientologie.

La vraie religion consiste à devenir totalement silencieux, inconditionné, non hypnotisé. C'est aller au-delà du mental, au-delà de l'idéologie ; c'est aller au-delà des écritures et du savoir. C'est simplement tomber dans sa propre intériorité, devenir totalement silencieux, ne rien savoir, et fonctionner à partir de cet état d'ignorance, de cette innocence.

Lorsque vous agissez par innocence, vos actions ont une beauté qui leur est propre. C'est ça la vertu - AES DHAMMO SANANTANO.

La quatrième question :

Question 4 :

MAÎTRE BIEN-AIMÉ, LA PSYCHANALYSE NE PEUT-ELLE PAS RÉSOUDRE LES PROBLÈMES DE L'HOMME ? LA RELIGION EST-ELLE VRAIMENT NÉCESSAIRE ?

Neelima, la psychanalyse est une chose superficielle - utile mais très superficielle. Elle n'analyse que les grondements de surface de votre esprit. Elle est certainement bien meilleure que la scientologie, car au moins elle analyse la réalité RÉELLE. Elle s'intéresse à l'esprit que vous avez. Elle essaie de pénétrer dans votre inconscient, dans la partie refoulée de votre esprit. Elle peut vous aider, mais elle ne peut pas résoudre tous vos problèmes car sa portée est très limitée. Par conséquent, Freud ne pouvait pas satisfaire, il ne pouvait que toucher une partie de votre esprit. Adler a touché une autre partie de votre esprit - il ne pouvait pas non plus vous satisfaire. Jung a touché une autre partie de votre esprit - il n'a pas pu vous satisfaire, car les parties sont des parties et le problème appartient à l'ensemble.

Assagioli va un peu plus loin que ces trois-là. Il laisse tomber la psychanalyse et commence à appeler son entreprise "psychosynthèse". C'est un peu mieux - il synthétise. Freud est un fanatique ; il prétend que ce qu'il dit est la vérité, la seule vérité et toute la vérité. Et quiconque s'y oppose est contre la vérité. Il ne peut y avoir d'autre possibilité - c'est la seule voie possible. Le fanatique affirme toujours : "C'est la seule voie". Le fanatique ne laisse pas à la vie sa richesse, sa variété.

Et Adler aussi. Ils étaient tous fondamentalement des disciples de Freud, bien qu'ils aient rejeté ses connaissances. Mais ils n'ont jamais pu rejeter son fanatisme de base. Ils rejetaient ce qu'il disait, mais ils n'ont jamais pu rejeter l'impression qu'il avait laissé sur leurs êtres.

Jung était aussi un suiveur, un disciple, puis il s'est rebellé contre lui. Mais même dans sa rébellion, il est resté, au fond, la même personne - la même insistance à revendiquer le tout, à connaître le tout.

Assagioli est bien meilleur, car il dit que ces trois personnes ont du sens, mais qu'elles sont partielles - elles doivent être synthétisées. Une approche synthétique est nécessaire, qui combine tous les efforts. Mais Assagioli commet une erreur fondamentale. Vous pouvez disséquer le corps d'un homme pour savoir ce qu'il contient ; une fois que vous l'aurez disséqué, vous ne trouverez pas d'âme - ce n'est pas la façon de trouver une âme. Vous trouverez des mains et des jambes, une tête et des yeux, un cœur et des reins, et des milliers de choses que vous trouverez, et vous pouvez faire une longue liste... mais vous ne trouverez pas l'âme. Et naturellement vous conclurez qu'il n'y a pas d'âme.

C'est ce qui a été fait par Freud, Adler et Jung. Puis vint Assagioli. Il a dit, "Ce n'est pas bien. La dissection n'est pas la bonne méthode, l'analyse n'est pas la bonne méthode - je vais essayer la synthèse." Alors il rassemble à nouveau toutes ces parties, les recoud ; il fait un bon travail de couture, mais l'homme n'est toujours pas vivant, l'âme n'est pas là. Une fois que l'âme est partie, il est impossible de la ramener en reconstituant le corps. C'est donc maintenant un cadavre - mieux que Freud, Adler et Jung, parce qu'ils étaient seulement comme les proverbiaux aveugles, les cinq aveugles, qui étaient allés voir l'éléphant. Chacun prétendait : "Mon expérience de l'éléphant EST l'éléphant". Celui qui avait touché la patte de l'éléphant disait que l'éléphant n'est rien d'autre qu'un pilier... et ainsi de suite. Freud, Jung et Adler sont tous des parties aveugles et sensibles de l'éléphant. Et l'éléphant de la vie est vraiment immense, énorme.

Maintenant, ce qu'Assagioli a fait, c'est qu'il a recueilli les opinions des cinq aveugles et il a rassemblé toutes ces opinions, et il dit : "C'est la bonne chose. J'ai fait la synthèse, c'est la vérité." Ce n'est pas ainsi que l'on trouve la vérité. En mettant ensemble les opinions de cinq aveugles, on n'arrive pas au véritable éléphant.

Le véritable éléphant a besoin d'YEUX pour être vu. La psychanalyse est aveugle, tout comme la psychosynthèse - un peu plus sage, mais aveugle tout de même. Elles ne peuvent pas résoudre les problèmes de l'homme parce que le problème fondamental de l'homme n'est pas psychologique mais spirituel, pas psychologique mais existentiel. L'homme n'est pas seulement un corps, sinon le physiologiste aurait résolu tous ses problèmes. Et l'homme n'est pas seulement une psyché, sinon le psychologue aurait résolu ses problèmes. L'homme est bien plus : l'homme est une unité organique - corps, esprit, âme... ces trois-là plus quelque chose de mystérieux : le quatrième. Les mystiques en Inde l'ont appelé simplement le quatrième - TURIYA. Ils ne lui donnent pas de nom car aucun nom ne peut lui être donné.

Corps, esprit, âme, ces trois éléments sont nommables. Le corps est disponible pour une observation objective. L'esprit est disponible pour une observation objective et subjective - vous pouvez l'observer de l'extérieur en tant que comportement et de l'intérieur en tant qu'idées, pensées, imagination, mémoire, instinct, sentiment, et ainsi de suite. L'âme n'est disponible qu'en tant qu'expérience subjective. Et au-delà de ces trois éléments, il y a le quatrième qui les maintient tous ensemble : turiya - le quatrième, sans nom. Ce quatrième a été appelé Dieu, le quatrième a été appelé nirvana, le quatrième a été appelé illumination.

Le problème de l'homme est complexe. S'il n'était que le corps, les choses auraient été simples, la science aurait tout résolu. S'il n'était que l'esprit, la psychologie aurait suffi. Mais il est un phénomène très complexe, quadridimensionnel. Et si vous ne connaissez pas la quatrième, si vous n'entrez pas dans la quatrième, vous ne connaissez pas l'homme dans sa totalité. Et sans le connaître dans sa totalité, le problème ne peut être résolu.

La psychanalyse peut vous donner une approche philosophique, mais pas une transformation existentielle.

Lors des derniers jours d'une convention de psychiatres, l'un des médecins présents à la conférence de clôture a remarqué qu'une séduisante doctorante se faisait peloter par l'homme assis à côté d'elle.

"Est-ce qu'il vous dérange ?" demande le galant observateur à la femme.

"Pourquoi devrais-je être dérangée ?" a-t-elle répondu. "C'est SON problème."

La psychanalyse, la psychiatrie, la psychologie, peuvent vous donner une approche philosophique de la vie. Ils peuvent vous donner la qualité d'être éloigné des problèmes de la vie, mais les problèmes ne sont pas résolus. Et le psychiatre n'a même pas résolu ses propres problèmes - comment peut-il aider les autres à résoudre les leurs ?

Même Sigmund Freud n'est pas un bouddha, il est plein de problèmes - en fait plus que les soi-disant êtres humains. Il avait très peur de la mort, trop peur de la mort - à tel point que même le mot "mort" n'était pas prononcé devant lui par ses disciples, car une ou deux fois, rien qu'en entendant le mot "mort", il s'était évanoui. Le mot "mort" suffisait ! Il s'évanouissait, il perdait connaissance, il tombait de sa chaise.

Freud a mis le sexe en lumière. Il a fait un grand travail : il a détruit un tabou, le tabou qui était resté pendant des siècles. Le sexe était un sujet tabou, dont on ne devait pas parler. Il l'a amené à la lumière. Il a fait un grand travail de pionnier - il doit être respecté pour cela.

Mais la mort était taboue pour lui ; il ne pouvait même pas entendre le mot. Il semble y avoir un lien.

Voici MON observation : il y a eu deux types de sociétés dans le monde - une société qui fait du sexe un tabou, puis elle n'a pas peur de la mort ; et l'autre société qui lève le tabou du sexe, puis elle a immédiatement peur de la mort. Nous n'avons pas encore réussi à créer une société dans laquelle ni le sexe ni la mort ne sont des tabous.

Mon sannyasin doit le faire.

Pourquoi cela se passe-t-il ainsi ?

Par exemple, en Inde, le sexe est tabou - vous ne devez pas en parler - mais la mort n'est pas taboue. Vous pouvez en parler ; en fait, tous les enseignants religieux parlent de la mort. Ils font en sorte que les gens aient tellement peur de la mort, en en parlant encore et encore et encore. Ils créent tellement de peur chez les gens que c'est par peur que les gens commencent à devenir religieux. Toutes les écritures indiennes sont pleines de descriptions de la mort. La mort semble être l'un des sujets les plus abordés en Inde - pas le sexe. Le sexe est tabou. Le sexe est la vie, et si vous choisissez la mort, vous ne pouvez pas choisir le sexe - l'un ou l'autre.

Freud a rendu un grand service à l'humanité ; il a fait passer le sexe des coins sombres de l'âme au monde ouvert. Mais immédiatement, la mort est devenue un tabou ; il a lui-même eu peur de la mort. Ce sont des opposés polaires, et l'homme total sera capable de comprendre les deux.

Et l'homme total, l'homme entier, est ma définition de l'homme saint. Il sera capable de parler du sexe, de l'observer, de l'analyser, de le disséquer, de l'approfondir, de le méditer - et il sera capable de faire de même avec la mort. ...Parce que tu n'es ni le sexe ni la mort : tu es le témoin des deux. Tu n'es ni la vie ni la mort : tu es le témoin des deux. Ce témoignage vous amènera au quatrième - turiya. Et ce n'est que lorsque vous entrez dans le quatrième que tous les problèmes disparaissent, se dissolvent. Avant cela, les problèmes demeurent.

Vous pouvez devenir très très expert dans l'analyse des problèmes - cela ne vous aidera pas.

Une belle femme rend visite à un psychanalyste. "Enlevez vos vêtements", dit le psychanalyste dès qu'elle entre.

"Mais en réalité, j'étais...."

"Je te dis d'enlever tes vêtements", insiste le psy sans lui laisser le temps de répondre.

"Mais, docteur, je suis venu parce que j'ai un problème et je pensais...."

"Ne réfléchissez pas. Déshabillez-vous et ne me faites pas perdre mon temps", insiste le psy encore plus grossièrement.

La femme étonnée et embarrassée se déshabille et immédiatement le psy lui saute dessus.

Au bout d'une demi-heure, le psy, remontant son pantalon, regarde la femme qui ne comprend toujours pas ce qui se passe et dit plus calmement : "Bon, maintenant que j'ai résolu mon problème, voyons si je peux résoudre le vôtre."

Seul un bouddha peut vous aider à résoudre vos problèmes - celui qui n'a pas de problèmes à lui.

La religion ne peut pas être abandonnée, ne peut jamais être abandonnée. La religion n'est pas quelque chose de superficiel et d'accidentel : c'est un besoin intrinsèque, elle est absolument nécessaire.

Neelima, vous me demandez : "La psychanalyse ne peut-elle pas résoudre les problèmes de l'homme ?" Non. Elle peut vous aider à comprendre un peu plus vos problèmes, et en comprenant vos problèmes vous pouvez contrôler votre vie d'une certaine manière, dans une certaine mesure. La psychanalyse peut vous aider à devenir un peu plus normal que vous ne l'êtes ; elle peut réduire votre anormalité enflammée et excitée à un espace un peu plus calme et plus frais - c'est tout. Elle peut faire baisser un peu votre température, mais elle ne peut pas résoudre. Elle ne peut qu'aider, consoler.

J'ai entendu parler d'un homme qui fumait trois cigarettes à la fois - c'était son obsession. C'était très embarrassant ; les gens le regardaient, ce qu'il faisait, et il se sentait très timide et honteux. Mais c'était impossible, il ne pouvait pas s'en empêcher, il devait le faire de cette façon, sinon il restait très insatisfait.

Il avait essayé tous les moyens possibles, tout ce qu'on lui avait suggéré. Rien n'a aidé.

Puis quelqu'un a suggéré : "Allez voir un psychanalyste."

Après un an de psychanalyse et des milliers de dollars gaspillés, un ami lui a demandé : "La psychanalyse t'a-t-elle aidé ?".

Il a dit : "Certainement !"

Mais l'homme ne pouvait pas le croire, car il a vu qu'il fumait encore trois cigarettes.

Il a donc demandé : "Mais vous fumez encore trois cigarettes, je ne comprends pas en quoi la psychanalyse vous a aidé."

Il a dit : "Maintenant, je n'ai plus honte ! Mon psychanalyste m'a aidé à comprendre que c'est tout simplement normal. Qu'y a-t-il de mal à cela ? Quelques personnes en fument une, j'ai entendu parler d'une personne qui en fume deux, moi j'en fume trois ! La différence n'est qu'une question de quantité - et qu'y a-t-il de mal à fumer trois cigarettes ? Depuis un an, mon psychanalyste persiste à dire qu'il n'y a rien de mal à cela ; maintenant je n'ai pas honte. En fait, je suis la seule personne au monde qui fume trois cigarettes simultanément ! Maintenant, je me sens très supérieur".

La psychanalyse peut vous apporter de nombreuses consolations. Elle peut vous aider à rationaliser, à normaliser, à ne pas avoir honte - mais elle ne résout rien. Elle ne le peut pas.

Les problèmes ne sont jamais résolus si vous restez sur le même plan d'existence. C'est quelque chose de très fondamental à comprendre.

Si vous voulez résoudre un problème, vous devez vous élever au-dessus du plan. Il ne peut pas être résolu sur le même plan. Dès que vous atteignez un plan supérieur, les problèmes du plan inférieur disparaissent tout simplement. C'est le rôle de la religion : vous aider à aller toujours plus haut. Dès que vous avez atteint le quatrième état, le turiya, tous les problèmes disparaissent, se dissolvent, perdent leur sens. Non pas que vous ayez trouvé des solutions, non, pas du tout - la religion ne s'intéresse pas aux solutions. Aucune solution ne peut jamais résoudre un problème ; elle peut vous aider à résoudre un problème, mais elle en créera un autre. La solution elle-même peut devenir le problème.

Vous pouvez devenir tellement attaché et dépendant de la solution.....

Cela se produit presque tous les jours dans votre vie : vous êtes malade, vous prenez un certain médicament, cela vous aide, puis vous devenez dépendant du médicament ; ensuite vous êtes dépendant, puis vous ne pouvez plus quitter le médicament. Maintenant, le médicament a ses propres effets secondaires - maintenant, ils commencent à vous torturer. Maintenant, pour eux, vous aurez besoin d'autres médicaments... et ainsi de suite. Il n'y a pas de fin à cela.

Aucune solution ne peut réellement devenir une solution. La religion a une approche totalement différente. Elle ne vous donne pas de solution, elle vous aide simplement à élever le niveau de votre conscience. La religion permet d'élever le niveau de conscience. Elle vous élève plus haut que le problème, elle vous donne une vue à vol d'oiseau. Maintenant, vous vous tenez au sommet d'une colline et vous regardez la vallée... et les problèmes de la vallée sont tout simplement insignifiants. Ils n'ont aucune signification pour l'homme qui se tient au sommet de la colline ensoleillée. Ils ont tout simplement perdu toute pertinence.

La cinquième question :

Question 5 :

MAÎTRE BIEN-AIMÉ,

JE SUIS ICI DEPUIS NEUF MOIS ET JE DONNE NAISSANCE À MA PREMIÈRE QUESTION.

AUJOURD'HUI EN CONFÉRENCE VOUS AVEZ DIT, "LE SEXE EST FATIGUANT...." POUR MOI, LE SEXE EST LA PLUS DOUCE EXPLOSION DE MUSIQUE, DE COULEUR, DE LUMIÈRE, QUI DÉBORDE ET FAIT ÉCLATER CHAQUE CELLULE DE MON ÊTRE. C'EST GLISSER SUR LE FILET DE

MA PEAU, FONDRE D'AMOUR DANS LES BRAS DE DIEU, ÊTRE EXQUISÉMENT PERDU, HORS DU TEMPS, HORS DE L'ESPRIT - ÊTRE DIEU. ET CES MOTS NE LE DISENT PAS. CE SONT CES EXPÉRIENCES QUI M'ONT CONDUIT À TOI. JE N'AI MÊME PAS UN APERÇU DE LA "STUPIDITÉ DU SEXE". LE SEXE EST MA SOURCE DE RELAXATION LA PLUS PROFONDE ET D'ÉNERGIE ILLIMITÉE, AINSI QUE DE FÉLICITÉ LA PLUS ÉLEVÉE : LE CONTRAIRE DE LA FATIGUE.

LES HOMMES TROUVENT-ILS LE SEXE PLUS FATIGANT QUE LES FEMMES, OU EST-CE QUE J'AI ENCORE BEAUCOUP DE CHEMIN À PARCOURIR POUR Y RENONCER ? OU QUOI ?

VEUILLEZ COMMENTER.

Apurna, ton expérience est parfaitement valable, mais parce que c'est une telle extase, une telle excitation, combien de temps peux-tu continuer à la répéter ? Tôt ou tard, il arrive un moment où elle devient répétitive, identique, et elle commence alors à perdre sa joie. C'est à ce moment-là qu'elle devient fatigante.

Votre expérience est parfaitement valable, mais très limitée. La vie est bien plus. Elle commence par le sexe, mais elle ne s'y termine pas. Je suis parfaitement heureux que vous appréciez le sexe - profitez-en autant que possible tant que cela dure. Et plus vous en profiterez, plus vite vous en serez fatigué.

Mais pas besoin de s'inquiéter pour ça. Je répondais à la question d'un autre, qui en a assez. Il a vécu toutes ces joies, il a joué avec tous ces jouets. Vous donnez de grands noms à ces jouets - ce ne sont que des ours en peluche. Vous pouvez appeler votre ours en peluche "Dieu", et rien n'est faux..... Lorsqu'un enfant porte son ours en peluche et l'appelle "Dieu", et qu'il ne peut pas s'endormir sans lui, il est très détendu, et si vous lui enlevez son ours en peluche, il devient très tendu ! Même les ours en peluche sales... et il les portera. Même les parents ont honte parce que s'ils partent en vacances, il porte son ours en peluche - sale, malodorant... mais l'enfant ne peut pas vivre sans lui. C'est sa vie même. Mais un jour, espérons-le, il en aura assez et il le jettera dans un coin et l'oubliera pour toujours.

Il est vraiment difficile de répondre à vos questions, car la question d'une personne n'est pertinente que pour elle, et la réponse que je donne n'est pertinente que pour elle. Cela peut ne pas correspondre à votre expérience.

Un jour, j'ai dit que l'homosexualité était une perversion. Immédiatement, quelques lettres sont arrivées - très en colère, car il y a quelques homosexuels ici. Ils m'ont dit : "De quoi parlez-vous ? Nous sommes venus ici uniquement parce que nous pensions que vous acceptiez tout, que vous ne rejetiez pas, que vous ne condamniez rien." Je n'ai pas condamné. Mais la question et la réponse étaient destinées à une personne en particulier. Vous ne devez pas vous inquiéter à ce sujet ; cela peut ne pas être pertinent pour vous.

Pour un homosexuel, l'homosexualité est une religion - sa religion - il ne croit pas à l'hétérosexualité. Il pense que les hétérosexuels sont un peu pervers, ou du moins très orthodoxes, des gens dépassés... qui ne devraient plus exister, qui ne sont plus contemporains - - quelle absurdité racontent-ils ?

Pour l'hétérosexuel, l'homosexuel semble être très pervers, animaliste, même en dessous des animaux. Et pour l'homosexuel, l'hétérosexuel est animaliste, car l'homosexualité est une invention de l'homme, de l'homme supérieur. Les animaux ne sont pas homosexuels - du moins pas à l'état sauvage. Dans les zoos, parfois, oui, mais là, ils sont touchés par les êtres humains, ils apprennent des êtres humains. Mais à l'état sauvage, ils ne sont pas homosexuels.

L'homosexualité est donc quelque chose de spécial que l'homme a découvert. C'est un phénomène déterminant. Tout comme Aristote dit que l'homme est un être rationnel, l'homosexuel dit que l'homme est un être homosexuel - seul l'homme a la capacité de s'élever à de tels sommets. L'hétérosexualité est tout à fait ordinaire : les chiens le font et... il n'y a rien de spécial ! Il ne faut pas s'en vanter.

Deux chameaux s'approchent lentement l'un de l'autre dans le désert, leurs cavaliers étant habillés de façon identique, avec des bermudas excessivement longs et des casques de type topi. Ils font une pause, et les cavaliers parlent - avec un accent britannique exagéré :

"Anglais ?"

"De cawss."

"Le ministère des Affaires étrangères ?"

"La photographie de cinéma".

"Oxford ?"

"Cambridge."

"Homosexuel ?"

"Certainement pas !"

"Dommage !"

Et les deux chameaux continuent leurs chemins séparés à travers le désert.

Je dois parler à toutes sortes de gens - les chameaux sont là. Donc, si ce n'est pas votre question, ne soyez pas gêné par ma réponse, oubliez-la. Elle concerne quelqu'un d'autre, qui est bien plus mûr que vous.....

La dernière question :

Question 6 :

MAÎTRE BIEN-AIMÉ, QUELS SERONT VOS DERNIERS MOTS AU MONDE ?

Cela me rappelle une histoire que George Gurdjieff racontait à ses plus proches disciples. Il s'agit de l'histoire d'un grand maître du passé, un bouddha, qui avait un bras droit autoproclamé qui était un fidèle disciple pendant des années. Et lorsque le maître était dans sa chambre sur son lit de mort, tous les disciples attendaient en silence près de la porte, ne sachant que faire et incapables de croire que leur maître mystique était vraiment en train de mourir.

Finalement, à travers le silence triste, on entendit faiblement la voix du maître appeler le nom du bras droit, et tous les disciples le regardèrent attentivement tandis qu'il se dirigeait vers la porte du maître. Alors qu'il saisissait la poignée, il jeta un coup d'œil aux visages qui l'entouraient et imagina leur envie et leur respect pour lui, le seul à avoir été appelé aux côtés du maître dans ses derniers instants. Il imaginait déjà comment, après la mort du maître, il émergerait lentement de la pièce comme le nouveau chef du système, un véritable Pierre-du-Rock.

Il entra silencieusement dans la pièce sombre et lentement, il fit son chemin et s'agenouilla près du lit. Le vieux maître lui a fait signe de s'approcher, il s'est penché, l'oreille en attente près de la bouche du vieux, et le maître a murmuré : "Va te faire foutre."

Assez pour aujourd'hui.

La cuillère goûte-t-elle la soupe ?

COMBIEN LONGUE EST LA NUIT POUR LE GARDIEN, COMBIEN LONGUE EST LA ROUTE POUR LE VOYAGEUR FATIGUÉ, COMBIEN LONGUE EST L'ERRANCE DE NOMBREUSES VIES POUR LE FOU QUI MANQUE LE CHEMIN.

SI LE VOYAGEUR NE PEUT TROUVER UN MAÎTRE OU UN AMI POUR L'ACCOMPAGNER, QU'IL VOYAGE SEUL PLUTÔT QU'AVEC UN FOU POUR COMPAGNIE.

"MES ENFANTS, MES RICHESSES !" AINSI LE FOU S'INQUIÈTE. MAIS COMMENT A-T-IL DES ENFANTS OU DES RICHESSES ? IL N'EST MÊME PAS SON PROPRE MAÎTRE.

LE FOU QUI SAIT QU'IL EST UN FOU EST D'AUTANT PLUS SAGE. LE FOU QUI PENSE QU'IL L'EST EST EN EFFET UN FOU.

LA CUILLÈRE GOÛTE-T-ELLE LA SOUPE ? UN FOU PEUT VIVRE TOUTE SA VIE EN COMPAGNIE D'UN MAÎTRE ET TOUJOURS MANQUER LE CHEMIN.

LA LANGUE GOÛTE LA SOUPE. SI VOUS ÊTES ÉVEILLÉ EN PRÉSENCE D'UN MAÎTRE, UN MOMENT VOUS MONTRERA LE CHEMIN.

LE FOU EST SON PROPRE ENNEMI. LES MÉFAITS QU'IL COMMET SONT SA PERTE. COMME IL SOUFFRE AMÈREMENT !

POURQUOI FAIRE CE QUE VOUS REGRETTEREZ ? POURQUOI VOUS ATTIRER DES LARMES ? FAITES SEULEMENT CE QUE VOUS NE REGRETTEZ PAS, ET REMPLISSEZ-VOUS DE JOIE.

L'homme est un pont entre le connu et l'inconnu. Rester confiné dans le connu, c'est être un fou. Partir à la recherche de l'inconnu est le début de la sagesse. Ne faire qu'un avec l'inconnu, c'est devenir l'éveillé, le bouddha.

Rappelez-vous, encore et encore, que l'homme n'est pas encore un être - il est en chemin, un voyageur, un pèlerin. Il n'est pas encore à la maison, il est à la recherche de sa maison. Celui qui pense qu'il est chez lui est un imbécile, car alors la recherche s'arrête, la quête n'est plus là. Et dès que vous cessez de chercher et de chercher, vous devenez un bassin d'énergie stagnante, vous commencez à puer. Alors vous ne faites que mourir, vous ne vivez plus du tout.

La vie consiste à couler, la vie consiste à rester une rivière - parce que seule la rivière atteindra l'océan. Si vous devenez une piscine stagnante, vous n'allez nulle part. Alors vous n'êtes pas vraiment vivant. L'idiot ne vit pas, il fait seulement semblant de vivre. Il ne sait pas, il fait seulement semblant de savoir. Il n'aime pas, il fait seulement semblant d'aimer. Le fou est un faux-semblant.

Le sage vit, aime, s'informe. Le sage est prêt, toujours prêt, à aller dans la mer inconnue. Le sage est aventureux. Le fou a peur.

Lorsque le Bouddha utilise le mot " fou ", vous devez vous souvenir de toutes ces significations du mot. Ce n'est pas le sens ordinaire que le Bouddha donne au mot "fou". Pour lui, le fou désigne celui qui vit dans le mental et ne sait rien du non-mental ; celui qui vit dans l'information, la connaissance, et n'a rien goûté de la sagesse ; celui qui vit une vie empruntée, imitative, mais ne sait rien de ce qui surgit dans son propre être.

Par "l'imbécile", Bouddha entend celui qui connaît bien les écritures, mais qui n'a pas goûté un seul instant à la vérité. Il peut être un grand érudit, très érudit - en fait, les fous SONT des érudits ; ils doivent l'être car c'est la seule façon de cacher leur folie.

Les fous sont des gens très érudits ; ils doivent l'être, car c'est seulement en apprenant des mots, des théories, des philosophies, qu'ils peuvent cacher leur ignorance intérieure, qu'ils peuvent cacher leur vide, qu'ils peuvent croire qu'ils savent aussi.

Si vous voulez trouver les imbéciles, allez dans les universités, allez dans les académies. Vous les y trouverez - dans leur ignorance la plus totale, mais faisant semblant de savoir. Ils savent certainement ce que d'autres ont dit, mais ce n'est pas une vraie connaissance. Un aveugle peut recueillir toutes les informations possibles sur la lumière, mais il restera toujours aveugle. Il peut parler de la lumière, il peut écrire des traités sur la lumière ; il peut être très habile à deviner, à fabriquer des théories, mais il reste quand même un aveugle et il ne sait rien de la lumière. Mais les informations qu'il recueille peuvent non seulement tromper les autres, mais aussi se tromper lui-même. Il peut commencer à penser qu'il sait, qu'il n'est plus aveugle.

Lorsque le Bouddha utilise le mot "fou", il ne parle pas simplement des ignorants, car si une personne ignorante est consciente de son ignorance, elle n'est pas un fou. Et il est plus facile pour un ignorant d'être conscient de son ignorance que pour les soi-disant savants. Leur ego est tellement gonflé qu'il leur est très difficile de voir - cela va à l'encontre de leur investissement. Ils ont consacré toute leur vie à la connaissance, et maintenant, reconnaître le fait que toute cette connaissance est vide de sens, futile, parce qu'ils n'ont pas goûté eux-mêmes à la vérité, c'est difficile, c'est dur.

L'ignorant peut se rappeler qu'il est ignorant - il n'a rien à perdre ; mais le savant, lui, ne peut pas reconnaître qu'il est ignorant - il a beaucoup à perdre. La personne instruite est le vrai fou. L'ignorant est innocent ; il sait qu'il ne sait pas, et parce qu'il sait qu'il ne sait pas, parce qu'il est ignorant, il est juste au seuil de la sagesse. Parce qu'il sait qu'il ne sait pas, il peut se renseigner, et son enquête sera pure, sans préjugés. Il se renseignera sans tirer de conclusions. Il s'informera sans être un chrétien, un mahométan ou un hindou. Il se renseignera simplement comme un chercheur. Son enquête ne viendra pas de réponses toutes faites, mais de son propre cœur. Son enquête ne sera pas un sous-produit de la connaissance, son enquête sera existentielle. Il s'interroge parce que c'est une question de vie ou de mort pour lui. Il s'interroge parce qu'il veut vraiment savoir. Il sait qu'il ne sait pas - c'est pourquoi il s'interroge. Son enquête a une beauté propre. Il n'est pas un fou, il est simplement ignorant. Le vrai fou est celui qui croit savoir sans savoir du tout.

Socrate essayait de faire la même chose à Athènes : il essayait de faire prendre conscience à ces imbéciles savants que tout leur savoir était faux, qu'ils étaient en réalité des imbéciles, des prétendants, des hypocrites. Naturellement, tous les professeurs, tous les philosophes et tous les soi-disant penseurs... et Athènes en était pleine. Athènes était la capitale du savoir à cette époque. Tout comme aujourd'hui les gens regardent vers Oxford ou Cambridge, les gens regardaient autrefois vers Athènes. Elle était remplie d'imbéciles érudits, et Socrate essayait de les faire redescendre sur terre, brisait leur savoir, soulevait des questions - simples d'une certaine manière, mais auxquelles il est difficile de répondre pour ceux qui n'ont acquis leur savoir qu'auprès des autres.

Athènes s'est mise très en colère contre Socrate. Ils ont empoisonné cet homme. Socrate est l'un des plus grands hommes qui aient jamais marché sur la terre ; et ce qu'il a fait, très peu de gens l'ont fait. Sa méthode est une méthode de base. La méthode socratique d'enquête est telle qu'elle expose les fous comme des fous. Démasquer un fou comme un fou est dangereux, bien sûr, car il se vengera. Socrate a été empoisonné, Jésus a été crucifié, Bouddha a été condamné.

Le jour où Bouddha est mort, le bouddhisme a été jeté hors du pays, expulsé du pays. Les érudits, les pundits, les brahmanes, ne pouvaient pas permettre qu'il reste. C'était trop inconfortable pour eux. Son attaque principale était contre les brahmanes, les savants fous, et naturellement ils étaient offensés. Ils ne pouvaient pas faire face à Bouddha, ils ne pouvaient pas le rencontrer. Ils ont attendu leur chance de manière rusée : lorsque Bouddha est mort, ils ont commencé à combattre les disciples. Lorsque la lumière a disparu, il était temps pour les hiboux, les fous savants, de régner à nouveau sur le pays. Et depuis cette époque, ils ont régné jusqu'à aujourd'hui - ils sont toujours au pouvoir. Les mêmes fous !

Le monde a beaucoup souffert. L'homme aurait pu devenir la gloire de la terre, mais à cause de ces fous... et parce qu'ils sont puissants, ils peuvent nuire, et parce qu'ils sont puissants, ils peuvent détruire toute possibilité, toute opportunité pour l'homme d'évoluer. L'homme a tourné en rond, et ces fous ne voudraient pas que l'homme devienne sage, parce que si l'homme devient sage, ces fous ne seront plus nulle part. Ils ne seront plus au pouvoir - religieusement, politiquement, socialement, financièrement, tout leur pouvoir aura disparu. Ils ne peuvent rester au pouvoir que s'ils peuvent continuer à détruire toutes les possibilités de sagesse pour l'homme.

Mon effort ici est de créer à nouveau une enquête socratique, de poser à nouveau les questions fondamentales que Bouddha a soulevées.

Dans la nouvelle commune, nous allons avoir sept cercles concentriques de personnes. Le premier, le plus superficiel, sera composé de ceux qui ne viennent que par curiosité enfantine, ou par des préjugés déjà accumulés, qui sont, au fond, antagonistes - les journalistes, etc.

Ils ne seront autorisés à voir que la partie superficielle de la commune - non pas que quelque chose soit caché, mais simplement en raison de leur approche, ils ne pourront rien voir de plus que le plus superficiel. Ils ne verront que les vêtements. Ici aussi, il se passe la même chose. Ils viennent et ne voient que le superficiel.

L'autre jour, je lisais le rapport d'un journaliste ; il était ici pendant cinq jours. Il écrit "pendant cinq jours", comme si c'était un temps très long pour être ici ; cinq jours, comme s'il avait été ici pendant cinq vies ! Parce qu'il a été ici pendant cinq jours, il est devenu une autorité.

Il sait maintenant ce qui se passe ici parce qu'il a vu des gens méditer.

Comment pouvez-vous regarder les gens méditer ? Soit vous pouvez méditer ou non, mais vous ne pouvez pas regarder les gens méditer. Oui, vous pouvez observer les gestes physiques des gens, leurs mouvements, leur danse, ou le fait qu'ils soient assis en silence sous un arbre, mais vous ne pouvez pas VOIR la méditation ! Vous pouvez voir la posture physique du méditant, mais vous ne pouvez pas voir son expérience intérieure. Pour cela, vous devez méditer, vous devez devenir un participant.

Et la condition de base pour être un participant est que vous abandonniez cette idée d'être un observateur. Même si vous participez, si vous dansez avec les méditants, avec cette idée que vous participez uniquement pour regarder ce qui se passe, alors rien ne se passera.

Et, bien sûr, vous en conclurez que tout cela n'a aucun sens - il ne se passe rien. Et vous vous sentirez parfaitement bien à l'intérieur de vous-même que rien ne se passe, parce que vous avez même participé et que rien ne s'est passé.

Cet homme écrit qu'il était en darshan et qu'il se passait beaucoup de choses pour les sannyasins - tellement de choses qu'après un profond contact énergétique avec moi, ils n'étaient même pas capables de retourner à pied à leur place - il fallait les porter. Et puis il mentionne : "Mais il ne m'est rien arrivé". C'est une preuve suffisante que tout ce qui se passait était soit de l'hypnose, soit que les gens faisaient semblant juste parce que le journaliste était là, soit que c'était juste un spectacle arrangé, quelque chose de géré - car rien ne lui arrivait.

Il y a des choses qui ne peuvent se produire que si vous êtes disponible, ouvert, sans préjugés.

Il y a des choses qui ne peuvent se produire que si vous mettez votre esprit de côté.

Le journaliste écrit encore : "Les gens qui vont là-bas laissent leur esprit là où ils laissent leurs chaussures - mais je n'ai pas pu le faire. Bien sûr", dit-il, "si j'avais laissé mon esprit derrière moi, j'aurais aussi été impressionné". Mais il pense que l'esprit qu'il a est quelque chose de si précieux - comment pourrait-il le laisser derrière lui ? Il se sent très intelligent parce qu'il n'a pas laissé son esprit derrière lui.

L'esprit est la barrière, pas le pont. Dans la nouvelle commune, le premier cercle concentrique sera pour ceux qui viennent comme des journalistes - des gens pleins de préjugés, qui savent déjà qu'ils savent. En bref, pour les imbéciles.

Le deuxième cercle concentrique sera pour ceux qui sont des enquêteurs - sans préjugés, ni hindous, ni mahométans, ni chrétiens, qui viennent sans aucune conclusion, qui viennent avec un esprit ouvert. Ils seront capables de voir un peu plus profond. Quelque chose de mystérieux agitera leur cœur. Ils franchiront la barrière de l'esprit. Ils prendront conscience que quelque chose d'une immense importance est en train de se produire - ce dont il s'agit exactement, ils ne seront pas capables de le comprendre immédiatement, mais ils prendront vaguement conscience que quelque chose de valeur EST en train de se produire. Ils n'auront peut-être pas le courage d'y participer ; leur recherche sera peut-être plus intellectuelle qu'existentielle, ils ne seront peut-être pas capables d'y prendre part, mais ils prendront conscience - bien sûr, d'une manière très vague et confuse, mais certainement consciente - qu'il se passe quelque chose de plus qu'il n'y paraît.

Le troisième cercle sera pour ceux qui sont sympathiques, qui sont en profonde sympathie, qui sont prêts à bouger un peu avec la commune, qui sont prêts à danser et chanter et à participer, qui ne sont pas seulement des enquêteurs mais qui sont prêts à se changer eux-mêmes si l'enquête l'exige. Ils deviendront plus clairement conscients des royaumes plus profonds.

Et le quatrième sera l'empathie. La sympathie signifie que l'on est amical, que l'on n'est pas antagoniste. L'empathie signifie que l'on n'est pas seulement amical, mais que l'on ressent une sorte d'unité, d'unicité.

L'empathie signifie que l'on se sent avec la commune, avec les gens, avec ce qui se passe.

On se rencontre, on fusionne, on se fond, on devient un.

Le cinquième cercle sera celui des initiés, des sannyasins - celui qui ne se contente pas de ressentir dans son cœur mais qui est prêt à s'engager, à s'impliquer. Celui qui est prêt à prendre des risques. Celui qui est prêt à s'engager, parce qu'il sent un grand amour fou - un amour fou, fou - naître en lui. Le sannyasin, l'initié.

Et le sixième sera celui de ceux qui ont commencé à arriver - les adeptes. Ceux dont le voyage se rapproche de la fin, qui ne sont plus seulement des sannyasins mais deviennent des SIDDHAS, dont le voyage s'arrête complètement, se rapproche de plus en plus de la conclusion. La maison n'est plus très loin, encore quelques pas. D'une certaine manière, ils sont déjà arrivés.

Et le septième cercle sera composé des ARHATAS et des BODHISATTVAS. Les arhatas sont les sannyasins qui sont arrivés mais qui ne sont pas intéressés à aider les autres à arriver.

Le bouddhisme leur a donné un nom particulier : arhata - le voyageur solitaire qui arrive puis disparaît dans l'ultime. Et les bodhisattvas sont ceux qui sont arrivés mais qui éprouvent une grande compassion pour ceux qui ne sont pas encore arrivés. Le bodhisattva est un arhata plein de compassion. Il s'accroche, continue à regarder en arrière et continue à appeler ceux qui trébuchent encore dans l'obscurité. Il est un auxiliaire, un serviteur de l'humanité.

Il y a deux types de personnes. Celui qui n'est à l'aise que lorsqu'il est seul ; il se sent un peu mal à l'aise en relation, il se sent un peu perturbé, distrait, en relation.

Ce type de personne devient un arhata. Quand il est arrivé, il en a fini avec tout. Maintenant, il ne regarde pas en arrière.

Le bodhisattva est le deuxième type de personne : il se sent à l'aise dans une relation, en fait beaucoup plus à l'aise lorsqu'il est en relation que lorsqu'il est seul. Il est plus enclin à l'amour. L'arhata se tourne davantage vers la méditation. La voie de l'arhata est celle de la méditation pure, et la voie du bodhisattva est celle de l'amour pur. L'amour pur contient la méditation, et la méditation pure contient l'amour - mais la méditation pure ne contient l'amour que comme une saveur, un parfum ; il n'en est pas la force centrale. Et l'amour pur contient la méditation comme un parfum ; il n'en est pas le centre.

Ces deux types existent dans le monde. Le deuxième type - celui qui suit la voie de l'amour - devient un bodhisattva. Le septième cercle sera composé d'arhatas et de bodhisattvas.

Maintenant, le septième cercle sera conscient des six autres cercles, et le sixième cercle sera conscient des cinq autres cercles - le supérieur sera conscient de l'inférieur, mais l'inférieur ne sera pas conscient du supérieur. Le premier cercle ne sera pas conscient de quoi que ce soit d'autre que le premier cercle. Il verra les bâtiments, l'hôtel, la piscine, le centre commercial, le tissage, la poterie et la menuiserie. Il verra les arbres, tout le paysage... il verra toutes ces choses. Il verra des milliers de sannyasins, et il haussera les épaules : "Que font ces gens ici ?" Il sera un peu perplexe, parce qu'il ne pensait pas qu'on pouvait trouver autant de fous en un seul endroit : "Tous sont hypnotisés !" Il trouvera des explications. Il partira parfaitement satisfait d'avoir connu la commune. Il ne sera pas conscient de ce qui est plus élevé - l'inférieur ne peut pas être conscient du supérieur. C'est une des lois fondamentales de la vie - AES DHAMMO SANANTANO - seul le supérieur connaît l'inférieur, parce qu'il est passé de l'inférieur.

Lorsque vous vous tenez au sommet d'une montagne ensoleillée, vous savez tout ce qui se passe dans la vallée. Les gens de la vallée ne sont peut-être pas du tout conscients de vous, ce n'est pas possible pour eux. La vallée a ses propres occupations, ses propres problèmes. La vallée est préoccupée par sa propre obscurité.

L'imbécile peut venir chez un maître mais il n'en tirera aucun bénéfice car il ne verra que l'extérieur. Il ne sera pas capable de voir l'essentiel, il ne sera pas capable de voir le noyau. Le fou vient ici aussi, mais il n'écoute que les mots - et il continue à interpréter ces mots selon ses propres idées. Il est parfaitement convaincu qu'il sait ce qui se passe.

Il y a beaucoup d'idiots qui ne viennent pas ici - ils n'en ressentent pas le besoin. Ils dépendent simplement des rapports d'autres imbéciles. C'est suffisant. Un seul fou peut convaincre des milliers de fous, parce que leur langue est la même, leurs préjugés sont les mêmes, leurs conceptions sont les mêmes... il n'y a pas de problème ! Un fou a vu, et tous les autres fous sont convaincus. Un imbécile publie un article dans le journal et tous les autres imbéciles le lisent tôt le matin et sont convaincus.

Les sutras :

COMBIEN LONGUE EST LA NUIT POUR LE GARDIEN, COMBIEN LONGUE EST LA ROUTE POUR LE VOYAGEUR FATIGUÉ, COMBIEN LONGUE EST L'ERRANCE DE NOMBREUSES VIES POUR LE FOU QUI MANQUE LE CHEMIN.

La nuit est très longue pour le veilleur - pourquoi ? Il ne peut pas se détendre, il doit se maintenir en éveil d'une manière ou d'une autre. C'est une lutte. Il doit se maintenir éveillé contre la nature, car la nuit est faite pour se détendre, se reposer et s'endormir. Il se bat contre la nature - tout comme l'idiot. L'idiot continue à lutter contre la nature. Il essaie de nager à contre-courant ; ainsi, sa misère est longue, inutilement longue. Il la multiplie par mille parce qu'il ne peut pas lâcher prise, il ne peut pas se détendre.

La première indication d'un esprit insensé est qu'il ne peut pas se détendre, il est toujours tendu, il est toujours sur ses gardes, il a toujours peur.

COMBIEN DE TEMPS DURE LA NUIT POUR LE VEILLEUR.... Elle n'est pas si longue pour ceux qui se reposent, qui se détendent et qui sont plongés dans un sommeil profond. Cela va si vite ! Un instant vous étiez éveillé, puis vous vous endormez... et l'instant d'après vous êtes réveillé, c'est le matin.

Vous ne pouvez pas croire que la nuit soit passée si vite. Si vous vous êtes vraiment reposé... plus vous vous reposez, plus la nuit passe vite. Si votre repos est total, le temps disparaît. C'est quelque chose qu'il faut comprendre.

Le temps est un phénomène psychologique. Je ne parle pas du temps que vous voyez sur l'horloge, je parle du temps psychologique. Lorsque vous êtes heureux, détendu, paisible, le temps passe vite. Lorsque vous êtes dans la douleur, la misère, l'angoisse, le temps passe très lentement ; il semble interminable.

Vous êtes-vous déjà assis aux côtés d'un homme mourant dans la nuit ? C'est comme si le matin ne viendrait jamais. La nuit semble si longue... c'est la même nuit. La même nuit, vous pouvez vous asseoir avec votre bien-aimé(e), et tout passe si vite que vous ne pouvez pas le croire - parce que vous étiez heureux(se) et détendu(e) et vous profitiez et vous vous déplaciez avec la nature, sans vous battre. L'amour signifie l'abandon, l'amour signifie la relaxation.

Au cours de sa vie, on n'a cessé de demander à Albert Einstein : "Qu'est-ce que la théorie de la relativité ?"

Il s'agit d'une théorie compliquée qui ne peut pas être expliquée facilement aux personnes qui ne connaissent pas les mathématiques supérieures. En fait, on dit que seules douze personnes sur la terre entière ont compris exactement ce qu'Einstein entendait par théorie de la relativité. Comment l'expliquer à un profane ?

Alors il avait fait cette belle explication. Il disait : "Asseyez-vous sur un poêle chaud et une seconde semble être presque une éternité, sans fin - c'est si chaud, c'est si douloureux.

Et puis vous tenez la main de votre bien-aimée et vous vous asseyez à ses côtés sur la rive de la rivière par une nuit de pleine lune, et les heures passent comme des moments." Ceci, avait-il l'habitude de dire, est la théorie de la relativité.

Tout dépend de vous, de votre état psychologique. Le temps n'est pas un phénomène physique, matériel, il est psychologique. C'est pourquoi, dans la méditation profonde, le temps disparaît totalement. Et ce n'est pas quelque chose de nouveau, les mystiques le savent depuis des siècles. Ils ont dit, tous les mystiques de tous les pays, que le temps s'arrête lorsque la méditation commence vraiment.

Quelqu'un demande à Jésus : " Tu parles tellement du royaume de Dieu - qu'est-ce qui va être très spécial à son sujet, quelque chose que nous ne connaissons pas du tout ? Dis-nous quelque chose au sujet du royaume de Dieu qui sera absolument spécial."

Et savez-vous ce qu'il a dit ? Une réponse très étrange - il a dit, "Il n'y aura plus de temps".

Oui, dans le royaume de Dieu, il ne peut plus y avoir de temps, car le temps n'existe qu'en proportion de la douleur, de l'angoisse, de l'anxiété. Si toute anxiété, toute douleur, tout cauchemar disparaît, le temps disparaît. Le temps est un phénomène de l'esprit : s'il n'y a pas d'esprit, il n'y a pas de temps. Et vous le savez aussi. Cette relativité, vous l'avez ressentie.

Vivek disait l'autre jour, et elle l'a dit plusieurs fois, que le temps passe si vite ici qu'elle ne peut pas croire qu'elle est ici depuis sept ans. C'est comme si elle était arrivée ici il y a seulement sept jours.

Et pourtant, nous sommes au milieu du monde ! Une fois que nous nous serons éloignés du monde, que nous aurons notre propre petit monde, que nous aurons laissé tomber tous les ponts, le temps commencera à disparaître.

Mon effort consiste à vous donner un goût d'intemporalité. Une fois que vous l'aurez goûté, vous pourrez retourner dans le monde et il restera avec vous. Le plus important est d'y goûter au moins une fois - sans temps mort - et soudain vous êtes transporté dans un autre monde.

Ce monde est constitué de temps et d'espace. C'est ainsi qu'Albert Einstein le définit : spatio-temporel.

Il fait un mot des deux, car il dit que le temps n'est rien d'autre que la quatrième dimension de l'espace. Ainsi, ce monde est constitué d'espace et de temps, et dans la méditation, vous disparaissez des deux, ou les deux disparaissent de votre être. Vous ne savez pas où vous êtes. VOUS ÊTES, certainement, plus que vous ne l'avez jamais été ; vous êtes totalement là mais il n'y a pas d'espace qui vous confine et pas de temps qui vous définit. Une existence pure. Une fois goûtée, toute folie disparaît.

Le fou vit dans le temps, le sage vit dans l'intemporel.

Le fou vit dans le mental, le sage vit dans le non-mental.

COMBIEN LONGUE EST LA NUIT POUR LE VEILLEUR,

COMBIEN LONGUE EST LA ROUTE POUR LE VOYAGEUR FATIGUÉ.... Il suffit de regarder le visage des gens - comme ils ont l'air fatigués, las, complètement frustrés. Et ils n'en ont pas seulement l'air, ils le sont. Leur âme est fatiguée, leur être même est devenu une sorte d'ennui. Ils se traînent - pas de joie, pas de danse dans leurs pas, pas de chant dans leur cœur, pas de gratitude, pas de reconnaissance d'être... au contraire, tant de plaintes.

Un des personnages de Dostoïevski dans LES FRÈRES KARAMAZOV dit : "Je voudrais rendre cette vie à Dieu si je le rencontre. Je ne veux plus vivre. La vie est une telle angoisse !" Il veut rendre le billet. Comment peut-il être reconnaissant ?

Réfléchissez : si vous rencontrez Dieu un jour, qu'allez-vous lui dire ? Il sera même difficile de lui dire "Salut !". Vous serez tellement en colère contre lui, tellement agacé, irrité, que c'est l'homme qui vous a créé, c'est l'homme qui a créé le monde ! C'est simplement à cause de cela que Dieu continue à se cacher, sinon les gens vont forcément le tuer. Ils ne le laisseront pas en vie ; il doit se cacher, juste pour survivre, il doit se cacher.

COMBIEN LONGUE EST LA ROUTE POUR LE VOYAGEUR FATIGUÉ, COMBIEN LONGUE EST L'ERRANCE DE NOMBREUSES VIES POUR LE FOU QUI RATE LE CHEMIN. Et l'insensé ne manquera pas de manquer le chemin. Pourquoi ? parce qu'il pense qu'il connaît déjà le chemin, parce qu'il pense qu'il est sur le chemin. Tous les autres ont tort, il a raison. Il croit que si tout le monde le suit, tout ira bien dans le monde. C'est un fanatique. Il a la Bible, le Coran, les Védas - que lui faut-il de plus ? Il connaît tous les beaux dogmes de toutes les religions - que lui faut-il de plus ? Il connaît le chemin !

Mais lorsque le Bouddha utilise le mot "voie", il veut dire dhamma - AES DHAMMO SANANTANO. Il veut dire la voie qui vous fait sortir de votre ego, la voie qui vous fait sortir de votre esprit, la voie qui vous fait sortir de vos identités, la voie qui fait de vous un néant absolu... la voie qui vous aide à vous dissoudre dans le tout.

Il ne parle pas de religions, il ne parle pas de soi-disant techniques, dispositifs, méthodes. Quand il utilise le mot "voie", il veut dire exactement ce que Lao Tseu entend par "tao".

Tao signifie exactement "la voie" - la voie vers quoi ? La voie qui va au-delà de vous-même, la voie qui vous conduit hors de votre état confiné, emprisonné, vers l'extérieur.

COMBIEN LONGUE EST L'ERRANCE DE NOMBREUSES VIES.... Et c'est vraiment une longue errance - non pas d'un jour ou d'une vie, mais de plusieurs vies, de millions de vies. Et si les gens sont fatigués, ce n'est pas surprenant. Si leurs yeux sont pleins de poussière, ce n'est pas surprenant. Si leur âme est couverte de couches de poussière, ce n'est pas surprenant. S'ils ne réfléchissent plus, si leurs miroirs sont perdus, ce n'est pas un accident - c'est compréhensible, bien qu'impardonnable, car personne d'autre que vous n'est responsable de cette situation. Si vous le décidez, vous pouvez faire tomber toutes les couches de poussière CE moment même, et au moment où vous faites tomber toute la poussière de vos pensées, vous êtes sur le chemin. Vous ÊTES le chemin !

Jésus dit : "Je suis le chemin, je suis la vérité, je suis la porte". Les chrétiens continuent à l'interpréter comme si Jésus était le chemin ; ce n'est pas vrai, c'est falsifier complètement Jésus. Quand Jésus dit : "Je suis le chemin", il dit : "Celui qui peut dire "Je suis", celui-là est le chemin". Il ne parle pas de Jésus, le fils de Joseph et de Marie ; il parle de ce "Je-suis".

Dès l'instant où, dans une profonde méditation silencieuse, vous rencontrez ce "je suis", vous êtes la voie.

Il ne s'agit pas d'être chrétien. Ce n'est pas ce que les chrétiens répètent au monde entier : "Si vous ne venez pas à Jésus, vous ne trouverez pas le chemin vers Dieu." C'est une pure absurdité ! - Parce que Bouddha a trouvé sans être chrétien, et Mahomet a trouvé sans être chrétien, et Mahavira a trouvé et Krishna a trouvé et Lao Tzu a trouvé... J'ai trouvé sans être chrétien. C'est une absurdité.

Mais ce que Jésus veut dire vraiment EST vrai.

Moïse a demandé à Dieu quand il l'a rencontré... une belle histoire ; rappelez-vous, c'est une histoire, pas l'histoire. L'histoire est une chose très ordinaire ; l'histoire est constituée de Tamerlan, de Gengis Khan, d'Adolf Hitler, de Joseph Staline et de Mao Zedong - l'histoire est très ordinaire. Elle est constituée de tout ce qui est laid. Ce n'est pas de l'histoire, c'est une parabole, une métaphore, d'une immense poésie et d'une grande beauté.

Il est dit que lorsque Moïse a rencontré Dieu, il a demandé : "Qui es-tu ?" Et Dieu aurait répondu : "Je suis ce que je suis."

C'est ce que Jésus veut dire quand il dit : "Je suis le chemin."

Si vous pouvez sentir votre propre être, votre propre "amabilité", vous trouverez le chemin. L'idiot ne le trouve pas. Il continue encore et encore... vivant dans les mêmes désirs, dans les mêmes pensées stupides, dans les mêmes souvenirs. Le fou est répétitif ; il ne fait que répéter ce qu'il sait - il ne cherche jamais à aller au-delà de ses connaissances. Et la vérité est inconnue.

Observez simplement votre esprit et vous serez en mesure de comprendre ce que j'essaie de vous transmettre. Votre esprit est répétitif ! Il dit : "Hier, la nourriture était très bonne, allons encore dans le même hôtel..... Hier, cet homme était très sympathique, retrouvons-le." Il veut répéter les hier, et il ne permet pas à l'aujourd'hui d'avoir son propre être. Il ne permet même pas à demain d'avoir son propre être ; pour demain aussi, il a prévu de répéter ce qu'il a connu dans le passé. Et qu'avez-vous connu dans le passé, sinon la misère ? Mais vous vous y êtes habitués et vous continuez à la répéter.

Le fou est répétitif : le sage vit chaque instant de façon nouvelle.

Tous les soldats d'un régiment américain en Corée mettent un dollar chacun et tirent au sort lequel d'entre eux prendra l'argent ainsi obtenu pour passer une nuit dans le meilleur bordel d'Orient.

Hymie Kaplowitz, la terreur de Brooklyn, l'emporte naturellement et, à son retour du bordel légendaire, il décrit à ses camarades de couchette ce qui s'est passé : les rideaux dorés suspendus, la musique orientale sensuelle, le repas aphrodisiaque exotique servi auparavant par de petites filles de douze ans nues, et ainsi de suite, en terminant chaque passage par "... rien de tel que Brooklyn !".

Enfin, il décrit comment la plus belle femme qu'il ait jamais vue descend lentement l'escalier orné, vêtue seulement d'une coiffe en pagode avec des voiles de dentelle blanche, et le conduit par la main jusqu'à son lit parfumé "... rien de tel que Brooklyn !".

"Et ensuite ?" demandent fébrilement tous les autres soldats.

"Et après ?" répond Hymie. "Oh, alors c'était comme à Brooklyn."

L'esprit du fou continue à faire la même chose, encore et encore.

L'esprit du fou est un cercle vicieux - il tourne en rond. Le sage n'est pas du tout répétitif. Il vit chaque instant à nouveau, il naît à nouveau à chaque instant. Il meurt au passé à chaque instant, et naît à nouveau.

La vie entière du sage est un processus de renaissance. Le sage ne naît pas une fois, il naît à chaque instant, encore et encore. L'ancien ne s'empare jamais de lui. Le fou, lui, ne naît qu'une fois, et ensuite il se répète.

Si vous continuez à répéter, vous manquerez le chemin, car votre amabilité, votre être, est absolument frais et toujours jeune. Il n'est jamais vieux. L'esprit vieillit, le corps vieillit, mais l'être ne connaît pas le temps - comment pourrait-il vieillir ? Il est toujours jeune, il est toujours jeune. Il est aussi frais que les gouttes de rosée dans le soleil du matin, il est aussi frais que les feuilles de lotus dans le lac.

SI LE VOYAGEUR NE PEUT TROUVER UN MAÎTRE OU UN AMI POUR L'ACCOMPAGNER, QU'IL VOYAGE SEUL PLUTÔT QU'AVEC UN FOU POUR COMPAGNIE.

La meilleure chose à faire est de trouver un maître, car le maître est le plus grand ami possible ; c'est pourquoi le Bouddha dit MASTER OR FRIEND.

SI LE VOYAGEUR NE PEUT TROUVER UN MAÎTRE OU UN AMI POUR L'ACCOMPAGNER, QU'IL VOYAGE SEUL PLUTÔT QU'AVEC UN FOU POUR COMPAGNIE. Mais évitez les fous. Et c'est ce que vous ne faites jamais. Tu rassembles les imbéciles autour de toi. Il y a un secret là-dedans : lorsque vous êtes entouré d'imbéciles, vous paraissez supérieur. C'est très satisfaisant pour l'ego ; c'est pourquoi personne ne veut vivre avec quelqu'un qui est supérieur. Les gens veulent vivre avec leurs inférieurs, parce que vos inférieurs vous donnent l'idée que vous êtes grand.

Pour être avec un maître, vous devez abandonner l'idée que vous êtes grand, vous devez abandonner toutes ces bêtises, vous devez abandonner tout votre ego, vous devez vous rendre.

Vous devrez vous dissoudre dans le maître ; c'est pourquoi les gens évitent les maîtres. Combien de personnes sont allées voir Jésus ? Très peu, on peut les compter sur les doigts. Combien de personnes sont allées voir Bouddha ? Très peu.... Il en a toujours été ainsi. Mais les gens sont très heureux d'aller au Rotary Club. On se sent très bien quand on est entouré d'imbéciles - on se sent très bien :

tous les idiots sont habillés, et chaque idiot se sent meilleur que les autres, et chaque idiot se vante de lui-même, et chaque idiot est soutenu par d'autres idiots.

Les gens aiment être dans la foule, parce que dans la foule on peut oublier son infériorité.

C'est pourquoi les gens ne quittent pas les foules. Une foule est celle des hindous, une autre est celle des mahométans, la troisième est celle des chrétiens et ainsi de suite. Personne ne veut quitter la foule.

Et même si parfois les gens quittent une foule, ils en rejoignent immédiatement une autre. Ils s'échappent en quelque sorte d'une prison pour entrer dans une autre - ils ne peuvent pas vivre seuls.

Le Bouddha dit qu'il vaut mieux vivre seul qu'avec des fous. Si vous pouvez trouver un maître ou un ami, tant mieux ; si vous ne le pouvez pas, alors il vaut mieux être seul. Bien sûr, ce sera difficile d'être seul, ce sera difficile parce que la foule vous créera tant de difficultés. La foule n'aime pas les individus, elle ne veut pas que quelqu'un soit indépendant ; elle veut que tout le monde soit dépendant de la foule. Elle vous créera des problèmes. Mais tous ces problèmes sont des purifications, tous ces problèmes sont des défis. Ils aiguisent votre intelligence, ils vous rendent sages.

"MES ENFANTS, MES RICHESSES !" AINSI LE FOU S'INQUIÈTE. MAIS COMMENT A-T-IL DES ENFANTS OU DES RICHESSES ? IL N'EST MÊME PAS SON PROPRE MAÎTRE.

L'insensé vit autour de l'idée du "mien" et de la "mienne" : ma nation, ma religion, ma race, ma famille, ma richesse, mes enfants, mes parents... il vit autour du "mien" et de la "mienne". Et il est venu seul et il partira seul ; personne n'apporte rien au monde et personne ne prend rien au monde. Seul, les mains vides, nous venons ; seul, les mains vides, nous partons. Le sage le sait ; c'est pourquoi le sage ne revendique rien comme "mien". Il utilise les choses, mais il ne les possède pas. Utiliser est parfaitement bien - utilisez toutes les choses du monde, elles SONT pour vous. Le monde est un don de Dieu - utilise-le, mais ne le possède pas. Dès que vous devenez un possesseur, vous ne pouvez plus utiliser les choses - les choses commencent à vous utiliser.

Dès que vous devenez un possesseur, en fait vous êtes possédé par vos choses, vous devenez un esclave. Et l'idée même de posséder est stupide. Comment pouvez-vous posséder quoi que ce soit ? Vous ne possédez même pas votre propre être. Que pouvez-vous posséder d'autre ? Vous n'êtes même pas maître de vous-même.

Bouddha dit : "MES ENFANTS, MA RICHE !" ALORS L'IDIOT S'INQUIÈTE.

Et combien d'angoisses naissent de ce "moi", "mes" affaires ? Totalement faux ! Fondamentalement faux, mais cela peut créer beaucoup de malheurs. C'est comme quand, dans la nuit noire, vous voyez une corde et vous pensez que c'est un serpent. Maintenant vous courez, vous criez, vous tremblez, vous pouvez avoir une crise cardiaque. Et il n'y avait pas de serpent du tout - il n'y avait qu'une corde ! Mais la crise cardiaque sera réelle, souvenez-vous : un serpent irréel peut provoquer une crise cardiaque réelle.

Ce sont des problèmes irréels. Réclamer "à moi" - n'importe quoi ! Le pays, l'église, les enfants, la richesse, n'importe quoi - lorsque vous affirmez "C'est à moi !", vous créez une grande source d'anxiété, d'angoisse pour vous-même. Vous créez un enfer autour de vous.

MAIS COMMENT A-T-IL DES ENFANTS OU DES RICHESSES ? demande le Bouddha. IL N'EST MÊME PAS SON PROPRE MAÎTRE.

Un idiot est tombé d'une fenêtre du sixième étage. Il est allongé sur le sol avec une grande foule autour de lui. Un flic s'approche et dit : "Que s'est-il passé ?"

Le fou dit : "Je ne sais pas. Je viens juste d'arriver."

Que savez-vous de la façon dont vous êtes arrivé ici ? Que savez-vous de vos origines ? Que savez-vous de l'endroit où vous êtes destiné à aller ? Que savez-vous de qui vous êtes ? Les questions les plus fondamentales restent dans l'obscurité, et pourtant vous continuez à prétendre : "C'est ma maison...."

Lorsque Bouddha est devenu éveillé, il est revenu à la maison. Le père était très en colère, évidemment - c'était son seul enfant et il est devenu un marginal. Le père se faisait vieux, et il avait géré un grand royaume. Il était très inquiet : "Qui va le posséder ? Qui va le diriger ? Cet idiot, mon fils, s'est échappé."

De nombreux efforts ont été déployés pour persuader Bouddha de revenir, mais tous les efforts ont échoué. Lorsqu'il est devenu illuminé, il est venu de lui-même - cette rencontre est l'une des plus belles de l'histoire humaine.

Le vieux père de Bouddha est très en colère, si en colère que des larmes commencent à couler dans ses vieux yeux. Il crie, hurle, injurie, et Bouddha reste là, tout à fait calme et tranquille, comme si rien ne se passait. Peut-être pendant une demi-heure, ou pendant une heure... puis le père, le vieil homme, est épuisé. Puis il se rend compte que le fils n'a pas prononcé un seul mot, qu'il n'a pas réagi du tout. "Et il a l'air si calme et tranquille ! Qu'est-ce qui se passe ? Il est sourd ou quoi ? Il est devenu fou ou quoi ?" Il demande : "Pourquoi ne me réponds-tu pas ?"

Bouddha dit : "L'homme qui vous avait quitté n'est plus. Vous ne vous adressez pas à MOI - vous parlez à votre fils, qui n'est plus. Beaucoup d'eau a coulé dans le Gange depuis lors. Douze ans ont passé. Je suis une personne totalement différente."

Bouddha, bien sûr, veut dire métaphoriquement. Il veut dire : " Je ne suis plus la même conscience, je ne suis plus dans le même esprit. Mes attitudes sont tombées, mes préjugés ont disparu. Je suis un être totalement nouveau. Maintenant, je sais qui je suis. Cette fois, j'étais un imbécile. Maintenant, la lumière est venue dans mon âme. C'est pourquoi", dit-il, "je ne suis plus le même."

Le vieux père de Bouddha devient à nouveau furieux. Il dit : " Que veux-tu dire par " tu n'es pas le même " ? Ne puis-je pas reconnaître mon fils ? Ne te connais-je pas ? Je t'ai donné naissance, mon sang coule dans tes veines, tu es fait de mon sang et de mes os - et je ne te connais pas ? Tu as du culot de dire ça !"

Et Bouddha dit à nouveau : "Excusez-moi, mais je répète que mon corps peut être une partie de votre corps - je ne le suis pas. Maintenant, je sais que je ne suis pas mon corps, ni mon esprit. Maintenant, je sais qui je suis. Et vous n'avez rien à voir avec mon être ; vous n'avez pas créé mon être, vous n'avez pas donné naissance à mon être. J'étais avant ma naissance, et je serai après ma mort. S'il vous plaît, essayez de me comprendre ; ne vous irritez pas, ne vous énervez pas. Je suis venu uniquement pour partager la joie que j'ai trouvée."

Mais les parents pensent que les enfants sont à eux, les enfants pensent que les parents sont à eux. Dans ce monde, votre être est absolument seul. Oui, partage ta joie avec les autres, mais ne possède jamais. Seul le fou possède, le sage n'a pas de possessivité.

LE FOU QUI SAIT QU'IL EST FOU EST D'AUTANT PLUS SAGE. LE FOU QUI PENSE ÊTRE SAGE EST VRAIMENT UN FOU.

Réfléchissez-y : que pensez-vous de vous-même ? Il va être douloureux de voir votre sottise. Il est facile de voir les autres comme des imbéciles - en fait, tout le monde sait que tout le monde est un imbécile - mais voir sa propre imbécillité est un grand pas vers la sagesse. Voir sa propre bêtise, c'est déjà transformer son être, sa conscience.

Un homme est en visite en France. Il se promène un peu la première nuit. Il fait l'amour avec la femme de son hôte, sa fille, la cuisinière, la seconde femme de chambre, etc. L'hôte le réprimande le matin.

"Quelle est la grande idée ? Ici, tu es mon invité. Je te reçois comme un ami. Et qu'est-ce que tu fais ? Tu fais l'amour à ma femme, à ma fille, et à la moitié des domestiques - et pour moi, rien ?"

Le fou ne se préoccupe toujours que d'une seule chose - son ego. Tout ce qui est pour lui est bon - tout. Et il est prêt à s'y accrocher. Le fou s'accroche même à la misère, parce que c'est SA misère. Il continue à accumuler tout ce qu'il peut obtenir, parce que le fou n'a aucune idée de son royaume intérieur, de ses trésors intérieurs ; il continue à accumuler des déchets parce qu'il pense que c'est tout ce qu'on peut posséder. De la camelote à l'extérieur et de la camelote à l'intérieur ; c'est ce que les gens continuent de collectionner - les choses qu'ils collectionnent et les pensées qu'ils collectionnent. Les choses sont des déchets à l'extérieur, les pensées sont des déchets à l'intérieur, et vous êtes noyé dans vos déchets.

Jetez un coup d'œil, un regard impartial et détaché sur votre vie, sur ce que vous en avez fait et sur ce que vous en avez retiré. Et n'essayez pas de vous tromper, car c'est ainsi que le mental continue. Il dit : "Regardez tout ce que vous avez ! Tant d'argent à la banque, tant de gens vous connaissent, vous respectent, vous honorent ; vous avez un si bon poste, politiquement vous êtes puissant... quoi d'autre ? Que peut-on espérer d'autre ? La vie a donné tout ce qu'on peut espérer."

Mais l'argent, le pouvoir ou le prestige ne sont rien, car la mort viendra et toutes vos grandes citadelles de richesse, de pouvoir, de prestige, de respectabilité, commenceront à tomber comme si vous les aviez faites avec des cartes à jouer. Juste un coup de la mort et tout s'écroule.

Si vous n'avez pas quelque chose que vous pouvez emporter au-delà de la mort, rappelez-vous, vous n'avez rien du tout - vos mains sont vides. Si vous ne possédez pas quelque chose d'immortel, d'éternel, vous êtes un imbécile. Le Bouddha appelle sage l'homme qui a atteint un véritable trésor - de méditation, de compassion, d'illumination.

LA CUILLÈRE GOÛTE-T-ELLE LA SOUPE ? UN FOU PEUT VIVRE TOUTE SA VIE EN COMPAGNIE D'UN MAÎTRE ET TOUJOURS MANQUER LE CHEMIN.

La cuillère ne peut pas goûter la soupe, la cuillère est morte - tout comme l'idiot. Il a seulement l'apparence d'être vivant ; sinon, son cœur est mort, presque mort, parce que son cœur ne fonctionne pas.

Il ne vit que par la tête, et la tête n'est qu'une cuillère.

A travers la tête, on ne peut goûter aucune joie de vivre. Pouvez-vous voir la beauté à travers la tête ? Vous pouvez voir la fleur, mais la beauté vous manquera ; vous verrez la lune, mais la beauté vous manquera ; vous verrez le coucher du soleil, mais la beauté vous manquera. Votre tête ne peut rien savoir de la beauté.

Votre tête peut savoir quelque chose sur le sexe mais ne peut rien savoir sur l'amour. Votre tête peut comprendre la partie prose de la vie, votre tête est une machine à calculer - mais elle ne peut pas connaître la poésie de l'existence. Et la poésie de l'existence contient la vérité. La musique de l'existence contient la véritable bénédiction. Seul le cœur peut la connaître.

Seul le cœur peut en faire l'expérience.

Rappelez-vous, tout ce qui n'a pas de sens, la tête en est efficace ; et tout ce qui est significatif, seul le cœur en est capable. Et nous vivons tous dans la tête. Nos écoles, collèges, universités, n'existent que dans un seul but, pour un seul crime, et ce crime est de détourner l'énergie des gens du cœur vers la tête afin qu'ils deviennent tous des machines à calculer, des commis efficaces et des collecteurs adjoints, des chefs de gare..... Mais le système éducatif ne vous permet pas de devenir un amoureux, un poète, un chanteur. Il ne vous permet pas de connaître le vrai sens de la vie. Il ne vous permet pas d'entrer dans le temple, il vous garde à l'extérieur.

La tête est superficielle, le cœur est au centre. Et si le cœur ne fonctionne pas, vous êtes une cuillère, une cuillère en bois. Vous ne goûterez pas la soupe. UN FOU PEUT VIVRE TOUTE SA VIE EN COMPAGNIE D'UN MAÎTRE ET TOUJOURS MANQUER LE CHEMIN.

Être en compagnie d'un maître est la plus grande bénédiction possible, car en étant en compagnie de quelqu'un qui est éveillé, la possibilité s'ouvre à vous d'être également éveillé. Celui qui est éveillé peut vous rendre éveillé, car l'éveil est contagieux.

Il peut vous secouer pour vous sortir de vos rêves et de vos cauchemars. Mais l'idiot peut vivre en compagnie d'un maître toute sa vie et manquer. Comment peut-il manquer ? Parce qu'avec le maître aussi, il est connecté par la tête - c'est sa façon de manquer le maître.

Maintenant, il y a quelques personnes ici qui ont disparu et qui continueront à disparaître si elles restent orientées vers la tête. Ce n'est pas un endroit pour vivre dans la tête. Soyez sans tête ! Un vrai sannyasin sera sans tête. Il aura le cœur sur la main, car ce n'est que par le cœur que je peux pénétrer en vous. C'est seulement à travers le cœur qu'il y a une possibilité de communion. Sinon, vous écouterez mes paroles et vous les recueillerez, vous deviendrez des perroquets et vous répéterez mes paroles - et tout cela est futile... à moins que vous ne goûtiez, que vous ne buviez de moi.

LA LANGUE GOÛTE LA SOUPE. S'il vous plaît, ne soyez pas des cuillères, soyez des langues. Quand vous êtes autour d'un bouddha, ne soyez pas des cuillères, soyez des langues - soyez vivants, soyez sensibles, ayez du cœur, soyez aimants, ayez confiance.

LA LANGUE GOÛTE LA SOUPE. SI VOUS ÊTES ÉVEILLÉ EN PRÉSENCE D'UN MAÎTRE, UN MOMENT VOUS MONTRERA LE CHEMIN.

Un SEUL instant suffit ! Il ne s'agit pas d'être avec un maître pendant une longue période, le temps n'entre pas en ligne de compte. Ce n'est pas une question de quantité, de combien de temps vous avez vécu avec le maître. La question est de savoir à quel point vous avez aimé le maître, pas combien de temps vous avez vécu avec le maître - avec quelle intensité, quelle passion vous vous êtes impliqué avec le maître... pas la durée, mais la profondeur de votre sentiment. Puis un seul moment de conscience, d'éveil du cœur, un seul moment de silence...et la transmission, la transmission au-delà de toutes les écritures.

LE FOU EST SON PROPRE ENNEMI. LES MÉFAITS QU'IL COMMET SONT SA PERTE. COMME IL SOUFFRE AMÈREMENT !

L'IDIOT EST SON PROPRE ENEMY, dit le Bouddha. Pourquoi ? parce que c'est simplement de son propre chef qu'il passe à côté de tout ce qui est important dans l'existence. Personne ne lui barre la route. La poésie de la vie est accessible à tous. L'insensé reste sourd, il garde ses oreilles fermées.

La vie est pleine de lumière, mais le fou garde les yeux fermés. La vie déverse continuellement de la joie divine, les fleurs continuent à pleuvoir, mais le fou reste complètement inconscient. Même si parfois, malgré lui, il tombe sur une fleur, il n'y croit pas. Il dit : "Je dois être trompé."

Cela arrive presque tous les jours. Les gens m'écrivent que dans leur méditation, il se passe quelque chose d'étrange : ils se sentent très heureux - ça ne peut pas être vrai ! Personne ne m'écrit jamais : "Je me sens malheureux - ça ne peut pas être vrai !". Mais dès que le bonheur est ressenti, que la joie surgit, ils prennent peur, ils ne peuvent pas y croire. Ils commencent à avoir des doutes. Ils commencent à soupçonner et à émettre des théories selon lesquelles ce doit être l'hypnose du lieu, ce doit être les nombreuses personnes orange autour, c'est pourquoi ils sont affectés. Comment peuvent-ils être heureux ? Ils n'ont connu que la misère toute leur vie, ils s'y sont habitués, la misère est devenue leur être. Maintenant, l'extase ? Non, ces fleurs ne peuvent pas être vraies - quelque chose ne va pas.

Dans presque toutes les langues du monde, il existe des proverbes tels que celui-ci en anglais :

vous dites, "ça ne peut pas être vrai parce que c'est tellement bon." Le bien ne peut pas être vrai ? Personne ne croit au bien. "Trop beau pour être vrai", vous dites. Personne ne dit : "Trop mauvais pour être vrai." Un tel proverbe n'existe dans aucune langue du monde : "Trop mauvais pour être vrai." Le mauvais est accepté, le laid est accepté, le banal est accepté - et le sacré est nié.

Et même si vous acceptez le sacré, vous ne l'acceptez que formellement. Vous allez au temple et à l'église comme une formalité sociale ; vous ne croyez pas vraiment en Dieu, vous ne croyez pas vraiment au temple. C'est bien, cela maintient les choses en douceur, c'est comme un lubrifiant. Si vous allez au temple et à l'église, les gens pensent que vous êtes un homme bon, honnête, religieux ; et si les gens pensent que vous êtes religieux, honnête et bon, vous pouvez les tromper d'une meilleure façon que vous ne le pourriez autrement. Ils vous feront confiance, et vous ne pouvez les tromper et les abuser que s'ils vous font confiance. C'est une formalité sociale, peut-être une stratégie sociale pour tromper les gens. Mais vous ne croyez pas.

Chaque fois que quelque chose d'immense, d'énorme, de plus grand que vous, s'abat sur vous, vous vous repliez simplement, vous fermez les yeux, vous devenez une autruche. Vous le niez tout simplement ! Ce n'est pas possible. Ce n'est pas que Dieu ne soit pas venu sur votre chemin - il est venu de nombreuses fois, il a frappé à vos portes de nombreuses fois, mais vous n'ouvrez pas les portes. Au contraire, vous continuez à trouver des rationalisations. Parfois, vous dites : "Ce doit être le vent, ce doit être la pluie, ce doit être un enfant du quartier qui joue sur les marches et qui frappe à la porte."

Vous continuez à vous expliquer... mais vous n'ouvrez jamais la porte pour voir qui est là.

LE FOU EST SON PROPRE ENNEMI. LES MÉFAITS QU'IL COMMET LE MÈNENT À SA PERTE. COMME IL SOUFFRE AMÈREMENT !

POURQUOI FAIRE CE QUE TU VAS REGRETTER ? POURQUOI ATTIRER LES LARMES SUR TOI ?

Dans sa grande compassion, il pose cette question - il s'adresse à VOUS - POURQUOI FAIRE CE QUE VOUS REGRETTEREZ ? POURQUOI ATTIRER LES LARMES SUR TOI ?

NE FAITES QUE CE QUE VOUS NE REGRETTEZ PAS, ET REMPLISSEZ-VOUS DE JOIE.

Souvenez-vous, que ceci soit le critère : tout ce qui apporte joie, félicité et bénédiction EST vrai - car la félicité est la nature de Dieu. La vérité est un autre nom pour la félicité. La contre-vérité apporte la misère. Si vous vivez dans le mensonge, vous vivrez dans la misère. Et si tu vis dans la misère, souviens-toi et découvre sur quels mensonges tu as basé ta vie. Retirez-vous de ces mensonges. Ne perdez pas de temps et ne remettez pas à plus tard. Retirez-vous immédiatement ! Ce retrait, je l'appelle sannyas.

Ce n'est pas se retirer du monde, c'est se retirer des mensonges que vous avez vécus jusqu'à présent. Ce n'est pas renoncer au monde, c'est renoncer aux mensonges sur lesquels vous avez basé votre vie. Dès que vous vous retirez des mensonges, ils commencent à tomber, à mourir, car ils dépendent de vous, ils se nourrissent de vous - ils ne peuvent pas vivre sans votre soutien. Retirez votre coopération, et tous les mensonges disparaissent. Et quand tous les mensonges disparaissent, il ne reste que la vérité.

La vérité est votre nature la plus profonde. La vérité ne doit être trouvée nulle part ailleurs. AES DHAMMO SANANTANO - c'est la loi ultime, la loi inépuisable, la vérité ultime, qu'elle est en vous. Vous n'avez pas besoin d'aller quelque part. Vous pouvez la trouver en vous si vous remplissez une seule condition : retirez les mensonges dans lesquels vous avez tant investi - retirez-vous d'eux. Renoncez à tout ce qui est faux. La misère est une indication de la non-vérité.

Chaque fois qu'une félicité se produit, faites-lui confiance et allez dans cette direction... et vous vous dirigerez vers Dieu. La félicité est son parfum. Si vous pouvez suivre la félicité, vous ne vous égarerez jamais. Si vous suivez la félicité, vous suivrez la nature. Et si vous êtes naturel, bienheureux, détendu, la sagesse surgit.

La sagesse est un état d'être très détendu. La sagesse n'est pas une connaissance, ni une information ; la sagesse est votre être intérieur éveillé, alerte, vigilant, témoin, plein de lumière. Soyez plein de lumière - c'est votre droit de naissance. Si vous la ratez, vous êtes un imbécile. Et vous avez déjà manqué de nombreuses vies - cette fois, s'il vous plaît, soyez un peu plus compatissant envers vous-même.

Assez pour aujourd'hui.

Dieu aime le rire

La première question :

Question 1 :

MAÎTRE BIEN-AIMÉ,

EN OCCIDENT, J'AI REÇU UNE FORMATION DE TRAVAILLEUR SOCIAL. ON M'A APPRIS QU'IL EST IMPORTANT QU'UNE PERSONNE SE RESPECTE ET S'AIME ET QU'ELLE SE SENTE UTILE. ON M'A APPRIS QU'IL EST IMPORTANT D'APPORTER UN SOUTIEN POUR AIDER À RENFORCER L'EGO. VOUS DITES QU'IL FAUT TUER L'EGO. JE SUIS CONFUS.

Prem Aradhana, l'ego est nécessaire parce que le vrai soi n'est pas connu. L'ego est un substitut, c'est une pseudo entité. Parce que vous ne vous connaissez pas vous-même, vous devez créer un centre artificiel, sinon il vous sera impossible de fonctionner dans la vie. Parce que vous ne connaissez pas votre vrai visage, vous devez porter un masque. Ne connaissant pas l'essentiel, vous devez faire confiance à l'ombre.

Il n'y a que deux façons de vivre la vie. L'une consiste à la vivre depuis le cœur même de son être - c'est la voie des mystiques. La méditation n'est rien d'autre qu'un dispositif destiné à vous faire prendre conscience de votre véritable moi - qui n'est pas créé par vous, qui n'a pas besoin d'être créé par vous, que vous êtes déjà. Vous êtes né avec, vous l'ÊTES ! Il faut le découvrir. Si cela n'est pas possible, ou si la société ne le permet pas... et aucune société ne le permet, parce que le vrai soi est dangereux - dangereux pour l'église établie, dangereux pour l'état, dangereux pour la foule, dangereux pour la tradition - parce qu'une fois qu'un homme connaît son vrai soi, il devient un individu. Il n'appartient plus à la psychologie de la foule ; il ne sera pas superstitieux, et il ne peut pas être exploité. Il ne peut pas être conduit comme du bétail, il ne peut pas être ordonné et commandé. Il vivra selon sa lumière, il vivra de sa propre intériorité. Sa vie sera d'une grande beauté, d'une grande intégrité. Mais c'est la crainte de la société.

Les personnes intégrées deviennent des individus, et la société veut que vous soyez des non-individus.

Au lieu de l'individualité, la société vous apprend à être une personnalité. Le mot "personnalité" doit être compris. Il vient d'une racine, "persona" - persona signifie un masque. La société vous donne une fausse idée de qui vous êtes ; elle vous donne juste un jouet, et vous vous accrochez à ce jouet toute votre vie.

La seule façon est de vivre par la méditation - alors vous vivez une vie de rébellion, d'aventure, de courage. Alors vous vivez vraiment ! L'autre façon de vivre, ou de faire semblant de vivre, est la voie de l'ego - renforcer l'ego, nourrir l'ego ; de sorte que vous n'ayez pas besoin de regarder dans le moi, de vous accrocher à l'ego. L'ego est un artefact créé par la société pour vous tromper, pour vous distraire.

L'ego est fait par l'homme, fabriqué par nous. Et parce qu'il est fabriqué par la société, la société a du pouvoir sur lui. Parce qu'il est fabriqué par l'État et l'Église, et par ceux qui sont au pouvoir, ils peuvent le détruire à tout moment ; il dépend d'eux. Vous devez être constamment dans la peur, et vous devez constamment leur obéir, vous conformer à eux, pour que votre ego reste intact. La société vous donne du respect si vous n'êtes pas un individu. La société vous honore si vous n'êtes pas un Jésus, pas un Socrate, pas un Bouddha. Elle ne vous respecte que si vous êtes un mouton, pas un homme.

L'Occident a complètement oublié comment méditer - et le christianisme en est la raison. Le christianisme a créé une religion très fausse, qui ne sait rien de la méditation. Le christianisme est très formel ; c'est un rituel. Il fait partie de la société et de la structure politique de la société. Karl Marx a parfaitement raison de dire qu'il est l'opium du peuple. À cause du christianisme, l'Occident a perdu la notion de son propre être. Et on ne peut pas vivre sans une certaine idée de soi - et si vous ne pouvez pas découvrir, alors créez quelque chose. Ce sera faux, mais quelque chose vaut mieux que rien.

Aradhana, ce qu'on vous a dit est une absurdité totale. Peu importe qui l'a dit - les universités, les politiciens, les prêtres. Vous vous sentirez certainement confus, car je vous dis exactement le contraire : Je vous dis de vous débarrasser de l'ego, car si vous vous débarrassez de l'ego, vous vous débarrassez du rocher qui empêche le flux de votre conscience.

Votre conscience est là, juste derrière le rocher ; elle n'a pas besoin d'être amenée d'ailleurs. Enlevez le rocher - la vraie religion consiste seulement à enlever ce qui est inutile, et alors le nécessaire commence à couler. Ce qui est inutile doit être enlevé. Et l'essentiel est déjà là, c'est déjà le cas ! Enlevez le rocher et vous serez surpris : vous n'avez pas besoin de créer le vrai soi - il se révèle à vous.

Et le réel a de la beauté, et le réel est sans mort. Parce qu'il est sans mort, il n'a pas peur.

L'irréel est constamment en train de trembler. L'ego est toujours en danger - n'importe qui peut le détruire. Parce qu'il vous a été donné par les autres, ils peuvent le reprendre. Aujourd'hui ils vous respectent, demain ils ne vous respecteront peut-être plus. Si vous ne suivez pas leur idée de la vie, si vous ne confirmez pas leur style d'être, ils vous retireront leur respect. Et vous serez à plat sur le sol... et vous ne saurez pas qui vous êtes.

Borges écrit :

"J'ai rêvé que je m'éveillais d'un autre rêve - plein de cataclysmes et de bouleversements - et que je me réveillais dans une chambre que je ne reconnaissais pas. L'aube se levait : une faible lumière diffuse soulignait le pied du sommier de fer, la table. Je me suis demandé avec effroi "Où suis-je ?" et j'ai réalisé que je ne le savais pas. J'ai pensé "Qui suis-je ?" et je n'ai pas pu me reconnaître. La peur grandissait en moi. J'ai pensé : "Ce réveil pénible est déjà l'enfer, ce réveil sans avenir sera mon éternité". Alors je me suis vraiment réveillé, tremblant."

Ne pas se connaître soi-même, ne pas connaître son destin, c'est certainement le véritable enfer. Et l'homme ne se connaît pas lui-même. Maintenant, le moyen le plus économique est de créer l'ego, et l'Occident a suivi cette voie. Et pas seulement l'Occident : la majorité des gens en Orient, aussi, ont fait la même chose. Il suffit de laisser de côté quelques personnes éclairées, et le monde entier a fait de même.

L'Ouest est composé de quatre-vingt-dix-neuf virgule neuf pour cent des habitants de la planète ; l'Est ne compte qu'un petit nombre de personnes, qui se comptent sur les doigts. Pour moi, l'Est et l'Ouest ne sont pas géographiques - ce sont des dimensions spirituelles. Gautam Bouddha, Lao Tseu, Zarathoustra, Abraham, Moïse, le Christ, Saint François - l'Orient est constitué de ces personnes. L'endroit où ils sont nés n'a pas d'importance, n'est pas pertinent. Saint François n'est certainement pas né en Orient, mais je le considère comme faisant partie de l'Orient.

La dimension spirituelle, la dimension où le soleil intérieur se lève, est l'Est. Et la nuit noire de l'âme, qui ne connaît pas le lever du soleil, c'est l'Ouest. On ne devient pas religieux simplement en naissant en Inde. La religion n'est pas si bon marché. C'est la chose la plus chère de l'existence, parce que c'est la plus précieuse. Il n'y a pas de raccourci pour y parvenir, et ceux qui cherchent des raccourcis seront forcément trompés par quelqu'un. On leur donnera des jouets, et vous pouvez continuer à croire aux jouets parce que vous ne voulez pas risquer une aventure dans l'inconnu.

Le plus grand inconnu existe en vous. La mer la plus inexplorée est votre conscience, et la plus dangereuse aussi, parce que lorsque vous commencez à aller vers l'intérieur, vous commencez à tomber dans le vide, et une grande peur surgit, la peur de devenir fou, la peur de perdre votre identité. ...Parce que vous vous êtes connu sous un nom, vous vous êtes connu en tant que personne particulière - vous vous êtes connu en tant que médecin, ingénieur, homme d'affaires ; vous vous êtes connu en tant qu'Indien, Allemand, Chinois ; vous vous êtes connu en tant que noir ou blanc ; vous vous êtes connu en tant qu'homme ou femme ; vous vous êtes connu en tant qu'instruit ou non instruit - toutes ces catégories commencent à disparaître.

En allant vers l'intérieur, vous n'êtes ni homme ni femme : NETI, NETI - ni ceci ni cela, ni blanc ni noir, ni hindou ni mahométan, ni indien ni pakistanais. À mesure que vous vous déplacez vers l'intérieur, toutes ces catégories commencent à vous échapper des mains.

Alors qui êtes-vous ? Vous commencez à perdre la trace de votre ego, et une grande peur surgit - la peur du néant. Vous tombez dans l'infini.

Qui sait si vous serez en mesure de revenir ou non ? Et qui sait quel sera le résultat de cette exploration ?

Le lâche s'accroche au rivage et oublie tout de la mer. C'est ce qui se passe dans le monde entier. Les gens s'accrochent à l'ego parce que l'ego vous donne une certaine idée de qui vous êtes, vous donne une certaine clarté. Mais l'ego est faux, et la clarté est fausse.

Il vaut mieux être confus avec la réalité que clair avec l'irréalité.

Aradhana, tu as raison : avec moi, une grande confusion est inévitable - parce que toutes tes connaissances, lentement, lentement, se révéleront une simple ignorance et rien d'autre.

C'est votre ignorance qui se cache derrière votre savoir. Derrière votre intelligence se cache votre esprit stupide. Et derrière l'ego il n'y a rien - c'est une ombre.

Une fois que cela devient clair pour vous, que vous vous êtes accrochés à l'ombre, une grande peur et une grande confusion, un grand chaos va se produire. Mais du chaos naissent les étoiles. Il faut passer par ce chaos - cela fait partie de la croissance spirituelle. Vous devez perdre le faux pour atteindre le vrai. Mais entre les deux, il y aura un intervalle où le faux aura disparu et où le vrai ne sera pas encore arrivé. Ce sont ces moments-là, les moments les plus critiques... ce sont les moments où vous avez besoin d'un maître ou d'un ami.

L'autre jour, Bouddha disait : "Il faut un maître ou un ami." Ce sont les moments où vous aurez besoin de la main de quelqu'un qui peut vous tenir, qui peut vous soutenir, qui peut dire : " N'ayez pas peur. Ce vide va disparaître. Bientôt vous serez débordant - il suffit d'un peu plus d'attente, d'un peu plus de patience." Le maître ne peut rien vous donner, mais il peut vous donner du courage. Il peut vous donner sa main dans ces moments critiques où votre esprit voudrait revenir en arrière, faire demi-tour, s'accrocher à nouveau au rivage.

La joie du maître, sa confiance, son autorité... souvenez-vous, quand je dis " son autorité ", je ne veux pas dire qu'un maître est autoritaire. Un maître n'est jamais autoritaire, mais il a de l'autorité, parce qu'il est un témoin de lui-même. Il connaît l'autre rive, il est allé sur l'autre rive. Vous avez seulement ENTENDU parler de l'autre rive, vous avez lu à son sujet ; vous ne connaissez que cette rive, le confort, la sécurité et la sûreté de cette rive. Et lorsque les tempêtes font rage et que vous commencez à perdre de vue ce rivage, et que vous n'êtes pas en mesure de voir l'autre rivage, votre esprit dira : "Retourne en arrière ! Retournez-y aussi vite que possible ! L'ancien rivage disparaît et le nouveau n'apparaît pas. Peut-être qu'il n'y a rien sur l'autre rive, peut-être qu'il n'y a pas d'autre rive du tout. Et la tempête est grande !"

Dans ces moments-là, si vous êtes avec un maître, et que quelqu'un est assis dans le bateau, silencieux, tout à fait calme et tranquille, riant et disant : "Ne vous inquiétez pas", jouant de la flûte, ou chantant une chanson, ou vous racontant une blague, et qu'il dit : "Ne vous inquiétez pas. L'autre rive est - - Je sais, je suis passé par là. Juste un peu de patience....."

Regarder dans ses yeux... dans sa confiance absolue sera la seule aide. Voir son calme, sa tranquillité, son intégrité..... Il ne regarde pas en arrière, il n'a pas peur : il a dû voir l'autre rive, il a dû y être. Tout son être le dit, tout son être le prouve. Et quand il vous tient la main, vous pouvez sentir que sa main ne tremble pas ; vous pouvez sentir que tout ce qu'il dit, il le dit à partir de sa propre expérience, et non parce que c'est écrit dans la Bible, dans la Gita, dans le DHAMMAPADA.

Il le sait par lui-même ! - c'est son autorité.

Une fois que son assurance, sa confiance, vous sera contagieuse, vous commencerez aussi à rire.

Bien sûr, il y aura un peu de nervosité dans votre rire, mais vous allez commencer à rire.

Vous pouvez vous mettre à chanter avec lui, peut-être juste pour éviter la peur, tout comme les gens sifflent dans le noir. Vous pouvez vous joindre à sa danse, juste pour oublier tout ce qui se passe. Vous ne voulez pas voir la tempête qui vous entoure, vous ne voulez pas vous souvenir du passé et vous ne voulez pas penser à l'avenir. Tout vous semble sombre et lugubre. Vous pouvez vous joindre à sa danse....

Dansez avec lui, même si vous avez peur, chantez avec lui même si votre chant est forcément nerveux, riez avec lui même si votre rire n'est pas total, la tempête sera bientôt passée. Plus votre patience est grande, plus vite cela se produit - vous serez en mesure de voir l'autre rive, car lorsque les yeux ne sont pas troublés, lorsque les yeux ne sont pas remplis de peur, ils deviennent perceptifs. Une vision naît en vous - vous devenez un voyant.

L'autre rive n'est pas loin ; seulement tes yeux sont tellement pleins de fumée que tu ne peux pas voir.

En fait, cette rive même EST l'autre rive. Si vos yeux sont clairs, si votre perception n'est pas troublée, si votre intuition est apparue dans votre être, si vous pouvez voir et entendre, cette rive même est l'autre rive. Quand on sait, on rit vraiment de tout le ridicule de la vie - parce que nous avons déjà obtenu ce que nous désirons. Le trésor est avec nous, et nous courons de-ci de-là.

L'ego n'a pas à être créé, car vous avez le soi suprême en vous.

Mais je peux comprendre votre confusion. Restez confus. Ne retourne pas à ton ancienne clarté - elle est trompeuse. Reste dans cette confusion, reste avec moi un peu plus longtemps, et bientôt la confusion se dispersera et disparaîtra. Et alors viendra un tout nouveau type de clarté.

Il y a deux sortes de clarté - l'une, qui est simplement intellectuelle, qui peut être retirée à tout moment, le doute peut être créé à tout moment..... L'intellect est plein de doutes.

Tout ce que vous aviez entendu et tout ce qu'on vous avait dit vous a été enlevé si facilement par moi ; cela n'avait pas beaucoup de valeur. L'entraînement de toute votre vie, et j'ai enlevé la terre de sous vos pieds si facilement... et vous êtes confus. Quelle valeur peut avoir une telle clarté ? Si je peux vous embrouiller si facilement, cela signifie que ce n'était pas une vraie clarté. Je vais vous donner un nouveau type de clarté qui ne peut être confondue.

Un jour, un grand philosophe est allé voir Ramakrishna. Le philosophe argumentait contre Dieu, et il argumentait vraiment bien. Il s'appelait Keshav Chandra Sen. Ramakrishna était complètement analphabète ; il ne connaissait rien à la philosophie, il n'était jamais allé à l'université, il n'avait lu que jusqu'au deuxième degré. Il savait écrire et lire un peu le bengali.

Le philosophe était très instruit, mondialement connu, il avait écrit de nombreux livres. Il argumentait, et Ramakrishna riait. Et chaque fois que le philosophe donnait un bel et profond argument contre Dieu,

Ramakrishna sautait et l'embrassait. Une grande foule s'était rassemblée pour voir la scène, ce qui se passait. Le philosophe était très embarrassé, car il était venu pour argumenter, et quel genre d'argument est-ce là ?

Cet homme rit, danse - et parfois fait des câlins.

Le philosophe dit : "Mes arguments ne vous dérangent-ils pas ?"

Ramakrishna a dit : "Comment puis-je être dérangé ? J'apprécie vraiment vos arguments. Vous êtes malin, vous êtes intelligent, vos arguments sont magnifiques - mais que puis-je faire ? Je connais Dieu ! Ce n'est pas une question d'argument, ce n'est pas que je crois en Dieu. Si j'avais cru, vous m'auriez troublé, vous auriez pris toute ma clarté et vous m'auriez confondu. Mais je SAIS qu'il existe !"

Si vous savez, vous savez - il n'y a aucun moyen de vous distraire. Je vais vous donner CETTE sorte de clarté - qui sait, et qui ne dépend d'aucun argument, mais qui surgit de l'expérience existentielle. Il n'est alors pas nécessaire de t'apprendre à te respecter, à t'aimer ou à te sentir utile. En se connaissant soi-même, on sait qu'on est Dieu. Quel autre respect pouvez-vous vous accorder ? Lorsque cette expérience surgit en vous - "AHAM BRAHMASMI !

Je suis Dieu !" - quel plus grand respect pouvez-vous vous donner à vous-même ?

Et qui est là pour donner du respect ? Seul Dieu est là. Quand dans les recoins les plus profonds de votre être, la réalisation se produit : "ANA'L HAQ ! - Je suis la vérité !", quelle valeur supplémentaire avez-vous besoin de ressentir ? Vous avez atteint l'ultime, et vous avez appris à connaître l'ultime comme votre être le plus profond, votre intériorité.

Oui, on vous a dit d'être respectueux envers vous-même parce que vous ne savez pas qui vous êtes. On vous a dit de vous sentir utile parce que vous vous sentez inutile. On vous a dit de vous aimer parce que vous vous détestez. Et le plus étrange, le plus ironique, c'est que ce sont les MÊMES personnes qui vous ont fait ces deux choses.

Ce sont les mêmes personnes qui vous font d'abord vous sentir sans valeur ; c'est le secret de fabrication de toutes les églises, de toutes les soi-disant religions, de toutes les idéologies politiques, de toutes les sociétés, civilisations et cultures qui ont existé jusqu'à présent. C'est le secret de fabrication : on vous fait d'abord sentir que vous ne valez rien - on fait sentir à chaque enfant qu'il ne vaut rien. On lui dit : "Si tu ne deviens pas ceci ou cela, tu n'as aucune valeur." Quand il commence à se sentir inutile, on commence à lui dire : "Sens-toi utile, sens-toi utile. Si tu ne peux pas te sentir utile, ta vie est gâchée."

D'abord, nous lui disons de se détester et de se condamner ; tout ce qu'il fait est mal, donc il commence à se détester parce qu'il n'est pas une belle personne. Les parents, les enseignants, les prêtres, tous participent à la conspiration. Chaque enfant est réduit à un état si condamnable qu'il commence à se dire : "Je dois être la personne la plus laide du monde, parce que je fais des choses qui ne devraient pas être faites, et je ne fais pas des choses qui devraient être faites." Et puis un jour, on commence à dire à l'enfant : "Pourquoi ne t'aimes-tu pas ?

Sinon, comment allez-vous survivre ?"

Nous enlevons tout respect à l'enfant, et quand il devient irrespectueux envers lui-même, nous commençons à lui dire de créer du respect. C'est une situation tellement absurde ! Chaque enfant naît avec un grand respect de lui-même. Chaque enfant connaît sa valeur, sa valeur intrinsèque. Il n'est pas digne parce qu'il est comme Bouddha, Krishna ou le Christ - il sait simplement qu'il a de la valeur parce qu'il est, il a l'être. C'est suffisant ! Et chaque enfant s'aime, se respecte.

C'est vous qui lui apprenez le contraire. D'abord, vous détruisez tout ce qui est beau en lui, puis vous commencez à peindre une fausse image. Détruisez sa beauté naturelle, puis peignez son visage, rendez-le absolument faux. Mais pourquoi faire cela ? - Parce que seules les personnes fausses peuvent être esclaves, seules les personnes fausses peuvent suivre des politiciens stupides, seules les personnes fausses peuvent être victimes de prêtres totalement ignorants. Si les gens sont réels, ils ne peuvent pas être exploités et ne peuvent pas être opprimés.

Aradhana, restez confus - c'est bien. C'est bien que tu sois arrivé à ce point où une grande confusion est apparue en toi. Vous ne pouvez plus faire confiance à votre ego - c'est bien ! C'est extrêmement important, car maintenant une deuxième étape devient possible. Je vous rendrai votre enfance, votre valeur intérieure, qui n'est pas un phénomène créé ; votre amour naturel, qui n'est pas cultivé ; votre respect spontané, qui n'apparaît que lorsque vous commencez à sentir que vous faites partie de Dieu, que vous êtes divin.

Rappelez-vous, l'ego est comparatif - il se compare toujours aux autres - et le soi est non comparatif. Lorsque vous vous connaissez, vous n'êtes ni inférieur ni supérieur à quiconque, vous êtes simplement vous-même. Mais l'ego est comparatif. Et n'oubliez pas que si vous vous sentez supérieur à quelqu'un, vous vous sentirez forcément inférieur à quelqu'un d'autre. L'ego est donc un phénomène très délicat : d'un côté, il vous fait vous sentir supérieur, de l'autre, il vous fait vous sentir inférieur. Il vous maintient dans une double contrainte, il continue à vous séparer. Il vous rend fou.

D'un côté, vous savez que vous êtes supérieur à votre serviteur, mais qu'en est-il de votre patron ? Vous forcez le serviteur à se soumettre à vous, et vous vous soumettez à votre patron. Vous forcez votre serviteur, votre femme ou vos enfants à être vos esclaves. Et ensuite à votre patron ? Vous remuez votre queue là.

Comment pouvez-vous être heureux ? Les deux choses sont mauvaises. Faire en sorte que les autres se sentent inférieurs est violent, c'est un crime contre Dieu ; et se faire sentir inférieur devant quelqu'un est également un crime contre Dieu. Lorsque vous connaissez le vrai soi, les deux choses disparaissent. Alors vous êtes vous, et l'autre est l'autre, et il n'y a pas de comparaison - personne n'est supérieur et personne n'est inférieur.

C'est ce que j'appelle le vrai communisme spirituel, mais cela n'est possible que lorsque la connaissance de soi a eu lieu. Karl Marx ou Friedrich Engels, Joseph Staline ou Mao Zedong, ce ne sont pas de vrais communistes. Ils vivent dans l'ego. Les vrais communistes sont Gautam Bouddha, Jésus, Lao Tseu - personne ne les connaît comme communistes, mais ce sont de vrais communistes, parce que si vous comprenez leur vision, toute comparaison disparaît. Et quand il n'y a pas de comparaison, il y a le communisme. L'égalité n'est possible que lorsque la comparaison disparaît du monde.

Ne vous connaissant pas, vous êtes presque profondément endormi ; ne vous connaissant pas, vous êtes comme un ivrogne qui demande aux autres : "Où est ma maison ?" L'ivrogne demande même parfois :

"Pouvez-vous me dire, monsieur, qui je suis ?".

Un jour, un ivrogne est revenu vers le barman et lui a demandé : "Avez-vous vu mon ami ?

Est-il venu ici ?"

Le barman a dit : "Oui, quelques minutes avant, il était ici."

Et l'ivrogne demanda : "Aurais-tu la gentillesse de me dire si j'étais aussi avec lui ?"

Un jour, il y avait un ivrogne dans un bar. Il se tourne vers l'homme à sa droite et dit : "Tu as versé de la bière dans ma poche ?"

"Je ne l'ai certainement pas fait", a dit l'homme.

L'ivrogne se tourne alors vers l'homme à sa gauche et lui dit : "Tu as versé de la bière dans ma poche ?"

L'homme a dit : "Je n'ai certainement pas versé de bière dans votre poche."

L'ivrogne a dit : "C'est ce que je pensais : un coup monté de l'intérieur."

La deuxième question :

Question 2 :

MAÎTRE BIEN-AIMÉ, QUELLE EST VOTRE VISION POUR LA NOUVELLE COMMUNE ?

Krishna Prem, la nouvelle commune est une expérience de communisme spirituel. Le mot "communisme" vient de "commune". Il n'y a qu'une seule possibilité de communisme dans le monde et cette possibilité passe par la méditation. Le communisme n'est pas possible en changeant les structures économiques des sociétés.

Le changement des structures économiques des sociétés ne fera qu'amener de nouvelles classes ; il ne peut pas amener une société sans classes. Le prolétariat peut disparaître, la bourgeoisie peut disparaître, mais alors le dirigeant et le dirigé... c'est ce qui s'est passé en Russie soviétique, c'est ce qui s'est passé en Chine. De nouvelles distinctions, de nouvelles classes sont apparues.

Le communisme est fondamentalement une vision spirituelle. Il ne s'agit pas de changer les structures économiques de la société, mais de changer la vision spirituelle des gens. La nouvelle commune va être un espace où nous pouvons créer des êtres humains qui ne sont pas obsédés par la comparaison, qui ne sont pas obsédés par l'ego, qui ne sont pas obsédés par la personnalité.

La nouvelle commune va être un contexte dans lequel un nouveau type d'homme peut devenir possible. Socrate dit que le maître est une sage-femme, et il a raison : tous les maîtres sont des sages-femmes. Ils donnent toujours naissance à de nouvelles humanités. C'est par eux que naît un homme nouveau.

Le vieil homme est fini. Le vieil homme n'est plus valable. Et avec le vieil homme, tout ce qui appartenait au vieil homme est également devenu invalide, non pertinent. Le vieil homme était un négatif de la vie. La nouvelle commune créera une religiosité affirmative de la vie. La devise de la nouvelle commune est : Ce corps même est le Bouddha, cette terre même est le Paradis du Lotus.

La nouvelle commune va sanctifier la terre, rendre tout sacré. Nous n'allons pas diviser l'existence entre ce monde-ci et ce monde-là : nous allons vivre l'existence dans sa totalité. Nous allons vivre comme des scientifiques, des poètes, des mystiques - tous ensemble !

Le scientifique est partial. Il ne croit qu'au corps, il ne peut pas aller au-delà ; sa vision est très limitée, myope. Le poète s'accroche à un autre aspect de l'humanité, la partie sentimentale. Il peut voir la beauté, mais sa beauté est très momentanée. Il n'a aucune idée de l'éternel. Le mystique vit dans l'être, il vit dans l'état sans mort, sans temps. Parce qu'il vit dans l'état sans mort et sans temps, il devient indifférent au monde du temps et de l'espace. Il devient indifférent à la fois à la science et à la poésie. Ce sont les trois aspects de la réalité, les trois faces de Dieu, la trinité, TRIMURTI.

Mon effort dans la nouvelle commune est de créer un homme qui n'est pas partiel... qui est total, entier, saint. Un homme devrait être les trois à la fois. Il devrait être aussi précis et objectif qu'un scientifique ; et il devrait être aussi sensible, aussi plein de cœur, que le poète ; et il devrait être aussi enraciné au plus profond de son être que le mystique. Il ne doit pas choisir. Il doit permettre à ces trois dimensions d'exister ensemble.

L'Orient a souffert parce que nous nous sommes trop préoccupés de l'être ; nous avons perdu la trace de la science, nous avons perdu la trace de l'art. L'Occident a souffert, souffre encore, parce qu'il a perdu la notion d'être. L'Orient est devenu riche intérieurement mais pauvre extérieurement ; l'Occident est devenu riche extérieurement, pauvre intérieurement. La nouvelle commune va être riche dans les deux sens.

Je crois en la richesse. Je ne suis pas un adorateur de la pauvreté. C'est tout simplement stupide. Je voudrais que l'humanité soit riche de toutes les manières possibles : riche en science, riche en technologie, riche en poésie, riche en musique, riche en méditation, riche en mysticisme. La vie devrait être vécue dans sa multidimensionnalité. Il faut s'approcher de Dieu par tous les moyens possibles. Pourquoi appauvrir son âme ?

La nouvelle commune va créer un espace, un contexte, pour que cet être humain multidimensionnel puisse naître. Et l'avenir appartient à ce nouvel homme.

Le vieil homme croyait au renoncement ; le vieil homme croyait que si vous voulez vous rapprocher de Dieu, vous devez vous éloigner du monde, comme s'il y avait un conflit entre Dieu et le monde. C'est évidemment faux. Le monde existe à travers Dieu ! Le monde est le corps de Dieu - il ne peut y avoir de conflit ! S'il y avait eu un conflit, le monde aurait disparu depuis longtemps.

Le monde respire, est vivant, et la vie est Dieu. L'arbre est divin parce qu'il est vivant, et le rocher est divin parce que le rocher est aussi vivant à sa manière, le rocher grandit aussi. L'existence entière est pleine de vie, débordante de vie. Dieu n'est pas contre le monde - comment le peintre peut-il être contre sa peinture ? et comment le poète peut-il être contre sa poésie ? et comment le musicien peut-il être contre sa musique ? Le monde est sa poésie, sa peinture, sa musique - c'est sa danse.

Le vieil homme vivait dans le renoncement, s'échappait loin du monde dans les grottes, les monastères, l'Himalaya. Le vieil homme était un évadé, le vieil homme avait peur de vivre, il était plutôt prêt à mourir. Le vieil homme était en quelque sorte suicidaire.

Mon nouvel homme va être profondément amoureux de la vie. Et ma religion n'est pas celle du renoncement mais celle de la réjouissance. La nouvelle commune créera toutes les occasions possibles pour se réjouir, chanter, danser.

La nouvelle commune sera d'un genre totalement nouveau de religiosité, de spiritualité.

Personne ne sera un hindou, un mahométan, un chrétien ou un jaina, mais tout le monde sera religieux - simplement religieux. Pour moi, la religion n'a pas besoin d'adjectifs.

Et dès qu'une religion est attachée à un adjectif, ce n'est plus de la religion - c'est de la politique.

Bayazid n'est pas mahométan. Mahomet lui-même n'est pas mahométan, ne peut pas l'être.

Le Christ n'est pas chrétien et Bouddha n'est pas bouddhiste. Ils sont simplement religieux. Ils ont une certaine saveur, un certain silence, une certaine grâce, qui les entourent. Ils sont des fenêtres sur l'au-delà. À travers eux, vous pouvez voir l'au-delà, à travers eux, Dieu continue à chanter mille et une chansons.

La nouvelle commune ne sera d'aucune religion. Elle sera religieuse. Mais la religion ne sera pas surnaturelle, elle sera très terre à terre ; elle sera donc créative, elle explorera toutes les possibilités d'être créative. Toutes les formes de créativité seront soutenues, nourries.

Le véritable homme religieux doit apporter sa contribution au monde. Il doit le rendre un peu plus beau qu'il ne l'a trouvé quand il est venu au monde. Il doit le rendre un peu plus joyeux. Il doit le rendre un peu plus parfumé. Il doit le rendre un peu plus harmonieux. Telle sera sa contribution.

Dans le passé, nous respections les gens pour de mauvaises raisons. Nous respections quelqu'un parce qu'il jeûnait. Maintenant, le jeûne n'apporte rien au monde. Et l'homme qui fait de longs jeûnes est simplement violent avec lui-même. Le respecter, c'est respecter la violence, le respecter, c'est respecter les instincts suicidaires, le respecter, c'est respecter le masochisme. C'est un malade mental ! Il n'est pas naturel, il est anormal. Il a besoin d'un traitement psychologique, il a besoin d'aide. Mais vous le respectez, et à cause de votre respect, son ego est gonflé ; alors s'il devait jeûner pendant un mois, il jeûnera pendant trois mois. Et plus il jeûne, plus il torture son corps, plus vous lui donnez du respect.

La nouvelle commune ne respectera aucune tendance masochiste. Elle ne respectera pas l'ascétisme, elle ne respectera pas les tendances anormales, contre nature - elle respectera l'homme naturel. Elle respectera l'enfant dans l'homme, elle respectera l'innocence, et elle respectera la créativité. Elle respectera un homme qui peint un beau tableau, elle respectera l'homme qui joue magnifiquement de la flûte. Le joueur de flûte sera religieux, et le peintre sera religieux, et le danseur sera religieux ; pas l'homme qui fait de longs jeûnes, qui torture son corps, qui se couche sur un lit d'épines, qui s'est estropié.

Ce sera le début d'une nouvelle humanité. C'est nécessaire, absolument nécessaire. Si nous ne pouvons pas créer le nouvel homme dans les vingt prochaines années - d'ici la fin du siècle - alors l'humanité n'a aucun avenir. Le vieil homme est arrivé au bout de son rouleau. Le vieil homme est prêt à commettre un suicide global. La troisième guerre mondiale sera un suicide mondial. Elle ne peut être évitée que si un nouveau type d'homme peut être créé.

Il s'agira d'une expérience, d'une grande expérience dont beaucoup de choses vont dépendre. Elle a d'énormes implications pour l'avenir. Soyez prêts pour cela. Soyez prêt pour cela. Cet ashram est juste une rampe de lancement.... A petite échelle, je fais des expériences. La nouvelle commune sera à grande échelle : dix mille sannyasins vivant ensemble comme un seul corps, un seul être. Personne ne possédera rien ; tout le monde utilisera tout, tout le monde profitera. Tout le monde vivra aussi confortablement, aussi richement que nous pourrons le faire. Mais personne ne possédera rien. Non seulement les choses ne seront pas possédées, mais les personnes ne seront pas non plus possédées dans la nouvelle commune. Si vous aimez une femme, vivez avec elle - par pur amour, par pure joie - mais que vous ne devenez pas son mari, vous ne pouvez pas. Vous ne devenez pas une épouse. Devenir une "épouse" ou un "mari" est laid parce que cela amène la propriété ; alors l'autre est réduit à la propriété.

La nouvelle commune va être non possessive, pleine d'amour - vivre dans l'amour mais sans aucune possessivité ; partager toutes sortes de joies, faire une réserve de toutes les joies..... Lorsque dix mille personnes contribuent, cela peut devenir explosif. Les réjouissances seront grandes.

Jésus dit encore et encore : Réjouissez-vous ! Réjouissez-vous ! Réjouissez-vous ! Mais il n'a pas encore été entendu.

Les chrétiens ont l'air si sérieux, et ils ont aussi peint Jésus de telle manière qu'il ne semble pas qu'il se soit jamais réjoui. Les chrétiens disent que Jésus n'a jamais ri ! C'est ridicule. L'homme qui disait "Réjouissez-vous !", l'homme qui aimait la bonne nourriture, le bon vin, l'homme qui avait l'habitude de festoyer et de participer aux fêtes, l'homme autour duquel il y avait toujours de la fête - il n'a jamais ri ? Les chrétiens ont donné un faux Christ au monde.

Dans ma commune, Bouddha va rire et danser, le Christ va rire et danser. Pauvres types, personne ne leur a permis jusqu'à présent ! Ayez de la compassion pour eux - laissez-les danser, chanter et jouer. Ma nouvelle commune va transformer le travail en jeu, elle va transformer la vie en amour et en rire.

Rappelez-vous encore la devise - sanctifier la terre, rendre tout sacré, transformer les choses ordinaires et banales en choses extraordinaires et spirituelles. La vie entière doit être votre temple ; le travail doit être votre culte, l'amour doit être votre prière.

Ce corps même, le Bouddha, cette terre même, le Paradis du Lotus.

La troisième question :

Question 3 :

MAÎTRE BIEN-AIMÉ, JE SUIS PSYCHOLOGUE. J'ESPÉRAIS QUE L'ÉTUDE DE LA PSYCHOLOGIE M'AIDERAIT À CHANGER MA VIE, MAIS RIEN DE TEL NE S'EST PRODUIT. QUE DOIS-JE FAIRE MAINTENANT ?

La psychologie est encore une science très très immature. Elle est très rudimentaire, ce n'est que le début. Elle n'est pas encore un mode de vie - elle ne peut pas vous transformer. Elle peut certainement vous donner quelques aperçus de l'esprit, mais ces aperçus ne vous transformeront pas. Pourquoi ? - - parce que la transformation se produit toujours à partir d'un plan supérieur. La transformation ne signifie jamais résoudre les problèmes - rester sur le même plan - cela signifie s'adapter.

La psychologie essaie encore de vous aider à vous adapter - à vous adapter à la société qui est elle-même folle, à vous adapter à la famille, à vous adapter aux idées qui sont dominantes autour de vous. Mais toutes ces idées - votre famille, votre société - sont elles-mêmes malades, malades, et s'y adapter vous donnera une certaine normalité, au moins une apparence superficielle de santé, mais cela ne va pas vous transformer.

Transformation signifie changer le plan de votre compréhension. Elle passe par la transcendance. Si vous voulez changer d'avis, vous devez atteindre l'état de non-avis. Ce n'est qu'à partir de cette hauteur que vous serez en mesure de changer votre esprit, car c'est à partir de cette hauteur que vous serez le maître. Rester dans l'esprit et essayer de changer l'esprit par l'esprit lui-même est un processus futile. C'est comme se tirer vers le haut par ses propres lacets. C'est comme un chien qui essaie d'attraper sa propre queue ; parfois il y arrive, parfois il se comporte de façon très humaine. Le chien est assis dans la chaleur du soleil, tôt le matin, et il regarde la queue qui repose juste à côté de lui - naturellement, la curiosité surgit : Pourquoi ne pas l'attraper ? Il essaie, échoue, se sent offensé, agacé ; il essaie encore plus, échoue encore plus, devient fou, fou. Mais il ne parviendra jamais à attraper la queue - c'est sa propre queue. Plus il saute, plus la queue saute.

La psychologie peut vous donner quelques aperçus de l'esprit, mais comme elle ne peut vous emmener au-delà de l'esprit, elle ne peut être d'aucune aide.

Sam est devenu psychiatre et a commencé à prospérer. Il a acheté une grosse limousine coûteuse et l'a conduite pour la première fois. Après quelques instants de conduite, une autre voiture le percute. Il saute de sa Cadillac écrasée, se dirige vers la voiture qui a percuté la sienne, lui serre le poing et rugit : "Espèce d'idiot ! Espèce de crétin ! Espèce d'escroc de rat ! Espèce de fils de... !" Puis il s'est soudain souvenu qu'il était psychiatre, a baissé la voix et a demandé doucement : "Pourquoi détestes-tu ta mère ?"

La psychologie ne peut pas aider. J'ai entendu une autre histoire sur ce même Sam - une histoire où il n'était plus au monde, il était mort.

La veuve s'occupait des plantes autour de la tombe de son mari. Alors qu'elle se penchait, des brins d'herbe ont chatouillé la chair nue sous sa jupe. Surprise, elle se retourne rapidement, mais il n'y a personne en vue. Soupirant, elle se retourne vers la tombe et murmure : "Sam, tiens-toi bien ! Et souviens-toi, tu es censé être mort."

Ni dans la vie ni dans la mort, la psychologie ne vous aidera beaucoup. Seule la religion peut vous aider.

Maintenant, le psychologue essaie de jouer le rôle du maître, ce qui est tout à fait prétentieux. Le psychologue, le psychanalyste et le psychiatre ne sont pas des maîtres !

Ils ne se connaissent pas eux-mêmes. Oui, ils ont compris un peu le mécanisme de l'esprit, ils ont étudié, ils sont bien informés. Mais l'information ne change jamais personne, elle n'apporte jamais de révolution. Au fond, la personne reste la même. Il peut parler magnifiquement, il peut vous donner de bons conseils, mais il ne peut pas suivre ses propres conseils.

Le psychanalyste ne peut pas être le maître. Mais en Occident, il a connu un tel succès professionnel que même le prêtre est en admiration. Même les prêtres - catholiques et protestants - étudient la psychanalyse et d'autres écoles de psychologie, car ils voient que les gens ne viennent plus voir le prêtre, mais le psychanalyste. Le prêtre commence à avoir peur de perdre son emploi.

Le prêtre a dominé les gens pendant des centaines d'années. Il était l'homme sage - il a perdu son attrait. Les gens ne peuvent pas vivre sans conseillers ; ils ont besoin de quelqu'un pour leur dire quoi faire, car ils ne grandissent jamais. Ils sont comme des petits enfants, ils ont toujours besoin qu'on leur dise ce qu'il faut faire et ce qu'il ne faut pas faire. Jusqu'à présent, c'est ce que faisait le prêtre ; aujourd'hui, le prêtre a perdu son charme, sa validité. Il n'est plus contemporain, il est devenu obsolète. Le psychanalyste a pris sa place, c'est LUI qui est le prêtre maintenant.

Mais tout comme le prêtre était faux, le psychanalyste l'est aussi. Le prêtre utilisait un jargon religieux pour exploiter les gens ; le psychologue utilise un jargon scientifique pour exploiter les mêmes personnes.

Le prêtre n'a pas non plus été éveillé, pas plus que le psychanalyste.

L'homme ne peut être aidé que par quelqu'un qui est déjà un bouddha ; sinon, il ne peut pas être aidé.

Tous vos conseillers vous mettront de plus en plus dans le pétrin. Plus vous écouterez vos conseillers, plus vous serez dans le désordre - parce qu'ils ne savent pas ce qu'ils disent ! Ils ne sont même pas d'accord entre eux. Freud dit une chose, Adler en dit une autre, Jung en dit encore une autre. Et maintenant il y a mille et une écoles.

Et chaque école est fanatique de sa philosophie - qu'elle détient la vérité, toute la vérité et rien que la vérité. Non seulement elle dit qu'elle est vraie, mais elle dit qu'elle détient LA vérité, et que tous les autres mentent, trompent.

Si vous écoutez ces psychanalystes, si vous allez d'un psychanalyste à un autre, vous serez encore plus perplexe. La seule aide qu'ils peuvent vous apporter, c'est que si vous êtes assez intelligent, vous en aurez tellement marre d'eux, vous vous ennuierez tellement d'eux, que vous abandonnerez tout simplement l'idée d'être transformé, et vous pourrez commencer à vivre votre vie normalement, sans vous soucier beaucoup de la transformation - SI vous êtes intelligent, ce qui est très rare, parce que l'intelligence est écrasée dès le début. On fait de vous des médiocres. Dès le début, l'intelligence est détruite. Seules quelques personnes parviennent à échapper à la société et à rester intelligentes.

Nagesh, vous me demandez, "Que dois-je faire maintenant ?"

Ma suggestion est la suivante : vous en avez fait assez. Apprenez maintenant quelque chose qui n'est pas FAIRE mais ne pas faire. Soyez ici, et apprenez - non pas à faire mais à être. Asseyez-vous en silence, sans rien faire.

Dans un délai de trois à neuf mois, si l'on est assez patient et si l'on peut simplement continuer à s'asseoir ensemble pendant des heures chaque jour - autant que l'on puisse trouver le temps de s'asseoir..... Au début, une grande agitation se produira dans votre esprit ; tout ce qui vient de l'inconscient commencera à faire surface. Vous le verrez comme si vous deveniez fou. Continuez à regarder - ne vous inquiétez pas.

Vous ne pouvez pas devenir fou parce que vous l'êtes déjà, donc il n'y a rien à perdre et rien à craindre.

Un homme politique, un grand homme politique, consultait un psychanalyste. L'homme politique souffrait d'un complexe d'infériorité - tous les hommes politiques souffrent de complexes d'infériorité.

S'ils ne souffrent pas de complexes d'infériorité, ils ne seront pas des politiciens. Être un homme politique signifie s'efforcer d'être supérieur, d'être au pouvoir, afin de pouvoir prouver aux autres et à soi-même : "Je ne suis pas inférieur. Regardez ! Je suis le premier ministre. Regardez ! Je suis le seul Premier ministre du pays et personne d'autre - comment pourrais-je être inférieur ?"

La politique naît du complexe d'infériorité - toute politique de pouvoir naît du complexe d'infériorité. Il n'était donc pas rare que le politicien souffre d'un complexe d'infériorité.

Le psychanalyste a travaillé sur le politicien année après année. Au bout de deux ou trois ans, il écoutait toutes ses sottises... car que peut dire un politicien ? Pendant des heures, il s'allongeait sur le canapé et racontait n'importe quoi.

Au bout de trois ans, un jour où il est venu, le psychanalyste l'a reçu avec une grande joie et lui a dit : "Je suis heureux de déclarer, après trois ans de recherches sur vous, que vous ne souffrez pas d'un complexe d'infériorité. Je suis arrivé à cette conclusion après un si long effort qu'elle ne peut pas être fausse. Vous ne souffrez pas d'un complexe d'infériorité - oubliez-le tout simplement."

Le politicien était très heureux et il a dit : "Je vous suis reconnaissant, mais pouvez-vous me dire comment vous êtes arrivé à cette conclusion ?".

Le psychanalyste a répondu : "Parce que vous êtes tout simplement inférieur - comment pouvez-vous souffrir d'un complexe d'infériorité ?".

Nagesh, tu ne dois pas t'inquiéter. Si, assis en silence, tu commences à sentir la folie surgir, ne t'inquiète pas - tu ne peux pas être plus fou que tu ne l'es déjà. L'homme ne peut pas tomber plus bas.

Il a touché le fond. Maintenant, il n'a plus rien à perdre.

Assis en silence, vous verrez la folie surgir en vous, parce qu'elle est restée refoulée.

Et vous vous occupez de choses - la psychologie, etc. - maintenant vous allez vous occuper de la méditation et des sannyas, mais ce sont toutes des occupations et vous ne permettez pas à votre inconscient de se révéler à vous. C'est effrayant.

Je vous suggère de vous asseoir en silence autant que vous pouvez trouver le temps de le faire. Les personnes zen s'assoient en silence au moins six à huit heures par jour. Au début, c'est vraiment exaspérant. L'esprit vous joue tellement de tours, essaie de vous rendre fou, crée des peurs imaginaires, des hallucinations. Le corps commence à vous jouer des tours... toutes sortes de choses se produisent.

Mais si vous pouvez continuer à être témoin, en trois à neuf mois, tout s'installe, et s'installe de lui-même - non pas parce que vous devez faire quelque chose. Sans que vous fassiez quoi que ce soit, tout s'installe simplement, et lorsqu'un calme survient, non cultivé, non pratiqué, c'est quelque chose de superbe, quelque chose d'extrêmement gracieux, d'exquis. Vous n'avez jamais rien goûté de tel auparavant - c'est un pur nectar.....

Vous avez transcendé le mental ! Tous les problèmes du mental sont résolus. Non pas que vous ayez trouvé une solution, mais simplement ils sont tombés d'eux-mêmes - en étant témoin, en étant simplement témoin.

Vous avez déjà trop de connaissances. Vous n'avez pas besoin de plus de connaissances, vous avez besoin de désapprendre. Les personnes bien informées sont très rusées - elles peuvent toujours trouver des excuses pour rester les mêmes.

Un professeur de philosophie et de psychologie était dépendant du whisky moonshine. Une nuit, après en avoir ingurgité une grande quantité, il se rendit dans sa cabine, se déshabilla pour se coucher et essaya de souffler la bougie. Son haleine alcoolisée s'enflamme.

Tristement secoué par cette expérience, il appelle sa femme : " Apporte-moi la Bible, Marthe.

Cet endroit a été une terrible leçon pour moi. Je vais prêter serment."

L'heureuse ménagère apporta la Bible en toute hâte, attendit que son homme pose sa main dessus et regarde vers le ciel : "Je jure par tout ce qui est saint", dit-il, "que je ne soufflerai plus jamais sur une bougie allumée."

Le mental est rusé. Vous devez aller au-delà du mental - c'est le but de la méditation.

La dernière question :

Question 4 :

MAÎTRE BIEN-AIMÉ, VOUS SEMBLEZ ÊTRE LE PREMIER MAÎTRE ÉCLAIRÉ QUI RACONTE DES BLAGUES - POURQUOI EN EST-IL AINSI ?

Garima, je vais te raconter une histoire. L'histoire suivante, tirée du Talmud, était particulièrement appréciée par le grand maître hassidique, Baal Shem.

Rabbi Baruch avait l'habitude de se rendre sur la place du marché où le prophète Elijah lui apparaissait souvent. On croyait qu'il apparaissait à certains saints hommes pour leur offrir des conseils spirituels.

Un jour, Baruch a demandé au prophète : "Y a-t-il quelqu'un ici qui a une part dans le monde à venir ?"

Il a répondu : "Non."

Pendant qu'ils conversaient, deux hommes passèrent et Élie remarqua : " Ces deux hommes ont une part dans le monde à venir. "

Rabbi Baruch s'est alors approché et leur a demandé : "Quelle est votre profession ?"

Ils ont répondu : "Nous sommes des bouffons. Quand nous voyons des hommes déprimés, nous leur remontons le moral."

Dieu aime le rire, Dieu aime les gens joyeux. Dieu n'est pas intéressé à vous voir avec des visages longs.

Quand Baal Shem était mourant, quelqu'un a demandé : "Es-tu prêt à rencontrer le Seigneur ?"

Il a dit : "J'ai toujours été prêt. Il ne s'agit pas d'être prêt maintenant - j'ai toujours été prêt. A tout moment, il aurait pu m'appeler !"

L'homme a demandé : "Quel est votre état de préparation ?"

Baal Shem a dit : "Je connais quelques belles blagues - je vais les lui raconter. Et je sais qu'il les appréciera et qu'il rira avec moi. Et qu'est-ce que je peux lui offrir d'autre ? Le monde entier est à lui, l'univers entier est à lui, je suis à lui, alors que puis-je lui offrir ? Juste quelques blagues !"

Baal Shem est l'un des grands bouddhas issus de la tradition juive, l'un des plus aimés par ses disciples. Il est le fondateur du hassidisme.

Et rappelez-vous, je ne suis pas le premier à vous raconter des blagues. Il y en a eu beaucoup.... Mais les gens sont si tristes qu'ils oublient les personnes qui ont été des sources de rire et de joie - ils ne se souviennent que des personnes tristes. Les gens sont tristes ; ils trouvent donc une certaine affinité avec les gens tristes. Vous ne vous souvenez que des bouddhas tristes - même s'ils n'étaient pas tristes, vous les rendez tristes. Dans votre esprit, vous fabriquez des histoires, vous fabriquez des idées, et vous les faites paraître tristes.

Maintenant, un Jaina sera très offensé si je dis que Mahavira a ri. Le rire semble être si banal, si mondain. Comment Mahavira peut-il rire ? Si je dis que Bouddha a ri, les bouddhistes, en particulier les bouddhistes Hinayana, seront en colère. J'ai été extrêmement amoureux de Bouddha ; je pense qu'il n'y a aucun autre homme sur la terre aujourd'hui qui a aimé Bouddha autant que moi. Mais l'autre jour, je lisais dans les journaux que le président de la Société bouddhiste de l'Inde allait soulever des questions contre moi au Parlement lors de la prochaine session. Je peux comprendre que ces personnes doivent se sentir très offensées parce que je donne une nouvelle couleur à Bouddha - SA couleur, la couleur de Bouddha. J'essaie de vous faire découvrir sa réalité. Et ces gens ont totalement déformé son image ; ils l'ont rendu si triste, ils ne lui permettent pas de rire. S'il rit, ils soulèveront des questions contre lui au parlement.

J'offense les gens parce que j'essaie de vivre la religion non pas selon leurs idées. Je vous dis, en privé bien sûr, que Jésus faisait des blagues - mais ne le dites pas aux chrétiens, ils ne comprendraient pas. Ils ne peuvent comprendre que le Jésus qui a été crucifié. En fait, ils adorent la mort, pas Jésus ; ils adorent la croix, pas le Christ.

C'est pourquoi j'appelle le christianisme, le crossianisme - il n'a rien à voir avec le Christ. Je connais l'homme, je connais personnellement l'homme !

Il avait l'habitude d'aimer toutes les bonnes choses de la vie. Comment pouvait-il éviter de plaisanter ? Il aimait faire des commérages, et on dit qu'il ne faisait que livrer des évangiles ! C'était un homme très très terre à terre. Il se déplaçait avec les joueurs, avec les ivrognes, avec les prostituées aussi. Il n'avait pas peur de tous ces imbéciles - c'est pourquoi il a dû souffrir.

C'est pourquoi je dois souffrir.....
Assez pour aujourd'hui.

Semer les graines de la félicité

PENDANT UN MOMENT, LA MALICE DE L'IMBÉCILE A UN GOÛT DOUX, DOUX COMME LE MIEL. MAIS À LA FIN, ELLE DEVIENT AMÈRE. ET COMME IL SOUFFRE AMÈREMENT !

L'INSENSÉ PEUT JEÛNER PENDANT DES MOIS, SE NOURRISSANT DE LA POINTE D'UN BRIN D'HERBE, MAIS IL NE VAUT PAS UN SOU À CÔTÉ DU MAÎTRE DONT LA NOURRITURE EST LA VOIE.

LE LAIT FRAIS MET DU TEMPS À TOURNER. AINSI, LES MÉFAITS D'UN IMBÉCILE METTENT DU TEMPS À LE RATTRAPER. COMME LES BRAISES D'UN FEU, ILS COUVENT EN LUI.

QUOI QUE L'IMBÉCILE APPRENNE, CELA NE FAIT QUE L'ABRUTIR. LE SAVOIR LUI FEND LA TÊTE.

CAR ALORS IL VEUT DE LA RECONNAISSANCE. UNE PLACE DEVANT LES AUTRES. UNE PLACE SUR LES AUTRES.

"QU'ILS CONNAISSENT MON TRAVAIL, QU'ILS SE TOURNENT TOUS VERS MOI". TELS SONT SES DÉSIRS, TEL EST SON ORGUEIL DÉMESURÉ.

UNE VOIE MÈNE À LA RICHESSE ET À LA GLOIRE, L'AUTRE AU BOUT DU CHEMIN.

NE CHERCHEZ PAS LA RECONNAISSANCE MAIS SUIVEZ LES ÉVEILLÉS ET LIBÉREZ-VOUS.

Les derniers mots de Gautama le Bouddha sur la terre furent : Sois une lumière pour toi-même. Ne suivez pas les autres, n'imitez pas, car l'imitation, le suivi, crée la stupidité. Vous êtes nés avec une énorme possibilité d'intelligence. Vous êtes nés avec une lumière en vous. Écoutez la petite voix intérieure et elle vous guidera. Personne d'autre ne peut vous guider, personne d'autre ne peut devenir un modèle pour votre vie, car vous êtes unique.

Il n'y a jamais eu personne qui était exactement comme vous, et il n'y aura jamais plus personne qui sera exactement comme vous. C'est là votre gloire, votre grandeur - le fait que vous êtes absolument irremplaçable, que vous n'êtes que vous-même et personne d'autre.

La personne qui suit les autres devient fausse, elle devient pseudo, elle devient mécanique. Elle peut être un grand saint aux yeux des autres, mais au fond, elle est simplement inintelligente et rien d'autre. Il peut avoir un caractère très respectable, mais ce n'est que la surface, ce n'est même pas la peau. Grattez-le un peu et vous serez surpris de constater qu'à l'intérieur, il est une personne totalement différente, tout le contraire de ce qu'il est à l'extérieur.

En suivant les autres, vous pouvez cultiver un beau caractère, mais vous ne pouvez pas avoir une belle conscience, et à moins d'avoir une belle conscience, vous ne pourrez jamais être libre. Vous pouvez continuer à changer vos prisons, vous pouvez continuer à changer vos servitudes, vos esclavages. Vous pouvez être un hindou, un mahométan, un chrétien ou un jaïna, cela ne vous aidera pas. Être un jaïna signifie suivre le modèle de Mahavira. Il n'y a personne qui soit comme Mahavira ou qui puisse l'être. En suivant Mahavira, vous deviendrez une fausse entité. Vous perdrez toute réalité, vous perdrez toute sincérité, vous ne serez pas fidèle à vous-même. Vous deviendrez artificiel, contre nature, et être artificiel, être contre nature, c'est la voie du médiocre, du stupide, de l'idiot.

Le Bouddha définit la sagesse comme le fait de vivre dans la lumière de sa propre conscience, et la folie comme le fait de suivre les autres, d'imiter les autres, de devenir l'ombre de quelqu'un d'autre.

Le vrai maître crée des maîtres, pas des suiveurs. Le vrai maître vous renvoie à vous-même. Tout son effort consiste à vous rendre indépendant de lui, car vous avez été dépendant pendant des siècles, et cela ne vous a mené nulle part. Vous continuez à trébucher dans la nuit noire de l'âme.

Seule votre lumière intérieure peut devenir le lever du soleil. Le faux maître vous persuade de le suivre, de l'imiter, de n'être qu'une copie carbone de lui. Le vrai maître ne vous permettra pas d'être une copie carbone, il veut que vous soyez l'original. Il vous aime ! Comment peut-il vous rendre imitatif ? Il a de la compassion pour vous, il voudrait que vous soyez totalement libre - libre de toute dépendance extérieure.

Mais l'être humain ordinaire ne veut pas être libre. Il veut être dépendant. Il veut que quelqu'un d'autre le guide. Pourquoi ? parce qu'ainsi il peut rejeter toute la responsabilité sur les épaules de quelqu'un d'autre. Et plus vous jetez de responsabilités sur les épaules de quelqu'un d'autre, moins vous avez de chances de devenir intelligent. C'est la responsabilité, le défi de la responsabilité, qui crée la sagesse.

Il faut accepter la vie avec tous ses problèmes. Il faut traverser la vie sans protection ; il faut chercher et chercher son chemin. La vie est une opportunité, un défi, pour se trouver soi-même.

Mais l'idiot ne veut pas emprunter la voie difficile, il choisit le raccourci. Il se dit : "Bouddha a atteint la perfection, pourquoi m'en préoccuper ? Je vais simplement observer son comportement et l'imiter. Jésus a atteint la perfection, alors pourquoi devrais-je chercher et chercher ? Je peux simplement devenir l'ombre de Jésus. Je peux simplement continuer à le suivre partout où il va."

Mais en suivant quelqu'un d'autre, comment allez-vous devenir intelligent ? Vous ne donnerez aucune chance à votre intelligence d'exploser. Il faut une vie pleine de défis, une vie aventureuse, une vie qui sait prendre des risques et aller vers l'inconnu, pour que l'intelligence surgisse. Et seule l'intelligence peut vous sauver - personne d'autre - votre propre intelligence, votre esprit, votre propre conscience, peut devenir votre nirvana.

Sois une lumière pour toi-même et tu seras sage ; laisse les autres devenir tes chefs, tes guides, et tu resteras stupide, et tu continueras à manquer tous les trésors de la vie - - qui étaient les tiens ! Et comment pouvez-vous décider que le caractère de l'autre est un bon caractère à suivre ?

Un Bouddha vit à sa manière, un Mahavira à la sienne, un Jésus encore différent. Un Mahomet EST un Mahomet, il n'est pas un Mahavira. Qui allez-vous suivre ? C'est le hasard de la naissance qui va décider de votre vie, de votre destin ? Alors vous resterez accidentel. Et le fou EST accidentel. L'homme sage ne vit jamais par accident. Il ne devient pas hindou parce qu'il est né dans une famille hindoue ; il ne devient pas chrétien parce que ses parents sont chrétiens ; il ne devient pas communiste parce qu'il est né en Russie. Il cherche, il s'informe.

La vie est un pèlerinage d'une grande beauté, mais seulement pour ceux qui sont prêts à chercher et à chercher.

Jésus dit : Cherchez et vous trouverez ; demandez et l'on vous donnera ; frappez et l'on vous ouvrira les portes.

Il ne dit pas : Suivez, imitez. Il ne dit pas : Soyez un chrétien et les portes vous seront ouvertes. Il ne dit pas : J'ai frappé aux portes et je vous les ai ouvertes. Il dit : Frappez et les portes vous seront ouvertes. Et chacun doit frapper, car chacun doit entrer par des portes différentes. Les gens sont tellement uniques, les gens sont des individus.

C'est votre gloire. Ne la niez pas, sinon vous resterez un imbécile. Cela ne signifie pas que vous ne devez pas apprendre des bouddhas, des éveillés - apprenez ! Imprégnez-vous de leur esprit ! Buvez à leurs sources, des sources fraîches de joie. Soyez en leur compagnie, mettez-vous au diapason de leur musique intérieure, écoutez leur harmonie, et soyez rempli d'une grande joie à l'idée qu'un homme comme vous, tout comme vous, a réussi, alors vous pouvez aussi réussir. Réjouissez-vous qu'un homme comme vous, fait de sang et d'os, soit devenu illuminé, afin que vous puissiez aussi le devenir.

Un bouddha ne doit pas être suivi mais compris. Un bouddha ne doit pas être imité mais écouté - écouté dans un silence, un amour et une confiance immenses. Et plus vous comprenez un bouddha, plus vous sentez qu'il ne parle pas de l'extérieur mais de l'intérieur, du cœur même de votre être. Il est un miroir qui reflète votre visage originel - mais il n'est qu'un miroir. Tous les grands maîtres sont des miroirs, ils reflètent votre visage originel. Mais ne vous accrochez pas au miroir. Le miroir n'est pas votre visage !

Ces sutras du Bouddha sont d'une immense valeur. Approfondissez-les de manière méditative. Et quand je dis "méditez", je veux dire ne soyez pas d'humeur argumentative - ce n'est pas une façon d'écouter. Soyez d'humeur réceptive, soyez féminine. Ne soyez pas sur vos gardes, ne soyez pas sur la défensive. Ne vous cachez pas derrière des armures. Ne faites pas intervenir votre esprit pour interpréter ce qui est dit. Mettez le mental de côté et laissez le cœur danser avec ces sutras. C'est ce que je veux dire quand je dis écoutez de façon méditative. Laissez le cœur se réjouir. Et dans cette réjouissance se trouve un type de compréhension totalement différent - non pas de l'intellect mais de l'intelligence.

Vous ne deviendrez pas savant si vous écoutez avec le cœur ; vous deviendrez de plus en plus sage. Si vous écoutez à partir de la tête, en premier lieu votre écoute sera déformée parce que tous vos préjugés s'y mêleront, et toutes vos conclusions a priori seront une distraction, et votre esprit donnera sa couleur à ce qui vous est dit. En premier lieu, vous n'écouterez pas ce qui est dit ; votre esprit fera beaucoup de bruit et vous écouterez votre propre bruit. En second lieu, tout ce que vous recueillerez deviendra de la connaissance, et non de la sagesse. La connaissance est superficielle, elle ne va pas en profondeur, elle ne peut pas aller en profondeur. La connaissance est un moyen de cacher votre ignorance, elle ne la détruit pas.

La sagesse est une lumière, elle dissipe les ténèbres.

Mais la sagesse est TOUJOURS celle du cœur, rappelez-vous, elle n'est jamais celle de la tête. Lorsque vous rencontrez un bouddha, oubliez votre tête. C'est une approche totalement différente de votre être - par le cœur. Écoutez les battements du cœur, mettez-vous en accord - comme si vous écoutiez de la grande musique. C'EST de la grande musique ; en fait, quelle plus grande musique peut-il y avoir ?

Ces sutras sont la plus grande poésie, la poésie de l'être ultime. Ces sutras sont les fleurs de lotus, nées dans le lac de la conscience de celui qui est éveillé. Écoutez-les attentivement, méditativement, avec amour, dans une profonde confiance, et vous en tirerez un immense bénéfice, une grande bénédiction.

Le premier sutra :

PENDANT UN MOMENT, LA MALICE DE L'IMBÉCILE A UN GOÛT DOUX, DOUX COMME LE MIEL. MAIS À LA FIN, ELLE DEVIENT AMÈRE. ET COMME IL SOUFFRE AMÈREMENT !

Il existe une célèbre parabole bouddhiste. Bouddha aimait la raconter encore et encore :

Un homme est poursuivi par ses ennemis. Ils se rapprochent de plus en plus ; il entend le bruit des sabots des chevaux qui se rapprochent de plus en plus à chaque instant. C'est la mort ! Et il semble qu'il n'y ait aucun moyen de s'échapper, car il est arrivé à un cul-de-sac, la route se termine. Il est face à un grand abîme. S'il saute, il va mourir. Il ne peut pas faire demi-tour car l'ennemi va le tuer. Il espère qu'il y a une chance s'il saute - il peut devenir infirme, mais peut-être, par miracle, il peut survivre - mais cela aussi semble impossible parce qu'il voit au fond de l'abîme deux lions qui le regardent, prêts à le dévorer.

Ne trouvant aucun autre moyen - il ne peut ni revenir en arrière ni avancer - il se pend aux racines d'un arbre, juste au milieu. C'est une matinée froide, ses mains sont en train de geler. Il sait que dans quelques minutes, il ne pourra plus du tout tenir les racines ; ses mains glissent, il perd son emprise. Il sait que la mort devient de plus en plus certaine à chaque instant.

Et puis il voit que deux souris, une noire et une blanche, sont en train de manger la racine, de couper la racine. Ces deux souris représentent le jour et la nuit - elles représentent le temps, qui coupe la racine de la vie de chacun. Jour et nuit, la mort se rapproche. Alors maintenant, il devient encore plus absolument certain que ce n'est qu'une question d'instants et qu'il ne sera plus là. La racine s'affaiblit à chaque instant, s'amincit à chaque instant. Les souris sont à l'œuvre, ses mains se gèlent et il entend les lions rugir au fond de la vallée, il entend l'ennemi se rapprocher de plus en plus. Vous pouvez comprendre la détresse de cet homme.

Et soudain, il voit qu'au sommet de l'arbre, il y a un nid d'abeilles, et qu'une goutte de miel s'échappe du nid. Il oublie tous ses ennemis, les lions rugissants, les souris blanches et noires, ses mains qui se figent - en un instant, il oublie tout. Son esprit entier se concentre sur cette goutte de miel.

Il ouvre sa bouche, le miel tombe sur sa langue... et c'est si doux.

C'est la situation du fou. C'est la situation de chaque homme sur la terre. Quel goût sucré ! Mais combien de temps ce goût peut-il rester ? Bientôt la mort arrivera de toutes les directions. Mais c'est ainsi que nous continuons à vivre - vivre pour des plaisirs momentanés, l'indulgence, la nourriture, le sexe, l'argent, le pouvoir, le prestige... juste des gouttes de miel. Comme c'est doux au goût, et à ce moment-là, nous oublions complètement ce qui va se passer. L'instant prend possession de nous et nous devenons inconscients de la réalité de la vie : qu'elle est enracinée dans la mort, qu'elle va disparaître.

Bouddha dit : PENDANT UN MOMENT, LA BÊTISE DE L'IDIOT A UN GOÛT DOUX, DOUX COMME LE MIEL. MAIS À LA FIN, ELLE DEVIENT AMÈRE. ET COMME IL SOUFFRE AMÈREMENT !

Regarde-toi. Que faites-vous ici sur la terre ? Qu'avez-vous fait jusqu'à présent ?

En quoi consiste votre vie ? Avez-vous fait quelque chose de vraiment réel, ou avez-vous seulement vécu dans des rêves ? Vous êtes-vous approché d'une manière ou d'une autre de l'éternel ? Ou êtes-vous trop occupé par le momentané ? Avez-vous fait des plans, des projets, pour la vérité ultime ? Ou bien restez-vous simplement ivre du mondain, de l'ordinaire, vous enfonçant dans la même ornière chaque jour, vous déplaçant dans la même ornière chaque jour ? Le matin vient et vous vous précipitez au marché, et le soir vient et vous êtes fatigué et vous rentrez à la maison... et le même cercle continue à avancer, la même roue. Et cela dure depuis tant de vies. Quand allez-vous vous en lasser ?

Quand allez-vous devenir un peu plus vigilant sur ce que vous faites à votre vie ?

C'est un pur gaspillage.

Mais Bouddha dit : Certes, il y a une certaine douceur, momentanée, et on souffre pour cette douceur. Elle se transforme, inévitablement, en amertume. Regardez votre vie. Vous pouvez gagner beaucoup d'argent, et pendant que vous gagnez, le goût est doux. Mais vous ne vous rendez pas compte que vous êtes en train de perdre votre vie à gagner des déchets, que la vie vous échappe, que c'est une affaire très coûteuse que vous poursuivez, de manière totalement insensée, stupide.

La vie ne peut être rachetée ; pas même un seul instant, avec toute votre richesse, vous ne pouvez la racheter. On ne peut pas la réclamer. Vous perdez un temps si précieux ! Vous accumulez des richesses qui seront emportées par la mort, et vous partirez les mains vides... aussi vides que vous êtes venus sur terre. Vous ressentirez alors l'amertume d'avoir gaspillé toute votre vie pour quelque chose qui ne vous accompagnera pas. Vous avez gaspillé votre vie entière dans le pouvoir, la politique ; vous avez gaspillé votre vie entière à devenir respectable, et maintenant la mort est venue et tout sera emporté. Et vous n'avez pas goûté un seul instant à votre réalité éternelle - vous n'avez rien goûté d'immortel.

C'est ce que le Bouddha appelle l'approche insensée de la vie. Tout devient amer : votre amour, votre amitié, votre famille, vos affaires, votre politique... tout, finalement, s'avère être un poison, se transforme en amertume. Celui qui est sage prendra conscience pendant qu'il est encore temps et que l'on peut faire quelque chose.

L'INSENSÉ PEUT JEÛNER PENDANT DES MOIS, SE NOURRISSANT DE LA POINTE D'UN BRIN D'HERBE, MAIS IL NE VAUT PAS UN SOU À CÔTÉ DU MAÎTRE DONT LA NOURRITURE EST LA VOIE.

Le Bouddha ne dit pas de devenir un ascète. Le Bouddha ne dit pas de renoncer au monde, de renoncer à la nourriture, de s'affamer, de jeûner, de torturer son corps - il ne dit pas cela. Il ne peut pas le dire. Il a appris une leçon, une grande leçon en faisant toutes ces choses lui-même.

Lorsqu'il a quitté son palais, il a suivi la voie traditionnelle pendant six ans, se torturant, jeûnant, détruisant son corps. Il est arrivé à un point où il était presque au bord de la mort - il s'était trop torturé. À ce moment-là, il a pris conscience : "Qu'est-ce que je fais ? D'abord, je me suis laissé aller, j'ai consacré toute ma journée et toute ma nuit à me laisser aller :

les femmes, le vin, la bonne nourriture, les vêtements, les palais, les chars en or, la chasse..... C'était ma vie, la vie d'un prince. Je faisais quelque chose qui s'est avéré futile."

Il n'avait que vingt-neuf ans lorsqu'il a quitté son palais - ce devait être un homme d'une grande intelligence. Il y a des gens qui ont soixante-dix ou soixante-dix-neuf ans et qui n'ont pas encore pris conscience de la folie de leur vie. Il n'avait que vingt-neuf ans. Ce devait être un homme d'une rare perspicacité. Il devait être en train d'observer, de regarder ce qu'il faisait, de méditer sur les choses. Tout à coup, il a pris conscience : "Tout cela, c'est de la foutaise - toutes ces femmes, tout ce vin, la chasse, toute cette indulgence ne me donneront rien d'éternel."

L'Orient a toujours été à la recherche de l'éternel. La définition de la vérité en Orient est la suivante :

ce qui est éternel. Et la définition de la contre-vérité ? - Ce qui est momentané. Quand les mystiques orientaux disent que quelque chose est illusoire, ils veulent dire que c'est momentané. Ils ne veulent pas dire que ça ne l'est pas, ils savent que ça l'est, mais c'est seulement pour un moment, comme une bulle de savon. Elle l'est ! Et parfois, une bulle de savon peut être très belle. Si les rayons du soleil la traversent, elle peut être entourée d'un arc-en-ciel, de toutes les couleurs. Une bulle de savon existe, mais son existence est si momentanée, si trompeuse, qu'il vaut mieux dire qu'elle n'existe pas ; c'est pourquoi les mystiques orientaux disent que le monde est MAYA - illusoire. Ce n'est pas qu'il n'est pas, mais il est si éphémère qu'il est presque inutile de savoir s'il est ou n'est pas. Il est préférable de dire qu'il est illusoire, car cela vous rendra alerte, éveillé.

Ces vingt-neuf années ont suffi à lui faire prendre conscience qu'il jouait avec des bulles de savon. Il s'est échappé, il a renoncé au royaume. Mais comme cela arrive presque toujours, le mental se déplace à l'opposé. L'esprit est comme le pendule d'une vieille horloge : il va de droite à gauche, de gauche à droite - vers l'opposé. Il ne reste jamais au milieu. Et c'est au milieu que se trouve le secret. Si le pendule s'arrête au milieu, l'horloge s'arrête, le temps s'arrête, le monde s'arrête. Mais le pendule va de gauche à droite, de droite à gauche, et il maintient l'horloge en marche, il maintient l'horloge en mouvement - il maintient le TEMPS en vie. Et le temps est le monde.

Aller au-delà du temps, c'est connaître quelque chose d'immortel ; c'est pourquoi, en Inde, pour le temps et la mort, nous utilisons le même mot, KAL - le même mot pour le temps et le même mot pour la mort. Ce n'est pas une coïncidence, cela a une signification. Le temps est la mort, parce que dans le temps tout est momentané, tout va mourir. À un moment donné, tout est là, à un autre moment, tout est parti, et parti pour toujours. Dès que vous dépassez le temps, vous dépassez la mort.

Mais tout comme l'esprit fonctionne - il se déplace vers l'opposé - l'esprit de Bouddha s'est également déplacé vers l'opposé. Il s'est échappé du palais. Jusqu'à présent, il s'était soucié de son corps ; maintenant, il a commencé à torturer son corps. Jusqu'à présent, il était trop obsédé par la bonne nourriture ; maintenant, il a commencé à jeûner, de longs jeûnes. Il est devenu un ascète célèbre. Les gens ont commencé à le respecter, les gens ont commencé à le suivre. C'était un bel homme, l'un des plus beaux qui aient jamais marché sur la terre, mais ces six années d'auto-torture et de masochisme ont détruit son corps. Il est devenu sombre, il est devenu mince, il est devenu laid.

Mais un jour, il a eu une grande intuition : "Qu'est-ce que je fais ? D'abord, j'étais obsédé par la nourriture, maintenant je suis obsédé par le jeûne - au fond, je suis toujours obsédé par la nourriture. C'était d'abord une obsession positive, maintenant c'est une obsession négative. Mais je n'ai pas changé d'un iota. D'abord j'étais obsédé par les femmes, maintenant je suis obsédé par BRAHMACHARYA - le célibat. Fondamentalement, je n'ai pas changé - je suis toujours obsédé par le sexe. Au début, je courais vers le sexe, maintenant je le fuis, mais le sexe reste le centre de mon être".

La révélation était grande. Cette révélation même créa le contexte dans lequel il devint éclairé. Le soir où il a compris cela, quelque chose d'extrêmement important lui est arrivé. Il a ri de tout le ridicule de son esprit. Il a ri de la ruse de l'esprit - il pensait qu'il allait contre l'esprit, mais il n'allait pas contre l'esprit - l'esprit lui avait joué un tour. Le mental l'avait trompé, le mental l'avait trompé. Le mental était venu par la porte de derrière. D'abord, il était venu par la porte d'entrée, maintenant il est venu par la porte de derrière, et c'est plus dangereux quand il vient par la porte de derrière. Par la porte d'entrée, au moins vous êtes conscient de ce que vous faites.

Quand elle vient par la porte de derrière, indirectement, de manière subtile, en se cachant, elle vient cachée derrière une façade.

Le mental est si rusé qu'il peut se cacher dans les vêtements de son opposé. De l'indulgence, il peut devenir l'ascétisme, de matérialiste, il peut devenir spiritualiste, de mondain, il peut devenir d'un autre monde. Mais le mental EST le mental - que vous soyez pour le monde ou contre le monde, vous restez enfermé dans le mental.

Pour ou contre, les deux sont des parties de l'esprit.

Lorsque le mental disparaît, le mental disparaît dans une conscience sans choix, lorsque vous cessez de choisir, lorsque vous n'êtes ni pour ni contre - c'est s'arrêter au milieu. Un choix mène à la gauche, un extrême ; un autre choix mène à la droite, l'autre extrême.

Si vous ne choisissez pas, vous êtes exactement au milieu. C'est la relaxation, c'est le repos. C'est le VRAI renoncement. Il n'est pas opposé au monde, il n'est pas opposé au corps, il n'a rien à voir avec le corps. C'est l'éveil pur et simple de la conscience. Vous devenez sans choix, sans obsession, et dans cet état de conscience sans obsession, sans choix, l'intelligence qui était profondément endormie dans votre être surgit. Vous devenez une lumière pour vous-même. Vous n'êtes plus un fou.

De l'indulgence, on peut passer à la répression, mais cela ne sert à rien. C'est là que toutes les religions se sont accrochées.

La religieuse en chef est braquée un soir alors qu'elle revient de la banque où elle a déposé la collecte de charité de la semaine. "Vous perdez votre temps, jeune homme", dit-elle au voleur. "Je n'ai pas d'argent. J'ai tout mis dans le dépôt de nuit à la banque."

"Nous verrons cela", dit-il d'un ton sinistre, et il commence à se froisser sous sa robe noire pour chercher l'argent.

"Oh ! Qu'est-ce que tu fais ?", crie-t-elle. "Oh ! Oh ! Oh Jésus, Marie ! Ne t'arrête pas maintenant - je vais te faire un chèque !"

La répression n'est pas la voie, ne peut être la voie. Tout ce que vous avez réprimé attend l'occasion. Il est simplement entré dans l'inconscient - il peut revenir à tout moment. N'importe quelle provocation et il fera surface. Vous n'en êtes pas libéré. La répression n'est pas la voie de la liberté. La répression est une forme d'esclavage bien pire que l'indulgence, parce qu'avec l'indulgence on se fatigue tôt ou tard, mais avec la répression on ne se fatigue jamais.

Vous voyez où je veux en venir : l'indulgence ne peut que vous fatiguer et vous ennuyer. Tôt ou tard, vous vous demanderez comment vous débarrasser de tout cela. Mais la répression maintiendra les choses en vie. Parce que vous n'avez pas vécu, comment pouvez-vous vous ennuyer ? Vous n'avez pas vécu ; comment pouvez-vous en avoir marre ?

Parce que vous n'avez pas vécu, le charme continue, l'hypnose continue ; au fond, elle attend.

Et les personnes qui se livrent sont en quelque sorte normales par rapport aux personnes qui répriment ; la personne qui réprime devient pathologique. L'indulgent est au moins naturel - c'est ainsi que la nature vous a fait - mais réprimer, c'est devenir contre nature. Il est facile de passer d'une nature inférieure à une nature supérieure. Il est très difficile de passer de la contre-nature à la nature supérieure. Le Bouddha appelle la vérité ultime, "la nature ultime" - AES DHAMMO SANANTANO. C'est la nature ultime, la loi ultime, déclare-t-il. Qu'est-ce que la loi ultime ? L'éternel, l'indéfectible, la pure conscience.

Il est facile d'atteindre cette loi éternelle à partir de la nature, car la nature est plus basse, mais elle reste la nature. Et du plus bas au plus haut, vous pouvez faire un pas ; le plus bas peut devenir un tremplin. Mais dès que vous devenez contre nature, cela devient très difficile. En étant contre nature, il n'y a aucun moyen d'atteindre la nature suprême.

Par conséquent, ma suggestion est la suivante : si vous devez choisir, choisissez l'indulgence plutôt que la répression. Le mieux est de NE PAS choisir, de rester sans choix, d'être juste un témoin, de voir vos instincts, vos désirs, et de ne pas vous identifier à eux, pour ou contre. Le mieux est d'être simplement un témoin parce qu'en témoignant, dans le feu du témoignage, tous les désirs sont brûlés - pas seulement les désirs, mais les graines mêmes des désirs sont brûlées. On devient NIRBEEJ - sans semences.

Mais ne choisissez pas le négatif. Une fois que vous devenez répressif, vous devenez pathologique, vous êtes malade. En fait, seules les personnes pathologiques s'intéressent aux systèmes de pensée répressifs.

Toutes les nonnes d'un couvent belge, sauf une, se retrouvent enceintes juste après la guerre.

Le cardinal fait une enquête personnelle et apprend que les religieuses ont toutes été violées par des soldats allemands.

"Mais pourquoi ne vous ont-ils pas violée ?" demande-t-il à la seule religieuse mince, petite, laide et repoussante qui n'est pas enceinte.

"Qui, moi ?" dit-elle. "J'ai résisté !"

Le pathologique peut aussi trouver des rationalisations. Vous connaissez la vieille fable d'Esope ?

Le renard dit : "Les raisins sont aigres", parce que le renard ne pouvait pas atteindre les raisins - ils étaient trop hauts. Elle a regardé autour d'elle,

elle a essayé d'atteindre, mais les raisins étaient trop hauts, hors de sa portée. Elle a regardé autour d'elle, il n'y avait personne. Elle s'éloigne, mais un lièvre l'observe, caché derrière un buisson. Le lièvre lui dit : "Tatie, que s'est-il passé ?

Tu n'as pas pu atteindre les raisins ?"

Le renard dit : "Non, il ne s'agit pas d'atteindre les raisins - ils ne sont pas encore mûrs, ils sont très aigres."

Les personnes qui ne peuvent pas accéder aux raisins peuvent rationaliser en disant qu'ils sont aigres. Ces rationalisations peuvent tromper les autres, mais comment peuvent-elles vous tromper ? La renarde sait parfaitement qu'elle n'a pas pu atteindre le raisin. Maintenant, c'est une rationalisation, et l'esprit est très intelligent pour rationaliser.

Jake est rentré à la maison au milieu de l'après-midi. Il a été accueilli à la porte par sa femme et son fils. Son fils s'est exclamé : "Papa, il y a un croquemitaine dans le placard !"

Jake s'est précipité vers le placard et a ouvert la porte. Là, blotti parmi les manteaux, se trouvait son partenaire, Sam. "Sam", a crié Jake, "pourquoi diable viens-tu ici l'après-midi pour effrayer mon enfant ?"

L'esprit est très rusé et intelligent pour rationaliser les choses, pour trouver des voies et des moyens.

Le mental peut vous suggérer la répression très facilement, parce que si vous réprimez, vous serez beaucoup plus au pouvoir du mental que vous ne l'avez jamais été lorsque vous viviez dans l'indulgence. Et le mental aura une emprise bien plus forte sur vous.

Bouddha l'a appris par sa propre expérience - six années de grande torture. Avec Bouddha, le monde est entré dans une nouvelle phase de religiosité. Avant le Bouddha, personne n'avait dit cela : que la répression, les austérités, le jeûne, la torture de votre corps, ne vont pas aider.

Avec Bouddha, l'humanité est entrée dans une nouvelle phase, une phase supérieure.

Bouddha est un jalon très important dans l'évolution de la conscience humaine, mais il n'a pas été compris correctement, parce qu'une fois encore, les interprètes étaient ces vieux érudits, ces pundits, ces prêtres. Ils ont à nouveau interprété Bouddha d'une telle manière... ils ont commencé à interpréter Bouddha presque complètement contre sa propre expérience. Ils ont commencé à parler beaucoup de ces six années ; les écritures bouddhistes sont pleines de la description de ces six années. Et si vous lisez les écritures bouddhistes, vous constaterez qu'il semble que c'est grâce à ces six années d'austérités qu'il a atteint l'illumination. Ce n'est pas le cas. Ce n'est pas grâce à ces six années d'austérités qu'il a atteint l'illumination ; il a atteint l'illumination le jour où il a abandonné toutes ces austérités. C'est en les abandonnant qu'il a atteint l'illumination, et non par elles ou à travers elles.

Mais si vous lisez les écritures, en particulier celles écrites en Inde, vous aurez une impression totalement fausse. Elles donnent l'impression que le Bouddha n'a rien apporté de nouveau à la conscience humaine, qu'il n'est que l'ancien type d'ascète - peut-être beaucoup plus intelligent dans son expression, beaucoup plus convaincant, plus logique, beaucoup plus profond dans sa perspicacité, mais rien de nouveau. C'est la même vieille religion qu'il a apportée avec de nouveaux mots, avec une nouvelle logique ; le même vieux vin dans une nouvelle bouteille, c'est tout. C'est à cela que les Indiens ont fait ressembler Bouddha. C'est une falsification. Bouddha ne représente pas l'ancien.

Il est un pas au-delà de l'ancien. Il est une nouvelle phase. Et tout comme il a fait un nouveau pas, un autre pas est nécessaire. Vingt-cinq siècles ont passé.

Ma nouvelle commune sera cette nouvelle étape - une étape supplémentaire dans l'évolution de l'humanité, dans la conscience humaine.

Bien que le Bouddha ait abandonné l'ascétisme, il n'a pas beaucoup parlé contre lui ; il ne pouvait pas, parce qu'il devait communiquer avec des gens qui étaient pleins de l'ancien savoir et de l'ancienne idéologie. Il devait parler à des gens qui auraient été absolument incapables de comprendre s'il avait parlé comme moi. Même moi, je ne suis pas compréhensible pour les gens.

Vingt-cinq siècles ont passé et les gens sont toujours bloqués. Il est très rare de trouver un contemporain. Les gens sont au vingtième siècle, mais seulement physiquement ; spirituellement, ils sont des milliers d'années en arrière. Le Bouddha ne pouvait même pas faire un effort. Il a dit à ses plus proches disciples : "Ce n'est pas par l'ascétisme que j'ai atteint le but. Je l'ai atteint en abandonnant l'ascétisme - c'était de la folie." Ces sutras ont été donnés à ses plus proches disciples.

Il dit : PENDANT DES MOIS, L'INSENSÉ PEUT JEÛNER ET MANGER LE BOUT D'UN BRIN D'HERBE. MAIS IL NE VAUT PAS UN SOU À CÔTÉ DU MAÎTRE DONT LA NOURRITURE EST LE CHEMIN.

Si vous voulez vraiment une transformation, alors faites du dhamma votre nourriture - laissez le chemin même vers Dieu être votre nourriture. Nourrissez-vous en ! Jésus le dit d'une autre manière : Mangez-moi ! Il le dit à ses disciples : Buvez-moi ! Absorbez-moi, digérez-moi !

Le Bouddha dit : ...DONT L'ALIMENTATION EST LA VOIE. La voie signifie dhamma, la religion, la loi ultime, qui maintient le monde entier en harmonie. Celui qui commence à manger à partir de cette harmonie, celui-là l'atteint - pas en jeûnant. Ce n'est pas en jeûnant de la nourriture grossière, mais en mangeant la nourriture subtile que l'on atteint le but.

Oui, il existe une nourriture subtile. Lorsque vous regardez une fleur de rose, regardez simplement. Laissez la beauté de la rose être absorbée en vous, et vous vous sentirez nourri. Vous n'avez pas mangé la rose mais quelque chose de subtil qui entoure la rose, l'aura de la rose, la danse de la rose dans le vent, le parfum qui est invisible. Ne l'avez-vous pas ressenti ? En voyant une belle fleur, on se sent soudain saturé, satisfait. En regardant le ciel rempli d'étoiles, ne vous êtes-vous pas senti nourri ? Regarder le lever ou le coucher du soleil, ou simplement écouter l'appel lointain d'un coucou, une chanson lointaine, n'avez-vous pas senti que vous deveniez plein de quelque chose d'inconnu... ?

Votre corps a besoin de nourriture, votre âme a également besoin de nourriture. La nourriture corporelle est brute, évidemment ; le corps fait partie du monde brut. La nourriture spirituelle est invisible - dans la musique, dans la poésie, dans la beauté, dans la danse, dans le chant, dans la prière, dans la méditation... et vous allez de plus en plus profondément vers la nourriture spirituelle.

Le Bouddha dit : Ce n'est pas en abandonnant la nourriture grossière, en jeûnant, que l'on atteint le but, mais en mangeant la voie. Une expression étrange - en mangeant le dhamma. Qu'est-ce que le dhamma ? L'autre jour, quelqu'un a demandé : "Maître bien-aimé, j'aime quand vous dites : AES DHAMMO SANANTANO, mais qu'est-ce que cela signifie exactement ?" Cela signifie l'harmonie de l'existence, cela signifie la mélodie de l'existence, cela signifie la danse ultime qui se poursuit encore et encore. Cela signifie la célébration qui est partout. Les arbres célèbrent et les oiseaux et les animaux et les rivières et les montagnes... toute cette existence est faite de ce qu'on appelle la félicité.

C'est ce que Bouddha veut dire quand il dit : AES DHAMMO SANANTANO - c'est la loi ultime, inépuisable. Vous pouvez continuer à en manger, mais vous ne pouvez pas l'épuiser.

Et plus tu en manges, plus tu as de l'âme. Plus tu en manges, plus tu deviens divin. Le Bouddha dit : Je ne vous enseigne pas le jeûne - je vous enseigne une nouvelle façon de vous faire plaisir, un genre plus élevé de plaisir. Il ne le dit pas exactement de cette façon, mais je le dis. Je vous enseigne une façon plus élevée d'aimer, une façon plus élevée de vous réjouir, une façon plus élevée de danser, une façon plus élevée d'absorber l'énergie de Dieu en vous - - en devenant de plus en plus réceptive et féminine afin de pouvoir être enceinte de Dieu.

Il traite d'imbécile l'homme qui continue à jeûner. Mais ces fous sont vénérés en Inde, et pas seulement en Inde - presque partout dans le monde. En fait, la majorité de la foule est composée d'imbéciles ; par conséquent, dès qu'un imbécile commence à suivre le chemin pourri, le chemin traditionnel des foules, les foules sont très excitées. Leur ego est très satisfait. Cet homme prouve qu'ils ont eu raison, que leurs parents ont eu raison, que leur héritage a été prouvé : "Regardez, cet homme jeûne !" Et les gens spirituels ont toujours jeûné - c'est leur idée.

Oui, il est arrivé qu'une personne spirituelle ait jeûné, mais la raison est totalement différente de ce que vous pensez. Mahavira a jeûné, et a jeûné pendant douze ans, et pendant de longues périodes. On dit qu'au cours de ces douze années, il n'a pris de la nourriture que pendant trois cent soixante-cinq jours, soit une seule année. Un mois, il jeûnait et prenait de la nourriture pendant un jour ; en douze ans, un an signifie que la plupart du temps, après douze jours, il mangeait un jour - en moyenne. C'était sa façon de jeûner.

Mais Mahavira ne s'est jamais fatigué et Bouddha s'est fatigué après six ans. Quel était le problème ? Et il a atteint autant que le Bouddha a atteint. Bouddha a atteint le but en abandonnant son jeûne et son austérité ; Mahavira ne l'a jamais abandonné. Maintenant, les deux ne peuvent pas avoir raison - et je vous dis que les deux ont raison. Mais les raisons sont si différentes, presque inconcevables.

Le jeûne de Mahavira a une qualité totalement différente. Il n'est pas un ascète, il ne jeûne pas - en fait, il se nourrit tellement de Dieu qu'il ne ressent pas le besoin de manger. Son âme déborde tellement d'énergies subtiles que son corps se sent satisfait. Il ne ressent pas le besoin de manger. En fait, dire qu'il jeûne n'est pas juste. Si on me le permet, je dirai qu'il ne peut pas manger. Et vous l'avez aussi parfois observé.

Quand je venais à Poona, je restais avec Sohan, et elle était très perplexe. Un jour, elle m'a demandé : "Qu'est-ce qui se passe ? Une ou deux fois par an, tu viens à Poona. J'attends toute l'année - tu vas venir, tu vas venir - et puis tu viens pendant trois ou quatre jours. Pendant ces trois ou quatre jours, je ne peux pas manger du tout. Quelle est la raison pour laquelle je ne peux pas manger ? Je ne suis pas à jeun", m'a-t-elle dit. "Je veux manger, mais je ne peux tout simplement pas manger. Je me sens si pleine."

Je lui ai dit : "Chaque fois que vous serez extrêmement heureux, vous ne pourrez pas manger. Votre béatitude est si débordante qu'elle ne laisse aucun appétit, aucun vide en vous. Non seulement votre âme est débordante, mais votre corps commence à être affecté par l'âme. Votre corps est l'ombre de votre âme."

Vous serez surpris : les gens malheureux mangent plus, les gens heureux moins. Une personne malheureuse se sent tellement vide qu'elle veut se remplir, se bourrer de quelque chose ou autre. Le malheureux continue à manger, il continue à se remplir de ceci et de cela. Elle se sent tellement vide et perdue qu'elle ne sait pas quoi faire. Il semble facile d'aller au réfrigérateur et de manger quelque chose de plus ; peut-être que cela vous donnera un sentiment de plénitude. Et cela donne certainement, à un niveau très grossier, un sentiment de plénitude.

Aujourd'hui, c'est l'Amérique qui souffre le plus de suralimentation, et la raison en est simple : L'Amérique souffre maintenant d'un grand vide intérieur. La raison est spirituelle, donc aucun régime ne peut aider.

Et combien de temps peut-on faire un régime ? Vous pouvez suivre un régime pendant quelques jours avec beaucoup de volonté ; vous devez vous forcer. Puis, au bout de quelques jours, vous vous lassez de faire des efforts et vous vous jetez sur la nourriture avec ardeur ; et vous reprenez plus de poids que vous n'en avez perdu en suivant le régime.

En Amérique, c'est un problème. Dans tous les pays riches, ce sera un problème, parce que vous avez la nourriture et le vide disponibles. Il ne reste que la nourriture pour se remplir, il reste le sexe pour se remplir. Continuez à acheter de nouveaux gadgets, de nouvelles choses ; si vous ne pouvez rien avoir d'autre, vous pouvez au moins continuer à accumuler des meubles. Vous pouvez remplir la maison si vous ne pouvez pas remplir votre être. C'est une façon indirecte de se sentir plein. Le contraire se produit lorsque vous êtes vraiment heureux, joyeux, lorsque vous volez, lorsque vous vous sentez en apesanteur.

J'ai dit à Sohan, "C'est parfaitement logique. C'est un vrai jeûne !"

En sanskrit, le mot "rapide" a une beauté qui lui est propre. Le mot anglais n'a pas cette qualité. Le mot anglais "fast" signifie simplement s'affamer par la volonté. Le mot sanskrit est UPAWAS - il signifie "être proche de Dieu". Littéralement, cela signifie être proche de Dieu ; cela n'a rien à voir avec le jeûne. Cela signifie être si proche de Dieu, si plein de Dieu, que vous oubliez tout de votre corps, que vous oubliez tout de la nourriture de votre corps. Vous êtes tellement nourri par la nourriture subtile, l'énergie subtile, qui continue à vous inonder.

Mahavira ne jeûnait pas de la même manière que Bouddha ; Mahavira mangeait Dieu, et Bouddha jeûnait simplement. Le jeûne de Mahavira était upawas - être proche de Dieu. Son jeûne était ce que cela signifie en sanskrit ; le jeûne de Bouddha était ce que cela signifie en anglais - simplement mourir de faim. Par conséquent, Mahavira a atteint le but sans abandonner son jeûne. Il ne jeûnait pas en premier lieu - il n'était pas nécessaire de le rompre. Bouddha a dû le rompre, c'était tout le contraire de l'indulgence. Il s'affamait simplement en pensant que c'est en s'affamant qu'on peut atteindre le but.

Comment pouvez-vous atteindre Dieu en affamant votre corps ? Quelle est cette logique ? Quel raisonnement scientifique y a-t-il là-dedans ? Pensez-vous que Dieu est quelqu'un comme Adolf Hitler qui apprécie vos tortures ? qui apprécie de voir ses enfants affamés et rêvant de nourriture ? qui apprécie de voir les gens devenir laids, malades ? Dieu est compassion, Dieu est amour. Il voudrait que vous soyez remplis de lui. Et quand vous êtes plein de lui, vous ne ressentez peut-être pas le besoin de manger. Mahavira ne jeûnait pas, il n'avait simplement pas envie de manger, c'est tout. Et c'est une grande différence.

Bouddha dit : PENDANT DES MOIS, L'INSENSÉ PEUT JEÛNER ET MANGER LE BOUT D'UN BRIN D'HERBE. POURTANT, IL NE VAUT PAS UN SOU À CÔTÉ DU MAÎTRE DONT LA NOURRITURE EST LA VOIE.

Un jour, il a découvert qu'il existe une autre sorte de nourriture : on peut manger de l'harmonie de l'existence, on peut devenir une partie de l'harmonie, on peut devenir une partie de la célébration, de la fête qui continue encore et encore, sans début ni fin. Alors on est plein et comblé.

LE LAIT FRAIS MET DU TEMPS À TOURNER. AINSI, LES MÉFAITS D'UN IMBÉCILE METTENT DU TEMPS À LE RATTRAPER. COMME LES BRAISES D'UN FEU, ILS COUVENT EN LUI.

Si vous faites quelque chose, il faut du temps pour que son résultat arrive. Et il se peut que vous ne soyez même pas capable de relier les deux, la cause et l'effet.

Savez-vous qu'en Afrique, il existe encore des tribus primitives qui ne conçoivent pas que la naissance d'un enfant ait quelque chose à voir avec les rapports sexuels - parce que l'écart est si grand, neuf mois. Et non seulement l'écart est si grand... et ils n'ont aucun moyen de calculer le temps, donc pour eux neuf mois c'est vraiment très long ; ils ne peuvent pas suivre le temps. Ils n'ont pas de calendrier, pas de montre, aucune idée du temps du tout. Ils vivent dans un monde vraiment primitif où le temps n'a pas encore été inventé, alors comment peuvent-ils concevoir que les rapports sexuels entre un homme et une femme puissent être à l'origine de la naissance d'un enfant ?

Et puis il y a d'autres raisons : cela n'arrive pas toujours. On peut faire l'amour avec une femme et ne pas avoir d'enfant, ce n'est donc pas une fatalité. Alors comment l'enfant naît-il ? L'enfant ne naît pas d'un rapport sexuel, il n'y a pas de biologie derrière, il est un don de Dieu, de qui il veut. Si vous suivez la religion de la tribu, vous serez béni avec des enfants ; sinon, il n'y a aucune possibilité.

Lorsque les missionnaires chrétiens ont découvert cette tribu pour la première fois, ils n'arrivaient pas à croire que ces gens vivaient depuis des siècles, donnaient naissance à des enfants et n'avaient pas la moindre idée de la cause et de l'effet. Et c'est ainsi que nous sommes tous, à bien des égards - primitifs.

Aujourd'hui, vous commencez soudainement à vous sentir triste sans aucune raison ; vous ne pouvez trouver aucune raison à proximité - rien ne s'est passé. La nuit, lorsque vous vous êtes couché, tout allait bien ; vous étiez fluide, rayonnant, et le matin, vous êtes soudainement triste. Personne ne vous a insulté, rien ne s'est produit, aucune mauvaise nouvelle n'est arrivée... pourquoi ?

D'où vient cette tristesse ? Vous avez dû faire quelque chose ; peut-être y a-t-il un laps de temps, peut-être un laps de temps de trois mois ou de trois ans. Et ceux qui ont approfondi ce phénomène, disent que peut-être même dans une vie antérieure... parfois quelques graines mettent très longtemps à germer.

Et à cause de cela, l'imbécile continue à vivre de la même manière, de la même manière insensée, parce qu'il ne peut pas voir que la souffrance de sa vie est causée par ses propres choix. Ces choix peuvent avoir été faits longtemps auparavant. Vous avez peut-être jeté les graines un an auparavant, puis vous avez complètement oublié ces graines. Les pluies arrivent, les graines commencent à germer, et vous êtes surpris - d'où ? D'où sortent ces plantes ? Et, bien sûr, les graines que nous continuons à semer dans nos âmes sont très très invisibles. Vous avez peut-être été en colère, violent, jaloux, et cela est resté en vous.

Bouddha dit : COMME LES BRAISES D'UN FEU, IL COUVE EN LUI. Il continue à l'intérieur de lui, se préparant, attendant l'arrivée du printemps, et puis il explose soudainement. L'homme est responsable de tout ce qui lui arrive. L'homme sage en prend conscience et cesse de semer des graines de misère et commence à semer des graines de joie. Tôt ou tard, vous serez prêt à récolter la moisson.

C'est ça le paradis : un homme sage qui sème des graines de bonheur, d'amour, de compassion. Et un jour, le jardin est prêt. Le savez-vous ? - le mot "paradis" vient du persan, il a une belle signification. En persan, c'est FIRDAUS ; de "firdaus", il est devenu "paradise" en anglais. Firdaus" signifie un jardin clos de vérité. Si vous continuez à semer des graines de joie, de beauté, de danse, de chant, de méditation, de prière, vous créerez bientôt un jardin clos de vérité - c'est le paradis. Sinon, vous allez créer l'enfer. Vivez inconsciemment, vivez mécaniquement, vivez stupidement, et l'enfer en sera le résultat.

QUOI QUE L'IMBÉCILE APPRENNE, CELA NE FAIT QUE L'ABRUTIR. LE SAVOIR LUI FEND LA TÊTE.

L'idiot n'est pas très intéressé à devenir intelligent, car l'intelligence est dangereuse. L'intelligence est rebelle, elle est donc dangereuse. L'intelligence vous apporte l'individualité, et dès que vous devenez un individu intégré, les foules commencent à se retourner contre vous ; elles ne peuvent tolérer un individu. Elles ne peuvent pas pardonner un Jésus ou un Bouddha. Elles sont très heureuses avec les fous, parce que les fous sont exactement comme elles - en fait, un peu plus grossis, un peu plus décorés, un peu plus sophistiqués. Ils sont très heureux avec les fous. Ils sont heureux avec les politiciens, ils sont heureux avec les professeurs, ils sont heureux avec les experts, mais ils ne sont pas heureux avec un Jésus, un Socrate ou un Bouddha. Pourquoi ? parce que la présence d'un bouddha les fait passer pour des idiots. La seule présence d'un Bouddha et ils commencent à se sentir stupides. Comment peuvent-ils le pardonner ?

Et ils ne veulent pas être intelligents eux-mêmes, parce que c'est un long voyage et qu'il n'y a pas de raccourci. C'est difficile, ardu. Devenir intelligent signifie aiguiser continuellement sa conscience ; devenir intelligent signifie être plein d'amour. L'amour est le centre de l'intelligence, la logique le centre de l'intellectualité.

L'imbécile devient intellectuel ; alors il peut se vanter de savoir. Il s'intéresse à la connaissance. Il lira la Bible, les Vedas et le Coran, il bachotera des informations. Il transforme son esprit en ordinateur, il devient une ENCYCLOPAÉDIE BRITANNIQUE ambulante. C'est facile, c'est simple, cela peut être fait par une machine ; cela ne nécessite aucune intelligence. Et vos écoles, collèges et universités ne font des gens que des ordinateurs.

Nous n'avons pas encore créé d'universités où l'intelligence est aiguisée. Nos universités ne font qu'émousser l'intelligence car elles préparent des esclaves pour la société. Les universités sont au service des intérêts particuliers ; elles sont les agents du statu quo établi. Elles ne servent pas l'avenir de l'humanité, elles servent le passé, elles servent les morts. Elles ne sont pas intéressées par la création de personnes intelligentes, créatives, alertes, conscientes ; elles sont intéressées par des personnes ennuyeuses, stupides, mais efficaces. Les employés de bureau, les collecteurs adjoints, les chefs de gare - efficaces ! Ils peuvent simplement faire leur travail très efficacement. Et rappelez-vous, les machines sont plus efficaces que les hommes, donc les hommes ne les intéressent pas ; ce qui les intéresse, c'est de réduire les hommes à des machines.

Bouddha a dit : TOUT CE QU'UN IDIOT APPREND NE FAIT QUE L'ABRUTIR. Plus il accumule de connaissances, plus il devient ennuyeux, plus il devient stupide.

Et c'est aussi mon observation. J'ai vu des villageois ignorants bien plus intelligents que les soi-disant docteurs et docteurs en littérature et les professeurs d'université, les doyens, les vice-chanceliers et les chanceliers. Ils semblent être les personnes les plus ennuyeuses du monde.

Un villageois, un bûcheron, semble être bien plus intelligent. Il n'a pas d'information, bien sûr ; il n'est pas savant - mais il est innocent, et l'innocence fait partie de l'intelligence. Être instruit, c'est ressembler à une machine - et les machines sont ennuyeuses. Avez-vous déjà vu une machine qui soit intelligente ? Regardez simplement la machine, et regardez le doyen et le vice-chancelier... !

En fait, plus vous êtes ennuyeux, plus vous avez de chances de devenir vice-chancelier - parce que les politiciens n'aiment pas qu'un Bouddha devienne vice-chancelier, ils ne permettront pas à Socrate de devenir vice-chancelier. C'est le crime dont Socrate était accusé : il corrompait la jeunesse. Socrate, et corrompre la jeunesse ? Et ces imbéciles - les magistrats, les vice-chanceliers, les premiers ministres et les présidents - ces imbéciles ne corrompent pas ? Socrate corrompt la jeunesse -

qu'entendent-ils par là ?

D'une certaine manière, ils ont raison : il corrompt les jeunes parce qu'il les prépare pour l'avenir. Il doit détruire le passé, il doit créer le doute, la recherche, il doit créer des chercheurs, pas des croyants. Et la société veut des croyants, et les gens ennuyeux sont de bons croyants. Un Mahométan, un Chrétien, un Hindou, un Jaina - plus ils sont ennuyeux, plus ils croient, mieux ils croient... parce que la personne ennuyeuse ne peut pas se renseigner, elle ne peut pas prendre de risques. Il a peur : il sait qu'il n'est pas capable de connaître la vérité par lui-même, il doit croire quelqu'un d'autre.

LA CONNAISSANCE NETTOIE SA TÊTE, dit le Bouddha. La connaissance ne l'aide pas mais devient un fardeau, un poids himalayen sur son être.

CAR ALORS IL VEUT LA RECONNAISSANCE, UNE PLACE DEVANT LES AUTRES, UNE PLACE SUR LES AUTRES.

Toute sa connaissance devient un voyage de l'ego, et l'ego est le plus grand esclavage qui soit.

Se libérer de l'ego, c'est se racheter. Mais le fou apprend juste pour devenir célèbre, pour être reconnu comme une autorité, pour être un expert. Le fou accumule des connaissances pour pouvoir se vanter et s'exhiber, pour pouvoir montrer aux gens combien il est intelligent. Et l'intelligence ne vient pas de l'ego ; l'intelligence ne vient que lorsque vous êtes dans un état d'égoïsme profond.

L'intelligence est la disparition de l'ego, la rencontre et la fusion avec le tout, l'oubli de votre séparation, le fait de devenir une vague dans l'océan de Dieu - alors vous êtes intelligent.

"QU'ILS CONNAISSENT MON TRAVAIL, QU'ILS SE TOURNENT TOUS VERS MOI". TELS SONT SES DÉSIRS, TEL EST SON ORGUEIL DÉMESURÉ.

UN SEUL CHEMIN MÈNE À LA RICHESSE ET À LA GLOIRE....

Le Bouddha dit : Mais laissez-moi vous faire prendre conscience que si vous voulez la richesse et la célébrité, alors suivez la voie de l'idiot - parce que la personne idiote est capable de devenir célèbre plus facilement que la personne intelligente. Si la personne intelligente devient célèbre, c'est juste par accident - elle n'a jamais essayé. Si une personne intelligente est connue, ce n'est pas grâce à ses efforts. Son parfum peut avoir atteint les gens, mais il n'y a aucun effort positif de sa part pour être reconnu. Il connaît son être, il ne dépend pas de la reconnaissance des autres.

Il sait qui il est, il n'a pas besoin du certificat de quelqu'un d'autre.

Lorsque je suis sorti de l'université, je suis allé voir le ministre de l'éducation. Je lui ai dit : "Voici mes qualifications. Si vous pouvez me donner une place n'importe où, n'importe quel endroit me conviendra." Il a regardé mes qualifications, a été très impressionné - les gens sont impressionnés par des bêtises - parce que j'étais médaillé d'or, première classe, première. Il était très impressionné. Il m'a dit : "Je vous nomme immédiatement maître de conférences. Mais il y a une chose que vous devrez faire : avez-vous un certificat de moralité ?"

J'ai dit : "J'ai un caractère, mais pas de certificat de caractère. Regarde-moi dans les yeux, prends ma main ! Je peux t'enlacer... !"

Il a dit : "Mais ça... ce n'est pas la question. Où est le certificat de moralité ?"

J'ai dit : "Je n'ai pas de certificat de moralité."

Il a dit : "Vous pouvez aller voir le vice-chancelier, ou le chef de votre département - un seul certificat de moralité. C'est une formalité."

J'ai dit : "Je ne peux pas demander au vice-chancelier, car je ne crois pas qu'il ait le moindre caractère ! Quel poids aura son certificat ? Et le chef de mon département ? - Je le connais plus qu'il ne se connaît lui-même. Je ne peux pas lui donner un certificat de moralité !"

Il était très perplexe. Il voulait vraiment aider. En fait, il s'est aussi intéressé à moi. Il n'avait jamais rencontré un tel homme - tant de personnes avaient dû l'approcher, mais personne ne lui avait dit : "Regardez-moi dans les yeux, ou tenez-moi la main et sentez-moi ! Ou je peux venir vivre avec vous pendant une semaine, dans votre maison. Voyez mon caractère de toutes les manières possibles. Je ne fermerai même pas la porte de ma salle de bains. Je laisserai tout ouvert, alors tu pourras continuer à regarder... !".

Il a dit : "Ces choses ne sont pas du tout nécessaires ! Juste un simple certificat de moralité."

Alors j'ai dit : "Alors je peux m'écrire un simple certificat de moralité" - et c'est ce que j'ai fait. J'ai écrit un certificat, devant lui, et il m'a dit : "Qu'est-ce que tu fais ? Mais cela n'a jamais été fait : vous vous faites un certificat de moralité à vous-même ? Il faut la signature de quelqu'un d'autre !"

Alors j'ai dit : "D'accord, alors je vais signer pour le chef de mon département, en son nom. C'est une copie conforme", lui ai-je dit, "et l'original, je le prendrai au chef de mon département."

Je suis donc allé voir le chef de mon département. J'ai dit : "J'ai donné ce certificat de moralité en votre nom - vous êtes prié de donner l'original."

Il a dit : "C'est étrange ! Il faut d'abord l'original." Mais il a aimé l'idée et il m'a donné un original.

ONE WAY LEADS TO WEALTH AND FAME.... Si vous suivez la voie du fou, vous pouvez devenir très riche, vous pouvez devenir célèbre. Vous pouvez devenir président d'un pays, premier ministre d'un pays - vous pouvez devenir n'importe quoi. Vous pouvez avoir autant de richesses que vous le souhaitez - suivez simplement la voie de l'idiot. Ne soyez pas intelligent, restez stupide, car en fait, à part une personne stupide, qui veut courir après l'argent ? Oui, cela arrive parfois, l'argent vient à la personne intelligente, mais il vient en courant après elle, elle ne va pas..... La célébrité vient aussi parfois à la personne intelligente. Elle vient d'elle-même ; elle ne l'intéresse pas du tout.

...L'AUTRE AU BOUT DU CHEMIN.

Mais si vous voulez mettre fin à toute cette absurdité qui a persisté à travers les âges pour tant de vies, la même roue répétitive de la naissance et de la mort en mouvement ; si vous voulez l'arrêter, alors l'autre, la voie de la personne intelligente, la voie du sage... soyez une lumière pour vous-même.

NE CHERCHEZ PAS LA RECONNAISSANCE MAIS SUIVEZ LES ÉVEILLÉS ET LIBÉREZ-VOUS.

Ne soyez pas dérangé, ne désirez pas de reconnaissance. Si des millions d'imbéciles vous reconnaissent, quelle importance ? Des millions d'idiots qui vous reconnaissent prouvent simplement que vous êtes un plus grand idiot qu'eux. Rien d'autre n'est prouvé.

MAIS SUIVEZ L'ÉVEILLÉ.... Que veut dire Bouddha lorsqu'il dit SUIVRE LES ÉVEILÉS ? Il ne veut pas dire imiter. Il veut simplement dire devenir éveillé comme l'éveillé est devenu éveillé. Être éveillé - c'est suivre l'éveillé. Ne pas suivre dans les détails : comment il vit, ce qu'il mange, quand il va dormir - c'est de la stupidité. Suivez l'éveillé en devenant éveillé.

ET LIBREZ-VOUS - car seule la conscience, l'état de conscience éveillé, apporte la liberté. L'intelligence est la liberté. La méditation est la liberté.

La conscience est la liberté. Et ceux qui vivent mécaniquement, inconsciemment, inintelligemment, ils vivent dans des prisons. Et vivre dans une prison, c'est souffrir.

La liberté est la valeur ultime de la vie.

SUIVEZ LES ÉVEILLÉS ET LIBÉREZ-VOUS.

AES DHAMMO SANANTANO....

Assez pour aujourd'hui.

Le droit - ancien et inépuisable

La première question :

Question 1 :

MAÎTRE BIEN-AIMÉ, VEUILLEZ NOUS EN DIRE PLUS SUR CE QUE VOUS ENTENDEZ PAR LA DIMENSION DE LA MUSIQUE.

Yoga Chinmaya, la vie peut être vécue de deux façons - soit comme un calcul, soit comme une poésie. L'homme a deux côtés de son être intérieur : le côté calculateur qui crée la science, les affaires, la politique ; et le côté non calculateur, qui crée la poésie, la sculpture, la musique. Ces deux côtés n'ont pas encore été rapprochés, ils ont des existences séparées. À cause de cela, l'homme est immensément appauvri, il reste inutilement déséquilibré - il faut les rapprocher.

En langage scientifique, on dit que votre cerveau a deux hémisphères. L'hémisphère gauche calcule, est mathématique, est prose ; et l'hémisphère droit du cerveau est poésie, est amour, est chanson. Un côté est la logique, l'autre l'amour. Un côté est le syllogisme, l'autre le chant. Et ils ne se rejoignent pas vraiment, c'est pourquoi l'homme vit dans une sorte de scission.

Mon effort ici est de jeter un pont entre ces deux hémisphères.

L'homme doit être aussi scientifique que possible, en ce qui concerne le monde objectif, et aussi musical que possible en ce qui concerne le monde des relations.

Il y a deux mondes en dehors de vous. L'un est le monde des objets : la maison, l'argent, les meubles. L'autre est le monde des personnes : la femme, le mari, la mère, les enfants, l'ami. Soyez scientifique avec les objets ; ne soyez jamais scientifique avec les personnes. Si vous êtes scientifique avec les personnes, vous les réduisez à des objets, et c'est l'un des plus grands crimes que l'on puisse commettre. Si vous traitez votre femme uniquement comme un objet, comme un objet sexuel, alors vous vous comportez de manière très vilaine. Si vous traitez votre mari uniquement comme un soutien financier, comme un moyen, alors c'est immoral, alors cette relation est immorale - c'est de la prostitution, de la pure prostitution et rien d'autre.

Ne traitez pas les personnes comme des moyens, elles sont des fins en soi. Ayez des relations avec elles - dans l'amour, dans le respect. Ne les possédez jamais et ne soyez jamais possédé par elles. Ne soyez pas dépendant d'elles et ne rendez pas les personnes qui vous entourent dépendantes. Ne créez pas de dépendance de quelque manière que ce soit ; restez indépendant et laissez-les rester indépendants.

Ceci est la musique. J'appelle cette dimension la dimension de la musique. Et si vous pouvez être aussi scientifique que possible avec les objets, votre vie sera riche, affluente ; si vous pouvez être aussi musical que possible, votre vie aura de la beauté. Et il y a aussi une troisième dimension, qui est au-delà de l'esprit. Ces deux-là appartiennent à l'esprit : le scientifique et l'artiste. Il existe une troisième dimension, invisible - la dimension du non-esprit. Elle appartient au mystique. Elle est accessible par la méditation.

C'est pourquoi je dis qu'il faut se souvenir de ces trois mots - trois M comme trois R :

les mathématiques, le plus bas, la musique, juste au milieu, et la méditation, le plus haut. Un être humain parfait est scientifique en ce qui concerne les objets, esthétique, musical, poétique en ce qui concerne les personnes, et méditatif en ce qui le concerne. Lorsque ces trois éléments se rencontrent, il y a de grandes réjouissances.

C'est la véritable trinité, TRIMURTI. En Orient, notamment en Inde, nous vénérons un lieu où trois rivières se rencontrent - nous l'appelons un SANGHAM, le lieu de rencontre. Et le plus grand d'entre eux est Preyag, où le Gange, la Jamuna et la Saraswati se rencontrent. Vous pouvez voir le Gange et la Jamuna, mais la Saraswati est invisible - vous ne pouvez pas la voir. Il s'agit d'une métaphore ! Elle représente simplement, symboliquement, la rencontre intérieure des trois.

Vous pouvez voir les mathématiques, vous pouvez voir la musique, mais vous ne pouvez pas voir la méditation. Vous pouvez voir le scientifique, son travail est à l'extérieur. Vous pouvez voir l'artiste, son travail est également à l'extérieur. Mais vous ne pouvez pas voir le mystique, son travail est subjectif. C'est cela le SARASWATI - la rivière invisible.

Vous pouvez devenir un lieu sacré, vous pouvez sanctifier ce corps et cette terre ; ce corps même est le Bouddha, cette terre même est le Paradis du Lotus. C'est mon slogan pour les sannyasins. Un sannyasin doit être la synthèse ultime de tout ce que Dieu est.

Dieu n'est connu que lorsque vous êtes parvenu à cette synthèse ; sinon, vous pouvez croire en Dieu, mais vous ne le connaîtrez pas. Et la croyance ne fait que cacher votre ignorance. Savoir, c'est transformer, seule la connaissance apporte la compréhension. Et la connaissance n'est pas une information : la connaissance est la synthèse, l'intégration, de tout votre potentiel.

Lorsque le scientifique, le poète et le mystique se rencontrent et ne font qu'un - lorsque cette grande synthèse se produit, lorsque les trois visages de Dieu s'expriment en vous - VOUS devenez un dieu. Alors vous pouvez déclarer : "AHAM BRAHMASMI ! - Je suis Dieu !" Alors vous pouvez dire aux vents et à la lune et aux pluies et au soleil, "ANA'L HAQ ! - Je suis la vérité !" Avant cela, vous n'êtes qu'une graine.

Lorsque cette synthèse se produit, vous avez fleuri, fleuri - vous êtes devenu le lotus aux mille pétales, le lotus doré, le lotus éternel, qui ne meurt jamais : AES DHAMMO SANANTANO. Telle est la loi inépuisable que tous les bouddhas ont enseignée à travers les âges.

La deuxième question :

Question 2 :

MAÎTRE BIEN-AIMÉ,

EN OCCIDENT, NOUS SOMMES CONSTAMMENT ABREUVÉS DE L'APHORISME : NE RESTEZ PAS PLANTÉS LÀ - FAITES QUELQUE CHOSE ! POURTANT, BOUDDHA AURAIT DIT : NE VOUS CONTENTEZ PAS DE FAIRE QUELQUE CHOSE - RESTEZ LÀ ! L'HOMME INCONSCIENT RÉAGIT TANDIS QUE L'HOMME SAGE OBSERVE. MAIS QU'EN EST-IL DE LA SPONTANÉITÉ ? LA SPONTANÉITÉ

EST-ELLE COMPATIBLE AVEC L'OBSERVATION ?

Bouddha dit certainement : Ne vous contentez pas de faire quelque chose - restez là ! Mais ce n'est que le début du pèlerinage, pas la fin. Quand vous avez appris à vous tenir debout, quand vous avez appris à être totalement silencieux, immobile, imperturbable, quand vous savez comment vous asseoir... assis en silence, sans rien faire, le printemps arrive et l'herbe pousse toute seule. Mais l'herbe pousse, souviens-toi !

L'action ne disparaît pas : l'herbe pousse d'elle-même. Le Bouddha ne devient pas inactif ; l'action de la GRANDE CULTURE se produit à travers lui, bien qu'il n'y ait plus d'exécutant. Le faiseur disparaît, l'action continue. Et lorsqu'il n'y a pas d'exécutant, l'action EST spontanée ; il ne peut en être autrement. C'est l'exécutant qui ne permet pas la spontanéité.

Celui qui fait signifie l'ego, l'ego signifie le passé. Lorsque vous agissez, vous agissez toujours à travers le passé, vous agissez à partir de l'expérience que vous avez accumulée, vous agissez à partir des conclusions auxquelles vous êtes arrivé dans le passé. Comment pouvez-vous être spontané ? Le passé domine, et à cause du passé, vous ne pouvez même pas voir le présent. Vos yeux sont si pleins de passé, la fumée du passé est si grande, que voir est impossible. Vous ne pouvez pas voir ! Vous êtes presque complètement aveugle - aveugle à cause de la fumée, aveugle à cause des conclusions du passé, aveugle à cause de la connaissance.

L'homme bien informé est l'homme le plus aveugle du monde. Parce qu'il fonctionne à partir de son savoir, il ne voit pas ce qu'il en est. Il continue simplement à fonctionner mécaniquement. Il a appris quelque chose ; c'est devenu un mécanisme tout fait en lui... il agit en fonction de cela.

Il y a une histoire célèbre :

Il y avait deux temples au Japon, tous deux ennemis l'un de l'autre, comme l'ont toujours été les temples à travers les âges. Les prêtres étaient tellement antagonistes qu'ils ne se regardaient même plus. S'ils se croisaient sur la route, ils ne se regardaient pas. S'ils se croisaient sur la route, ils ne se parlaient plus. Pendant des siècles, ces deux temples et leurs prêtres ne se sont pas parlé.

Mais les deux prêtres avaient deux petits garçons - pour les servir, juste pour faire des courses. Les deux prêtres avaient peur que les garçons, après tout, soient des garçons, et qu'ils commencent à devenir amis entre eux.

L'un des prêtres a dit à son garçon : "Souviens-toi que l'autre temple est notre ennemi. Ne parle jamais au garçon de l'autre temple ! Ce sont des gens dangereux - évite-les comme on évite une maladie, comme on évite la peste. Evite-les !" Le garçon était toujours intéressé, car il se fatiguait d'écouter les grands sermons - il ne pouvait pas les comprendre.

Des écritures étranges étaient lues, il ne pouvait pas comprendre la langue. On discutait de grands et ultimes problèmes. Il n'y avait personne avec qui jouer, personne même avec qui parler.

Et quand on lui a dit : " Ne parle pas au garçon de l'autre temple ", une grande tentation s'est levée en lui. C'est ainsi que naît la tentation.

Ce jour-là, il ne put éviter de parler à l'autre garçon. Quand il le vit sur la route, il lui demanda : "Où vas-tu ?"

L'autre garçon était un peu philosophe ; en écoutant de la grande philosophie, il était devenu philosophe. Il disait : " Aller ? Il n'y a personne qui va et vient ! Cela se passe - là où le vent m'emmène...." Il avait entendu le maître dire plusieurs fois que c'est ainsi que vit un bouddha, comme une feuille morte : là où le vent la porte, elle va. Alors le garçon dit : "Je ne le suis pas ! Il n'y a pas de faiseur. Alors comment puis-je partir ? Quelles absurdités dites-vous ? Je suis une feuille morte. Où que le vent m'emmène...."

L'autre garçon est resté muet. Il ne pouvait même pas répondre. Il ne trouvait rien à dire. Il était vraiment embarrassé, honteux, et se disait aussi : " Mon maître avait raison de ne pas parler avec ces gens - ce sont des gens dangereux ! Quel genre de discussion est-ce là ? J'avais posé une simple question : "Où vas-tu ?". En fait, je savais déjà où il allait, car nous allions tous les deux acheter des légumes au marché. Une simple réponse aurait suffi."

Il est rentré, a dit à son maître : " Je suis désolé, excusez-moi. Tu m'avais interdit, je ne t'ai pas écouté. En fait, à cause de votre interdiction, j'ai été tenté. C'est la première fois que je parle à ces gens dangereux. J'ai juste posé une simple question. "Où vas-tu ?" et il a commencé à dire des choses étranges : "Il n'y a ni départ ni arrivée. Qui vient ? Qui va ? Je suis le vide absolu", disait-il, "juste une feuille morte dans le vent".

Et où que le vent m'emmène...." Le maître dit : "Je te l'ai déjà dit ! Maintenant, demain, reste à la même place et quand il viendra, demande-lui à nouveau : 'Où vas-tu ?'. Et quand il répondra ces choses, tu diras simplement : " C'est vrai. Oui, tu es une feuille morte, moi aussi. Mais quand le vent ne souffle pas, où vas-tu ? Dites simplement cela, et cela l'embarrassera - et il doit être embarrassé, il doit être vaincu. Nous nous sommes constamment querellés, et ces gens n'ont pas été capables de nous vaincre dans aucun débat.

Alors demain, il faut le faire !"

Le garçon s'est levé tôt, a préparé sa réponse, l'a répétée plusieurs fois avant de partir. Puis il s'est mis à l'endroit où le garçon avait l'habitude de traverser la route, a répété encore et encore, s'est préparé, et puis il a vu le garçon arriver. Il a dit : "Ok, maintenant !"

Le garçon est venu. Il a demandé : "Où vas-tu ?" Et il espérait que maintenant l'occasion se présenterait....

Mais le garçon a dit : "Là où mes jambes me mèneront". Pas de mention du vent ! Pas de discussion sur le néant ! Pas de question sur l'oisif ! Que faire maintenant ? Sa réponse toute faite semblait absurde. Parler du vent ne serait pas pertinent.

De nouveau abattu, maintenant VRAIMENT honteux d'être simplement stupide : "Et ce garçon sait certainement des choses étranges - maintenant il dit, 'Où que les jambes me mènent....'" Il est retourné voir le maître. Le maître lui dit : "Je t'ai dit de ne PAS parler avec ces gens - ils sont dangereux ! C'est notre expérience séculaire. Mais maintenant, il faut faire quelque chose. Demain, tu demanderas à nouveau : "Où vas-tu ?" et quand il répondra : "Où que mes jambes me mènent", tu lui diras : "Si tu n'avais pas de jambes, alors...". Il faut le faire taire d'une manière ou d'une autre !"

Alors le lendemain, il a redemandé : "Où vas-tu ?" et a attendu.

Et le garçon a dit : "Je vais au marché chercher des légumes."

L'homme fonctionne normalement à partir du passé, et la vie continue à changer. La vie n'a aucune obligation de correspondre à vos conclusions. C'est pourquoi la vie est très déroutante - déroutante pour la personne bien informée. Il a toutes les réponses toutes faites : La Bhagavadgita, le saint Coran, la Bible, les Vedas. Il a tout préparé, il connaît toutes les réponses. Mais la vie ne pose jamais plus la même question ; c'est pourquoi la personne bien informée échoue toujours.

Bouddha dit certainement : Sachez comment vous asseoir en silence. Cela ne signifie pas qu'il dit : Restez assis en silence pour toujours. Il ne dit pas que vous devez devenir inactif ; au contraire, c'est seulement du silence que naît l'action. Si vous n'êtes pas silencieux, si vous ne savez pas comment vous asseoir en silence, ou vous tenir en silence dans une méditation profonde, tout ce que vous faites est une réaction, pas une action. Vous réagissez.

Quelqu'un vous insulte, appuie sur un bouton, et vous réagissez. Vous êtes en colère, vous lui sautez dessus - et vous appelez ça une action ? Ce n'est pas de l'action, remarquez, c'est de la réaction. Il est le manipulateur et vous êtes le manipulé. Il a appuyé sur un bouton et vous avez fonctionné comme une machine. Tout comme vous appuyez sur un bouton et la lumière s'allume, et vous appuyez sur le bouton et la lumière s'éteint - c'est ce que les gens vous font : ils vous allument, ils vous éteignent.

Quelqu'un vient vous faire des éloges et gonfle votre ego, et vous vous sentez si bien ; et puis quelqu'un vient vous crever, et vous êtes tout simplement à plat sur le sol. Vous n'êtes pas votre propre maître : n'importe qui peut vous insulter et vous rendre triste, en colère, irrité, agacé, violent, fou. Et n'importe qui peut vous louer et vous faire sentir au plus haut, vous faire sentir que vous êtes le plus grand - qu'Alexandre le Grand n'était rien comparé à vous.

Et vous agissez en fonction des manipulations des autres. Ce n'est pas une action réelle.

Bouddha traversait un village et les gens sont venus et l'ont insulté. Ils ont utilisé tous les mots insultants qu'ils pouvaient utiliser - tous les mots de quatre lettres qu'ils connaissaient. Bouddha est resté là, a écouté en silence, très attentivement, puis a dit : "Merci d'être venu me voir, mais je suis pressé. Je dois atteindre le prochain village, les gens m'y attendront. Je ne peux pas vous consacrer plus de temps aujourd'hui, mais demain, en revenant, j'aurai plus de temps. Vous pouvez vous réunir à nouveau, et demain, s'il reste quelque chose que vous vouliez dire et que vous n'avez pas pu dire, vous pourrez me le dire. Mais aujourd'hui, excusez-moi".

Ces gens n'en croyaient pas leurs oreilles, leurs yeux : cet homme est resté totalement insensible, sans se laisser distraire. L'un d'eux a demandé : "Tu ne nous as pas entendus ? Nous t'avons maltraité comme n'importe quoi, et tu n'as même pas répondu !".

Le Bouddha a dit : "Si tu voulais une réponse, tu es venu trop tard. Vous auriez dû venir il y a dix ans, j'aurais alors pu vous répondre. Mais depuis dix ans, j'ai cessé d'être manipulé par les autres. Je ne suis plus un esclave, je suis mon propre maître. J'agis en fonction de moi-même, pas en fonction de quelqu'un d'autre. J'agis en fonction de mon besoin intérieur.

Vous ne pouvez pas me forcer à faire quoi que ce soit. C'est tout à fait normal : tu voulais abuser de moi, tu as abusé de moi ! Sentez-vous comblé. Vous avez parfaitement bien fait votre travail. Mais en ce qui me concerne, je n'accepte pas vos insultes, et si je ne les accepte pas, elles n'ont aucun sens."

Lorsque quelqu'un vous insulte, vous devez devenir un récepteur, vous devez accepter ce qu'il dit ; alors seulement vous pouvez réagir. Mais si vous n'acceptez pas, si vous restez simplement détaché, si vous gardez la distance, si vous restez calme, que peut-il faire ?

Bouddha a dit : "Quelqu'un peut jeter une torche enflammée dans la rivière. Elle restera allumée jusqu'à ce qu'elle atteigne la rivière. Au moment où elle tombe dans la rivière, tout le feu a disparu - la rivière la refroidit. Je suis devenu une rivière. Vous me lancez des injures. Elles sont du feu quand vous les lancez, mais au moment où elles m'atteignent, dans ma fraîcheur, leur feu est perdu. Ils ne font plus mal.

Tu jettes des épines - en tombant dans mon silence elles deviennent des fleurs. J'agis à partir de ma propre nature intrinsèque."

C'est la spontanéité. L'homme de la conscience, de la compréhension, agit. L'homme inconscient, inconscient, mécanique, robotique, réagit.

Curtis, vous me demandez : "L'homme inconscient réagit tandis que le sage observe." Ce n'est pas qu'il se contente de regarder - regarder est un aspect de son être. Il n'agit pas sans regarder. Mais ne vous méprenez pas sur le Bouddha. Les bouddhas ont toujours été mal compris ; vous n'êtes pas le premier à le faire. Le pays tout entier a mal compris le Bouddha ; c'est pourquoi le pays tout entier est devenu inactif. En pensant que tous les grands maîtres disent : Asseyez-vous en silence, le pays est devenu paresseux, minable ; le pays a perdu son énergie, sa vitalité, sa vie. Il est devenu complètement terne, inintelligent, car l'intelligence ne s'aiguise que lorsqu'on agit.

Et lorsque vous agissez à chaque instant à partir de votre conscience et de votre vigilance, une grande intelligence se manifeste. Vous commencez à briller, à rayonner, vous devenez lumineux. Mais cela se produit par le biais de deux choses : l'observation et l'action à partir de cette observation. Si l'observation se transforme en inaction, vous vous suicidez. L'observation doit vous conduire à l'action, un nouveau type d'action ; une nouvelle qualité est apportée à l'action.

Vous regardez, vous êtes totalement calme et silencieux. Vous voyez ce qu'est la situation, et à partir de cette vision, vous répondez. L'homme de la conscience répond, il est responsable - littéralement !

Il est réactif, il ne réagit pas. Son action naît de sa conscience, pas de votre manipulation, c'est là toute la différence. Il n'y a donc aucune incompatibilité entre l'observation et la spontanéité. L'observation est le début de la spontanéité ; la spontanéité est l'accomplissement de l'observation.

Le véritable homme de la compréhension agit - agit énormément, agit totalement, mais il agit dans l'instant, hors de sa conscience. Il est comme un miroir. L'homme ordinaire, l'homme inconscient, n'est pas comme un miroir, il est comme une photoplate. Quelle est la différence entre un miroir et une plaque photographique ? Une plaque photographique, une fois exposée, devient inutile. Elle reçoit l'impression, se laisse impressionner par elle - elle porte l'image. Mais rappelez-vous, l'image n'est pas la réalité - la réalité continue à grandir. Vous pouvez aller dans le jardin et prendre la photo d'un rosier. Demain, l'image sera la même, et après-demain, l'image sera également la même. Retournez voir le rosier : il n'est plus le même. Les roses sont parties, ou de nouvelles roses sont arrivées. Mille et une choses se sont passées.

On raconte qu'un jour, un philosophe réaliste est allé voir le célèbre peintre Picasso. Le philosophe croyait au réalisme et il était venu critiquer Picasso parce que les peintures de Picasso sont abstraites, elles ne sont pas réalistes. Ils ne dépeignent pas la réalité telle qu'elle est. Au contraire, ils sont symboliques, ils ont une dimension totalement différente - ils sont symboliques.

Le réaliste a dit : "Je n'aime pas vos peintures. Une peinture doit être réelle ! Si vous peignez ma femme, alors votre peinture doit ressembler à ma femme." Il a sorti une photo de sa femme et a dit : "Regardez cette photo ! Le tableau devrait être comme ça."

Picasso a regardé le tableau et a dit : "C'est votre femme ?"

Il a dit : "Oui, c'est ma femme !"

Picasso a dit : "Je suis surpris ! Elle est très petite et plate."

La photo ne peut pas être la femme !

Une autre histoire est racontée :

Une belle femme est venue voir Picasso et lui a dit : "L'autre jour, j'ai vu votre autoportrait chez un ami. C'était si beau, j'ai été tellement influencée, presque hypnotisée, que j'ai serré le tableau dans mes bras et l'ai embrassé."

Picasso a répondu : "Vraiment ! Et ensuite, que vous a fait le tableau ? Est-ce que le tableau vous a rendu votre baiser ?"

La femme a dit : "Tu es folle ?! La photo ne m'a pas rendu mon baiser."

Picasso a dit, "Alors ce n'était pas moi."

Une photo est une chose morte. L'appareil photo, la plaque photographique, ne capte qu'un phénomène statique. Et la vie n'est jamais statique, elle change sans cesse. Votre esprit fonctionne comme un appareil photo, il collecte des images - c'est un album. Et ensuite, à partir de ces images, vous réagissez. Par conséquent, vous n'êtes jamais fidèle à la vie, car quoi que vous fassiez, c'est faux ; QUEL QUE SOIT votre comportement, je le dis, c'est faux. Cela ne correspond jamais.

Une femme montrait l'album de famille à son enfant, et ils sont tombés sur la photo d'un bel homme : cheveux longs, barbe, très jeune, très vivant.

Le garçon a demandé : "Maman, qui est cet homme ?"

Et la femme dit : "Tu ne le reconnais pas ? C'est ton papa !"

Le garçon a eu l'air perplexe et a dit : "Si c'est mon papa, alors qui est cet homme chauve qui vit avec nous ?"

Une image est statique. Elle reste telle qu'elle est, elle ne change jamais. L'esprit inconscient fonctionne comme un appareil photo, il fonctionne comme une plaque photographique. L'esprit vigilant, l'esprit méditatif, fonctionne comme un miroir. Il ne capte aucune impression ; il reste totalement vide, toujours vide. Ainsi, tout ce qui se présente devant le miroir est reflété. Si vous vous tenez devant le miroir, il vous reflète. Si vous êtes parti, ne dites pas que le miroir vous trahit.

Le miroir est simplement un miroir. Lorsque vous êtes parti, il ne vous reflète plus ; il n'a plus aucune obligation de vous refléter. Maintenant, quelqu'un d'autre est face à lui - il reflète quelqu'un d'autre. Si personne n'est là, il ne reflète rien. Il est toujours fidèle à la vie.

La photo n'est jamais fidèle à la réalité. Même si votre photo est prise maintenant, le temps que le photographe la sorte de l'appareil, vous n'êtes plus le même ! Beaucoup d'eau a déjà coulé dans le Gange. Vous avez grandi, changé, vous avez vieilli. Peut-être qu'une seule minute s'est écoulée, mais une minute peut être une grande chose - vous pouvez être mort ! Une minute avant, tu étais vivant ; après une minute, tu peux être mort. L'image ne mourra jamais.

Mais dans le miroir, si vous êtes vivant, vous êtes vivant ; si vous êtes mort, vous êtes mort.

Bouddha dit : Apprenez à vous asseoir en silence - devenez un miroir. Le silence fait de votre conscience un miroir, et ensuite vous fonctionnez d'instant en instant. Vous reflétez la vie. Vous ne portez pas un album dans votre tête. Alors vos yeux sont clairs et innocents, vous avez la clarté, vous avez la vision, et vous n'êtes jamais infidèle à la vie.

C'est la vie authentique.

La troisième question :

Question 3 :

MAÎTRE BIEN-AIMÉ, POURQUOI PERSONNE N'AIME ÊTRE CRITIQUÉ, ET POURTANT TOUT LE MONDE AIME CRITIQUER LES AUTRES ?

Gayatri, l'ego est très sensible et très fragile, et a très peur de la critique. L'ego dépend de l'opinion des autres. Il n'a pas de réalité propre.

Il n'est pas une entité réelle, il n'est pas substantiel - il n'est qu'une collection d'opinions d'autrui.

Quelqu'un dit "Vous êtes belle", et vous le collectez. Quelqu'un dit, "Vous êtes intelligent", et vous le recueillez. Et quelqu'un dit, "Je n'ai jamais rencontré une personne aussi unique", et vous le collectez. Et puis un jour, une personne vient et dit : "Vous êtes repoussant !". Maintenant, comment pouvez-vous accepter la critique ? Elle va à l'encontre de l'image que vous avez créée de vous-même. Vous allez riposter, vous allez vous battre bec et ongles. Mais quoi que vous fassiez, l'esprit a pris l'impression de cette opinion aussi. Puis quelqu'un dit : "Vous êtes laid", et quelqu'un dit : "Vous êtes stupide". Il y a des millions de personnes dans le monde et elles ont toutes leurs propres opinions, leurs goûts et leurs dégoûts.

Par conséquent, votre ego devient une sorte de méli-mélo, un phénomène très contradictoire. Un fragment dit : "Tu es belle !", un autre fragment dit : "C'est absurde, tu es laide !".

Un fragment dit : "Tu es intelligent", un autre fragment dit : "Tais-toi ! Ferme ta grande gueule ! Tu es tout simplement stupide et rien d'autre !" Les gens vivent donc dans un état de confusion. Ils ne savent pas qui ils sont, s'ils sont intelligents ou stupides, beaux ou laids, bons ou mauvais, saints ou pécheurs - parce qu'une personne peut vous appeler un saint, une autre personne peut vous appeler un pécheur. Il y a différentes valeurs et différents critères dans le monde, il y a différentes moralités dans le monde.

Votre voisin peut être un chrétien et vous un jaïna. Le chrétien n'a aucun problème à boire du vin ; en fait, le Christ lui-même aimait boire du vin. Mais le jaïna ne peut pas concevoir, même dans ses rêves, que Mahavira boive du vin. C'est impossible, l'idée même est inconcevable. Mais pour le chrétien, le plus grand miracle que Jésus ait fait est de transformer l'eau en vin. Si Mahavira avait été là, il aurait immédiatement fait le miracle inverse ! Il aurait à nouveau transformé le vin en eau.

Si vous buvez du vin de temps en temps, êtes-vous un saint ou un pécheur ? Différentes personnes diront des choses différentes. Dans l'ashram du Mahatma Gandhi, le thé était interdit ; que dire du vin ! Le thé, le pauvre thé, le thé innocent était interdit ! Et tous les moines bouddhistes, à travers les âges, ont bu du thé. En fait, ils pensent que cela aide à la méditation, et il y a peut-être un grain de vérité là-dedans, parce que cela vous garde éveillé. Et la méditation bouddhiste est telle que l'on a tendance à s'assoupir : rester assis pendant des heures dans une seule posture..... Essayez simplement. Au bout de dix minutes, vous vous mettez à rêver. Après une heure, il est impossible de rester éveillé.

Le thé a peut-être aidé. En fait, le thé a été découvert par les bouddhistes. L'un des plus grands maîtres bouddhistes, Bodhidharma, a découvert le thé. Le nom vient d'un monastère, Ta, dans lequel Bodhidharma vivait en Chine. Ce monastère se trouvait au sommet d'une colline, Ta. En Chine, le mot "ta" peut être prononcé de deux façons : soit "ta", soit "cha", d'où le mot "CHAI" en hindi, "CHA" en marathi et "tea" en anglais. Bodhidharma, le grand fondateur du zen, l'a découvert.

Et le vin a été produit dans les monastères catholiques à travers les âges. Vous serez surpris d'apprendre que le meilleur vin a été produit par des moines et des nonnes catholiques. Le vin le plus ancien n'est disponible que dans les caves des anciens monastères d'Europe, le plus ancien et le meilleur. Du vin, fabriqué dans des monastères ? De quel genre de monastères s'agit-il ? Qui va décider ?

En fait, il y a là encore une part de vérité. La méditation bouddhiste implique la vigilance, et le thé contient des substances chimiques qui aident à la vigilance - il contient un stimulant. Il est possible qu'un jour, un autre Bodhidharma vienne et dise : "Fumer, c'est bien", car le tabac contient également un stimulant, la nicotine. Fumer peut aussi aider la méditation si le thé peut l'aider. Fumer attend toujours l'apparition de son Bodhidharma.

Vous serez alors plus à même de fumer et de vous sentir très vertueux : plus vous fumerez, plus vous serez saint !

Ce n'est pas par hasard que le vin a fait partie de la créativité du monastère. Jésus dit : Se noyer en Dieu, c'est la prière. La voie de Jésus est celle de l'amour, celle de Bouddha est celle de la méditation ; par conséquent, Bouddha n'acceptera jamais le vin, mais il peut accepter le thé. Jésus accepte le vin parce que le vin vous donne le goût d'être complètement perdu, d'être noyé, de sortir de l'ego, d'oublier l'ego et tous ses soucis. Il vous donne un goût, un aperçu de l'inconnu.

Mais qui va décider de qui a raison et qui a tort ? Toutes ces choses sont présentes dans l'atmosphère, et vous les attrapez. Vous en faites une sorte d'image ; elle est vouée à rester un méli-mélo, elle ne peut pas être claire. C'est pourquoi vous avez très peur que quelqu'un vous critique parce qu'il fait remonter à la surface votre caractère hétéroclite. Ce n'est pas à sa critique que vous vous opposez, mais au fait qu'elle fasse remonter à la surface des problèmes que vous refoulez en quelque sorte en vous. Il vous fait prendre conscience des problèmes, et personne ne veut prendre conscience des problèmes, parce que les problèmes veulent alors être résolus, et c'est une affaire complexe et ardue. Il faut des tripes pour résoudre les problèmes. Il se peut que vous n'aimiez pas résoudre les problèmes en fait, parce que vous avez peut-être un certain investissement dans vos problèmes - vous DEVEZ en avoir, parce que vous avez vécu avec eux pendant si longtemps que vous devez avoir investi en eux. Vous n'aimez peut-être pas changer votre style de vie. Si vous êtes malheureux, vous aimez peut-être le rester - quoi que vous disiez en apparence, c'est une autre affaire. En dépit de ce que vous dites, au fond de vous, vous aimez peut-être rester malheureux.

Par exemple, une femme ne sait que son mari est aimant envers elle que lorsqu'elle est malade.

Quand elle est en bonne santé, il l'oublie tout simplement, il ne prend jamais soin d'elle quand elle est en bonne santé. Lorsqu'elle est malade, par pur devoir, par responsabilité, il vient, s'assoit à ses côtés, pose sa main sur sa tête ; sinon, il ne lui accorde même pas un regard. Demandez aux maris : "Depuis combien de temps n'avez-vous pas vu le visage de votre femme, face à face ?".

Vous êtes peut-être capable de reconnaître votre chien s'il est perdu, mais si votre femme est perdue, vous devrez demander aux voisins car ils la reconnaîtront mieux - tout comme vous reconnaîtrez mieux la femme du voisin. Qui regarde sa propre femme ?

Mulla Nasruddin était allé voir une pièce de théâtre. Un homme était si amoureux dans la pièce, il jouait de façon si romantique que Nasruddin a dit à sa femme : "Cet homme est un grand acteur."

La femme a dit, "Et tu sais quoi ? - la femme avec qui il joue est en fait sa femme dans la vraie vie."

Nasruddin a dit : "Alors il est le plus grand acteur du monde !"

Montrer autant de romantisme à sa propre femme... c'est presque impossible.

J'ai voyagé pendant vingt ans dans ce pays. J'ai séjourné dans des milliers de maisons, et je l'ai vu continuellement : quand le mari n'est pas dans la maison, la femme semble être très gaie, très heureuse. Dès que le mari entre dans la maison, elle a mal à la tête, et elle s'allonge sur le lit. Et je regardais, parce que je restais dans la maison. L'instant d'avant, tout allait bien - comme si le mari n'était pas entré mais qu'un mal de tête était entré.

Lentement, lentement, j'ai compris la logique. Il y a un grand investissement en elle. Et souvenez-vous, je ne dis pas qu'elle fait simplement semblant. Si vous faites semblant trop longtemps, cela peut devenir une réalité, cela peut devenir une autohypnose. Je ne dis pas qu'elle ne souffre PAS d'un mal de tête, souvenez-vous. Elle peut souffrir : le seul visage du mari suffit à déclencher le processus ! Cela s'est produit tellement de fois que maintenant c'est devenu un processus automatique. Je ne dis donc pas qu'elle trompe le mari ; elle est trompée par ses propres investissements.

Vous avez une certaine image et vous ne voulez pas qu'elle soit modifiée, et la critique signifie à nouveau une perturbation.

Vous connaissez sûrement l'histoire du Petit Chaperon Rouge :

Cette petite fille était allée voir sa grand-mère qui vivait dans les bois. Le méchant loup, qui voulait la dévorer, avait pris la place de la grand-mère dans le lit après l'avoir dévorée d'un trait. Il était donc sous les couvertures avec la nuisette et le bonnet de nuit de la grand-mère.

Lorsque le petit chaperon rouge est arrivé, elle a remarqué quelque chose de différent, et regardant la grand-mère dans les yeux, elle a demandé :

"Mais, mamie, quels grands yeux tu as !"

"C'est pour mieux vous voir, ma chère."

"Mais mamie, quel gros nez tu as !"

"C'est pour mieux vous sentir, ma chère."

"Mais mamie, quels gros bras tu as !"

"C'est pour mieux vous étreindre, ma chère."

"Mais mamie, quelles mains poilues tu as !"

"Hé ! Tu es venu juste pour critiquer ?"

Il y a une limite. Au-delà, personne n'aime être critiqué. Mais le revers de la médaille est que tout le monde aime critiquer les autres ; cela vous donne un bon sentiment. Si les autres sont mauvais, par procuration, cela vous aide à vous sentir bien. Si tout le monde est un tricheur, un hypocrite, un malhonnête, un rusé, cela vous donne un bon sentiment : vous n'êtes pas si mauvais, vous n'êtes pas si malhonnête. La comparaison vous détend. Elle vous aide à rester malhonnête, car les gens sont plus malhonnêtes que vous. Dans ce monde malhonnête, comment pouvez-vous survivre ?

Vous devez jouer le jeu.

Tous les matins, tôt, quand vous lisez les journaux, vous avez toujours un bon sentiment - il se passe tant de choses dans le monde, tant de choses laides, tant de violence, de meurtres, de suicides, de viols, de vols, que, comparé à tout cela, vous êtes un saint.

C'est pourquoi les gens n'aiment pas lire la Bible le matin, ou la Gita, mais le journal ! En lisant la Gita, vous vous sentez comme un pécheur, en lisant la Bible vous commencez à ressentir un tremblement, que l'enfer va vous arriver, que vous êtes sur le chemin. Et les écritures dépeignent l'enfer de façon si vivante, avec une telle couleur que cela peut faire peur à n'importe qui. Et une chose semble être certaine : vous ne pouvez pas atteindre le paradis. Cela semble impossible, cela demande des impossibilités.

Personne n'aime lire les Écritures, personne n'aime écouter les Écritures. C'est pourquoi, si vous allez au temple, vous trouverez presque tout le monde endormi. Je connais des médecins qui envoient les gens aux discours religieux s'ils souffrent d'insomnie. Si aucun tranquillisant ne fonctionne, ne vous inquiétez pas : allez à un discours religieux. C'est le nec plus ultra des tranquillisants - jusqu'à présent, rien n'a pu le vaincre. En écoutant les écritures religieuses, on commence à s'endormir. C'est une protection, il faut l'éviter ; sinon, il devient absolument certain que le paradis n'est pas pour vous, vous êtes destiné à l'enfer. Et cela remue votre cœur, suscite une grande peur, et il semble qu'il n'y ait aucun moyen d'y échapper.

Par conséquent, tout le monde aime critiquer, et pas seulement critiquer - tout le monde aime amplifier les défauts des autres. Vous essayez de rendre les fautes des autres aussi grandes que possible parce qu'alors, en comparaison, vos fautes sont négligeables. Et Dieu est compatissant : RAHIM, REHMAN !

Dieu est compassion ! Vous n'avez que de petits défauts, et en regardant le monde où existent tant de pécheurs.....

Lorsque le jour du jugement viendra, vous pouvez être parfaitement certain que votre numéro ne sera pas appelé, vous ne serez pas appelé. La file d'attente sera trop longue, et la décision devra être prise dans les vingt-quatre heures. Un jour de jugement, et des millions et des millions de personnes - Tamerlane et Gengis Khan et Alexandre le Grand et Adolf Hitler et Mussolini et Joseph Staline et Mao Zedong... ce seront les personnes qui se tiendront devant. Vous serez le dernier de la file. Votre numéro n'arrivera pas. Vous pouvez en être certain si vous regardez les gens avec une loupe.

Après avoir rencontré une foule déchaînée lors d'un match de basket-ball un soir, l'arbitre a pris sa femme dans ses bras et lui a dit qu'il serait peut-être préférable qu'elle reste à l'écart des autres matchs auxquels il était affecté. "Après tout", a-t-il dit, "tu as dû être très embarrassée quand tout le monde s'est levé et m'a hué".

"Ce n'était pas si mal", a-t-elle répondu. "Je me suis levée et j'ai hué aussi."

L'ego ne veut pas être critiqué ET veut critiquer tout le monde. Prenez conscience de la stratégie de l'ego, comment il se nourrit, comment il se protège. Si vous ne prenez pas absolument conscience de toutes les ruses de l'ego, vous ne pourrez jamais vous en débarrasser. Et s'en débarrasser, c'est le début d'une vie religieuse, c'est le début du sannyas.

Vous n'êtes alors plus inquiet de ce que les autres disent de vous.

Just look at me.... Le monde entier continue à dire des choses sur moi. Je ne les lis même pas. Chaque jour, Laxmi apporte des centaines de rapports apparaissant dans différentes langues de différents pays. Qui s'en soucie ? S'ils apprécient les rumeurs, laissez-les apprécier ; ils n'ont rien d'autre à apprécier dans leur vie. Laissez-les s'amuser un peu. Il n'y a rien de mal à cela, ils ne peuvent pas me faire de mal. Ils peuvent détruire mon corps, mais ils ne peuvent pas me faire de mal. Et je n'ai pas d'image à moi, ils ne peuvent pas non plus la détruire. Et je ne réagis pas, j'agis. Mon action jaillit de mon moi, elle n'est pas à manipuler par les autres. Je suis un homme libre, la liberté. J'agis de mon propre chef.

Apprenez l'art d'agir de votre propre chef. Ne vous inquiétez pas des critiques et ne vous intéressez pas aux louanges. Si vous êtes intéressé à être loué par les autres, alors vous ne pouvez pas être indifférent aux critiques. Restez à l'écart. Louanges ou critiques, c'est du pareil au même. Succès ou échec, c'est pareil. AES DHAMMO SANANTANO.

La quatrième question :

Question 4 :

MAÎTRE BIEN-AIMÉ, BIEN QUE JE VEUILLE M'ABANDONNER À VOUS ET PRENDRE SANNYAS, JE ME SENS IMPUISSANT À LE FAIRE. POURQUOI EN EST-IL AINSI ? CLARIFIEZ CELA, S'IL VOUS PLAÎT.

S.D. Prasad, c'est très simple, il n'y a rien à clarifier. Vous avez peur des gens, vous avez peur de la société. Vous avez peur de l'église établie, de la religion établie, des prêtres, des politiciens - vous avez simplement peur. C'est la peur qui vous empêche d'avancer. Sannyas a besoin de courage, sannyas a besoin de tripes, en particulier mon sannyas.

L'ancien sannyas n'a plus besoin de cran, car il fait déjà partie du statu quo. Il est accepté, respecté. Si vous devenez un sannyasin à l'ancienne, les gens vous vénéreront. Si vous devenez MON sannyasin, vous serez en danger permanent. Les gens penseront que vous êtes fou, que vous êtes hypnotisé. Les gens penseront que quelque chose a mal tourné, que tu es devenu fou. Les gens diront : " Un homme si bon ! Nous n'avions jamais pensé, rêvé que cela allait vous arriver."

Les gens se moqueront de vous, ils feront des rumeurs et des commérages à votre sujet, ils vous créeront mille et une sortes de problèmes. Et vous devez exister avec les gens, vous devez vivre avec eux. À chaque pas, ils créeront des barrières et mettront des pierres sur votre chemin. Et pas seulement ceux qui font partie de la grande société, mais même ceux qui sont très proches :

votre femme peut vous créer tant de problèmes... vos enfants, vos parents. De tous les coins et recoins, vous devrez faire face à des difficultés.

Vous avez peur. Essayez simplement de comprendre votre peur, et ensuite c'est très facile. Une fois que vous avez compris qu'il s'agit d'une peur, laissez-la tomber. En dépit de toutes les peurs, sautez dans sannyas, parce que rester dans la peur, c'est devenir un lâche, rester dans la peur, c'est manquer toute la joie de la vie. La vie appartient à ceux qui savent prendre des risques. La vie appartient aux aventuriers, et sannyas est la plus grande aventure qui soit. Et parce que j'apporte au monde un concept totalement nouveau de sannyas - un sannyas qui n'est pas une évasion, un sannyas qui ne croit pas au renoncement, un sannyas qui croit à la réjouissance, un sannyas qui veut vivre dans le monde sans en faire partie.....

L'ancien sannyas est facile : vous vous échappez du monde, vous laissez les opportunités où la tentation est possible, vous vous échappez dans les grottes de l'Himalaya. Assis là, vous serez un saint, parce que vous n'avez pas d'autre opportunité. Vous DEVEZ être un saint. Que pouvez-vous faire d'autre là-bas ?

Dans le monde, toutes sortes de tentations existent. Être un saint dans le monde est quelque chose de superbe, d'extraordinaire. S'il n'y a pas de femme dans les grottes de l'Himalaya... et je ne pense pas qu'il y en ait. Les femmes n'ont jamais été aussi folles, elles sont plus terrestres, elles sont plus intuitives, elles ne sont pas des intellectuelles. Elles sont très réalistes, elles ne courent pas après les mots, les théories et les philosophies. C'est l'homme qui est très attiré par les abstractions. La femme ne se soucie pas beaucoup de l'autre monde, elle veut un beau sari MAINTENANT ! Vous êtes un idiot si vous attendez une belle femme au paradis.

L'esprit féminin ne se préoccupe pas beaucoup de l'autre monde. L'esprit féminin dit : "Nous verrons. Si nous pouvons nous débrouiller ici, nous le ferons aussi là-bas. Si nous pouvons trouver un imbécile ici, les mêmes imbéciles seront disponibles là-bas aussi. Alors pourquoi s'inquiéter de l'autre monde ?"

Mais l'homme vit dans les abstractions. C'est le plus grand défaut de l'esprit masculin. Il vit dans les théories. Il est tellement hypnotisé par les mots qu'il est prêt à sacrifier la vie elle-même.

Il est prêt à aller dans les grottes, à renoncer à cette vie pour atteindre l'autre vie. Il vit dans le passé, il vit dans le futur. La femme vit plutôt dans le présent. C'est pourquoi il n'y a pas eu de femmes dans les grottes de l'Himalaya. Vous pouvez y aller et vous asseoir et faire toutes sortes de rêves, mais aucune opportunité ne se présente. L'argent n'est pas là, le pouvoir n'est pas là, la beauté n'est pas là - rien n'est là ! Assis dans votre grotte, vous devenez de plus en plus ennuyeux, lentement, lentement ; c'est une sorte de suicide progressif.

Mon sannyas ne consiste pas à me retirer du monde, mais à m'y enfoncer davantage, à en atteindre le cœur même, car Dieu est au cœur même du monde. Dieu est l'âme du monde. Vous ne pouvez pas le trouver en vous échappant du monde. Vous ne pouvez le trouver qu'en vous enfonçant de plus en plus profondément dans le monde. Lorsque vous atteindrez le centre même de l'existence, vous le trouverez. Il est caché dans le monde, le monde entier est imprégné de lui. Il est dans les arbres, dans les rochers, dans les oiseaux et dans les gens. Oui, il est dans ta femme, dans ton mari et dans tes enfants. Il est en vous ! Et la meilleure possibilité de le trouver est dans le monde, pas hors du monde.

Sortir du monde a été une grande attraction ; cela aussi à cause de la peur. L'évadé est un lâche ; il ne peut pas être assez vigilant pour vivre dans le monde et pourtant ne pas être affecté par lui. Il ne peut pas être aussi vigilant - il n'a pas autant d'intelligence, il ne peut pas faire autant d'efforts pour être éveillé - donc il s'échappe. C'est un lâche.

Ainsi, le vieux sannyas, S.D. Prasad, peut vous convenir parfaitement, mais il ne vous aidera pas. Vous resterez un lâche, et vous resterez orienté vers la peur. En apparence, il semble que le sannyasin qui quitte le monde soit très courageux. Ce n'est pas le cas. Ne vous laissez pas tromper par les apparences. Le soldat qui part à la guerre semble si courageux - ne vous fiez pas aux apparences - au fond de lui, il tremble, il a peur.

Adolf Hitler prépare sa garde-robe pour un deuxième hiver lugubre sur le front gelé de Russie.

"Mein Fuhrer", a suggéré l'un des membres de sa suite, "rappelez-vous ce que Napoléon a fait quand il était en Russie. Il portait un uniforme rouge vif pour que, s'il était blessé, ses hommes ne remarquent pas qu'il saignait."

"Excellente idée ! Excellente idée !" ruminait Adolf. "Jetez-moi juste mon pantalon marron."

Ne vous laissez pas tromper par les apparences. Même des gens comme Adolf Hitler ont énormément de peur, ils tremblent. Et vos soi-disant sannyasins qui se sont échappés du monde se sont échappés par peur.

Je vous enseigne la voie de l'intrépidité. C'est simplement la peur et rien d'autre qui t'en empêche, même si tu ne seras pas très heureux de ma réponse. Tu devais t'attendre à ce que je dise quelque chose de très gratifiant pour ton ego. Excuse-moi, je ne peux pas dire de contre-vérité. Je ne peux dire que la vérité, et si ça fait mal, ça fait mal. C'est seulement à travers la vérité que la lumière commence à entrer dans ton être. Alors si tu te sens blessé... parce que ton nom ne me semble pas familier, tu dois être nouveau. Et avec les nouveaux, je ne suis jamais aussi grossier, mais je vois une possibilité en toi, c'est pourquoi je suis si dur.

Quand je vois une possibilité chez un homme, je deviens dure. Quand je ne vois aucune possibilité, je reste très polie. Si je suis polie, cela signifie simplement que je veux me débarrasser de vous. Si je suis dure, si je frappe fort sur ta tête, cela signifie que j'ai déjà commencé à te respecter.

La cinquième question :

Question 5 :

MAÎTRE BIEN-AIMÉ, JE SUIS TRÈS AVIDE D'ARGENT. PENSEZ-VOUS QUE J'AI ÉTÉ JUIF DANS MA VIE ANTÉRIEURE ?

Suresh, pourquoi dans une vie antérieure ? Tu es un Juif en ce moment même ! Le fait d'être né en Inde, d'être né dans une famille hindoue, ne fait aucune différence. Le mot "juif" ne désigne pas une race, c'est une psychologie, une métaphysique. Le MARWARI est un juif - le juif indien. En fait, quiconque est avide est juif - l'avidité est juive.

Jésus n'est pas juif, bien qu'il soit né juif - il n'est pas juif du tout. Lorsque j'utilise des mots comme "juif", rappelez-vous toujours que je ne parle pas de races. Je ne m'intéresse pas au sang. Le sang juif, le sang chrétien et le sang hindou sont tous semblables. Vous pouvez prendre quelques échantillons - vous pouvez obtenir toutes sortes d'échantillons ici - vous pouvez prendre quelques échantillons chez le médecin et lui demander quel sang est juif et quel sang est hindou et quel sang est bouddhiste, et il sera perdu. Il ne trouvera aucun moyen de le savoir - le sang est le sang ! Bien sûr, il existe des groupes sanguins, mais ils ne sont pas juifs, hindous ou bouddhistes. Le mot "juif" n'est rien d'autre qu'un autre nom pour la cupidité. En ce sens, le monde entier est composé de Juifs, à l'exception de quelques personnes exceptionnelles. Presque tout le monde est juif ! Soit vous êtes un Jésus, soit vous êtes un Juif - ce sont les seules alternatives. Si vous ne voulez pas être un Juif, alors soyez un Jésus. Et n'essayez pas de vous consoler en vous disant que dans une vie antérieure.... Ce sont des inventions délicates de l'esprit humain : "Dans une vie antérieure, j'étais peut-être juif." Vous êtes juif en ce moment même. En rejetant la responsabilité sur la vie passée, vous restez intact ; vous pouvez alors continuer comme vous êtes.

Un vieux juif propose à une prostituée de payer le double de ce qu'elle demande si elle garde les deux mains sur sa tête pendant l'amour. Après coup, elle lui demande quel plaisir particulier il en a retiré.

"Pas de frisson", dit-il en sortant un gros rouleau de billets de sa poche, "mais pour deux dollars de plus, je sais que vos mains sont sur ma tête et non dans mes poches !".

Une autre histoire pour toi, Suresh :

Un homme d'affaires juif à la retraite est presque ruiné par les demandes d'argent de ses fils pour rembourser les filles qu'ils ont séduites et mises enceintes. Mais il paie pour ne pas voir le nom de la famille déshonoré.

Quelques jours plus tard, sa fille vient le voir et lui avoue : "Papa, je suis enceinte."

"Dieu merci, les affaires reprennent", dit le vieil homme.

Et la troisième histoire :

Une salle pleine de juifs discute du meilleur commerce. Finalement, un vieil homme barbu dit : "Arrêtons de nous mentir. Le business des bordels est le meilleur : ils l'ont, ils le vendent, ils l'ont encore."

"Qu'est-ce que vous dites ?" s'écrie un autre vieil homme horrifié.

Qu'est-ce que je dis ? Je dis : pas de frais généraux, pas d'entretien, pas d'inventaire - qui peut battre ça ?

Et oui, tout est en gros."

La cupidité est juive, et tout le monde est juif dans ce sens. Et rappelez-vous que la cupidité est une projection de la peur. C'est à cause de la peur que l'homme devient avide. Il a tellement peur, qu'il veut accumuler pour l'avenir. Il a tellement peur qu'il sacrifie son aujourd'hui pour le lendemain, et le lendemain n'arrive jamais. L'homme avide est l'homme le plus stupide du monde. Le Bouddha l'appelle "le fou" - le fou par excellence, parce qu'il continue à sacrifier le présent pour un avenir qui ne vient jamais. Il accumule de l'argent mais il ne peut pas l'utiliser ; il reste pauvre.

L'homme avide ne devient jamais riche. Il peut avoir le monde entier à sa disposition, mais il reste pauvre. Il ne peut pas en profiter, son avidité ne le permet pas. Il reste avare. Il reste toujours dans une telle crainte de l'avenir qu'il ne peut se séparer de son argent. Il accumule, accumule, gaspille toute sa vie et meurt un jour. Il a été un homme pauvre toute sa vie - il est venu les mains vides, il est reparti les mains vides, et toute sa vie est partie à l'égout sans aucune signification.

N'essayez pas de vous consoler en vous disant que dans une vie antérieure vous étiez juif. Regardez dans votre être !

Vous êtes un Juif. Et puis il y a une possibilité que vous le voyiez : "Je suis juif, je suis avide. D'où vient mon avidité ?" Allez plus loin dans l'avidité, analysez l'avidité et vous trouverez la peur. Et quand vous trouvez la peur, vous arrivez à une chose très fondamentale.

Il n'y a que deux façons de vivre la vie : l'une est celle de la peur et l'autre est celle de l'amour. L'homme qui vit de la peur devient avide, agressif, violent, égoïste. Et l'homme qui vit de l'amour est par nécessité non avide, car l'amour sait partager. L'amour aime partager, l'amour ne connaît pas de plus grande joie que le partage. Tout ce que l'amour possède, l'amour le partage. Et l'amour finit par connaître un grand secret : plus vous partagez, plus l'énergie d'amour continue à vous atteindre, jaillissant d'une source inconnue et inépuisable - AES DHAMMO SANANTANO.

Plus vous aimez, plus vous priez. Plus vous aimez, plus Dieu vous donne, parce que vous donnez. Tout ce que vous faites aux gens, Dieu continue à le faire pour vous.

Si vous êtes avare, Dieu devient avare envers vous. Si tu es partageur, Dieu est partageur. L'existence n'est qu'un miroir, elle reflète ton visage, elle fait écho à ton être. Vis par l'amour et tu seras un Jésus.

Jésus dit : Dieu est amour. Vivez dans la peur et vous êtes un Juif. Vous pouvez être un juif hindou ou un juif mahométan ou un juif chrétien - cela n'a pas d'importance. Les adjectifs n'ont pas d'importance.

La dernière question :

Question 6 :

MAÎTRE BIEN-AIMÉ, POURQUOI JE NE VOUS COMPRENDS PAS ?

Ram Gopal, comprendre est une deuxième étape. La première est d'entendre. Vous ne m'entendez pas. Vous manquez la première étape ; alors la seconde n'est pas possible.

Pendant que vous m'écoutez, mille et une pensées vagabondent dans votre esprit.

Ils vous rendent sourd. Mes paroles ne vous parviennent jamais intactes, dans leur pureté. Elles sont déformées, elles sont colorées par vos pensées, par vos préjugés, par vos conclusions déjà tirées. Vous m'écoutez à travers vos connaissances - c'est pourquoi vous n'écoutez vraiment PAS. Et ce qui vous parvient est totalement différent de ce qui a été transmis. Je dis une chose, vous entendez autre chose, d'où le malentendu. C'est pourquoi vous ne me comprenez pas ; autrement, j'utilise des mots très simples.

Je n'utilise pas de jargon intellectuel, j'utilise le langage de tous les jours. Je n'utilise jamais de grands mots - mes mots sont simples, aussi simples qu'ils peuvent l'être. Si vous ne comprenez pas, cela signifie simplement que vous êtes intérieurement sourd. Une grande clameur de mots, de pensées, de conclusions, de théories, de préjugés, de connaissances et d'expériences - l'hindou, le mahométan, le chrétien, le juif - tout cela est à l'intérieur. Il est très difficile pour moi de trouver un chemin vers vous. Il est presque impossible de vous atteindre.

Ce n'est pas une question de compréhension. La compréhension fleurira d'elle-même si vous pouvez faire une chose : si vous pouvez ÉCOUTER, si vous pouvez me permettre de vous atteindre, si vous pouvez ouvrir votre cœur, si vous n'êtes pas sourd - alors la compréhension ne peut que se produire. La vérité entendue est comprise, elle est forcément comprise. La compréhension n'a besoin d'aucun autre effort, elle a simplement besoin d'une ouverture, d'une vulnérabilité. Ouvre-moi une fenêtre, une simple fenêtre suffira, et je pourrai m'introduire en toi. Une simple fenêtre suffira. Si vous ne pouvez pas ouvrir la porte d'entrée, ne vous inquiétez pas, la porte de derrière fera l'affaire. Mais ouvrez-moi une porte, laissez-moi entrer, et alors il est impossible de ne pas comprendre, il est impossible de mal comprendre.

La vérité a une telle clarté qu'une fois comprise, elle transforme votre vie. Une fois entendue, elle est comprise. La vérité a un processus très simple : une fois entendue, elle est comprise ; une fois comprise, elle transforme votre vie. Si on l'entend correctement, on ne demande jamais comment la comprendre. Si vous avez bien compris, vous ne demandez jamais : "Que dois-je faire maintenant pour transformer ma vie en fonction de cela ?" La vérité transforme, la vérité libère.

Méditez sur cette petite anecdote :

Un homme entre dans un bar de New York et commande deux whiskies, un pour lui et un pour son ami. Le barman sort les whiskies et l'homme en verse un peu dans un dé à coudre qu'il place sur un parfait piano à queue miniature, qu'il sort de sa mallette. Il a également sorti de sa mallette un homme de 12 pouces de haut en tenue de soirée, qui s'est assis devant le piano et a commencé à jouer "La Sonate au clair de lune".

Le barman est incrédule et demande à savoir d'où vient le petit homme. L'homme expliqua : "Je regardais dans un magasin de bric-à-brac quand j'ai trouvé une vieille lampe à huile. Je l'ai frottée un peu avec ma manche pour mieux l'examiner quand il y a eu un flash et un génie est apparu en disant qu'il était l'esclave de la lampe et que n'importe quel de mes souhaits était sa tâche à accomplir. Alors je lui ai dit que je voulais un pénis de 30 cm, et voilà ce que ce fils de pute sourd m'a donné !"

Il a entendu "un pianiste" et n'a pas compris l'essentiel.

Vous continuez à entendre ce que vous pouvez entendre. Vous continuez à entendre des choses qui ne sont pas dites du tout. Et puis vous les interprétez et toutes les interprétations sont des erreurs d'interprétation. Et quoi que vous fassiez, vous vous sentirez frustré, parce que vos mauvaises interprétations ne peuvent pas vous amener à la vérité. La vérité est une communion.

Le Bouddha dit : Trouve un ami, trouve un maître et sois en communion avec le maître. Qu'est-ce que la communion ? La communion signifie retirer toutes les conditions, retirer tous les préjugés, devenir innocent avec quelqu'un qui est arrivé, redevenir un enfant devant celui qui s'est éveillé. Écoute comme un petit enfant : alerte, plein de crainte, d'émerveillement, et ton cœur sera immédiatement pénétré. Je t'atteindrai comme une flèche.

Oui, il y aura un peu de douleur aussi, mais très douce... si douce que vous n'avez jamais rien connu de plus doux que cela. Oui, lorsque pour la première fois la vérité pénètre votre cœur comme une flèche, elle vous tue - elle vous tue en tant qu'ego. C'est une crucifixion, mais il y a immédiatement une résurrection. D'une part, tu meurs comme tu l'as été jusqu'à présent, d'autre part, tu nais à nouveau. Vous devenez un double né, un DWIJ ; vous devenez un brahmane, vous devenez quelqu'un qui sait.

Mais la connaissance nécessite une grande histoire d'amour entre le disciple et le maître. La connaissance n'est possible que lorsque l'histoire d'amour est totale, lorsque l'engagement est total, lorsque l'implication est totale. Si vous écoutez comme un spectateur, vous continuerez à manquer. Si vous écoutez seulement par curiosité, vous passerez à côté. Si vous écoutez avec toutes vos idées et vos philosophies, vous entendrez quelque chose d'autre qui n'a pas été dit.

Il ne s'agit pas de comprendre mes paroles, il s'agit de comprendre ma présence. Seul le disciple est béni.

Ram Gopal, tu n'es toujours pas un disciple. Tu es curieux. Tu es venu pour voir ce qui se passe. Tu n'es pas encore engagé. Tu m'écoutes, mais tu gardes une distance, de sorte que si les choses deviennent trop importantes, tu peux t'échapper facilement. Tu restes à la périphérie, tu n'es pas entré dans le cercle.

Entrez dans le cercle - je vous donne l'invitation. Deviens mon invité, laisse-moi être ton hôte. Buvez de moi et vous serez noyés, et vous serez transformés. C'est une promesse.

Assez pour aujourd'hui.